Elisabeth d'Autriche

Petite Bibliothèque Payot / Documents 125

Egon César Corti

Elisabeth d'Autriche

Sissi

Traduit de l'allemand
par Marguerite Diehl

Titre original

ELISABETH DIE SELTSAME FRAU
(Salzbourg, Verlag Anton Pustet)

PRÉFACE

Dans le présent ouvrage, je me suis proposé de faire revivre, en me servant de documents authentiques et dignes de foi, encore inédits, la femme dont on a pu écrire : « Ce qu'elle fut en réalité, la grâce si prenante qui émanait de sa personne, aucun ciseau, aucun pinceau ne saurait en donner une idée : son charme si personnel était inexprimable. Elle continuera de vivre, non pas dans l'histoire, mais dans la légende... » (1).

J'ai tenté de faire sortir cette figure de la légende, pour la montrer à la clarté de l'histoire et je me suis efforcé de m'en tenir toujours à la plus stricte vérité. Inutile de dire que je me suis tenu également éloigné de la critique systématique et des louanges byzantines, si en honneur jadis. Même en ce qui concerne les questions les plus délicates, l'empereur François-Joseph et son épouse n'ont pas à redouter la lumière de la vérité. Point n'est besoin de les traiter avec ménagements ou avec une excessive indulgence. Madame de Ferenczy, la fidèle et dévouée confidente de l'impératrice, a eu parfaitement raison de déclarer au conseiller aulique Julien Weiss, plusieurs années après l'effondrement de l'Empire : « Qu'on ouvre les archives ! A coup sûr, on ne saurait rien trouver qui ne fasse honneur à la dynastie attaquée si souvent et parfois si injustement de nos jours... »

J'ai essayé, dans ce livre, de répartir les touches d'ombre et de lumière qui sont le propre de tout être. Une existence humaine ne mûrit pas que des réussites ; le drame de la vie réside justement

(1) La landgrave Furstenberg, ancienne dame d'honneur de l'impératrice, dans une lettre à sa sœur Gabrielle, 7 juin 1907, à l'occasion de l'inauguration du monument de l'impératrice Élisabeth, à Vienne.

dans la disproportion entre l'effort du sujet et le succès qu'il remporte. Il est trop facile de condamner ; c'est comprendre qu'il faut. Cet essai de compréhension, je m'y suis appliqué en ce qui concerne l'impératrice Élisabeth ; j'ai tenté de faire saisir les données sur lesquelles elle édifia sa vie. Trop nombreux sont ceux qui, sans être qualifiés, ont, par une interprétation fantaisiste et romanesque de sa vie, égaré le jugement du monde sur la personne d'Élisabeth. Il fallait, en s'appuyant sur les données de la seule vérité, offrir cette vie au jugement impartial et à la compréhension objective de l'humanité.

J'ai commencé par rassembler et dépouiller tout ce qui a été imprimé sur l'impératrice ; mais force me fut de constater que trois ouvrages seulement méritaient d'être pris en considération, encore ne concernent-ils que des fragments de sa vie. C'est alors que j'eus recours à des documents inédits, empruntés aux archives officielles et privées. Il me fallut parcourir presque toute l'Europe : l'Autriche, la Hongrie, la Bavière, l'Angleterre et la Suisse. C'est ainsi que je pus réunir des documents provenant des archives de la Maison d'Autriche, de la Maison royale et ducale de Bavière, des diverses archives d'État et d'archives privées. Leur abondance dépassa mes espoirs.

Les plus riches de tous ces documents sont : la correspondance des souverains entre eux, le journal de l'archiduchesse Valérie. fille de l'impératrice, celui de la comtesse Marie Festetics, qui entoura l'impératrice pendant vingt-sept ans, et enfin la correspondance d'Élisabeth avec de nombreux princes et autres.

Il me reste à remercier tout ceux qui, par leur complaisance, contribuèrent si aimablement à mon travail. Je dois une reconnaissance toute particulière à Son Altesse impériale et royale, l'archiduc François-Salvator, gendre de l'impératrice, ainsi qu'à sa fille, la comtesse Gertrude Waldburg-Zeil, née archiduchesse d'Autriche, au comte, dont je pus apprécier la charmante hospitalité, et à Leurs Altesses impériales et royales les archiducs Hubert-Salvator et Théodore-Salvator, qui eurent la bonté de me soutenir dans mes recherches.

Dans la famille de Bavière, ma reconnaissance va surtout à Leurs Altesses royales les princes Georges et Conrad de Bavière, ainsi qu'au duc Louis en Bavière, à la duchesse Henriette de Vendôme, princesse de Belgique, belle-fille de la duchesse d'Alençon, et enfin à la comtesse Élisabeth de Seefried, arrière-petite-fille de l'impératrice.

En Hongrie, je suis très obligé à Son Excellence le prince Georges Festetics de m'avoir autorisé à utiliser le journal de la comtesse Marie Festetics, une des sources les plus précieuses pour la présente biographie. Je remercie également Mesdames Élisabeth et Maria de Farkas d'avoir mis à ma disposition les papiers si intéressants laissés par leur tante, Madame Ida de Ferenczy, la lectrice ou plutôt l'amie de l'impératrice.

Je suis également très obligé, pour tous les services qu'ils m'ont rendus, au président de l'Académie des Sciences de Hongrie, Monsieur Albert de Berzeviczy, au lieutenant-colonel Andor de Berzeviczy, à la princesse Marika de Rohan-Apponyi, à la comtesse Etelka Zichy, à la comtesse Erna Széczen et à son aimable sœur, toutes deux filles de la comtesse Széczen-Mikes, dame d'honneur de l'impératrice, enfin à Mademoiselle Sari de Janoky-Madocsany, aux comtes Oswald Wolkenstein et Hubert Pallavicini, ainsi qu'au docteur Kalman Isoz. Je remercie également Madame Blanche de Karatson d'avoir encouragé mon projet — si souvent remis à cause des difficultés qu'il présentait — d'écrire une biographie de l'impératrice.

En Autriche, je suis particulièrement reconnaissant, en outre, à la comtesse Gabrielle Rechberg, au baron Alexandre de Warsberg et à la baronne Désirée Morsey, qui me mit en rapports avec Monsieur Fritz Pacher de Theinburg, décédé depuis, et son épouse, née baronne de Hohenbruck, et me permit ainsi de rendre l'épisode du bal masqué avec documents à l'appui.

Je remercie également Mademoiselle Marie de Glaser, le comte Carl Trauttmansdorff, le comte Zeno Goësz, le baron Égon de Waldstätten, le comte Fernand Kuefstein, le conseiller du gouvernement Latzl et le conseiller aulique Victor Linger.

En Suisse, je remercie tout particulièrement le procureur général du canton de Genève, Monsieur C. Cornu, qui fut assez aimable pour mettre à ma disposition les dossiers de l'affaire Lucheni. Enfin, je n'aurai garde d'oublier, dans mes remerciements, l'ex-procureur général Monsieur G. Navazza et Monsieur Jean Fernet qui me communiquèrent des renseignements précieux.

En Angleterre, je dois un témoignage de gratitude à Mrs. Violet Berwick, fille du capitaine Bay Middleton qui pilota l'impératrice pendant ses chasses à courre et à Lord et Lady Spencer, près de qui je fus introduis par le général Sir Aylmer Haldane, et dont le cordial accueil et l'aide bienveillante facilitèrent mes recherches.

Enfin, il me reste à remercier bien sincèrement de leur précieux concours les directeurs des Archives d'État auxquelles j'ai eu recours, en particulier Monsieur le professeur Bittner et ses aimables collaborateurs aux Archives de Vienne, Monsieur l'archiviste Sasz aux Archives du ministère des Affaires étrangères à Berlin, le docteur H. O. Meissner, directeur des Archives secrètes à Dahlem, le docteur O. Riedner, directeur des Archives bavaroises, ainsi que le conservateur des Archives secrètes de la Maison de Bavière et Monsieur l'archiviste Stoll, conservateur des Archives secrètes de l'État bavarois à Munich, enfin le directeur et le secrétaire du Record-Office de Londres.

Puisse ce travail être accueilli dans le même esprit qu'il a été conçu, en toute indépendance, comme une contribution sincère et soucieuse de vérité à l'étude d'une souveraine qui, sous quelque angle qu'on l'envisage, fut indéniablement un être unique.

ÉGON CÉSAR COMTE CORTI.

CHAPITRE PREMIER

AU PAYS NATAL
1837-1853

Pendant plus de sept cents ans, la lignée des Wittelsbach régna sur la Bavière. Parmi les princes de cette maison il n'y eut guère d'hommes insignifiants : et aucun, au XIXe siècle, parmi ses rois. Les uns furent des passionnés de musique ou de poésie, d'autres s'adonnèrent à l'étude ou aux arts plastiques ; tous, d'une manière ou d'une autre, sacrifièrent au culte de la beauté. L'électeur Max Joseph (1), élevé à la royauté par Napoléon en 1805 sous le nom de Maximilien Ier, descendant d'une ligne collatérale de la famille des Wittelsbach, vouait une amitié toute particulière à l'un de ses cousins, le duc de Birkenfeld-Gelnhausen, issu lui-même d'une autre branche collatérale. Lorsque, en 1799, Maximilien-Joseph avait pris le pouvoir, il lui avait conféré la dignité de duc bavarois ; mais il lui donna le titre de « duc en Bavière », cela pour ne pas déprécier le titre de « duc de Bavière », qui appartenait à la branche aînée. La branche cadette, qui jusqu'ici ne possédait ni terre ni château, vit, grâce à l'amitié du souverain, sa situation de fortune s'améliorer, et s'établit définitivement à Munich.

De ses deux mariages, le premier roi de Bavière n'eut pas moins de douze enfants. De son union avec une princesse de Hesse-Darmstadt, naquit le roi Louis Ier (2), souverain nettement sympathique. Louis Ier avait de nombreuses qualités — un esprit malicieux, du goût pour les arts, l'amour de l'hellénisme et le sentiment national — qui devaient se retrouver par la suite chez beaucoup de personnages de la famille de Bavière. Il écrivait des vers, bien qu'il fût peu doué pour la poésie ; il était pourtant capable d'enthousiasme pour tout ce qui était beau et noble, et il mettait son pouvoir royal au service de ces sentiments. Toute-

(1) Grand-père maternel de l'impératrice Élisabeth.
(2) Oncle maternel, demi-frère de la mère de l'impératrice Élisabeth.

fois, son culte de la beauté ne se bornait pas à la poésie et aux arts plastiques. Peu d'hommes furent aussi sensibles que Louis Ier à la beauté du visage féminin : il avait fondé une illustre galerie de beauté, où, parmi les portraits de princesses du sang, de dames de la cour et d'actrices, figurait même la jolie fille d'un brave cordonnier. Fait significatif : on pouvait voir, à côté du portrait de la célèbre et néfaste Lola Montès, celui de la belle Grecque Catherine Botzaris, symbole de la passion du roi pour l'hellénisme et de son enthousiasme pour la guerre d'indépendance, qui l'amenèrent, en 1832, à donner pour roi à la Grèce son second fils, Othon.

De toutes les sœurs du roi, une seule figure dans la galerie de beauté : c'est la princesse Sophie, connue autant pour la dignité de son attitude, que pour son énergie et son inébranlable foi catholique ; Sophie épousa en 1824 l'archiduc François-Charles d'Autriche. De son second mariage, le père du roi avait eu par deux fois des filles jumelles : Sophie est l'une des deux plus jeunes, nées en 1805. Les princesses parviennent toutes à de hautes situations dans le monde. Élisabeth, l'une des deux aînées, devient reine de Prusse ; Marie, l'une des deux plus jeunes, reine de Saxe (1).

Sophie, qui s'est mariée pour l'Autriche, dépasse par l'ambition toutes ses sœurs, y compris la plus jeune, Ludovica, dont le mariage avec le duc Max en Bavière, de la maison de Birkenfeld, avait été décidé dès l'enfance. Ce mariage, conclu le 9 septembre 1828, n'est pas sans risques, étant donné la proche parenté des fiancés, car Ludovica épouse son cousin. Aucune sympathie naturelle n'unit les deux jeunes gens, ils obéissent simplement à l'ordre de leurs parents. Par la suite, chacun des époux vivra sa vie, ce qui ne les empêchera pas d'avoir une nombreuse famille, dotée très inégalement, tant au moral qu'au physique, d'avantages et de faiblesses.

Max, duc en Bavière, fut dès sa jeunesse une nature agitée et vagabonde ; il voudrait maintenant faire de grands voyages pour connaître le monde. Le destin lui sourit : riche, libre des devoirs et des soucis de la royauté, il peut vivre à sa guise, suivre

(1) Lorsque son époux mourut, accidentellement, Jean de Saxe (1854-1873), qui avait épousé Amélie, jumelle d'Élisabeth de Prusse, lui succéda.

ses goûts et ses penchants. Le mariage seulement parvient à fixer pour quelque temps ce nomade dans la capitale. Un nouveau palais, élevé à leur intention, est destiné à recevoir les jeunes époux. Le 21 juin 1831, naît leur premier fils, Louis. Chez lui, et chez les enfants qui suivront, l'effet des mariages consanguins se manifeste : il accentue le goût de la solitude, la timidité et une certaine inquiétude nerveuse qui existaient déjà, à un faible degré, chez plusieurs descendants de Maximilien Ier.

L'humeur voyageuse du duc Max en Bavière ne lui laisse pas de répit. Avec sa jeune femme, il parcourt en tous sens la Suisse et l'Italie. De retour en Bavière, il achète, en 1834, le château de Possenhofen, à vingt-huit kilomètres de Munich, sur le charmant lac de Starnberg, au milieu de collines boisées, afin d'y loger en été sa famille qui promet de devenir nombreuse. La construction massive, flanquée de quatre lourdes tours angulaires, s'élève au milieu d'un beau parc aux magnifiques roseraies, qui s'étend jusqu'au lac. Par de belles journées, on aperçoit, au delà du lac et des forêts, les cimes neigeuses des Alpes Le château ne tarde pas à se transformer en un sympathique manoir familial, et on ne l'appelle plus, dans l'intimité, que Possi.

Le 4 avril 1834, naît la première fille du couple ducal ; elle reçoit au baptême le nom d'Hélène, mais on l'appellera Nené. Trois ans plus tard, la veille de Noel de l'année 1837, la duchesse donne le jour à un troisième enfant. Cela se passe conformément à l'étiquette en usage. A dix heures quarante-trois minutes, une fille vient au monde. Aussitôt, les ministres (1) appelés à être témoins sont admis à pénétrer dans le boudoir blanc de Son Altesse, où la sage-femme leur montre la petite princesse qui vient de naître. La chambre de la duchesse est pleine de monde. On admire dûment l'enfant, qui, tout comme Napoléon, est née avec une dent (2). On discute le fait et les courtisans s'empressent de l'interpréter comme un signe favorable. Heureux présage encore : non seulement la petite princesse est un cadeau de Noël,

(1) Voir l'acte de naissance de la duchesse Élisabeth en Bavière. Archives secrètes de la Maison royale, Munich.

(2) Propos de l'impératrice recueillis par sa fille, l'archiduchesse Valérie, en vue d'une biographie de S. M. l'impératrice Élisabeth. Archives archiducales du château de Wallersee (dorénavant en abrégé A.A.C.W.).

mais elle est née un dimanche. La reine Élisabeth de Prusse sera sa marraine, et la nouvelle princesse portera son nom. Mais toute sa vie on ne l'appellera en famille que Sisi.

Quatre semaines s'écoulent après la naissance de la petite Élisabeth, que déjà le père est repris par son humeur vagabonde ; il laisse chez lui femme et enfants et entreprend un grand voyage en Orient. Il rêve de fouler la terre classique, car, à l'instar de Louis Ier, le duc Max est un passionné de la Grèce et il suit avec beaucoup d'intérêt les destinées de son neveu Othon sur le trône d'Athènes. Néanmoins, il se garde bien de rendre visite à son parent. Son désir est de voir du pays, d'en connaître les hommes, et non d'assister à des fêtes de cour et à des cérémonies officielles qu'il a déjà en horreur chez lui. Au cours de son voyage, il touche Le Caire et là, dans un marché d'esclaves, il achète quatre petits nègres qu'il ramène dans son pays. Tout Munich assiste au baptême des nègres du duc. On sait bien que le duc porte dans sa tête des idées singulières, mais ces négrillons, aux yeux des Munichois, mettent le comble à ses excentricités.

Au retour, le duc se livre avec un zèle redoublé à ses travaux littéraires. Dès l'âge de quinze ans, il a composé une pièce en un acte et, depuis lors, sa plume ne chôme plus. Au début, il se cache sous le pseudonyme de « Phantasus ». Il s'adonne également à la poésie et, il faut bien le dire, ses vers ne sont pas des meilleurs. Ses œuvres traitent de sujets étranges et fantastiques. En outre, le duc s'amuse à écrire des poésies en patois, des vers burlesques et des rimes comiques. Il les chante en s'accompagnant sur la guitare, dont il joue très volontiers.

Gai par nature et prêt à toutes les folies, il ignore les distances. Ceux qui apportent de la joie, de l'esprit et de la bonne humeur, il les adopte. Un cercle très vivant, dont les membres appartiennent souvent à la bourgeoisie, se groupe ainsi autour de lui. Il invite à boire, donne des banquets et — en bon cavalier et amateur du noble coursier — il donne aussi des représentations au manège construit près du palais à cette intention. Il se livre à la haute école et présente à ses hôtes des bêtes particulièrement savantes. Il fait défiler des quadrilles, jouer des pantomimes et des scènes de chasse à courre.

Le duc ne s'intéresse pas à la politique. Il la suit à peine en spectateur et plaint tous ceux qui, par métier, sont forcés de s'en occuper. Dans ses recherches historiques, il fait toujours preuve de libéralisme. Indifférent à l'égard de sa femme, à peu près dépourvu du sens de la famille, il ne séjourne guère parmi les siens et seulement en passant. Le duc, cependant, aime le lac de Starnberg et ses pittoresques environs. Il apprend aussi à ses enfants à aimer la nature ; Sisi, qui tient beaucoup de son père, le comprend tout particulièrement.

Le duc Max, bien au delà de ses jeunes années, est demeuré plein de vie. De temps à autre, pourtant, un accès de mélancolie jette soudain comme une ombre sur cette débordante vitalité. La charge d'élever les enfants, mais aussi le plaisir de les voir grandir, embellir et se développer, échoit à la mère, plus simple et plus effacée. Elle se contente de sourire en apprenant que son époux préside une table de quatorze « chevaliers » dont il est le roi Arthur. Gaspard Braun, le fondateur des « Fliegende Blätter » (1), est du nombre. Ces chevaliers se livrent, en buvant à l'envi, à un jeu très en faveur à l'époque, les « rimes hépatiques » (2). Il s'agissait de trouver rapidement une rime spirituelle à un vers du goût de celui-ci : « C'est le foie d'un brochet, non d'une zibeline ».

Pleine d'indulgence pour son mari, la duchesse ne pense qu'à l'avenir de ses enfants. Elle n'a guère d'ambition politique et subit l'influence de sa sœur, l'énergique archiduchesse Sophie. Ludovica laisse grandir ses enfants en liberté et sans contrainte, et leur jeunesse, de ce fait, est plus heureuse qu'on ne serait porté à le croire, si l'on songe aux relations de leurs parents (3).

Cinq autres enfants suivent les trois premiers, à deux ans d'intervalle généralement. Entre le fils qui commence cette série et celui qui la termine, se succèdent trois filles. En 1839, c'est la naissance de Charles-Théodore, appelé « Gackel » dans l'intimité, et qui ne tardera pas à se lier d'amitié avec sa sœur Sisi, son aînée de deux ans. Ensuite viennent Marie, en 1841, et, en 1843, Mathilde, surnommée « Moineau » à cause de sa fragilité, et quatre ans plus tard, Sophie ; Max-Emmanuel, appelé

(1) *Feuilles volantes*, premier journal humoristique et satirique d'Allemagne, fondé en 1844 à Munich. (N. d. T.)
(2) Impromptu fait à table par celui auquel on offrait un foie de brochet.
(3) Propos de l'impératrice recueillis par l'archiduchesse Valérie. (A.A.C.W.)

« Mapperl », ferme la marche. Les enfants, en grandissant, s'entendent parfaitement, ils s'aiment et sont unis, et il n'arrive jamais qu'ils se dénoncent l'un l'autre. En hiver, ils s'ébattent au palais de Munich, en été, dans les jardins de Possenhofen, et professeurs et précepteurs ont bien du mal, car les enfants, et Sisi en particulier, n'aiment guère l'étude.

Lorsque Sisi a atteint sa neuvième année, une baronne Louise Wulffen remplace la nurse. La nouvelle gouvernante trouve que Nené exerce sur sa cadette, plus tendre, plus délicate et par trop sensible, une influence qui n'est pas précisément à son avantage. C'est pourquoi elle a soin de séparer insensiblement les deux sœurs et de rapprocher plutôt Sisi de son cadet, Charles-Théodore.

« Il me paraît souhaitable, étant donné le caractère d'Hélène », écrit la baronne en 1846 à une amie de Dresde (1), « de la séparer de sa sœur Élisabeth. Sans être mauvaise, elle a pourtant une influence néfaste sur la cadette, qui est de nature tendre et très scrupuleuse. Mais l'aînée la domine... ».

Sisi, à neuf ans, n'est pas du tout jolie, mais elle a un charme irrésistible et tout le monde l'aime dans la maison (2). Quand les enfants veulent obtenir quelque chose de leur mère, c'est elle qu'on délègue solennellement. La petite est ravie quand on quitte la ville pour la campagne : Possenhofen est pour elle un paradis. Elle y peut soigner ses bêtes, et elle en a des quantités ; c'est tantôt un chevreuil, tantôt un mouton ou de cocasses petits lapins, ou encore une merveilleuse basse-cour peuplée de poules et de pintades. La pauvre baronne Wulffen n'a pas la vie facile. Sa petite élève lui échappe continuellement pour courir dans le parc. Sisi est sans cesse en mouvement, et ce n'est que grâce à son goût pour le dessin qu'on arrive à la faire tenir tranquille de temps en temps. Elle dessine ses bêtes, les arbres du parc, la chaîne lointaine des Alpes, son cher Possi, et elle commence déjà, gauchement, à faire des caricatures de son entourage, surtout de sa gouvernante. On la tourmente avec le piano, mais elle n'avance pas, car elle est peu douée pour la musique.

(1) La baronne Wulffen à son amie Linda à Dresde. A.A.C.W.

(2) Cette peinture de la première jeunesse d'Élisabeth repose sur une lettre de la duchesse Amélie d'Urach, fille du duc Charles-Théodore en Bavière, adressée à Mlle Maria de Glaser et sur une relation de la comtesse Louise Hundt-Wulffen à l'archiduchesse Marie-Valérie du 4 février 1900.

Des enfants de bonne famille des environs viennent en visite, entre autres ceux du comte Paumgartten, dont la fille Irène (1) est la meilleure amie de Sisi. Très différente de ses sœurs, la petite comtesse est un peu rêveuse, elle a parfois des idées étranges et ceci plaît à la princesse. Sisi commence à écrire des vers en cachette ; ils sont gauches et puérils, mais l'amie les trouve jolis, et cela fait toujours plaisir. En grandissant, elle s'adonne de plus en plus à ces essais poétiques ; c'est l'hérédité paternelle qui se manifeste, car le duc ne vit guère avec ses enfants. Si souvent éloigné d'eux, il ne leur manque d'ailleurs pas beaucoup. Et il arrive que, à une dame qui lui demande si elle a déjà vu son père, revenu depuis quelques jours d'un de ses nombreux voyages, Sisi réponde : « Non, mais je l'ai entendu siffler ! »

Quelquefois, le duc Max apparaît inopinément au beau milieu des leçons, non pour inspecter, loin de là : au contraire, il dispense sur l'heure les enfants de leurs études et les emmène au jardin où, au milieu de cris joyeux, on va mettre le verger au pillage. Ou bien il amène un petit orchestre et organise un concert ou une sauterie. Et s'il est de bonne humeur, les enfants en profitent pour faire appel à son autorité paternelle quand leur mère leur a refusé quelque chose.

A huit heures précises, les enfants déjeunent avec leur mère ; suivent alors les leçons jusqu'à deux heures. Mais, en fait de zèle, Sisi ne saurait se mesurer avec sa sœur aînée et, dès que l'institutrice a le dos tourné, elle écrit des vers, regarde par la fenêtre et attend l'instant où, la leçon terminée, elle ira se promener sur l'autre rive de l'Isar, dans le parc de son père à Bogenhausen ou ailleurs.

Vers l'âge de treize ans, Sisi a une figure ronde de petite paysanne et pas la moindre promesse de beauté. Ludovica, mère de cinq filles, songe avec inquiétude combien il sera difficile un jour de les bien marier toutes. Mais rien ne presse : pour l'instant, il ne s'agit que de s'amuser. Pendant les grandes vacances, la duchesse fait de petits voyages dans la montagne, elle emmène les aînés ; c'est ainsi que Nené et Sisi voient la Passion à Oberammergau ; ils vont aussi en Autriche, au lac d'Aachen, à Jenbach

(1) Irène, née en 1839, restée célibataire.

et à Innsbruck. Peut-être auront-ils ainsi l'occasion de voir un jour leur tante Sophie et de faire la connaissance de ses fils, les cousins de Vienne.

L'archiduchesse Sophie s'inquiète de la situation en Autriche. Le mécontentement en Hongrie, en Italie, mais aussi au cœur de l'empire, a considérablement augmenté depuis 1840, dans les dernières années du régime de Metternich. Sophie, qui, aux côtés de son faible époux, avait suivi les événements avec toute l'ardeur de son cœur ambitieux, avait, elle aussi, complètement désapprouvé Metternich d'avoir favorisé l'accès au trône de l'archiduc Ferdinand, parfaitement incapable. Elle avait très bien vu que le chancelier n'avait agi ainsi que pour s'assurer l'omnipotence. Elle sent que cet égoïsme nuit terriblement au prestige de la famille impériale, et elle se cabre. Son mari, l'archiduc François-Charles, est le premier agnat du trône : les choses ne sauraient continuer ainsi. Son époux est sans doute un brave et honnête homme, malheureusement incapable, lui aussi, de sauver la situation. Elle le seconderait bien, le conseillerait, mais il serait préférable, tout de même, qu'un homme nouveau, jeune et intelligent, travaillât sous sa direction. N'a-t-elle pas quatre garçons sains, vigoureux et bien faits ? L'aîné surtout, François-Joseph, né en 1830, est un jeune homme superbe. Fils préféré de l'archiduchesse, il est aussi l'espoir de l'Autriche. Sa mère attend de voir se confirmer ces promesses et saura, en temps opportun, mettre fin à l'emprise de Metternich.

Mais les événements devancent les calculs. Lorsque la révolution de février éclate en France, rien, en Autriche, ne peut plus contenir le peuple. Le chancelier est obligé de fuir, le 14 mars 1848 ; son système a fait faillite : le royaume lombard-vénitien se soulève, tout comme les partisans de l'indépendance en Hongrie, qui s'efforcent d'arracher leur pays à l'empire.

Si l'archiduchesse était convaincue, jusqu'à ce jour, qu'un changement s'imposait dans le gouvernement impérial, ce n'est certes pas ainsi qu'elle l'entendait. Émeute et révolution — ce n'est tout de même pas ce qu'elle voulait ! Elle le voit bien, le peuple n'est pas satisfait des concessions faites lors de la chute de Metternich, il exige toujours davantage. Et, seul « homme » de la cour, elle est persuadée maintenant qu'il faut écraser l'émeute, aussi bien dans la capitale qu'au Sud et à l'Ouest, avec l'armée, restée fidèle jusque-là, Dieu merci.

Du fait des circonstances, l'archiduchesse arrive insensiblement à tenir en ses mains les rênes de la contre-révolution, et elle tient bon. Elle déteste les Italiens, qui se soulèvent au moment où l'empire est menacé, mais elle déteste encore bien davantage les Hongrois qui, à son sens, veulent scinder l'empire en deux et rendre l'armée parjure. Que la Hongrie désire son autonomie et une constitution, qu'elle veuille voir ses droits et ses privilèges traditionnels respectés, c'est une chose qu'elle ne comprend pas. L'archiduchesse Sophie est indignée, lorsque l'archiduc Étienne consent à la formation d'un ministère responsable sous la présidence du comte Louis Batthyany, et elle approuve, pleine d'admiration, le geste du général Charles-Louis Grünne, premier chambellan de l'archiduc, qui offre sa démission lorsque celui-ci cède aux Hongrois. Elle se souviendra de cet homme et saura, le jour venu, le récompenser.

Mais le péril monte. Le 15 mai, des factieux s'apprêtent à marcher sur la Hofburg. La vie de la famille impériale est menacée. Tout le monde tremble, même l'archiduchesse Sophie. Elle se dit qu'il est impossible d'agir sous l'effet d'une pareille menace, c'est pourquoi elle n'empêche pas l'empereur et sa famille de se réfugier à Innsbruck. Ils partent comme pour une innocente promenade. L'archiduchesse suit et emmène ses trois aînés, son favori François-Joseph, son Max chéri et le sympathique Charles-Louis. Dans le calme de ce pays fidèle, il sera plus facile d'envisager l'avenir et de travailler à l'écrasement de la révolution et au relèvement de l'empire.

Les sœurs sont plus unies que jamais. Les reines de Prusse et de Saxe, la duchesse en Bavière et Sophie s'écrivent et se voient beaucoup en ces temps difficiles ; elles réfléchissent et se soutiennent mutuellement. La distance est minime entre Munich et Innsbruck et, en juin 1848, Ludovica, avec Nené et Sisi et ses deux garçons vient rendre visite à sa sœur. C'est pour les enfants une occasion de faire connaissance, mais François-Joseph, l'aîné, ne s'intéresse guère à ses cousines, il est trop préoccupé par les événements politiques, il se passionne pour tout ce qui se passe dans la monarchie. Car il sait que la maison qui menace ruine sera un jour la sienne ; c'est un grand jeune homme de dix-huit ans et il sourit de ses petites cousines. Il n'en va pas de même de Charles-Louis, qui n'a que quinze ans, mais paraît connaisseur : Sisi lui plaît beaucoup. Elle n'est pas très jolie, c'est vrai, mais elle a dans les yeux un charme indéfinissable. Il la suit partout, lui apporte des fleurs et des fruits, et il est au désespoir lorsque la duchesse et ses enfants quittent Innsbruck. A dater de ce jour, il écrit à Sisi de jolies lettres, d'une belle écriture moulée. Charles-Louis est amoureux de sa petite cousine et elle est très flattée de ses hommages.

Une active correspondance suit la visite à Innsbruck. Il n'y a pas à se tromper sur le sens des lettres et des cadeaux de Charles-Louis. Au mois de juin, il envoie une belle bague et une rose à Sisi. Non seulement elle le remercie (1), mais elle lui fait aussi parvenir une bague. Dans une longue lettre, Charles-Louis lui jure qu'il ne s'en sépare jamais et la fillette lui répond qu'elle aussi porte sa bague, elle l'invite à venir à Possi et lui raconte qu'elle a vu des écuyers et des danseurs de corde. En août et en octobre, Charles-Louis lui écrit encore plus souvent, il lui envoie des friandises et une montre avec chaîne qu'elle désirait depuis longtemps. Elle le remercie toujours très cordialement mais ne parle jamais d'elle. Ce ne sont que des réponses, de gentilles lettres de petite fille. Elle lui parle de « deux très jolis moutons » que sa maman lui a donnés et qui la suivent partout. Elle lui raconte qu'elle fait de joyeuses promenades à pied et en bateau, lui dit que ce serait charmant si un jour ses cousins pouvaient l'accompagner et ainsi de suite.

Aussitôt après la séparation, son souvenir est très vivant. Elle lui écrit de nombreuses lettres (2), qui s'espacent peu à peu. Sisi est si jeune, en 1849 elle n'a que douze ans. Qu elle ait plu à Charles-Louis et qu'il l'aime bien lui a semblé tout naturel, car elle est habituée à être aimée de tout le monde. Avec le temps, les lettres de Charles-Louis aussi se font plus rares, pourtant, au jour de l'an 1850, il lui envoie de nouveau un bra-

(1) La duchesse Élisabeth à l'archiduc Charles-Louis, Munich, 26 juin 1848. (A.A.C.W.).

(2) Il existe dix lettres en tout, dont celles du 28 juillet 1848, du 15 et du 29 juillet 1849, datées de Possenhofen, et celle du 1er janvier 1850, datée de Munich. (A.A.C.W.).

celet, dont Sisi le remercie de sa mignonne écriture de fillette. Le papier bleu entouré d'une guirlande de fleurs et de roses rouges donne quelque apparence de chaleur, mais à part cela la lettre de remerciement est bien froide et bien vide.

Ce n'est là qu'une petite idylle que le cœur maternel de l'archiduchesse Sophie voit avec bienveillance. Mais l'heure n'est pas aux affaires de sentiment. La situation de l'empire est trop critique. En Hongrie, le parti de l'indépendance, sous la conduite de Kossuth, a pris le dessus. Le 28 septembre, le général en chef des troupes impériales, le comte Lamberg, a été assassiné à Budapest : c'est la lutte ouverte avec les rebelles hongrois. A Prague et à Vienne éclatent également des émeutes.

Effrayée de la tournure qu'ont prise les événements, l'archiduchesse est plus que jamais décidée à combattre la révolution avec la plus farouche énergie. Il faut en finir avec Ferdinand, dont la faiblesse perd la maison impériale.

Le projet longtemps médité va se réaliser enfin. Son fils aîné, François-Joseph, aura dix-huit ans ; il va être déclaré majeur. Sophie, à cette occasion, donne à son fils comme grand chambellan le comte Grünne, qui a su gagner sa sympathie par son hostilité à l'égard des Hongrois. Le ministre Batthyany, François de Déak et le baron Eötvös, connu aussi comme poète, — ministres libéraux et hommes de bon sens — se retirent pleins de dépit. La jeunesse des grandes familles hongroises, entre autres Gyula Andrassy, âgé de vingt-six ans, en arrivent à faire cause commune avec le parti de l'indépendance.

Le 2 décembre 1848, l'empereur Ferdinand abdique et François-Joseph monte sur le trône. La cérémonie terminée, il pleure d'émotion dans les bras de sa mère. L'archiduchesse est en droit de penser qu'elle a tout fait pour bien préparer son fils à la tâche qui lui incombe. Toutefois, si elle lui sacrifie à présent le droit de succession de son époux et son titre d'impératrice, elle veut en réalité rester souveraine, surveiller et conduire les premiers pas de l'empereur. Doué de bon sens et d'esprit ouvert, François-Joseph s'aperçoit bien vite qu'il faut travailler ferme dans la vie, et ses dispositions naturelles lui facilitent la tâche. Mais, à vrai dire, le jeune empereur se fait des illusions.

Il est animé d'une reconnaissance infinie envers sa mère, et il est naturel que les premières années de son règne portent sa marque. L'archiduchesse Sophie a l'esprit politique, et c'est dans ce sens qu'elle a orienté l'éducation de son fils aîné. Elle n'a qu'une pensée : la grandeur et l'unité de l'Autriche, et désormais tous les événements porteront l'empreinte de cette idée première. François-Joseph suivra d'autant plus volontiers les directives de sa mère que rien dans les dispositions de son esprit ne l'en détourne. Il n'a de goût ni pour la musique, ni pour la littérature et, dès son plus jeune âge, un bon sens positif domine sa pensée. Toutefois, pour l'instant, c'est encore sa mère qui le guide.

Il s'agit maintenant, pour elle et pour les hommes qui lui sont dévoués, de réaliser son programme, c'est-à-dire de « fondre, avec le consentement des peuples, tous les pays et toutes les races de la monarchie en un grand corps politique ». Mais ce consentement n'est pas facile à obtenir. Il faut le gagner par les armes. Une révolution, une guerre même, éclate en Hongrie, qui se termine, le 14 avril 1849, par la déclaration de l'indépendance complète de la Hongrie et la déchéance de la maison régnante de Habsbourg-Lorraine. A contre-cœur, Vienne se résigne à demander secours au tsar. Désormais la révolte hongroise et les aspirations de Kossuth sont vouées tôt ou tard à l'échec.

Cependant, en Italie, Radetzky, grâce à l'armée restée fidèle, a maîtrisé en Lombardie et en Vénétie la révolte soutenue par le roi de Piémont. Le roi de Sardaigne est contraint de faire la paix et le peuple se soumet en murmurant. La Lombardie et la Vénétie sont écrasées, il est vrai, mais elles continuent, comme par le passé, d'aspirer à leur liberté et opposent, dès lors, une résistance passive même aux meilleures intentions des maîtres. Toutefois, on traite avec bien plus de clémence le soulèvement d'Italie que la révolution hongroise. Là, après la reddition de Vilagos, on laisse carte blanche au rude Haynau. Treize généraux ayant participé à la révolte hongroise sont pendus et fusillés sans merci. L'empereur François-Joseph, ou plutôt l'archiduchesse Sophie, ne s'opposent malheureusement pas à cette justice sanglante. On a su leur faire croire à la nécessité de faire des exemples. Le président du Conseil lui-même, le comte Louis

Batthyany, est exécuté. De nombreux Hongrois sont jetés en prison, d'autres, appartenant souvent aux plus nobles familles du pays, comme le comte Gyula Andrassy, fuient à l'étranger Et, comme une nuée d'orage, continue à planer entre la maison régnante, soucieuse d'unifier ses États, et la Hongrie, jalouse de sa liberté et désireuse d'une constitution, le terrible effet de ces arrêts de mort et des crimes des rebelles.

La révolution, maintenant, est écrasée partout, la réaction peut se donner libre cours. La constitution autrichienne de mars 1849 ne reconnaît qu'un État, l'empire d'Autriche, qui comprend aussi la Hongrie, « terre de la couronne » ; de même, la Lombardie et la Vénétie sont à présent de simples provinces. Mais le désir d'autonomie subsiste malgré tout en Hongrie. Le comte Andrassy, pendu en effigie pour avoir pris part à la révolution, maintient, lui aussi, cet idéal dans son lointain exil. Mais, pour l'instant, il n'y a rien à faire. Il faut se soumettre au gouvernement victorieux.

L'empereur a maintenant les mains libres. Il peut à nouveau porter son attention sur l'Allemagne et entraver les velléités d'hégémonie de la Prusse. Grâce aux liens de parenté qui l'unissent à la Bavière, François-Joseph n'a rien à craindre de ce côté et peut, chez lui, songer à rejeter la constitution de mars et retourner à l'autocratie. Ceci répond au vœu de l'archiduchesse et du comte Grünne, d'accord avec elle en tous points, et qui, nommé aide de camp de l'empereur, commande l'armée. Cette politique comble aussi les désirs secrets de la grande aristocratie, groupée autour de la cour, et ceux du clergé, conduit par l'archevêque Rauscher, et tout dévoué à l'archiduchesse Sophie. Toute l'autorité se trouve ainsi concentrée. Reste à savoir dans quel sens elle s'emploiera, si ses décisions seront justes et assez clairvoyantes : car cela seul peut justifier devant un peuple et devant l'histoire un gouvernement absolu et strictement personnel et même en faire une chose très heureuse.

En Italie, cependant, tout comme en Hongrie, on patiente et on attend le cours des événements. L'archiduchesse Sophie est victorieuse. Quoi qu'on dise, elle a réussi, en des moments difficiles, à faire triompher avec une force et une énergie méthodique ce qu'elle estimait juste. Elle n'a pas réussi, par ce moyen, à se faire aimer du pays, qui voit en elle le chef d'une « camarilla ». Son entourage, toutefois, s'habitue à l'appeler en secret « notre impératrice ». Surtout Grünne, qui devient de plus en plus puissant. « La mère de l'empereur », dit-on très justement, « est le centre et l'esprit dirigeant de toute la cour. » Elle n'aime guère la Russie et son hérétique souverain, malgré les services qu'il a rendus, et elle transmet ce sentiment à son fils.

L'année 1853 commence donc sous le signe d'un désaccord naissant avec la Russie. A l'intérieur de l'empire, le calme semble régner, mais les dissensions continuent à couver sous les cendres.

CHAPITRE II

FIANÇAILLES

1853-1854

A présent l'inquiétude politique semble conjurée. L'archiduchesse Sophie croit donc le moment venu de mettre à exécution un projet caressé depuis longtemps. Elle songe à unir par de nouveaux liens sa patrie, la Bavière, à l'Autriche et par là servir les intérêts de sa famille.

François-Joseph a maintenant vingt-trois ans : c'est un jeune lieutenant en uniforme de général, élégant, svelte et resplendissant de santé. Il est aveuglément soumis à sa mère et fera ce qu'elle voudra. Dieu sait pour combien de temps encore. Peut-être acceptera-t-il maintenant sans difficulté la fiancée que Sophie lui a choisie. Il y a longtemps qu'elle projette, d'accord avec sa sœur Ludovica, de faire épouser à François-Joseph sa cousine Nené. Elle désapprouve le projet de mariage avec la fille du palatin Joseph de Hongrie, une princesse belle et intelligente pourtant. La Hongrie est une province soumise et doit le rester. Ce qui importe, c'est que l'Autriche joue le premier rôle en Allemagne et qu'un nouveau lien avec la Bavière unisse l'empire à l'un des trois plus puissants royaumes d'Allemagne. Les nouvelles de Munich sont bonnes. Dans ses lettres la duchesse Ludovica parle de sa fille aînée, devenue une grande jeune fille, tout à fait jolie, bien équilibrée et infiniment plus sérieuse et plus raisonnable que tous ses frères et sœurs.

Ceux-ci, sans doute, sont plus près du cœur de leur mère. Cela est vrai surtout pour Charles-Théodore et Sisi. Cette dernière a beaucoup changé à son avantage ; jusque-là, malgré son charme particulier, c'était une grande fille gauche et pas du tout jolie, mais à présent une transformation s'opère dans son physique. Les traits de son visage deviennent plus fins et plus féminins, ses cheveux, encore d'un blond doré à l'époque, encadrent parfaitement ses yeux effarouchés qui rappellent ceux d'une biche. Mais c'est encore une véritable enfant, tandis qu'Hélène est une jeune fille qui apprend à monter à cheval, sans grand succès d'ailleurs. A peine Sisi le sait-elle, qu'elle brûle d'envie de l'accompagner. Bientôt elle prend, elle aussi, des leçons d'équitation.

Elle surpasse sa sœur aînée en un rien de temps, car elle ignore la peur ; Nené au contraire reste craintive et perd le goût de l'équitation à voir Sisi faire des progrès si rapides : il lui est désagréable d'être inférieure à sa jeune sœur.

Mais, de retour à la maison, celle-ci se précipite à son bureau. Il faut que personne ne le sache : elle écrit des vers en cachette. En avril 1853, Sisi est confirmée. On se promet de fêter ce jour-là, comme il est d'usage, par des jeux, des promenades joyeuses et des représentations théâtrales, mais une ombre vient troubler ces réjouissances. David Paumgartten, le petit frère de son amie Irène, a pris une pneumonie très grave et il est entre la vie et la mort. Pour la première fois Sisi sent la gravité de l'existence. La nouvelle que son petit camarade vient de succomber, à quinze ans, l'émeut profondément. Tristement elle se met à son bureau et adresse quelques vers au disparu :

> Tu es mort si jeune,
> Tu es entré si pur dans l'éternel repos !
> Oh, que ne suis-je morte aussi
> Et au ciel, comme toi.

Soudain, et presque inconsciemment, le désir de mourir traverse l'âme de la jeune princesse, malgré la gaîté qui règne habituellement dans la maison paternelle. Les petits événements de sa vie, les séjours à Possenhofen, puis à Munich, ont pour elle une très grande importance. Sisi ne sait trop que faire d'elle-même et de son cœur, toujours inquiet, toujours ému. Le rire est si proche des larmes : la malice luit dans ses yeux, mais les pleurs prennent souvent le dessus. Aucune joie dans ses lettres et dans ses vers, elle y exhale plutôt sa mélancolie, son enthousiasme, son besoin d'amour. Dans son carnet, qu'elle garde comme un trésor, tout contribuera à fixer l'impression du moment. Ses vers sont souvent écrits à l'encre rouge ou illustrés de petits dessins (1).

(1) Ces vers sont extraits d'un petit carnet de poésies écrites par l'impératrice Élisabeth dans sa jeunesse et qui appartient à Son Altesse impériale la comtesse Waldburg-Zeil, née archiduchesse d'Autriche et petite-fille de

Sisi a quatorze ans lorsqu'elle rencontre à la cour ducale un jeune homme qu'elle voit tous les jours et qui, dès le début, fait sur elle une profonde impression. Ses yeux surtout l'ont séduite. Elle est comme envoûtée et ne peut s'empêcher d'y penser tout le temps :

Oh ! vous, sombres yeux,
Je vous ai tant contemplés
Que votre image à présent
Ne veut plus sortir de mon cœur.

La jeune fille attend régulièrement près de la clôture le passage du jeune homme. On finit par se douter de quelque chose. On découvre l'amourette et la romanesque idylle finit brusquement. Sisi se voit enlever le portrait du jeune homme et une enquête est ouverte pour déterminer d'où elle le tient. Soudain, le beau rêve est

Fini !

Jeune et frais amour,
Resplendissant comme le mois de mai,
Voici venu l'automne.
Et tout est fini.

Et le voici loin de moi,
Je ne le vois jamais.
Oh, je voudrais le rejoindre
Si je savais où et comment !

Il est resté longtemps absent. On lui a confié quelque mission lointaine. Il en revient, sans doute, mais malade, et Sisi n'en est pas informée. Il ne guérit pas de son mal, et l'homme qui inspira son premier amour meurt, lui aussi !

Le sort en est jeté,
Richard, hélas, n'est plus !
Le glas sonne, Seigneur,
Ayez pitié de moi !

l'impératrice. On y reconnaît l'écriture fine et délicate qui était à l'époque celle de la duchesse Élise. Quelques-unes de ces poésies sont datées, l'une par exemple du 22 mai 1852, une autre du 25 mai 1853. Il ressort de là que les poésies non datées, entre autres celles que nous citons ici, appartiennent également à l'époque qui précède les fiançailles avec François-Joseph. Archives du château de Syrgenstein. (Dorénavant A.S.).

La blonde enfant
Est à sa fenêtre,
Les fantômes, même,
Sont émus de sa douleur (1).

Un petit dessin, touchant de maladresse, illustre ces vers douloureux. Un convoi sort d'une porte cochère, quelques personnages encadrent le cercueil, alignés comme des soldats de plomb. La mère assiste, pleine d'angoisse, à l'étrange attitude de sa fille. Toute sa gaîté s'est comme envolée. Quand on lui adresse la parole, elle a souvent les larmes aux yeux. Il n'y a que les chevaux qui l'intéressent encore. Mais elle voudrait monter seule, rester toujours seule ; malheureusement ce n'est pas possible. Bien triste aventure que celle qui vient d'arriver à Sisi ! Elle pense très souvent au défunt, mais bientôt de nouvelles impressions effacent les anciennes. Sisi est encore si jeune.

L'hiver est revenu. La neige couvre les toits, puis, soudain, comme par enchantement, un vent chaud l'enlève. Et comme la neige s'en va, le chagrin lui aussi disparaît, petit à petit, il est vrai, mais il passe tout de même :

Et l'amour passe.....
Plus vite que ne fond la neige
Quand le vent de mai la balaie.

D'autres personnages entrent dans la vie de Sisi. Il y a là un jeune comte F. R. qui vient souvent à la cour ducale, et un poème d'amour enflammé se glisse encore dans le carnet secret :

J'ai porté trop longtemps
Mon regard sur ton visage,
Et me voici tout éblouie
Par le reflet de ta beauté (2).

Ce sont des yeux bleus, cette fois, qui l'ont troublée. C'est à peine si leur regard effleure la petite princesse. Sisi en est d'autant plus éprise.

Si je savais chanter, je ne chanterais que toi.

(1) Poésie *A lui !* (A.A.C.W.)
(2) Au comte R. (A.S.).

Le matin, quand elle se lève, le soir, quand elle se couche, elle pense à lui :

Quand le premier rayon de soleil
Me salue au matin,
Je lui demande toujours
S'il t'a embrassé.
Et je prie chaque nuit
Le clair de lune doré
De te dire en secret
Combien je t'aime.

A côté du mot clair de lune, Sisi, d'un trait fin et touchant, dessine « une brave vieille lune, bien épanouie », et la remercie, dans un nouveau poème, de regarder « du haut des espaces » dans sa chambrette et de glisser dans ses rêves l'image du bien-aimé.

Cette passion, qui dure plusieurs mois, n'est pas réciproque, aussi cet amour, comme le premier, finit dans le chagrin :

Car, hélas ! je n'ai plus l'espoir
De te voir penché vers moi avec amour.
J'ai vu en face la dure vérité
Tu es courtois, tout simplement.

Mais Sisi est trop fière pour s'appesantir. Elle se réfugie auprès de ses chevaux, elle parcourt la forêt et la campagne et son chagrin se dissipe. Elle peut faire ce qui lui plaît, sans contrainte, personne ne s'occupe d'elle — faute de temps d'ailleurs. Ils sont tant d'enfants et, pour l'instant, c'est l'avenir de Nené qui est en jeu. La duchesse a pour elle les plus grandes ambitions.

Nené doit devenir impératrice, la souveraine du grand État danubien à présent restauré et, peut-être un jour, de l'Allemagne entière, réunie à l'Autriche. Il faut qu'elle connaisse des langues, apprenne à danser, à monter à cheval, qu'elle aille dans le monde, s'exerce à recevoir et à paraître au milieu d'une assistance nombreuse. Nené par-ci, Nené par-là, tout tourne autour d'elle, et il n'est guère question de la petite Sisi et de son chagrin. Elle se replie sur elle-même, n'ayant pour confidente que son amie Irène Paumgartten. En Autriche, son cousin ne se doute de rien. Il lui écrit comme par le passé et lui envoie de jolis cadeaux, mais la jeune fille trouve qu'elle entend trop souvent le nom de Charles-

Louis de la bouche de sa mère et de sa sœur ! Le printemps passe, l'été arrive et, un jour, la duchesse déclare : « Nené et Sisi iront à Ischl avec moi au mois d'août, pour y voir tante Sophie. Réjouissez-vous, mes enfants ! Nous sommes invitées et peut-être même l'empereur viendra-t-il ! »

Au cours du printemps et de l'été 1853, l'archiduchesse Sophie et ses sœurs se déplacent beaucoup. Maintenant c'est le départ pour Ischl, où séjourne déjà la reine de Prusse. La rencontre doit être décisive. François-Joseph sait à peu près de quoi il retourne, aussi est-il très impatient. C'est pourquoi il fait atteler ses meilleurs chevaux et se met en route. Pendant le trajet, le comte Grünne entretient le jeune monarque de la question d'Orient et des relations avec la Russie. Mais celui-ci n'est pas très attentif. Il est plutôt curieux de savoir comment est la cousine qu'on paraît lui destiner. Il ne l'a pas vue depuis 1848 et a beaucoup entendu parler d'elle. Alors qu'on met trente heures, d'habitude, pour arriver à Ischl, l'empereur fait le voyage en dix-neuf heures. Ce ravissant coin de terre doit à sa source thermale, qui rendit jadis la santé à l'archiduc-archevêque Rodolphe, d'être devenu la résidence d'été de la famille impériale. Ischl offre aussi d'excellentes possibilités de chasse. Pour le moment la famille impériale habite encore en location, et des chambres ont été retenues dans un hôtel pour la duchesse Ludovica et ses filles.

Elles arrivent le 15 août, avec une heure et demie de retard Les malles ne sont pas encore là ; impossible de changer de vêtements. Mais l'archiduchesse regarde Nené et Sisi : même la simplicité du costume de voyage ne parvient pas à déprécier leur éclatante fraîcheur. On leur donne un coup de brosse rapide et sommaire. L'archiduchesse Sophie envoie chercher sa femme de chambre ; celle-ci peigne avec soin les cheveux de Nené, tandis que Sisi, d'un mouvement gracieux, se recoiffe toute seule. La femme de chambre ne peut se retenir d'adresser à la duchesse quelques paroles d'admiration à l'égard des deux princesses ; la superbe chevelure et surtout le charme de Sisi l'enchantent particulièrement. A la fin, tout le monde se dirige vers le salon où l'empereur attend. L'abord est un peu solennel, François-Joseph aussi est embarrassé, la princesse Hélène plutôt confuse. Elle sait ce qui est en jeu, quant à l'empereur, il éprouve le sentiment désagréable qui s'empare de tout homme qu'on veut marier plus ou moins contre son gré. Mais il aime sa mère, qui lui a sacrifié son titre d'impératrice, il sait qu'elle veut seulement son bien et son bonheur, et il est curieux de voir la princesse tant vantée. Il la trouve jolie, grande, svelte, certes, mais, malgré ses vingt ans, elle a dans les traits quelque chose d'énergique et de dur, que l'embarras du moment ne fait qu'accentuer.

Par contre, Sisi la cadette est complètement insouciante. A la vérité, elle n'aime pas le monde et les fêtes de famille, surtout en présence de parents inconnus ; elle n'a pas non plus l'aisance de sa sœur aînée, qui « sort » depuis quelques années, mais elle sait, ou du moins elle soupçonne ce qui se passe et, curieuse de voir comment ils vont s'y prendre, elle jette un regard furtif du côté de l'empereur et d'Hélène. Et tout à coup elle s'aperçoit que l'empereur s'occupe moins de Nené que d'elle-même. Mettant à profit un instant où il ne se croit pas observé, il regarde, surpris, la fine et délicate silhouette de Sisi, sa superbe chevelure et la délicieuse expression de son visage d'enfant. Et c'en est fini, soudain, de l'assurance, du calme et du naturel de la jeune princesse. Elle rougit et, dans son embarras, se tourne vers Charles-Louis. Lui aussi s'est aperçu tout de suite, et non sans une pointe de jalousie, que son frère, l'empereur, regarde manifestement plus sa petite flamme qu'Hélène, qui devrait capter toute son attention. Lorsqu'on passe à table, Sisi est déjà toute embarrassée par les regards incessants de l'empereur. Assise avec sa gouvernante au bout de la table, elle se tourne doucement vers elle et lui dit :

« Hélène a de la chance, elle a déjà vu beaucoup de monde, ce n'est pas comme moi. J'ai tellement peur, que je n'ai pas faim du tout » (1). Le lendemain matin, dans sa jalousie, Charles-Louis dit à sa mère : « Maman, Sisi a beaucoup plu à Franzi, infiniment plus que Nené. Tu verras, il la choisira de préférence

(1) Ces détails reposent sur une lettre de l'archiduchesse Sophie à sa sœur, la reine de Saxe, au moment des fiançailles de l'empereur. Elle y cherche à cacher la déception que lui a causé le choix de son fils et à faire croire qu'elle l'a laissé libre. Cette lettre fut publiée par Mme Marion Gilbert dans son livre *Élisabeth de Wittelsbach*, Paris. Une copie de cette lettre se trouve dans les papiers laissés par Mme de Ferenczy et recueillis par sa nièce, Mme Élisabeth de Farkas, dans ses archives à Felsöbabad. (dorénavant : archives Farkas).

à sa sœur. » — « Tu rêves, une gamine pareille », dit Sophie comme pour le rassurer.

Mais Charles-Louis a raison, les yeux de la jalousie voient clair. François-Joseph est sous le charme de Sisi. Le 17 août, de bon matin, l'archiduchesse vient à peine de quitter son lit, François-Joseph est déjà chez elle. Il lui dit, tout ému :

« Tu sais, Sisi est délicieuse. »

« Sisi ? », répond sa mère étonnée, « mais c'est encore une enfant. »

« Soit, mais regarde ses cheveux, ses yeux, son charme, toute sa personne, elle est exquise. »

De Nené pas un mot. « Du calme », dit sa mère. « Tu ne la connais pas encore, il faut réfléchir. Tu as le temps, inutile de te presser. Personne ne te demande de te fiancer tout de suite. »

« Mais non, il vaut beaucoup mieux ne pas faire traîner les choses en longueur », et le voilà déjà parti pour essayer de joindre Sisi dès avant le dîner. Ne l'ayant pas trouvée, il revient chez sa mère, parle nerveusement de choses et d'autres, et non de Sisi uniquement, mais on voit bien qu'il ne pense qu'à elle. Au dîner la scène de la veille se répète. Il ne cesse de la regarder et en oublie presque Nené, assise à côté de lui ; il ne lui dit pas un mot, tandis que Sisi, à l'autre bout de la table, entre Louis de Hesse et l'archiduchesse Sophie, ne sait pas, tant elle est embarrassée, où poser les yeux. Le prince de Hesse n'y comprend rien, il voit seulement que sa charmante petite voisine est toute rouge et qu'elle touche à peine aux plats. « Jusqu'ici Sisi n'a mangé que du potage et de la salade russe », dit-il étonné à la mère de l'empereur, « elle a dû décider que ce serait jour de jeûne. »

Mais à l'embarras de la jeune fille se mêle déjà un rien de plaisir et de triomphe : sans avoir été influencé, en toute liberté et indépendance, l'empereur a daigné lui accorder son attention, à elle plutôt qu'à une autre. L'après-midi, l'empereur est de nouveau chez sa mère, il ne peut s'intéresser à autre chose et c'est à sa mère seule qu'il peut en parler. Déjà on décide que le soir, au bal, il dansera le cotillon non avec Nené, comme il était prévu et comme l'exigerait l'étiquette, mais avec Sisi, et ceux à qui il est arrivé de danser à la cour savent ce que cela veut dire. Danser deux fois de suite le cotillon avec la même jeune fille équivaut presque à une promesse de fiançailles. Le soir, les deux sœurs paraissent au bal avec leur mère. Nené dans une superbe toilette de soie blanche, du lierre au front, Sisi dans une légère et délicieuse robe de mousseline rose ; une petite flèche de diamants piquée dans les cheveux retient ses boucles d'un brun doré. Lorsqu'elle entre, tous les regards se concentrent sur elle, on sait déjà qu'elle charme l'empereur, mais elle ne croit toujours pas que cela est sérieux. En présence de François-Joseph, qu'elle salue d'une cordiale poignée de main, elle est relativement naturelle, mais tous ces témoins qui la fixent l'effraient et lui déplaisent au plus haut point. L'empereur ne prend part ni à la première ni à la deuxième polka. Il dit à sa mère : « J'aimerais bien voir danser Sisi. » L'archiduchesse envoie alors un aide de camp, le baron Weckbecker, inviter sa petite nièce pour la deuxième polka. Sisi s'en tire bien, quoiqu'elle soit visiblement fraîche émoulue du cours de danse. Tout en dansant, elle sent peser sur elle le regard de François-Joseph, s'accrocher pour ainsi dire à ses yeux, à ne plus pouvoir s'en détacher. Mais voici minuit ; conformément à une vieille et charmante coutume, le premier danseur s'apprête pour le cotillon ; le moment est venu : l'empereur danse avec Sisi ! A présent, tout le monde a compris, tout le monde — à l'exception de la principale intéressée. Elle voit que François-Joseph lui remet, en plus du bouquet du cotillon, tous les autres bouquets que, régulièrement, il aurait dû donner à ses autres danseuses. Après le bal, on demande à la jeune fille : « Est-ce que cela ne t'a pas frappée ? » « Non », répond-elle, « cela m'a gênée seulement. »

Le lendemain, 18 août, vingt-troisième anniversaire de l'empereur, il pleut à verse. Impossible de sortir le matin. Tout le monde reste à la maison. D'une manière générale on s'est levé tard, François-Joseph seul a fait exception. Il n'a pas dormi et, à la première heure, il se rend chez sa mère. Aujourd'hui, au déjeuner, Sisi est déjà à côté de François-Joseph, tandis que Nené a pris sa place à l'autre bout de la table. L'empereur est radieux, gai, plein de verve, et il ne cesse de regarder sa voisine. Comme le temps s'est un peu rasséréné, après le repas, Nené et Sisi accompagnent l'empereur et sa mère en voiture fermée. Nené est seule à parler ; elle parle fort, abondamment et avec animation, mais on a l'impression de quelque chose d'artificiel et de contraint. Aussi ne prolonge-t-on pas outre mesure la promenade. Ensuite, François-Joseph, resté seul avec sa mère, la prie d'aller trouver la duchesse Ludovica, pour lui demander de sonder Sisi, afin de savoir si elle consentirait à l'épouser. « Mais supplie-la, de grâce, de n'exercer aucune pression sur elle, car ma charge est si lourde, que, Dieu m'en est témoin, ce n'est pas un plaisir de la partager avec moi. »

« Mais mon cher enfant, quelle idée de croire qu'une femme ne serait pas heureuse de te faciliter la tâche par son charme et sa gaîté ? » L'archiduchesse comprend qu'il n'y a rien à faire. Elle doit se résigner à voir Sisi, cette demi-enfant, devenir la femme de son fils, à la place de la jeune fille calme, raisonnable et sérieuse qu'est Nené. Elle est persuadée, dans son for intérieur, que c'est là une folie. Une impératrice doit être une femme achevée, non une enfant dont l'éducation reste à faire. Mais quoi ? Les hommes n'admettent pas facilement que quelqu'un, fût-ce leur mère, leur impose le choix d'une femme. François-Joseph obéit tout de même à moitié, puisqu'il épouse la sœur de la princesse qui lui était destinée. Et voilà bien les hommes : ils épouseront toujours le plus joli minois, tout le reste fût-il problématique, comme dans le cas présent. La mère de l'empereur se rend compte que toutes les objections ne serviraient à rien et même qu'elles risqueraient encore d'empêcher tout à fait le mariage de son fils avec une de ses nièces. Elle décide donc de céder, mais non sans une arrière-pensée : elle se chargera de l'éducation de cette petite, la formera à son idée et en fera une impératrice selon son cœur. Ensuite, elle fait part à Ludovica du désir de l'empereur. Dans un élan d'émotion la mère de Sisi, les larmes aux yeux, presse la main de l'archiduchesse, car, jusqu'au dernier moment, elle craignait de voir échouer les projets de sa sœur. Qu'ils se réalisent autrement que Sophie et elle l'avaient imaginé, c'est un coup du destin.

Après le thé, des Tyroliens chantent dans la salle à manger ; l'archiduchesse Sophie monte un instant dans sa chambre : elle y rencontre Rodi, la gouvernante, et lui dit rapidement : « Ce soir la duchesse Ludovica fera part à Sisi du désir de l'empereur de se fiancer avec elle. » Agitée et toute en larmes, la gouvernante court chez Sisi. Le soir, sa mère vient la trouver pour la mettre au courant ; la petite lui apprend qu'elle sait déjà tout. Lorsque sa mère lui demande si elle croit pouvoir aimer l'empereur, elle perd contenance et fond en larmes : « Oui, comment pourrait-on ne pas aimer cet homme ? Mais quelle idée de penser à moi, je suis si jeune et si insignifiante. Je ferai bien tout pour rendre l'empereur heureux, mais le pourrai-je ? »

Le lendemain, 19 août, Sisi en pleurant décharge son cœur près de sa gouvernante. « Bien sûr, j'aime l'empereur. Si seulement il n'était pas empereur ! » Sa situation future l'effraie. Elle ne peut encore se ressaisir, elle ne se rend pas compte de tout ce qui vient de lui échoir et qu'autour d'elle on appelle un bonheur sans nom. Après sa conversation avec Sisi, qui a plus pleuré qu'elle n'a parlé, la duchesse envoie un billet touchant à l'archiduchesse Sophie avec le consentement de sa fille. A peine sept heures ont-elles sonné, qu'elle envoie ce mot tout droit à François-Joseph ; celui-ci accourt, rayonnant de bonheur. Avant huit heures, il est déjà à l'hôtel ; il rencontre d'abord la duchesse, la remercie et lui dit combien il est heureux, puis il l'abandonne pour se précipiter chez Sisi. Déjà levée, celle-ci vient à la porte, et François-Joseph, fou de joie, la prend dans ses bras et l'embrasse. Élise de Prusse survient alors et surprend, ravie, cette scène touchante, qu'elle vient raconter en riant à l'archiduchesse Sophie. Maintenant, les sœurs oublient Nené et tous leurs projets d'autrefois, heureuses à l'idée qu'une de leurs nièces devient tout de même impératrice d'Autriche et que tout rentre dans l'ordre. Seul Charles-Louis se tient un peu à l'écart de toute cette joie, il semble un instant qu'il écrase une larme, puis, lui aussi vient féliciter Sisi, lui souhaite beaucoup, beaucoup de bonheur et lui baise les deux mains.

Alors l'empereur fait appeler Grünne et ses autres aides de camp et les présente à sa fiancée. Au fond de lui-même, le général pense que, plus encore que ne l'aurait été sa sœur Hélène, cette enfant sera de la cire molle dans la main de l'archiduchesse. Les fiançailles sont maintenant officielles et on ne veut plus les cacher à personne ; au contraire, l'empereur voudrait les crier dans le monde entier, tellement il est heureux et ravi de sa délicieuse petite fiancée. La messe a lieu à onze heures. Le prêtre est déjà au courant. Ischl tout entier est accouru, l'église est pleine à craquer. La cour arrive, on joue l'hymne national ; l'empereur, sa mère et Sisi se dirigent vers l'entrée sur un seul rang. Un mouvement se fait dans la foule des spectateurs. Qu'est-ce ? L'archiduchesse reste en arrière, sa jeune nièce pénètre dans l'église avant elle, ravissante dans son embarras. Elle voudrait dissimuler son visage dans son fichu, le dérober à tous ces regards curieux qui sont pour elle autant de piqûres d'épingles, et pourtant c'est elle l'élue, l'heureuse fiancée d'un des grands de ce monde et, qui plus est, d'un homme jeune et beau, radieux dans son brillant uniforme. Que souhaiter de plus ? Le cœur agité de mille sentiments, les fiancés ploient le genou au moment de l'élévation. A l'issue de la cérémonie, le prêtre descend les marches de l'autel et, avant de se retirer, bénit l'assemblée. Alors François-Joseph prend Sisi par la main, délicatement, comme il ferait d'une fleur fraîche et fragile, et la conduit vers le prêtre : « Monseigneur, veuillez nous bénir, voici ma fiancée. »

Un beau dimanche a succédé au jour de pluie. Arbres et pelouses, tout resplendit d'un éclat nouveau et, lorsque les fiancés sortent de l'église, on leur jette des fleurs. Dans sa confusion, Sisi s'empare de la main de son fiancé, il la regarde tendrement et il est touché de l'embarras que trahit son charmant visage. D'un geste rapide, il la soustrait aux hommages de la foule enthousiaste qui déferle.

L'après-midi, nouvelle promenade dans les superbes forêts des environs. Le temps fraîchit, la petite grelotte, d'émotion plus encore que de froid. Elle n'a pas de manteau, alors François-Joseph ôte sa capote, en enveloppe sa fiancée et lui murmure à l'oreille : « Je ne puis te dire à quel point je suis heureux. » Et Sophie pense alors : « Qui sait, après tout, peut-être est-ce mieux ainsi. » Mais au fond, elle est tout de même un peu vexée qu'on ait donné une entorse à ses projets. « Tu as raison », dit Sophie à son fils lorsqu'ils sont seuls un moment, « Sisi est très jolie, mais elle a les dents jaunes ! »

La duchesse Louise télégraphie à son époux et à son fils : « Empereur demande main Sisi et ton consentement, il reste à

Ischl jusqu'à fin août, sommes tous ravis » (1). La dépêche fait la plus grande impression, Max lui aussi est fou de joie. Il pense que sa femme a fait quelque chose de merveilleux. Et cette chère petite Sisi ? Quel diable de fille ! Certes oui, elle a toujours été la préférée de tout le monde et, de plus, ces derniers temps, elle est même devenue très jolie. Sur l'heure, il part pour Ischl. La grande nouvelle s'est répandue partout avec une rapidité foudroyante. En Bavière, elle déchaîne dans tous les cercles de la population un véritable enthousiasme. A Vienne, la joie n'est pas tout à fait sans mélange. Sans doute, on y désirait aussi que l'empereur se mariât. Mais l'archiduchesse Sophie n'est pas très aimée depuis l'écrasement de la révolution et son rôle est trop certain dans cette affaire ; on se console cependant à l'idée que ses désirs n'ont été que partiellement réalisés.

A présent surgissent comme par enchantement dans tout l'empire des portraits de la fiancée impériale. Tout le monde sait que le souverain l'a choisie lui-même et le public est très curieux de voir quel air a la jeune fille qui a su s'attacher si vite, si délibérément et si complètement le premier personnage de l'empire.

Les fiancés vivent les derniers jours du mois d'août dans une joie sans mélange. Sisi s'est un peu ressaisie, elle commence à s'habituer à sa nouvelle situation et, s'il arrive souvent qu'un peu de crainte et de tristesse s'emparent d'elle, surtout aux heures de solitude, elle se réjouit pourtant du bonheur de son fiancé, qu'elle séduit chaque jour davantage. La moindre de ses paroles semble à l'empereur spirituelle, juste, avisée, exquise. A toute heure, il découvre en elle un nouveau charme. On fait le portrait de Sisi ; François-Joseph assiste aux séances pour la distraire et il ne cesse de la regarder. L'artiste n'a encore jamais peint, dit-il, un si délicieux visage. Le plus extraordinaire, c'est que cela ne paraît pas du tout une flatterie. La jeune fille en éprouve un très grand plaisir et, à la fin du séjour, elle est presque heureuse pour de bon. Seule la mère de l'empereur l'inquiète un peu. Elle la regarde quelquefois de côté d'un œil critique, lui fait souvent des remarques. Et voilà qu'elle a même dit à la duchesse Ludovica que Sisi devrait mieux se brosser les dents.

(1) La duchesse Ludovica en Bavière au duc Max, Ischl, 19 août 1853. Original au musée Élisabeth, Budapest.

Cela a beaucoup froissé la petite, qui s'est même un peu cabrée. Mais ce n'est là qu'une ombre légère à un bien beau tableau.

Puis arrive le jour de la séparation. Il faut que François-Joseph reprenne « le collier », Sisi, elle, va retourner à Possi. Les adieux lui ont toujours été pénibles, qu'il s'agît de quitter des êtres chers, ses bêtes ou même un paysage. Il en est de même cette fois, mais François-Joseph ne restera pas longtemps au loin. Il est bien trop enchanté de sa charmante fiancée et il ne tardera certes pas à revenir. Le voilà à Vienne, tout triste de se retrouver attelé aux affaires, après « les divines journées d'Ischl ». Il écrit à sa mère : « Quelle chute entre le paradis terrestre d'Ischl et cette existence de paperasses avec ses soucis et ses tracas » (1).

Au retour, dans la voiture, et ensuite dans le calme de Possi, Sisi réfléchit à sa nouvelle situation. Que s'est-il passé en somme ? Elle est partie sans se douter de rien, et la voilà revenue fiancée, presque sans le vouloir. Elle sera une grande et puissante impératrice, elle régnera sur un immense empire, fait de peuples innombrables, dont elle ignore la langue et les coutumes, et pourtant elle n'est qu'une timide petite fille. Mais elle est fermement décidée, malgré tout, à vivre sa vie, à obéir aux désirs de sa tête et de son cœur. Que se passera-t-il avec son besoin effréné de liberté et d'indépendance ? Hier encore, l'ancien amour emplissait son cœur et, soudain, un autre amour est là qui a jailli si vite et si brusquement... Par la fenêtre Sisi regarde passer les hirondelles qu'elle a si souvent enviées, car elles sont libres de toute entrave, dégagées de tout devoir, de toute loi, du moins le croit-elle. Que n'est-elle aussi une hirondelle, loin de tout ce qui l'attend de beau et de mystérieux, mais peut-être aussi de terrible. Et, comme jadis, au temps de ses premiers rêves d'amour, Élisabeth se confie à son petit carnet de poésies :

> O hirondelle ! prête-moi tes ailes,
> Emmène-moi au pays lointain.
> Que je serais heureuse de briser toute entrave
> De rompre tout lien.

(1) François-Joseph à l'archiduchesse Sophie, Schönbrunn, 6 septembre 1853. Dr Franz Schnürer, *Lettres de l'empereur François-Joseph Ier à sa mère*, 1838-1872. Munich, 1930.

Ah ! si je planais librement avec toi là-haut,
Au firmament éternellement bleu,
Combien je louerais avec joie
Le dieu qu'on nomme liberté.
Combien vite j'oublierais ma misère,
L'amour ancien, l'amour nouveau.
Jamais une douleur ne m'accablerait
Et rien, jamais, n'attristerait mes yeux (1).

Autrefois, on laissait beaucoup de liberté à Élisabeth, elle pouvait faire ce qu'elle voulait, maintenant, l'attention de tout le monde se fixe sur elle. Il n'y a pas moins de trois artistes occupés à la peindre. Le plus beau portrait est destiné à l'empereur. C'est urgent, car le peintre viennois Kaiser a fait d'elle un si mauvais portrait qu'on dirait « un nègre blanc » ; aussi l'empereur l'a-t-il fait immédiatement confisquer. A la fin septembre, un courrier de Vienne apporte un portrait du fiancé impérial : c'est une miniature faite à Ischl, montée dans un magnifique bracelet de diamants. On annonce déjà la visite de François-Joseph pour la mi-octobre.

Il faut, maintenant, s'occuper du trousseau et des toilettes. Sisi s'y intéresse moins que ne font habituellement les jeunes filles de son âge et de sa condition. Elle se rend compte chaque jour davantage qu'elle ne s'appartient plus. L'archiduchesse lui a envoyé des dessins d'Ischl qui doivent lui rappeler les heureux jours qu'elle y a passés. La jeune fille la remercie, le 29 décembre, par une gentille lettre dans laquelle elle tutoie naturellement sa tante et parle de son impatience de revoir l'empereur.

Tandis que Sisi n'est occupée que de ses pensées, de ses sentiments et de son cœur, François-Joseph prouve que, malgré son amour, il a le souci d'être correct et de se conformer à l'étiquette. Il veut demander solennellement à la cour de Munich la main de Son Altesse royale, la princesse Élisabeth, duchesse en Bavière (2). Il faut que le ministre plénipotentiaire à Munich lui prouve d'abord par le menu que cela n'est pas du tout nécessaire.

Enfin, le 11 octobre 1853, François-Joseph accourt chez sa fiancée. Il fait une brève visite au roi, à Munich, puis il vole à Possenhofen pour embrasser Sisi. Il est radieux, c'est un plaisir

(1) Poésie d'Élisabeth. (A.S.)
(2) François-Joseph à Buol, Vienne, 9 octobre 1853. Vienne, Archives d'État.

de le voir. Il se montre gai et plein d'entrain et oublie tout à fait qu'il est empereur. Il s'amuse comme un gamin avec les plus jeunes frères et sœurs de sa fiancée, ce n'est plus qu'un enfant parmi d'autres enfants. Il trouve Sisi encore plus belle et plus séduisante si possible, elle évolue d'ailleurs avec beaucoup plus de naturel et plus d'assurance que lors du séjour à Ischl. Le fiancé en est tout surpris. Il voit la jeune fille à cheval et il est émerveillé. Il en oublie complètement de transmettre à la duchesse une recommandation expresse de sa mère : Sophie demande en effet qu'on ne laisse pas la fragile Sisi faire trop d'équitation. Mais, de toutes façons, la petite, qui s'adonne à ce sport avec passion, ne se serait pas laissée retenir. François-Joseph parle avec enthousiasme de Sisi à sa mère. « Elle a maintenant des dents tout à fait blanches », lui écrit il (1).

Après sa visite, l'empereur retourne, le 15 octobre, à Munich avec la famille ducale. A l'occasion de l'anniversaire de la reine Marie, il y a une grande revue et, le soir, une représentation de gala au théâtre de la cour. La direction, qui ne se distingue pas par le tact, veut faire jouer l'opéra de *Guillaume Tell*, qui oppose la figure du bailli autrichien Gessler au libre et noble Suisse. Le roi en fait la remarque et interdit la représentation. Il faut chercher une autre pièce. Et que choisit-on ? *Catherine Cornaro*, du chef-d'orchestre Lachner. C'est tomber de Charibde en Scylla : quoi de plus maladroit, en effet, que de donner en soirée de gala à des fiancés impériaux, auxquels toute la Bavière veut témoigner sa joie, un opéra qui débute par la rupture de fiançailles solennelles et qui s'achève par l'agonie d'un roi ! A son entrée dans la loge royale, le couple est accueilli par des acclamations sans fin. Sisi a un mouvement de recul et se sent si angoissée et si confuse d'être l'objet de ces démonstrations, qu'elle fait presque pitié à ceux qui la connaissent.

Les jours qui suivent sont remplis par une série de fêtes de cour. Au bal donné dans la grande salle de la Résidence, la fiancée de l'empereur charme tout le monde. On se demande, tout étonné, comment on a pu ignorer jusque-là un tel trésor de beauté et de grâce. Sisi elle-même est moins enchantée. La présentation de tous les diplomates l'ennuie et l'intimide, bien

(1) François-Joseph à l'archiduchesse Sophie, Munich, 17 octobre 1853.

que, sur tous les visages, elle ne lise que de l'admiration. Seul l'envoyé prussien éprouve quelque dépit. « La visite de François-Joseph », écrit-il dans son rapport (1), « a déchaîné à Munich une véritable ivresse d'enthousiasme qu'on essaie déjà d'exploiter au détriment de l'amitié avec la Prusse. » A son sens, l'entourage de François-Joseph, et tout particulièrement le comte Grünne, froisse l'amour-propre des Bavarois. Le diplomate prussien n'a pas tort, l'aide de camp n'a pas fait bonne impression non plus à Sisi. Il ne laisse pas de la regarder de haut et de la toiser avec ironie, et c'est la chose au monde qui l'exaspère le plus.

Bien à regret, François-Joseph est forcé de retourner chez lui le 21 octobre. Mais c'est surtout à Possenhofen qu'il a été heureux, et il remercie sa mère du fond du cœur, de lui avoir donné un si profond bonheur, comme pour lui faire oublier que c'est lui-même qui a choisi. Il écrit, dans sa ferveur : « J'aime Sisi chaque jour davantage et je ne cesse de me persuader qu'aucune autre femme ne saurait mieux me convenir » (2).

Après la visite de l'empereur, la cour, le peuple, tout le monde à Munich est heureux et fier, y compris le père de la fiancée, le duc Max. « La table ronde » le félicite à son amusante façon. Le 30 octobre 1853, au cours d'un dîner, « les chevaliers » célèbrent par des poésies et une couronne de vingt-cinq « rimes hépatiques » les fiançailles de Sisi et les noces d'argent du couple ducal. On rit beaucoup, au point d'en oublier presque tout le respect qu'on doit au prince et de chanter en chœur ce vers hépatique :

> C'est le foie d'un brochet, et non d'une panthère,
> Du cœur, amusez-vous chez le futur beau-père.

Munich l'apprend et le duc Max a maille à partir avec la famille royale. On lui donne à comprendre qu'il n'est plus tout à fait un simple particulier et que, depuis les fiançailles de sa fille, le monde entier a les yeux fixés sur lui et les siens. Mais

(1) Von Bockelberg dans une lettre particulière au ministre-président, le baron von Manteuffel, à Berlin, 4 novembre 1853. Archives de l État prussien, Dahlem.

(2) L'empereur François-Joseph à l'archiduchesse Sophie, Munich, 17 octobre 1853. SCHNÜRER, ouv. cit., p. 215.

cette constatation est loin d'enchanter le duc et la duchesse qui veulent continuer à vivre comme par le passé.

Il s'agit maintenant de faire connaître un peu mieux à Sisi, qui n'y entend pas grand'chose, l'histoire et la politique d'Autriche et même de Hongrie. Dans le milieu littéraire que fréquente le duc Max, se trouve un comte Jean Majlath, Hongrois très versé dans l'histoire. Élevé à Vienne, il parle l'allemand presque mieux que sa langue maternelle, grâce à quoi il peut faire goûter au peuple allemand la littérature hongroise, ses contes et ses légendes. Il entre comme professeur de Sisi dans la maison du duc Max et, soudain, le cœur si accessible au rêve de la fiancée impériale est envahi par le charme qui se dégage de ce monde poétique où la conduit Majlath et qui est un monde essentiellement hongrois. Elle y sent vibrer l'amour, la joie et la souffrance, l'enthousiasme et l'orgueil national du peuple magyar. Et elle prête l'oreille à cette mélodie si neuve pour elle. L'esprit chevaleresque, qui vit dans tout Hongrois, le courage et la vigueur de ce peuple hardi de cavaliers, Majlath les lui dépeint sous les couleurs les plus vives. C'est à peine si elle a aperçu un autre Hongrois, elle n'a pas mis le pied sur cette terre magyare, et déjà elle épouse les sentiments de cet ardent patriote qui, loin de sa patrie, vit plein de regrets. Trois fois par semaine, Majlath vient chez la princesse et elle, qui d'habitude déteste les leçons et leur échappe le plus possible, se réjouit chaque fois de son arrivée.

Ravie, elle lui montre les beaux cadeaux qui arrivent de Vienne. Pour sa fête, le 19 novembre, un gendarme du corps impérial lui a apporté une superbe broche ; c'est un bouquet de roses en diamants (1). Pour les fêtes de Noël, et en même temps pour l'anniversaire de Sisi, François-Joseph arrive à Munich dans la nuit du 20 au 21 décembre, bien après minuit. Il est très tard lorsqu'il fait son entrée au palais ducal, mais on ne l'empêchera pas de voir immédiatement sa fiancée. Le jeune empereur tient à faire un séjour en famille, c'est-à-dire à passer toute la journée avec Sisi. Le soir de Noël, les deux jeunes gens s'offrent réciproquement leurs portraits à cheval. Sous l'arbre de Noël, François-Joseph remet à sa fiancée un superbe bouquet de fleurs des serres impériales, qu'un courrier express vient d'apporter

(1) Elle avait coûté 80.000 florins.

il y a une demi-heure à peine, ainsi qu'un perroquet de la volière de Schoenbrunn. L'archiduchesse, entre autres cadeaux, a aussi envoyé — discrète exhortation — un chapelet à Sisi.

Mais la situation politique exige le retour prématuré du souverain à Vienne. Le ministre de Prusse a encore suivi d'un œil très critique le séjour de l'empereur en Bavière. Il prétend avoir remarqué que François-Joseph et le duc Max ne s'entendent pas trop bien et que l'attitude de l'entourage de l'empereur continue à mécontenter la cour. « De l'aveu des témoins oculaires », écrit-il, (1) « le monarque n'a pas cessé d'accompagner sa fiancée et d'observer tous ses gestes ; et il semble bien que la volonté très nette et très ferme, qui est un des traits dominants du caractère de la jeune princesse, n'ait pas échappé à sa perspicacité. On prétend que des paroles auraient même été prononcées dans ce sens, et on croit avoir remarqué, après le départ de l'empereur, une certaine contrainte au palais ducal. »

En réalité, cependant, les choses ne sont pas si graves, quand bien même il y aurait dans cette histoire une once de vérité. L'empereur François-Joseph a pu constater plusieurs fois que sa petite fiancée avait une volonté accusée, que, lorsqu'elle désirait quelque chose, il fallait la satisfaire, si on ne voulait pas encourir sa disgrâce. Et, en effet, la lettre qu'il écrit cette fois de Munich à sa mère est un peu plus tiède, mais il continue à trouver Sisi charmante et la comble de cadeaux. Le 16 janvier, un courrier spécial de l'empereur apporte une superbe et précieuse fourrure : François-Joseph s'est souvenu qu'à Noël sa fiancée s'était une fois plainte du froid. Sisi est encore une enfant et toutes ces belles choses l'amusent. Mais sait-on ce qui lui plaît le plus ? Le perroquet ! Une toute petite lettre encadrée de dentelle et adressée à son ex-gouvernante, la comtesse Hundt, en fait foi (2). Sisi a beau être bientôt impératrice, elle reste fidèle à ses passions d'enfant, elle aime ses bêtes et ses oiseaux, s'en occupe et laisse à d'autres le soin des choses sérieuses.

Déjà commencent les préliminaires du mariage ; avant tout, des obstacles d'ordre légal se présentent. Car Sisi est parente

(1) Von Bockelberg au roi de Prusse, Munich, 13 janvier 1854.
(2) La duchesse Élisabeth en Bavière à la comtesse de Hundt, Munich, 27 janvier 1854. (A.A.C.W.)

avec son fiancé au second degré du côté maternel, au quatrième degré du côté de son père. Du point de vue du droit canon, chacun de ces liens de parenté constitue un empêchement dirimant au mariage que, du point de vue du droit civil, le premier rendait déjà impossible. Il y a de bonnes raisons à cela, mais chez les grands on passe trop facilement sur ces sortes d'obstacles. La dispense demandée au pape est accordée sans difficulté.

Il faut alors rédiger le contrat de mariage. C'est de l'hébreu pour Sisi. Elle reçoit « par amour et affection paternels » 50.000 florins en dot de sa famille, plus un trousseau « conforme à son rang ». L'empereur, de son côté, promet de « compenser la dot de sa fiancée avec 100.000 florins ». Il lui assure en outre une *morgengabe* de 12.000 ducats, conformément à cette ancienne coutume, déjà consignée dans le *Miroir de Saxe*, d'après laquelle le mari devait à sa femme, après la nuit de noce, une compensation pour la virginité perdue. Ensuite François-Joseph s'engage à faire verser annuellement à son épouse, pour son usage personnel et à sa libre disposition, la somme de 100.000 florins en espèces. Cette somme, appelée *épingles*, doit servir uniquement à la toilette, aux aumônes et autres menus frais. Toutes les autres dépenses sont à la charge de l'empereur. Ensuite, le cas échéant, on assure à l'impératrice une rente de veuve de 100.000 florins (1). Le ministre des finances autrichien reçoit l'ordre écrit de la main de l'empereur, de tenir prêt, pour le lendemain du mariage, la *morgengabe* en nouvelles pièces d'or et d'argent, dans « un coffret présentable, afin de la remettre à la sérénissime fiancée » (2).

Le roi de Bavière doit alors déclarer solennellement qu'il n'y a aucun empêchement au mariage de Sisi et il profite de l'occasion pour assurer, dans cet acte, qu'en tant que chef de la maison royale, il a donné son consentement « avec un plaisir tout particulier » (3). On fait un inventaire du trousseau de l'impériale fiancée, inventaire consciencieux s'il en fut. Chaque objet mentionné porte en regard sa valeur exacte. Les bijoux, les parures

(1) Contrat de mariage fait le 4 mars 1854, ratifié le 20 mars. Vienne, Archives d'État.

(2) L'empereur François-Joseph au ministre des finances, le chevalier de Baumgartner, Vienne, 26 mars 1854. Vienne, Archives d'État.

(3) Déclaration royale du 11 mars 1854, Vienne, Archives d'État.

en or et les joyaux forment la première partie, l'argenterie la deuxième. La troisième, celle des vêtements, est la plus longue. Il y a dix-sept robes de cérémonies, quatorze robes de soie montantes, six robes d'intérieur, dix-neuf petites robes d'été aux couleurs de rose et de violette, de bleuet et de myosotis et quatre robes de bal. Avec cela, seize chapeaux et voilettes, avec des plumes, des roses et des violettes et, entre autres, ce chapeau de jardin garni de fleurs des champs, qui a séduit François-Joseph à Ischl. Six manteaux, huit mantilles et cinq mantelets de velours et de drap lourd complètent le trousseau. Suit la riche lingerie : quatorze douzaines de chemises, dont une douzaine en batiste garnie de ravissantes valenciennes, quatorze douzaines de bas, depuis la soie la plus fine jusqu'à la laine la plus épaisse, six douzaines de jupons, cinq douzaines de pantalons, des peignoirs, des déshabillés et ainsi de suite. Puis les bottines et les souliers : six paires de chaque espèce et vingt paires de gants de toutes les couleurs et de toutes les sortes (1). On a tenté d'intéresser un peu Sisi à son trousseau, mais elle déteste ces essayages continuels et trouve insupportables tous les embarras qu'on fait à son sujet. Elle s'échappe aussi souvent que possible. Les couturières et les lingères se plaignent : la princesse n'est jamais là et, quand on a réussi à s'emparer d'elle, elle veut en avoir fini tout de suite et cherche à fuir. Il est difficile de travailler pour elle, et c'est un plaisir pourtant d'habiller et de parer, comme il convient à une impératrice, un si svelte et si beau corps de jeune fille.

Une fois encore, le 13 mars, François-Joseph vient en visite et remet à sa fiancée, de la part de sa mère, la superbe parure : diadème, collier et boucles d'oreilles d'opales et de diamants, que l'archiduchesse a portée le jour de son mariage. Ce joyau vaut à lui seul autant que tous les autres bijoux et parures que possède la jeune fille (2). Mais le fiancé en profite pour lui glisser que sa mère a été très étonnée que, dans sa dernière lettre, Sisi l'ait tutoyée. « Cela n'est pas correct », lui dit-il, « moi, son propre

(1) Inventaires du trousseau de Son Altesse royale, la duchesse Élisabeth en Bavière. Vienne, 30 avril 1854. Vienne, Archives d'État.

(2) Dans l'inventaire la valeur globale des bijoux, parures et pièces d'orfèvrerie est estimée à 102.234 florins, celle de la parure de l'archiduchesse seule à 62.460 florins. Vienne, Archives d'État.

fils, je lui dis « vous ». Le respect et la vénération qu'on doit à une femme âgée l'exigent. » Sisi hoche la tête, elle est d'avis qu'on tutoie une tante, surtout si elle devient votre belle-mère. Puisque l'empereur, son fiancé, y tient, soit, mais l'accent de la lettre de remerciement est accordé au « vous ». Elle est sensiblement plus fraîche, bien qu'elle contienne la formule que c'est un sentiment bienfaisant pour Sisi, de pouvoir, en toutes circonstances de la vie, se confier à l'amour maternel de l'archiduchesse (1). Il reste un arrière-goût d'amertume. De la mère de l'empereur il ne vient que des remontrances. Tout était simple, lorsque personne ne s'occupait d'elle encore et qu'elle pouvait, à Possi, errer librement à travers le jardin et les bois. Maintenant, on vient à tout moment l'importuner pour des affaires importantes, qui ne sont au fond que de ridicules formalités. Voici, par exemple, l'acte de renonciation. Les princesses de la branche latérale ne seraient appelées à la succession au trône qu'au cas où la branche royale et la branche ducale n'auraient plus, en Bavière, un seul représentant mâle. Et Sisi à elle seule a déjà trois frères ! Mais la loi de famille est formelle, dans la salle du trône fastueusement décorée il faut que, devant le monde entier, la princesse prête serment et signe l'acte de renonciation (2). Ce n'est qu'après cette comédie qu'on est satisfait. Sisi en sourit, puis elle se fâche, mais à quoi bon, il lui faut se plier à la tradition. Ce n'est que le prélude à mille formalités semblables qui l'attendent, impératrice. Elle revient toute songeuse de la cérémonie.

Et le jour approche où il faudra se séparer. Le mariage à Vienne est définitivement fixé au 24 avril. Le 14, déjà, dix-sept grandes malles et huit petites sont parties pour Vienne. Le dimanche de Pâques, 16 avril, a lieu un grand concert de gala à la cour royale de Munich : le corps diplomatique tenait à rendre à la fiancée impériale un dernier hommage avant son départ. Sisi, ce jour-là, est toute parée de diamants et porte pour la première fois les décorations qu'elle vient de recevoir. Elle est belle et charmante, mais très grave. « La jeune duchesse »,

(1) La duchesse Élisabeth en Bavière à l'archiduchesse Sophie, Munich, 16 mars 1854. Schnürer, ouv. cit., p. 223.

(2) Acte de renonciation, lundi 27 mars 1854. Cérémonial de la Maison royale de Bavière.

écrit le ministre de Prusse (1), « semble, en dépit de l'éclat et de la situation élevée qui l'attend aux côtés de son auguste et impérial fiancé, souffrir à l'idée de quitter sa patrie et d'être séparée de son illustre famille, et l'expression de ce chagrin jetait une ombre légère sur le jeune visage rayonnant de beauté et de grâce de la sérénissime princesse. »

Et cette fois, en effet, l'envoyé n'avait pas vu les choses trop en noir. Plus le grand jour approche, plus Sisi s'effraie de l'inconnu qui l'attend. Une fois encore, avant le départ, elle est retournée à son cher Possi. Les larmes aux yeux, elle prend congé de sa chambre de jeune fille, de son cher jardin qui pousse justement ses premières feuilles et ses premières fleurs, du beau lac et des montagnes qu'elle a tant aimées. Elle se rappelle ses premiers élans d'amitié, ses premiers rêves d'amour, ses premiers chagrins et, comme toujours, quand un sentiment l'étreint tout particulièrement, elle prend sa plume et il en coule des vers (2) :

Adieu, pièces silencieuses,
Adieu, vieux château.
Et vous, premiers rêves d'amour
Reposez en paix au fond du lac.
Adieu, arbres chauves
Et vous buissons et fourrés
Quand vous commencerez à reverdir
Je serai loin d'ici.

Et voici le jour du départ. Par une belle matinée de printemps, le 20 avril, les rois Max et Louis viennent au palais ducal prendre congé de Sisi. On a bien défendu toute cérémonie officielle, pourtant une foule compacte se presse dans la Ludwigstrasse, où passe le cortège des voyageurs, du palais ducal à la porte de la victoire, pour dire un dernier adieu à la princesse. Une berline attelée de six chevaux sort du palais, qui doit conduire la fiancée à Straubing, sur le Danube, où attend le bateau impérial. Ludovica et sa fille sont assises dans le fond, Nené et les autres sœurs entassées sur le devant, et Charles-Théodore, que malgré le manque de place rien n'aurait empêché d'accompagner sa petite

(1) Von Bockelberg au roi de Prusse, 17 avril 1854 ; Archives secrètes de l'État prussien.
(2) Écrit de la main de la duchesse Élisabeth. (A.S.)

sœur au moins jusqu'à la première station, est installé sur le siège. L'apparition de Sisi, en costume de voyage foncé et en petite capote, déchaîne un torrent d'enthousiasme. Elle est grave et pourtant charmante, l'émotion la saisit. Des larmes coulent sans arrêt le long de ses joues et, lorsque la foule s'approche, lui fait des signes et l'acclame, elle se lève dans la voiture à plusieurs reprises, se retourne et, des deux mains, elle adresse à son pays natal, à sa famille, à son enfance un dernier adieu. Et voilà qu'à ce moment, comme pour la consoler, un feuillet vole dans la voiture :

Rose de Bavière
A peine éclose,
Désormais tu fleuriras et tu répandras
Ton parfum sur les bords du Danube.
Rose de Bavière,
Crois en ce message,
Tu ne saurais trouver
Jardinier plus attentif. (1)

(1) Poème du poète autrichien Jean Népomucène Vogl.

CHAPITRE III

MARIAGE, SPLENDEUR ET SOLITUDE
1854-1856

Vienne, la ville impériale, prépare une fête splendide. Il faut que la fiancée du souverain voie que le futur époux possède l'amour de ses peuples, et surtout celui de sa capitale et résidence. On espère tout de François-Joseph. Sa charmante jeune femme le rendra heureux et son empire avec lui. Sans doute, les fiancés sont très proches parents. Déjà les filles de Rodolphe de Habsbourg ont inauguré la série des unions entre les maisons d'Autriche et de Wittelsbach. Le mariage de François-Joseph est la vingt et unième. Mais toutes les appréhensions disparaîtront derrière le faste et la splendeur de la cérémonie.

Élisabeth passe la frontière autrichienne le 21 avril, accompagnée de ses parents et de son frère et de sa sœur aînés. Et, le soir, sur la jetée de Linz, François-Joseph attend sa petite fiancée pour la conduire, toute tremblante, dans la charmante maison de campagne où, selon la coutume, on lui a préparé un gîte pour la nuit. Lui-même, aussitôt, remonte en voiture et retourne à Vienne où se prépare une réception des plus brillantes. On fait des prières pour le beau temps. Au ciel, des nuages menacent ; l'après-midi, cependant, un vent violent les déchire et, au moment où la fiancée aborde à Nussdorf dans un bateau couvert de fleurs, un ciel bleu resplendit sur ce magnifique spectacle. L'empereur, ses parents, les plus grands dignitaires et une foule innombrable de curieux attendent sur le quai. A peine le bateau a-t-il accosté — un large espace le sépare encore de la terre ferme — que l'empereur François-Joseph s'y précipite et, serrant sa fiancée dans ses bras, il l'embrasse fougueusement devant tout le monde. Puis, pâle et intimidée, Sisi, en robe de soie rose et manteau blanc, met pied à terre au bras de son fiancé et, poussé par mille voix, retentit comme un ouragan le cri de « Vive Élisabeth ! » Elle s'arrête un instant, fascinée et, profondément émue, elle plonge son regard dans la foule enthousiaste, indécise et embarrassée. Puis elle se ressaisit, salue à droite et à gauche, agite son mouchoir de dentelle et la vue de cette gracieuse apparition arrache de nouvelles acclamations aux spectateurs. François-Joseph, alors, tâche de la soustraire à la foule ; il monte avec elle dans le carrosse attelé de superbes chevaux blancs de Lippiza et ils partent vivement pour Schoenbrunn, où le reste de la famille impériale s'est réuni pour recevoir la fiancée Là encore, une foule immense attend dans le parc du château et, quoique lasse et fatiguée, pâlie par l'émotion et un long voyage, Sisi est obligée de sortir à nouveau sur le balcon, de se montrer, de sourire, de saluer, et ceci sera désormais son rôle. Elle ne trouvera même pas la paix dans l'intérieur des appartements. On lui présente sa première dame d'honneur, la comtesse Sophie Esterhazy-Liechtenstein, une femme de cinquante-six ans, à la figure sèche et parcheminée. Sisi la regarde avec méfiance, elle ne lui plaît pas, avec ses airs de duègne. Bien entendu, c'est une confidente de l'archiduchesse Sophie qui l'a elle-même choisie et placée aux côtés de la future impératrice. La mère de l'empereur a ses raisons : elle peut se fier à la comtesse. Elle a également désigné les deux autres dames d'honneur qui seront attachées à la personne de Sisi, une comtesse Paula Bellegarde, qui paraît gentille et sympathique à Élisabeth, et une comtesse Caroline Lamberg, fille de ce général assassiné en 1848 par les Hongrois sur le pont suspendu de Pest. Ces dames devront la familiariser avec les usages de la cour.

On a prévenu Sisi : les fêtes, le cérémonial espagnol, le faste et la splendeur de la cour impériale sont quelque chose d'inouï. Tout cela sera pénible et fatigant. Mais la réalité dépasse tout ce qu'elle avait pu imaginer. Lorsque, le soir, elle veut aller se coucher, on lui met en main un volumineux document intitulé « Cérémonial de l'entrée solennelle de Son Altesse royale, la sérénissime princesse Élisabeth ». Elle devra l'étudier, afin que, le lendemain, tout marche à souhait. Sisi est agitée, elle ne parvient pas à s'endormir : le changement de lit, la nouveauté de son entourage, la perspective de tout ce qui l'attend, tout l'accable. Avec cela, François-Joseph est d'un empressement touchant. Il cherche à tout lui faciliter, lui demande mille fois ce qu'elle désire, la calme quand elle paraît inquiète de ce qui va venir. « Mon Dieu, n'y pense pas, chérie », lui dit-il, « cela fait partie de notre métier et tu verras combien les Viennois seront enchantés de ma délicieuse petite fiancée. »

Le lendemain, 23 avril, tout le monde, ainsi le veut l'étiquette, est en grande toilette dès le matin ; les dames en opulentes robes « rondes ». En voiture à six chevaux, la duchesse Ludovica et sa fille se rendent de Schoenbrunn au Theresianum, le vieux château impérial d'où, depuis des siècles, la fiancée du souverain fait son entrée dans la capitale. Là, Sisi est écrasée par la gravité de l'instant, elle se met à pleurer et on a du mal à la calmer. Il lui est insupportable d'être regardée continuellement, et voilà qu'on veut encore la promener dans tout Vienne dans ce carrosse de verre, comme si elle était une bête curieuse.

Mais cette faiblesse n'est que passagère, une expression dure, énergique apparaît soudain sur son bon petit visage, elle ressemble un instant à sa sœur Nené ; elle monte alors dans la voiture, le carrosse doré, décoré par Rubens, qui s'ébranle, traîné par huit chevaux blancs. Elle se résigne à cette promenade, qui aurait rempli d'orgueil et de satisfaction toute autre jeune fille. Le nouveau pont, construit sur la Vienne, vient d'être terminé. La fiancée impériale est la première à le traverser. Les rues sont fleuries, des jeunes filles en blanc sèment des roses sur tout le trajet et une foule immense se presse derrière le cordon de troupes. C'est ainsi que cette enfant, née un dimanche, arrive, un dimanche également, dans sa future demeure, la Hofburg. C'est un ravissant tableau de voir Sisi sortir du carrosse, en robe de satin tramée d'argent, garnie de guirlandes de roses. Le carrosse est somptueux, mais, quant à la forme, c'est un monstre d'un autre âge et, en descendant le marche-pied trop haut, elle accroche un instant son diadème de diamants à l'encadrement de la porte. Mais elle a vite fait de s'en tirer et, d'un geste infiniment gracieux, elle arrange ses cheveux. Pour ce jour-là, Dieu merci, sa tâche est terminée. Le lendemain est consacré à la préparation de l'heure décisive. La première dame d'honneur apporte encore deux volumineux documents. L'un, Sisi doit le parcourir seulement, l'autre, elle doit le garder et même l'apprendre par cœur. Le premier est le cérémonial du mariage, lithographié, et comportant dix-neuf pages. Sisi est effarée de voir là dedans qu'il y a des « femmes sérénissimes et très sérénissimes », des « dames du palais et des dames d'appartement », des « pages et des porteurs de traînes », « des généraux en service » et « un ordre de cortège » pour aller à l'église, un autre pour revenir dans les appartements. « Qu'est-ce que des dames d'appartement ? » demande-t-elle amusée. On lui apprend que ce sont celles qui, à la différence des dames ayant « leurs grandes et leurs petites entrées », n'ont le droit de paraître dans les appartements qu'à certaines heures et après y avoir été spécialement conviées. Elle rend avec effroi le premier document à la comtesse Esterhazy. Le deuxième document porte le titre de « Très humbles rappels ». Il contient des instructions pour le lendemain. L'étiquette manifeste son pouvoir, elle prescrit exactement au couple impérial comment il doit se comporter à son mariage (1).

L'empereur, lui aussi, a reçu un document analogue. Il cherche en riant à chasser les nuages qui assombrissent le visage de sa fiancée. « Cela ne sera pas si terrible et, quand nous serons débarrassés de tout cela, tu seras ma délicieuse petite femme et nous aurons bientôt oublié toute cette affaire dans notre beau Laxenbourg. »

Le 24 avril, à six heures et demie du soir, à l'église des Augustins, François-Joseph conduit sa fiancée à l'autel. Il n'y a pas de mots pour décrire le beau spectacle qu'offre l'église. Tout ce qui est grand et noble s'est donné rendez-vous ici. Les ornements des grands dignitaires de l'Église, les uniformes de l'armée, les robes à traîne des femmes, les bijoux, dans lesquels se reflète la lumière de mille et mille cierges, scintillent d'un éclat extraordinaire. Puis un mouvement se fait dans la brillante assemblée : un silence religieux s'établit, le cortège de la Hofburg approche. En tête, tout seul, l'empereur, grand, élancé, en uniforme de feld-maréchal, constellé de décorations, jeune, belle, fière et virile apparition ; derrière lui l'archiduchesse Sophie et la duchesse Ludovica. Entre elles, Élisabeth, en robe à traîne

(1) Les deux documents dans le fascicule XIII : *Mariage de Sa Majesté apostolique impériale et royale*, 1854. Vienne, Archives d'État.

blanche, brodée d'or et d'argent et garnie de myrte, l'éclatant diadème de mariée de l'archiduchesse Sophie dans les cheveux, un bouquet de roses blanches sur la poitrine. Gracieuse, mais grave et d'une pâleur mortelle, elle s'avance vers le prie-Dieu, sans regarder à droite ni à gauche. Elle est là comme en rêve et regarde fixement les anneaux que le prêtre commence à bénir. Il faut un signe d'encouragement et un coup d'œil de l'empereur, pour qu'Élisabeth se lève et s'approche avec son fiancé du maître-autel. Soudain, elle entend, comme venues de très loin, les questions du prêtre qui les unit ; elle dit un oui imperceptible, tandis que celui de l'empereur retentit dans l'espace (1). Elle a maintenant l'anneau d'or au doigt, et sa main fine repose dans la main tremblante d'émotion de l'empereur. A cet instant, éclatent les salves de l'infanterie alignée au Josephsplatz, Élisabeth a un mouvement de frayeur. Le canon tonne sur les remparts et, simultanément, toutes les cloches de toutes les églises de Vienne se mettent à sonner. Puis, soudain, c'est de nouveau le silence. Le vénérable prince-archevêque de Vienne, le cardinal Rauscher, vient à l'autel et parle au couple qu'il vient d'unir. Élisabeth est là, comme ensorcelée, et entend affluer à son oreille, sans arriver à bien suivre, les paroles du long, de l'interminable discours. Il y est question du Tout-Puissant, de l'entente et de l'amour entre l'homme et la femme, du devoir et des augustes tâches d'un couple de souverains. Elle ne comprend pas tout, un mot seulement par-ci par-là, une phrase isolée. Mais tout à coup elle dresse l'oreille. Qu'est cela ? Elle entend : « Le délicat saint Augustin dit : Quand la femme aime l'homme parce qu'il est riche, elle n'est pas pure : car elle n'aime pas l'époux, elle aime l'argent de l'époux. Quand elle aime l'époux, elle l'aime lui, et fût-il pauvre et dénué de tout. »

Une subite rougeur envahit le visage d'Élisabeth, elle tourne vers son jeune époux un regard interrogateur. Que signifie cette allusion ? Tout le monde sait pourtant qu'elle n'a pas cherché la puissance et la richesse : sans qu'elle y fût pour rien, tout est arrivé soudain et comme par miracle et c'est un ouragan qui l'a entraînée, qu'elle le voulût ou non. Et voilà qu'elle se rappelle

(1) Journal du prince Alexandre de Hesse, le 24 avril 1854. Archives du prince Alexandre d'Erbach-Schoenberg, Château de Schoenberg.

tout à coup avoir vu la veille le haut ecclésiastique sortir de la chambre de l'archiduchesse avec le brouillon de son sermon. Y aurait-il là une intention ? Mais non, peu à peu les bienveillantes paroles du haut dignitaire effacent le sentiment amer que cette parabole avait, un instant, éveillé dans l'âme d'Élisabeth. Plus grave encore qu'à l'arrivée, la jeune impératrice d'Autriche quitte l'église au son des trompettes et des timbales, précédée des pages et des dignitaires, au milieu du fier cortège flanqué des hallebardiers de la garde du corps, pour subir encore, dans la salle des cérémonies, l'assaut des félicitations.

Il apparaît maintenant qu'un couple impérial ne s'appartient pas. N'importe qui peut, tout de suite après le mariage, partir en voyage pour échapper pendant quelques semaines à la famille indiscrète, aux amis et connaissances. L'empereur et l'impératrice ne le peuvent pas. Il leur faut subir un flot de fêtes et de cérémonies. Une illumination de la ville, une représentation de gala, des bals, des délégations. Celles-ci ne viennent pas seulement de l'empire, mais de très loin. Voici, par exemple, une délégation de grands commerçants de Smyrne, sous la conduite d'un banquier d'origine grecque, Thémistocle Baltazzi. Le mariage à Vienne est un prétexte pour entrer en contact avec les grands de la monarchie et de la cour.

Élisabeth, aux côtés de son époux, subit sans mot dire toutes ces fêtes et toutes ces cérémonies. Partout où elle paraît, elle est acclamée, mais elle n'y peut trouver réellement de plaisir. Sa vie est réglée comme la vie dans un couvent ; elle n'a pas une minute à elle, on l'observe, on la dirige et, continuellement, l'archiduchesse Sophie est à ses côtés et trouve à redire à ceci et à cela.

« Tiens-toi bien, il faut saluer plus aimablement, tu n'as pas pris garde à cette dame, tu as été trop aimable avec ce monsieur. » Après tout, elle est une femme tout de même, et une impératrice, bien qu'elle fût, hier encore, une insignifiante petite princesse. Elle passait inaperçue, soit, mais elle n'en était que plus libre et plus indépendante.

Pour le vendredi 28, est fixée une suite ininterrompue de réceptions et d'audiences, mais Élisabeth fait grève. Elle est fatiguée, nerveuse et veut avoir la paix. L'archiduchesse trouve ce refus inconvenant, mais François-Joseph le comprend et donne raison à sa jeune femme ; il décommande les réceptions et, pour remplacer, il conduit lui-même Élisabeth en voiture au Prater. La nouvelle s'en répand avec la rapidité d'un éclair et tout Vienne afflue dans l'allée principale. L'empereur est obligé de faire un grand détour et de quitter rapidement l'allée pour prendre l'air avec sa charmante épouse.

Sans doute, Élisabeth a les cérémonies en horreur, mais une fête lui fait plaisir tout de même, c'est la fête populaire du 29 avril. Car les prouesses de l'écuyer Renz lui rappellent sa patrie, son père et sa passion pour le cirque, à Munich. D'ailleurs, Renz s'est surpassé. A travers le Prater son personnel, vêtu de costumes du Moyen Age, fait une somptueuse escorte aux soixante chevaux, bêtes superbes, de toutes les races. Sur la Place du Feu d'Artifice, près du troisième café, le roi du cirque s'arrête. Sous sa direction défile un quadrille de douze chevaux blancs et douze chevaux noirs. A la fin, tous les cavaliers se placent en demi-cercle et, tandis que s'élancent dans les airs vingt-quatre ballons aux formes humaines et animales les plus singulières, Renz fait faire la haute école à son étalon arabe. D'ordinaire, Élisabeth attend la fin de toutes les fêtes avec impatience, aujourd'hui elle a peine à se détacher du spectacle. Cependant l'empereur insiste pour partir et, chemin faisant, elle lui dit : « C'est merveilleux, il faut que je fasse la connaissance de cet homme. »

Élisabeth est une enfant, une petite fille touchante, très jeune, peut-être trop jeune pour la fougue amoureuse de son mari. Mais ce qui lui semble le plus dur, c'est que le lendemain après lui avoir appartenu, il lui faut, sur le désir de l'archiduchesse Sophie, paraître, comme chaque jour, au petit déjeuner qu'on prend en commun. Élisabeth résiste, elle trouve cette obligation odieuse (1) et craint de ne pouvoir endurer cette épreuve, mais l'empereur François-Joseph est encore tellement habitué à obéir à sa mère que, même là, il n'ose protester. Il craint qu'un refus ne provoque une scène entre la belle-mère et la belle-fille et prie Élisabeth de venir quand même ; elle se résigne donc et accepte

(1) Confidence de l'impératrice Élisabeth rapportée par la comtesse Marie Festetics dans son journal, Ischl, 15 octobre 1872.

de paraître. Mais elle en éprouve un sentiment pénible et, nerveuse et toute en larmes, elle regagne ses appartements, tandis que Sophie ne manque pas de poser à son fils les questions les plus indiscrètes.

L'époux d'Élisabeth est occupé toute la journée, aussi le voit-elle peu ; pour le reste, tout l'entourage d'Élisabeth appartient au cercle de sa belle-mère. Comme tout le monde à la cour, ses dames d'honneur lui sont étrangères. Un ordre formel s'opposait à ce qu'elle emmenât aucune dame de son pays et, quand son époux n'est pas avec elle, la petite impératrice se trouve seule, abandonnée, livrée à cette puissance secrète que représente sa belle-mère et qui, dès les premiers jours de son mariage, se fait si cruellement sentir. Car, dès le début, apparaissent nettement les causes du conflit qui ne peut manquer d'éclater. Avec sa forte et énergique personnalité, l'archiduchesse Sophie est habituée à briser l'individualité de tous ceux qui l'entourent. Mais, bien qu'Élisabeth n'ait que seize ans, elle a une volonté très arrêtée et un besoin de liberté effréné, qu'elle tient de son père et qui n'a fait que se développer dans son pays natal. Or, maintenant elle ne peut plus faire un pas sans que sa belle-mère en soit informée. Dans le solitaire Laxenbourg, il faut qu'elle soit habillée et parée du matin jusqu'au soir, parce que quelqu'un pourrait la voir ; elle ne peut faire ceci ou cela parce que l'étiquette le défend ou que cela ne convient pas à une impératrice. Certes, Sophie a de bonnes intentions, il n'y a pas de doute. Elle voit loin et elle a le sens politique, et c'est là justement ce qui répond le moins aux dispositions de la jeune impératrice. Quand, pendant la journée, son travail retient l'empereur à la Hofburg, Élisabeth se trouve bel et bien enfermée à Laxenbourg, et elle a peur dans ce monde froid et étranger. Elle avait toujours eu des craintes, mais elle avait tout de même imaginé les choses autrement. Sa Bavière, ses frères et sœurs lui manquent. Elle pense avec mélancolie à sa vie à Possenhofen, si insouciante, si simple, si naturelle, et voilà que toute son existence n'est qu'une chaîne de cérémonies compliquées. Il ne s'agit pas d'être, mais de paraître, et c'est bien là ce qui est pénible. Certes, l'empereur est toujours bon, gentil et affectueux avec elle, mais dès que sa mère s'affirme, il n'est plus rien, il est d'ailleurs si rarement là.

Élisabeth se console avec ses bêtes, qu'elle a emmenées en partie de Possi. Elle peut rester pendant des heures devant la volière et s'évertuer à apprendre à ses perroquets des mots et même des phrases entières. La poésie aussi lui est une consolation. Jadis, à Possi, elle se confiait souvent à son petit carnet de vers ; au début de son séjour à Laxenbourg, c'est là encore qu'elle trouve un refuge et, tandis que la nature commence à se parer d'une floraison nouvelle, Élisabeth écrit sa *Nostalgie* (1) :

> Le jeune printemps est de retour,
> Il revêt l'arbre de verdure nouvelle.
> Il apprend aux oiseaux des chants nouveaux,
> Et fait refleurir les fleurs plus belles.
> Que m'importe à moi le charme du printemps
> Dans ce pays d'exil.
> Je me languis de toi, soleil de mon pays.
> De vous, rives de l'Isar,
> De vous, arbres sombres
> Et de toi, fleuve vert,
> Qui doucement la nuit, dans mes rêves,
> Murmurais ton bonsoir.

Le soir, quand de son œil « morne », elle voit la lune familière illuminer tout alentour de son reflet d'argent, elle croit l'entendre lui demander ce qui lui manque, à elle, que pourtant elle n'a jamais vue triste (2). Elle est prise de mal du pays et, dans un poème qu'elle intitule *L'oiseau captif*, elle compare à sa cage de Laxenbourg sa vie passée, quand elle « volait à travers la campagne » (3) :

> En vain, sous le ciel bleu,
> Je languis, en prison.
> Les barreaux, rudes et froids,
> Insultent à ma nostalgie.
>
> De soupirs, bientôt, mon cœur éclatera :
> Vous ne sauriez me retenir encore longtemps.
> O douce et puissante joie
> De déployer les ailes de l'esprit.

Les incessantes piqûres d'épingles de l'archiduchesse Sophie

(1) Poème de l'impératrice Élisabeth, écrit de sa main, daté du mois d'avril 1854. (A.S.)

(2) D'après une poésie écrite de la main de l'impératrice et qui porte la mention : « J'ai composé ce poème en avril 1854. » (A.S.)

(3) Poème *L'oiseau captif*, de la même date environ que les précédents. Écrit de la main de l'impératrice. (A.S.)

augmentent le malaise de la petite impératrice, encore toute accablée par le grand changement survenu dans son existence. Elle ignorait ce que c'était, que d'être éduquée et critiquée avec morgue. Quand, par hasard, sa mère lui faisait des reproches, c'était avec douceur et ménagement. Mais l'archiduchesse Sophie est d'une trempe plus dure. Elle estime que sa tâche consiste à faire d'une petite fille, dont son fils a eu la fantaisie de s'éprendre, une impératrice consciente de ses devoirs. Mais, si l'intention est bonne, la manière est rude, or, Élisabeth est une sensitive. S'il arrive que quelqu'un manque tant soit peu de douceur ou de gentillesse à son égard, il devient son ennemi et le reste. Quoi qu'il dise ou fasse par la suite, elle restera sur la défensive, interprétant en mal ses moindres actes, tout comme elle sera charmante, affectueuse même, avec ceux qui semblent l'aimer et l'apprécier. Cette sensibilité se nourrit du sentiment profondément ancré en elle : « Je suis l'impératrice, la première dame du pays. » Élisabeth en ressent d'autant plus lourdement les chaînes qu'on lui impose, et elle s'abandonne à une tristesse, à un désespoir même, où la suggestion a la plus grande part. C'est de cette crise que naît, juste quinze jours après le mariage, cette poésie angoissée du 8 mai 1854, qu'il ne faut pas surestimer, elle est la conséqeunce d'une dépression passagère, mais on y voit, une fois de plus, que le caractère de cette jeune fille devenue impératrice n'est ni simple, ni banal, et qu'il tend à des explosions de sentiments qui peuvent compromettre gravement ses rapports avec le monde extérieur :

Hélas, pourquoi avoir quitté le sentier
Qui m'eût conduit à la liberté.
Pourquoi me suis-je égarée
Sur la grand'route des vains honneurs !

Je me suis réveillée dans une prison,
Les mains chargées de chaînes.
Et ma nostalgie s'accroît toujours :
Et toi, liberté ! tu me fus ravie.

Je me suis réveillée d'une ivresse
Qui tenait prisonnier mon esprit,
Et je maudais vainement cet échange
Qui me coûta la liberté (1).

(1) L'original est de la main d'Élisabeth.

Ce poème, il faudra qu'Élisabeth l'enferme soigneusement, car s'il tombait entre les mains de sa belle-mère, qu'arriverait-il ? Elle en tirerait des conclusions qui dépasseraient de beaucoup ce qu'on peut légitimement en conclure.

Tout conspire à renforcer chez la jeune femme ces états d'âme. Le temps aussi contribue à dégoûter Sisi du séjour à Laxenbourg. D'ordinaire, le mois de mai est la plus belle saison à Vienne et dans les environs, mais, cette année, il pleut et il vente sans cesse ; et les moyens de chauffage ne sont pas des meilleurs. Élisabeth prend froid, elle tousse et cela augmente son inquiétude. François-Joseph finit, lui aussi, par s'en apercevoir et sur les prières instantes et répétées de sa femme, il pense la conduire au plus tôt à Ischl et à y inviter la mère et la sœur d'Élisabeth, qui lui manquent tant. Mais il serait pénible à l'empereur de se séparer pour un certain temps de sa charmante jeune femme, car, malgré ses sautes d'humeur, ses dépressions et ses plaintes, elle le séduit chaque jour davantage.

En attendant, le 9 juin 1854, l'empereur et l'impératrice partent tous les deux pour un voyage dans les pays de la couronne : la Bohême et la Moravie. C'est une occasion d'échapper pour quelque temps aux ennuis quotidiens. Les fêtes splendides, qu'on donne en l'honneur du couple impérial, le cortège nuptial de la Hanna, cette contrée de Moravie célèbre autant pour le pittoresque de ses costumes que pour la fertilité de ses terres, ravissent Élisabeth, tout comme, plus tard, à Prague, la brillante fête de chevalerie donnée par la noblesse. Pendant ce voyage, elle apprend son métier d'impératrice, elle visite des couvents et des églises, des hôpitaux, des orphelinats et des maisons de retraite, et surtout les œuvres destinées aux femmes et aux jeunes filles. Sa simplicité, son amabilité et la grâce de sa personne charment tout le monde et lui valent des acclamations enthousiastes. On envie la jeune impératrice, la belle et élégante souveraine, sans se douter combien elle se sent angoissée.

Élisabeth revient, l'empereur reste encore loin de Vienne pour quelque temps, lorsque, le 29 juin 1856, il reçoit une lettre de Sophie qui éclaire d'une manière tout à fait significative les rapports de la mère et du fils et révèle à quel point l'archiduchesse se mêle de tout. Des symptômes sont apparus chez Élisabeth, qui indiquent certaines espérances, et, immédiatement, la mère donne à son fils une règle de conduite, le prie, lui, le fougueux amant de sa femme, de la ménager.

« Je crois, d'ailleurs », écrit-elle (1), « que Sisi ne devrait pas tant s'occuper de ses perroquets : quand, dans les premiers mois, une femme regarde trop les bêtes, les enfants risquent de leur ressembler. Elle devrait, plutôt, se regarder dans la glace et te regarder toi. C'est là une contemplation que je ne saurais qu'encourager. »

Cette préoccupation, toute maternelle, de l'archiduchesse part des meilleures intentions ; pourtant, Sophie s'immisce un peu trop dans les affaires de ses enfants. De même, elle est presque toujours là, quand l'empereur séjourne à Laxenbourg ; elle craint que la belle jeune femme ne s'attache trop son mari, qu'elle ne gagne trop d'influence sur lui. Sophie ne sait pas apprécier la nature enfantine de sa nièce ; son amour innocent de la nature, des chevaux, des chiens et des oiseaux lui semble un péché et lui suggère à chaque instant des remontrances (2). Dans sa chambre, Élisabeth n'est jamais tranquille ; l'archiduchesse Sophie vient à tout moment voir ce qu'elle fait et la petite impératrice a l'impression qu'on la surveille et qu'on l'espionne. Elle se plaint que l'archiduchesse fait de la moindre vétille une affaire d'État, et qu'elle les gronde quelquefois, elle, et même l'empereur, comme de simples écoliers.

Élisabeth exagère bien un peu, elle en arrive à éprouver une véritable haine à l'encontre de sa belle-mère, à laquelle elle se sent livrée sans merci. La jeune femme se retire dans sa chambre et, à son bureau, la tête dans ses bras, elle pleure à fendre l'âme. Des années plus tard, elle se plaindra de la vie qu'elle a menée (3) et dira combien elle s'est sentie abandonnée. L'empereur ne peut naturellement pas être là pendant la journée, il a coutume de partir de bonne heure pour Vienne et il ne revient qu'à six heures pour dîner. Élisabeth veut aller à Vienne, le suivre, alors Sophie

(1) L'archiduchesse Sophie à l'empereur François-Joseph, 29 juin 1854. (A.A.C.W.)

(2) Ces détails reposent sur les récits de l'impératrice à sa fille, l'archiduchesse Marie-Valérie, et à la comtesse Festetics, rapportés dans les journaux de ces deux dames.

(3) Journal de la comtesse Marie Festetics, 26 juin 1783. Archives du prince Festetics.

lui dit : « Il ne convient pas à une impératrice de courir après son mari et de trotter à droite et à gauche comme un petit lieutenant. » Une fois, cependant, Élisabeth prie son époux de l'emmener. Il acquiesce, elle est heureuse et, enfin, ne voit pas sa belle-mère de toute une journée. C'est si bon d'oublier une fois pendant vingt-quatre heures « ce triste endroit » qu'est Laxenbourg. Mais, le soir, à peine les jeunes gens sont-ils de retour, l'archiduchesse Sophie se précipite dans leurs appartements, leur adresse les plus lourds reproches, les « insulte » même — si on veut en croire tout à fait les assertions d'Élisabeth. Bien entendu, l'escapade ne se renouvelle pas, et l'impératrice reste enfermée à Laxenbourg. Malgré le soleil, malgré le ciel bleu qui se reflètent à travers les fenêtres, les pièces du château lui paraissent tristes, lugubres et froides. La jeune impératrice oublie complètement que tout cela n'est pas pure chicane de la part de la « méchante » femme, comme elle appelle Sophie, mais qu'elle a le souci de l'enfant qui est en germe, et dont la vie précieuse est peut-être celle de l'héritier présomptif tant souhaité.

Les façons de voir de l'archiduchesse sont complètement étrangères à la pensée de l'impératrice. Pendant son premier séjour à Laxenbourg, sitôt après son mariage, une partie des jardins était fermée au public et réservée uniquement à son usage. Un beau jour, elle s'aperçoit que le public y circule librement et, pour un peu, pourrait par les fenêtres voir à l'intérieur du château. Là-dessus, Élisabeth ne va plus guère au jardin : cela l'ennuie de se parer dès le matin et d'avoir un témoin de chacun de ses faits et gestes. De plus, elle est enceinte, et il lui déplaît que tout le monde la regarde. Mais, dès que l'archiduchesse s'aperçoit qu'elle ne descend plus, elle vient, traîne l'impératrice au jardin et lui déclare qu'il est de son devoir de « produire » son état devant tout le monde, afin que le peuple puisse se réjouir de l'événement en vue. La jeune impératrice, qui a toujours eu horreur d'être regardée, trouve cela « tout à fait affreux », et maintenant plus que jamais. Rester seule dans le château, pour y pleurer, lui semble, dans ces conditions, presque un bienfait. Élisabeth est désespérée, mais elle le cache encore à son époux, de crainte de le froisser. Elle sait à quel point il est soumis à sa mère, combien il l'aime et elle veut éviter, dans la mesure possible, de le mettre entre deux feux. Dans le fond, se dit-elle, il « souffre », lui aussi, de la prépondérance de sa mère, mais, malgré tout, il n'ose rien dire. L'archiduchesse conseille son fils en tout et en particulier dans la grande politique : elle approuve le courant antirusse du gouvernement et sa réserve envers les puissances occidentales. Elle confirme l'empereur dans sa volonté de se détacher du tsar, beaucoup plus âgé que lui. Plus tard, seulement, il apparaîtra que c'est là s'asseoir entre deux chaises et risquer de perdre tous ses amis. Pour l'instant, il semble que l'Autriche soit assez forte pour tenir tête au tsar. Élisabeth reste étrangère à tout cela. Elle n'y comprend rien et pense que, là au moins, sa belle-mère pourrait avoir raison.

D'ailleurs, l'impératrice est bien assez prise par son état. Les symptômes normaux de la grossesse apparaissent. A la fin de juillet, Élisabeth part pour Ischl où l'archiduchesse a acheté pour le jeune couple la villa Marstallier, qui devient peu à peu la « villa impériale ». Là, Sisi a la grande joie de retrouver sa mère, Nené et Charles-Théodore. Maintenant l'archiduchesse ne peut plus intervenir dans sa vie quotidienne comme à Laxenbourg. L'été passe vite, puis l'hiver, Élisabeth ne paraît nulle part, vu l'heureux événement qui approche. L'empereur et elle espèrent que ce sera un fils, mais ils sont déçus.

Le 5 mars 1855, naît le premier enfant du couple impérial, une fille qui — on ne consulte même pas Élisabeth — reçoit le nom de la mère de l'empereur. L'archiduchesse est marraine et le baptême de la petite Sophie est célébré en grande pompe, en présence des diplomates de tous les pays. Un seul d'entre eux s'abstient de paraître, c'est l'ambassadeur de Russie. En effet, le tsar, indigné par l'attitude de l'Autriche et de son empereur, ne veut pas se faire représenter, même à une fête aussi peu politique. Élisabeth éprouve une très grande joie de son premier enfant ; mais, là aussi, elle a compté sans sa belle-mère. C'est l'archiduchesse Sophie qui prend toutes les dispositions. C'est elle qui choisit l'entourage de la petite et à peine la mère peut-elle être une fois seule avec son enfant. Ce que l'impératrice dit ou ordonne est révoqué le lendemain et, au lieu d'être une source de joie, l'enfant est un nouveau prétexte à querelles.

Élisabeth n'éprouve aucun plaisir à être avec sa fille seulement en présence de sa belle-mère. Elle finit par renoncer à la lutte et monte rarement chez la petite qui, fait significatif, n'est pas installée à proximité de ses appartements. Tout cela est tenu secret. Le peuple ignore la véritable situation. Il ne voit que la beauté éblouissante de l'impératrice, les belles robes qu'elle porte, le faste et l'éclat dans lequel elle paraît partout. Bientôt, les demandes d'intervention auprès de l'empereur affluent, et le secrétariat, alors, se sert de la formule : « Sa Majesté l'impératrice n'use d'aucune influence ». Pendant l'été de l'année 1855, la question du Concordat est à l'ordre du jour. Élisabeth est une catholique pratiquante, elle entend la messe presque tous les jours et elle est loin de vouloir faire quelque chose contre la religion. Mais elle se rend compte, tout de même, de l'influence énorme, aussi bien temporelle que spirituelle, que le clergé exerce sur sa belle-mère, elle sait combien l'avis du prince-archevêque Rauscher pèse à la cour. Elle ne s'étonne pas de voir, bientôt après, signer le Concordat qui octroie à l'Église, aux dépens de l'État, des droits et des pouvoirs de la plus haute importance. Élisabeth a le sentiment vague que son époux a cédé une trop grande part de ses droits de souverain.

François-Joseph continue à réaliser les moindres désirs qu'il devine chez sa femme, il lui propose donc, pour la première fois depuis son mariage, le 21 juin 1855, d'aller passer quelque temps dans son pays. Toute la famille ducale se porte avec joie à sa rencontre pour la ramener à Possi. A la place de la gracieuse, mais frêle fillette, qui a quitté le château jadis, est revenue une belle jeune femme, pleine de charme et de distinction. Sa santé est parfaite et tous les jours elle se promène, par tous les temps, même par une pluie battante, sur les bords du lac de Starnberg. On presse Élisabeth de questions sur sa vie, ses sentiments, ses ennuis, et elle conte à la duchesse et à Nené les chagrins que lui cause la mère de l'empereur. Dans les premiers temps il lui semblait qu'elle avait presque à se faire pardonner quelque chose de sa sœur, mais il n'en est plus ainsi. Pour elle tout serait tellement plus simple si Hélène était là-bas, sur les bords du Danube, et elle, ici, à Possenhofen. Ah ! s'il n'y avait pas l'empereur et, surtout, la petite Sophie ; l'amour de son époux la touche et elle tient par-dessus tout à son délicieux bébé, bien que cette femme s'immisce sans cesse entre elle et ces deux êtres chers.

Quand Élisabeth est au loin, l'empereur veut même qu'elle donne par lettres de ses nouvelles et de celles de l'enfant à l'archiduchesse. Ces lettres sont très conventionnelles ; elles commencent par : « Chère belle-mère », et se terminent un peu plus fraîchement encore par ces mots : « Baisant vos mains et celles de l'empereur, votre dévouée belle-fille Élise » (1). Non pas « Chère maman », non pas « Sisi », quelques phrases positives, voilà les lettres d'Élisabeth à l'archiduchesse Sophie.

L'impératrice revient à Ischl, puis, un peu plus tard, à Vienne ; et reprennent alors la vie et la lutte quotidiennes. Le 14 décembre 1855, Élisabeth a une émotion. Elle allait à Schoenbrunn dans une voiture attelée de quatre chevaux familiers. Dans la Mariahilferstrasse, l'un des chevaux s'empêtre dans les rênes, les premiers prennent le mors aux dents, entraînent les autres, le cocher est projeté du siège et les quatre chevaux galopent, sans maître, traînent à travers les rues la voiture dans laquelle se trouvent l'impératrice et la comtesse Bellegarde. La comtesse veut sauter hors de la voiture, mais Élisabeth, qui s'est déjà trouvée une fois dans cette situation à Possenhofen, la retient. La voiture file dans une rue latérale ; là, un voiturier, qui passe au même moment, met sa carriole en travers, les chevaux de l'équipage impérial tombent, le timon se brise, mais Élisabeth et sa dame sont indemnes. Pâles et ébranlées, elles descendent de la voiture en miettes et reviennent en fiacre à la Burg. Encore sous l'impression de cette scène, Élisabeth raconte à l'empereur effrayé l'heureuse issue de l'accident.

Pour le reste, les dissensions avec l'archiduchesse persistent. Elle a en quelque sorte confisqué la fille de l'impératrice. La petite Sophie est installée dans les appartements de la mère de l'empereur, même pas à l'étage d'Élisabeth. Si elle veut voir son enfant, il lui faut d'abord s'essouffler dans les escaliers et, même alors, elle n'est pas seule avec sa fille ; elle se trouve en face des éducateurs et des domestiques qui composent *la Chambre* et, toujours aussi, de sa belle-mère, souvent même d'étrangers,

(1) Voir SCHNURER, ouv. cit., p. 239. L'impératrice Élisabeth à l'archiduchesse Sophie, Laxenbourg, 14 août 1855.

auxquels celle-ci a coutume de montrer l'enfant. Cette situation devient particulièrement pénible au moment où Élisabeth, de nouveau enceinte, éprouve quelque difficulté à monter les escaliers. Cette fois, elle espère beaucoup que ce sera un garçon. Le 15 juillet 1856, à sept heures du matin, l'enfant naît dans les meilleures conditions. Mais Élisabeth est toute triste lorsque, à sa question inquiète, François-Joseph est forcé de répondre que c'est encore une fille. « C'est sans doute », dit en plaisantant l'empereur, « faute d'avoir suivi l'avis de ce rabbin de Pest, qui conseillait de coller sur la porte une prière hébraïque pendant l'accouchement » (1). La mère de l'impératrice est marraine cette fois, et l'archiduchesse Sophie tient à sa place la petite sur les fonts baptismaux.

L'enfant est appelée Gisèle, du nom de cette princesse bavaroise Gisèle-Élisabeth qui épousa, en 955, le prince hongrois Waik, de la famille des Arpad — le mariage de ce prince, qui devait devenir saint Étienne Ier, mais était resté païen jusque-là, suivit de très près son baptême et fut le point de départ de la christianisation de la Hongrie. Toute la monarchie est déçue, autant que François-Joseph. Le pays désire vivement un héritier au trône et la population manifeste ce désir par de bons conseils. Tout le monde, malgré tout, prend une part touchante à l'heureux événement. L'impératrice est étonnée de voir les cadeaux, venant de toutes parts à l'occasion de cette naissance, remplir toute une pièce.

Cependant il en est pour la seconde fille d'Élisabeth comme pour la petite Sophie. On la met tout simplement dans la *Chambre* des enfants qui est sous la garde de l'archiduchesse Sophie. Elle est enlevée à sa mère, tout comme l'aînée. Le médecin traitant, le docteur Seeburger, dont les ordres sont exécutés à la lettre, est la créature de l'archiduchesse Sophie. Comme Grünne, c'est à elle qu'il doit sa situation. L'impératrice est en perpétuel conflit avec lui. Il l'exaspère et, chaque fois qu'elle veut voir ses enfants, elle est obligée de se fâcher. La situation est intenable, anormale et Élisabeth supplie son époux d'y mettre fin. Elle insiste pour qu'il fasse quitter à Sophie et à Gisèle leur apparte-

(1) Conseil du rabbin J. Alexandersohn de Pest, 2 juillet 1856. Secrétariat particulier de Sa Majesté l'Impératrice (dorénavant S.P.M.I.)

ment actuel dans la Burg et les mette dans des pièces à son étage et communiquant avec ses appartements. Sa requête est d'autant plus justifiée, que la petite Sophie est souvent souffrante et qu'elle a rendu plusieurs fois sans que le docteur Seeburger sache bien pourquoi. L'empereur, qui adore son épouse, plus belle que jamais, après cette seconde maternité, cède cette fois. Il écrit à sa mère (1), qu'il a décidé de loger les enfants dans la Burg, dans l'appartement Radetzky, parce que les pièces y sont plus grandes et plus pratiques et que l'impératrice n'aura pas d'escalier à monter pour y accéder. A dessein, la lettre est expédiée le 30 août : les souverains en craignent un peu l'effet, or, le 2 septembre, ils partent pour un voyage en Styrie et en Carinthie, déjà prévu depuis quelque temps. Voilà douze jours qu'ils vont pouvoir vivre ensemble sans que la belle-mère les sépare.

Le plus beau jour du voyage est la montée au Grossglockner. On s'arrête au lieu de pèlerinage de Heiligenblut, un des sanctuaires les plus élevés du monde, où se dresse une charmante chapelle gothique. L'impératrice, si éprise de la nature, est éblouie par la beauté du panorama. L'empereur qui, comme elle, aime la montagne par-dessus tout, est ravi, lui aussi, et se réjouit de l'enthousiasme de sa femme. Comme toujours, quand François-Joseph n'est plus sous la coupe de sa mère, Élisabeth prend le dessus. Et cela est vraiment nécessaire car, en réponse à la lettre du 30 août, se sont succédées coup sur coup deux lettres très fâchées de l'archiduchesse, qui ont suivi l'empereur en voyage. Elle est indignée à l'idée qu'on veut lui prendre les enfants et les loger ailleurs. Une pointe amère contre l'impératrice perce sous chaque mot. L'archiduchesse menace même de quitter ses appartements actuels et d'abandonner complètement la Hofburg.

François-Joseph, d'abord, ne répond pas. Même en voyage il est harcelé par des piles de documents, il lui faut se lever tous les matins à quatre heures et employer chaque instant de liberté à expédier les affaires en cours. En outre, on remet toujours volontiers les réponses délicates à des lettres désagréables. Mais l'empereur, maintenant, s'y met. Pour la première fois, il se montre récalcitrant à l'égard des désirs de sa mère. Il maintient

(1) L'empereur François-Joseph à Sophie, Laxenbourg, 30 août 1856. SCHNÜRER, ouv. cit., p. 254.

le déménagement des enfants. En quelques mots, il écarte l'objection qu'elles n'auront pas de soleil dans le nouvel appartement et il prie instamment l'archiduchesse « de juger Sisi avec indulgence, en considérant que, si elle est peut-être une maman trop jalouse, elle est aussi une épouse et une mère très dévouée » (1). La lettre parle ensuite ouvertement du sentiment désagréable qu'éprouvent les parents à voir leurs enfants véritablement séquestrés dans l'appartement de l'archiduchesse et ajoute que, le père aussi, trouve détestable qu'on « exhibe » si souvent les fillettes et qu'on les rende ainsi vaniteuses.

L'archiduchesse Sophie est épouvantée, elle voit déjà son fils échapper lentement, mais sûrement, à sa domination et bientôt, peut-être, à propos d'autre chose que des questions purement personnelles. Élisabeth, la belle épouse, est victorieuse pour l'instant et a touché au cœur l'ambitieuse mère. Il s'ensuit que les relations entre les deux femmes deviennent tout à fait intolérables. C'est maintenant la lutte ouverte pour l'empereur entre la mère et la jeune femme. Mais si Sophie est obligée de reconnaître qu'Élisabeth exerce une influence de plus en plus grande, elle n'est pas encore fondée à craindre que, bientôt aussi, son fils ne l'écoute plus en matière politique. Élisabeth n'entend rien à la politique et, pour le moment, n'a pas l'ambition de s'en mêler, c'est pourquoi les convictions de sa mère continuent à se refléter dans l'âme et dans les pensées de François-Joseph. Celles-ci, il est vrai, n'ont pas encore été couronnées de beaucoup de succès. L'attitude de l'Autriche pendant la guerre de Crimée, qui vient de se terminer, lui a aliéné sans retour l'amitié de la Russie. Déjà en 1854, lors de son départ de Vienne, l'ambassadeur de Russie, le baron Meyendorff, prononçait avec chagrin cette parole qui devait se réaliser terriblement : « Je plains le jeune empereur, car sa politique nous a si profondément blessés, nous autres Russes, qu'il peut compter n'avoir plus une heure de tranquillité aussi longtemps qu'il régnera » (2). Depuis cette déclaration, la politique de l'Autriche à l'égard de la Russie

(1) L'empereur François-Joseph à sa mère, Schoenbrunn, 18 septembre 1856. SCHNURER, ouv. cit., p. 255.
(2) Le comte Lerchenfeld, ministre de Bavière à Vienne, à son roi, 16 novembre 1857. Archives secrètes de l'État bavarois.

n'est pas devenue plus amicale. D'autre part, le rêve de l'archiduchesse Sophie, d'unir toute l'Allemagne à une Autriche centralisée en un empire de soixante-dix millions d'âmes, est plus éloigné que jamais de sa réalisation. En outre, l'intérieur de l'empire fermente et menace. L'avenir s'annonce sombre et troublé.

CHAPITRE IV

POLITIQUE DU CHARME
1856-1858

La situation mondiale de l'Autriche est des plus défavorables ; aussi, l'empereur François-Joseph commence-t-il à écouter ceux qui lui conseillent de reconquérir le cœur des deux pays mécontentés : la Hongrie et le royaume lombard-vénitien.

François-Joseph a fait l'expérience, en Bohême et en Carinthie, que sa charmante épouse séduit tout le monde et il espère qu'il en sera de même en Italie. Le voyage projeté sourit à Élisabeth qui se sent déjà échapper pour quelques mois à la pénible atmosphère de la cour. Et, de plus, elle ignore la véritable situation dans ces pays. Seule, lui est pénible l'idée de se séparer de ses enfants, au moment même où elle vient de remporter à grand'-peine une demi-victoire sur sa belle-mère. Les petites vont alors lui être livrées complètement et, déjà, à son sens, le régime de l'archiduchesse a été néfaste à la petite Sophie. A son retour de Carinthie, elle a trouvé l'enfant très pâle et très amaigrie. L'impératrice décide donc, en dépit des conseils de sa belle-mère, de l'emmener en Italie et de ne laisser à Vienne que la petite Gisèle.

Des lettres de Milan assurent que le voyage se fera certainement sans encombre, mais qu'il ne saurait rien changer à la situation politique. Les Italiens persisteront dans leur résistance méthodique et dans leur haine impuissante de la domination autrichienne (1). Cependant, le 17 novembre 1856, les souverains se mettent en route pour Venise, en passant par Trieste. A Laibach, ses visites conduisent l'impératrice au couvent des Ursulines. A peine a-t-on commencé à lui faire les honneurs de la maison, qu'elle s'informe auprès de la supérieure si elle n'a pas, dans son couvent, de petites négresses achetées en Orient, dans les marchés d'esclaves, comme les négrillons de son père. Sur la réponse : « Oui, Majesté, nous en avons trois », elle les

(1) Le ministre de Bavière à Vienne, le comte Lerchenfeld, à son roi, 19 novembre 1856. Archives secrètes de l'État bavarois, Munich.

fait tout de suite appeler, leur donne des sucreries, joue avec elles, oublie la supérieure, les sœurs et tout l'entourage, et on est obligé de lui rappeler qu'elle a d'autres visites à faire et qu'il est temps de partir. Sa première dame d'honneur, la comtesse Esterhazy, qui entre tout à fait dans les vues de l'archiduchesse Sophie, en est quelque peu indignée. Élisabeth ne fait qu'en rire, ce qui porte à son comble la fureur de la comtesse.

Tandis que la petite Sophie va directement à Venise, les souverains arrivent, le 20 novembre, sur la hauteur d'Opcina, qui domine Trieste, et d'où l'on découvre tout à coup l'Adriatique, merveilleusement bleue, et la ville pavoisée, éclatante de soleil. Comme dans toutes les villes où passe l'empereur, on y donne des réceptions, des revues, des dîners et des soirées de gala. Tout paraît merveilleux, toutefois, les représentations ne sont pas encore terminées, qu'il éclate à l'hôtel de ville un incendie assez important ; on l'attribue à l'inflammation fortuite des feux de Bengale, conservés là pour l'illumination du soir. D'autres incidents se produisent, imputés au vent. Il y a du bora, sans doute, mais trop peu pour justifier pareille explication. Sur le *galeggiante,* immense radeau destiné aux promenades de l'empereur, une énorme couronne impériale en cristal éclate soudain en mille morceaux (1).

Il est vrai que, dans la mesure du possible, on tait soigneusement à l'impératrice les rumeurs qui parlent de malveillance et de sabotage. Mais on ne peut pas lui cacher complètement qu'à Trieste tout ne va pas pour le mieux. Que sera-ce alors à Venise et à Milan ? pense-t-elle.

Depuis des mois, la ville des lagunes prépare fiévreusement la réception et le séjour des souverains et, là encore, surgissent d'étranges difficultés. Lors de la mise en état du palais royal, on s'aperçoit qu'il faut poser un tapis dans la grande salle à manger. Or, un mystérieux hasard veut que, pour cette pièce tendue de rouge et de blanc, on choisisse un tapis de drap vert. Ce n'est que lorsque tout est en place qu'on s'aperçoit que la salle entière est décorée aux couleurs italiennes (2).

(1) D'après les rapports du secrétaire de la cour, H. de Raymond, Trieste, 21 et 23 novembre 1856. Vienne, Archives d'État.

(2) Rapport fait à Vienne par le quartier-maître de la cour, v. Heidt. Venise, 14 novembre 1856. Vienne, Archives d'État.

Les travaux sont à peine achevés lorsque, le 25 novembre, les souverains arrivent à Venise. Près des jardins publics, ils sont invités à monter dans une de ces *galeggiante* qui, jadis, dans les grandes occasions, transportaient les doges, embarcation antique et somptueuse, il est vrai, mais vacillante et incertaine. Les autorités ont mis tout en œuvre pour donner le change par une réception aussi brillante que possible. Cet accueil fastueux paraîtrait tout à fait satisfaisant, n'était que les souverains, en accostant à la piazzetta, doivent monter à l'église Saint-Marc au milieu du silence glacial de la foule. Pas un seul *evviva*, rien que les *hoch* et les *hurra* de la bouche des fonctionnaires ou officiers autrichiens. Le consul général d'Angleterre hoche la tête. « Aucun sentiment dans le peuple », écrit-il chez lui, « seulement de la curiosité à l'endroit de l'impératrice, dont la réputation de beauté a naturellement pénétré jusqu'ici » (1).

Péniblement impressionnée, Élisabeth traverse avec son époux la place Saint-Marc pour se rendre à l'église. Puis, les souverains descendent au palais impérial, véritable labyrinthe, aménagé sans goût, où Élisabeth a peine à se reconnaître. Les souverains se promènent souvent dans les rues de Venise, mais au début la moindre acclamation isolée est aussitôt étouffée par la foule. Les masses persistent dans leur silence. Quant aux grandes familles de la noblesse, elles ont quitté la ville.

Le 29 novembre, les souverains donnent une réception. On s'aperçoit alors que les Pisani manquent, et les Dolfin, et les Gustinian et beaucoup d'autres. Sur cent trente patriciens, trente à peine viennent rendre leurs devoirs à l'empereur. Les dames viennent plus nombreuses, mais elles se rappelleront longtemps cette fête. En sortant des gondoles, ces jolies femmes, qui illustrent les plus grands noms de l'histoire, sont obligées de faire encore deux cents mètres à pied à travers une foule compacte avant d'atteindre les portes du palais. Sur le parcours, elles entendent les insultes et les injures les plus amères. Élisabeth n'ignore rien de tout cela. A son entrée au théâtre Fenice, elle sent peser une atmosphère glaciale, presque personne ne la salue et les loges des plus grandes familles restent vides. L'empereur

(1) Le consul britannique G. Harris au comte de Clarendon, Venise, 26 novembre 1856. Londres, Record-Office.

et l'impératrice ne s'en étonnent pas, ils étaient préparés à cette froideur, et leur devoir, à présent, consiste à détromper ces gens, si possible. Élisabeth use de son charme et de son amabilité dans toutes les occasions où ils peuvent avoir quelque influence. Mais il lui est difficile de se faire comprendre des Italiens. Le frère de l'impératrice de Russie, le prince Alexandre de Hesse, qui sert dans l'armée autrichienne en Italie, trouve l'impératrice « *jolie comme un cœur* » (1), mais il sourit de ses petites phrases italiennes, bien apprises, et de son pénible français (2). Cependant, en dépit de leur attitude politique, les Vénitiens ne sont pas insensibles à la beauté de l'impératrice. A mesure que se prolonge le séjour des souverains, la population devient plus affable. On commence déjà, çà et là, à saluer aimablement. Lorsque, le 3 décembre, sont rendus les décrets qui proclament l'amnistie et restituent leurs biens aux émigrés, la situation s'améliore sensiblement. Le lendemain, au théâtre Fenice, François-Joseph et Élisabeth sont même accueillis par des ovations.

De charmants incidents, dont le bruit se répand, contribuent à améliorer l'atmosphère. Un jour, pendant une promenade, les souverains sont accostés sur une des places de la ville par un homme tenant un placet à la main : « Donnez cela au palais », dit l'empereur. « Sire, j'ai déjà essayé une fois, mais j'ai été éconduit », réplique le quémandeur, ancien officier du nom de Jura, qui a perdu sa pension de commandant pour avoir pris part à la révolution de 1848. « Ce n'est pas ici l'endroit pour traiter d'affaires », dit l'empereur, « venez me voir au château. »

« On ne m'y laissera encore pas entrer », répartit l'officier.

Déjà l'empereur s'apprête à poursuivre son chemin ; Élisabeth, alors, le regarde d'un air suppliant et lui dit : « Donne-lui donc un de tes gants, et nous ordonnerons qu'on le laisse entrer. » C'est ce qui a lieu, le commandant recouvre sa pension, l'histoire fait le tour de la ville et on la juge avec sympathie (3).

Le consul général d'Angleterre note, lui aussi, cette amélioration des sentiments, qu'il attribue à la jeunesse, à l'insigne

(1) En français dans le texte.
(2) Journal du prince Alexandre de Hesse. Archives Erbach.
(3) S. H. Seymour au duc de Clarendon, Vienne, 14 décembre 1856. Record-Office, Londres.

beauté de l'impératrice, à son charme et à son amabilité ; « mais la politique reste en dehors de tout cela », écrit-il (1). Dans ce domaine, si bienveillante que soit l'attitude des souverains, elle ne peut rien changer. D'autre part, dans cette atmosphère, la santé d'Élisabeth laisse à désirer. Ce climat mou ne lui convient pas et ce qui lui manque le plus, à elle qui aime tant se promener à cheval à travers jardins et forêts, c'est le mouvement. Car elle ne peut sortir à Venise sans être presque écrasée par la foule, sans compter qu'elle est constamment exposée ou à un attentat ou à des insultes. Heureusement, il n'arrive rien.

Fêter Noël à Venise n'est pas chose simple : un sapin y est un objet rare et précieux qu'il faut aller chercher au jardin botanique. Pourtant, dans l'ensemble, l'empereur et l'impératrice ne sont pas trop mécontents de leur séjour, mais ils ont pour la suite de leur voyage des appréhensions qui pourraient être justifiées. On annonce qu'à Milan l'état d'esprit est loin d'être encourageant. La noblesse y est encore bien moins sûre qu'à Venise.

Les souverains passent le Nouvel An à Venise, puis, le 5 janvier, partent pour Vérone en passant par Vicence. Partout, le même spectacle. La population rurale et les petites gens des villes ne paraissent pas hostiles, par contre la bourgeoisie et la haute société affichent une froideur et une retenue préméditées. A Vicence, deux dames de la noblesse seulement se font présenter, à Vérone, l'accueil est un peu moins froid, mais on profite d'une fête nationale, qui a lieu le 9 janvier, la *bacchanale dei gnocchi*, pour essayer de ridiculiser les souverains et les grands dignitaires.

En cette occasion, à la grande joie du peuple, on gave de gnocchi le fonctionnaire le plus élevé, dans le cas particulier le gouverneur, le baron Jordis. Celui-ci ressent ce geste comme une grave offense portée à sa dignité, mais même les souverains prennent part à l'hilarité générale. Pourtant, lorsque, au milieu des ricanements de la foule, on leur offre des gnocchi à eux aussi, ils s'aperçoivent qu'on ne veut pas seulement s'amuser et plaisanter, mais qu'on cherche à attenter à leur dignité. C'est avec

(1) G. Harris à Lord Clarendon, Venise, 17 décembre 1856. Londres, Record-Office.

des sentiments contradictoires qu'Élisabeth et son époux reviennent de cette fête, si innocente d'ordinaire (1).

Le 11 janvier, à Brescia, où les procédés énergiques du général Haynau n'ont pas été oubliés, l'accueil est franchement mauvais. Un silence glacial accompagne le cortège impérial jusqu'au palais Fenaroli. L'impératrice a les larmes aux yeux lorsqu'elle voit l'expression soucieuse de son époux.

A Milan (2), les autorités ont mis tout en œuvre pour empêcher l'accueil de dégénérer en scandale public. Elles ont fait pression sur la population rurale pour l'engager à venir en ville ce jour-là. Pour ce faire, des milliers de gens reçoivent une lire par tête. La nouvelle est répandue que l'empereur proclamera une amnistie et abaissera les impôts. La curiosité fait le reste.

A l'arrivée des souverains, une foule immense emplit les rues qui accèdent au palais. De-ci de-là, aux balcons occupés par ordre, un mouchoir s'agite, mais pas un seul *evviva* ne retentit. La police ne peut rien contre le silence de l'immense majorité des spectateurs. Le plus difficile, c'est de remplir le soir l'immense opéra, la célèbre Scala. La police a pris soin de s'informer si les abonnés occuperont leur loge. Autrement, il faudra que des fonctionnaires, des policiers ou des officiers les remplissent. La société milanaise y envoie ses domestiques. De même, aux représentations et aux réceptions, paraît à peine le cinquième des nobles reçus à la cour. Élisabeth voit tout cela d'un œil plus critique que son époux. François-Joseph espère encore que la beauté et le charme de sa femme, auxquels les Milanais ne seront pas inaccessibles, joints à l'amnistie et à l'abaissement des impôts qu'il accorde, là aussi, en dépit du conseil de ses généraux, opéreront, comme à Venise, un revirement. Mais à Milan tout ceci ne modifie en rien l'attitude de la société. Aux concerts de la cour, deux cent cinquante dames de la bourgeoisie et des milieux commerçants sont invitées pour compenser l'absence des dames de la noblesse, mais il n'en vient que vingt-six.

(1) Journal du prince Alexandre de Hesse. Archives Erbach.

(2) J'ai employé à dessein pour le séjour des souverains en Italie les rapports du consul anglais G. Harris à Lord Clarendon, du 15 janvier, du 8 février et du 2 mars 1857, Londres, Record-Office, car les rapports italiens et autrichiens à ce sujet comportent naturellement leur part d'exagération. (L'auteur.)

A plusieurs reprises le duc Charles-Théodore, son frère, entretient l'impératrice de la situation déplorable des provinces italiennes. Il lui arrive très souvent de voir la foule se taire devant les portes du palais et sur les marches de la cathédrale, lorsque l'impératrice sort, et les hommes ne soulèvent même pas leur chapeau.

« Bien que, dans les milieux officiels, la visite de l'empereur soit considérée comme un grand succès », rapporte le consul général de Grande-Bretagne, « l'antipathie ouverte et reconnue de la majorité des Lombards riches et intelligents reste un fait, dont il importe de tenir compte. »

L'archiduchesse Sophie apprend les nouvelles d'Italie avec inquiétude. D'autre part, la forte tension qui règne entre sa belle-fille et elle lui est désagréable, car elle tient de toute son âme au bonheur et à la prospérité de son fils et, quels qu'ils soient, ses moindres actes découlent de cet excessif sentiment maternel. Elle tente donc un rapprochement et envoie à l'impératrice un portrait de la petite Gisèle.

Élisabeth est maintenant pressée de rentrer. La vie dans l'atmosphère hostile de Milan lui est extrêmement pénible et elle a hâte de retrouver son enfant qu'elle n'a pas revue depuis longtemps. Le 2 mars, Élisabeth et François-Joseph quittent Milan ; les rues ne sont pas plus animées que d'habitude, la population affecte la plus grande indifférence. Toutefois ils ne peuvent rentrer directement ; il faut encore visiter d'autres villes et y subir les inévitables cérémonies, rendues plus odieuses encore par les sentiments hostiles de la population. L'impératrice est lasse de s'habiller et de se parer, d'autant que la mode des crinolines est la plus incommode qu'on puisse imaginer.

A Crémone, par exemple, le prince Alexandre de Hesse se trouve assis à côté d'Élisabeth et, amusé, il écrit ensuite à sa sœur à Saint-Pétersbourg (1) : « Le volume de sa robe était tel, que je disparaissais presque dessous ! » Au retour, les souverains admirent les stalactites de la grotte d'Adelsberg, éclairée de milliers de petites lampes, avec ses salles, ses ponts audacieux, ses temples gothiques et ses colonnes. Enfin, c'est le retour à Vienne.

(1) Le prince Alexandre de Hesse à la tsarine Marie de Russie, 1857. Archives Erbach.

François-Joseph et son épouse sont heureux d'être rentrés. Certes, ce qu'ils ont vu ne les a pas rassurés, mais l'empereur espère que le tact de son frère Max, qu'il vient de nommer gouverneur à Milan, saura, avec l'aide de Dieu, aplanir un terrain si inégal. Le climat vif de Milan a parfaitement réussi à Élisabeth, aussi se porte-t-elle beaucoup mieux. Quant à la petite Sophie, le séjour lui a fait du bien également. Il est fâcheux toutefois de voir les Milanais prétendre que les souverains n'ont amené l'enfant que comme une garantie contre un attentat. Élisabeth retrouve avec joie son bébé, mais en son absence la petite Gisèle s'est tout à fait habituée à sa grand'mère. Élisabeth en souffre et, dans son dépit, elle se réfugie chez ses vrais amis, les bêtes de toute espèce. Elle s'entoure de grands chiens et passe volontiers son temps avec les chevaux qu'elle monte, nourrit, soigne, et dont quelques-uns la suivent comme des caniches.

L'empereur ne cherche pas à contrarier ce goût de sa femme, bien qu'il n'aime guère les chiens et qu'il lui déplaise fort de rencontrer ces grands animaux malodorants dans les appartements. Il se résigne toutefois, sans rien dire, et cherche seulement à refréner, par une douce persuasion, les longues chevauchées de sa femme, qui irritent tant sa mère. Élisabeth est frappée de l'hostilité de l'archiduchesse à l'égard de tout ce qui est hongrois. C'est déjà pour elle une raison d'être attirée par la Hongrie, bien qu'elle n'y soit jamais allée. Naturellement, tout l'entourage de l'archiduchesse fait chorus avec elle ; la première dame d'honneur, la comtesse Esterhazy, porte bien, en tant que veuve, un grand nom hongrois, mais c'est une Liechtenstein et, pour le reste, elle n'a rien à voir avec la Hongrie. Quant à la première dame du palais, la comtesse Lamberg, Dieu sait qu'on ne peut pas exiger de la sympathie pour la Hongrie, de la fille d'un général assassiné à Budapest.

Dans son for intérieur, Élisabeth voudrait choisir elle-même l'entourage qu'il lui faut supporter tous les jours, du matin jusqu'au soir. Car c'est dans son commerce journalier que l'étiquette espagnole pèse le plus à l'impératrice. Les grandes familles de la noblesse forment pour ainsi dire autour du couple impérial une muraille infranchissable. Nul autre, quelle que soit sa valeur personnelle, ne saurait approcher des souverains. Le protocole fixe très exactement le nombre et les titres de ceux qui sont admis à pénétrer chez l'impératrice : seuls vingt-trois gentilshommes appartenant aux plus grandes familles historiques du pays et deux cent vingt-neuf dames ont le privilège de « la grande entrée », c'est-à-dire peuvent paraître quand elle tient cercle, à n'importe quel moment et sans autre formalité. Élisabeth a cela en horreur. Elle veut pouvoir parler à ceux qui lui plaisent, à ceux qui l'intéressent. Par le perpétuel commerce entre gens d'une même coterie, s'est implanté l'usage d'une conversation de famille qui n'intéresse pas Élisabeth, ne fût-ce déjà que parce que, venue du dehors, elle n'a pas grandi dans ce cercle. Aussi, d'elle-même, une tension s'établit entre l'impératrice et ces cercles aristocratiques qui, en plus, professent des idées politiques panautrichiennes et centralistes et se rattachent plutôt au parti de l'archiduchesse Sophie qui prend nettement position contre Élisabeth. A ce cercle appartient avant tout l'homme le plus écouté dans l'entourage de l'empereur, son aide de camp, le comte Grünne, le grand maître de l'armée. Dans ces milieux, règne une violente antipathie contre la Hongrie qui, opposée à l'Autriche centraliste, continue à refuser le rôle de simple province et veut aller de pair avec elle.

Le ministre de l'intérieur, le baron Bach, qui est, depuis l'écrasement de la révolution, le véritable chef du mouvement panautrichien, est d'avis qu'il faut essayer, comme on l'a fait pour l'Italie, de reconquérir la Hongrie par des concessions, une amnistie et une visite des souverains. Mais il faut éviter, en même temps, de toucher au principe ; l'empereur est décidé à ne pas s'en écarter d'une ligne. On espère aussi, en raison du caractère hongrois, que la beauté et le charme de l'impératrice réussiront encore mieux qu'en Italie. Avant le départ, éclate encore un orage domestique. Élisabeth veut emmener les enfants, au moins jusqu'à Budapest, pour pouvoir en jouir loin de sa belle-mère — celle-ci se garde bien, naturellement, de mettre les pieds en Hongrie. L'archiduchesse manifeste de l'inquiétude au sujet des petites, mais Élisabeth ne voit dans cette préoccupation que l'effort constant de sa belle-mère pour l'écarter de ses enfants, et elle gagne sa cause auprès de l'empereur.

Aussitôt informée de cette visite, la Hongrie manifeste la

méfiance qu'elle nourrit à l'égard de l'Autriche et de ses méthodes de gouvernement. Mais, malgré la répugnance qu'éprouve au fond de lui-même tout Hongrois pour l'orientation de la politique autrichienne, on réussit tout de même, en fin de compte, à faire à Ofen, sur le Danube, le 4 mai 1857, un accueil convenable, sinon cordial, aux souverains. Le pittoresque de la capitale hongroise enchante Élisabeth, déjà ravie de l'admiration personnelle qu'on lui témoigne à chaque pas, malgré la tension politique, et flattée de l'enthousiasme que sa beauté suscite dans le peuple et dans la noblesse, surtout quand elle paraît à cheval aux revues ou dans le bois, près de la ville.

Bien que le séjour des souverains à Budapest, du 3 au 13 mai, soit plus que jamais rempli de festivités de toutes sortes et qu'Élisabeth les déteste, elle se plaît infiniment, et la sympathie qui se peint sur son visage éveille spontanément la cordialité et l'affection des Hongrois. Le bruit des dissensions entre Élisabeth et la mère de l'empereur a depuis longtemps pénétré en Hongrie et, comme le peuple hongrois connaît la mentalité de l'archiduchesse Sophie et n'a pas oublié son rôle pendant la révolution, il a le sentiment vague qu'il pourrait gagner là une amie, peut-être même une alliée, et il redouble d'efforts pour rendre le séjour agréable à l'impératrice. L'accueil est plus réservé à l'égard de François-Joseph. Il a bien promulgué une amnistie, mais il ne peut pas rendre la vie à ceux qui ont été exécutés et l'empereur résiste toujours aux vœux ardents de la nation. Mais les sentiments de la population pour Élisabeth ne peuvent manquer de rejaillir sur son époux. Malgré sa réponse négative à l'adresse des cent vingt-sept nobles qui demandent la réintégration de la constitution hongroise, une partie de la cordialité destinée à sa femme retombe sur lui, ainsi que Bach l'avait espéré.

Alors se produit un événement qui paraît donner raison aux inquiétudes de l'archiduchesse Sophie. Le 13 mai, le voyage des souverains devait se poursuivre vers l'intérieur de la Hongrie. Subitement, la petite Gisèle est prise de fièvre et de diarrhée. Là-dessus, le voyage est remis. Gisèle se rétablit relativement vite, mais les mêmes symptomes se manifestent chez la petite Sophie. Le conseiller aulique Seeburger prétend d'abord que c'est un accident de dentition. Mais il est difficile d'admettre qu'il ait raison, car les excréments de l'enfant sont mêlés de sang, de mucosités et de bile.

« La petite ne cesse de pleurer à fendre l'âme », écrit François-Joseph à sa mère. Elle a une mine pitoyable et les parents sont affolés, surtout Élisabeth, qui pense à la querelle de Vienne lors du départ. Elle envisage l'avenir sous des couleurs sombres, d'autant qu'elle n'a aucune confiance en Seeburger. Mais lorsque, après coup, un mieux se révèle, l'impératrice écoute les conseils qu'on lui donne : il faut continuer le voyage, le pays a déjà fait les plus grands frais pour la réception, il est dans l'attente et il ne faut pas le décevoir.

Le 23 mai, les souverains partent pour Jászberény. L'impératrice aurait eu du plaisir à voir ces superbes chevaux, ces beaux hommes en costumes nationaux qui bordent partout le chemin, n'eût été le souci de ses enfants bien-aimées. Lorsque les visiteurs impériaux arrivent, le 28 mai, à Debreczin, ils reçoivent un télégramme de Seeburger qui, contrairement à son premier diagnostic, se montre inquiet de l'état de la petite Sophie. Aussitôt, les souverains interrompent leur voyage et reviennent au plus vite à Budapest. A peine arrivée, Élisabeth se précipite chez son enfant qu'elle trouve très mal, l'œil terne, et extrêmement faible. Seeburger est décontenancé et, aux questions les plus pressantes, il répond seulement qu'il n'abandonne pas tout espoir.

La jeune mère est désespérée et, dès lors, s'installe à demeure au chevet de la petite. Mais elle ne saurait empêcher l'issue fatale. Onze heures durant, l'impératrice, le cœur angoissé, suit les progrès du mal et assiste à l'agonie de son enfant. Les médecins sont là, impuissants et à bout de leur science. A neuf heures et demie, l'enfant, âgée de deux ans seulement, a fini de souffrir et Élisabeth, en larmes, lui ferme les yeux.

« Notre petite est un ange au ciel », télégraphie l'empereur à ses parents (1), « nous sommes anéantis. Sisi se soumet avec résignation à la volonté du Seigneur. » Il n'en est pas tout à fait ainsi. Élisabeth est désespérée, s'accuse elle-même et le monde entier, et il est inutile de lui représenter que ce malheur aurait pu arriver n'importe où et qu'on ne peut faire de reproches à personne.

(1) Schnürer, ouv. cit., p. 270.

Le couple impérial interrompt le voyage de Hongrie et, le 30 mai, retourne à Laxenbourg. Du point de vue politique, au moins, le triste événement a un retentissement favorable. De partout, même des pays où couve encore la rancune politique, affluent des témoignages personnels de chaleureuse sympathie et, momentanément, l'opposition hongroise fait trêve.

Élisabeth pleure du matin au soir, parle continuellement de son enfant et elle a grand peur surtout de revoir sa belle-mère. Malgré la réserve pleine de tact de l'archiduchesse Sophie devant le chagrin de sa belle-fille, Élisabeth croit discerner dans chacun de ses ordres, sous chacune de ses paroles, le reproche caché que le malheur ne serait pas arrivé si l'on avait écouté ses conseils dictés par l'expérience. A dix-neuf ans, Élisabeth a l'impression d'être mariée depuis dix ans. Aussi ne comprend-elle pas que Sophie conserve à son égard l'attitude d'une mère sage et raisonnable et la traite comme une jolie enfant qui, pour être impératrice, n'en est pas moins dépourvue d'expérience. Voyant le désespoir d'Élisabeth, sa mère se décide à venir à Laxenbourg avec ses trois autres filles pour l'égayer et la distraire un peu. Cela s'imposait, car la douleur d'Élisabeth prend par moment des formes tout à fait extraordinaires. Elle n'a jamais beaucoup aimé le monde, mais maintenant elle ne laisse plus approcher personne en dehors de l'empereur, elle ne souffre aucune compagnie quand elle va en promenade ou monte à cheval et elle se replie de plus en plus sur elle-même. La voyant dans cet état, l'empereur ne peut songer à reprendre avec elle le voyage en Hongrie et se décide à partir seul, ce qui, naturellement, est loin de produire le même effet.

Malgré tout François-Joseph ne peut plus, maintenant, dicter des mesures aussi sévères à la Hongrie. Déjà il facilite le retour de nombreux émigrés de la révolution et c'est ainsi que revient en Hongrie le comte Gyula Andrassy, dont l'exil à Paris ne fut pas trop désagréable. Abondamment pourvu d'espèces sonnantes par sa mère, l'élégant jeune comte était un admirateur fervent du beau sexe et l'hôte bienvenu des plus grandes maisons. Les Parisiennes ont gâté le jeune révolutionnaire, qu'elles appelaient « le beau pendu de 1848 » (1). Il a le bon esprit de ne pas parti-

(1) Édouard DE WERTHEIMER, *Le comte Jules Andrassy*, I, p. 58.

ciper à l'agitation soulevée à Londres par Kossuth contre le gouvernement de François-Joseph, au contraire, il prend fait et cause pour une réconciliation de sa patrie avec l'Autriche.

De Vienne, on suit attentivement tout ce que font les émigrés à l'étranger. On note donc avec satisfaction qu'Andrassy, dans sa colère contre la Russie qui, en 1848, a pris les armes contre sa patrie, soutient que la Hongrie a le plus grand intérêt à ne pas laisser l'empire des tsars devenir maître du Danube et de la mer Noire. L'avis d'Andrassy se rencontre avec le courant russophobe qui triomphe alors dans la politique de Vienne. Sur ces entrefaites, le comte a épousé, en 1856, la riche comtesse hongroise Katinka Kendeffy, dont la famille passe en Autriche pour être d'un loyalisme irréprochable. En juin 1857, Andrassy, le pendu en effigie, est donc autorisé à rentrer en Hongrie et la confiscation de ses biens est suspendue.

La famille impériale commente avec passion tous ces événements. Ainsi passe ce triste été et une seule chose parvient à chasser les sombres pensées de l'impératrice : c'est la nouvelle des fiançailles de sa sœur Marie avec le prince héritier des Deux-Siciles.

Cependant, la vie privée d'Élisabeth reste une constante et sourde lutte contre son entourage. Après la mort de sa fille, elle cherche à obtenir la disgrâce du conseiller aulique Seeburger, mais l'archiduchesse est là pour s'y opposer. Le médecin est maintenu à son poste et continue même, malgré l'aversion qu'il lui inspire, à traiter l'impératrice qui souffre d'une exostose à la main. Seeburger y place deux pièces d'argent de vingt couronnes, bande la main très serré et espère ainsi réduire l'exostose par la pression des pièces. Élisabeth se laisse faire pendant deux jours, puis elle éprouve de vives douleurs, jette le fameux emplâtre et y supplée par de simples massages. En novembre, le couple impérial déménage à nouveau dans l'intérieur de la Burg, l'ancien appartement éveillant de trop tristes souvenirs et s'avérant trop petit. L'impératrice reçoit l'appartement dit « appartement Amélie » qui communique directement avec la chambre d'enfants. Cette mesure est d'autant plus utile qu'Élisabeth, depuis l'hiver, est de nouveau enceinte et pourra ainsi se ménager. Quant à l'archiduchesse Sophie, elle a été plus aimable dans les derniers temps, mais c'est trop tard. Malgré tout, sa présence, beaucoup trop fréquente, excède Élisabeth.

Cette fois encore, de tous les coins de la monarchie, des conseils affluent chez l'impératrice sur la manière de se comporter pendant la grossesse, pour donner le jour à un garçon. Elle ne manque pas, à chaque fois, de les examiner, car elle est quelque peu superstitieuse et désire vivement un fils.

Dorénavant, il faut éviter à l'impératrice le plus léger désagrément. On lui cache donc qu'à Schoenbrunn, le 16 août au matin, les habitants du château ont été réveillés en sursaut par un formidable craquement qui ébranlait les murs. Le grand lustre de la salle des cérémonies était tombé et ses débris jonchaient le parquet. C'était la seconde fois en deux ans. « Je me garderai bien, à la cour, de m'asseoir sous un lustre », dit à cette occasion le premier chambellan de l'archiduchesse Sophie (1). Quant à Élisabeth, elle eût certainement interprété cet incident comme un mauvais présage.

Le jour critique approche. Le 21 août, l'archiduchesse reçoit soudain un télégramme de Laxenbourg : « Sa Majesté l'impératrice est sur le point d'accoucher. » A l'instant même, la mère de François-Joseph part pour Laxenbourg et son premier soin est de faire exposer le saint sacrement à la chapelle du château (2). Les événements se sont précipités. A dix heures du soir, Élisabeth ressent de très fortes douleurs et elle, qui lors de ses premiers accouchements avait à peine gémi, pousse des cris déchirants, tandis que la mère de l'empereur et la comtesse Esterhazy tombent à genoux en pleurant et prient pour elle (3). L'accouchement est très pénible. A dix heures et quart enfin la pauvre impératrice est délivrée.

« Est-ce un fils ? » demande-t-elle d'une voix faible et toute craintive.

« La sage-femme Gruber ne le sait pas encore », répond François-Joseph, craignant que la joie lui soit néfaste. A quoi Élisabeth découragée répond :

« Ah ! c'est sûrement encore une fille ! »

(1) Le comte Nicolas Szécsen à sa femme, née comtesse Forgach. Schoenbrunn, 16 août 1858. Archives Szécsen, Gyöngyössentkereszt.

(2) *Id.*, Schoenbrunn, 22 août, Archives Szécsen, Gyöngyössentkereszt.

(3) *Id.*, Schoenbrunn, 22 août 1858.

« Eh bien : et si c'était tout de même un garçon ? »

Une lueur de joie passe sur les traits délicats d'Élisabeth. Mais immédiatement la méfiance renaît, elle craint qu'on ne la trompe. Elle n'est convaincue que lorsqu'elle voit elle-même son petit garçon.

Pendant les premiers jours, Élisabeth a du mal à se remettre, car de fortes poussées de lait la fatiguent et on ne lui permet pas de nourrir elle-même l'enfant. Elle en est toute triste et en veut à Seeburger. Mais, pour le reste, elle est toute à sa joie.

François-Joseph voudrait donner tous les joyaux du monde à la jeune mère. A la vérité, il ne trouve pas son fils beau, mais « très fort et magnifiquement bâti ». Quand on le félicite, des larmes de joie coulent le long de ses joues. Il en eût aimé encore davantage sa femme, si c'eût été possible. Dorénavant, les choses vont être plus difficiles pour l'archiduchesse Sophie, car la position de l'impératrice auprès de son époux est plus affermie que jamais. Mais qu'importe, la mère de l'empereur est tout aussi heureuse que François-Joseph, car — et cela Élisabeth ne l'a jamais bien compris — l'avenir et le bonheur de son fils et de l'empire lui tiennent au cœur plus que tout autre chose. Et, pour Sophie, cet enfant en est le meilleur garant. Désormais, elle mettra donc tout en œuvre pour l'élever à son idée, l'influencer et le former comme elle a fait autrefois pour son fils et de la manière qu'elle estime la seule convenable à un prince héritier.

Elle a une confiance limitée, et peut-être avec quelque raison, dans les qualités pédagogiques de l'impératrice ; mais elle va manifestement trop loin en voulant supprimer complètement l'influence de la mère. Quand on connaît le caractère intransigeant de l'impératrice, on ne peut manquer de comprendre qu'il y a là ample matière à conflit pour l'avenir.

Les intéressés sont tous animés de bonnes intentions, chacun se croit dans son droit et pourtant chacun tire la corde dans son sens.

CHAPITRE V

LA GUERRE D'ITALIE ET LA CRISE DE MADÈRE 1859-1862

L'impératrice Élisabeth est toujours restée en relations très intimes avec les siens. Ses sœurs se marient l'une après l'autre. En août 1858, on célèbre d'abord le mariage d'Hélène avec le prince héréditaire Maximilien de Tour et Taxis, un des princes les plus riches du pays ; peu de temps après, Marie épouse l'héritier présomptif du royaume des Deux-Siciles. Ce mariage est une grande joie pour la famille ducale, heureuse de voir une autre fille du duc devenir souveraine d'un État européen. Elle n'est pas aussi belle que l'impératrice, mais elle lui ressemble beaucoup, et c'est une femme énergique et résolue. Élisabeth l'accompagne jusqu'à Trieste et assiste, en hochant la tête, à la cérémonie finale de la remise de sa sœur à un commissaire royal, chargé de la conduire à Naples chez son époux. A Trieste, dans la grande salle du palais du gouvernement, un ruban est tendu, symbole de la frontière entre les deux États : la Bavière et les Deux-Siciles. D'un côté, le comte Rechberg amène la fiancée, de l'autre, le duc de Serra Capriola s'apprête à la recevoir. Marie s'avance, passe la « frontière » et une nouvelle cour prend possession de la princesse.

Élisabeth veut faciliter le plus possible à sa sœur ce voyage en pays inconnu, qui doit la conduire auprès de l'étranger qu'on lui destine pour époux. Il ne peut être question chez Marie d'amour ou d'inclination, la première entrevue du couple, à Naples, est même pénible. Marie ne parle pas l'italien, le prince héritier ne sait pas un mot d'allemand, à peine un peu de français. D'ailleurs, même s'ils se comprenaient, ils n'auraient rien à se dire. Élisabeth se promet, à part soi, de l'aider dans la mesure de son pouvoir.

« Le mariage finira bien par s'arranger avec le temps », se dit Élisabeth. Elle compare le sort de sa sœur avec le sien. Pour elle aussi, les débuts ont été très pénibles, Élisabeth se rappelle les vers désespérés qu'elle écrivait à cette époque ; elle ne croyait pas, alors, pouvoir supporter les contraintes que lui imposait sa nouvelle vie. Et maintenant, en l'espace de quatre ans, elle a déjà eu trois enfants de son époux qui l'aime tendrement et dont elle a su, depuis, apprécier le caractère. Elle est touchée de sa tendresse, de ses attentions chevaleresques et de son amour qui s'exprime à tout instant et en toute chose. Elle en est arrivée, finalement, à supporter les perpétuels dissentiments avec sa belle-mère. Et elle est sensible, à présent, à tout ce qui concerne son mari ; même ses soucis politiques lui pèsent.

Il n'est rien qu'Élisabeth craigne autant que de se trouver avec sa belle-mère au milieu du cercle de courtisans uniquement dévoués à l'archiduchesse. Elle ne s'est jamais mêlée de politique, néanmoins, quand la conversation tombe sur ce sujet, elle se montre libérale, par éducation et par conviction, mais aussi un peu pour le plaisir de contredire l'archiduchesse Sophie. Dans ce domaine, celle-ci traite l'impératrice comme une enfant déraisonnable, et pourtant la politique, tant intérieure qu'extérieure, qu'approuve l'archiduchesse, quand elle ne la fait pas elle-même, n'est rien moins que couronnée de succès. Après la guerre de Crimée, l'Autriche s'est trouvée complètement isolée, car elle a offensé le tsar sans gagner pour cela l'amitié de Napoléon III et de l'Angleterre. Élisabeth sait, pour l'avoir vu elle-même, à quel point le mécontentement des provinces italiennes et de la Hongrie entrave la marche intérieure de la monarchie. L'isolement de l'Autriche est une occasion pour le Piémont : celui-ci attise la discorde jusqu'à ce que Vienne se laisse entraîner à envoyer, à la légère, un ultimatum, qui détermine l'ouverture des hostilités avec la Sardaigne, alliée de la France. On a pris la décision inconsidérément, sans même avertir la Prusse. Maintenant la guerre est là.

Élisabeth, jusqu'à présent, a connu des périodes calmes ; désormais il va en être autrement. Nerveuse et impressionnable comme elle est, elle voit l'avenir de l'empire menacé et par contre-coup celui de son mari et de ses enfants. Elle n'a plus la tête à s'occuper des tracas domestiques de la maison de Bavière, mise en émoi, non par la guerre, mais par les fiançailles de Louis, le frère aîné d'Élisabeth, avec une actrice, Henriette Mendel, très belle certes, mais d'origine bourgeoise. Tout le monde est indigné, mais le duc Louis tient bon et la famille finit par céder : Henriette est élevée au rang de baronne Wallersee et, le 28 mai 1859, le mariage a lieu.

Sur ces entrefaites, en Italie, le protégé de Grünne, le général Gyulay, a manqué l'occasion de battre isolément les Piémontais et les Français, avant qu'ils n'aient pu opérer la jonction de leurs armées. Sa tactique est désastreuse. Déjà l'armée est en retraite. L'empereur François-Joseph suit les événements avec inquiétude et se décide à partir pour le front, afin de se rendre compte de la situation. Lorsqu'il lui fait part de ce projet, Élisabeth, nerveuse et préoccupée, fond en larmes. Elle fait mille recommandations à son époux. Il faut qu'il lui promette solennellement de se ménager et de faire attention à lui. « Pour l'amour de moi et des enfants, pense un peu à toi et pas seulement au travail et à la guerre... »

Désespérée, Élisabeth retourne à Schoenbrunn, après un douloureux adieu à la gare. Le 31 mai, elle vient à l'improviste à l'église Sainte-Marie de la Grâce de Lanzendorf, près de Vienne, pour demander à Dieu de conserver la vie de son époux. François-Joseph pense à sa promesse d'écrire dès son arrivée à Élisabeth, et de lui écrire souvent. A de courts intervalles, arrivent du front des lettres pleines de tendresse. « Mon ange adoré », écrit François-Joseph après son arrivée à Vérone, le 31 mai 1859, « je profite des premiers instants de ma journée pour... te dire à nouveau combien je t'aime et combien je me languis de toi et de nos chers enfants. Surtout, porte-toi bien et ménage-toi comme tu me l'as promis... Cherche à te distraire et ne sois pas triste... » (1).

Mais Élisabeth est très déprimée, elle se replie sur elle-même, ne fût-ce que pour échapper à sa belle-mère. Elle monte à cheval du matin au soir et elle est si nerveuse qu'elle ne parvient pas à s'occuper. L'archiduchesse Sophie hoche la tête et l'étrange attitude de l'impératrice fait jaser son entourage, surtout son ennemi invétéré, le docteur Seeburger. Rencontrant par hasard

(1) François-Joseph à l'impératrice Élisabeth, Vérone le 31 mai 1859. (A.A.C.W.)

le ministre de la police, il se répand en critiques et en plaintes au sujet de l'impératrice : « Elle ne répond ni comme impératrice ni comme femme au rôle qui lui incombe ; en réalité, elle est oisive et à peine voit-elle ses enfants en passant, elle se plaint de l'absence de l'empereur, en pleure, et trouve moyen de faire de l'équitation pendant des heures au grand dam de sa santé. Il y a un abîme entre elle et l'archiduchesse, et la comtesse Esterhazy n'a aucune influence sur l'impératrice » (1).

Des gens comme Seeburger ne savent que critiquer et sont incapables de se mettre à la place d'une jeune femme qui se sent seule et délaissée, au milieu d'ennemis masqués. Elle ne trouve de douceur que dans les longues lettres qu'elle écrit à son époux. Le 29 et le 30 mai, elle envoie deux de ces missives où, dans sa tristesse, elle prie instamment François-Joseph de l'autoriser à le rejoindre au quartier général de Vérone. Mais il n'y faut pas songer, et François-Joseph lui répond : « Il m'est, hélas ! impossible d'accéder à ton désir pour l'instant, quelque envie que j'en aie. Dans la vie mouvementée du quartier général, il n'y a pas de place pour les femmes, et je ne peux pas donner le mauvais exemple. D'ailleurs, je ne sais pas moi-même jusqu'à quand je resterai ici... Je t'en supplie, mon ange, si tu m'aimes, ne te tourmente pas tant, ménage-toi, cherche à te distraire le plus possible, monte à cheval, va en voiture avec mesure et précaution, et conserve-moi ta précieuse santé afin que, à mon retour, je te trouve très bien et que nous puissions être très heureux » (2).

Tous les jours, Élisabeth écrit à son époux ; elle lui envoie la photographie de la petite Gisèle et, un jour, un petit bouquet de myosotis séché.

Toutefois, sur le théâtre des opérations, les choses vont mal. Après la bataille de Magenta, perdue par la faute des généraux, il faut évacuer Milan et les troupes autrichiennes sont forcées de se retirer dans les places fortes du *quadrilatère.* Dans la monarchie l'inquiétude est à son comble, les mauvaises nouvelles se succèdent et parviennent jusqu'aux oreilles de l'impératrice, toute désemparée. Elle supplie à nouveau l'empereur de la

(1) Journal du ministre de police Kempen de 1848-49, Vienne, 1931, p. 515.
(2) François-Joseph à Élisabeth, Vérone, 2 juin 1859. (A.A.C.W.)

laisser venir au quartier général, mais, dans les conditions actuelles, il ne saurait en être question. « Mon ange adoré », lui écrit François-Joseph, « je t'en prie, au nom de ton amour pour moi, contiens-toi, montre-toi quelquefois en ville, visite des institutions, tu ne saurais croire combien tu peux m'aider par là. Cela rendra courage à la population et maintiendra le bon esprit dont j'ai tant besoin... Conserve-toi pour moi qui ai tant de peine... »

Malgré les tourments que lui causent les lettres d'Élisabeth, François-Joseph se réjouit de l'arrivée du courrier ; les lettres arrivent à son réveil et il « les dévore encore au lit » (1). Dans tous les domaines où il lui est possible de le faire, Élisabeth voudrait bien apporter son aide. Elle songe à Naples, elle espère que le royaume prendra le parti de l'Autriche et en oublie la redoutable flotte française. Sa sœur est à peine mariée depuis trois mois avec le prince héritier des Deux-Siciles que, le 22 mai, le roi Ferdinand II meurt subitement et Marie devient reine. Mais elle est impuissante, malgré tout, à porter secours à François-Joseph.

Sans doute, Élisabeth continue, à Laxenbourg, à mener sa vie coutumière, mais elle mange à peine, dort peu et passe ses journées à cheval. La plupart du temps elle monte seule, mais parfois elle se fait accompagner par l'écuyer Holmes qu'elle juge sympathique et qui est un véritable artiste. L'archiduchesse Sophie trouve ces sorties malséantes. Elle s'en est manifestement plainte à son fils qui, au milieu de ses soucis de guerre, se creuse la tête pour trouver une solution. « Pour ce qui est de tes promenades à cheval », écrit-il, « j'y ai réfléchi. Je ne peux pas te laisser sortir seule avec Holmes, cela n'est pas convenable. » François-Joseph finit par lui proposer la compagnie du grand veneur. Toutes les lettres du front sont remplies de protestations d'amour. « Je ne puis assez te dire combien je t'aime et combien je pense à toi, mon ange... Je t'aime infiniment. » « Ma chère Sisi, ma Sisi adorée... mon amour, mon bel ange... », ces paroles reviennent à tout moment. Élisabeth continue à être d'avis qu'en période de danger sa place est auprès de son époux. Dans sa nervosité, elle monte à cheval matin et soir et commence même, à la grande

(1) François-Joseph à Élisabeth, Vérone, 9 juin 1859. (A.A.C.W.)

frayeur de François-Joseph, à s'entraîner au saut. Une autre vague de mauvaises nouvelles venues du front détermine chez Élisabeth une véritable panique. Elle a déjà perdu toute confiance dans les généraux de son mari et craint que l'empereur et tout le quartier général de Vérone ne viennent à être coupés du reste de l'armée. D'un trait, elle va à cheval de Laxenbourg à Vöslau et en revient. François-Joseph la conjure de ne pas monter à cheval si longtemps, que c'est pure folie. « Promets-le moi », lui écrit-il la veille de Solférino, sans dire un mot de la bataille prévue. « Tu te fatigueras trop sans cela et tu deviendras trop maigre. » Deux jours après, arrive la nouvelle de la défaite : « Je dus ordonner la retraite... Je partis à cheval... sous un terrible orage pour Valeggio, d'où je gagnai Villafranca. J'y passai une soirée atroce au milieu d'une indescriptible confusion de blessés, de fuyards, de voitures et de chevaux... Voici la triste histoire d'une journée épouvantable où fut fourni un grand effort, mais où la chance ne nous sourit pas. J'ai acquis de l'expérience et j'ai appris à connaître les sentiments d'un général battu... Je reste ici jusqu'à ce que l'armée se soit repliée derrière l'Adige et que les dispositions les plus importantes pour l'avenir soient prises, puis je volerai à Vienne où de nombreux devoirs m'appellent. Ma seule consolation, ma seule joie est maintenant d'aller te rejoindre, mon ange. Tu imagines combien je me réjouis... Ton dévoué François » (1). De crainte que sa Sisi adorée ne prenne les choses trop au tragique, François-Joseph lui adresse ces conseils : « Il ne faut surtout pas désespérer, fais comme moi, aie confiance en Dieu qui certainement mènera tout à bonne fin. Il nous punit durement et, sans doute, ne sommes-nous qu'au commencement de souffrances encore plus grandes, mais il faut les supporter avec résignation et faire en tout son devoir. »

Les échecs essuyés en Italie ont leur répercussion en Hongrie. Là, les éléments révolutionnaires se soulèvent, ils entrevoient la possibilité de reprendre la lutte et de faire triompher leurs vieilles revendications. Élisabeth, qui passe presque tout son temps à l'hôpital qu'elle a installé à Laxenbourg, n'est pas sans entendre parler de tout cela. Elle voit s'effondrer la politique dont, à tort peut-être, elle imputait à sa belle-mère l'entière responsabilité.

(1) François-Joseph à Élisabeth, Vérone, 26 juin 1859. (A.A.C.W.)

Ce qui lui restait d'estime pour cette femme était fondé sur le sentiment de sa supériorité en politique, et voilà que ce dernier vestige s'écroule à son tour. La preuve en est faite à ses yeux : l'archiduchesse Sophie et tous les conseillers à sa dévotion dont elle a entouré l'empereur, ne sont pas à la hauteur de la situation et menacent même l'État, la dynastie et avec eux le sort de son mari et de ses enfants. Elle reconnaît maintenant qu'il ne sert de rien de se lamenter et que son devoir, au moment où tous les autres conseillers ont fait naufrage, est de s'affirmer et d'apporter ses avis. Inquiète de l'attitude des Hongrois, elle conseille à son époux d'entrer le plus tôt possible en pourparlers avec Napoléon pour terminer la guerre. Mais immédiatement la femme et l'épouse reparaissent en elle : « M'as-tu oubliée avec tous ces événements ? M'aimes-tu encore ? S'il n'en était ainsi, tout serait indifférent, quoi qu'il arrivât. » — « Mais ma pauvre Sisi », lui répond François-Joseph, « tu n'ignores pas à quel point tu me manques et je n'ai pas besoin de te répéter combien je t'aime. Tu le sais bien, malgré les doutes que tu exprimes dans tes lettres. D'avance, je me réjouis infiniment du merveilleux instant qui nous réunira... Je t'en conjure, sois calme et ne t'inquiète pas pour un rien... Quelle bonne idée d'avoir installé un hôpital à Laxenbourg. Merci mille fois. Tu es mon bon ange et tu m'es d'un grand secours. Sois forte et tiens bon, il viendra bien des jours meilleurs... »

Toutefois, on a donné à entendre à l'empereur que ce n'est pas le moment de quitter ses troupes. « Mon ange adoré », lui écrit-il donc, « il ne faut pas croire que je suis découragé et que je jette le manche après la cognée, au contraire, je suis plein de confiance et je m'efforce d'en donner aux autres... Je ne voulais aller à Vienne que parce que je m'y croyais plus nécessaire qu'ici, mais puisque ce n'est pas le cas, je resterai là jusqu'à la mi-juillet et ne quitterai pas mes vaillants soldats. Ne te fais pas de soucis pour cela... Ton plan politique contient de très bonnes idées, mais il n'y a pas lieu d'abandonner tout espoir de voir la Prusse et l'Allemagne venir encore à notre aide, et tant que cette chance nous restera, il ne faudra pas songer à entamer des pourparlers avec l'ennemi... » (1).

(1) François-Joseph à Élisabeth, Vérone, 1er juillet 1859. (A.A.C.W.)

Élisabeth est au désespoir quand elle voit le retour de son époux encore ajourné. Elle croit l'empereur entouré de mille dangers et la situation beaucoup plus mauvaise qu'il ne la lui représente. Elle craint qu'il ne soit tué à l'ennemi, que, par suite de la fatigue, des orages et de la pluie, il ne prenne une grave maladie, qu'il ne soit fait prisonnier ou qu'il soit victime d'un attentat en chemin de fer. La jeune femme est à bout de nerfs et François-Joseph est obligé de la rassurer sans cesse, de lui faire comprendre qu'il n'est pas tellement exposé à la bataille, qu'il ne peut être cerné et qu'il ne peut rien lui arriver dans le train non plus (1). Mais toutes les exhortations sont inutiles, Élisabeth est de plus en plus nerveuse. Elle n'a pas de répit, elle monte à cheval sans arrêt, écrit la nuit de longues lettres à François-Joseph, à ses parents, à ses frères et sœurs ; elle voit l'avenir en noir et elle est persuadée que sa belle-mère, qui se dresse comme un mauvais rêve entre elle et son époux, finira par perdre l'empire. En outre, Élisabeth s'inquiète de l'amour de son époux. Elle est froissée que François-Joseph dise que ses affaires l'appellent à Vienne ; il devrait écrire, plutôt, que c'est l'irrésistible désir de la revoir. Elle, qui jusqu'ici s'est désintéressée de la politique, voilà que, par la force des choses, elle est obligée de s'en occuper.

Seule la Prusse peut, en menaçant Napoléon sur le Rhin, amener un revirement en Italie. On parle à Vienne d'une rencontre entre François-Joseph et le prince de Prusse. Élisabeth veut savoir exactement ce qu'il en est.

Cependant l'archiduchesse se plaint à nouveau à son fils des façons de vivre d'Élisabeth. Or, l'empereur est sur le point d'entamer des négociations avec Napoléon III, amorcées par le prince Alexandre de Hesse ; mais les nouvelles de sa femme lui enlèvent le sang-froid dont il aurait tant besoin : « Mon ange adoré... je ne puis assez te dire combien je me languis de toi et à quel point je m'inquiète à ton sujet. Tes affreuses habitudes me mettent au désespoir, elles finiront par ruiner ta santé si précieuse. Je t'en conjure, renonce immédiatement à cette vie et dors. La nuit nous a été donnée par la nature pour dormir et non pour lire et écrire. Ne monte pas non plus à cheval si souvent et avec une telle ardeur... J'ai été très peiné de t'avoir

(1) François-Joseph à Élisabeth, Vérone, 5 juillet 1859. (A.A.C.W.)

froissée en t'écrivant que des affaires m'appelaient à Vienne. Tu penses bien que ma seule joie, la seule chose qui me pousse au retour, c'est de te serrer dans mes bras. Mais dans un moment comme celui que nous traversons, il ne faut pas se laisser guider par les sentiments, si forts soient-ils, mais uniquement par le sens du devoir. Il n'a jamais été question d'une rencontre avec le prince de Prusse. Toutefois, une autre entrevue pourrait bien m'attendre, comme je le crains, avec cette canaille de Napoléon. Cette perspective m'est très désagréable, cependant, si le salut de la monarchie en dépend, il faudra bien en passer par là. Napoléon paraît pris pour l'instant d'un immense désir d'armistice et de paix... » (1).

Les événements se poursuivent rapidement. Napoléon, craignant que, tandis qu'il est en Italie, sa patrie ne devienne une proie facile pour l'armée prussienne, a le même intérêt à conclure la paix que l'Autriche avec son armée affaiblie, la Hongrie mécontente et, dans le dos, l'envieuse Russie. Cet état de choses conduit le 11 juillet à l'entrevue de Villafranca, suivie de près de la signature de l'armistice. François-Joseph peut enfin s'en retourner, serrer Élisabeth dans ses bras et voir ce qui se passe chez lui. Il trouve sa femme dans un état d'extrême nervosité ; les enfants, et en particulier le prince héritier, sont en bonne santé, mais les rapports d'Élisabeth avec sa mère se sont envenimés. L'archiduchesse persiste à garder la plus grande influence sur l'éducation du prince héritier, qu'elle veut former elle-même à son métier de souverain. L'*aja* a bien du mal, elle reçoit de la mère et de la grand'mère de l'enfant des ordres contradictoires, surtout en l'absence de l'empereur. Maintenant encore, François-Joseph est forcé de louvoyer sans cesse entre sa mère et sa femme. Et il est difficile de décider entre elles, car il arrive souvent qu'elle aient raison toutes deux, chacune à sa façon. En matière politique cependant — c'est là une suite de la guerre — François-Joseph s'écarte sensiblement des hommes que protège sa mère et se rapproche plutôt des opinions de sa femme, dont les tendances furent toujours plutôt libérales. Déjà Buol, dont la politique a fait complètement faillite, est obligé de démissionner et le comte Rechberg lui succède ; Bach, avec son système

(1) François-Joseph à Élisabeth, Vérone, 8 juillet 1859. (A.A.C.W.)

centraliste, est tombé lui aussi et François-Joseph se rapproche des théories constitutionnelles, bien qu'il ne se soit pas encore incliné devant elles. Il en est grand temps, car la situation générale est très mauvaise, l'Autriche a perdu beaucoup de son prestige dans le monde. La suppression de la constitution aussi bien que les fautes commises dans les rapports avec l'étranger avaient voué à l'échec la politique dans laquelle on s'était engagé une fois la révolution écrasée. La conduite désastreuse de la campagne a soulevé, dans l'armée, le plus grand mécontentement. On se montre du doigt le tout-puissant qui a désigné Gyulay et qui n'est autre que le comte Grünne. L'empereur se décide à l'éloigner de son poste d'aide de camp et à le reléguer au rang de grand écuyer. Pareille disgrâce équivaut à une défaite directe de la mère de l'empereur, dont Grünne était le grand protégé. D'autre part, on s'accorde à voir dans cette mesure un acte de sympathie à l'égard de la Hongrie, car personne n'ignore les idées de Grünne en ce qui concerne ce pays.

Élisabeth voit ce changement avec satisfaction. Chaque pierre qui tombe de l'édifice élevé par sa belle-mère donne plus de poids à son action et à ses convictions personnelles. Évidemment, tout cela n'améliore pas ses relations avec Sophie, car l'archiduchesse voit croître l'influence de sa singulière belle-fille, tandis que la sienne diminue, et elle rend Élisabeth responsable, plus que de raison, des changements survenus. Mais l'impératrice pourra s'apercevoir par la suite que l'archiduchesse ne se tient pas si vite pour battue, quand bien même son influence serait momentanément ébranlée. Les rapports entre les deux femmes deviennent chaque jour plus intolérables. Autrefois, les enfants seuls étaient une pierre d'achoppement, voilà qu'aujourd'hui la situation politique entre en jeu, car les réformes indispensables, la solution du conflit constitutionnel et le règlement de la question hongroise sont autant de problèmes pendants, et l'on sait de quel côté vont les sympathies d'Élisabeth.

Au début de l'année 1860, la jeune impératrice se trouve dans un état d'agitation chronique. Ses trois accouchements en quatre ans, les émotions de la guerre et les luttes incessantes avec l'archiduchesse et sa coterie rongent sa santé. Un autre événement contribue encore à ébranler la jeune femme, si attachée à sa famille. Dans la mesure où a progressé l'idée de l'unité italienne après la campagne de 1859, la situation de son beau-frère à Naples a eu, elle aussi, à souffrir. Le couple royal n'a plus un instant de repos. Ici et là des insurrections éclatent. En mai, Garibaldi entreprend avec son fameux corps de volontaires des *Mille* une campagne qui arrache en un tournemain toute la Sicile au royaume et prouve, par la chute de Palerme, le 6 juin 1860, sur quel fondement fragile s'élevait la domination des Bourbons en Sicile. Le roi appelle à l'aide toutes les cours d'Europe et son cri d'alarme retentit naturellement aussi jusqu'à Vienne. La reine prie sa sœur de l'assister et s'adresse également à sa famille en Bavière. Élisabeth conjure son époux d'intervenir, mais la situation ne le lui permet pas. Après cette campagne malheureuse et dans le déplorable état politique et financier où se trouve la monarchie, il n'y faut pas songer. Le 13 juin, les ducs Louis et Charles en Bavière arrivent incognito à Laxenbourg chez l'impératrice. Les frères et la sœur discutent des mesures à prendre, mais ne s'arrêtent à aucune solution. Les ducs sont à même de constater la nervosité d'Élisabeth et de reconnaître à quel point de tension en sont arrivées ses relations avec sa belle-mère ; ils se rendent compte aussi que la santé de l'impératrice laisse fort à désirer.

Il y a très longtemps déjà qu'Élisabeth n'est retournée en Bavière, parmi les siens, elle promet donc de venir en juillet. A Possenhofen aussi, on est très anxieux du sort de la reine des Deux-Siciles, on apprend que le roi ne gouverne pas, mais se contente d'administrer et qu'il n'est pas à la hauteur de la situation. Déjà Garibaldi songe à quitter la Sicile pour le continent. Le ministre d'Autriche rapporte que le roi n'a presque plus personne sur qui il puisse réellement compter. Quant à la reine, elle est d'avis que le roi défende sa couronne, les armes à la main, quoi qu'il en coûte. Le 21 août, Garibaldi débarque au sud de la péninsule. Partout, l'armée et la population font cause commune avec lui. Le roi François assiste, absolument inerte, à tous ces événements (1) ; seule la reine, malgré ses vingt ans, se montre remarquablement énergique et courageuse. Elle aurait

(1) Le comte Széchény dans une lettre particulière à Rechberg, Naples, 29 août 1860. Vienne, Archives d'État.

déclaré à son époux, dit-on, que s'il ne se mettait pas à la tête des troupes restées fidèles, elle le ferait elle-même.

Cependant le prestige de Garibaldi opère. Le roi des Deux-Siciles n'a plus qu'à abdiquer et à se réfugier dans la forteresse de Gaëte. Quant à lui, il eût volontiers jeté le manche après la cognée. Il ne se défend plus que pour s'assurer une honorable retraite et surtout, parce qu'il a honte devant sa femme dont le courage augmente avec le danger. Vaillante et intrépide, elle est bien de la même trempe que sa sœur Élisabeth, qui ignore la peur, comme elle le prouve bien chaque jour au cours de ses promenades à cheval. Élisabeth prend une part très vive aux malheurs de Marie et l'idée de rester là, les bras croisés, augmente sa nervosité.

A Vienne, cependant, l'archiduchesse regagne lentement du terrain à mesure que les blessures de 1859 se cicatrisent. Le Diplôme d'octobre, qui maintient encore le principe du régime unitaire et concède un parlement central, n'est pas incompatible avec les idées de l'archiduchesse Sophie. François-Joseph le confirme lui-même en écrivant : « Nous aurons, il est vrai, à compter un peu avec le parlement, toutefois le pouvoir restera entre mes mains » (1). En politique, l'archiduchesse Sophie tient encore son fils en lisière, malgré les réticences de ces derniers temps, et, dans sa maison, elle est d'autant moins disposée à lâcher les rênes. Les heurts entre Élisabeth et sa belle-mère au sujet des enfants se multiplient et, dans les dernières semaines d'octobre, il s'en produit presque journellement. Élisabeth reproche amèrement à son époux de ne pas prendre complètement son parti. S'il ne le fait pas, c'est que sa femme lui paraît par moment trop nerveuse, trop inconstante et qu'il pense, dans son for intérieur, que l'éducation si importante du prince impérial est mieux placée dans les mains de sa mère qui l'a préparé lui-même avec tant de soin à son devoir d'empereur. Tiraillé entre sa mère, à qui il doit tout, et sa charmante femme, qu'il aime infiniment, François-Joseph reste malgré tout exposé à mille tentations de la part du beau sexe. S'il ne se montre pas toujours absolument réservé, sa jeune femme, très consciente de sa beauté

(1) François-Joseph à l'archiduchesse Sophie, 21 octobre 1860, SCHNÜRER, ouv. cit., p. 302.

éclatante, s'en montre particulièrement froissée. Elle se laisse aller à ses nerfs. La lutte incessante l'a épuisée, elle n'en peut plus. Elle est lasse de tout. Elle a tant d'ennemis : tous ceux qui sont tombés après 1859 et ceux qui craignent de tomber encore. Ils ont donc tous intérêt à contrecarrer l'influence croissante de l'impératrice sur son époux, et cela aussi pour des raisons politiques. Car nul n'ignore les tendances d'Élisabeth, libérale en politique et nullement cléricale, quoiqu'elle soit religieuse. Les émotions récentes, l'abus de l'équitation, en général son genre de vie, joints à des symptômes alarmants de maladie, inexplicables tout d'abord, l'épuisent à tel point, que les nerfs l'emportent. Elle prend alors une résolution. Cela ne peut pas continuer ainsi. Il faut mettre fin à cela, partir, partir à tout prix. Les enfants, hélas ! il y a les enfants. Il est pénible de s'en séparer, mais les a-t-elle ? Ne sont-ils pas complètement dans les mains de l'archiduchesse et des domestiques et des dames de la cour, ses créatures, qui dans l'intimité vont jusqu'à parler de Sophie comme de leur « vraie impératrice » ? Élisabeth va trouver son époux : « Je me sens malade, je veux fuir l'hiver, j'ai besoin d'un climat méridional. » François-Joseph propose Méran, Arco ou un endroit quelconque sur l'Adriatique, mais l'impératrice hoche la tête. « Non, je veux quitter le pays, aller très loin. »

Pour prouver qu'elle se détache vraiment de tout, elle veut aller à l'étranger et parle de Madère ; Dieu sait si c'est assez loin ! C'est dans cette île au milieu de l'océan, où règne un printemps éternel, qu'elle veut se rendre pour tenter d'y retrouver son équilibre physique et moral. Dans son désespoir, Élisabeth ne pense pas à ses devoirs d'épouse et de mère, d'impératrice et de souveraine d'un grand État. Elle n'a pas conscience de l'effet que produira son départ, semblable à une fuite, pour un lointain pays. François-Joseph s'effraie ; il avait observé le changement qui s'opérait en sa femme les derniers mois et s'en faisait du souci ; il paraissait si contrarié que son ministre, le comte Rechberg, se demandait ce qui se passait. Chevaleresque avec les femmes comme François-Joseph le fut toujours, il souffrait beaucoup du conflit qui divisait sa mère et son épouse. Mais son souci s'aggrave, à présent qu'il voit en plus sa femme sérieusement malade. On convoque des médecins ; ils examinent, auscultent l'impératrice, mais ils ne trouvent rien de nettement défini, si ce n'est un mal de gorge ; mais c'est un mal dont l'impératrice souffre de temps en temps et qui ne suffit pas à motiver un voyage à Madère. Il faudrait déjà parler d'affection pulmonaire à son début ou peut-être même de laryngite tuberculeuse (1).

Il n'y a justement pas de bateau autrichien disponible. Mais Élisabeth ne veut pas attendre. Il faut qu'elle parte tout de suite. On a recours à la reine Victoria qui offre son yacht pour la traversée d'Anvers à Madère et invite l'impératrice à venir chez elle. Élisabeth, pâle et amaigrie, remercie l'envoyé britannique pour le bateau, mais décline l'invitation, car elle veut garder le plus strict incognito. La comtesse Esterhazy reste auprès des enfants (2). Le 17 novembre, François-Joseph conduit son épouse par Munich jusqu'à Bamberg ; de là, Élisabeth continue seule son voyage jusqu'à Anvers où l'attend le yacht de la reine Victoria.

La nouvelle de la maladie subite et du départ de l'impératrice impressionne profondément le public, d'autant plus surpris qu'il est question d'un état vraiment sérieux. Aussitôt, des remèdes affluent de tous les coins de l'empire. Voilà quelqu'un, par exemple, qui demande la permission d'envoyer quelques bouteilles d'une « source miraculeuse ». Un brasseur de Berlin du nom de Hoff, sans même demander, envoie à l'impératrice une grande caisse d'extrait de malte, « afin qu'elle se nourrisse mieux » (3). L'archiduchesse Sophie, elle aussi, est sous le coup de cette brusque décision. Elle condamne évidemment le départ de son étrange belle-fille, départ qui ressemble à une fuite, mais qui, par ailleurs, n'est pas désavantageux pour elle. Élisabeth ainsi lui laisse à nouveau le champ libre ; elle va pouvoir influencer l'empereur, élever les enfants comme elle l'entend, regagner le terrain qu'elle a perdu dans les derniers temps.

Dans le monde, l'annonce de la maladie d'Élisabeth est

(1) Le comte Bray au roi, d'après une communication du comte Rechberg, Vienne, 31 octobre 1860. Archives secrètes de l'État bavarois.

(2) L'impératrice est accompagnée par la comtesse Caroline Hunyady, la princesse Hélène Taxis (ne pas confondre avec la princesse Hélène Taxis, sœur de l'impératrice) et le comte Paul Hunyady.

(3) Voir secrétariat de l'impératrice, 1860. Vienne, Archives d'État.

accueillie avec le plus grand sérieux. Tous les souverains font assaut de complaisance. Le comte Carvalho, dont la naissance et la fortune font en quelque sorte le roi de Madère, offre sa villa à l'impératrice. Il ne connaît pas Élisabeth et ignore qu'elle appréhende d'être entraînée à une foule d'obligations mondaines qui lui sont plus que jamais odieuses. Elle a fait louer une petite villa dissimulée dans les fleurs. Ce n'est pas une question d'argent, car l'empereur a donné à son épouse une lettre de crédit illimitée. La traversée d'Anvers à Madère, sur le yacht *Osborne*, est des plus mauvaises et, de tous les passagers, c'est encore la malade qui supporte le mieux le voyage. Personne ne paraît aux repas, quant à Élisabeth le mouvement des vagues ne la dérange pas.

Déjà, le bateau approche de l'île. Une fois franchie la haute muraille de basalte du cap Garajao, s'offre tout à coup la vue de la pittoresque ville de Funchal. Elle s'étage en terrasses sur le versant d'une montagne qui s'élève jusqu'aux nuages. Tout en haut se dressent, au milieu de forêts de pins et de châtaigniers, les deux tours blanches de l'église Nossa Senhora del Monte. Toute la population est accourue à la nouvelle du grand événement, pour jouir de l'arrivée de la jeune et belle impératrice, tombée subitement malade. Beaucoup s'attendent à lui voir un beau visage pâle et émacié, certains même s'imaginent qu'il va falloir la porter à terre. Mais il n'en est rien. Élisabeth descend du bateau, très grave il est vrai, mais fraîche et saine d'apparence, animée encore par le voyage en mer. Au môle, elle est accueillie par un gentilhomme portugais qui lui remet une lettre de bienvenue du roi Pedro. La bonne mine de l'impératrice ne laisse pas de l'étonner. A peine toussote-t-elle de temps en temps. Il la conduit tout de suite à sa villa. Élisabeth est ravie. Sur un rocher surplombant la mer, au milieu d'un jardin luxuriant et féerique, s'élève la maison que précède une véranda supportée par des colonnes, auxquelles s'enroulent des lianes, et fleurie d'une multitude de grandes cloches jaunes et mauves. Les larges fenêtres ouvrent sur la mer, un parfum enivrant monte du jardin. Un pavillon enseveli sous les fleurs occupe l'extrême bord du rocher taillé à pic, que vient battre la mer à quelques pieds plus bas. Des lauriers et des palmiers forment le cadre de ce pittoresque domaine. Les premiers jours, le charme du décor grandiose opère sur Élisabeth, qui oublie un instant sa maladie et ses ennuis. Ce n'est que peu à peu, avec l'accoutumance au cadre merveilleux qui l'entoure, qu'Élisabeth sent à nouveau le poids déprimant de ses soucis. La nostalgie de son mari et de ses enfants la gagne. A quoi bon toute cette beauté, toutes ces fleurs et ce printemps continuel, si elle est triste et malade ? Surtout le jour de son anniversaire, la veille de Noël, tandis que son entourage s'ingénie à lui donner l'illusion de son chez elle, l'absence de son mari et de ses enfants lui est pénible. Aux vœux qu'elle reçoit pour la nouvelle année elle répond, non sans mélancolie : « Puisse-t-elle, pour nous tous, être meilleure que la dernière. Je suis souvent bien nerveuse en ce moment » (1). Élisabeth songe à sa mère et surtout à sa sœur dont la situation est si pénible à Gaëte. Depuis longtemps elle est sans nouvelles et elle attend Uxküll, Latour et Louis Rechberg, les gentilshommes de l'empereur, qui doivent lui apporter des lettres, prendre les siennes et s'enquérir de sa santé pour le compte de son époux. Les avis diffèrent. Élisabeth, que son mauvais moral déprime, paraît beaucoup plus atteinte qu'elle ne l'est en réalité. De Madère, le comte Rechberg écrit à sa tante (2) : « La pauvre impératrice me fait énormément de peine, car, entre nous, je la trouve très, très souffrante. Sa toux ne va pas mieux qu'avant son départ, d'ailleurs, elle tousse peu... Mais moralement l'impératrice est très accablée, presque mélancolique, comme il fallait s'y attendre. Elle s'enferme souvent des jours entiers dans sa chambre, à pleurer. Depuis qu'elle est ici, elle n'a pas encore eu de lettre de la reine des Deux-Siciles, c'est incompréhensible. Elle espérait en recevoir une par moi et elle a pleuré toute la journée de mon arrivée, tant elle était déçue. Elle mange extrêmement peu et naturellement nous en supportons les conséquences : les repas, quatre plats et quatre desserts, le café, etc., ne durent jamais au delà de vingt-cinq minutes. Sa mélancolie lui ôte toute envie de sortir, elle reste assise devant la fenêtre ouverte, tout au plus fait-elle à cheval une heure de promenade au pas... »

Souvent Élisabeth vient voir les huit poneys qui ont été

(1) L'impératrice Élisabeth à l'archiduc Louis-Victor, Funchal, 1er février 1861. (A.A.C.W.)

(2) Le comte Louis Rechberg à sa tante Pauline Rechberg, Funchal, 12 février 1861. Archives de la comtesse Gabrielle Rechberg, Enns.

achetés ou loués à son intention. L'impératrice se distrait tant bien que mal avec les plaisirs de sa première jeunesse. Son amour des bêtes et des fleurs trouve ici l'occasion de s'épanouir. Elle peut à nouveau réveiller l'enfant qui sommeille en elle et qui fait le charme infini de sa nature, au fond malicieuse et enjouée. Lorsqu'on est gentil à son égard, qu'on a pour elle « de petites attentions », à son tour, elle cherche à faire plaisir. Par exemple au comte Mittrovsky. Un jour elle écrit à son beau-frère : « Cher Louis, ne t'ai-je pas envoyé dans ma dernière lettre un hippocampe séché ? Veux-tu avoir l'obligeance de me le faire... reproduire en or, exactement, grandeur nature ?... C'est pour Mittrovsky qui me l'a séché et qui m'apporte continuellement toutes sortes de bêtes marines que j'aime beaucoup... J'ai commandé, il y a quelque temps déjà, un grand chien en Angleterre... Tu vois que j'agrandis ma ménagerie ; quant à mes petits oiseaux, je crains bien qu'ils ne supportent pas le voyage... »

Dans toutes les lettres qu'elle écrit à sa famille, Élisabeth se plaint de ne pas recevoir de nouvelles de ses sœurs, pas même de celles de Bavière. Marie des Deux-Siciles, évidemment, ne peut pas écrire. La jeune reine se conduit dans Gaëte assiégé de la manière la plus courageuse. Le corps diplomatique est décidé à se retirer à Rome. On suggère à la reine de l'y accompagner, mais elle s'y refuse. Non seulement elle persévère, mais même elle devient l'âme de la défense, et lorsque le général assiégeant invite la garnison à lui indiquer les emplacements respectifs du palais de la reine et des hôpitaux, afin qu'ils soient épargnés par le bombardement, par l'intermédiaire de son époux elle accepte l'offre qu'on lui fait pour les hôpitaux, mais la décline pour son palais. Le 13 février 1861, abandonné et trahi par tous, le souverain, après cinq mois de siège, est forcé de capituler. Le couple royal se retire à Rome où il se réfugie au palais Farnèse, sous la protection du pape, de même que jadis, en 1848, Pie IX avait cherché asile dans le royaume des Deux-Siciles. Et désormais le couple royal, dont l'entente n'était déjà pas parfaite, doit encore vivre inactif en exil. Au reçu de cette nouvelle, Élisabeth regrette sans doute pour sa sœur la situation perdue, mais elle est débarrassée au moins d'une douloureuse incertitude, de la crainte pour la vie de Marie.

Dans l'ensemble, le séjour dans ce climat bienfaisant, au milieu de la paix et de la beauté de cet éternel jardin qu'est Madère, où en février les camélias de trente pieds sont couverts de fleurs et de boutons, a fait le plus grand bien à l'impératrice, tant au physique qu'au moral. Visiteurs et courriers trouvent qu'elle a bien meilleure mine ces derniers temps et que la toux a tout à fait disparu. Élisabeth est aussi de meilleure humeur ; elle écoute souvent les mélodies de la boîte à musique qu'on lui a envoyée pour Noël. Déjà, l'impératrice commence à parler de retour. Elle se réjouit de retrouver son époux et les enfants dont elle a été privée si longtemps. Le seul point noir est la perspective de revoir l'archiduchesse Sophie ; Élisabeth ne lui a jamais écrit, même pas lorsque sa belle-mère lui a envoyé un Saint-Georges pour tenter un rapprochement. Elle prie seulement l'archiduc Louis-Victor (1) de la remercier beaucoup pour elle. « Je lui baise les mains en remerciement », dit-elle, « et si je ne lui écris pas, c'est parce que je suppose que mes lettres doivent l'ennuyer, étant donné que je t'écris si souvent et que d'ici je n'ai pas grand'chose à raconter. » En réalité, elle évite d'écrire directement à sa belle-mère qui serait prête, maintenant, à une réconciliation dont elle ne veut plus.

Le 28 avril, la voyageuse prend le chemin du retour, au grand regret de toute la population de Funchal. L'impératrice distribue de tous côtés des cadeaux, de l'argent et des décorations. La traversée de Madère en Espagne, sur le beau et confortable yacht de la reine d'Angleterre, s'effectue par un temps superbe. A Cadix, Élisabeth se refuse à toute réception officielle. Elle flâne à travers cette ville enchanteresse sans être reconnue. Le lendemain, 1er mai, elle prend un train ordinaire pour Séville. Elle a supplié qu'on respectât son incognito. Mais le duc de Montpensier, beau-frère de la reine et grand ami de la pompe et du cérémonial, ne laisse pas échapper l'occasion d'éblouir la population ; chamarré de décorations, il reçoit l'impératrice à la gare, l'invite à monter dans son carrosse à six chevaux et met à sa disposition son palais de Sant'Elmo. Élisabeth n'en éprouve que de l'ennui. Elle veut visiter la ville tranquillement

(1) Élisabeth à l'archiduc Louis-Victor, Funchal, 1er avril 1861. (A.A. C.W.)

et non assister à des cérémonies, aussi refuse-t-elle l'invitation de descendre au palais et réduit-elle ses rapports avec le duc à ce qu'exige la plus stricte politesse. Le couple royal aussi envoie à l'impératrice une invitation pour Aranjuez. Mais Élisabeth ne se soucie pas d'y donner suite. Elle a déjà bien assez du beau-frère et de ses embarras, et elle préfère assister à un combat de taureaux qui a lieu le 5 mai à Séville. Grande est la curiosité des Espagnols de voir la belle impératrice dont la maladie a fait parler le monde entier. Eux qui aiment tant les cérémonies, le faste et l'étiquette, ne peuvent pas comprendre que l'impératrice cherche tellement à fuir les hommages dus à son rang. De maladie, il n'y a plus trace. Tout le monde est ravi de la beauté et de la mine superbe de la jeune impératrice. L'ambassadeur d'Autriche à Madrid, qui est venu la chercher à Cadix, écrit à Vienne : « Sa Majesté a réellement conquis tout le monde. Ici, où la pompe la plus grandiloquente alterne avec le sans-gêne le plus fruste, la grâce de son maintien et son élégante simplicité devaient fatalement faire la plus grande impression » (1).

Le voyage se poursuit et, passant par Gibraltar et l'île de Majorque, l'impératrice gagne Corfou. Sur sa route, tout le monde rivalise de prévenances pour rendre son séjour aussi agréable que possible, sans se douter qu'on y réussirait beaucoup mieux en ne s'occupant pas d'elle.

Tous les beaux paysages qu'elle a vus en route, et à Madère même, l'ont rendue difficile. Malgré tout, elle est absolument ravie lorsque, le 15 mai 1861, après une courte escale à Malte, le yacht *Victoria and Albert* entre dans la baie de Gastouri, à Corfou. Partout des orangers en fleurs, des cyprès, des lauriers sur le moutonnement vert des collines. Et l'île, entourée d'une ceinture d'écume qui bat sans trêve les rochers de la côte, émerge des flots bleus, semée des multiples taches d'or qu'y peignent d'immenses champs de genêts. Çà et là se dressent encore les fortifications qu'y élevèrent les Vénitiens et on aperçoit plus loin, à l'Est, les cimes neigeuses des montagnes d'Albanie.

Corfou appartient au groupe des îles ioniennes qui se trouvent encore sous le protectorat anglais. Élisabeth aimerait bien rester

(1) Le comte Crivelli au comte Rechberg, Madrid, 10 mai 1861. Vienne, Archives d'État.

plus longtemps et parcourir en tous sens cette île merveilleuse. Mais l'empereur, impatient, est venu à sa rencontre à Trieste sur le yacht *Fantaisie*. Après une si longue absence, c'est les larmes aux yeux que François-Joseph salue son épouse. Enfin on rentre à Vienne par Miramar. Tout le monde, et même le ministre de Prusse, trouve Élisabeth fraîche et resplendissante de santé. A peine Élisabeth est-elle arrivée à Vienne, qu'il lui faut se plier au cérémonial et subir pendant des heures, à la Hofburg, la présentation des grandes dames de la cour.

Élisabeth a le plus grand plaisir de revoir ses enfants dont elle a été si longtemps privée, mais il lui faut constater qu'ils sont complètement retombés sous l'influence de l'archiduchesse Sophie. Lorsque, de temps à autre, elle risque une objection, sa belle-mère lui fait comprendre qu'elle a été si longtemps loin de ses enfants, qu'il a bien fallu que quelqu'un s'occupât d'eux et qu'on en resterait à la méthode adoptée en son absence. Ainsi donc, la paix ne peut se maintenir une journée entière. Les anciens griefs se réveillent sans retard et, plus que jamais, Élisabeth ressent l'hostilité froide et à peine dissimulée des courtisans accrédités auprès de sa belle-mère. L'impératrice déclare qu'elle ne peut plus rester à la Burg où règne l'archiduchesse, et Leurs Majestés se transportent, dès le 29 mai, à Laxenbourg. Bientôt on apprend que l'impératrice souhaite vivre dans le plus grand calme et dans la retraite complète. Les réceptions à la cour, le voyage et le changement de climat l'ont tellement épuisée, qu'elle a besoin des plus grands ménagements. Le ministre de Prusse se voit obligé de rectifier son rapport et ajoute qu'il est déjà question, pour l'impératrice, de passer le prochain hiver dans le midi. Tous les banquets à la cour et toutes les réceptions envisagées pour les jours suivants sont subitement décommandés. Le 19 juin, on dit déjà que l'état de l'impératrice inspire les plus vives inquiétudes : elle a recommencé à tousser, elle est faible et manque d'appétit. C'est vrai, les médecins ordonnent à nouveau un départ immédiat. L'impératrice est à peine là depuis quatre semaines, qu'elle doit repartir pour le midi. Les rumeurs les plus insensées courent dans Vienne. La population a le sentiment qu'on lui cache quelque chose. L'impératrice paraît florissante, fraîche et pleine d'éclat, et voilà que, d'un jour à l'autre, les médecins déclarent que seul un départ immédiat peut la sauver du pire. Il lui faut abandonner le projet d'aller à Munich pour le mariage de sa sœur Mathilde avec le comte Louis de Trani, frère aîné du roi des Deux-Siciles, et qui est fixé au 5 juin. Le ministre de Bavière rapporte même qu'il y a peu d'espoir de guérison, parle d'un mal mortel et de l'incapacité du docteur Skoda, qui est toujours médecin traitant. Celui-ci lui aurait déclaré que si l'impératrice restait à Vienne, elle avait à peine pour six semaines à vivre (1). Le départ est fixé au 23 juin. On appelle aussi de Munich le docteur Fischer, médecin de la famille ducale, pour ausculter l'impératrice. L'ambassadeur d'Angleterre n'y comprend rien : « L'impératrice », écrit-il, « doit être bien malade. Elle a d'ailleurs pleine conscience de son état. Elle ne doit pas parler, pour éviter toute irritation de la gorge et, comme l'empereur est souvent appelé à Vienne, Sa Majesté passe ses journées presque entièrement seule. » Le comte Rechberg lui annonce que l'impératrice va à Corfou. « Je n'ai encore jamais entendu », réplique lord Bloomfield, « que des médecins recommandent Corfou, où règne la malaria, comme séjour d'été pour de pareilles maladies. » — « Moi non plus », répond Rechberg, « aussi ne puis-je comprendre pourquoi on ne choisit pas Méran ou tout autre endroit plus indiqué dans la monarchie. » En fait, on ne sait pas trop ce qui se passe. S'agit-il seulement de maladie, ou sont-ce des dissensions domestiques qui ont causé ce nouvel effondrement de l'impératrice ? Ce qui est certain, c'est qu'à Vienne règne la plus grande tristesse : l'empereur se montre profondément affligé et l'impératrice se retire complètement du monde, ne veut plus manger et son état général est des plus inquiétants.

Effectivement, dès le 23 juin, François-Joseph reconduit Élisabeth à Trieste d'où l'archiduc Max la mène directement à Corfou. Le 27 juin, Élisabeth arrive là-bas. Déjà, au cours du voyage elle se sent beaucoup mieux, elle n'a plus de fièvre et peut se passer du docteur Skoda qui est venu avec elle jusqu'à Corfou. Le lord haut commissaire met son palais et sa maison

(1) Le comte Bray au roi de Bavière, 19 et 20 juin 1861. Archives secrètes de l'État bavarois.

de campagne à sa disposition. Élisabeth choisit cette dernière parce qu'elle y pourra mieux garantir sa retraite. Elle s'oppose à tout accueil officiel. Le changement de climat produit un excellent effet. Le docteur Skoda retourne à Vienne dès le début de juillet et déclare que les symptômes alarmants ont presque disparu : la toux s'est calmée et Sa Majesté n'a plus de fièvre (1). Élisabeth fait de longues promenades à pied dans les superbes forêts de lauriers et s'en va loin sur la mer en bateau à voile. Elle prend aussi des bains de mer, ce qui est plutôt étrange pour une personne qu'on dit malade du poumon. « Ma vie ici est encore plus calme qu'à Madère », écrit Élisabeth à l'archiduc Louis-Victor. « Mon plus grand plaisir est de m'asseoir à la plage, sur d'énormes galets ; les chiens se couchent dans l'eau et moi je regarde le beau clair de lune sur la mer » (2). Mais le charme est bientôt rompu par l'arrivée du grand écuyer, le comte Grünne, qui vient, sur un ordre reçu de haut lieu, s'enquérir — non sans maladresse — de la santé de l'impératrice. Élisabeth, qui ne voit guère en lui qu'un espion de sa belle-mère, l'accueille froidement et non sans une certaine hostilité. Grünne le sent bien et les rapports qu'il envoie à Vienne ne sont pas très favorables à l'impératrice. Élisabeth en est informée par des tiers. L'antipathie qu'elle a toujours éprouvée pour cet intime confident de l'archiduchesse tourne bientôt à l'aversion et elle en arriverait à le haïr si elle était capable de haine.

Cependant, en Bavière, tous ces incidents ont alarmé la famille d'Élisabeth. La duchesse Ludovica n'y comprend rien. Comme tout le monde, elle a appris sur l'état de santé de sa fille les nouvelles les plus contradictoires, aussi se décide-t-elle à envoyer à Vienne sa fille Hélène et son gendre le prince de Tour et Taxis, afin d'éclaircir tous ces bavardages. Max Taxis reste avec François-Joseph et l'accompagne dans toutes ses parties de chasse, tandis qu'Hélène part pour Corfou. Elle y débarque le 23 août, à la grande joie d'Élisabeth. Depuis que les sœurs sont toutes deux mariées, c'est la première fois qu'elle font ensemble un séjour assez prolongé ; si jadis une ombre a glissé entre elles, depuis longtemps elle a disparu, d'autant plus qu'Hélène se rend

(1) Lord Bloomfield à lord Russell, 4 juillet 1861. Londres, Record-Office.
(2) Élisabeth à l'archiduc Louis-Victor, Corfou, 28 juillet 1861. (A.A.C.W.)

compte que le sort d'Élisabeth n'est pas tellement enviable. A son arrivée, Nenó trouve à sa sœur une figure pâle et un peu bouffie et elle s'effraie de voir qu'elle ne mange pour ainsi dire rien. Il lui faut insister pour obtenir qu'elle prenne de la viande plusieurs fois par jour. Elle entreprend avec elle des excursions et des promenades en mer, et l'impératrice trouve enfin l'occasion de se confier à sa sœur ; elle lui fait le pénible récit de tous les ennuis qui ont provoqué sa maladie et l'ont obligée à fuir. Hélène s'offre à servir d'intermédiaire, elle retourne à Vienne à la fin de septembre et fait un rapport complet à François-Joseph.

Personnellement, l'empereur trouve très désagréables les séjours de sa femme en ces lointains pays. Et voilà qu'il apprend que le monde entier attribue à l'étrange attitude de l'impératrice des raisons dont la discussion — fussent-elles absolument fausses — ne peut lui être que très pénible. Abstraction faite de son amour pour sa femme, de son désir de vivre paisiblement avec elle et ses enfants et de trouver après les soucis du jour un intérieur familier, il a le devoir de prendre soin de sa renommée et de celle de sa maison. Et son honneur aura à souffrir, aussi longtemps que le monde se complaira à faire des suppositions et à inventer des histoires pour expliquer ce qui s'est passé avec l'impératrice. Élisabeth, qui semblait mortellement atteinte en quittant Vienne, est soudain guérie dès qu'elle arrive à Madère ou à Corfou. La transition est tout de même un peu brusque. Hélène s'est chargée de jeter un pont. François-Joseph écrit à sa mère : « Je voudrais profiter des premiers jours d'octobre pour me précipiter chez ma chère Sisi ; après une séparation si longue, j'ai grand'hâte de la revoir » (1). Le 13 octobre au matin, l'empereur arrive à Corfou. Il trouve sa femme en bien meilleure santé, il lui expose tous ses soucis et la prie d'être raisonnable. Quant à lui, il promet, en ce qui concerne les enfants, de prendre plus énergiquement son parti et au besoin de tenir tête à sa mère. Le souvenir de ses chers petits hante Élisabeth. A plusieurs reprises, elle a écrit à Gisèle et à Rodolphe des lettres qui

(1) François-Joseph à l'archiduchesse Sophie, Laxenbourg, 30 septembre 1861. Schnürer, ouv. cit., p. 307.

se terminent toujours par ces mots : « N'oublie pas ta maman, pense quelquefois à ta maman » (1).

Les époux s'arrêtent à un compromis. Élisabeth ne veut pas rentrer tout de suite à Vienne, ses nerfs et sa santé ne le lui permettent pas encore. Mais elle accepte de revenir dans la monarchie. Ils s'entendent donc pour qu'Élisabeth aille tout de suite à Venise, où les enfants, naturellement sans l'archiduchesse Sophie, la rejoindront sous peu. Cet éternel jardin qu'est Corfou plaît beaucoup à l'empereur, mais comme de coutume, ce sont les installations militaires qui l'intéressent le plus. Satisfait, François-Joseph se remet en route pour Vienne. Il espère que tout va s'arranger. Désormais, il pourra voir sa femme à Venise plus souvent qu'il ne pouvait le faire dans la lointaine île de Corfou. En outre, il entrevoit qu'on pourra tirer des avantages politiques du nouveau séjour de l'impératrice. On dit déjà bien trop que, après la perte de la Lombardie, Vienne envisage encore d'échanger ou de céder la Vénétie.

Le 26 octobre, Élisabeth arrive à Venise à bord de la frégate à vapeur *Lucia*. Trois archiducs sont là à l'attendre, entre autres Jean-Salvator et le jeune Louis-Salvator qui, malgré ses vingt-trois ans, s'occupe beaucoup d'art et de science et que, pour cette raison, on appelle le « savant archiduc ». Le soir, par ordre du maire de la ville, la place Saint-Marc est illuminée. Mais la population l'évite ostensiblement et ne prend aucune part aux manifestations. Cependant l'impératrice ne demande que la paix et continue à mener à Venise sa vie solitaire de Madère et de Corfou. Elle se distrait tant bien que mal par la lecture. Ici il n'est pas question de promenades, car, malgré sa bonne apparence, Élisabeth a les pieds très enflés. Sa figure aussi est encore bouffie. L'impératrice se réjouit énormément de retrouver Rodolphe et Gisèle, qui arrivent à Venise le 3 novembre. Bien touchante rencontre, qui rend Élisabeth tout à fait heureuse. Mais dès l'arrivée des enfants, les dissensions recommencent avec leur gouvernante, la comtesse Esterhazy, qui a reçu de l'archiduchesse Sophie, pour le séjour à Venise, des directives avec

(1) Élisabeth à l'archiduchesse Gisèle, Corfou, 8 juillet et 29 septembre 1861. Archives du prince Conrad de Bavière, petit-fils de l'impératrice, Munich-Harlaching.

lesquelles Élisabeth n'est pas d'accord. A la fin du mois, François-Joseph arrive à son tour et, comme son épouse, il est forcé de constater la froideur que lui témoignent les habitants. Le couple impérial s'aperçoit que la population méprise la souveraineté autrichienne et que son calme n'est dû qu'à la présence des troupes. Lorsque l'empereur François-Joseph fait part de son étonnement au gouverneur, en voyant que la noblesse vénitienne les évite, lui et sa femme, celui-ci prie quelques nobles de venir au palais rendre à la souveraine la visite d'usage. Mais c'est en vain. Élisabeth commence à se sentir mal à l'aise à Venise. Sa santé ne se remet pas. L'éternel désaccord avec la gouvernante Esterhazy, qu'elle n'a jamais su gagner, ronge Élisabeth et elle obtient enfin de l'empereur la démission de la comtesse et son remplacement par l'ancienne dame d'honneur Paula Bellegarde, mariée, depuis, avec le comte Königsegg-Aulendorf. Le comte devient en même temps premier chambellan de l'impératrice. L'archiduchesse Sophie se sent naturellement visée par cette mesure.

En mars, l'empereur François-Joseph vient à nouveau rendre visite à l'impératrice à Venise. Dans son oisiveté, Élisabeth a trouvé une nouvelle distraction. « Je collectionne des photographies », écrit-elle à son beau-frère, « afin de constituer un album de beautés, mais je ne prends que des portraits de femmes. Si tu peux dénicher de jolis visages chez Angerer ou chez d'autres photographes, envoie-les-moi... » Par la suite, elle prie le ministre des affaires étrangères de faire rechercher par tous les ambassadeurs d'Autriche dans le monde entier des portraits de jolies femmes de tous les pays et de les faire envoyer à l'impératrice. Rechberg transmet cette commission et ajoute encore à l'ambassadeur de Constantinople (2) que l'impératrice désire, outre les portraits de beautés orientales, ceux de belles femmes des harems turcs. Ceci met le diplomate dans le plus cruel embarras. Il est même dangereux de se procurer de telles photographies, car les mœurs s'y opposent. Il a beau assurer qu'il en a besoin pour sa souveraine, personne ne veut le croire. Il réussit malgré tout à

(1) Élisabeth à l'archiduc Louis-Victor, Venise, 21 mars 1862. (A.A.C.W.)
(2) Rechberg à Prokesch, Vienne, 18 août 1862. Vienne, Archives d'État.

s'en procurer quelques-unes (1). Sans doute, pense l'ambassadeur dans un sourire, l'impératrice veut-elle comparer les beautés collectionnées dans le monde entier avec ses propres portraits, comme la princesse du célèbre conte qui demandait à son miroir : « Miroir, petit miroir, dis-moi qui est la plus belle du pays ? »

Dans la seconde semaine d'avril, la duchesse en Bavière arrive à Venise. Elle veut savoir au juste ce qu'il en est de la santé de sa fille. Ludovica a appris depuis longtemps qu'il ne s'agissait pas du poumon. L'empereur vient encore une fois au mois de mai. Puis Élisabeth retourne dans son pays en compagnie de sa mère et, pour éviter Vienne et l'archiduchesse, elle va d'abord à Reichenau. Elle y rencontre le conseiller aulique Fischer qui la connaît depuis l'enfance et a toujours été d'avis que l'état de l'impératrice avait été mal interprété. Il trouve Élisabeth anémique au plus haut point et pense que, puisqu'elle n'a rien au poumon, le séjour dans le midi ne lui convient pas du tout et qu'une cure à Kissingen est beaucoup plus indiquée. L'impératrice, dont la beauté a souffert par suite d'enflures, a davantage confiance dans le docteur Fischer, on décide donc de se mettre en route pour Kissingen le 2 juin, tout de suite après Reichenau. Quand il s'agit de maladie, Élisabeth a tendance à s'inquiéter plus que de raison, ce qui complique la tâche des médecins. A l'auscultation la constitution de l'impératrice se révèle chaque fois excellente et robuste ; il faut avant tout lui soigner les nerfs. Ce n'est qu'une question de temps et, bientôt, la belle impératrice, qui n'a encore que vingt-cinq ans, sera complètement rétablie et débarrassée de son obsession des maladies. Et en effet, le séjour à Kissingen, où elle vit retirée dans une petite villa, lui fait du bien. Au mois de juillet, Élisabeth se rend à Possenhofen où elle retrouve avec une véritable émotion la reine des Deux-Siciles et le jeune ménage Trani, après toutes les épreuves qu'ils ont traversées. Toutefois, ce qu'Élisabeth apprend du ménage de sa sœur Marie n'est pas réjouissant. Elle vit loin de son époux et ne semble pas du tout décidée à retourner près de lui.

(1) Des albums de cette collection se trouvent au musée Élisabeth à Budapest, on y voit entre autres les portraits que Prokesch a envoyé de Turquie.

Le 14 août, Élisabeth rentre à Vienne à l'improviste. La princesse Hélène Taxis est rappelée par télégramme. « La voilà revenue dans le pays comme il y a deux ans », écrit celle-ci (1), « et, pourtant, il y a eu tant de choses depuis : Madère, Corfou et tout un monde de soucis... Elle a été reçue à Vienne avec un enthousiasme inouï, jamais je n'ai vu chose pareille. Dimanche il y a chorale et une retraite aux flambeaux pour laquelle quatorze mille personnes se sont annoncées. Son expression à lui, lorsqu'il l'a descendue de voiture, je ne l'oublierai jamais. Elle a une mine florissante, mais son air n'est pas naturel, son expression me semble forcée et nerveuse au possible et elle a le teint si vif que je la trouve échauffée ; elle n'est plus bouffie, mais très grosse et sa figure a changé. Que le prince Charles-Théodore l'ait accompagnée, prouve combien elle redoute d'être seule avec *lui* et avec nous... »

Vienne fait à l'impératrice un accueil féerique. La joie et l'enthousiasme prennent de telles proportions, que la cour y voit déjà comme une espèce de manifestation inconvenante destinée à accuser la différence entre l'impératrice libérale et l'archiduchesse réactionnaire. Pour l'instant, Élisabeth reste à Schoenbrunn et reprend sa vie habituelle. Elle a du plaisir à retrouver ses enfants, surtout le petit prince héritier qui, comme le relate la princesse Taxis dans la même lettre, « est devenu ravissant, gai, naturel, très intelligent et très joli ». Bientôt, l'état de ses pieds permet de nouveau à Élisabeth de faire le matin et l'après-midi les longues promenades qu'elle aime tant. Elle recommence déjà, avec prudence, à faire de l'équitation. Un de ses premiers plaisirs du retour a été de revoir dans les écuries ses chers chevaux. L'archiduchesse n'est pas là pour le moment et il n'y a pas de heurts à craindre. Toutefois, Élisabeth se sent encore si peu à l'aise dans l'atmosphère de la cour de Vienne, qu'elle fait venir sa sœur, la reine des Deux-Siciles, lorsque son frère Charles-Théodore s'en va. Mais ce n'est pas, maintenant, la société qu'il lui faut. Au contraire, elle ne fait que l'énerver en l'entretenant de son lamentable mariage.

Élisabeth a oublié ce qu'ordonne l'étiquette et elle vit tout

(1) La princesse Hélène Taxis à la comtesse Caroline Wimpffen, née comtesse Lamberg, 16 août 1852. Archives Gyöngyösszentkereszt.

à fait à sa fantaisie. Les dames d'honneur s'en aperçoivent et, profondément choquées, elles épient tous les faits et gestes de l'impératrice. « Elle a perdu l'allure de quelqu'un qui doit se faire accompagner », écrit de Schoenbrunn, le 15 septembre 1862, la princesse Hélène Taxis, « elle sort beaucoup, à pied et à cheval, avec Sa Majesté et, quand l'empereur est sorti, elle reste seule dans le jardin fermé de Reichenau. Mais elle est au moins chez elle et compte y rester, et c'est là l'essentiel. Avec lui elle est très aimable, très communicative et très naturelle, du moins en notre présence ; des différends surgissent sans doute dans l'intimité et cela transparaît quelquefois. Elle a une mine superbe, c'est une toute autre femme, elle a des couleurs, elle est forte et hâlée : elle mange bien, dort bien, ne se serre pas encore, elle marche des heures entières, mais dès qu'elle reste debout, une veine du pied gauche se met à enfler. La reine des Deux-Siciles a mauvaise mine, il paraît que le ménage marche mal » (1).

Il est à espérer maintenant que l'impératrice recouvre complètement sa santé ; son entourage, en particulier, aspire de nouveau à une vie réglée. L'humeur changeante d'Élisabeth pendant les deux dernières années, le désespoir des siens au sujet de sa maladie et son excessive sensibilité ont rendu la vie difficile à tout le monde. La comtesse Caroline Lamberg s'était mariée juste au bon moment, en 1860, pour échapper à la vie nomade et aux luttes de cette époque. « Je ne puis que te féliciter », lui écrit la princesse Hélène Taxis, « de n'avoir pas eu à passer avec nous ces deux ans de martyre. Maintenant nous sommes établies à Schoenbrunn, cela me paraît étrange *to be settled for good somewhere.* Il lui a été pénible de renoncer à sa vie vagabonde des derniers temps et je le comprends. Quand on porte l'inquiétude en soi, il semble que le mouvement doive rendre la vie plus facile, et elle n'y est que trop habituée maintenant. Hélène (2) viendra d'ailleurs ici pour une quinzaine, pendant que l'empereur sera à la chasse, distraction à laquelle il ne saurait renoncer... La princesse a le don de calmer sa sœur et de lui dire la vérité et, d'ailleurs, elle est elle-même si raisonnable et si correcte.

(1) La princesse Hélène Taxis à la comtesse Caroline Wimpffen-Lamberg, Schoenbrunn, 15 septembre 1862. Archives Gyöngyösszentkereszt.

(2) La sœur de l'impératrice.

L'impératrice est montée une fois à cheval à Reichenau et une fois ici, à sept heures du matin, seule avec Holmes. La promenade, commencée au pas, s'est naturellement terminée au galop, mais elle ne se décide pas encore à faire trotter sa monture. Elle refuse catégoriquement la compagnie de Königsegg et de Grünne. D'ailleurs, jusqu'à présent, elle a ignoré le général et l'évite soigneusement. Pour le reste, tout va bien, Dieu merci... Je veux bien croire qu'elle a *des moments de désespoir* (1), mais personne ne sait rire comme elle et n'a des caprices aussi puérils. Elle avoue elle-même qu'il ne lui est pas désagréable de nous voir à l'occasion, mais qu'elle a horreur de nous faire venir en service commandé... » (2).

L'empereur François-Joseph ne néglige rien pour rendre à sa femme la vie aussi agréable que possible, il a des attentions incroyables, il fait venir pour elle les plus beaux chevaux et sitôt qu'il devine un de ses désirs il s'ingénie à le réaliser. Pourvu que la santé d'Élisabeth se rétablisse complètement dans les années qui vont venir et que l'archiduchesse Sophie s'impose quelque réserve, tout peut encore s'arranger.

(1) En français dans le texte.

(2) La princesse Hélène Taxis à la comtesse Caroline Wimpffen-Lamberg, Schoenbrunn, 28 septembre 1862. Archives Gyöngyösszentkereszt.

CHAPITRE VI

LUTTES DOMESTIQUES, PLAISIRS ET PEINES
1863-1865

Lentement, l'impératrice commence à se réhabituer à la vie de cour. A la mi-février, elle paraît pour la première fois, depuis trois ans, à un bal intime auquel ne sont invités que deux cent cinquante personnes. Tout le monde est étonné et ravi de la mine florissante de l'impératrice. Ses traits se sont de nouveau affinés, son sourire a reparu et avec lui tout son charme d'autrefois. Mais les ragots et les bavardages à son sujet vont leur train. Quand ce n'est pas de l'impératrice elle-même qu'on parle, c'est de sa famille. Élisabeth est restée en relations étroites avec la maison paternelle. Les événements récents n'ont fait que consolider ce lien, en particulier elle prend part à tout ce qui concerne ses frères et sœurs. Le ménage, malheureux dès le début, de la reine des Deux-Siciles est en pleine crise. Elle ne veut plus retourner à Rome chez son époux et, au mois d'octobre 1862, sans rien dire à personne, elle part subitement pour Augsbourg et entre au couvent des Ursulines où elle s'installe jusqu'à nouvel ordre. La famille de Bavière fait aussitôt tout ce qu'elle peut pour raccommoder le ménage, au moins aux yeux du monde. La nouvelle de cette fuite émeut d'autant plus l'impératrice, que les gens de la cour établissent déjà un parallèle avec ses voyages à Madère et Corfou et n'ont que trop tendance à accuser d'excentricité toute la famille ducale en bloc. Le duc aîné s'est mésallié, l'impératrice est étrange et voilà que la reine des Deux-Siciles aussi fait parler d'elle. Et les autres frères et sœurs — qu'en adviendra-t-il ? L'impératrice Élisabeth saisit très vite ces sortes de choses. Sensitive comme elle est, sa méfiance lui fait voir des intentions malicieuses même là où elles n'existent pas. Elle exagère son antipathie envers de nombreux représentants de la grande noblesse autrichienne et se crée des ennemis. Ainsi, à la cour de Vienne, il se forme à la longue autour d'Élisabeth une atmosphère glaciale et, tout naturellement, l'impératrice se sent attirée vers ce camp adverse que constitue la noblesse hongroise. Tout Hongrois qui rencontre l'impératrice est prévenu, il sait qu'elle s'oppose à l'ancien système et vient donc à elle, d'emblée, le cœur plein d'espoir. Élisabeth est flattée, car, du côté hongrois, on ne manque pas de faire ressortir par d'habiles allusions, soit en paroles, soit par écrit, que tout le monde connaît le pouvoir de la beauté et du charme de la ravissante impératrice sur son époux et espère qu'elle réussira à rendre François-Josseh accessible aux désirs secrets des Hongrois. Une seule chose trouble Élisabeth : elle n'a pas pénétré assez avant dans le monde magyar, elle ignore encore la langue du pays et ni le peuple lui-même, ni sa littérature ne peuvent lui parler directement.

Elle a conscience de cette lacune, pour la première fois, en présence de la nourrice du prince héritier, dont elle a beaucoup de mal à se faire comprendre. A son école, elle apprend les premiers mots de hongrois. Mais, à partir de février 1863, elle se met sérieusement à l'étude. Une fois qu'Élisabeth a entrepris une chose, elle la mène à bien avec énergie. Pour apprendre du vocabulaire, elle met à profit les heures que lui prend le soin de sa superbe chevelure, longue d'un mètre et qui, de blonde, est devenue mordorée. En s'habillant, elle converse en hongrois avec sa femme de chambre, puis elle passe dans la salle de gymnastique où elle s'exerce au maniement des anneaux et des haltères, afin de bannir toute trace de maladie et de regagner la souplesse nécessaire pour s'adonner de nouveau à sa chère équitation. Ce sport est une véritable passion. Elle va jusqu'à faire peindre les portraits de ses superbes chevaux et les réunit dans un salon qu'elle appelle sa « galerie équestre », où elle conduit tous ceux qui partagent son amour du noble cheval.

Toutefois, Élisabeth n'est pas encore complètement remise et le médecin insiste pour qu'elle fasse, en juin 1863, une seconde cure à Kissingen. Là, elle est toujours reçue comme la bonne fée. L'impératrice paraît tous les jours à la promenade où, avec une compassion toute particulière, elle s'occupe des malades et des infirmes qui sont venus chercher la guérison. Ainsi, presque chaque jour, elle conduit le duc de Mecklembourg, aveugle ; elle s'occupe aussi d'un Anglais à demi paralysé qui n'est pas de son monde, John Collett, que l'on mène chaque jour à la promenade en fauteuil à roulettes. C'est un homme qui a beaucoup lu et qui, comme tout le monde, est sous le charme de l'impératrice. Le malheureux ne tarde pas à tomber amoureux d'elle. Au début, le malade ignorait qui était Élisabeth et la prenait pour une ravissante jeune Anglaise. Mais bientôt il apprend à qui il a affaire. Il lui recommande des livres, lui envoie des fleurs et, pour finir, aussi des vers. « Vous pourriez », fait-il écrire un jour à l'impératrice (1), « me rendre réellement heureux avec une toute petite chose : une boucle de vos cheveux. Si cette prière est indiscrète, veuillez me la pardonner. Le prix que j'y attacherais ne viendrait pas de ce que vous êtes impératrice, mais de ce que vous exercez vraiment sur moi une puissance miraculeuse et que j'estime infiniment votre amitié en elle-même. » John Collett est touché qu'une impératrice et, qui plus est, une femme d'une beauté merveilleuse, s'occupe tant d'un malheureux paralytique. La jeune et charmante impératrice, le duc aveugle et le paralytique dans son fauteuil roulant deviennent trois inséparables. Ils parlent de Dieu et du monde, de la vie et de la mort, de la souffrance et du bonheur. Et, d'une main tremblante, d'une écriture à peine lisible, le malade écrit ces vers :

> May God preserve the lady fair and true
> Whose pitying heart can feel for others pain,
> For thou at least kind Queen has not passed through
> The trying fires of suffering in vain.

Le poème se termine sur des vœux de bonheur à l'adresse d'Élisabeth.

Le 25 juillet, l'impératrice retourne chez elle. A peine est-elle partie, que John Collett, d'une main qu'il maîtrise à peine, lui écrit pour la remercier du soleil qu'elle a répandu sur son chemin douloureux. Élisabeth répond toujours à Collett. Elle lui écrit qu'elle a fait mettre en musique les deux poèmes qu'il préfère et qu'elle les écoute souvent, le soir, quand elle revient de ses promenades à cheval. Mais elle refuse de lui donner une mèche de cheveux. Elle a fait le vœu de n'en jamais donner à per-

(1) Mr. John Collett à l'impératrice Élisabeth, Kissingen, 20 juin 1863. (A.A.C.W.)

sonne (1). « Je vous remercie pour le petit poème », lui écrit-elle. « Vous me dites que je dois le critiquer. Je ne puis vous dire qu'une chose, vous m'estimez beaucoup trop haut et je ne me sens pas la moitié de la valeur que vous m'attribuez dans vos pensées et dans vos écrits... Vous êtes si souffrant et si fatigué et pourtant vous n'oubliez pas de prier pour moi, comme c'est gentil à vous. Oh ! je vous en prie, continuez, et demandez à Dieu de m'accorder la seule chose pour laquelle je le supplie matin et soir et tous les jours à la messe. » Élisabeth entend probablement par là sa guérison.

Tandis qu'Élisabeth mène ainsi une vie indépendante, l'empereur François-Joseph s'efforce de réaliser une entente à la Diète de Francfort. Mais, à l'instigation de Bismarck, la Prusse s'est abstenue d'y paraître, et ainsi persiste l'antagonisme qui aboutira, fatalement, à la guerre fratricide pour l'hégémonie. Élisabeth, elle, s'adonne maintenant avec une véritable passion à l'étude du hongrois, en sorte que François-Joseph rapporte à sa mère que Sisi fait des progrès surprenants dans cette langue. Mais l'archiduchesse voit d'un mauvais œil les sympathies croissantes de sa belle-fille pour la Hongrie. Cela se manifeste dans les plus petits détails. Un soir, le couple impérial paraît au théâtre dans sa loge, tandis que l'archiduchesse Sophie a pris place dans une autre loge de la cour. Élisabeth porte une coiffe brodée d'or comme celles des femmes de magnats hongrois. Lorsque l'archiduchesse Sophie s'en aperçoit, elle commence à fixer ostensiblement sa belle-fille avec sa lorgnette (1), elle va jusqu'à se lever et se pencher par-dessus le bord de la loge pour mieux voir. Puis elle se replonge dans son fauteuil mi-étonnée, mi-indignée. Le public a observé la scène. Un mouvement se fait dans la foule, un murmure s'élève et l'impératrice Élisabeth, suivie de son époux, quitte le spectacle avant la fin.

Quelques jours après cet incident, une mauvaise nouvelle arrive de Munich. Le roi Maximilien II, l'ami, l'artiste et le savant, meurt subitement, le 10 mai 1864. Agé de dix-huit ans,

(1) L'impératrice Élisabeth à John Collett, 27 novembre 1863. Brouillon. (A.A.C.W.)

(1) Rencontres avec l'impératrice Élisabeth. Souvenirs racontés par le comte Nicolas Bethlen dans le *Tagblatt* de Budapest, le dimanche 18 septembre 1898, nº 257.

son jeune fils, Louis II, lui succède, sans y être le moins du monde préparé. Toute sa vie, il s'est beaucoup occupé de poésie, il connaît par cœur presque tous les drames de Schiller mais n'a jamais jeté un regard sur les rouages de la politique. Il partage avec Élisabeth l'amour de la solitude et le goût de l'équitation. Toutefois leur parenté est trop éloignée pour permettre de conclure des qualités de l'un à celles de l'autre. L'impératrice et Louis n'ont de commun, comme le montre leur arbre généalogique, que l'arrière-grand-père de celui-ci, le roi Max Ier de Bavière, chez lequel ne se manifestait aucune anomalie d'ordre psychique. La mère d'Élisabeth descend d'un second mariage de ce souverain. En outre, les racines des symptômes de folie, qui se révélèrent, par la suite, chez les deux fils du roi qui vient de mourir n'ont été amenées dans la famille de Bavière que par les femmes des successeurs de Max Ier. L'impératrice, cependant, est d'une génération antérieure à son cousin Louis II, plus jeune qu'elle de huit ans, et qui accède maintenant au trône. Le roi est bientôt suivi dans la tombe par sa sœur, l'archiduchesse Hildegard, épouse de l'archiduc Albert, qui a contracté aux funérailles de son frère la maladie qui devait l'emporter. Le 2 avril, à trois heures du matin, on réveille l'impératrice pour lui annoncer que l'archiduchesse Hildegard est à l'agonie. Elle accourt aussitôt et assiste à ses derniers moments. « C'est la première fois » (1), écrit Élisabeth à John Collett, « que je vois mourir un adulte. Cela m'a fait une terrible impression ; je n'aurais jamais cru qu'il fût si difficile de mourir, que le combat avec la mort fût si affreux. Et dire que chacun de nous y passe ! Combien sont à envier ceux qui quittent cette terre de misère dans l'inconscience de l'enfance. Oui, la vie est une vilaine chose dans laquelle rien n'est certain que la mort. »

Mais, bientôt, un autre événement détourne l'attention de ce deuil. Le projet caressé depuis des années par l'archiduc Ferdinand-Max, que le couple impérial français et quelques émigrés mexicains sans scrupules ont attirés dans leurs filets, le projet insensé d'ériger un empire au Mexique, va se réaliser. On a eu beau les mettre en garde, l'archiduc et Charlotte n'ont rien

(1) L'impératrice Élisabeth à J. Collett, Vienne, 16 avril 1864. (A.A.C.W.)

voulu entendre. Élisabeth est de ceux qui assistent, perplexes, à cette affaire, mais ses raisons, peut-être, ne sont pas celles des autres. Qu'un empire soit possible ou non, là n'est pas la question pour elle. Elle n'a jamais compris que Maximilien et sa femme pussent ambitionner une couronne et elle pense, à part soi, qu'ils devraient être bien contents de n'en pas avoir. Lors du dernier séjour de Charlotte à Vienne, avant son départ, elle a pour elle toutes les attentions imaginables, bien qu'elle ne se prive pas de lui dire sa façon de voir (1). Mais tout cela ne sert de rien : le 14 avril, le bateau prend la mer, emportant l'archiduc et sa femme vers un avenir plus qu'incertain.

L'été voit l'impératrice à Kissingen, où elle fait sa cure annuelle, et à Possenhofen. Elle reçoit, dans la ville d'eau, la visite du nouveau souverain de sa patrie. Elle est plutôt curieuse de revoir Louis II qui, dit-on, est merveilleusement beau : des cheveux d'un brun foncé encadrent un noble visage où brillent des yeux bleus d'une étrange fascination. En outre, les avis sur le nouveau roi sont très partagés. Les uns en parlent avec enthousiasme, les autres le trouvent pour le moins singulier. Mais il y a une chose que l'impératrice entend dire de toutes parts, c'est que, tout comme elle, Louis adore la beauté, aussi bien dans la nature que dans l'art. La véritable raison qui pousse le roi à venir à Kissingen, c'est l'espoir d'y rencontrer sa belle cousine, l'impératrice. Son intention était de n'y faire qu'une brève apparition, mais il est tellement enchanté d'Élisabeth, qu'il reste quatre semaines à Kissingen ; il y rencontre également la tsarine Marie, l'épouse du tsar Alexandre II, avec sa fillette de onze ans. Toutefois, les hommages de Louis II sont d'autre nature que ceux qu'apportent généralement des hommes jeunes à de jolies femmes. Il la contemple sans désir, comme un être surnaturel, et se sent attiré par les idées d'Élisabeth, par ce qu'il y a d'extraordinaire dans toute sa personne.

Cependant se poursuit la campagne de Schleswig-Holstein, menée en commun par l'Autriche et la Prusse. C'est pour Élisabeth, une fois de retour chez elle, l'occasion de montrer à nou-

(1) Voir la lettre de l'impératrice Charlotte du Mexique à Élisabeth. Chapultepec, 10 avril 1865, dans laquelle elle dit : « Je n'oublierai pas combien tu as fait preuve de cœur à notre égard en ces jours, il y a juste un an. »

veau son bon cœur et sa compassion auprès des blessés des hôpitaux. Et elle a grand plaisir, en l'occurrence, à parler tant bien que mal leur langue maternelle aux blessés hongrois hospitalisés à Vienne. Déjà, elle commence à lire Eötvös et Jokai à l'aide du dictionnaire et à feuilleter les livres d'histoire hongrois. Elle désire maintenant une dame de compagnie hongroise qui puisse en même temps lui servir de confidente. La comtesse Almassy est chargée de trouver pour l'impératrice une jeune femme ayant les qualités requises. Elle fait une longue liste des noms de la haute aristocratie hongroise, puis elle songe à une vieille amie, Marie de Ferenczy, d'une bonne famille de gentilshommes de Kecskemet, dont le frère a cinq filles et un seul fils, infirme. La comtesse demande si l'une des jeunes filles ne conviendrait pas. C'est ainsi que la petite Ida de Ferenczy, qui n'est pas jolie, mais gentille, douce et modeste, vient à figurer sur cette liste qui réunit les noms des plus illustres familles. Lorsqu'on présente la liste à Élisabeth, son regard tombe tout de suite sur le nom le plus simple. « Je pourrai m'attacher bien plus facilement une jeune fille pareille », se dit-elle. Elle demande une photographie et des renseignements précis et dit alors : « Je suis sûre que celle-ci me plaira ».

Ida ne se doute de rien. Son beau-frère, Alexandre Herczeg, est informé de l'ordre de l'impératrice et part avec l'importante nouvelle pour Kecskemet (1). Ida est enchantée. Elle n'a entendu dire que de belles choses de la reine et, en outre, elle voit dans ce projet la possibilité d'échapper à un mariage auquel on voulait la contraindre. Elle accepte donc avec plaisir. Herczeg Sandor et Ida, dans un de ces légers petits attelages hongrois, vont trouver le père qui surveille dans les champs les travaux de la moisson. Celui-ci réfléchit un moment, puis il dit : « Soit, je n'ai pas pu donner de soldats au roi, peut-être ma fille pourra-t-elle lui rendre des services. » Ida Ferenczy appréhende, toute tremblante, la première entrevue avec la reine. Elle est d'une nature simple, saine, éveillée, et joint à cela un esprit très hongrois et un grand amour de son pays. Mais tout cela suffira-t-il pour satisfaire la souveraine d'un empire de plusieurs millions d'âmes, la plus belle femme de l'Europe dont on célèbre par-

(1) Renseignement personnel de Mme Élisabeth de Farkas à l'auteur.

tout l'esprit et le cœur ? Ida Ferenczy ne se doute pas qu'elle répond exactement aux vœux d'Élisabeth qui cherche avant tout un être simple ignorant l'étiquette et les intrigues de cour et choisi en dehors du cercle étroit de la grande aristocratie. L'impératrice veut quelqu'un qui la serve elle et non, comme toutes l'ont fait jusqu'à présent, la mère de l'empereur.

Au mois de novembre 1864, la première dame d'honneur, la comtesse Königsegg, présente Ida Ferenczy à l'impératrice. Élisabeth revient d'une promenade à cheval et reçoit la petite Ida — qui n'a que vingt-trois ans et dont le cœur bat à se rompre — en simple costume d'amazone, les joues animées par le grand air, pleine de grâce et de séduction. Ida est devant la reine, toute rouge de confusion. Touchée, Élisabeth la regarde avec le charme incomparable qui lui rend si facile d'ensorceler les gens, pourvu qu'elle le veuille, elle examine la jeune fille et dit alors en hongrois :

« Vous me plaisez, nous serons beaucoup ensemble. »

Il n'est pas facile pour Élisabeth de trouver place pour sa nouvelle dame dans la stricte hiérarchie des gens de cour. A cause de sa modeste origine, elle ne peut pas tout de suite être élevée au rang de dame d'honneur, pareille faveur pourrait froisser les autres dames qui descendent de plus grandes familles. On trouve l'expédient d'en faire une chanoinesse, afin qu'elle obtienne le titre de « Madame », et on la nomme « lectrice de Sa Majesté ». Maintenant Ida Ferenczy appartient au cercle de la cour. Élisabeth la met tout de suite en garde et, d'emblée, lui interdit formellement de rapporter jamais à qui que ce soit le moindre de ses propos ou de ses actes, cette discrétion étant la condition essentielle à la bonne entente (1). Élisabeth a grandement raison car, à peine Ida Ferenczy est-elle là depuis quelques jours, que déjà la première dame d'honneur de l'archiduchesse Sophie lui dit : « Ne vous adressez qu'à moi en toutes choses et confiez-moi tous les propos de Sa Majesté. » Dans les premiers temps, Élisabeth soumet journellement Ida à de véritables

(1) Ces détails reposent sur des renseignements personnels donnés par Mmes Élisabeth et László de Farkas, ainsi que sur des notes de l'archiduchesse Valérie. (A.A.C.W.)

interrogatoires pour savoir si vraiment elle n'est pas encore gagnée au parti de sa belle-mère.

Les dames d'honneur sont d'abord très aimables avec « la nouvelle », mais elles s'aperçoivent bientôt qu'elle se tient sur la réserve à leur égard. Aussitôt, leur attitude se transforme, devient froide et distante. Cependant, l'impératrice ne tarde pas à reconnaître qu'elle a trouvé, en la personne d'Ida, un être qui lui est dévoué corps et âme, et à elle seule, comme elle le souhaitait depuis si lontemps. Ida devient bientôt l'amie d'Élisabeth, qui a pleine confiance en elle, la tutoie et ne s'adresse jamais à une autre dame pour les menus services dont elle a besoin ; elle ne craint d'elle ni espionnage, ni bavardage. Ainsi donc, la jeune *nemes lany* (1) de Kecskemet gagne une véritable influence sur l'impératrice : elle ne lui apprend pas seulement la langue hongroise, elle nourrit en elle l'amour de la Hongrie qui s'éveille dans le cœur d'Élisabeth. Ida Ferenczy savait bien que l'impératrice était très belle, mais elle ignorait à quel point elle était séduisante. Après la troisième cure de Kissingen, Élisabeth a recouvré son excellente santé. Sa beauté s'est épanouie et l'impératrice, à vingt-sept ans, est plus harmonieuse et plus resplendissante que jamais. Winterhalter, le peintre de cour de Paris et de Londres, portraitiste attitré de presque tous les princes et de toutes les jolies femmes de son temps, et qui est maintenant à l'apogée de sa gloire, fait deux portraits d'Élisabeth. Le premier est un portrait en pied : il représente l'impératrice en grande toilette et parée de tous ses bijoux, l'autre, plus intime, la montre les cheveux défaits. C'est celui-là que François-Joseph place dans son cabinet de travail, en face de son bureau. Rappelé à Paris pour peindre encore une fois l'impératrice Eugénie, le peintre lui parle de la merveilleuse beauté d'Élisabeth et des conversations intéressantes qu'il a eues avec elle pendant les séances de pose. Eugénie désire depuis longtemps connaître « sa collègue » de Vienne. Elle voudrait se rendre compte par elle-même si Élisabeth est réellement aussi belle qu'on le dit et si elle doit se reconnaître battue par l'impératrice d'Autriche. Elle prie donc l'ambassadeur à Vienne de s'enquérir si « un rapprochement personnel et très respectueux de sa part », ne

(1) Jeune fille noble.

serait pas désagréable à l'impératrice l'année suivante, si elle fait un nouveau séjour à Kissingen. Bien que ce souhait soit exprimé avec beaucoup de discrétion, Élisabeth ne veut rien entendre. L'impératrice ne déteste rien tant que les visites, les fêtes de cour et les solennités. Il lui suffit des fêtes auxquelles elle ne peut échapper, en particulier celles qui se déroulent dans sa propre famille. Au mois de février de l'année 1865, son frère préféré, Charles-Théodore, épouse à Dresde la princesse Sophie de Saxe. Qu'Élisabeth le veuille ou non, il faut qu'elle assiste à ce mariage. A Dresde, elle enchante tout le monde, la cour et la population sont sous le charme à un tel point que, partout où elle paraît, elle est l'objet de formidables ovations. « Tu ne saurais imaginer l'enthousiasme que la beauté et l'amabilité de l'impératrice ont suscité ici », écrit la reine de Saxe (1). « Jamais je ne vis nos calmes Saxons *en tel émoi* (2) : jeunes et vieux, grands et petits, graves et frivoles, calmes et agités, tous en étaient fous et le sont encore — *elle a fait époque ici* » (2).

L'enthousiasme, toutefois, n'est pas réciproque. Élisabeth ne se sent pas bien et elle est impatiente de rentrer. « Je serai bien contente », écrit-elle à son petit Rodolphe (3), particulièrement éveillé pour ses sept ans, « quand je me trouverai de nouveau parmi vous ; je ne me plais guère ici et je suis toute triste à l'idée d'être obligée d'y rester encore quatre longs jours — moi qui aimerais tant rentrer ». Mais ce séjour passe, comme le reste, et, le 28 mars, un autre voyage conduit l'impératrice à Munich où, bien qu'elle ait décliné toute réception, Louis II en personne l'attend à la gare. A ce moment-là, le roi concentre sur lui l'attention générale car, déjà à l'époque, donc, après une année de règne à peine, il se montre si étrange et si bizarre que les diplomates conservateurs qui l'observent en sont épouvantés. En particulier, le comte autrichien Blome voit d'un œil perplexe les extravagances du roi. Déjà, l'automne précédent, le ministre d'Autriche avait émis de lourdes appréhensions au sujet de la conduite de Louis II et du « passage de la couronne sur la tête juvénile

(1) La reine Marie de Saxe à la princesse Mary Hamilton, 14 février 1865. Archives du prince Georges Festetics.

(2) En français dans le texte.

(3) L'impératrice Élisabeth au prince Rodolphe, Dresde, 14 février 1865. Vienne, Archives d'État.

d'un prince à peine sorti de l'adolescence et n'ayant encore aucune expérience » (1). « Le jeune roi », écrivait-il à l'époque (2), « est encore une énigme ; d'étranges contrastes apparaissent dans ses actes, on ne peut guère prévoir ce qu'il donnera un jour. Aujourd'hui, certes, ce sont encore les idées puériles et les engouements romantiques qui dominent ». Le ministre décrit la chambre à coucher du roi à Hohenschwangau : elle est éclairée par une artistique veilleuse en forme de lune qu'on peut régler à volonté en quart, demi ou pleine lune, et dont la lueur mate tombe sur un minuscule jet d'eau. « Heureusement d'ailleurs », ajoute malicieusement Blome, « seuls, du ballet, les décors ont pénétré dans la chambre à coucher royale ». Lors d'une représentation de « Intrigue et amour », Blome, étonné, voit le roi suivre l'action dramatique en sanglotant et, transporté dans une autre sphère, s'abandonner à ses impressions. « Si je juge bien le jeune prince », écrit-il (3), « la nature l'a doué de plus d'imagination que de bon sens et, dans son éducation, c'est le cœur qui a été le plus négligé. Un orgueil exagéré, de l'obstination et un manque absolu d'égards se manifestent de façon inquiétante. Le roi n'admet aucun conseil qu'il n'ait demandé. Il donne de préférence audience aux artistes et aux hommes de lettres et néglige les autres classes de la population... Sa Majesté s'intéresse surtout à la littérature et à la musique. D'ailleurs, ce qui l'attire, dans ce domaine, c'est beaucoup plus le texte que la musique en soi, car il est absolument dépourvu de dons musicaux. Le poème de *Lohengrin* et les autres livrets d'opéra de Wagner, inspirés du cycle des vieilles légendes germaniques, ont éveillé chez lui le goût de la musique de Wagner... » Le diplomate autrichien est outré des relations du compositeur avec le jeune roi et les considère comme un scandale qui ne fait qu'augmenter.

Les « insolentes demandes d'argent » et les « propos déplacés » de Wagner l'indignent. Et, pour comble, l'artiste fait voir d'authentiques lettres du roi où celui-ci le tutoie et le loue en

(1) Blome à Rechberg, 24 septembre 1864, Vienne, Archives d'État.

(2) Blome à Rechberg, lettre particulière du 15 octobre 1864. Vienne, Archives d'État.

(3) Blome an comte Mensdorff, Munich, 1er avril 1865 et rapports des 19 et 26 mai 1865, Vienne, Archives d'État.

termes dithyrambiques ! « Que dire de tout cela ? » écrit Blome. « Cela ne peut que contribuer à diminuer l'estime envers la personne sacrée du monarque. Le roi, jusque-là, ne se plaît pas au commerce avec l'autre sexe et n'apprécie pas la société féminine. Vivant à l'écart du monde positif, il est, naturellement, de plus en plus la proie de son imagination. »

L'impératrice ne sait trop que penser de son royal cousin. Dans la maison paternelle, où elle se sent si bien, les jugements sur lui sont infiniments plus indulgents. « Hier », écrit Élisabeth à son petit Rodolphe, « le roi m'a fait une longue visite, et si enfin grand'maman n'était survenue, il serait encore là. Il est tout à fait réconcilié, j'ai été très gentille avec lui et il m'a tellement baisé la main que tante Sophie, qui regardait par la porte, m'a demandé ensuite si je l'avais encore. Il était de nouveau en uniforme autrichien et tout parfumé de chypre... (1) » Peu après, Blome est reçu en audience par Élisabeth et lui raconte les choses les plus extraordinaires au sujet du roi (2). Il lui dit que le monarque devient de plus en plus étrange, que ses excentricités lui feront perdre la sympathie de son peuple et ainsi de suite. De retour chez elle, Élisabeth fait comprendre à son époux, qui lit les nouvelles de Munich avec une anxiété croissante, que les rapports de Blome sont trop sévères : il ne lui est pas agréable qu'on juge si mal le roi de son pays.

En juillet, comme chaque année, les souverains s'installent à Ischl avec leurs enfants. L'impératrice n'est pas contente de son fils : elle le trouve pâle, trop grandi et elle est persuadée que le programme qu'on lui impose est bien trop chargé pour cet enfant, d'un développement physique et moral sans doute bien au-dessus de son âge, mais plutôt nerveux et irritable. Depuis 1864, année où, âgé de sept ans, il fut confié au général de brigade Gondrecourt, le petit a dépéri.

Élisabeth voudrait éviter, cette année, la cure traditionnelle à Kissingen, mais le conseiller aulique Fischer y tient. Peu de temps avant son départ, l'impératrice fait avec son époux une excursion à Hallstatt et au moulin de Gosau. Elle marche de

(1) L'impératrice Élisabeth au prince Rodolphe, 31 mars 1865. Vienne, Archives d'État.

(2) Le comte Blome écrit la même chose plus tard au comte Mensdorff, Munich, 26 mai 1865. Vienne, Archives d'État.

nouveau très bien, fait de grandes randonnées sans fatigue, de sorte que François-Joseph se propose déjà, lorsqu'elle reviendra, de l'emmener à la chasse au chamois.

A Kissingen, les premiers jours, Élisabeth se sent triste et seule et elle télégraphie pour qu'on lui envoie son grand chien de berger. Elle est toute heureuse lorsqu'il arrive. « Je suis contente d'avoir Horseguard avec moi », écrit-elle à sa fille Gisèle (1), il a manifesté une grande joie en me voyant et il m'a presque étouffé avec ses pattes... Je vais beaucoup dans la forêt car, sur la grand'place, j'ai toujours des badauds à mes trousses... J'ai reçu une très gentille lettre du roi, dans laquelle il me dit que les médecins lui ont défendu de venir... Je pourrai donc vivre en toute tranquillité et sans risquer d'être dérangée. » Pendant l'ennuyeux séjour aux eaux, Élisabeth a le temps d'écrire des lettres et de se perfectionner en hongrois par la lecture. Il lui est pénible d'être séparée d'Ida Ferenczy à laquelle elle s'est attachée dès la première année. « Je pense beaucoup à toi », lui écrit-elle, « pendant les longues séances de coiffure, pendant mes promenades et mille fois dans le courant de la journée... Je ne suis que tristesse... La vie est plutôt ennuyeuse ici... Je n'ai pas encore trouvé de société amusante et il n'y en a pas en perspective. Je me promène presque toute la journée... Je lis beaucoup... Par-ci par-là je joue aussi de l'orgue... Maintenant, Dieu te garde, ma chère Ida, ne te marie pas en mon absence, ni avec ton Kalman, ni avec aucun autre, mais reste fidèle à ton amie E. (1) ».

A son retour, l'impératrice éprouve une très grande joie à revoir sa famille, mais aussi sa fidèle Ida. Dommage, seulement, que celle-ci ne puisse pas faire les grandes promenades qu'Élisabeth aime tant, car elle est petite et délicate et elle a un défaut au cœur, sans gravité heureusement. L'impératrice ne se sentira jamais à l'aise dans l'atmosphère de la cour de Vienne, car, en l'absence de l'empereur, la vie, à en juger d'après la critique de la landgrave Fürstenberg, est très peu agréable. « Je ne sais vraiment pas », écrit-elle, « comment on peut conserver sa bonne humeur, entouré uniquement d'êtres qui se plaignent, se lamen-

(1) L'impératrice Élisabeth à Mme Ida de Ferenczy, Kissingen, 12 et 17 juillet 1865. Archives Farkas.

tent, se désespèrent, car tout ce qui m'entoure, du haut jusqu'au bas de l'échelle, est en somme plus ou moins découragé et mécontent. Voilà la vie de cour tant vantée, et dire que c'est là qu'il faut trouver son bonheur !... »

Mais de Sophie elle ne dit que du bien. « L'archiduchesse, qui est vraiment bienveillante et indulgente, sait reconnaître les attentions et vous fait volontiers plaisir... elle s'intéresse à tout, sait les choses les plus incroyables, en sorte qu'on peut beaucoup apprendre... » A l'égard d'Élisabeth, la landgrave garde l'esprit critique et, dans la lutte qui s'ouvre au sujet de l'éducation du prince héritier, elle prend entièrement le parti de l'archiduchesse Sophie. Celle-ci, dans son zèle à faire de l'héritier présomptif un homme extrêmement cultivé, parfaitement préparé à son métier et d'une grande valeur morale, veut trop en faire. L'impératrice ne voit qu'une chose : elle n'a pas le droit d'émettre un avis lorsqu'il s'agit de l'éducation de son propre enfant et, par suite, sa jalousie l'empêche de voir le bon vouloir de sa belle-mère. Elle redoute que le traitement et la méthode du général ne fassent de son Rodolphe « presque un idiot ». « C'est de la folie », dit Élisabeth (1), de terroriser un enfant de six ans par des douches froides et de vouloir en faire un héros ». Gondrecourt le laisse par exemple à l'intérieur du jardin zoologique de Lainz, s'échappe rapidement par la porte et s'écrie : « Un sanglier ! » Naturellement l'enfant hurle d'épouvante, mais plus il crie, plus on l'effraie. A la fin, le petit devient si nerveux que, au dire de l'impératrice, ce système risque d'être dangereux. A vrai dire, l'archiduchesse, elle non plus, n'approuve pas de pareils exercices, mais Gondrecourt est sa créature et Élisabeth rend sa belle-mère responsable de la méthode qu'il applique. Lorsque l'impératrice apprend l'histoire du sanglier, la mesure est comble. Élisabeth rassemble tout son courage et va trouver l'empereur. Mais François-Joseph hésite. Il a vu le travail sérieux de sa mère et combien elle se dévoue à l'éducation de son fils ; il a, en cette matière, plus de confiance dans le jugement de l'archiduchesse qu'en celui de sa jeune femme et ne peut se décider à s'opposer à la volonté de sa mère. Élisabeth, alors, a recours aux moyens extrêmes : « Je

(1) Paroles de l'impératrice Élisabeth rapportées par la comtesse Marie Festetics dans son journal, 15 octobre 1872. Archives Festetics.

ne puis plus tolérer cela. Ou Gondrecourt ou moi ». Sur ces mots, elle quitte l'empereur, monte dans sa chambre et écrit un véritable ultimatum, dont tout dépendra (1). « Je désire avoir pleins pouvoirs en tout ce qui concerne les enfants, le choix de leur entourage, le lieu de leur résidence, la direction complète de leur éducation, en un mot, c'est à moi de décider de tout jusqu'à leur majorité. Je désire, en outre, que, pour ce qui est de mes affaires personnelles, telles que le choix de mon entourage, mon lieu de résidence, tous les changements dans la maison, etc., etc., je sois seule à décider. Élisabeth. »

L'empereur voit alors que sa femme est fermement décidée, et il cède. Il éloigne Gondrecourt. Le prince héritier est confié à la haute direction du docteur Hermann Widerhofer et le colonel Latour de Thurnberg est chargé de son éducation. Élisabeth remercie Dieu lorsque Gondrecourt s'en va. Sans doute, ce départ n'a pas amélioré ses rapports avec sa belle-mère, au contraire, les semaines qui suivent apportent à l'impératrice une vie pénible. Elle a non seulement à souffrir de l'archiduchesse Sophie, mais aussi de son apôtre le plus zélé, le comte Grünne. Car, dans son for intérieur, le grand écuyer impute à l'impératrice de l'avoir fait relever de sa fonction d'aide de camp en 1859, tout comme elle a fait pour Gondrecourt aujourd'hui. On a recours à tous les moyens pour séparer Élisabeth de l'empereur, elle pense même qu'on a voulu la corrompre et qu'avec une subtilité diabolique on a voulu lui donner l'occasion de faillir pour la détacher de lui.

Mais Élisabeth n'est plus la petite fille d'autrefois. C'est une femme de vingt-huit ans qui sait ce qu'elle veut et qui sent chaque jour davantage le pouvoir de sa beauté sur son époux et sur tout le monde. La conscience qu'elle a d'elle-même et de son influence, le sentiment de sa responsabilité en sont renforcés. Et si, jusque-là, l'éducation du jeune prince fut menée dans un esprit trop conservateur, elle tombe maintenant dans l'excès contraire. Elle devient trop libérale : l'influence religieuse de l'archiduchesse Sophie passe au second plan et, en même temps, Élisabeth, perdant toute mesure, sature le prince héritier de leçons de toutes sortes et ainsi développe systématiquement en

(1) Lettre autographe de l'impératrice datée d'Ischl, 24 août 1865. (A.A.C.W.)

lui une incroyable précocité. C'est un spectacle lamentable. Tous ces êtres sont animés des meilleures intentions du monde et en possession de tous les moyens : la richesse, la possibilité de faire servir au développement le plus élevé d'un être les cerveaux les plus savants et les plus nobles d'un empire de plusieurs millions d'âmes et, pourtant, ils font fausse route.

En vérité, Élisabeth ne se sent aucune vocation pour la tristesse et les plaintes continuelles — au contraire. Quelquefois, souvent même, elle aimerait à rire de bon cœur, à se montrer gaie et à s'amuser. C'est une jeune femme et, fût-elle dix fois impératrice, elle n'en souhaiterait pas moins jouir de la vie. Elle est heureuse de la victoire remportée auprès de son époux et elle lui témoigne sa gratitude par des gentillesses inaccoutumées. Le jour anniversaire de l'empereur, il faudra que tout le monde à la cour soit un peu gris. « A table nous avons beaucoup ri », écrit Élisabeth à son fils (1), « car j'ai obligé toutes les dames à vider une coupe de champagne à la santé de papa ; Königsegg craignait fort que Paula (Königsegg) ne devînt trop gaie et Lily (Hunyady) avait peine à se tenir debout ». L'impératrice reçoit régulièrement des rapports de M. Latour sur les progrès et l'éducation de son fils et, en comparaison avec l'ignorance où on la laissait auparavant, elle en éprouve un très grand plaisir. En politique, Élisabeth suit avec beaucoup d'intérêt les efforts tentés en Autriche pour gagner à nouveau le pays au delà de la Leitha, et qui se basent sur les conditions formulées à Pâques par Déak dans un article de journal. Elle prend fait et cause pour les Hongrois ; l'influence d'Ida Ferenczy se fait sentir ; il est question d'un voyage de l'impératrice à Budapest et la nomination, comme dames du palais, de quatorze dames hongroises prouve qu'on veut donner à la cour royale un caractère tout à fait hongrois.

Cependant l'opposition de la Vénétie, restée encore province autrichienne, persiste. Le consul général de Bavière écrit de Venise : « L'Autriche a dans sa province méridionale quelques millions de contribuables (2) de langue italienne, mais de sujets dévoués à l'empire, point... Tout le monde, ici, est opposé à

(1) L'impératrice Élisabeth au prince héritier Rodolphe, Schoenbrunn, 4 octobre 1865. Vienne, Archives d'État.

(2) Consulat général de Bavière, rapport du 31 août 1865. Archives secrètes de l'État bavarois.

l'Autriche, on supporte sa domination, faute de pouvoir faire autrement... mais ce n'est qu'en attendant des jours meilleurs qui amèneront la réunion espérée avec le royaume d'Italie. La place Saint-Marc continue d'être le lieu de rendez-vous des grands et des petits, des pauvres et des riches, des autochtones et des étrangers, avec la seule différence que l'Italie est nettement séparée de l'Autriche, qu'elle se promène, mange, boit, danse et fait de la musique de son côté ».

Rien d'étonnant, certes, si, à la lecture de pareils rapports, la Bavière suit l'exemple de tant d'autres États européens et reconnaît officiellement le royaume d'Italie, proclamé depuis 1861. Élisabeth, qui voit tout cela à travers les intérêts de sa propre famille, en est indignée, parce que cette reconnaissance touche aussi les droits de sa sœur Marie, la reine dépossédée des Deux-Siciles. Elle le fait sentir au ministre de Bavière à Vienne, le comte Fugger, qui le mande immédiatement au roi Louis II dont la sympathie pour l'impératrice est connue. Le roi s'empresse de lui écrire et la prie très cordialement de ne pas lui en vouloir, car il n'y avait pas pour lui d'autre attitude possible.

« Cher cousin », lui répond-elle, « sois assuré que, quelles que soient mes opinions, je ne t'en voudrai pas et n'aurai jamais envers toi le moindre ressentiment. Je ne puis te cacher que, justement de la part de la Bavière, la reconnaissance de l'Italie m'a beaucoup étonnée, car chacune des familles princières dépossédées compte des membres de la maison de Bavière ; mais je pense que les raisons qui t'ont poussé à cet acte inexplicable doivent être si graves, que, en présence des grands intérêts et des devoirs sacrés que tu représentes, mon modeste avis ne peut être pris en considération. Le reconnaissant, je suis doublement touchée du geste d'amitié spontané qui t'a dicté la lettre que tu m'as adressée et je te prie, quoi qu'il advienne, de croire à l'amour sincère qui m'attache à ma petite patrie et à la franche et cordiale amitié que j'ai pour toi en particulier... (1) »

Élisabeth veut maintenir constamment le lien qui la relie à son pays. Tout comme son père et, au début, toute la famille ducale, elle prend le parti de Louis II dans la lutte qui se livre

(1) L'impératrice Élisabeth au roi Louis II, Schoenbrunn, 11 décembre 1865. Archives secrètes de la Maison royale, Munich.

autour de Richard Wagner, bien que, à ce moment là, les adversaires du grand musicien aient le dessus et que, le 7 décembre 1865, le roi se voit obligé de s'en séparer momentanément. « En exilant Richard Wagner », écrit Blome dans son rapport à Vienne, « on a privé le jeune prince de son jeu favori (1). »

La maison paternelle reste pour Élisabeth le refuge, quand elle croit ne plus pouvoir tenir à Vienne. Et, le 13 décembre 1865, subitement, elle est reprise par une de ses crises. L'empereur se trouve justement à Ofen, lorsque des symptômes se manifestent chez Élisabeth, qui font craindre un retour de son ancien mal. Elle décide donc brusquement de partir pour Munich. Sans doute, elle demande l'autorisation de François-Joseph par télégramme, mais elle le fait de telle façon qu'il ne peut que répondre oui. Personne n'a été mis au courant, même pas l'archiduchesse ou les ministres de la maison impériale. Elle veut son docteur Fischer, mais celui-ci ne pouvant pas venir, c'est elle qui ira le trouver pour se rassurer. Le public s'étonne de voir partir l'impératrice, si près de Noël et de son anniversaire. Le ministre de Prusse pense qu'il pourrait bien entrer dans la décision de l'auguste et belle jeune femme un peu de caprice, « ce qui, chez les princesses de la branche *ducale* de Bavière ne serait pas chose exceptionnelle (2) ». L'empereur François-Joseph est atterré. Il fait vivement aviser son ministre à Munich de prier le roi de renoncer à toute réception à la gare, afin que, dans la mesure du possible, le voyage de l'impératrice reste secret. Mais Louis II, en cachette, vient tout de même la voir et lui demande la raison de son brusque voyage. Cependant, à Ofen, François-Joseph reçoit de Munich une lettre de sa femme, annonçant son retour au plus tard pour le 23, donc, avant son anniversaire et Noël (3). Mais elle reste quand même absente jusqu'à la fin de l'année. Le 30 décembre, elle revient à Vienne en compagnie de sa mère, à moitié rassurée sur sa santé. Elle fête le jour de l'an de la funeste année 1866 au milieu de ses enfants et aux côtés de son époux chargé de soucis.

(1) Le comte Blome au comte Rechberg, 9 décembre 1865. Archives d'État, Vienne.

(2) M. de Werther à Bismarck, Vienne, 28 décembre 1865. Archives secrètes de l'État prussien, Dahlem.

(3) L'empereur François-Joseph au prince Rodolphe, Ofen, 16 décembre 1865, Vienne, Archives d'État.

CHAPITRE VII

SADOWA, ÉLISABETH ET LA HONGRIE
1866-1867

Depuis l'issue funeste de la campagne de 1859, la question hongroise est plus que jamais à l'ordre du jour. Tandis que la puissance impériale centraliste s'est affaiblie, la Hongrie ne cesse de revendiquer ses droits traditionnels et la constitution de 1848. Vers la fin de l'année 1865, de part et d'autre de la Leitha, une tentative de rapprochement se dessine. A Budapest s'est formé un groupe de patriotes hongrois modérés qui veulent faire triompher leurs revendications, tout en maintenant la communauté avec l'Autriche. Un avocat de soixante-deux ans, François de Déak, se met à leur tête ; son bon sens politique, son attitude raisonnable pendant la révolution de 1848, sa réserve, son intégrité et son éloquence lui valent dans le pays l'estime de tous. Un jour, il avait prétendu en face des plans de Kossuth, qui voulait arracher la Hongrie à l'Autriche, qu'une séparation complète serait la mort de la Hongrie, et une mort sans résurrection possible. Cette façon de voir fait de lui un médiateur tout indiqué.

Gyula Andrassy, qui a entendu parler des sympathies de l'impératrice pour la Hongrie, partage les idées de Déak. Ida Ferenczy, avec laquelle il est en étroites relations, lui parle du zèle de l'impératrice pour l'étude du hongrois et de ses dissentiments avec l'archiduchesse Sophie, surtout en ce qui concerne la Hongrie. A cette époque-là, Andrassy rencontre pour la première fois l'impératrice à une fête de la cour ; à son tour, il est frappé par son charme infini et son incomparable beauté. Élisabeth, de son côté, a beaucoup entendu parler de lui, surtout par Ida Ferenczy, et elle considère non sans quelque curiosité « le beau pendu de 1848 », qui s'entend à charmer toutes les femmes. Revêtu du pittoresque costume des magnats, bordé de fourrure, grand et svelte, ses nobles traits encadrés d'une barbe sombre, il est le type parfait du grand seigneur hongrois.

Andrassy se rend compte que c'est par cette belle jeune femme qui a tant de sympathie pour la Hongrie et pour son peuple — et dont, comme chacun sait, François-Joseph, après onze ans de mariage, est aussi amoureux qu'au premier jour — qu'il peut gagner à ses projets l'empereur hésitant.

François-Joseph, dans son for intérieur, est toujours fermement persuadé que, seule, la centralisation à outrance peut assurer le maintien de l'État et garantir sa puissance pour l'avenir. Mais, dans la mesure où certaines institutions vitales : armée, finances et politique extérieure, resteront communes aux deux peuples, il ne voit pas d'inconvénient à accéder aux désirs des Hongrois. Ainsi, l'Autriche conservera son rang de grande puissance, tout en se conciliant la Hongrie. Au cours de l'hiver 1865, les pourparlers sont en bonne voie, la Diète hongroise est convoquée et, le 12 décembre, François-Joseph arrive seul à Budapest pour son ouverture. Le 17 décembre, des délégations de la Chambre des seigneurs et de la Diète se présentent devant le souverain et, d'accord avec Andrassy et Déak, expriment le vœu de saluer bientôt dans la capitale, aux côtés du roi, « la bien-aimée protectrice du pays, la vénérée et auguste reine ». L'empereur acquiesce. Là-dessus, Déak propose que les deux Chambres envoient une délégation chargée de féliciter l'impératrice à son anniversaire. Élisabeth verra ainsi qu'on connaît ses sentiments pour la nation et qu'ils trouvent un écho dans le cœur de tous les Hongrois.

Lorsque les délégués s'apprêtent à partir, on apprend que l'impératrice est malade à Munich. La réception est remise au 8 janvier et, de ce fait, apparaît plutôt comme une manifestation de sympathie à l'égard de la souveraine. Sous la conduite du cardinal-primat, les représentants de la Hongrie se présentent à la Hofburg. Ils appartiennent presque tous à la haute noblesse et portent le pittoresque costume des magnats. Gyula Andrassy les domine tous de sa haute taille. Élisabeth attend ces messieurs, entourée de sa première dame d'honneur et de huit dames du palais hongroises qui viennent d'être nommées. Elle est vêtue du costume national : soie blanche et tablier de dentelle, corselet de velours aux riches passementeries et chemisette ; elle est coiffée d'un bonnet de dentelle hongrois sur lequel scintille une couronne de diamants. Son charmant visage rosi par l'émotion, elle reçoit les délégués, les examine et son regard reste attaché à la silhouette d'Andrassy qui, ébloui, la contemple avec une profonde admiration.

Le cardinal-primat, alors, prend la parole et assure la reine, mère de l'héritier au trône, de l'amour et de la parfaite loyauté de la nation hongroise, et il termine en exprimant le vœu de la saluer le plus tôt possible dans la capitale. Malgré un léger accent, qui rappelle l'intonation anglaise, Élisabeth remercie en hongrois avec beaucoup d'aisance et de cordialité et laisse espérer sa visite prochaine. Son allocution est suivie d'un torrent d'acclamations. Des paroles hongroises de la bouche de la reine, et d'une reine belle comme une fée encore ! Un enthousiasme fou s'empare des magnats. Jamais un *eljen* aussi retentissant n'a vibré dans la salle de marbre de la Hofburg.

A bref délai, Élisabeth donne suite à l'invitation. Le 29 janvier, elle est à Budapest. L'entrée du couple royal « héréditaire », comme on dit officiellement, parce qu'il n'est pas encore couronné, a lieu sans incident. Devant les équipages royaux, s'aligne le front de bandière des magnats d'Ofen et de Pest sur leurs superbes chevaux. Cependant la tâche des souverains n'est pas facile. Avant tout, il faut briser les barrières élevées par la société magyare en face des Autrichiens, après l'écrasement de la révolution de 1849. Depuis quatorze ans, aucun officier vivant au milieu d'une société pourtant si charmante, si hospitalière et si brillante, n'a pu se montrer en uniforme autrichien au mess national ou dans un salon élégant (1).

Lorsque, le 1er février, une délégation des deux Chambres vient saluer les souverains, elle exprime avec une telle chaleur la gratitude de toute la nation pour la venue d'Élisabeth, que tout le monde a conscience — elle plus que toute autre — que ce n'est pas là pure cérémonie, mais qu'il s'agit d'une véritable affection, de sympathie et d'enthousiasme pour sa personne. Élisabeth n'y est pas habituée. Tandis que, en Autriche, elle s'est toujours sentie persécutée, qu'elle se tient toujours sur la défensive, ici la cordialité qu'on lui témoigne lui va droit au cœur et,

(1) Sir A. Morier à Lord Bloomfield, Budapest, 30 janvier 1866. Londres, Record-Office.

en elle, naît un pareil sentiment de sympathie : ainsi l'amour appelle toujours l'amour. Élisabeth se promet de prendre le parti de cette nation chevaleresque, dans les bons comme dans les mauvais jours, afin de lui rendre cette affection autant qu'il est en son pouvoir.

A l'accueil solennel qu'on lui fait, l'impératrice répond de nouveau en hongrois et obtient autant de succès qu'en janvier à Vienne. « Il serait difficile », écrit chez lui le consul d'Angleterre à Budapest, « de décrire l'effet du discours de la reine avec le pauvre choix de mots qui conviennent à un rapport officiel (1) ». L'impression est telle, que même la réponse de l'empereur aux paroles de bienvenue ne produit pas l'effet réfrigérant auquel on eût pu s'attendre en toute autre circonstance. Car elle exhorte les Hongrois en termes non équivoques à ne pas se livrer à des espoirs immodérés et surtout à formuler des exigences réalisables.

Cependant, là comme ailleurs, le caractère d'Élisabeth lui rend pénibles les obligations de son rang. Elle en parle à ses enfants dans ses lettres : « Je mène ici une vie très agitée écrit-elle à son fils, le 6 février, « pourtant je vais tous les jours au manège... Si vous étiez là tous les deux, je passerais encore volontiers l'hiver ici, mais, de cette façon, je me réjouis beaucoup de retourner auprès de vous... Me voici obligée de terminer ma lettre, car il est temps de commencer ma toilette pour le bal bourgeois et la corvée sera pénible. Ici je parle presque davantage le hongrois que l'allemand (2) ».

Elle se plaint aussi à sa fillette : « Il y a beaucoup à faire ici. Je trouve bien ennuyeux de passer mon temps à m'habiller ; la réception des dames a été très pénible, c'est si fatigant de rester debout et de parler longtemps (3) ». Élisabeth ne supporte pas encore cette vie mouvementée. Bien que toutes ces fêtes soient données en son honneur, elles l'épuisent. Des symptômes de son ancien mal reparaissent. Quelquefois, quand la coupe déborde, elle se met à pleurer amèrement dès qu'elle est seule. Pourtant

(1) Sir Morier à Lord Bloomfield, Budapest, 30 janvier 1866. Londres, Record-Office.

(2) Élisabeth à Rodolphe, Pest, 6 février 1866. Vienne, Archives d'État.

(3) Élisabeth à Gisèle, Ofen, 2 février 1866. Archives du prince héritier Conrad de Bavière, Harlaching.

elle est contente, et François-Joseph ne l'est pas moins, de l'immense succès que sa beauté, ainsi que sa connaissance du hongrois remportent partout. La langue hongroise tout à coup obtient droit de cité et tous les courtisans, qui jusque-là ne s'étaient pas souciés le moins du monde de l'apprendre, se mettent à le baragouiner.

Tous les événements favorables, les grâces accordées, la restitution des biens aux émigrés et autres actes de clémence, l'opinion publique les attribue à l'impératrice. Mais quand François-Joseph donne à entendre qu'il ne peut pas encore tout à fait accéder aux désirs de la Hongrie, le pays attribue ces réticences à la mauvaise influence de la cour de Vienne, de l'archiduchesse Sophie ou des ministres autrichiens dont l'impératrice n'a pu, jusque-là, refouler complètement l'influence.

La cour, cependant, a suivi le séjour des souverains en Hongrie avec quelque appréhension. « J'apprends », remarque l'empereur François-Joseph, « qu'on se livre à Vienne aux craintes habituelles et qu'on a encore peur que je fasse des concessions, que j'accorde un ministère, etc... Je n'y songe pas, bien entendu... mais à Vienne... on réclame, comme toujours ! Que Dieu nous préserve des bien-pensants de Vienne ! Les choses vont lentement, mais nous arriverons : il y faut de la fermeté, de la confiance, de l'affabilité et du savoir faire à l'égard du caractère hongrois. Sisi m'est d'un grand secours par sa politesse, son tact plein de mesure et sa connaissance du hongrois ; et il est des remontrances que le peuple accepte plus volontiers dans sa langue et venant d'une jolie bouche (1) ».

L'empereur François-Joseph ne se rend pas compte encore à quel point son épouse s'intéresse à la Hongrie. Un jour, visitant l'institution des demoiselles anglaises à Budapest, elle accoste la supérieure en hongrois. Mais celle-ci est Italienne et ne comprend pas.

« J'espère qu'à ma prochaine visite, vous me répondrez en hongrois », lui dit Élisabeth. A peine quinze jours plus tard, elle revient : la supérieure s'est portée malade et garde le lit, mais Élisabeth va la trouver tout de même, lui adresse quelques mots en hongrois, que celle-ci ne comprend pas, et quitte la pièce.

(1) François-Joseph à sa mère, Ofen, 17 février 1866. Schnürer, ouv. cit.

Bientôt après, la supérieure est relevée de ses fonctions. Élisabeth voit Andrassy à toutes les fêtes et autres occasions, elle aime à s'entretenir avec lui et le comte est heureux de constater qu'il gagne toujours davantage la reine à ses idées. Un jour, elle lui dit à brûle-pourpoint : « J'ai confiance en vous, aussi vous diraije ce que je ne dirais pas à tout le monde. Si les affaires de l'empereur vont mal en Italie, cela me peine, mais si c'est le cas en Hongrie, cela me tue ». Le 5 mars, après un séjour de six semaines, les souverains quittent la capitale. A la gare, Élisabeth prend congé en ces termes : « J'espère pouvoir revenir bientôt dans ma Hongrie bien-aimée ». Et, avec son charme, elle met un accent si chaleureux dans le mot « bien-aimée », que tous les assistants ont les larmes aux yeux.

La cour de Vienne cherche à lutter contre l'influence hongroise. Un rapport de la police au ministère des affaires étrangères accuse même la lectrice de l'impératrice, Ida Ferenczy, d'être gagnée par les députés de gauche, afin de servir leur cause auprès de Sa Majesté. Mais la Hongrie n'est pas seule à préoccuper le gouvernement, il y a l'Allemagne. Déjà, on y soulève la grave question de l'hégémonie. La main énergique de Bismarck veut trancher le nœud gordien et faire triompher, vis-à-vis de l'Autriche, la solution « petite-allemande », c'est-à-dire prussienne, et, s'il le faut, les armes à la main.

Il est évident, déjà, que le chancelier s'est allié avec l'Italie et, en mars et en avril 1866, la guerre paraît inévitable. Élisabeth est très affligée de la situation. Elle se demande quelles en seront les conséquences pour sa petite patrie et pour sa famille. Elle sait bien que Louis II est loin de songer à s'associer à une entreprise guerrière de Bismarck. Mais serait-il un bon allié pour l'Autriche ? Cela paraît douteux. Le ministre d'Autriche à Munich, du moins, écrit, le 28 mars : « Le jeune roi continue sa vie indolente et ne voit en somme que le pianiste Bülow. Il dit : *Je ne veux pas la guerre !* et, pour le reste, se désintéresse du conflit (1) ».

Élisabeth aimerait bien retourner chez elle car, sur ces entrefaites, il s'est passé bien des choses à Possenhofen. Le mariage de sa sœur Sophie la préoccupe depuis longtemps. On pense au duc Philippe de Wurtemberg. Mais le projet n'aboutit pas. En

(1) Blome à Mensdorff, 28 mars 1866. Vienne, Archives d'État.

mars 1866, le frère de l'empereur, l'archiduc Louis-Victor, est venu à Possenhofen dans l'intention de demander la main de Sophie. La duchesse mère encourage beaucoup ce projet, mais les deux jeunes gens n'ont pas de sympathie l'un pour l'autre. Malgré les regrets qu'inspire à la duchesse le mariage manqué, Élisabeth estime que sa sœur a fait preuve d'intelligence et de loyauté en renonçant a un homme qu'elle n'aimait pas suffisamment. « L'empereur », écrit Élisabeth à sa mère (1), « était persuadé dès le début qu'elle ne l'épouserait pas. Si seulement elle trouvait un mari qu'elle aime et qui la rende très heureuse. Mais qui ? »

Élisabeth ne veut pas quitter Vienne, tant que la guerre menace, et les chances pour la paix sont bien minimes. « Cet état est déprimant », dit-elle, « et mieux vaudrait peut-être une triste certitude que cette éternelle appréhension » (2).

En avril, la cour déménage de la Burg à Schoenbrunn, à la grande joie d'Élisabeth. « Le temps est superbe », écrit-elle à sa lectrice (2), « je suis heureuse de quitter la ville et la perspective d'une plus grande liberté m'enchante, d'autant plus qu'il m'est permis, si j'en ai la fantaisie, d'aller seule à l'écurie » (3).

Élisabeth échappe ainsi à la traditionnelle promenade du 1er mai au Prater, promenade à laquelle les souverains ont coutume de prendre part pour faire plaisir aux Viennois. Élisabeth triomphe et elle écrit à sa mère : « Cette année je ne fête pas le 1er mai selon l'odieuse coutume, ma toux me sert de prétexte pour rester tranquille ici et c'est, sans conteste, infiniment plus agréable que de monter et de descendre l'allée au trot en compagnie d'une archiduchesse et d'être examinée par mille personnes... Je n'irai pas à Füred en ces tristes circonstances, je ne veux pas laisser l'empereur seul quand la guerre est à la porte » (4).

L'impératrice ne s'était pas trompée. Le 3 mai, François-Joseph se voit obligé de dire à sa mère qu'il ne saurait imaginer comment la guerre pourrait encore être évitée sans que l'Autriche renonçât complètement à sa situation de grande puissance. En ces jours d'angoisse, François-Joseph est heureux

(1) Élisabeth à sa mère, Vienne, 22 avril, 1866. (Copie A.A.C.W.)
(2) Élisabeth à sa mère, Vienne, 13 avril 1866. (Copie A.A.C.W.)
(3) Élisabeth à Ida Ferenczy, Vienne, 24 avril 1866. Archives Farkas.
(4) Élisabeth à sa mère, Schoenbrunn, 1er mai 1866. (Copie A.A.C.W.)

chaque fois qu'il peut consacrer quelques heures à se promener avec sa femme, le dimanche après-midi, comme un bon bourgeois, à travers les forêts de Hainbach.

Déjà, le 8 mai, la Prusse met son armée sur pied de guerre et l'Autriche, de son côté, déclare la mobilisation générale. Le beau-frère d'Élisabeth, l'ex-roi des Deux-Siciles, veut, en cas de guerre, fomenter une révolte dans son ancien royaume, il prie François-Joseph de lui envoyer de l'argent à cet effet. L'empereur lui donne un million de francs, mais il est sceptique à l'égard de cette entreprise.

Toutes les nouvelles qui viennent de Bavière à ce moment causent du souci à Élisabeth. Maintenant, c'est un prince espagnol qui veut épouser sa sœur Sophie. L'impératrice sait par son époux que le prétendant est « un rustre et un mauvais sujet ». En outre, elle estime que la cour d'Espagne n'est pas du tout « recommandable » et elle est épouvantée à l'idée d'imaginer Sophie dans cette atmosphère. Elle aurait encore préféré Louis-Victor. « Il est vraiment bon », dit-elle, « peut-être cette union pourra-t-elle encore se faire ».

Le roi de Bavière, cependant, n'a pas prêté l'oreille aux rumeurs de guerre et, tout au souci de regagner Richard Wagner, il est allé secrètement le rejoindre en Suisse, le 21 mai. « J'apprends que le roi est encore parti », écrit Élisabeth à sa mère (1), « il ferait mieux de s'occuper davantage de son gouvernement, en ces temps difficiles ».

L'impératrice s'étonne que la guerre n'ait pas encore éclaté. « Ce serait vraiment une grâce de Dieu », dit-elle (2), « si le roi de Prusse mourait subitement ; bien des malheurs seraient ainsi évités ». Pendant cette période troublée, Élisabeth fait des vœux à plusieurs reprises ; le 9 juin, elle se rend à Mariazell pour remercier la vierge d'une grâce obtenue et faire en même temps une nouvelle promesse. « Dieu sait qu'il y a beaucoup à demander », dit-elle. Il lui est très dur de se séparer de l'empereur quand s'annoncent des jours si pénibles. Sur le chemin qui la mène à Ischl, Élisabeth décide de ne pas rester longtemps loin de son époux.

(1) Élisabeth à sa mère, Copie, Vienne, 27 mai 1866. (A.A.C.W.)
(2) *Id.*, Copie, Schoenbrunn, 2 juin 1866. (A.A.C.W.)

Le 15 juin 1866, la guerre est déclarée et, dès le lendemain, des troupes prussiennes traversent la frontière de son pays. Désespérée, Élisabeth parcourt fébrilement les journaux. Chaque jour, elle écrit une longue lettre à l'empereur. Elle se sent encore bien plus soucieuse qu'en 1859 où, au moins, elle n'avait pas d'inquiétude au sujet de ses frères. Car la Bavière fait la guerre aux côtés de l'Autriche, mais sans enthousiasme et parce qu'elle y est moralement obligée, selon l'expression de Blome : « son alliance avec l'Autriche et l'opinion publique lui en font un devoir » (1).

Si le roi avait décidé lui-même, la Bavière n'aurait certes pas fait la guerre. Les jours qui précédèrent l'ouverture des hostilités, Louis II s'était retiré dans l'Ile des Roses, sur le lac de Starnberg et, de trois jours, ses ministres ne purent l'atteindre. Un soir, on voit un feu d'artifice briller dans son île, et cela à l'instant où se jouent la guerre et la paix. « On commence à penser que le roi est fou », écrit Blome.

La guerre déclenchée, l'impératrice n'y tient plus. L'empereur François-Joseph n'a pas le temps, en ces jours difficiles, de venir la voir : c'est donc elle qui va le trouver. Au moins, près de lui, elle « sera plus tranquille et saura exactement ce qu'il en est ». Élisabeth veut aussi installer un hôpital à Laxenbourg, comme elle l'a fait en 1859. L'impératrice est très inquiète de sa famille. « Je suis extrêmement angoissée au sujet de mes frères », écrit-elle à sa mère, « et bien souvent je me dis que je voudrais n'avoir que des sœurs ... On dit que, lorsqu'on entre pour la première fois dans une église, les vœux qu'on forme sont exaucés. Je l'ai tenté aujourd'hui. Tu as raison, les journaux vous rendent encore plus nerveux. On n'apprend l'essentiel qu'après coup et la plupart des nouvelles sont des mensonges, du bavardage et des combinaisons qui ne changent rien à la marche des événements. Évidemment, on les lit tout de même, ne serait-ce que parce qu'on n'a pas la tête à autre chose » (2).

Élisabeth laisse ses enfants à Ischl, leur promet de leur donner souvent des nouvelles et arrive à Vienne le 29 juin. Le malveil-

(1) Blome à Mensdorff, 28 juin 1866, Lettre particulière, Vienne, Archives d'État.
(2) Élisabeth à sa mère, Ischl, 26 juin 1866. (A.A.C.W.)

lant entourage de l'archiduchesse Sophie considère la conduite de l'impératrice avec scepticisme. « Au moins elle est là », dit amèrement la landgrave Furstenberg (1) ; « raisonnablement on ne lui en demande pas davantage ».

Tandis qu'on parle ainsi d'elle, Élisabeth s'efforce pourtant sincèrement de soutenir son mari car, si elle est exigeante et capricieuse en période calme, dans les moments graves et importants elle sait se montrer courageuse et énergique. Elle écrit de longues pages à son petit Rodolphe qui a déjà huit ans et, précoce comme il est, il manifeste un vif intérêt pour les événements (2) : « Malgré les tristes jours que nous traversons et son travail, ton cher papa a bonne mine, il est d'un calme admirable et a confiance en l'avenir, bien que les troupes prussiennes soient très fortes et que leurs fusils à aiguille soient très perfectionnés ». Élisabeth tient compagnie à l'empereur, dès qu'elle a une minute ; le reste du temps, elle le passe dans les hôpitaux à consoler et à remonter les blessés et elle se montre infatigable. Un jour, l'un d'eux lui montre un fusil à aiguille, et elle considère tristement dans sa main la longue et lourde, mais « trop bonne » arme, qui fait tant de ravages.

Une autre fois, Élisabeth trouve un fantassin, le Bohêmien Fehér, dont le bras droit est fracassé par plusieurs balles. Le médecin déclare qu'il faut l'amputer, sans quoi le soldat ne peut être sauvé. Le Tsigane se défend. Élisabeth s'approche de son lit, lui parle, lui explique qu'elle reviendra le lendemain et qu'elle espère que, dans son intérêt, il se sera soumis. Mais le soldat persiste dans son refus et Élisabeth redouble d'efforts. Le Bohêmien dit finalement : « Si Votre Majesté assiste à l'opération, je consens ». Élisabeth s'effraie un instant, puis elle dit énergiquement : « Oui ». Et en effet, elle s'assied près de son lit et tient avec une pitié infinie la main saine du Bohémien, tandis qu'on fait les préparatifs. Ce n'est que lorsque l'homme est endormi, qu'elle quitte la salle d'opération, fait sa ronde par les salles et donne l'ordre de l'appeler à temps. En effet, quand le soldat se réveille, Élisabeth est à son chevet et son premier regard

(1) La landgrave Thérèse Furstenberg à sa sœur, la princesse Gaby Furstenberg, 30 juin 1866. Archives Rechberg, Enns.

(2) Élisabeth au prince Rodolphe, Vienne, 29 juin 1866. Archives d'État.

tombe sur les beaux traits de la compatissante impératrice.

Cependant, les nouvelles du champ de bataille sont de plus en plus mauvaises. A contre-cœur, Élisabeth écrit au gouverneur de son fils que l'armée du nord a beaucoup souffert des derniers combats ; quelques corps d'armée sont encore intacts, n'empêche que le quartier général et l'armée se replient provisoirement en Moravie. « Vous voyez », écrit-elle le 1er juillet, « que notre situation n'est pas très favorable. L'empereur est extraordinaire, toujours également calme et résolu... Ce sont là de bien mauvaises nouvelles que je vous donne, mais il ne faut pas perdre courage. Faites part à Rodolphe de ce que vous jugerez utile » (1).

Et voilà que, le 3 juillet à sept heures du soir, l'aide de camp de l'empereur, le comte Crenneville, apporte à François-Joseph le télégramme décisif : « Bataille de Koeniggraetz (2), armée battue, en fuite vers forteresse, en danger d'y être enfermée ». L'empereur et l'impératrice sont profondément ébranlés. Ils restent, fort avant dans la nuit, assis ensemble à attendre s'il ne viendra pas d'autres nouvelles désastreuses du champ de bataille. Cet échec annule les effets de la victoire de l'archiduc Albert dans le Sud. L'empereur François-Joseph est très affligé, mais sa femme et lui, malgré tout, gardent la tête haute. Élisabeth, surtout, n'est remplie que d'une idée : être, dans la mesure du possible, soutien et consolation pour son mari. Elle veut encore télégraphier, le soir même, au gouverneur de son fils, mais l'empereur s'y oppose. Toutefois, elle estime qu'il est nécessaire de tenir son fils au courant et elle écrit le lendemain à Latour, en essayant de lui expliquer la défaite ; elle parle des pertes terribles que l'armée a subies et nomme les généraux connus qui ont été blessés. « Et maintenant, qu'adviendra-t-il ? », dit-elle pour finir, « personne ne sait. Que Dieu nous préserve d'une paix immédiate, nous n'avons plus rien à perdre, mieux vaut donc périr honorablement tout à fait. Combien ce doit être pénible pour vous et Palffy de rester tranquillement à Ischl, je ne le comprends que trop bien, mais Dieu vous le rendra ; c'est

(1) Élisabeth à M. de Latour, Vienne, 1er juillet 1866. Vienne, Archives d'État.
(2) Bataille de Sadowa.

un lourd sacrifice que vous faites de ne pas quitter ce pauvre enfant dont l'avenir est si inquiétant. Notre pauvre empereur est vraiment bien éprouvé » (1).

Élisabeth reçoit de sa mère des dépêches pleines d'angoisse : elle demande ce qu'il adviendra, comment va l'empereur, s'il reste à Vienne ou s'il est obligé de fuir. « Nous vivons encore comme dans un rêve », répond Élisabeth, le 5 au matin (2), « les coups se succèdent... et il faut avoir confiance en Dieu ! Je n'ai aucune idée de tout ce qui peut encore arriver... le mieux, maintenant, est de n'avoir pas le temps de penser, d'être toujours en mouvement. Je passe mes matinées dans les hôpitaux et j'aime surtout à m'arrêter auprès des soldats hongrois. Ces pauvres diables n'ont personne ici qui puisse leur parler... L'empereur est tellement surchargé de besogne, que c'est vraiment sa seule détente quand, le soir, nous sommes assis un moment à la fenêtre ouverte... ».

Bien entendu, la première dame d'honneur de l'impératrice, qui ne comprend pas le hongrois, se fâche, quand Élisabeth le parle dans ses visites — par exemple avec le comte Bethlen, blessé à Jicin et hospitalisé à Laxenbourg. Qui sait ce qu'elle peut dire ?

L'archiduchesse est encore plus frappée par les événements, s'il est possible, que le couple impérial. Elle voit déjà s'effondrer l'objet de tous ses rêves. Où est, à présent, l'empire de cent millions d'âmes qui, par la réunion de l'Allemagne et de l'Autriche, devait tomber sous le sceptre de son fils ? Et la puissance de l'État central, dont vient de se détacher, avec la Vénétie, le reste de l'élément italien et dont l'élément hongrois, réprimé et mécontent, fait même déjà en partie cause commune avec l'ennemi ? Tout l'édifice politique de l'archiduchesse croule et ses plus fiers espoirs sont anéantis. Elle devient plus équitable maintenant dans ses jugements sur sa belle-fille. Ce changement se fait jour dans une lettre de Sophie au petit prince héritier (3) : « Je t'adresse quelques mots en hâte, mon cher enfant, pour te dire, en guise

(1) Élisabeth à M. de Latour, Vienne, 4 juillet 1866. Vienne, Archives d'État.
(2) Élisabeth à sa mère, Vienne, 5 juillet, 1866. Vienne, Archives d'État.
(3) L'archiduchesse Sophie au prince héritier Rodolphe, Schoenbrunn, 5 juillet 1866. Vienne, Archives d'État.

de consolation, que, Dieu merci, ton pauvre cher papa est en bonne santé et que ta chère maman le soutient comme son bon ange, qu'elle est toujours près de lui et ne le quitte que pour aller d'un hôpital à l'autre et apporter partout aide et consolation ».

Son entourage également, et jusqu'à la sévère landgrave Furstenberg, commence à modifier son jugement sur Élisabeth. « L'impératrice passe toutes ses journées dans les hôpitaux », avoue celle-ci (1), « elle est une véritable providence, s'occupe de tout et, affectueusement et maternellement, essaie de tout comprendre. Dieu soit loué. Enfin !... Il était temps qu'elle se réconciliât les cœurs du public ; elle est en bonne voie ».

Le mois de juillet est particulièrement chaud cette année, mais l'impératrice ne songe pas à aller à la campagne. Elle passe son temps près du bureau de l'empereur et les aides de camp de François-Joseph ne peuvent assez dire combien sa présence est bienfaisante pour le pauvre souverain et combien elle cherche, à chaque mauvaise nouvelle, à le réconforter. Mais l'ennemi avance et il faut compter, même, le voir arriver sous peu jusqu'à Vienne. Le conseil des ministres du 9 juillet 1866 envisage déjà le départ de l'empereur et des autorités pour Ofen. Élisabeth doit les précéder et une visite aux blessés hospitalisés à Ofen servira de prétexte à son voyage. En réalité, c'est l'exode de la cour qui commence ; comme fit jadis Marie-Thérèse en un moment presque aussi critique, il faut en appeler à l'esprit chevaleresque des Hongrois. Qui serait plus qualifié pour cette mission qu'Élisabeth qui adore la Hongrie et qu'on y vénère ? Son arrivée sera d'un effet salutaire sur l'attitude menaçante de ce pays.

Il est heureux — on s'en aperçoit à présent — que l'impératrice n'ait pas partagé les sentiments anti-magyars de l'archiduchesse Sophie et de son clan. Élisabeth arrive à Budapest avec Ida Ferenczy et y est reçue avec enthousiasme. A la gare, l'attendent déjà Andrassy et Déak. « Ce serait une lâcheté », déclare Déak à ses amis, « de se détourner de la reine, maintenant qu'elle est dans le malheur, tandis que récemment encore, quand tout

(1) La landgrave Thérèse Furstenberg à sa sœur Gaby, 7 juillet 1866 Archives Rechberg.

allait bien pour la dynastie, nous lui faisions des avances » (1). Les deux hommes accompagnent l'impératrice au château d'Ofen et lui expliquent que les révolutionnaires, protagonistes des théories de Kossuth, cherchent à exploiter la situation difficile où se trouve actuellement la couronne. Il faut donc agir vite, afin de couper l'herbe sous le pied à ces gens-là, et ne pas tarder à s'engager dans la voie des concessions qu'eux-mêmes, depuis longtemps, ont tracée.

Élisabeth reconnaît qu'il faut agir. Elle loue d'abord une villa dans les montagnes d'Ofen puis, le 12 juillet, retourne à Vienne pour chercher les enfants. Elle rend compte alors à l'empereur de ce qu'elle a vu et entendu à Budapest et le conjure de nommer Andrassy ministre des Affaires étrangères. Ce n'est qu'en lui que l'impératrice, subjuguée par la personnalité et les brillantes qualités du comte, voit la possibilité de maintenir encore la Hongrie sous le pouvoir de la dynastie et d'empêcher la monarchie de se scinder en deux. Malgré tous les soucis qui l'accablent, François-Joseph se réserve. Il ne peut se décider si vite, il ne voit pas encore assez clair pour prendre une décision. La moindre action peut être lourde de conséquences. Aussi entend-il conférer d'abord avec ses ministres.

Mais le temps presse. Peut-être demain sera-t-il trop tard. Élisabeth, nerveuse, insiste à nouveau. François-Joseph lui dit : « Pars avec les enfants pour Ofen, plaides-y ma cause. Essaie de temporiser, tout le reste s'arrangera ». L'empereur, qui espère l'intervention de Napoléon III, auquel il a cédé la Vénétie, ne va pas à Pest. Il craint qu'on y fasse pression sur lui. Mais, le 13, Élisabeth et les enfants se mettent en route. En même temps on transporte à l'arsenal d'Ofen les précieux joyaux du Trésor de Vienne.

Dès le lendemain de son arrivée, Élisabeth écrit au chancelier hongrois à la cour de Vienne (2) de faire comprendre à l'empereur qu'il doit convoquer Déak à la résidence. Peut-être réussira-t-il là où elle a échoué. Elle est lasse de voir les hommes du gouvernement embourber toujours davantage le char de l'État et un Maurice Esterhazy, ce ministre sans portefeuille, s'opposer,

(1) Konyi, *Les discours de François Déak*, III, p. 578.
(2) Élisabeth à Georges Majlath, 14 juillet 1866. (A.A.C.W.)

malgré ses origines hongroises, à toute politique de concession envers la Hongrie. Élisabeth a confiance en Majlath, il est de ceux qui sont sous le charme de sa grâce et de sa beauté et, après sa vaine tentative auprès de l'empereur, elle lui adresse donc un dernier appel (1) : « ...Je suis franche avec vous. Je vous en prie, remplacez-moi auprès de l'empereur, chargez-vous, à ma place, de lui ouvrir les yeux sur le danger dans lequel il se précipite, tête baissée, en persistant à refuser toute concession à la Hongrie. Soyez notre sauveur, je vous en conjure, au nom de notre pauvre patrie et de mon fils ; je compte aussi, en m'adressant à vous, sur l'amitié que, peut-être à tort, j'imagine que vous avez pour moi. Ce que je cherche à obtenir de l'empereur, mais que, hélas ! il ne m'a pas encore accordé, c'est qu'il éloigne les ministres actuels et nomme Gyula Andrassy aux Affaires étrangères. Ce serait là faire à la Hongrie une concession qui n'engagerait à rien. Andrassy est si populaire, que sa nomination apaiserait le pays, lui rendrait confiance et maintiendrait le royaume dans le calme jusqu'au moment où les événements permettraient de régler la situation intérieure... Si l'empereur reste inflexible, au moins qu'il nomme Andrassy ministre de Hongrie ; pour le moment, le plus urgent est de tranquilliser le pays et de l'amener, par l'intermédiaire d'un homme qui est pour lui la garantie d'un avenir meilleur, à mettre toutes les forces dont il peut disposer au service de l'empereur... Je remets donc tout entre vos mains... Si vous aviez été seul, combien la situation serait différente à présent, mais maintenant que nous en sommes là, au moins ne vous en allez pas sans avoir brisé l'influence du comte Esterhazy, sans avoir éloigné de l'empereur celui dont les conseils bien intentionnés, mais si néfastes, nous ont apporté tant de malheur. Je me suis adressée à vous sans arrière-pensée. Quand je donne ma confiance, ce n'est jamais à demi. Réussissez là où j'ai échoué et des millions d'âmes vous béniront, tandis que mon fils priera pour vous tous les jours comme pour son plus grand bienfaiteur. Je ne confie pas cette lettre à la poste. Vous pourrez retenir le messager autant qu'il vous plaira, mais ne le laissez pas revenir sans réponse. *Isten aldja meg.* Élisabeth ».

(1) Élisabeth à Georges Majlath, sans date. Brouillon expédié tel que, écrit, sans doute, le 14 juillet 1866. (A.A.C.W.)

Majlath répond (1) que l'empereur est, lui aussi, pénétré de la nécessité de prendre envers la Hongrie des mesures décisives, et qu'il craint seulement que les mêmes causes ne produisent les mêmes effets. Mais il ne veut pas d'une solution unilatérale, comme celle qui fut tentée en 1848, et il désire que soit évité jusqu'à l'apparence que ces mesures sont prises sous la pression des événements.

A Ofen, l'impératrice, au milieu des courants divers et sous l'influence directe de l'état d'esprit de la capitale, ne peut pas comprendre ces hésitations. Elle vient d'avoir une entrevue avec Andrassy chez sa première dame d'honneur et, encore sous l'effet de cette conversation, elle adresse à l'empereur une lettre très sérieuse.

« Je quitte à l'instant les Koenigsegg chez qui je viens d'avoir une entrevue seule à seule avec Andrassy. Il m'a exposé ses vues sans ambages. Je les ai comprises et je suis persuadée que si tu as confiance en lui, mais vraiment confiance, nous pouvons être sauvés, nous, c'est-à-dire la monarchie, et non seulement la Hongrie. Mais il faut en tout cas que tu lui parles toi-même, et tout de suite, car chaque jour peut modifier la situation, au point qu'il pourrait finalement ne plus vouloir s'en charger. Il faut vraiment beaucoup de dévouement pour assumer cette tâche en un moment pareil. Parle-lui donc sans retard. Tu peux le faire sans arrière-pensée, car je puis t'assurer que tu n'as pas affaire à un homme qui veut à tout prix jouer un rôle ou qui convoite une situation, au contraire, il risque plutôt sa situation actuelle qui est enviable. Mais, comme tout homme d'honneur, il est prêt, au moment où l'État est sur le point de sombrer, à faire tout ce qui est en son pouvoir pour contribuer au sauvetage ; ce qu'il a : son intelligence, son influence dans le pays, il le mettra à tes pieds. Pour la dernière fois, je t'en supplie, au nom de Rodolphe, ne laisse pas échapper la dernière occasion...

« J'ai prié Andrassy de te dire ouvertement la vérité, de te mettre au courant de tout, même si, hélas, ce n'est pas réjouissant. Je t'en prie, télégraphie-moi immédiatement au reçu de ma lettre, si Andrassy doit aller à Vienne par le train du soir. Je le ferai revenir chez Paula demain et je lui transmettrai ta

(1) Majlath à l'impératrice Élisabeth, 15 juillet 1866. (A.A.C.W.)

réponse. Si tu dis non, si à la dernière heure tu ne veux même pas écouter un conseil désintéressé, tu agis vraiment in...ment envers nous tous. Et tu seras dispensé, par la suite, pour toujours de mes p... et c... (prières et critiques ?). Alors il ne me restera plus qu'à me consoler avec la conscience que, quoi qu'il arrive, je pourrai un jour dire honnêtement à Rodolphe : J'ai tout fait ce qui était en mon pouvoir, je n'ai rien à me reprocher » (1).

L'accent est grave, trop incisif même à l'égard d'un homme qui ploie sous le faix d'innombrables soucis ; mais, sur la foi de ses conseillers, elle croit le danger si imminent, qu'elle ne voit pas d'autre moyen que de se montrer tranchante, dans l'intérêt même de son époux.

Les libéraux hongrois s'entendent à battre le fer pendant qu'il est chaud. On ne sait pas encore qu'Élisabeth est déjà gagnée et n'a plus besoin d'avertissements. Deux jours après le départ de la lettre à François-Joseph, le courrier apporte à l'impératrice une lettre d'apparence privée. L'écriture lui est inconnue. Élisabeth ouvre l'enveloppe, cherche d'abord la signature : il n'y en a pas. Cette lettre anonyme prie Élisabeth, « génie protecteur de la Hongrie sur cette terre », d'intervenir (2). La paix ne sera possible, ajoute le correspondant inconnu, que si le souverain rétablit intégralement les lois de 1848, nomme un ministère hongrois et se fait couronner roi de Hongrie. Il recommande plusieurs ministres, entre autres Déak, Eötvös et Andrassy, trois noms que l'impératrice entend maintenant partout, où qu'elle s'adresse. Elle attend avec inquiétude la réponse de l'empereur et elle ne tarde pas à recevoir un télégramme chiffré rédigé à la hâte :

« Ai fait venir Déak en secret. Ne t'engage donc pas trop avec Andrassy » (3).

La nouvelle du voyage de l'impératrice à Budapest est aussi parvenue à Kossuth qui, en qualité de chef des émigrés en Italie, saluait par de vastes espoirs la marche des événements. Il reconnaît sur l'heure le danger que comporte pour ses projets le voyage de l'impératrice. Le 16 juillet encore, il écrit, indigné, de Florence

(1) Élisabeth à l'empereur François-Joseph, brouillon de lettre autographe, 15 juillet 1866. (A.A.C.W.)
(2) Lettre anonyme à Élisabeth, Trencsin, 16 juillet 1866. (A.A.C.W.)
(3) François-Joseph à Élisabeth, Vienne, 15 juillet 1866 (A.A.C.W.)

au comte Csaky : « Les déclarations de sympathie faites à l'impératrice lors de son voyage à Pest ont produit ici la plus déplorable impression. Il est important, très important même, que notre parti sonne le réveil national. La passivité hongroise nous déprime » (1).

L'empereur François-Joseph a lu avec une profonde émotion les lettres de l'impératrice et se décide à convoquer aussi Gyula Andrassy. Le 16, a lieu une nouvelle entrevue entre Élisabeth et le comte, à qui elle confie un message pour l'empereur : elle y résume la situation en Hongrie et lui adresse les mêmes prières qu'autrefois. Élisabeth décrit ensuite la villa Kochmeister et remarque incidemment que, de sa chambre, une porte vitrée conduit au jardin.

Le lendemain, un courrier lui apporte une lettre de François-Joseph : « Ange adoré » (2), lui écrit-il, « prie Dieu avec ferveur qu'il m'éclaire afin que mon action soit juste et conforme au devoir. J'attends donc G. A. aujourd'hui. Je l'écouterai tranquillement et le laisserai parler, je le sonderai pour savoir si je peux avoir confiance en lui. Le vieux (Déak) n'est plus à Pest, il faudra donc le rappeler de la campagne, de sorte qu'il ne sera là que demain ou après-demain. Je préfère d'ailleurs parler d'abord seul à A., car le vieux est très intelligent, sans doute, mais il n'a jamais eu beaucoup de courage. Ici la situation n'a pas changé. Napoléon continue à faire le médiateur, mais il n'a pas encore abouti à grand'chose avec les Prussiens... Maintenant, ils peuvent attaquer d'un jour à l'autre, mais ils ne passeront pas si facilement le Danube... Il me faut terminer pour me mettre au travail. Adieu mon ange, je t'embrasse ainsi que les enfants. Je me languis de vous. Dieu nous protège, Dieu protège l'Autriche. Ton François qui t'aime tendrement ».

Le 17, à midi, Andrassy est reçu en audience par l'empereur. Il lui remet la lettre d'Élisabeth, développe ses opinions pendant une heure et demie en toute franchise et prie l'empereur de parler avant tout à Déak. François-Joseph lui répond qu'il l'a convoqué et prie Andrassy de rester jusqu'à son arrivée.

(1) Louis Kossuth au comte Tivadar Csaky. Florence, 16 juillet 1866. Archives du comte Carl Attems.

(2) François-Joseph à Élisabeth, Vienne, 17 juillet, cinq heures du matin. (A.A.C.W.)

Le lendemain, à la première heure, il rend compte à sa femme de son entrevue avec Andrassy (1) : « Comme toujours, je l'ai trouvé trop peu précis et nullement préoccupé du reste de la monarchie. Il demande beaucoup et offre trop peu pour le moment actuel qui est décisif... c'est un brave et honnête homme, extrêmement doué, mais je crains qu'il ne soit ni assez fort, ni assez secondé dans le pays pour mener à bonne fin la tâche qu'il s'impose. Alors, pour respecter sa théorie constitutionnelle, il démissionnera et je me trouverai, moi, face à face avec l'extrême gauche ou dans l'obligation de proclamer l'état de siège. Mais avant tout, il faut que je voie encore le vieux, puis, que je leur parle à tous deux ensemble avant de prendre une décision.

« Je te remercie de la description de la villa Kochmeister qui doit être très jolie. Mais la porte vitrée de ta chambre ne m'enchante pas, car elle permet certainement aux regards indiscrets de te voir quand tu fais tes ablutions, et cela m'inquiète. Fais donc poser un grand rideau devant cette porte. Je t'en prie, prends soin de ta santé et ménage-toi, sans cela tu tomberas sérieusement malade et cela serait affreux... Ton dévoué petit mari ». Comme son époux, Élisabeth écrit chaque jour et cela fait très grand plaisir à François-Joseph, car, dit-il, elle est, avec ses enfants, que dans chaque lettre il « presse sur son cœur avec la plus grande affection », sa seule consolation à l'heure actuelle.

Le 19, à sept heures du matin, l'empereur reçoit Déak en audience. Il est venu secrètement sous le nom de Ferenczy, avocat, ce qui trahit de façon significative le rôle joué par la lectrice d'Élisabeth. Il est descendu à Meidling, dans le modeste « Hôtel du Lièvre », et se rend à la Hofburg en fiacre. « Nous avons parlé pendant une heure à fond et très ouvertement de toutes les éventualités imaginables », écrit François-Joseph à sa femme (2). « Je ne l'ai jamais trouvé aussi calme, aussi clair et aussi sincère, bien plus clair qu'A. et tenant davantage compte du reste de la monarchie. Toutefois, j'ai retiré de ces deux entrevues la même conviction ...Déak m'a inspiré une haute estime pour son honnêteté, son loyalisme et son attachement dynastique

(1) François-Joseph à Élisabeth, Vienne, 18 juillet 1866, cinq heures et demie du matin. Voir aussi, au sujet de cette entrevue, Édouard DE WERTHEIMER, *Le comte Gyula Andrassy*, Stuttgart, 1910, I, p. 127.

(2) François-Joseph à Élisabeth, 20 juillet 1866. (A.A.C.W.)

et m'a confirmé dans mon opinion que, si cette malheureuse guerre n'était pas survenue, je n'aurais pas tarder à m'entendre avec la Diète dans la voie où nous nous étions engagés ; mais le courage, l'énergie et la persévérance dans l'adversité ne sont pas donnés à cet homme. Il ne voulait absolument pas rencontrer Andrassy et, à onze heures, il est reparti discrètement. Aujourd'hui je veux revoir Andrassy pour ne pas laisser se rompre le fil des pourparlers car, une fois que la situation extérieure sera stabilisée, il y aura quand même quelque chose à faire avec lui. Il faut que je termine pour me mettre au travail. Adieu, ma Sisi. Je t'embrasse ainsi que les enfants. Ton petit qui t'aime tendrement. »

Pendant ce temps, l'avance prussienne continue. Le 18 juillet, le roi Guillaume dresse son quartier général à Nicolsbourg et on aperçoit de Vienne les feux de bivouac de l'ennemi. François-Joseph espère voir aboutir les pourparlers en vue d'un armistice qu'il attend avec anxiété. De plus, la santé de sa femme ne laisse pas de l'inquiéter. A son sens, elle « dépérit de jour en jour ». Si l'armistice est signé, il espère qu'elle pourra retourner à Ischl avec les enfants et lui-même, peut-être, y aller la voir de temps en temps. « Car », écrit l'empereur (1), qui signe sa lettre « ton pauvre petit », « moi aussi j'ai bien besoin d'un jour de repos de temps à autre ».

Cependant, l'armistice est conclu et on commence à parler de conditions de paix. « Les négociations seront très dures », écrit François-Joseph, « car il paraît que le roi est enivré de son succès... Que Dieu nous accorde sa bénédiction, car, dans l'état où est l'armée du nord et après les pertes que nous avons subies, il n'y a plus grand'chose à espérer d'une continuation de la lutte » (2). François-Joseph admet qu'il faut faire quelque chose en Hongrie, mais il ne veut rien changer tant que le calme ne sera pas revenu. On ne peut pas précipiter ces choses-là, il faut résoudre la question hongroise en tenant compte des autres pays de la monarchie.

Sur ces entrefaites, Élisabeth, se sentant de nouveau malade et très nerveuse, a fait venir à Ofen le médecin traitant de sa

(1) François-Joseph à Élisabeth, Vienne, 22 juillet 1866. (A.A.C.W.)
(2) *Id.*, 22 juillet, 1866. (A.A.C.W.)

famille, le conseiller aulique Fischer. François-Joseph approuve cette décision qui le rassure. « Je me fais beaucoup de soucis pour toi », écrit-il à Élisabeth (1), « et j'espère qu'au cas où un long armistice ou même la paix seraient conclus, le séjour à la montagne te remettrait tout à fait... Ce qui est certain, c'est que nous nous séparons complètement de l'Allemagne, qu'elle l'exige ou non. D'ailleurs, après les expériences que nous avons faites avec nos chers alliés allemands, j'estime que c'est un bonheur pour l'Autriche ».

Élisabeth est toujours une épistolière assidue et François-Joseph ne lui rend pas de points. Il en est profondément touché et, s'il lui arrive un jour de ne pas écrire, comme le 24 juillet par exemple, il en est « tout contrit » et lui demande humblement pardon. S'il est inquiet au sujet de la santé de sa femme, elle ne l'est pas moins pour sa santé à lui. Mais François-Joseph, malgré le malheur qui s'est appesanti sur lui et son pays, a conservé toute sa résistance physique. « Je suis souvent étonné moi-même », écrit-il, « de me voir supporter une telle série de malheurs et tant de peines avec tant de calme et sans que ma santé en soit ébranlée » (2).

Jusque-là, l'empereur n'a pas osé conseiller à Élisabeth et aux enfants de quitter Ofen. Mais, le 26 juillet, on signe les préliminaires de paix. Vienne, la capitale, n'est plus menacée par l'ennemi et la première pensée de François-Joseph est de revoir sa femme. « Et maintenant j'aurais une prière à t'adresser », lui écrit-il le 28 juillet (3), « si tu pouvais venir me voir, cela me ferait infiniment plaisir. Pour l'instant je ne peux absolument pas m'absenter, malgré toute la joie que j'aurais à aller vous retrouver... Je me languis tellement de toi et sans doute serais-tu heureuse, toi aussi, de me revoir après des jours si troublés. Tu pourrais laisser les enfants là-bas provisoirement... Ce serait pour moi une grande consolation... Les Prussiens évacuent complètement l'Autriche et la Hongrie. Dans les préliminaires, l'intégrité de l'Autriche et de la Saxe sont garanties, nous sortons de la Confédération germanique et nous payons vingt millions de thalers.

(1) François-Joseph à Élisabeth, Vienne, 23 juillet. (A.A.C.W.)
(2) *Id.*, Vienne, 27 juillet 1866. (A.A.C.W.)
(3) *Id.*, Schoenbrunn, 28 juillet. (A.A.C.W.)

Ce que feront les Prussiens dans le reste de l'Allemagne et ce qu'ils y voleront, je l'ignore et d'ailleurs cela ne nous regarde pas... Je suis heureux que tu puisses de nouveau monter à cheval, cela te fera du bien ».

Sur ces entrefaites, Andrassy est aller trouver Déak — qui a fui comme lui — dans sa propriété de Puszta Szent-Laszlo et en a obtenu l'assurance de son aide si précieuse. Le comte revient aussitôt à Pest, va trouver à nouveau l'impératrice et lui communique que François-Joseph fait de grandes difficultés et que, plus que tout autre, Belcredi, le premier ministre, met des bâtons dans les roues. Il retourne immédiatement à Vienne où, le 29, il est accueilli par l'empereur beaucoup plus aimablement que la première fois. Andrassy fait part de son entrevue avec Déak, qui contient déjà en principe les grandes lignes du compromis ultérieur. Malgré son assurance que le nouveau gouvernement s'efforcera de lier la nation aux intérêts de Sa Majesté et de la couronne, le comte n'obtient rien de plus. L'empereur désire encore étudier la question et y réfléchir à loisir.

Élisabeth croit le moment venu pour user à nouveau, sur le conseil d'Andrassy, de son influence personnelle sur son époux. François-Joseph aussi désire beaucoup parler à Élisabeth et c'est ainsi que, le 30 juillet, elle se décide à partir pour Vienne. Le soir même, de Schoenbrunn, elle fait dire à Andrassy qu'elle veut lui parler le lendemain. Sous l'effet de cette nouvelle invitation, le comte note dans son journal : « Ce qui est certain, c'est que, s'il y a un résultat, la Hongrie en sera plus redevable qu'elle ne le croit à sa *belle providence* » (1). Tandis qu'il écrit cela, Élisabeth insiste auprès de son époux pour qu'il accède aux désirs des Hongrois. L'empereur proteste, souligne qu'il doit sauvegarder les intérêts de toutes les populations de la monarchie et présente l'objection de Belcredi, c'est-à-dire l'impression que feraient sur la Bohême, le pays le plus éprouvé de la guerre, des concessions accordées à la Hongrie. Mais l'impératrice persiste dans ses opinions.

Les avis se heurtent. Élisabeth se fâche presque. La voyant toujours revenir sur le même sujet, l'empereur aussi s'emporte, bien que, après une si longue séparation, marquée de tant d'évé-

(1) Wertheimer, ouv. cit., p. 223.

nements tragiques, il se fût beaucoup réjoui de revoir sa femme.

Le lendemain, 31 juillet, Andrassy est reçu chez l'impératrice. Elle est toute triste et doit lui avouer qu'elle n'a rien obtenu ; elle voit l'avenir en noir et pressent déjà l'effondrement de l'empire. « Je continuerai à travailler dans la voie que vous m'avez indiquée et qui est celle du salut », dit-elle au comte au moment de la séparation, « mais je ne nourris plus guère l'espoir de voir mes efforts couronnés de succès » (1).

Élisabeth obtient seulement que le comte puisse, au cours d'une nouvelle audience, exposer à l'empereur ses idées sur un remaniement de toute la monarchie. Mais, à présent, la paix est en vue. L'étreinte de l'ennemi se relâche. En conséquence, le gouvernement juge la situation en Hongrie moins critique que ne la représentaient Andrassy et Déak — et, sous leur influence, l'impératrice, — afin de faire triompher leurs idées.

Dès le 2 août, Élisabeth retourne auprès de ses enfants. Malgré tout, François-Joseph la voit partir avec regret. « Mon cher ange », lui écrit-il, « me voici de nouveau seul avec tous mes soucis et je me languis de toi. Reviens me voir bientôt, c'est-à dire, si tes forces et ta santé te le permettent car, bien que tu aies été agressive et tranchante, je t'aime au point de ne pouvoir vivre sans toi. Ménage-toi et sois prudente à cheval, car j'ai très peur... Cette maudite légion hongroise avance de nouveau contre la Hongrie (2). J'espère toutefois que nos troupes finiront par l'atteindre et l'anéantir. Adieu ma Sisi, pense à moi avec affection et reviens bientôt » (3).

A présent qu'apparaissent les conséquences de la défaite, François-Joseph est « mélancolique et déprimé ou, plutôt, abruti », et il concentre toute son énergie, pour ne pas faiblir au moment des négociations. Dans des moments pareils, la présence de sa femme lui manque tout particulièrement et il termine ses lettres par ces mots émouvants : « Ton petit mari qui se sent bien seul ».

Mais Élisabeth en veut toujours à François-Joseph de ne pas lui avoir cédé dans la question magyare. Elle a l'impression d'une défaite personnelle et elle en souffre d'autant plus, qu'elle l'a

(1) Wertheimer, d'après le journal d'Andrassy du 30 juillet 1866.
(2) La légion Klapka, qui combattait avec les Prussiens.
(3) François-Joseph à Élisabeth, Schoenbrunn, 4 août 1866. (A.A.C.W.)
(4) *Id.*, 6 août 1866. (A.A.C.W.)

subie sous les yeux d'Andrassy. L'invite de François-Joseph à revenir bientôt reste donc sans écho. Le 5 août, au contraire, Élisabeth lui écrit d'une manière très conventionnelle, et comme pour le punir, qu'elle ne peut pas venir : Schoenbrunn est malsain à cette époque de l'année, tout au plus Ischl entrerait-il en ligne de compte pour elle et les enfants. D'ailleurs, elle vient de lui rendre visite et ce serait plutôt à lui de venir la voir.

Cette fois, François-Joseph est sérieusement fâché et, ce qui ne fut jamais le cas, sa réponse a un accent amer et irrité. Déjà l'appellation est moins tendre que d'habitude. « Ma chère Sisi », lui dit-il (1), « je te remercie sincèrement pour ta lettre du 5 août, dont tout le contenu n'a pour but que de me prouver par mille raisons que tu veux rester à Ofen avec les enfants et que tu y resteras. Tu reconnaîtras que je ne puis guère m'absenter, au moment où la guerre recommence en Italie et où des pourparlers sont en cours avec la Prusse : il serait contraire à mon devoir de me placer uniquement au point de vue hongrois, qui est le tien, et de négliger les pays qui, dans un fidèle loyalisme, ont enduré d'indicibles souffrances. Tu comprendras donc que je ne puis aller vous voir. Si tu trouves l'air d'ici malsain, il en est sans doute ainsi, mais, pour le moment, il me serait tout aussi impossible d'aller à Ischl qu'à Ofen. Je me résignerai donc et je continuerai à supporter avec patience ma longue solitude. J'ai déjà été mis bien à l'épreuve sous ce rapport, mais on finit par s'habituer. Je ne perdrai plus une parole à ce sujet, car notre correspondance en deviendrait fastidieuse, ainsi que tu le remarques fort justement, et j'attendrai tranquillement ce que tu décideras par la suite ».

Cette lettre atteint Élisabeth à un moment où, déjà nerveuse, elle souffre d'un indéfinissable malaise. Elle cherche à calmer son inquiétude par de longues randonnées à cheval dans les environs d'Ofen. Ida Ferenczy, qui ne fait pas d'équitation et, par conséquent, ne peut l'accompagner, observe, soucieuse, le trouble et l'agitation de l'impératrice. A la lettre irritée de l'empereur, Élisabeth répond très brièvement, elle n'insiste pas sur son contenu et parle uniquement de ses promenades.

Lors d'une de ces randonnées, l'impératrice s'est approchée

(1) François-Joseph à Élisabeth, Schoenbrunn, 7 août 1866. (A.A.C.W.)

du château de Gödöllö, à vingt-neuf kilomètres de Budapest. Élisabeth en avait beaucoup entendu parler, ainsi que du monument qu'un des anciens propriétaires avait élevé à son cheval favori. Elle aimerait visiter le domaine et prie François-Joseph de le lui permettre, d'autant plus qu'on y a installé un hôpital pour les blessés.

Il y a longtemps que la mauvaise humeur de François-Joseph s'est dissipée et, ce qu'il manifeste dans ses lettres, c'est uniquement la crainte de voir Élisabeth s'épuiser, maigrir et perdre le sommeil en abusant de l'équitation. Il se souvient que c'était déjà arrivé en 1859. « Si tu veux », répond François-Joseph, « va voir les blessés à Gödöllö. Mais ne regarde pas le domaine comme si nous voulions l'acheter, nous n'avons pas d'argent pour l'instant et, par les temps qui courent, la plus stricte économie s'impose. Les Prussiens ont affreusement dévasté les grandes propriétés et il leur faudra des années pour se remettre. J'ai réduit le budget de la cour pour l'année prochaine à cinq millions, il faudra donc réaliser une économie de deux millions, vendre près de la moitié de l'écurie et vivre très parcimonieusement... Ton triste petit mari » (1)

Cette lettre touche Élisabeth. Elle regrette d'avoir été si dure pour son époux et elle lui écrit, le 9 août, qu'elle viendra le voir à Vienne, probablement le 13, et restera cette fois une semaine entière. François-Joseph est tout heureux : « J'ai encore trois jours à me réjouir de ton arrivée et presque huit jours ensuite, huit jours de bonheur où je t'aurai toute à moi, où nous passerons ensemble le plus de temps possible. ...Sois bonne pour moi, si tu viens, car je suis si triste et si seul et j'ai tant besoin d'être réconforté ».

De retour à Vienne, Élisabeth sent dans son entourage, comme dans l'attitude de l'archiduchesse Sophie, qu'elle évite autant que possible, une froideur glaciale. On veut à nouveau lui faire sentir qu'elle a été trop longtemps éloignée de l'empereur et, surtout, qu'elle penche trop vers la Hongrie. Ce n'est plus la cour seule qui prend position contre elle, à présent, c'est aussi le gouvernement, tandis que le peuple, auquel on a soigneusement caché

(1) François-Joseph à Élisabeth, Schoenbrunn, 8 août 1866. (A.A.C.W.)

les démarches de l'impératrice en faveur de la Hongrie, note sans indulgence sa longue absence qui n'est plus motivée par la guerre seule. Belcredi surtout est indigné, parce que l'action de l'impératrice fait obstacle à ses projets personnels, et il résume son jugement dans le reproche qu'Élisabeth a profité de l'état d'âme de l'empereur, lorsque toutes les mauvaises nouvelles fondaient sur lui, pour soutenir avec plus de véhémence encore « les aspirations égoïstes de la Hongrie » qu'elle patronnait depuis longtemps (1).

Pendant ces jours-là, Élisabeth parle moins de la question magyare à François-Joseph. Andrassy le lui a conseillé, pour ne pas indisposer l'empereur ; il est d'avis qu'on pourra recommencer au moment opportun et mener le monarque lentement, mais sûrement, sur la voie du compromis. Pour François-Joseph, le séjour d'Élisabeth est un véritable cordial car, plus la paix approche, plus les difficultés intérieures prennent de relief. Et l'empereur est tout triste lorsque, le 19 août, Élisabeth retourne à Pest. François-Joseph trouve qu'elle était trop gaie au départ. Vingt-quatre heures ne se sont pas écoulées depuis qu'elle est partie, qu'il lui écrit combien il est triste et seul, à quel point il est abattu et déprimé. Seul, le sentiment de son devoir le soutient, et aussi le léger espoir que, des complications européennes actuelles, sortiront peut être un jour des temps meilleurs. « Les négociations sont toujours épineuses ; c'est à se demander quand nous serons débarrassés de ces maudits Prussiens. Il y a de quoi désespérer » (2).

Il est particulièrement pénible à François-Joseph de subir seul toutes ces épreuves. Quand Élisabeth est là, dit-il (3), il peut au moins lui parler, parfois elle le remonte, bien qu'il lui arrive d'être quelque peu « tranchante ». « Oui, mon trésor, et quel trésor, me manque beaucoup », écrit François-Joseph à sa femme. « Ne me laisse pas si seul, ma Sisi. Ne me laisse pas languir si longtemps et reviens bientôt chez moi » (4).

Cependant, le 23 août, la paix est signée à Prague. François-

(1) Belcredi, *Fragments*, VIe année, p. 413.
(2) François-Joseph à Élisabeth, Schoenbrunn, 21 août 1866. Cinq heures et demie du matin. (A.A.C.W.)
(3) *Id.*, Schoenbrunn, 22 août 1866. (A.A.C.W.)
(4) *Id.*, 25 août 1866. (A.A.C.W.)

Joseph peut envisager un séjour à Ischl : l'air, là-bas, et les parties de chasse « le remettront à neuf, car pour l'instant il n'est bon à rien » (1).

Le 2 septembre, Élisabeth revient d'Ofen avec les enfants. Le séjour en Hongrie, l'influence d'Andrassy non moins que celle d'Ida, l'amour et l'enthousiasme que le peuple magyar lui a témoignés en des jours difficiles et politiquement troublés, ont eu sur Élisabeth une influence profonde. Elle éprouve le besoin de reprendre, outre sa conversation avec sa lectrice, l'étude régulière du hongrois. On signale alors à Ida Ferenczy un secrétaire de nationalité hongroise du nom de Falk, fixé à Vienne, et qui écrit quelquefois des articles pour le *Pesti Naplo*, un homme cultivé et qui a beaucoup lu. Il devient le professeur de l'impératrice et lui fait lire des auteurs hongrois ; il lui explique des parties importantes de l'histoire hongroise et traduit avec elle, par exemple, la correspondance entre Joseph II et Catherine II. Élisabeth s'applique et fait ses devoirs comme une écolière (2). Ida Ferenczy assiste aux leçons et souvent les cours amènent des débats sur des questions brûlantes de politique hongroise. Falk est un partisan du compromis et influence l'impératrice dans le sens des revendications hongroises, non, toutefois, sans laisser beaucoup de place à ses propres tendances judéo-libérales. Il est souvent question de révolution et l'impératrice avec son libéralisme, qu'elle n'avait pas besoin d'emprunter à Falk, mais qui lui venait de la maison paternelle, est très portée à considérer la république comme la meilleure forme de gouvernement.

En septembre, François-Joseph se trouve dans la nécessité de choisir un ministre des Affaires étrangères. Il ne veut pas donner ce poste important à Andrassy, il craint l'effet de cette nomination à Vienne. Un Autrichien, d'autre part, n'admettrait pas le compromis avec la Hongrie auquel, en grande partie sous l'influence de sa femme, François-Joseph se range lentement, mais sûrement. L'empereur envisage donc de nommer ministre des Affaires étrangères d'Autriche le Saxon Beust qui, à la suite de cette malheureuse guerre, a quitté le service de son roi.

(1) François-Joseph à Élisabeth, Schoenbrunn, 26 août 1866. (A.A.C.W.)
(2) *François-Joseph et son temps*, tome I, publié par J. Schnitzer, Vienne et Munich, 1898. Dr Max Falk, *Souvenirs*, p. 47.

Quant à Andrassy, il est combattu par tous les moyens. On sait que l'impératrice continue à le recommander à l'empereur et, un jour, une lettre anonyme l'avertit que le comte est un homme « extrêmement vaniteux ». Élisabeth en fait part aussitôt à Andrassy qui lui demande si elle prête crédit à ces calomnies. « Non », dit-elle, « car, dans ce cas, je ne vous aurais rien dit et je vous aurais observé pour voir ce qu'il en était ». Par ailleurs, Élisabeth parle à Andrassy des sentiments de l'empereur devenus plus favorables à l'égard de la Hongrie : récemment, il a même trinqué avec elle à la santé du « vieux monsieur », car c'est ainsi que les souverains appellent Déak. La conversation alors tombe sur Beust.

« Quelle est votre opinion sur cet homme ? » lui demande Élisabeth. « Je ne puis imaginer » (1), réplique Andrassy, « qu'un étranger puisse donner une vie nouvelle à la monarchie. Il faut être né dans un pays et y avoir vécu pour pouvoir le sauver. Que Votre Majesté ne m'en veuille pas et ne me croie pas présomptueux si je prétends que, pour l'instant, je suis seul à pouvoir sauver la situation ».

Élisabeth ne le laisse pas finir. « Combien de fois l'ai-je dit à l'empereur. » Elle congédie Andrassy avec l'assurance renouvelée de faire tout son possible pour convertir tout à fait son époux. A cela s'ajoute que Beust, dont Élisabeth a fait la connaissance lors de son voyage à Dresde, lui est personnellement antipathique. Mais, malgré ses efforts pour faire nommer dès maintenant Andrassy ministre des Affaires étrangères de la monarchie, elle n'y réussit pas encore.

Le 30 octobre, Beust est nommé et il déclare tout de suite que le premier devoir du gouvernement est de liquider la question hongroise De ce côté, aucun obstacle ne s'oppose donc au compromis avec la Hongrie. Pas à pas, l'Autrichien Belcredi est forcé de reculer.

Au début de l'année 1867, une nouvelle délégation des deux chambres du parlement hongrois se rend à Vienne auprès de Leurs Majestés. Fait significatif, elle est reçue par François-Joseph et Élisabeth séparément. L'empereur a mauvaise mine. L'année

(1) Wertheimer, ouv. cit., pp. 243 et 273. D'après des notes personnelles d'Andrassy du 6 octobre 1866.

de malheur qui vient de s'écouler na pas passé sur lui sans laisser de traces. Il lit sa réponse à l'adresse de bienvenue de la délégation. Dans son discours, il hésite au mot compromis. Pas une acclamation ne retentit, c'est le silence complet. La délégation passe ensuite chez l'impératrice. L'orateur loue la reine de son amour pour la langue de la nation, le plus grand trésor du peuple, il la remercie de l'affection maternelle qu'elle nourrit à l'égard de la Hongrie, qui le lui rendra par sa foi chevaleresque. L'impératrice répond en hongrois par des paroles pleines de chaleur.

François-Joseph accueille de mieux en mieux les idées de sa femme en ce qui concerne la Hongrie, d'autant qu'il se rend compte que Beust, lui aussi, ne considère pas le dualisme comme un danger pour le prestige de la monarchie, mais croit au contraire que celle-ci, une fois la Hongrie satisfaite et appuyée ainsi sur les deux nations les plus fortes de l'empire, sera plus vigoureuse et plus puissante encore. Élisabeth croit donc pouvoir partir, complètement rassurée, à la fin de janvier, pour Zurich où sa sœur, la comtesse Trani, vient d'accoucher d'une fille. Elle vient de recevoir, le 22 janvier, l'heureuse nouvelle des fiançailles de sa sœur Sophie, dont tant de projets de mariage ont déjà échoué, avec le roi Louis II de Bavière ; elle se décide donc à passer par Munich en allant à Zurich.

Justement le roi a pris froid, il est couché et il a de la fièvre, mais en apprenant qu'Élisabeth est de passage, il va à la gare, contre l'avis des médecins, pour se recoucher tout de suite après.

L'impératrice se plaît beaucoup à Zurich, mais elle se plaint au président fédéral, qui est son hôte, et au président du Conseil national, le docteur Escher, que les écoliers la suivent en troupe dans ses promenades et qu'elle en est toute nerveuse. Elle écrit à son petit Rodolphe, lui parle de sa vie, des « excellentes choses » qu'on trouve dans les pâtisseries et du bébé de tante Moineau, ainsi qu'on appelle la comtesse Trani. « Dans l'ensemble, ce poupon n'est pas aussi laid que sont d'ordinaire les nouveau-nés », dit Élisabeth, « seulement, de près il ne sent pas bon » (1).

« C'est quand je ne vois ni n'entends la petite, que je l'aime le mieux », écrit-elle à sa mère, « car tu sais que je n'apprécie

(1) Élisabeth à Rodolphe, Zurich, 27 janvier 1867. Vienne, Archives d'État.

guère les nourrissons » (1). Élisabeth déplore de ne pas avoir l'occasion de parler hongrois, mais elle lit beaucoup pour ne pas oublier ce qu'elle a appris. Elle suit à distance, avec beaucoup d'intérêt, les pourparlers en vue du compromis avec la Hongrie. Dans les premiers mois de l'année 1867, les négociations avancent rapidement. « J'espère que tu ne tarderas pas à m'apprendre », écrit-elle à son époux, « que la question hongroise est résolue et que nous irons bientôt à Oes-Budavara (2). Si tu m'écris que nous y allons, j'aurai le cœur en paix, puisque alors le but sera atteint ».

François-Joseph évolue vers la solution dualiste de Déak. D'où rupture entre Belcredi et Beust. L'empereur se range au parti du Saxon qui est nommé effectivement premier ministre. Profondément blessé, Belcredi se retire de la vie politique et la voie est ouverte au compromis. Le 18 février, est lu au parlement hongrois l'acte par lequel François-Joseph nomme Andrassy premier ministre de Hongrie et rend sa constitution au peuple magyar. Aussitôt, la Hongrie fournit impôts et troupes en temps voulu et le gros de la nation se range au côté de Déak et d'Andrassy, tandis que Kossuth accuse ces hommes de trahir et de livrer la patrie. Élisabeth a suivi cette évolution avec le plus grand plaisir. Elle est revenue à Vienne le 8 février et elle ressent presque comme une victoire personnelle le règlement de la question hongroise à laquelle, contrairement à son habitude, elle a pris une part active. Afin de témoigner sa reconnaissance à François-Joseph, elle se montre plus que jamais pleine d'attentions pour lui. Le public ignore à peu près totalement le rôle primordial joué par Élisabeth dans cette affaire, mais la cour sait à quoi s'en tenir, en particulier les familiers de l'archiduchesse Sophie. A vrai dire, depuis l'effondrement de 1866, le crédit de l'archiduchesse en matière politique est singulièrement ébranlé.

Le différend se creuse entre l'impératrice et la haute aristocratie centraliste qui redoute que, forte du Compromis et du couronnement des souverains en Hongrie, la moitié orientale de l'empire n'acquiert la prépondérance. La popularité qu'Éli-

(1) Élisabeth à la duchesse Ludovica, Zurich, 1er février 1867. (Copie A.A.C.W.)

(2) Élisabeth à François-Joseph, 31 janvier 1867. (A.A.C.W.)

sabeth gagne en Hongrie, elle la perd en Autriche. François-Joseph non plus n'a pas consenti au Compromis de gaîté de cœur, il s'y résigne et, dans son for intérieur, il a plutôt le sentiment qu'on le lui a arraché. Maintenant encore, il a peine à se dégager du principe que lui a inculqué sa mère : à son sens, une fois séparées, les deux moitiés d'une pomme ne sauraient tenir l'une à l'autre comme avant le partage. Mais, à la suite des échecs de 1859 et de 1866, François-Joseph n'a plus autant confiance en son propre jugement. Il commence à entrevoir le salut dans la stricte observance de la constitution ; il fait donc confiance aux ministres, mais aussi leur laisse la responsabilité de leurs actes. Quoi qu'il en soit, les tendances libérales de l'impératrice commencent à pénétrer dans tous les domaines et l'influence de l'archiduchesse Sophie décline. Il faut que le couronnement, qui aura lieu à Budapest en juin, soit pour Élisabeth un véritable triomphe.

En mars, l'impératrice apprend la mort de sa belle-sœur, la femme de Charles-Théodore. Son deuil l'empêche d'accompagner François-Joseph à Pest où il est reçu, le 12 mars, dans un enthousiasme indescriptible. En se rendant au château d'Ofen, l'empereur est absolument stupéfait de la foule innombrable qui se presse sur sa route. « J'ignorais que Pest eût tant d'habitants », dit-il à Andrassy. A cette occasion, le comte fait part à François-Joseph que la nation hongroise, dans la joie et l'enthousiasme de sa réconciliation avec le souverain et dans l'espoir que le couple royal fera dorénavant de longs et fréquents séjours dans le pays, a fait pour lui l'acquisition d'une propriété en Hongrie. On s'est souvenu à Pest que, lors de son dernier séjour, la reine, au cours de ses promenades à cheval et de ses visites aux blessés, avait beaucoup admiré le site et les environs de Gödöllö, d'où le choix de ce château. François-Joseph apprend aussi qu'on a l'intention de couronner Élisabeth en même temps que lui, contrairement à la coutume : les reines, d'ordinaire, sont couronnées quelques jours après le souverain.

C'est là un hommage rendu à la personne d'Élisabeth. Toutefois, elle y voit d'autres avantages. « La nouvelle que Gödöllö sera notre propriété m'a causé une très grande joie », écrit-elle à son époux (1), « et j'attends avec impatience le moment où le château,

(1) Élisabeth à François-Joseph, 17 mars 1867. (A.A.C.W.)

remis en état, pourra être habité. Me voici encore plus curieuse : si seulement je pouvais le voir bientôt ! Je suis ravie qu'on veuille nous couronner tous deux en même temps, cela sera beaucoup moins fatigant ». Son ardeur à l'étude du hongrois redouble, naturellement, et Falk joue un très grand rôle.

L'impératrice passe toute la journée à cette étude. « Je suis très contente des manières de Falk », écrit-elle (1) « et j'espère enfin faire de sérieux progrès. Tu n'as pas lieu d'être jaloux, c'est le type même du juif, mais il est très intelligent et très agréable ». Élisabeth est impatiente de ne pas encore posséder la langue complètement. Mais elle est en bonne voie. Déjà elle lit les poètes, dont Eötvös, devenu ministre sur ces entrefaites.

« Quel dommage », dit Élisabeth, « qu'Eötvös ait fait si peu de poésies ». « Sans doute », réplique Falk, « mais il y en a une qui ne figure pas dans le volume, elle est interdite ». — « Comment, interdite ? Quelle est-elle ? » Et Falk lit *Le porte-drapeau*. Un jour, près de Mohacs, dit le poème, toute la fleur de la nation hongroise jonchait le sol, le drapeau restait seul dressé, symbole de la liberté et de l'indépendance ; il fut porté haut par la nation pendant des siècles, il le sera pendant des siècles encore et pour l'éternité.

L'impératrice apprend que Falk entretient avec Eötvös une active correspondance et elle le prie de lui communiquer ses lettres. Elle arrive à savoir ainsi bien des choses qui, autrement, ne seraient jamais parvenues jusqu'à ses oreilles. Plus tard, elle correspond directement avec Eötvös et le prie de lui renvoyer chaque fois ses lettres corrigées (2). Élisabeth s'intéresse surtout à toutes les publications interdites ou poursuivies jusque-là. Un jour, la conversation tombe sur les œuvres du plus grand écrivain hongrois, le comte Széchényi. Elle dit : « J'ai entendu parler d'un écrit où il est question de « regards ». Qu'est-ce ? » Elle veut parler du pamphlet de Széchényi intitulé « Regards sur les considérations rétrospectives », qui ridiculise une brochure de Bach. Bien entendu, il est interdit et on ne peut se le procurer que diffi-

(1) Élisabeth à François-Joseph, 18 mars 1867. (A.A.C.W.)

(2) Voir lettres du 4 août et du 2 novembre 1876 à Budapest, musée Élisabeth. Emmeric DE SZALAY, *Le musée de la reine Élisabeth*, Budapest, 1908, pp. 35 et 37.

cilement et avec mille précautions. « Avez-vous ce livre ? » demande Élisabeth à Falk. Celui-ci hésite.

« C'est donc que vous l'avez ? Eh bien ! apportez-le-moi. »

« Mais, Majesté... », balbutie Falk.

« Vous croyez peut-être que je n'ai pas la permission de lire ces livres-là ? » Ce disant, l'impératrice va à son bureau et y prend une mince brochure qu'elle tend à Falk : « L'effondrement de l'Autriche, par un Autrichien allemand ». Dans cette brochure anonyme, parue au début de l'année 1867 à Leipzig, et qui naturellement est sévèrement interdite, en Autriche, l'auteur annonce une catastrophe qui, à son avis, éclatera « en Autriche d'après une loi de logique intérieure ». Il y développe comment, dans la monarchie, « le chaos des peuples s'est déjà ordonné en groupes qui, au moment voulu, s'assimileront tranquillement, par un processus naturel et inévitable, aux formations politiques de même race et de mêmes intérêts » (1). Ce petit livre, d'un radicalisme extrême, qui va jusqu'à prétendre que la vie et la paix des nations et des États d'Europe dépendent de la ruine de l'Autriche, et qui conclut à la nécessité de l'effondrement de l'empire, fait une profonde impression sur Élisabeth qui n'a pas oublié les désastres de l'année précédente. Elle est d'autant plus affectée que l'auteur, par hasard, attaque justement ses plus grands ennemis à la cour, Grünne, Gondrecourt et Belcredi, ceux dont elle a toujours contrarié l'activité. Il souligne de la façon la plus mordante que, en Autriche, seules les nullités gagnent les dignités et l'influence et accèdent au pouvoir. Falk est tout ébranlé de voir pareille brochure dans les mains de l'impératrice, mais il continue à lui apporter toutes les publications interdites, entre autres l'histoire de la lutte pour l'indépendance hongroise de l'évêque Michael Horvath qui, par la suite, est gracié sur l'intervention d'Élisabeth.

La cour de Vienne voit d'un mauvais œil croître, en même temps que la sympathie d'Élisabeth pour la Hongrie, l'influence de ce journaliste judéo-libéral. Elle ignore encore ce qui se passe au juste, mais elle s'en doute et aimerait voir cesser l'activité de Falk. Toutefois, s'en prendre directement à lui équivaudrait

(1) *L'effondrement de l'Autriche.* Par un Autrichien allemand. Leipzig, 1867, p. 6.

à une attaque personnelle contre l'impératrice. La cour n'ose pas et cherche donc à profiter du déménagement de la Hofburg à Schoenbrunn pour se débarrasser de Falk de façon élégante. Mais la machination ne réussit pas tout de suite et Élisabeth le conserve pendant quelque temps encore.

L'œuvre du Compromis n'est pas encore terminée. Pendant cette période mouvementée, les changements politiques sont si brusques qu'Élisabeth craint, jusqu'au dernier moment, que le couronnement ne puisse avoir lieu. Les journaux jettent l'alarme. « Plus la situation à l'étranger est mauvaise », écrit-elle, « plus la signature du Compromis est urgente. Fasse le ciel que l'accord se réalise bientôt » (1).

Mais, désormais, plus rien ne s'y oppose. Le 8 mai, l'impératrice se rend avec François-Joseph à Budapest et on l'y accueille en la couvrant de fleurs. Eötvös ne trouve pas de mots pour décrire l'enthousiasme de la population (2). « Pendant des siècles nous avons essayé avec la foi, puis, à plusieurs reprises avec l'espoir, il ne nous restait plus qu'une chance, c'est qu'un membre de la maison d'Autriche aimât notre nation du plus profond de son cœur. Maintenant que nous avons trouvé cela, je ne crains plus l'avenir. » On reconnaît Élisabeth. Et réellement, on ne peut se faire une idée de l'enthousiasme qui s'empare de la foule pour la reine, à mesure que le couronnement approche. Quand Eötvös, qui jusque-là se trouvait toujours dans l'opposition, accompagne l'impératrice, il se réjouit de ces acclamations autant que s'il était son premier chambellan. Elle peut répondre tranquillement par l'affirmative à son petit Rodolphe, qui lui demande si, à l'arrivée à Pest, elle « a été saluée par un grand *eljen* » (3).

Le 11 mai, Élisabeth se rend avec son époux à Gödöllö où on travaille ferme dans le parc et dans le château. Elle a grand plaisir à voir cette nouvelle demeure dont le parc ombreux et le magnifique terrain d'équitation la ravissent. A Pest, elle suit les courses avec passion et elle s'amuse comme une enfant à voir les paysans monter à cru.

Élisabeth suit avec inquiétude l'évolution politique. Elle a fait

(1) Élisabeth à François-Joseph, Vienne, 21 mars 1867. (A.A.C.W.)
(2) Dr Sandor Marki, ouv. cit. p. 53.
(3) L'archiduc Rodolphe à François-Joseph, Schoenbrunn, 9 mai 1867.

venir Horvath pour se faire expliquer certains détails de sa « Lutte pour l'indépendance » qu'elle ne comprenait pas. « Je n'étais pas encore membre de la dynastie », lui dit-elle, en faisant allusion aux exécutions de l'année 1849 (1), « lorsque furent ordonnées, au nom de mon époux, encore tout jeune homme, bien des choses qu'il regrette lui-même maintenant. S'il était en notre pouvoir de le faire, nous serions les premiers à rappeler à la vie Louis Batthyany et les martyrs d'Arad ».

L'impératrice vient de lire la lettre ouverte de Kossuth à Déak, véritable condamnation de toute l'œuvre du Compromis, et elle craint qu'à la dernière minute il ne vienne tout bouleverser. Pourtant, Horvath aussi lui a affirmé que l'opinion de Kossuth est dépassée et que personne ne l'écoute plus (2). Les événements ultérieurs semblent du reste le confirmer. Élisabeth suit avec intérêt les hauts et les bas de la lutte politique, elle lit régulièrement les discours et les comptes rendus du Reichstag et trouve confirmées les opinions auxquelles elle cherchait à gagner son époux. « Je reconnais de plus en plus », écrit-elle avec ironie, « que je suis extrêmement avisée, bien que tu n'apprécies pas à sa juste valeur mon jugement hors de pair » (3).

Toutefois, on ne voit pas approcher sans appréhension le jour du couronnement. Déak a reçu dans les derniers temps des lettres de menace et on signale que la gauche aurait l'intention de troubler la cérémonie. On prend de sévères mesures de protection.

Le 6 juin, commencent les solennités. Sans doute, Élisabeth se voit parvenue au but et portée par la vague d'amour du peuple hongrois, mais elle éprouve un léger frisson quand elle songe à l'interminable série de fêtes qu'il va falloir subir. « Ce sera une terrible corvée », écrit-elle a sa vieille mère (4), « être vêtue dès le matin de la robe à traîne et coiffée du diadème, recevoir continuellement, parler et cela par cette chaleur ! Qu'il doit faire bon à Possi en ce moment ! Samedi à sept heures a lieu le couronnement, les journées qui précèdent et celles qui suivent sont remplies de fastidieuses cérémonies. Mais ce que j'appréhende le

(1) Koloman Thaly, *Szazadok*, 1988, p. 763.
(2) Élisabeth à François-Joseph, Ofen, 27 mai 1867. (A.A.C.W.)
(3) *Id.*, Ofen, 29 mai 1867. (A.A.C.W.)
(4) Élisabeth à la duchesse Ludovica, Ofen, 5 juin 1867. (Copie A.A.C.W.)

plus, ce sont les bals et les représentations théâtrales car, même la nuit, il fait encore très chaud ».

Selon un antique usage, Élisabeth répare elle-même le manteau de Saint-Étienne, que François-Joseph portera le jour du sacre, et elle raccommode les bas du couronnement. Il lui faut aussi poser une coiffe à l'intérieur de la couronne qui est beaucoup trop large. Pendant qu'elle s'acquitte de cette tâche, elle reçoit la triste nouvelle de la mort de la fille de l'archiduc Albert, Mathilde, âgée de dix-huit ans. Elle voulait cacher devant son père la cigarette défendue, mais le feu prit à sa robe de batiste et, en un rien de temps, elle fut transformée en torche vivante. L'accident met bien la cour en deuil, mais les solennités du sacre sont déjà commencées et on ne peut ni les interrompre ni les remettre.

Le 7 juin, au soir, a lieu une répétition générale dans l'église d'Ofen, où Élisabeth ne se prive pas de faire des remarques caustiques. L'impératrice essaie sa superbe robe de brocart blanc et argent. Le corselet est de velours noir et la jupe semée de fleurs de lilas et de pierres précieuses. C'est un chef-d'œuvre de la maison Worth de Paris, qui a coûté la somme relativement modeste de cinq mille francs. Élisabeth se montre à l'empereur qui, ravi de tant de grâce, lui imprime un baiser sur le front.

Le 8 juin, à sept heures du matin, le cortège quitte le château royal. Les grands du pays, qu'on n'avait jamais vus en si grand nombre, apportent, en pittoresques costumes de magnats, montés sur des chevaux harnachés d'or, leur hommage à la royauté, mais manifestent par la même occasion leur propre dignité et leur propre puissance. En tête, l'empereur à cheval, en uniforme de maréchal hongrois, et, dans un carrosse à huit chevaux, Élisabeth en costume national, la couronne de diamants sur la tête, irrésistiblement belle. Puis viennent les gardes du corps, la peau de léopard sur l'épaule, montés sur leurs chevaux blancs. C'est un spectacle d'une troublante splendeur qui rappelle les plus somptueux déploiements de faste de la royauté et de l'aristocratie dans la fleur du Moyen Age.

Élisabeth a l'esprit trop moderne pour se laisser tout à fait prendre à cet appareil, mais elle est impressionnée, tout de même, par la solennité de l'instant. Elle a les larmes aux yeux lorsque, dans la cathédrale, elle voit se dresser la haute silhouette d'Andrassy. C'est lui qui, en qualité de palatin, pose, assisté par le prince-primat, la couronne sur la tête du souverain et jette sur ses épaules le manteau de Saint-Étienne. Puis, selon l'antique usage, on tient la couronne de Saint-Étienne au-dessus d'Élisabeth et on la consacre ainsi reine de Hongrie A ce moment, elle oublie sa fatigue, son aversion des cérémonies et elle frémit, consciente de la solennité de l'heure et de l'amour infini qu'elle lit dans les yeux de la brillante assistance. Les magnifiques accents du *Te Deum*, entonné puissamment, retentissent dans le cœur de l'impératrice. Lorsque, d'un même geste, elle et François-Joseph déposent dans le plateau d'or de l'église deux épaisses pièces à leur effigie, ses yeux s'emplissent de larmes. Élisabeth quitte l'église avec son époux : alors, comme un ouragan, l'acclame l'*eljen* de la foule.

Puis, l'empereur enfourche sa monture pour se rendre à la tribune du serment et à la colline des rois, suivi d'un brillant cortège où l'on peut voir, coiffés de tiares et de couronnes, montés sur leurs chevaux, les princes de l'Église dans leurs plus magnifiques ornements. Le ministre des Finances jette dans le peuple des milliers de pièces d'or et d'argent. Pendant ce temps, Élisabeth se retire rapidement, change sa lourde robe à traîne contre une simple toilette de tulle souple et traverse le Danube en vapeur jusqu'au palais Lloyd pour voir, de ses fenêtres fleuries, le cortège et la fête. Dans toute cette splendeur, ce sont surtout les chevaux qui intéressent Élisabeth. Elle a peine à réprimer un sourire, lorsque deux malheureux évêques qui, de leur vie ne sont montés à cheval, quittent leur monture malgré eux au moment où retentissent les salves de l'artillerie et de l'infanterie.

Elle considère anxieusement l'empereur dont la superbe bête ne se montre pas non plus très docile. Mais l'habile cavalier la maintient par la bride. Élisabeth voit alors son époux élever la main pour prêter serment et, sur un cheval blanc comme neige, — quelque peu rétif au moment de se séparer du gros des cavaliers, — monter au galop la colline des rois et donner des coups de sabre aux quatre points cardinaux. Ce n'est qu'après le banquet que le couple impérial, exténué, peut se retirer dans ses appartements.

Le cinquième jour, les souverains reçoivent chacun un splendide coffret en argent, contenant cinquante mille florins en or. La population s'attendait bien à ce que le couple couronné fît bénéficier d'une façon ou d'une autre le pays de cet argent, mais qu'il le destinât aux veuves, orphelins et invalides de ces honveds qui avaient jadis combattu l'Autriche, c'est à quoi elle ne s'attendait pas. Et, que cela soit justifié ou non, toute la Hongrie est persuadée qu'il faut attribuer cette décision à Élisabeth.

Ce qui fait le plus de plaisir à l'impératrice, ce sont les cadeaux en nature offerts aux souverains. Dans un long cortège, un groupe de jeunes garçons et de jeunes filles, en costume national, apportent de superbes fleurs, des fruits de grosseur extraordinaire, la colline des rois avec Sa Majesté en pièce montée, la couronne de Saint-Étienne en pâtisserie fine, des jambons d'une taille invraisemblable, deux immenses poissons vivants de soixante livres portés sur des perches, de jolis agneaux, des veaux et, pour finir, un poulain aubère pour le prince impérial avec la tricolore dans la crinière. Malgré toutes les craintes, les six terribles journées se sont écoulées sans incidents. Élisabeth a séduit tous ceux qui l'ont vue. Le *Pester Lloyd* appelle la reine un des êtres les plus nobles de la terre. Le monde entier est d'accord avec Déak, présenté à Élisabeth à cette occasion, que la belle souveraine est le symbole de la grâce et de la réconciliation. Les dames d'honneur de l'archiduchesse Sophie aussi l'admettent, même si, dans chacun de leurs éloges, se glisse un peu de venin. « Le sacre est passé », écrit Thérèse Furstenberg. « Pendant l'acte solennel, Sa Majesté était d'une beauté miraculeuse, aussi émue et aussi recueillie qu'une fiancée. Il me semble d'ailleurs que c'est ainsi qu'elle concevait son rôle. » Une large amnistie pour le couronnement déchaîne une grande joie. Presque tous les émigrés reviennent, sauf Kossuth dont l'organe, le *Magyar Ujsag*, n'effleure les solennités qu'en quatre lignes dans la rubrique des « nouvelles du jour ». « Le couronnement », dit-il brièvement, « eut lieu le 8 du mois par un temps favorable et se déroula comme il était prévu. Sauf quelques chutes causées par des chevaux rétifs, il n'y eut pas d'accident à signaler ». Cette allusion au cheval de François-Joseph épuise tout le compte rendu du couronnement (1).

(1) *Magyar Ujsag*, 9 juin 1867.

Voici terminées les fières journées du sacre. Il en était temps car, en dépit de tout l'enthousiasme, ce fut pour les souverains une terrible fatigue. Le 12 juin, ils partent pour Ischl où ils espèrent tous deux trouver un peu de repos ; ils pensent qu'ils y échapperont davantage aux manifestations de l'opinion publique qui, en Autriche, a considéré le couronnement avec des sentiments plus que mitigés.

Tous les événements de l'année écoulée ont sans doute élevé Élisabeth en Hongrie au rang d'un être quasi divin, mais en Autriche ils lui ont nui dans les mêmes proportions.

CHAPITRE VIII

UN NOUVEAU CENTRE D'INTÉRÊT
1867-1871

Après toutes ces tribulations, le couple impérial espère pouvoir couler à Ischl des jours paisibles, mais cet espoir est cruellement déçu. Le mois de juin 1867 apporte des revers de fortune. Le 19 juin, le frère de François-Joseph, Maximilien, est fusillé au Mexique et par là se termine une aventure qui a conduit à sa perte un idéaliste de la plus belle eau et son ambitieuse épouse. Le coup est rude, surtout pour l'archiduchesse Sophie dont Max était le préféré. Sans doute, il y a longtemps qu'elle prévoyait et redoutait la catastrophe, mais, en face de la réalité, elle se refuse à l'admettre. L'archiduchesse semble avoir brusquement vieilli. Elle, si sociable d'ordinaire, se retire, complètement brisée, dans une douleur silencieuse. Élisabeth compatit bien à ce malheur, mais même ce deuil tragique ne rapproche pas les deux femmes. L'impératrice continue à éviter sa belle-mère. Élisabeth est plus impressionnée encore par la nouvelle de la mort, survenue le 26 juin, du prince de Tour et Taxis, l'époux de sa sœur Hélène, dont le ménage était des plus heureux. La veuve offre le spectacle d'une extrême affliction. Complètement effondrée, elle cherche une consolation dans une piété redoublée, à la grande satisfaction de l'archiduchesse Sophie.

Le 2 juillet, Élisabeth, après un bref séjour à Possenhofen, retourne à Ischl où elle trouve une lettre du roi de Bavière. Louis II l'avait accompagnée une partie du trajet à son retour de Munich et il est de nouveau sous le charme. « Tu n'imagines pas, chère cousine », écrit-il avec son exaltation habituelle (1), « combien tu m'as rendu heureux. Je compte parmi les plus belles, les heures que nous avons passées ensemble en wagon l'autre jour ; jamais je n'en perdrai le souvenir. Tu m'as permis d'aller te voir à Ischl : si vraiment l'instant approche où j'aurai le bonheur de t'y voir, je suis le plus fortuné des mortels. Le sentiment de sincère affec-

(1) Le roi Louis II à Élisabeth, Château de Berg, 3 juillet 1867. (A.A.C.W.)

tion, de respect et de si fidèle attachement que, encore tout jeune homme, je te vouais déjà au fond de mon cœur, me fait croire au ciel sur la terre et ne s'éteindra qu'avec la mort. Je te prie de me pardonner de tout cœur le contenu de ces lignes, mais je ne pouvais faire autrement... ».

Mais Élisabeth ne répond pas. Elle vient d'apprendre bien des choses à Possenhofen au sujet de son futur beau-frère et de son étrange conduite à l'égard de sa fiancée. Elle a l'impression que la lettre du roi est le prélude à quelque confidence qu'elle doit recueillir à Ischl ; or, elle ne se soucie pas d'intervenir dans ce mariage. Elle veut avoir la paix et tenir éloignés d'Ischl tous les potentats et, plus que tout autre, Louis II dont les bizarreries l'importunent. C'est pourquoi elle charge François-Joseph de répondre, mais sans faire allusion à la visite projetée. Au roi de comprendre. Élisabeth appréhende également qu'une autre visite ne vienne troubler le calme dont elle jouit à Ischl. En effet, des journaux annoncent l'arrivée probable de sa tante de Prusse. Si elle vient, Élisabeth est décidée à quitter Ischl, bien que cela ne l'arrange guère. Elle n'a pas oublié les événements de l'année précédente. « Je ne veux pas voir de Prussiens » (1).

Avant la mort de Maximilien, les souverains envisageaient un voyage à Paris où Napoléon III les avait invités. Le projet ne souriait pas à Élisabeth (2) ; à présent l'affaire est liquidée. Il est évident que François-Joseph ne peut pas aller à Paris maintenant, puisque c'est Napoléon qui a embarqué son frère dans cette funeste aventure. Par contre, Napoléon et Eugénie viendront à Salzbourg, ce sera, en quelque sorte, une visite de réparation. Beust, qui s'applique à rapprocher l'Autriche de la France, tient essentiellement à ce qu'Élisabeth aille, elle aussi, à Salzbourg, car il sait qu'Eugénie désire vivement connaître sa belle rivale couronnée. Élisabeth se récuse une fois de plus. Elle a des malaises et se sent fatiguée. « Peut-être suis-je enceinte », écrit-elle à son époux, « dans ce cas, la rencontre de Salzbourg serait très pénible. Je pourrais pleurer toute la journée, tellement je suis triste. Console-moi, ma chère âme, car j'en ai grand besoin. Je n'ai plus envie de rien, ni de monter à cheval, ni de me pro-

(1) Élisabeth à l'archiduc Louis-Victor, Ischl, 6 juillet 1867. (A.A.C.W.)
(2) Élisabeth à François-Joseph, Ischl, 21 juin 1867. (A.A.C.W.)

mener, tout m'est égal. Pourquoi ne viens-tu pas ce matin, pourquoi ne viendrais-tu pas demain, jour de fête ? Qu'as-tu à faire à Vienne pour l'instant ? Ou bien t'amuses-tu si bien à Laxenbourg — je ne vois pas avec qui — que tu ne peux pas t'y arracher ? » (1). Élisabeth taquine François-Joseph et lui dit qu'il doit avoir des audiences bien intéressantes puisqu'il y reçoit de jolies filles. L'empereur se défend, puis il prie sérieusement sa femme, pour raison d'État, d'assister aux réceptions de Salzbourg si sa santé le lui permet un tant soit peu. A contre-cœur, Élisabeth s'y résigne. Et maintenant va se produire la rencontre que le monde attend avec curiosité, non seulement pour des raisons politiques, mais aussi parce que, pour la première fois, l'impératrice Élisabeth et l'impératrice Eugénie paraîtront ensemble en public. Ainsi il sera donné au monde de décider à laquelle des deux revient le sceptre de la beauté. La population de Salzbourg fait à Napoléon un accueil très froid. Il faut un ordre formel pour obliger le conseil municipal à lui souhaiter la bienvenue. La population examine avec curiosité les deux impératrices et s'étonne qu'Eugénie, bien qu'elle n'appartienne pas à une famille princière, ne le cède pourtant à Élisabeth ni pour la dignité naturelle et innée, ni pour la beauté du visage. Mais Élisabeth l'emporte sur toute la ligne. La beauté de l'impératrice d'Autriche s'auréole d'une grâce et d'un charme que nulle ne saurait lui disputer, pas même son impériale partenaire. On s'aperçoit maintenant que celle-ci a la tête de moins qu'Élisabeth et que la toilette parisienne d'Eugénie, dont la jupe coquettement retroussée découvre le pied menu, ne répond tout de même pas à l'idée qu'on se fait en Autriche d'une impératrice. François-Joseph et Élisabeth sont heureux l'un et l'autre lorsque se termine cette série de fêtes à vingt-quatre degrés à l'ombre, car ce n'était pas un plaisir pour l'empereur non plus, de revoir « cette canaille fieffée de Villafranca », ainsi qu'il appelle Napoléon. Élisabeth ne s'entend pas mal avec Eugénie, mais il ne saurait être question d'une intimité quelconque, quoi qu'en disent courtisans et journalistes qui se prétendent renseignés et colportent là-dessus de piquantes anecdotes. Les deux femmes sont bien trop éloignées l'une de l'autre. L'impératrice d'Autriche n'a pas de sympathie pour Eugénie et

(1) Elisabeth à François-Joseph, Ischl, 14 août 1867. (A.A.C.W.)

celle-ci, de son côté, se sent gênée de ses origines moins nobles. Toutefois, elle fait preuve de beaucoup de tact dans son commerce avec Élisabeth et la traite avec respect, sans pour cela déroger le moins du monde.

Ces journées officielles terminées, Élisabeth part pour Zurich où elle retrouve sa sœur, Marie des Deux-Siciles, et le ménage Trani. Mais bientôt le choléra chasse les sœurs à Schaffhouse, où elles admirent la chute du Rhin. L'impératrice continue à ressentir des malaises, ce qui la confirme dans son idée d'une grossesse probable. Elle se languit de ses adorables enfants, que tout le monde chérit à la cour, et dont la landgrave Furstenberg dit, avec son esprit mordant, que ce sont des êtres si délicieux, des enfants si charmants, qu'on les dirait appartenir au père seul. Car, il n'y a pas, les dames de l'archiduchesse ne peuvent se départir du préjugé qui leur a été inculqué.

Élisabeth voudrait aussi avoir auprès d'elle son beau chien de berger, Horseguard. L'amour des chiens est un héritage de sa mère. La landgrave, toujours caustique, dit dans une de ses lettres, en parlant de la vieille duchesse : « Elle ne vit que pour ses chiens, elle en a toujours quelques-uns sur les genoux, à côté d'elle ou sous le bras, même à table et jusque dans les assiettes elle écrase des puces ! Toutefois on change immédiatement les assiettes ! » ajoute-t-elle avec malice.

Quand Élisabeth voit un beau chien dans la rue, elle ose même accoster des étrangers. A Schaffhouse, elle rencontre un monsieur avec un grand bouledogue ; le monsieur reconnaît immédiatement en elle l'impératrice et à sa grande suprise et à sa grande joie, lui dit : « *Isten aldja meg* » (1) ; là-dessus, elle engage la conversation avec ce passant. L'intérêt d'Élisabeth pour les chiens, et surtout pour les grands, est déjà connu de tous. Elle ne partage pas là-dessus l'avis de son époux qui trouve ces grandes bêtes « plus que fatigantes ». Élisabeth a fait nommer un valet qui s'en occupe et qui s'intitule fièrement « fonctionnaire préposé aux soins des chiens impériaux ». Toutefois, il ne figure dans les comptes qu'au titre de « domestique surnuméraire » et dans le cercle des dames de la cour on l'appelle simplement « le valet de chiens ». De tous côtés, on offre des bêtes à Élisabeth, mais elle les trouve toujours

(1) Que Dieu vous bénisse.

trop petites. « Je crains presque », dit-elle une fois, « qu'il n'existe pas d'aussi grand chien que celui que je voudrais » (1).

« Qui sera plus heureux de me revoir », écrit-elle un jour à Ida Ferenczy, « toi ou Horseguard ?... Que Dieu te garde, embrasse ton amie Monique, puisque tu la dis si belle ».

Élisabeth aime les êtres bien faits et les recherche partout. De Zurich, elle écrit à son petit Rodolphe (2) : « Nous avons fait la connaissance d'une ravissante petite malade, âgée de douze ans, qui a de magnifiques cheveux. Nous lui parlons, souvent même je l'embrasse ! Tu imagines combien elle doit être jolie et gentille ». Élisabeth est si ravie de Schaffhouse, qu'elle persuade son époux de venir l'y chercher pour la ramener ensuite par Munich. Là, les souverains apprennent les choses les plus étranges sur le compte du roi de Bavière, fiancé de la sœur d'Élisabeth. Le chargé d'affaires autrichien rapporte que la conduite de Louis II est des plus singulières et que l'état d'extrême agitation où il se trouve dénote sans conteste une maladie mentale. Le monarque recherche la solitude, passe la plus grande partie de son temps à errer à cheval dans la montagne, la nuit, au clair de lune. S'il ajourne sans cesse son mariage, il faut l'attribuer sans doute à l'appréhension qu'a le roi de devoir renoncer à sa vie chimérique et solitaire. La famille ducale s'indigne avec raison de la conduite du royal fiancé. La princesse Sophie, pour qui l'union projetée n'a jamais été une affaire de cœur, éprouve de la crainte devant Louis et sa nature bizarre. Le roi ne vient la voir que rarement, mais quand il vient, c'est presque toujours la nuit et sans s'annoncer. La duchesse mère ne voit pas d'autre moyen, quand elle prévoit pareille visite, que de faire éclairer Possenhofen ou Kreuth du haut en bas et d'alerter tout le personnel. Tout le monde attend alors, jusqu'à ce que, à minuit ou même à l'aurore, le roi daigne paraître (3). Mais dès qu'il s'agit de fixer la date du mariage, le roi tombe régulièrement dans le mutisme. En réalité cette union n'échoue pas par la faute de la charmante fiancée, encore très gaie à l'époque, mais par manque de sentiments natu-

(1) Élisabeth à Ida Ferenczy, Zurich, 28 août, 1867. Archives Farkas.

(2) Élisabeth à l'archiduc Rodolphe, Zurich, 1er septembre 1867. Vienne, Archives d'État.

(3) Communications personnelles de la duchesse Henriette de Vendôme à l'auteur.

rels de la part du fiancé. Finalement, le duc Max intervient. Il écrit au roi que les continuels atermoiements et les rumeurs qui en sont la suite ne sont plus compatibles avec l'honneur de sa maison et la dignité de sa fille. Si donc le mariage n'avait pas lieu le 28 novembre, Sophie lui rendrait sa parole. Quatre jours plus tard, la fiancée reçoit une réponse du roi. « Chère Elsa », écrit-il, lui donnant, comme de coutume, ce nom tiré de Wagner, « tes parents désirent rompre nos fiançailles, j'accepte leur proposition... Ton Henri » (1). Dans son journal, Louis II note, ce même 7 octobre : « Rompu avec Sophie. La sombre vision s'évanouit. J'avais besoin de liberté. Je suis altéré de liberté, avide de renaître de ce terrible cauchemar ». Et, le jour où devait avoir lieu le mariage, il ajoute : « Dieu soit loué, cette chose affreuse ne s'est pas réalisée ». L'impression en Bavière, mais aussi dans le monde entier, est profonde. Des rumeurs de toutes sortes avaient bien percé au sujet de Louis, mais on ne s'attendait tout de même pas à cela, surtout en Bavière. La maison de la reine était déjà constituée et, pour le jour de la cérémonie, était prévu le mariage de mille couples pauvres. La population, déçue, raconte, avec indignation, que le roi a jeté par la fenêtre le buste en marbre de sa fiancée. Louis II, cependant, habite chaque jour un autre château ou excursionne dans la montagne ; aucun ministre, aucun membre de sa famille ne peut mettre la main sur lui. Au reçu de la nouvelle, qui la surprend tout de même, Élisabeth écrit, révoltée, à sa mère : « Mon indignation est à son comble, comme celle de l'empereur. Il n'est pas d'expression pour qualifier pareille conduite. Je ne comprends même pas que, après tout ce qui s'est passé, il ose encore se faire voir à Munich. Mais je suis contente que Sophie prenne aussi bien les choses, Dieu sait qu'elle n'aurait pas été heureuse avec un mari pareil ; et je souhaite maintenant qu'elle en trouve un très gentil, mais qui ?... » (2).

En même temps Élisabeth, étant données les relations tendues avec la maison royale, demande à ses parents de lui envoyer Sophie à Vienne pour quelque temps. Mais Sophie refuse et la duchesse juge préférable qu'elle se retire du monde pendant un

(1) D'après les nouvelles communiquées à Beust par le comte Trauttmansdorff, 10 octobre 1867. Vienne, Archives d'État.

(2) Élisabeth à la duchesse Ludovica, Schoenbrunn, 19 octobre 1867. (Copie A.A.C.W.)

certain temps. Élisabeth et François-Joseph ne partagent pas cet avis. « Nous trouvons », écrit l'impératrice à sa mère, « qu'il n'y a aucune raison pour que Sophie vive dans la retraite, ce n'est pas à elle, mais au roi seul d'être gêné, et à sa place je sortirais beaucoup, j'irais au théâtre et je vivrais comme avant, et cela précisément parce que le roi et sa mère aimeraient mieux, sans doute, ne pas la voir. Mais, bien entendu, il faut que personne de nous n'aille à la cour... » (1). Et Élisabeth est décidée, maintenant, à faire son possible pour que Sophie trouve bientôt un mari, ne serait-ce que pour montrer au roi qu'on se moque de lui et de sa conduite.

Sur ces entrefaites, la question du voyage à Paris se pose à nouveau pour les souverains : il faut rendre la visite de Salzbourg. Mais Élisabeth ne veut pas y aller ; on décide donc d'annoncer que, d'après l'avis du médecin, l'impératrice est au troisième mois de sa grossesse. Dans une lettre à Eugénie, Élisabeth invoque cette raison comme excuse et lui exprime ses profonds regrets. Il est vrai que, simultanément, elle écrit à sa mère qu'elle ne regrette nullement ce voyage.

François-Joseph part seul et il jouit beaucoup de son séjour. Il attendait beaucoup de Paris et de l'Exposition universelle, mais il est « tout ébahi », car il « ne croyait tout de même pas que ce fût si beau » (2). François-Joseph est à Paris en même temps que Louis Ier de Bavière qui, malgré ses quatre-vingt-un ans, continue à s'intéresser à tout, et en particulier aux jolies femmes. « L'impératrice demande constamment de tes nouvelles », écrit François-Joseph (3). « Elle est essentiellement occupée, pour l'instant, à se défendre des assiduités du roi Louis qui, depuis trois jours, cherche à obtenir un baiser. Il est d'ailleurs plein d'entrain... » « Elle a convenu avec Louis de monter avec lui dans le ballon qui s'élève tous les jours du parc de l'Exposition. Il n'y a aucun danger, le ballon est retenu par une corde. Toutefois, l'empereur n'en doit rien savoir. Toi, tu ne ferais tout de

(1) Élisabeth à la duchesse Ludovica, Schoenbrunn, 6 décembre 1867. (A.A.C.W.)
(2) François-Joseph à Élisabeth, Élysée Napoléon, 24 octobre 1867. (Copie A.A.C.W.)
(3) *Id.*, 28 octobre 1867. (A.A.C.W.)

même pas chose pareille derrière mon dos... » (1). « Mon séjour est des plus agréables. Mais je me languis de vous tout de même, de vous tous qui êtes mon seul vrai bonheur. Tu seras certainement très bonne pour moi et je chercherai à te remonter et à te consoler dans tes souffrances... L'impératrice est effectivement montée en ballon avec Louis et en a été enchantée. Je ne cesse d'admirer tout ce que je vois de beau, de grandiose et d'utile. C'est comme un rêve... » Le lendemain, François-Joseph ajoute encore : « Le petit Napoléon est un garçonnet très intelligent, mais très petit. Il est criblé de taches de rousseur et porte des bas rouges comme un cardinal. Nous avons mieux ! J'ai vu beaucoup de petites femmes et de très jolies. Mais sois tranquille, mon ange, je ne pense qu'à toi... » (2). Élisabeth est heureuse que son époux s'amuse à Paris, bien que, lui aussi, se plaigne de sa fatigue. « Je suis contente de ne pas y être », écrit-elle. « Pour les hommes tout est quand même plus simple et plus facile » (3). Mais François-Joseph, malgré tout, a hâte de rentrer : « C'est ma dernière lettre avant de nous revoir, ce dont je suis très impatient », écrit-il. *Où est-on mieux qu'au sein de sa famille* (4). Je t'embrasse, ma femme merveilleuse et tant aimée, ainsi que les enfants, et je reste ton petit mari. »

De retour de Paris, l'empereur aspire à un peu de repos. A Vienne il n'en peut trouver, car il est assailli tout de suite par des soucis gouvernementaux de toutes sortes : audiences, festivités, visites d'expositions et autres. François-Joseph se laisse gagner à son tour par le charme de Gödöllö, ce paradis des cavaliers, dont Élisabeth avait su, dès l'abord, apprécier le calme. Il y trouve « un asile où il peut se retirer quand les Viennois le font par trop enrager ». Il partage tout à fait le sentiment de sa femme sur ce point, et le nouveau château devient un lien qui renforce l'intimité des deux époux. Élisabeth goûte d'autant plus la tranquillité de Gödöllö, comparée à la perpétuelle agitation de Vienne, que son état commence à la fatiguer. Quand elle réside

(1) François-Joseph à Élisabeth, Élysée Napoléon, 30 octobre 1867. (A.A.C.W.)

(2) François-Joseph à Élisabeth, Élysée Napoléon, 31 octobre 1867. (A.A.C.W.)

(3) Élisabeth à la duchesse Ludovica, Schoenbrunn, 31 octobre 1867. (A.A.C.W.)

(4) En français dans le texte.

à Vienne, il lui faut toujours s'attendre à ce qu'on lui reproche ses sympathies hongroises. Les Viennois sont irrités qu'on songe à faire naître l'enfant attendu en Hongrie. Le mécontentement s'accroît du fait que l'on destine à l'enfant, si c'est un garçon, comme on l'espère, le nom du patron de la Hongrie, saint Étienne. Andrassy insiste auprès de la cour de Vienne, qui est d'un avis opposé, pour qu'elle accède au désir d'Élisabeth de mettre son enfant au monde sur le sol hongrois. Bien qu'on voie habituellement avec satisfaction l'impératrice s'en aller, voilà qu'on se fâche lorsque, le 5 février, elle part pour la Hongrie pour plusieurs mois, à ce qu'on dit. L'antipathie contre Élisabeth est si forte que, dans un moment d'irréflexion, une dame de l'aristocratie laisse échapper la remarque que, s'il arrivait un accident à l'impératrice, ce serait bien fait (1). Et lorsque, le 18 février, le bal de la cour a lieu à Vienne sans Élisabeth, tout le monde dit que c'est grâce à l'absence de « cet élément perturbateur » qu'il a eu lieu effectivement. Les enfants sont restés à Vienne et l'impératrice, qui suit avec intérêt les progrès de son fils en matière intellectuelle et sportive, se réjouit que le petit Rodolphe monte déjà à cheval avec entrain et courage, et elle ne s'émeut pas particulièrement quand Latour lui rapporte que le jeune seigneur prend trop à la légère les choses de la religion.

Plus le moment de la délivrance approche, plus Élisabeth est nerveuse. Elle se languit de son époux. « Je vais bien », dit-elle, « mais j'aurais besoin de ta société pour me remonter ». François-Joseph espère beaucoup un fils, mais l'impératrice est convaincue que ce sera une fille et elle a déjà choisi son nom. Elle veut l'appeler Valérie (2). Ses pronostics se confirment : le 22 avril, en effet, naît une fille. François-Joseph en fait la description au petit Rodolphe qui est à Vienne : « Elle est bien jolie, elle a de grands yeux bleus foncés, un nez encore un peu trop gros, une toute petite bouche, des joues énormes et des cheveux foncés si épais qu'on pourrait les coiffer. Elle est très forte et gigote vigoureusement » (3).

(1) Propos rapporté par la landgrave Furstenberg dans une lettre à sa sœur Gabi, 5 février 1868. Archives Rechberg.

(2) Élisabeth à la duchesse Ludovica, Ofen, 29 mars 1868. Copie A.A.C.W.

(3) François-Joseph à Rodolphe, Ofen, 28 avril 1868. Vienne, Archives d'État.

Cette fois, Élisabeth est décidée à garder sa fille pour elle. L'influence de l'archiduchesse est brisée, elle ne se permettra plus d'accaparer l'enfant. La jeune mère ne la quitte plus des yeux, elle défend jalousement ses droits et ne laisse approcher personne sans son autorisation. Bientôt, la petite, que la mère préfère visiblement aux deux aînés, beaucoup plus âgés, et sur lesquels Élisabeth n'a jamais repris toute son influence, est surnommée à la cour « l'unique ». A peine est-elle au monde depuis trois semaines, que déjà l'association des femmes israélites de Vienne demande l'autorisation de la nommer membre d'honneur.

L'impératrice ne se remet que lentement de ses couches. Le 9 juin 1868, elle quitte la Hongrie pour Ischl, encore très fatiguée. Elle est toute déçue de ne pouvoir encore monter à cheval, elle se sent « souvent très triste et pleurerais volontiers toute la journée ». François-Joseph, qui connaît ces crises, lui conseille un voyage à Possenhofen, il sait qu'au milieu de ses frères et sœurs, Élisabeth retrouvera sa bonne humeur. Le 9 août 1868, l'impératrice arrive à Garatshausen sur le lac de Starnberg. Là, depuis la rupture des fiançailles, les relations avec le roi sont tendues. Cette situation ne peut se prolonger. On songe à une réconciliation mais, étant donné le caractère bizarre de Louis II, cela n'est pas facile. Toutefois, si quelqu'un peut y réussir, c'est assurément Élisabeth, pour qui le roi a toujours la même admiration. C'est d'ailleurs ce sentiment qui l'avait incité à conclure ses fiançailles avec Sophie. « A supposer que je puisse m'entendre avec une femme », se disait-il, « je ne saurais mieux faire que d'épouser une sœur de l'admirable impératrice ». Cependant le roi devient de plus en plus singulier. Il passe ses journées à faire de la photographie, ses nuits à monter à cheval au manège de la cour. Mais, ce qui fait la joie d'Élisabeth, c'est le récit du voyage à Innsbruck. Donc, le roi arrive au manège, muni de cartes. Pendant qu'on selle deux chevaux pour lui et pour son écuyer, il s'assied à une table et se met en devoir de calculer la distance à parcourir par rapport au périmètre du manège. Puis il enfourche sa monture. Toute la nuit, de huit heures du soir à trois heures du matin, suivi de son écuyer, il fait sans désemparer le tour du manège. C'est approximativement l'heure à laquelle il serait arrivé à Kufstein. Il descend alors de cheval, prend une collation et repart.

La course continue jusqu'à ce que, sur son cheval exténué, il arrive au terme de son voyage. Là-dessus il rentre chez lui satisfait (1).

Pendant longtemps le roi n'avait pas revu la famille ducale. Ce fut en mai 1868 qu'il la retrouva pour la première fois, de façon inattendue et dans des circonstances tout à fait comiques. Un jour, en faisant à cheval le tour du lac de Starnberg, il eut un accident : il tomba, le cheval partit, le roi resta indemne et il aurait dû rentrer à pied. Il rencontra un paysan avec une voiture et se fit reconduire chez lui, installé dans la paille et quelque peu crotté. Le hasard voulut qu'il croisât en route la famille ducale qui, dans deux superbes équipages, faisait une promenade. Le paysan s'arrêta discrètement sur le bord de la route. Et c'est assis dans cette carriole, dans une attitude des plus prosaïques, que le roi, qui ne sortait d'habitude qu'en somptueux carrosse attelé de chevaux blancs au harnachement luxueux, se présenta, pour la première fois depuis la rupture, aux yeux de son ex-fiancée.

On ne parle plus, à Munich, que des *Maîtres-Chanteurs*, l'opéra de Richard Wagner, donné pour la première fois le 21 juin 1868. On s'indigne de voir le roi, qui ne met pas les pieds à Munich d'ordinaire, accourir pour chaque représentation, malgré la chaleur de juin, et admettre à ses côtés, dans la loge royale, Richard Wagner « en costume plutôt négligé ». La famille ducale qui, autrefois et même dans l'affaire Wagner, prenait toujours le parti de Louis, a changé d'avis depuis l'histoire des fiançailles. Il n'avait pas été agréable à Sophie de s'entendre dire sans cesse par son fiancé, que le dieu de sa vie, c'était Richard Wagner, qu'il tenait la première place et que sa future femme ne venait qu'après. Maintenant, la duchesse Ludovica n'admet plus qu'on prononce devant elle le nom de Wagner. Elle fait cause commune avec ceux qui considèrent « toute cette Wagnerie » comme une dangereuse marotte du roi. Mais, le 13 août, lorsque Louis II vient rendre visite à Élisabeth à Garatshausen, toute la famille ducale réunie est heureuse de l'accueillir. C'est, à vrai dire, la première rencontre depuis l'automne et la première avance que fait Louis II pour amener une détente.

(1) Trauttmansdorff à Beust, Munich, 11 février 1868. Vienne, Archives d'État.

L'empereur François-Joseph, arrivé dans l'intervalle, et qui a appris les choses les plus étranges sur le compte du roi, cherche à le voir souvent pour se faire une opinion personnelle. Mais, plus il observe la situation, plus il est inquiet, et Élisabeth et lui se demandent où tout cela pourra mener.

Sur ces entrefaites, se présente un nouveau prétendant pour Sophie, le prince Ferdinand de Bourbon-Orléans, duc d'Alençon, petit-fils de Louis-Philippe. C'est un jeune homme de belle prestance qui peut se mesurer sans crainte à son prédécesseur. On décide de ne pas faire long feu cette fois et de célébrer le mariage dès le mois de septembre. Ainsi, l'aimable et joyeuse Sophie, qui a bien vite oublié son mariage manqué avec Louis II, trouve, elle aussi, un foyer. Mais la surprise est grande, tout de même, lorsque, au cours d'une soirée intime donnée la veille du mariage, son ex-fiancé, Louis II, fait inopinément une courte apparition au milieu des invités.

Bien entendu, Élisabeth a emmené sa fille Valérie au lac de Starnberg. Dès le début, l'impératrice manifeste une très grande inquiétude au sujet de cette petite. Il y a une forte discussion avec la nourrice : Élisabeth craint que son lait ne soit gâté, car Valérie, depuis deux jours, a la digestion troublée. « J'étais follement inquiète, effrayée même », écrit l'impératrice à Ida Ferenczy (1). Aussitôt, elle télégraphie pour qu'on lui envoie une autre nourrice. « Crois-moi », dit-elle, « je ne suis pas tranquille un instant, car c'est un sentiment horrible de savoir que le plus grand trésor qu'on possède au monde est entouré de gens peu consciencieux ». C'est une véritable lutte avec la vieille nourrice qui, aussitôt, est congédiée ; à ce que dit Élisabeth, « le bon Dieu lui-même n'arriverait pas à s'entendre avec elle ». Interrogée à son tour, la nourrice exprime les mêmes griefs contre Élisabeth. Elle ne comprend rien à cette espèce de panique qui s'est emparée d'elle, parce que la petite a été malade un seul jour ; elle ignore combien l'impératrice tremble pour cette enfant, qui lui appartient à elle, et à elle seule.

Dans ses lettres à Ida Ferenczy, Élisabeth s'abandonne complètement. Elle sait qu'elle a affaire à une âme fidèle, à laquelle elle peut écrire ce qu'elle pense. Elle lui raconte tout : elle est

(1) Élisabeth à Ida Ferenczy, Starnberg, 11 août 1868. Archives Farkas.

furieuse de ne pouvoir déjeuner seule avec le docteur Balassa de Pest, appelé pour Valérie — ce serait, paraît-il, contraire à l'étiquette —, le prince Liechtenstein, qu'elle n'appelle que le *szépherczeg*, c'est-à-dire beau-prince, a plu énormément à sa sœur Marie des Deux-Siciles et elle voudrait savoir quelle impression elle a faite sur lui, elle renonce à tout espoir d'être jamais débarrassée de la gouvernante Königsegg, elle a une sainte peur de Schoenbrunn et ainsi de suite. Elle prie sa lectrice de charger Andrassy, que dans ses lettres elle appelle toujours « notre ami », d'organiser des chasses à Gödöllö. Enfin, dans aucune lettre, elle n'oublie d'envoyer par Ida Ferenczy mille baisers à ses chevaux (1).

François-Joseph, cependant, est retourné à Vienne et, dans leurs lettres, les souverains se taquinent. Parlant un jour de son aide de camp, le comte Bellegarde, l'empereur écrit entre parenthèses : « Surtout ne rougis pas ! » Car l'officier, au début, laissait voir un faible pour la belle impératrice ; ce sentiment n'était d'ailleurs pas réciproque. Un jour donc, lorsque le comte arrive à Possenhofen envoyé par l'empereur, Élisabeth écrit à François-Joseph : « Bellegarde est arrivé. Sois tranquille, je ne suis pas coquette avec lui, ni avec personne ».

Après un séjour de six semaines, Élisabeth retourne en Hongrie, en passant par Vienne, pour y rester jusqu'à la veille de Noël. A la grande colère des Viennois, Élisabeth passe en Hongrie exactement les deux tiers de l'année qui suit le Compromis, et de préférence à Gödöllö, où la famille impériale jouit d'un calme parfait. Mais quand Valérie tombe malade une fois ou l'autre — ce qui est inévitable, — Élisabeth est dans tous ses états. « Si je te racontais », écrit-elle à sa mère, le 5 octobre 1868, « ce que j'ai souffert pendant une semaine et par quelle angoisse j'ai passé, tu ne manquerais pas de me plaindre de tout cœur. Ma Valérie a été malade et comme je l'aime autant que toi Gackel et que je m'émeus pour elle comme toi pour lui, quand il était petit, tu peux imaginer mon état... Mais, Dieu merci, elle va beaucoup mieux... » (2).

(1) Lettres d'Élisabeth à Ida Ferenczy datées de Munich et Tutzing, les 21, 24 et 28 août 1868. (A.A.C.W.)

(2) Élisabeth à sa mère, Gödöllö, 5 octobre 1868. Copie A.A.C.W.

Ce n'était pourtant qu'un léger malaise provoqué par la première dent. Élisabeth en est si heureuse, qu'elle distribue deux cents florins de cadeaux à l'entourage de Valérie, la « chambre d'enfant impériale et royale ».

L'impératrice tombe souvent d'un extrême dans l'autre. Elle est tantôt triste pour la moindre cause, mélancolique, voire désespérée, tantôt de nouveau gaie, malicieuse, exubérante et prise de fous rires dans les occasions les plus solennelles. La nouvelle nourrice de Valérie qui, d'une voix profonde et grave chante des czardas, amuse beaucoup Élisabeth par sa peur insensée des souris. Car il y en a beaucoup à Gödöllö. L'une d'elles s'égare même jusque dans la chambre de l'impératrice. « Hier il y avait grande chasse chez moi dans la vieille chambre. Les enfants, les femmes de chambre et les laquais chassaient une souris avec des balais, des cannes et des torchons, c'était un vrai steeple-chase, pendant lequel la malheureuse tomba une fois dans l'écuelle de Horseguard ; mais elle réussit à s'en échapper ; enfin, Wallner l'attrapa sous les jupes de Bally, où elle s'était réfugiée, et il lui tordit le cou... » (1).

Élisabeth est toute triste lorsque cette vie calme et idyllique de Gödöllö prend fin et que, au début de décembre, il lui faut s'installer à Ofen où, à la suite du Compromis, les délégations d'Autriche et de Hongrie se réunissent pour délibérer des affaires communes. Là, Élisabeth est obligée de voir toutes sortes de gens et ne sort plus des dîners, représentations théâtrales, réceptions et invitations. Elle trouve une compensation, parfois, dans la rencontre d'une personnalité intéressante comme le romancier Jokaï.

« Depuis longtemps je désirais vous connaître », lui dit-elle, « vos œuvres me sont familières. Celle que j'estime la plus belle c'est *Karpathy Zoltan* ». Or, dans cette œuvre, Jokai évoque l'esprit national. La conversation prolongée de l'impératrice avec le poète frappe particulièrement, parce qu'il est député de l'opposition et rédacteur du journal de gauche *Hon*. Il demande la permission à l'impératrice de lui offrir sa prochaine œuvre et elle lui répond, faisant allusion au Compromis heureusement réalisé : « Je crois que vous aurez plus de temps maintenant, pour vous

(1) Élisabeth à François-Joseph, Gödölö, 2 novembre 1868. (A.A.C.W.)

occuper de poésie, étant donné que les questions politiques chôment ». « Je dois aussi de la reconnaissance à la poésie », réplique Jokaï, « parce que je lui suis redevable de la grâce suprême qui m'échoit en ce moment et que je n'aurais sans doute pas obtenue par mon activité politique ».

« Je n'entends rien à la politique », répond Élisabeth en souriant. A quoi, plein d'à propos, Jokaï réplique : « La meilleure politique est de gagner le cœur d'un pays et Votre Majesté s'y entend parfaitement ». Le poète est ébloui par la beauté de la reine. Quand elle parle, tout est expressif dans son visage, et surtout ses yeux, dont l'éclat éclipse les feux des diamants qu'elle porte. « Ce n'est pas la reine, que nous voyons en elle », déclare Jokaï, « ni la femme, mais le génie de notre pays ». Et ce n'est pas une flatterie, c'est l'avis de tous, de la Hongrie tout entière. Lorsque Élisabeth rencontre une seconde fois le poète, elle lui demande :

« Avez-vous beaucoup travaillé, depuis notre dernière entrevue ? Plus vous écrivez, plus il me faut lire. »

« Votre Majesté sait encourager la littérature en souveraine ».

« Et vous travaillez toujours ? »

« Le travail c'est la vie. »

« Alors vous êtes un homme heureux ! »

Ce n'est pas de la coquetterie, c'est la vérité, Élisabeth aime et lit les poètes hongrois : Petöfi, Arany, Eötvös, Jokaï et autres avec plus d'intérêt que des milliers de femmes auxquelles ces poètes parlent dans leur langue maternelle.

A ce moment-là, meurt subitement le docteur Balassa qui, l'année précédente, a soigné Élisabeth et sa fille. L'impératrice fait dire des paroles de chaude sympathie à la veuve et la prie de venir la voir à Ofen, dès qu'elle se sentira assez forte pour partager son chagrin avec d'autres. Élisabeth est dévouée à tous ceux qui lui sont sympathiques, qui la servent avec franchise et dévouement. Elle retient l'attachement véritable, l'affection vraie, tout comme elle n'oublie pas la moindre offense, le plus petit manque d'égard.

Entre temps, l'impératrice s'est débarrassée des dernières personnes de son entourage choisies par l'archiduchesse Sophie. Elle a renvoyé le ménage Königsegg-Bellegarde et nommé premier chambellan un Transylvanien, le baron Nopcsa. C'est encore un Hongrois, et l'indignation est grande à la cour de Vienne, où le ménage Königsegg était très aimé. On sait très bien qu'il ne s'en va pas tout à fait de son plein gré et on est d'autant plus sensible à ce renvoi en Autriche, qu'on croit le ménage sacrifié à la préférence pour la Hongrie (1).

Déjà les journaux slaves et allemands se plaignent que le monde d'Élisabeth est exclusivement magyar, qu'elle ne parle plus que cette langue, ne fréquente plus que des dames de ce pays et que, même pour la petite Valérie, elle n'a pris que des nourrices hongroises qui chantent à la « fille du roi » des chants populaires magyars. L'accueil n'est donc pas des plus chaleureux lorsque Élisabeth, après avoir passé deux cents vingt jours en Hongrie, rentre à Vienne, la veille de Noël. D'ailleurs, les sentiments sont réciproques. A peine est-elle de retour à Vienne, qu'Élisabeth se plaint à sa mère : « J'enrage d'être obligée de rester ici et je me languis d'Ofen où, sous tous les rapports, le séjour est plus beau et plus agréable ». Et lorsque, en mars, après un court séjour à Agram, Élisabeth revient en Hongrie, elle en est ravie. Mais à Ofen non plus elle ne peut vivre complètement retirée quand l'empereur n'est pas là. Elle est obligée, malgré tout, de recevoir quelques personnes une fois ou l'autre et de remplir les obligations que lui impose son rang, bien qu'elle ne fasse que le strict nécessaire. « Je vis actuellement », écrit-elle (2), « comme une nonne dans sa cellule qui se croit bien à l'abri ; mais voilà qu'arrive le père gardien qui lui souhaite le bonjour ».

Une fois, Élisabeth essaie d'inviter l'insaisissable Déak qui se dérobe toujours. Elle lui écrit qu'elle sait très bien qu'il a coutume de refuser les invitations, mais qu'elle espère qu'il fera exception pour elle. Le 16 avril, Déak vient déjeuner chez l'impératrice et elle le reçoit en ces termes : « C'est un grand honneur pour moi ». Cette invitation a été suggérée par Andrassy, qui se sert de plus en plus d'Ida Ferenczy quand il veut faire dire quelque chose à la reine. Dès lors, la correspondance devient régulière entre Ida et le comte, et Élisabeth, ainsi, est de plus en

(1) Le comte Bray à Louis II, Vienne, 15 décembre 1868. Archives secrètes du royaume de Bavière.
(2) Élisabeth à François-Joseph, lettres d'Ofen des 22, 24 et 26 mars 1869. (A.A.C.W.)

plus attirée dans la sphère des intérêts hongrois. Elle brode la première écharpe pour le nouveau corps des Honveds, d'origine révolutionnaire. François-Joseph aussi se rapproche sensiblement de ces idées.

L'empereur vient, aussi souvent que son travail le lui permet, de Vienne à Ofen pour voir son épouse et chaque fois elle est malheureuse de le voir partir. « Je te perds tout à fait, mon cher petit », écrit-elle alors, « j'avais si bien fait ton éducation ces derniers jours, et me voilà obligée de recommencer quand tu reviendras... (1) » — Tu me connais, tu connais mes habitudes... Et, si je ne te conviens pas telle que je suis, eh bien, j'irai en pension (2) ».

Il est grand temps qu'Élisabeth revienne en Autriche, elle en oublierait tout à fait qu'elle est aussi impératrice de ce pays. Mais la vénération de sa confidente Ida Ferenczy, qui appelle la belle impératrice « fleur fraîche de rosée », fait beaucoup de bien à Élisabeth, bien qu'elle ne répète cette appellation qu'avec un sourire. Tous les soirs, Ida se tient auprès du lit de l'impératrice qui s'y est déjà tellement habituée, qu'elle ne saurait plus s'endormir sans cette présence.

Au mois de juillet de l'année 1869, Élisabeth loue pour six mois Garatshausen, le château de son frère aîné Louis. C'est dans son pays, dans son milieu d'autrefois, que l'impératrice est le plus heureuse. Elle est quelque peu paresseuse (3) : « Je vis ici sans penser à rien, comme j'aime à le faire », écrit-elle à Ida Ferenczy... Je parle très peu le hongrois et je le regrette. Ta fleur fraîche de rosée n'est pas particulièrement communicative et se borne à l'indispensable ». Élisabeth demande à Ida Ferenczy de lui donner régulièrement des nouvelles de l'empereur, de la santé de ses chevaux favoris et autres. Elle la rappelle à l'ordre pour qu'elle écrive plus souvent, car c'est une mauvaise habitude, voire une impolitesse de n'écrire que pour répondre. Se baigner dans le lac, aller à cheval, voir ses frères et sœurs, lire et se promener en voiture avec la petite Valérie, voilà les principales occupations d'Élisabeth. Elle prend goût à ces séjours au loin et

(1) Élisabeth à François-Joseph, Ofen, 14 avril 1869. (A.A.C.W.)
(2) *Id.*, Gödöllö, 30 avril 1698. (A.A.C.W.)
(3) Élisabeth à Ida Ferenczy, Garatshausen, 8 juin 1869. Archives Ferenczy.

profite de toutes les occasions pour trouver des prétextes à partir. Sa sœur, Marie des Deux-Siciles, qui s'est réconciliée avec son mari, prie Élisabeth de venir à Rome, l'assister pour ses couches. L'impératrice demande à François-Joseph son autorisation, mais, du point de vue politique, la chose est délicate, en un temps où le pouvoir temporel du pape n'est maintenu qu'avec peine, par des troupes françaises, contre l'assaut du royaume d'Italie. Le projet de sa femme ne laisse pas de déplaire à François-Joseph, mais il ne peut rien lui refuser. Élisabeth est très heureuse en Bavière, au milieu des siens, mais elle avoue qu'elle a parfois « une terrible nostalgie de la Hongrie (1) ». Une nouvelle vient réjouir l'impératrice : Andrassy, qu'avec Ida elle appelle « notre ami », fera un séjour à Munich du 26 au 28 juillet et, à cette occasion, viendra la voir. Elle regrette tant la Hongrie que la perspective de cette visite l'enchante tout particulièrement. « Mais ne t'inquiète pas », écrit-elle à sa confidente Ida, « je ne lui sautarai pas au cou ». Pour le 21 juillet, l'archiduchesse Sophie s'est annoncée chez la duchesse Ludovica. La nouvelle gouvernante anglaise de Valérie, Miss Throckmorton, ne la connaît pas encore et ne se doute pas des dissentiments qui la séparent d'Élisabeth. La reine Marie se charge de renseigner la nouvelle dame et de lui dire que si elle veut s'entendre avec l'impératrice, il faut avant tout ne pas contrarier ses sympathies pour la Hongrie.

Pour l'instant, Élisabeth songe à son voyage à Rome. « Il ne me manque plus que l'autorisation de mon époux, mais permettra-t-il que je m'absente si longtemps ? » écrit-elle à Ida. « Le plus grand sacrifice sera de laisser ma « Ballerine », quel dommage que je ne puisse emmener mes chevaux favoris. Embrasse-la pour moi des pieds à la tête, mais prends garde qu'elle ne te donne des coups de pied dans le ventre. Cette bête est parfois sournoise. »

Un jour, les propriétaires, le duc Louis et son épouse morganatique, la baronne Henriette de Wallersee, née Mendel, viennent dîner dans l'intimité à Garatshausen. Ni la famille, qui en veut toujours au duc de son mariage, ni les suites d'Élisabeth et de ses convives, ne sont invitées. « J'étais ravie de me passer un jour de mon entourage », dit Élisabeth avec ironie, « j'imagine leur indignation, mais je ne pouvais pourtant pas faire à d'aussi

(1) Élisabeth à Ida Ferenczy, 19 juillet 1869. Archives Ferenczy.

hautes personnalités l'affront de les inviter à la même table que ma belle sœur (1) ». Élisabeth est pleine d'attentions pour sa nièce Marie, une grande perche de neuf ans qui gambade dans le jardin, les bas et les souliers crottés. C'est une fillette fraîche et pleine d'entrain et, ce qui est bien fait pour séduire l'impératrice, elle monte à cheval depuis l'âge de cinq ans. Élisabeth prend la résolution d'attirer un jour à elle cette petite, en dépit de toute la famille.

Élisabeth est un curieux mélange d'csprit frondeur et de tristesse, qui s'épanouit à l'improviste en gaîté et en malice. De la gravité, une ironie caustique, du cynisme par instants, puis, de nouveau, une candeur enfantine. Son amour pour sa petite fille l'absorbe complètement, elle redevient enfant avec elle. Un jour, passe un prestidigitateur ambulant qui amène un ours apprivoisé, à la grande joie de la petite Valérie et plus encore d'Élisabeth. Celle-ci le fait danser, puis lui jette une pomme dans le lac, que l'ours va chercher, pour s'ébattre ensuite dans l'eau et nager comme un être humain. A l'arrivée d'un vapeur, la bête s'effraie, grogne bruyamment et, en sauts formidables, se précipite vers la berge. L'ours est tellement apprivoisé qu'on peut le caresser et le nourrir la main. Élisabeth l'aurait volontiers gardé et emmené en Autriche. « Il coûte sept cents florins », dit-elle timidement à François-Joseph. Le bateleur, voyant le succès qu'il a obtenu auprès d'Élisabeth avec son ours, amène encore un singe (2). Elle attire à Garatshausen des joueurs de guimbarde, de guitare et des cithariste et la duchesse Ludovica dit à sa fille : « Ma chère Sisi, tu es tout à fait comme ton père avec ta passion pour les chanteurs de foire ».

Les affaires ne permettent pas à François-Joseph d'aller à Garatshausen et il prie Élisabeth de revenir bientôt à Ischl. Elle acquiesce, mais elle ajoute (3) : « Je te fais des concessions et des sacrifices, j'espère que tu feras de même envers moi ». François-Joseph demande des nouvelles de Louis II. « On ne voit pas le roi de Bavière et on n'en entend pas parler, Dieu merci », répond Élisabeth, qui n'est contente que lorsqu'on la laisse tranquille ».

(1) Élisabeth à Ida Ferenczy, Garatshausen, 26 juillet 1869. Archives Ferenczy.
(2) Élisabeth à François-Joseph, Garatshausen, 26 juillet 1869. (A.A.C.W.)
(3) *Id.*, Garatshausen, 5 août 1869. (A.A.C.W.)

« D'ailleurs, il a la bougeotte et il est perpétuellement en route (1) ». Elle se résigne en soupirant à retourner en Autriche et à Ischl. « Toi et mes chevaux exceptés, je ne trouverai que du désagrément, où que j'aille », écrit-elle à son amie Ida (2).

C'est une allusion d'Élisabeth à l'animosité qu'elle rencontre à la cour à cause de son amour pour la Hongrie. L'archiduchesse Sophie, cependant, devient plus réservée à mesure qu'elle avance en âge et qu'elle voit à quel point l'empereur et l'impératrice s'entendent bien. Elle se prend à ménager Élisabeth et celle-ci commence à se mettre dans son tort vis-à-vis de sa belle-mère. Autrefois Sophie, dans son hostilité contre la Hongrie, a exagéré ; à présent, Élisabeth oublie trop qu'après tout, elle est aussi impératrice d'Autriche.

Le prochain voyage de l'empereur, qui doit se rendre à l'inauguration du canal de Suez, alimente les conversations de la cour. Elle est fixée au 16 novembre 1869 et l'impératrice Eugénie s'y rendra, elle aussi, à la place de Napoléon III. La question se pose un instant de savoir si Élisabeth accompagnera l'empereur, mais elle s'effraie des fêtes qu'il lui faudra subir et, en outre, elle n'aime pas trop Eugénie. Comme François-Joseph, lui aussi, juge préférable que l'un d'eux reste avec les enfants, l'empereur se décide en fin de compte à partir seul. Le 26 octobre 1869, il fait ses adieux à sa famille à Gödöllö. Au dernier moment, Élisabeth regrette quand même de laisser partir son mari seul, elle pense à lui tout le jour, et au beau voyage qu'il va faire. Elle est si inquiète pour son époux qu'elle le décide à emmener un médecin.

C'est par ces détails que l'archiduchesse voit que les rapports entre les époux sont excellents et elle en tient compte à Élisabeth. « Que Dieu le rende à ta bonne maman », écrit-elle à l'archiduc Rodolphe. Le même jour, François-Joseph, de son côté, écrit à sa femme qu'il « s'est séparé de tout ce qu'il aime au monde (3) ».

Constantinople marque la première étape du voyage. François-Joseph rend visite au sultant Abdul Asis, « le plus charmant maître de maison qu'on puisse imaginer ». Il écrit tous les jours

(1) Élisabeth à François-Joseph, Garatshausen, 10 août 1869. (A.A.C.W.)
(2) Élisabeth à Ida Ferenczy, Garatshausen, 31 juillet 1869.
(3) François-Joseph à Élisabeth, 26 et 30 octobre 1869. (A.A.C.W.)

de longues lettres à Élisabeth. La description des écuries du sultan la remplit de jalousie. « Tu aurais sans doute aussi commencé par là », dit François-Joseph, et lui décrit ensuite les superbes étalons arabes, le cheval favori du sultan, un cheval blanc âgé de trente ans et qu'il monte encore, les huit cents autres chevaux de la cour, etc... Elle s'amuse du petit prince, le fils du sultan, qui, d'après François-Joseph, possède déjà à lui seul cent cinquante chevaux, mais qui est si méchant et si mal élevé, « qu'il rosse les aides de camp de son père avec sa badine ». Élisabeth, en lisant ces descriptions et en apprenant combien il fait doux dans le midi, maintenant que l'hiver entre de nouveau dans son pays, est prise d'une « terrible nostalgie » d'un climat plus clément. Elle écrit, elle aussi, presque tous les jours, de longues lettres à François-Joseph et espère qu'il verra qu'elle « pense bien à lui, bien qu'elle ne sache pas l'exprimer d'une manière amusante ». Andrassy, qui accompagne l'empereur, écrit beaucoup à Ida Ferenczy, et par elle à l'impératrice. De Constantinople, le voyage se poursuit à Jaffa et, de là, aux lieux saints. Le sultan a préparé une brillante escorte pour François-Joseph. L'empereur et Andrassy admirent la beauté pittoresque des indigènes drapés dans leur burnous de couleur. Andrassy regarde particulièrement les femmes. Les tentes de l'escorte sont brodées de soie et d'or, des centaines de soldats turcs sont montés sur des dromadaires, les Bédouins sur des chevaux blancs. Toute la caravane se met en route pour Jérusalem. Près du Jourdain, l'empereur fait remplir de nombreuses bouteilles d'eau qu'il rapportera chez lui car, depuis toujours, les membres de la maison royale sont baptisés avec l'eau du Jourdain. Andrassy, lui, s'y baigne, car il a entendu dire que celui qui s'est trempé dans l'eau du Jourdain, peut faire des miracles. « Ma patrie en a bien besoin », dit-il. On passe la nuit sous les tentes, près de Jéricho, mais Andrassy s'échappe pour faire une visite nocturne dans la ville, ce qui provoque de la part de l'empereur une remarque malicieuse. Et Élisabeth envoie au comte la petite poésie suivante :

Un mot maintenant au sujet d'Andrassy.
Il se promena seul, le soir, à Jéricho,
Revint le matin dans la tente, les jambes nues
Sans Kalpak et sans Attila. Voluptueux miracle !
On le surprit sous les fenêtres d'une belle ; quel scandale !

Là-dessus, Andrassy prie Ida Ferenczy de lire à sa Majesté la « réfutation officielle » de cet incident :

C'est faux, c'est faux
Ce qui se dit d'Andrassy à Jéricho !
Il ne vit pas de fenêtre, seulement des jalousies
Faites pour échauffer l'imagination.
Il ignore, hélas ! comment est faite
Une Turque vue de près.
Mais il était libre de pécher
Et il l'aurait fait volontiers ;
Car il était libre de le faire
Ayant reçu à Jérusalem l'absolution pour l'éternité.

François-Joseph envoie à sa femme tous les souvenirs possibles des lieux saints. Une bouteille remplie d'eau du Jourdain, puisée à l'endroit même où Jésus fut baptisé par Saint Jean-Baptiste, une boîte de la pierre dont fut faite la tombe du Christ et ainsi de suite.

De Jaffa, le voyage se poursuit jusqu'à Suez. Là, François-Joseph trouve les premières lettres de sa femme. Elle parle de son nouveau chien Shadow. « J'envie au sultan ses bêtes sauvavages. Mais j'aimerais encore mieux un nègre. Peut-être m'en apporteras-tu un en surprise ; je t'embrasse mille fois d'avance pour cela... Te voilà encore réuni avec ta chère impératrice Eugénie. Je suis très jalouse parce que tu es en train de faire le joli cœur avec elle, tandis que je suis seule ici et ne peux même pas me venger... Je suis d'ailleurs plus paresseuse que jamais et la seule pensée de faire un effort m'épouvante. Mais je voudrais quand même être à Constantinople... (1) ». François-Joseph peut rassurer sa femme. Eugénie de France est loin d'être aussi jolie que jadis ; elle a épaissi. Au palais du khédive, un grand bal réunit tous les hôtes marquants qui sont arrivés pour l'inauguration du canal. Des milliers de personnes étant invitées, la société est très mélangée. Dans les salles, c'est la cohue, en sorte que même François-Joseph, au bras de l'impératrice Eugénie en robe rouge et coiffée d'un diadème, n'arrive qu'avec peine à se frayer un passage. L'organisation n'est pas à la hauteur de cette grandiose manifestation. Le souper se fait attendre. « Nous tous »,

(1) Élisabeth à François-Joseph, Gödöllö, 7 et 16 novembre 1869. (A.A.C.W.)

écrit François-Joseph à sa femme, « n'avions qu'une idée, sortir, et l'impératrice et moi, nous employâmes tous les moyens pour hâter le commencement du souper, auquel il fallait absolument que nous prissions part, parce qu'on avait fait les plus mirobolants préparatifs et que le menu comportait plus de trente plats » (1). Élisabeth n'envie pas son époux. Elle voudrait bien voyager, mais s'il lui fallait payer ses voyages en prenant part à pareilles fêtes, elle aimerait mieux y renoncer.

Les dernières nouvelles annoncent pour le mois de décembre la délivrance de la reine Marie des Deux-Siciles. Élisabeth s'arrange pour rencontrer à Miramar l'empereur à son retour, après elle continuera son voyage pour Rome. Justement va s'y réunir un concile œcuménique qui ne comptera pas moins huit cents dignitaires de l'église, venus de tous les coins du monde. Élisabeth est descendue au palais Farnèse, où elle est l'hôte du roi des Deux-Siciles qui « se confond en amabilités » sans gêner le moins du monde les deux sœurs.

Le 8 décembre, l'impératrice assiste à l'ouverture du concile dans la loge réservée aux souverains. « Une houle de mitres », écrit-elle (2). Elle assiste, étonnée, aux interminables cérémonies, celle du vœu d'obéissance, par exemple, où tout le clergé présent s'approche du pape pour lui baiser la main. La séance dure près de sept heures. Élisabeth en a déjà assez au bout d'une heure. Le lendemain, l'impératrice va rendre visite au Saint-Père. Il parle beaucoup et très aimablement, mais Élisabeth comprend peu l'italien. Elle trouve « très drôle de se traîner perpétuellement à genoux. (3) » Le 1er décembre, Pie IX lui rend sa visite au palais Farnèse. « L'accueil comportait encore un terrible cérémonial », écrit-elle à François-Joseph, « la maison entière était réunie et nous attendîmes sa sainteté à genoux au pied de l'escalier... La conversation ayant lieu en italien, je n'avais pas à faire de frais. Au départ, mêmes formalités. Au bas de l'escalier, le pape s'enfonça par dessus les oreilles un bonnet écarlate, revêtit un manteau de même couleur, doublé d'hermine, et il me rappela ainsi l'impératrice Caroline-Augusta... ».

(1) François-Joseph à Élisabeth, à bord du *Griffon*, aux lacs amers, 20 novembre 1869. (A.A.C.W.)

(2) Élisabeth à François-Joseph, Rome, 8 décembre 1869. (A.A.C.W.)

(3) *Id.*, Rome, 11 décembre 1869. (A.A.C.W.)

Invoquant son strict incognito, Élisabeth évite toutes les réceptions des princes ou du corps diplomatique. Mais, sous la conduite du baron Visconti, elle visite les curiosités de Rome. La veille de Noël, jour anniversaire de l'impératrice, la fille de la reine Marie voit le jour. Élisabeth est aux petits soins pour sa sœur, l'entoure nuit et jour et, en circulant en vêtements de nuit sur les mosaïques de ce grand palais, elle prend froid. Elle essaie de se guérir avec du lait d'ânesse. Mais Élisabeth se remet instantanément au moment où lui parvient, de la part de la noblesse, une invitation à une grande chasse dans la campagne romaine. Elle passe des jours agréables et monte à cheval en compagnie des princes Doria, Odescalchi, Piano et autres. Tout le monde admire la gracieuse amazone et, bien qu'elle trouve le terrain moins favorable pour l'équitation qu'en Hongrie, Élisabeth est enchantée. Elle a beaucoup de sympathie pour le comte Malatesta qui, à Rome, est à sa disposition. Toutes les craintes de François-Joseph ont été vaines : il n'y a pas eu un seul incident pendant le séjour de l'impératrice. De Rome, Élisabeth se rend directement à Ofen et la cour de Vienne en est très vexée. Déjà elle a manifesté de l'humeur en apprenant qu'Élisabeth a élevé de dix-huit cents à trois mille florins le traitement de sa lectrice et lui a de plus consenti des frais de déplacement. Car Vienne voit dans Ida Ferenczy l'instrument d'Andrassy. Valérie est élevée en « fille de roi de Hongrie ». Élisabeth constate qu'à deux ans cette délicieuse petite parle mieux le hongrois que l'allemand et qu'on comprend tout ce qu'elle veut (1).

Le mois de juin revoit l'impératrice à Ischl. Dans cette paisible vie campagnarde, interrompue seulement par d'innocentes distractions telles que la présentation de chiens dressés, d'un cheval savant et autres, éclate la nouvelle d'une tension entre la France et la Prusse. François-Joseph ne peut donc pas venir à Ischl. Élisabeth s'écrie : « Pourvu que ce ne soit pas encore la guerre, ce serait affreux ». Mais François-Joseph est d'avis qu'une guerre serait moins défavorable qu'elle ne le croit. Ce serait même très bien si l'orgueilleuse Prusse était humiliée par Napoléon III. L'occasion s'en présente. Élisabeth change donc d'avis et elle,

(1) Élisabeth à la duchesse Ludovica, à Ofen, 2 février 1870. Copie A.A.C.W.

qui depuis 1866 ne s'était pas soustraite à l'animosité de la cour de Vienne contre la Prusse, attend, tout comme l'empereur, la victoire de la France dans la guerre imminente. Élisabeth voulait se rendre dans sa famille en Bavière, mais à présent ce n'est naturellement plus possible. Elle ne veut à aucun prix rester à Ischl : ce serait passer tout l'été en compagnie de sa belle-mère et elle ne pourrait pas le supporter (1). D'ailleurs, elle tient à un moment pareil à ne pas être trop loin des nouvelles et du chemin de fer. Elle s'installe donc à Neuberg, au nord de Mürzzuschlag, où l'empereur pourra la rejoindre en cinq heures. Ses frères, Louis et Charles-Théodore, vont partir pour la guerre et l'impératrice partage l'angoisse de sa mère, elle voudrait bien savoir si leurs sentiments sont prussiens. Après la bataille de Sarrebruck, François-Joseph télégraphie immédiatement à Élisabeth que Napoléon III a remporté une grande victoire.

« C'est un bon début pour la France », dit-elle (2). « Cet endroit est-il de quelque importance ? Je suis curieuse de voir comment les Prussiens interpréteront cette affaire. » Les jours suivants, François-Joseph continue à lui donner des nouvelles favorables pour les Français et il espère que la France tiendra.

« Si cela continue », lui répond Élisabeth, « les Prussiens ne vont pas tarder à retourner à Berlin (3). Je me réjouis d'entendre ton avis et tes pronostics de vive voix. Tâche de venir bientôt ». Mais le vent tourne : Wissembourg, Frœschwiller, Forbach, Gravelotte, autant de noms, autant de victoires allemandes. La déception est grande à la cour de Vienne où on envisageait déjà sérieusement d'entrer en guerre aux côtés de Napoléon III. Maintenant qu'on apprend les victoires successives de la Prusse, on craint que celle-ci ne se tourne à nouveau contre l'Autriche et ne l'anéantisse complètement. « Il se peut que nous végétions quelques années encore, avant que notre tour ne vienne, qu'en penses-tu ? » demande Élisabeth à son époux (4). Mais c'est pour l'archiduchesse Sophie que le coup est le plus dur. Au soir de sa vie, il lui faut constater une fois de plus l'anéantissement de tous ses espoirs : l'unification de l'Allemagne ne se fera pas sous l'hégémonie de

(1) Élisabeth à François-Joseph, Ischl, 16 et 20 juillet 1870. (A.A.C.W.)
(2) Élisabeth à François-Joseph, Neuberg, 4 août 1870. (A.A.C.W.)
(3) *Id.*, 8 août. (A.A.C.W.)
(4) *Id.*, 10 août 1870.

l'Autriche. En outre, le concordat, qui fut son œuvre, est à la veille d'être dénoncé. Dans sa tristesse, elle se plaint au petit prince impérial de toute la peine qu'il faut endurer. « Je suis heureuse que les Bavarois se soient distingués, je suis de leur race et, en toute bonne foi, je ne puis que regretter qu'ils ne l'aient pas fait en 1866, au lieu de se laisser berner au point qu'ils luttent pour la perte complète de leur indépendance. » Mais le mal s'aggrave encore. Le 1er septembre, Sedan capitule, Napoléon rend son épée au roi de Prusse et, le 4 septembre, la république est proclamée à Paris ; l'impératrice Eugénie est forcée de fuir précipitamment hors de France. François-Joseph est atterré et révolté par la victoire « insolente » de la Prusse (1). Élisabeth écrit à son époux : (2) « La nouvelle de la proclamation de la république ne m'a guère surprise, je m'étonne seulement que cela ne se soit pas produit plus tôt. J'espère qu'à ton retour tu me donneras des détails sur la fuite de l'impératrice, cela m'intéresse beaucoup... ».

Cette guerre affecte beaucoup l'archiduchesse et le sort de Louis-Napoléon et de son épouse lui inspire une grande pitié (3). Sophie a ressenti si cruellement la défaite de 1866, qu'elle en a oublié complètement les mécomptes subis en Italie, en 1859, par la faute de Napoléon III, et la responsabilité qui lui incombe dans le drame du Mexique. Mais c'est de Sadowa que date son ressentiment. Depuis lors, François-Joseph s'est émancipé de sa tutelle et l'ambitieuse vieille femme ne peut se résigner à voir lui échapper des mains les rênes du gouvernement.

Parmi les conséquences de la guerre, il en est une qui touche profondément la famille de Bavière. Le 20 septembre, les troupes du royaume uni d'Italie entrent à Rome. Aussitôt l'ex-roi des Deux-Siciles et son épouse doivent quitter la Ville éternelle, d'où ils essayaient de fomenter des conspirations contre le royaume d'Italie. Ils mèneront dorénavant une vie nomade, nourrissant toujours le vague espoir de remonter malgré tout, un jour, sur le trône de Naples.

Le sort en est jeté, Élisabeth pense que la paix sera bientôt rétablie. Dans le fond, elle tire quand même quelque orgueil des

(1) François-Joseph à l'archiduchesse Sophie, 25 août 1870.
(2) Élisabeth à François-Joseph, Neuberg, 6 septembre 1870. (A.A.C.W.)
(3) L'archiduchesse Sophie au prince Rodolphe, Ischl, 6 septembre 1870, Vienne, Archives d'État.

succès remportés en France, d'autant que sa petite patrie s'y est illustrée. Ce qu'il y a de sûr, c'est que l'Autriche ne jouera plus aucun rôle dans la guerre franco-allemande ; elle peut donc aller tranquillement à Méran avec ses enfants.

Son voyage par Salzbourg, Kufstein et Innsbruck, qu'Élisabeth ne connaît pas encore, est un véritable triomphe. Chaque soir, ici et là, des feux s'allument dans la montagne. A la gare d'Innsbruck, la municipalité fait à l'impératrice un brillant accueil. Soudain, pendant la réception, elle aperçoit un grand chien (1). Aussitôt toute son attention se porte vers l'homme qui le conduit. Elle lui fait signe et, le lendemain, le chien est à elle. A Méran, Élisabeth descend à la villa Trauttmansdorff dont les salles sont peuplées de vieilles armures et les murs revêtus de portraits d'ancêtres. On y pourrait bien jouer aux revenants, dit Gisèle, déjà âgée de quatorze ans, à son frère Rodolphe (2).

Le roi et la reine Marie des Deux-Siciles, ainsi que le ménage d'Alençon, ne tardent pas à se retrouver à Méran chez Élisabeth. L'impératrice aime beaucoup toutes ses sœurs, surtout Marie dont, sous bien des rapports, elle subit l'influence. La reine est très belle, avec ses yeux de velours, fendus en amande, d'où émane un regard doux et mélancolique. N'était l'expression de sa bouche, qui ne s'harmonise pas avec le reste de sa gracieuse personne, elle rappellerait tout à fait Élisabeth. D'ailleurs, les sœurs de l'impératrice paraissent s'efforcer de cultiver leur ressemblance avec elle. Toutes cherchent à copier sa silhouette. Elles imitent ses manières, portent la même coiffure, les mêmes voilettes, les mêmes vêtements. La reine Marie va même jusqu'à se promener avec un chien de même race et de même taille que celui d'Élisabeth et portant le même collier. Le roi des Deux-Siciles voit cette recherche avec le sourire. C'est un homme froid, résigné à son sort. « Pour moi, c'en est fini d'être roi », dit-il. Comme Élisabeth n'a pas emmené ses chevaux à Méran, elle fait de longues promenades au pas de gymnastique qui, à la grande frayeur des dames d'honneur, durent souvent quatre à cinq heures.

Le résultat de la guerre de 1870 a pour effet de changer toute la politique autrichienne à l'égard de la Prusse. Inutile, désormais,

(1) Gisèle à Rodolphe, Méran, 17 octobre 1870. Vienne, Archives d'État.
(2) *Id.*, 27 octobre 1870.

de nourrir en secret des vélléités de revanche contre elle, François-Joseph et son ministre des Affaires étrangères se résignent à la nouvelle situation. La visite de l'empereur Guillaume, la 11 août 1871, en est la preuve.

En ce moment, le petit prince impérial est à Ischl ; son esprit commence déjà à s'éveiller. Il est passionné de sciences naturelles et il ne peut que plaindre « les types » qui ne s'y intéressent pas. Il aime à observer les animaux et leurs mœurs. Mais tandis que sa mère les aime infiniment, s'en entoure et leur fait du bien, Rodolphe, à douze ans, déjà, tire sur tout ce qui court, vole et rampe. Ses éducateurs le laissent faire, convaincus qu'avec un père si épris de la chasse, le petit prince est destiné à devenir très tôt un bon fusil. Mais, sans aucun doute, ce goût précoce pour la chasse lui endurcit le cœur. On a conservé des dessins des années 1867 à 1871 sur lesquels le prince impérial s'est représenté lui-même tirant sur un oiseau dans un arbre, sur une famille de lièvres ou sur des perdrix, et chaque fois une grande tache rouge désigne le sang qui jaillit. L'impératrice elle-même n'y peut mettre un frein, son fils a été trop longtemps soustrait à son influence.

A la mi-mars, Élisabeth revient de Méran pour passer cinq jours à Ofen. L'archiduchesse Clotilde, la femme de l'archiduc Joseph, vient la saluer à la gare en compagnie de la comtesse Marie Festetics. « Qui est cette dame ? » demande l'impératrice. L'archiduchesse lui répond que c'est la nouvelle dame d'honneur que Déak et Andrassy lui ont recommandée. La comtesse est une femme très intelligente, perspicace, toute dévouée à la Hongrie. C'est pourquoi ils souhaitaient l'amener à la cour afin d'y avoir une amie et une patriote sur laquelle il pussent compter.

La comtesse est sous le charme de l'impératrice. « Elle est si belle », écrit-elle le soir dans son journal, tenu avec soin, « que je n'ai jamais vu sa pareille. Pleine de majesté et si gracieuse à la fois, et sa voix est si douce. Ses yeux sont merveilleux ! » (1). Avec sa grâce et son amabilité coutumières, l'impératrice s'entretient longuement avec Marie Festetics, elle parle surtout de leurs amis communs, Déak et Andrassy. Le 19 mars, l'archiduchesse donne un grand dîner : l'impératrice, dans sa robe mauve décolletée, ses cheveux flottants jusqu'au-dessous de sa taille, est d'une

(1) Journal de la comtesse Marie Festetics, 16, 17 et 18 mars 1871. (A.F.)

beauté resplendissante. La comtesse lui trouve quelque chose de lilial ; elle a à la fois le charme d'une jeune fille et la maturité d'une femme. La comtesse s'entretient un instant avec son cousin, le comte Gustave Bellegarde, aide de camp de l'empereur, qui appartient au clan de Sophie, et elle est surprise de l'entendre parler sans bienveillance d'Élisabeth. Elle le prie alors de ne pas lui gâter son plaisir, mais le comte ne fait qu'en rire. La comtesse, qui n'est pas encore habituée à l'atmosphère de la cour, se retire, déçue. Elle qui, jusqu'à ce jour — elle a trente-trois ans — n'a vécu qu'à la campagne, regarde tout ce qui se passe autour d'elle d'un œil critique. « Beaucoup de gens spirituels », écrit-elle dans son journal (1), « entre autres le comte Andrassy, Eötvös et, avant tout, mon vieil ami Déak, des hommes charmants, d'autres seulement agréables, des élégants, des parvenus, aussi des oisifs et des bavards, de belles femmes et des femmes aimables, des amis, des parents, des cousins, des cousines ; ajoutez à cela une poignée d'imbéciles et d'arrivistes, voilà le grand monde ». La spirituelle comtesse a beaucoup plu à Élisabeth lors des deux entrevues qu'elle a eues avec elle à Budapest et elle en parle à Andrassy.

En juillet, la princesse Hélène Taxis se marie, l'impératrice demande alors à la comtesse de la remplacer. Marie Festetics hésite, mais, le 4 juillet 1871, Andrassy vient la trouver : « Il faut accepter, sans réfléchir. Vous devez ce sacrifice à votre pays. Quand on a reçu de Dieu beaucoup d'intelligence, il faut se montrer reconnaissant ; la reine a besoin de quelqu'un de fidèle ».

« Mais », réplique la comtesse, « le mérite-t-elle ? »

Là-dessus, Andrassy la regarde d'un air si étonné, qu'elle rougit. « Eh bien ! Qu'est-ce que cette question ? » lui répond-il gravement. Sur quoi Marie Festetics lui raconte, non sans quelque hésitation, ce qu'elle a entendu dire par Bellegarde. Et Andrassy de répondre (2) : « Vous me considérez comme un ami, n'est-ce pas ? Eh bien ! je vous le conseille, dites oui... La reine est bonne, pure et intelligente. On lui en veut d'aimer notre pays, la cour ne le lui pardonnera jamais. C'est pourquoi on vous persécutera vous aussi, mais qu'importe. Vous servirez ainsi la reine et la patrie, c'est votre devoir d'accepter. Déak aussi est de cet avis.

(1) Journal de la comtesse Festetics, 30 janvier 1871. (A.F.)
(2) *Id.*, 4 juillet 1871. (A.F.)

De plus, il est impossible de refuser pareille offre ». C'est ainsi que Marie Festetics entre au service de l'impératrice.

Élisabeth passe le mois d'octobre et de novembre de l'année 1871 à Méran, avec Valérie, cette fois encore le petit Rodolphe ne peut pas l'accompagner. Elle emmène, en remplacement de sa dame d'honneur Lilly Hunyady, qui se marie, la comtessa Ludviga Schaffgotsch, jolie et sympathique, mais très petite. « Ce qu'il y a de plus beau en elle », (1) dit Élisabeth, « ce sont ses yeux et sa longue moustache noire ». Dès le début, la nouvelle dame prend un avant-goût des « promenades » de l'impératrice. Elle rentre à moitié morte de ce qu'Élisabeth appelle « une petite promenade ». Elle sourit de l'inquiétude excessive de l'impératrice pour la santé de Valérie. Vraiment, elle exagère.

Le moindre saignement de nez la met dans tous ses états. Il lui suffit d'entendre parler d'une maladie : petite vérole, scarlatine ou autre, pour trembler que Valérie ne l'attrape. Fin novembre, des cas isolés de scarlatine sont signalés à Vienne, l'empereur veut venir à Méran, mais Élisabeth est affolée qu'une personne de sa suite n'apporte le germe de la maladie. « Nous vivons ici tellement les uns sur les autres », dit-elle, « songe, si on amenait la maladie dans la maison... Il m'en coûte de te demander de ne pas venir, mais ce n'est certainement pas une précaution inutile... (2). L'empereur renonce donc à son voyage. Il s'est enquis auparavant de ce que l'impératrice désirait pour sa fête, qu'on célèbre tout particulièrement parce que son anniversaire coïncide avec la veille de Noël. La réponse qu'obtient François-Joseph a de quoi surprendre : « Tu me demandes ce qui me ferait plaisir pour ma fête ? Eh bien ! j'aimerais ou bien un jeune tigre royal (il y en a trois au jardin zoologique de Berlin) ou bien un médaillon. Mais ce que je préférerais à toute autre chose, c'est un asile d'aliénés tout installé. A présent tu as le choix... » (3). Ce n'est pas une plaisanterie de la part d'Élisabeth, elle parle très sérieusement, car depuis longtemps elle s'intéresse à ces malheureux fous. A Vienne, le soin de ces malades laisse beaucoup à désirer et maintes fois Élisabeth a tenté d'y remédier. Tout cela coûte

(1) Élisabeth à François-Joseph, 20 septembre 1871. (A.A.C.W.)
(2) *Id.*, Méran, 29 novembre 1871. (A.A.C.W.)
(3) *Id.*, Méran, 14 novembre 1871. (A.A.C.W.)

beaucoup d'argent, mais elle ne lâche pas prise et elle profite de cette occasion inattendue pour rafraîchir la mémoire de François-Joseph à ce sujet.

Cependant, en l'absence d'Élisabeth, s'est réalisé un de ses vœux les plus chers. Le 9 novembre, Andrassy est nommé ministre des Affaires étrangères, en remplacement de Beust. C'est là une conséquence logique de la guerre de 1870, car il s'agit maintenant de renoncer à prendre la revanche Sadowa et de se concilier la nouvelle Allemagne. C'est d'autant plus urgent, que les relations avec la Russie sont toujours tendues. Élisabeth est la première gagnée à cette idée. Les diplomates accrédités à Vienne, tel le Prussien Werther, considèrent sans doute Andrassy comme un homme énergique et intelligent, mais, en matière politique, ils ne voient en lui, pour tout ce qui dépasse la Hongrie, qu'un dilettante (1). Ce choix est évidemment un geste d'inimitié envers la Russie, car cet empire ne peut qu'envisager avec méfiance la nomination, à la tête des Affaires étrangères de la monarchie, d'un rebelle qui, en 1848, a maudit l'intervention du tsar. C'est un succès pour Élisabeth, mais, à Vienne, l'impression n'est pas particulièrement favorable. Andrassy au pouvoir, c'est la monarchie aux mains de la Hongrie ; personne ne s'y trompe, c'est Élisabeth qui est responsable. Elle ne se borne plus à choisir son entourage dans la noblesse magyare, elle pèse encore sur son mari pour qu'il fasse occuper les plus hauts postes de l'État par des Hongrois, par un Gyula Andrassy, malgré son lourd passé. Outre la comtesse Schaffgotsch, il n'y a plus, dans l'entourage immédiat de l'impératrice, qu'une seule Autrichienne, la nouvelle première dame d'honneur, la comtesse Marie de Goëss, née Welserheimb. C'est une aimable vieille dame, intelligente, d'humeur égale et pleine de tact, qui ne se fait pas beaucoup remarquer et qu'Élisabeth dérange le moins possible ; toutes les autres dames d'honneur sont hongroises. La femme la plus remarquable de ce cercle est sans conteste Marie Festetics. La comtesse entre au service de l'impératrice, le 21 décembre, à côté de Nopcsa et d'Ida Ferenczy. Élisabeth, en robe bleue, debout au milieu de la pièce, un grand dogue à ses côtés, la reçoit en ces termes : « Eh bien !

(1) Le baron von Werther à Bismarck. Vienne, 14 août 1867. Archives secrètes de l'État prussien.

je crois que nous nous habituerons l'une à l'autre. Si on me dénigre — c'est l'habitude de la maison — n'y prenez pas garde. Pour le moment, ne vous liez à personne. Vous pouvez avoir pleine confiance en Ida. Ce n'est pas une dame d'honneur et je ne veux pas qu'elle soit intime avec celles-ci, qui ne le souhaitent que par curiosité. Vous, c'est autre chose. Je connais votre caractère par Andrassy. Le 27 décembre, nous partons, je vous emmène » (1). Ce que dit l'impératrice est clair et net. Son expression est tantôt triste, grave, tantôt spirituelle et malicieuse. Marie Festetics sort de la pièce troublée, elle se demande ce que lui réserve l'intimité avec cette femme fascinante.

(1) Journal Festetics, 21 décembre 1871. (A.F.)

CHAPITRE IX

LE CERCLE INTIME DE L'IMPÉRATRICE 1872-1875

Ce n'est pas seulement une dame d'honneur qu'Élisabeth a gagnée en la personne de la comtesse Festetics, mais une compagne infiniment intelligente qui, pendant le séjour à Méran, où Élisabeth passe l'hiver de 1872 avec Valérie, se met à étudier de près l'impératrice. Dès le premier jour, Élisabeth la fait appeler, tandis qu'elle se livre aux mains de sa coiffeuse, Fanny Angerer, devenue par son mariage Mme Feifalik. Fanny est d'origine très simple, elle est la fille d'une sage-femme. Mais elle a acquis dans son métier une telle adresse, que l'impératrice ne peut plus se passer d'elle, aussi, pour la conserver, elle a pris le mari de Fanny comme secrétaire. C'est un travail délicat de maîtriser le flot de ces superbes cheveux. Quand ils sont défaits, il en émane une lumière dorée. Élisabeth s'attriste à chaque cheveu qui tombe et la Feifalik imagine de faire disparaître, au moyen d'une matière collante dissimulée sous son tablier, les cheveux du peigne pour le présenter ensuite à l'impératrice. Quant à laver cette chevelure, c'est toute une affaire, il y faut presque une journée. La coiffeuse observe la comtesse avec méfiance. D'emblée, ses préjugés de classe la dressent contre toutes les dames d'honneur. Persuadée d'être indispensable, elle est pleine de prétentions.

De son côté, la comtesse a le sentiment qu'on la considère comme une intruse hongroise, comme une « espionne » au service d'Andrassy, et cela n'est pas pour contribuer à établir de bonnes relations entre elle et le reste de l'entourage de l'impératrice. Leur commune nationalité hongroise la rapproche de Nopcsa et d'Ida Ferenczy ; toutefois, il ne règne pas entre les trois une trop grande sympathie. Une certaine jalousie ne manque pas de s'établir entre les deux femmes dont l'impératrice a très vite gagné l'affection ; elle ne se traduit naturellement pas de la même façon chez Ida, bonne et simple, que chez la perspicace et souvent ironique comtesse. De plus, on cherche, par d'infâmes lettres anonymes, à semer la brouille entre elles. Sans doute, elles les jettent au panier, mais le venin laisse toujours des traces.

Au retour de l'impératrice à Vienne, Marie Festetics apprend à connaître de plus près la situation dans la famille impériale. Le 21 janvier 1872, il y a, comme tous les vendredis, un grand dîner chez l'archiduchesse Sophie. On présente les nouvelles dames d'honneur. L'extrême distinction, l'amabilité et la dignité de l'archiduchesse les impressionnent. Mais, tandis que Sophie parle longuement avec l'Autrichienne Schaffgotsch et lui dit des paroles aimables, elle incline à peine la tête pour la comtesse Festetics. Quant à l'archiduc Louis-Victor, il ne se fait même pas présenter à la Hongroise. Après le dîner, l'impératrice lui demande : « Vous êtes-vous sentie offensée ? » — « Non, mais plutôt impatientée, Majesté. » Et Élisabeth de répondre : « Il faut s'y habituer. Dès que quelqu'un prend mon parti, il est persécuté, cela va de soi. Je m'étonne que l'archiduc n'ait pas commencé à vous éduquer, il cherche à éduquer tout le monde, excepté lui. (1) » L'archiduc Guillaume a une attitude toute différente : il s'adresse gentiment à la comtesse et lui dit : « Ne vous laissez pas influencer par tous les ragots. Prenez le parti de l'impératrice, soyez-lui dévouée, elle est noble et bonne (2). »

Comme jadis, du temps de Grünne, l'inimitié contre la Hongrie part de la maison militaire de l'empereur. Le comte Bellegarde, intelligent, bel homme et grand seigneur, nourrit, lui aussi, des sentiments hostiles à l'égard de la Hongrie. Son talent de tourner, en peu de mots, les hommes en ridicule, amuse François-Joseph et l'influence. L'empereur accepte avec le sourire les remarques ironiques de son aide de camp au sujet d'Andrassy. Il en résulte naturellement des relations tendues avec l'impératrice.

La petite Valérie est restée à Méran et, le 23 janvier, arrive un télégramme disant qu'elle est un peu souffrante. Tout de suite l'impératrice est très inquiète ; les deux bals de la cour sont passés, heureusement ; Élisabeth et François-Joseph partent immédiatement pour aller voir leur fille. C'est l'occasion pour certaines gens d'espionner le couple et de raconter que leurs

(1) Journal de Marie Festetics, 21 janvier 1872. (A.F.)
(2) *Id.*, 23 janvier 1872. (A.F.)

Majestés se sont disputées et que l'impératrice ferme sa porte à son époux. Un orage éclate, car Marie Festetics coupe la parole aux calomniateurs. De plus en plus, la comtesse pénètre dans le caractère de l'impératrice. A la suite de longues promenades à pied et en voiture, faites après le départ de l'empereur, elle conclut qu'Élisabeth est très décidée, très réfléchie, qu'elle a beaucoup de personnalité, mais qu'elle est quelque peu amère dans ses jugements. Elle s'aperçoit que l'impératrice se retire, quand elle le peut, des gens avec qui sa situation la met en contact et qu'elle recherche plutôt la solitude ou, tout au plus, la compagnie d'une confidente sympathique. « N'êtes-vous pas étonnée de me voir vivre comme un ermite ? » lui demande un jour Élisabeth à brûle-pourpoint.

« Certes, Majesté, vous êtes encore trop jeune. »

« C'est vrai, mais je n'ai pas d'autre ressource. Le grand monde m'a tellement persécutée et si mal jugée, j'ai été tellement blessée et calomniée et pourtant, Dieu voit mon âme, je n'ai jamais fait de mal. C'est pourquoi j'ai décidé de choisir une société qui me laisse tranquille, qui ne me dérange pas et qui m'apporte de l'agrément. Je me suis repliée sur moi-même et je me suis tournée vers la nature ; la forêt ne vous froisse pas. Certes, il est difficile dans la vie d'être seul, mais on finit par s'y habituer, et à présent cela m'est agréable. La nature est moins ingrate que les hommes » (1). Un peu plus tard, l'impératrice fait une promenade à l'Ermitage, un des sites les plus beaux et les plus romantiques des environs de Méran. Élisabeth demande brusquement :

« Voudriez-vous être ermite ? »

« Certes non. »

« Pourtant la paix est si précieuse et ce n'est guère que loin du monde et des hommes qu'on peut la trouver. On en arrive évidemment à trop réfléchir. » Élisabeth évoque ses années de jeunesse, mais elle reste spirituelle même dans sa mélancolie et, de temps à autre, elle coupe son récit d'une remarque étincelante de malice. Tandis que, chez la plupart des êtres, c'est la bouche qui exprime le rire, dans le visage d'Élisabeth, à tous égards si différent de celui des créatures ordinaires, les yeux rient les premiers, la bouche ne s'entr'ouvre qu'après ; et il rayonne de ce

(1) Journal de Marie Festetics, 23 février 1872. (A.F.)

sourire un charme bienfaisant. Si le caractère d'Élisabeth, dominé par des sympathies et des antipathies, ne connaît pas de mesure, par contre elle n'est jamais banale. Sa vie intérieure se révèle à tout instant. « Dommage », dit Marie Festetics, « qu'elle n'ait rien à faire et qu'elle gâche tout son temps à rêvasser. Elle a une certaine tendance à la paresse intellectuelle, et avec cela un goût de l'indépendance toujours prêt à s'insurger. Dans les dîners intimes, entre amis, elle est charmante. Mais se trouve-t-il un visage qui lui déplaise, son attitude guindée crée une atmosphère de gêne » (1).

Après un séjour d'une semaine à Méran, Élisabeth part pour Ofen. Lors de son arrivée à Pest, tout ce qui peut marcher est venu l'acclamer dans un élan d'enthousiasme qui montre bien ce qu'elle représente pour la Hongrie. Une surprise l'attend au château. L'archiduchesse Gisèle, qui n'a pas seize ans, se fiance, « beaucoup trop tôt » et de façon inattendue pour l'impératrice, avec le prince Léopold de Bavière, second fils du futur prince-régent Luitpold. Les fiancés sont proches parents, la mère du prince est, elle aussi, une archiduchesse d'Autriche. Mais encore fallait-il trouver un prétendant catholique et de bonne maison. François-Joseph le dit lui-même : « Il y a si peu de princes catholiques actuellement, qu'il importait de s'assurer le seul auquel on pût donner Gisèle en toute confiance » (2). Élisabeth est moins émue qu'on ne pourrait s'y attendre, car sa fille lui a été enlevée dès le plus jeune âge par l'archiduchesse Sophie et n'a jamais été aussi proche de son cœur que Valérie. Mais, bien que Gisèle soit très grande et très développée pour son âge, Élisabeth a peine à s'habituer tout de même à voir la fillette d'hier entrer déjà dans le mariage. Elle décide de faire patienter les fiancés pendant un an au moins, tandis que les mauvaises langues prétendent que, si l'impératrice marie Gisèle si jeune, c'est pour n'avoir pas à montrer qu'elle a déjà une fille si grande.

Ainsi passe le mois d'avril, puis, l'impératrice retourne à Méran. Une mauvaise nouvelle vient troubler son séjour. L'archiduchesse Sophie, depuis le 10 mai, souffre de « symptômes nerveux » : somnolences, tremblements des pieds et des mains. Après une représentation au Burgtheater, où il faisait très chaud, elle s'est

(1) Journal de la comtesse Festetics, 17 mars 1872. (A.F.)
(2) François-Joseph à l'archiduchesse Sophie, Ofen, 7 avril 1872.

endormie sur son balcon à la Bellaria et a pris froid. Élisabeth est rappelée à Vienne aussitôt ; elle y arrive le 16 mai. L'état de l'archiduchesse empire, mais elle a conservé tous ses esprits et elle prend congé de chaque membre de la famille en paroles émues. L'agonie est très pénible. Il y a des rechutes et des retours d'espoir. C'est ainsi que, le 26 au soir, elle paraît aller mieux. Élisabeth est restée au chevet de la malade avec les autres membres de la famille jusqu'à onze heures et demie du soir, puis elle rentre dans la Burg pour se reposer un instant. A peine est-elle arrivée à la porte, qu'un laquais se précipite après elle pour lui dire que Son Altesse impériale est à la mort et que Sa Majesté la prie de revenir immédiatement. Le cocher la reconduit en toute hâte à Schoenbrunn. Élisabeth est très émue, elle a une peur terrible que l'archiduchesse ne meure avant qu'elle ne soit arrivée près d'elle, car on n'aurait pas manqué de prétendre qu'elle l'avait fait exprès. Arrivée à Schœnbrunn, l'impératrice demande, presque à bout de souffle : « Son Altesse impériale vit-elle encore ? » — « Oui, Majesté. » Élisabeth est soulagée.

Toute la cour est réunie : la famille, les ministres de la maison impériale et tous les courtisans. Les heures coulent, et l'attente d'un malheur est encore pire ici que chez de simples particuliers. Marie Festetics dit très justement : la mort n'est pas une cérémonie et on devrait laisser trépasser les grands dans un respectueux silence, comme les mendiants. L'impératrice est de son avis, elle pense que le formalisme traditionnel doit étouffer en germe le moindre sentiment.

Sophie a passé la nuit ; il est sept heures du matin et elle vit encore. Le temps passe, les archiducs sortent de la chambre et une voix se fait entendre, assez haut : « Leurs Altesses sont servies. » Mais Élisabeth, la femme « sans cœur », reste tranquillement assise. Elle aussi n'a rien pris depuis dix heures, mais elle n'y songe pas, elle reste dans la chambre de la mourante. François-Joseph ne s'échappe qu'un instant. Pas une minute, Élisabeth ne quitte la chambre, jusqu'au moment où, à trois heures et quart, la mort vient délivrer l'archiduchesse. Élisabeth est douce et bonne, comme elle l'est toujours dans les instants décisifs. Son hostilité s'est évanouie devant la majesté de la mort. Elle repasse dans son esprit les dernières années, où l'archiduchesse s'est montrée tout autre à son égard, et elle s'avoue, au fond d'elle-même, qu'elle a eu ses torts, elle aussi, dans les malentendus qui l'ont toujours éloignée de la défunte. Mais à Vienne, dans les milieux où l'on n'a jamais compris Élisabeth, on répète : « Nous avons perdu et enterré notre impératrice ».

Aussitôt après les funérailles, Élisabeth quitte Schoenbrunn pour son séjour d'été à Ischl. L'austérité de ses vêtements de deuil ne parvient pas à atténuer la beauté de sa taille et de son visage. Marie Festetics est éblouie chaque fois qu'elle se promène avec l'impératrice (1) : « Il fait délicieux près d'elle. Il suffit de la regarder, c'est le charme personnifié. Elle me fait penser à un lys ou à un cygne ou encore à une fée ou à un elfe. Et encore non, une reine : elle est racée de la tête aux pieds, fine et distinguée en tout. Et puis tous les ragots me viennent à l'esprit : il y a beaucoup de jalousie, sans doute, car, à la vérité, elle est d'une grâce et d'une beauté extraordinaires. Mais ce qui me frappe de plus en plus, c'est l'absence de toute joie de vivre. Elle est d'un calme impressionnant pour son âge ! Sa voix est presque toujours calme et douce, rarement émue. De temps à autre, quand elle raconte combien on a été dur avec elle, sa voix tremble légèrement. Comment peut-on froisser un être pareil ? » — « L'archiduc Louis », confie un jour Élisabeth à la comtesse, « pour me vexer, m'a rapporté fidèlement toutes les calomnies qui courent sur mon compte. Bien entendu, il me déteste et cherche ainsi à m'atteindre. Maintenant je ne le vois plus jamais seul et je ne le reçois pas. Il a tant jasé, tant menti, qu'il a abîmé ma vie. Il dit pis que pendre sur tout le monde et ne m'épargne pas. Il raconte des horreurs pour me les attribuer ensuite. Je suis beaucoup plus tranquille depuis que je ne le vois plus ».

Ces propos, Élisabeth les tient dans ses fréquents accès d'humeur et de tristesse, mais dans le fond elle est d'un naturel gai et parfois même, dans les occasions les plus solennelles, elle est prise de véritables fous rires. Au cours d'un dîner, le prince Lobkowitz, qui est assis en face de l'impératrice, se met à jouer avec un cure-dent, au moment du potage. Projeté par un geste malencontreux, l'objet part comme une flèche et après avoir décrit une courbe vient tomber malencontreusement au beau milieu de l'assiette

(1) Journal de Marie Festetics, Ischl, 29 juin 1872. (A.F.)

de l'impératrice. Tout d'abord, elle veut feindre de ne pas s'en être aperçue, mais le fou rire la gagne au point que des larmes coulent le long de ses joues. Là-dessus, l'empereur se tourne vers elle et lui dit : « Mais qu'y a-t-il, qu'as-tu donc ? Je voudrais rire aussi ». Le pauvre aide de camp, tout penaud, la regarde d'un air suppliant. Il fait pitié à Élisabeth qui se tourne vers l'empereur et lui dit avec une expression malicieuse : « C'est une idée qui m'est passée par la tête ».

C'est un plaisir de voir l'impératrice rire de bon cœur ; cela lui arrive souvent quand elle fait avec ses enfants des excursions dans les environs d'Ischl. Le prince impérial, si gentil et si sympathique avec ses grands yeux bruns, rit et s'amuse avec sa mère et la joie de vivre éclate sur son visage, bien qu'il soit extrêmement nerveux et très précoce pour ses quatorze ans. Élisabeth a obtenu que Rodolphe apprenne le hongrois avec l'évêque Hyacinthe de Ronay, un ancien aumônier des troupes révolutionnaires, qui avait dû, comme Andrassy, émigrer en Angleterre. Il s'étonne d'entendre son élève émettre des vues d'un libéralisme excessif et non encore assimilé, mais surprenant à coup sûr. L'homme, explique le jeune archiduc à son précepteur, n'est qu'un animal évolué ; les aristocrates et le clergé s'employèrent de tout temps, et d'un commun accord, à maintenir le peuple dans la bêtise, afin de le dominer plus facilement ; la haute société, qu'elle qu'elle soit, n'est, dans la plupart des cas, qu'un ulcère sur le corps de l'état et ainsi de suite (1). L'entourage du jeune prince se demande de qui il tient ses opinions et a tendance à y voir des propos tenus par l'impératrice, mal compris et exagérés par son fils. Mais le prince vit très peu près de sa mère. Du matin au soir, il est sous la coupe de nombreux et excellents professeurs. Quand donc pourrait s'exercer l'influence de sa mère ? Ses étranges dispositions lui viennent de naissance et, peut-être, sont-elles héréditaires ; en tous cas il ne faut pas oublier qu'il est issu d'un mariage consanguin. Mais ce n'est là qu'une hypothèse. La sœur aînée du prince deviendra une femme absolument normale, simple, calme et raisonnable. Quant à la petite Valérie, elle est un peu

(1) Compositions de l'archiduc Rodolphe remises à son gouverneur, M. de Latour, en décembre 1872. Vienne, Archives d'État. Voir aussi Oscar de Mitis, *La vie de l'archiduc Rodolphe*, Leipzig, 1928.

timide, craintive, réservée envers tout le monde, mais l'impératrice ne l'en aime que davantage. Toutefois, cet amour a quelque chose d'excessif : la moindre séparation affole Élisabeth. Chaque fois que la petite part en promenade, elle lui fait de véritables adieux. Au retour, l'impératrice ne manque jamais de demander s'il n'est rien arrivé, car elle tremble à toute minute pour son étrange enfant, cette petite Valérie dont le regard est si intelligent et si farouche qu'elle fait, sur ceux qui ne la connaissent pas, une impression défavorable (1).

A la mi-septembre, Élisabeth retourne à Possenhofen, ce paradis d'arbres et de verdure, au bord du profond lac bleu, en face de la superbe chaîne de montagnes. C'est toujours avec émotion qu'elle retrouve son pays où, jadis, le jardin plein de fleurs, la vieille maison couverte de lierre et de vigne vierge développèrent son esprit rêveur et son amour de la nature. Ses sœurs l'accueillent : Marie des Deux-Siciles, puis la princesse Hélène Taxis avec ses quatre enfants. Celle-ci est devenue très forte, néglige sa mise et ressemble plutôt à une caricature d'Élisabeth. Les enfants sont charmants, mais ils craignent trop leur mère. La comtesse Trani, « Moineau », a une taille superbe mais, moins jolie qu'Élisabeth, elle n'en est qu'une pâle réplique. Charles-Théodore est le plus remarquable des fils, mais il n'est pas beau. Par contre, le plus jeune, « Mapperl », est beau comme un dieu, mais pas très intelligent. Ils sont tous aussi sauvages qu'Élisabeth et sa petite Valérie. C'est un trait de famille. Les frères et sœurs s'entendent parfaitement. La maison paternelle d'Élisabeth est simple, sans faste, mais bien tenue ; la table y est bonne, l'atmosphère bienfaisante. L'ensemble a quelque chose de désuet, mais il ne saurait être question de misère, comme le laissent entendre les méchantes langues de Vienne.

Au pays, il est toujours intéressant d'entendre parler du roi. On n'en dit pas grand bien. Le plus jeune frère du monarque, Othon, présente des symptômes manifestes de maladie mentale et, depuis le mois de février, on craint chaque jour qu'il ne devienne fou furieux. Le roi Louis II persiste dans son étrange attitude et cherche autant que possible à rester loin de la ville. Mais quand Élisabeth est là, rien ne le retient, il oublie ses habi-

(1) Journal de Marie Festetics, 19 août 1872. (A.F.)

tudes bizarres, quitte ses fastueux refuges et vient lui rendre visite. Il se fait annoncer à Possenhofen pour le 21 septembre 1872 et demande que personne n'assiste à son entrevue avec Élisabeth. Mais l'impératrice ordonne au premier chambellan, Nopcsa, et à la comtesse Festetics d'accueillir le roi. Il arrive à l'heure annoncée, dans un somptueux équipage à la Daumont. Vite, il change sa casquette, posée de travers sur ses beaux cheveux ondulés, pour le raide shako autrichien. Il a arboré à l'envers la grande croix de l'ordre de Saint-Étienne et, au lieu de ceindre l'écharpe selon l'étiquette autrichienne, il la porte en bandoulière. Marie Festetics trouve que c'est « un bel homme aux allures d'un roi de théâtre, un vrai Lohengrin de cortège nuptial ». Élisabeth le reçoit avec cordialité et veut ensuite lui présenter sa dame d'honneur. Louis II a de beaux yeux pénétrants et mobiles, tantôt d'une douceur passionnée, tantôt fulgurants de méchanceté. Son regard se pose un instant sur la comtesse puis, soudain, ses yeux étincelants deviennent froids, son expression se fait cruelle et, doublant de son pas lourd la démarche aérienne de l'impératrice, le roi entre dans la maison (1).

Élisabeth et Louis sont tous deux des êtres beaux ; ils ont le même goût de la solitude, la même tendance à la douleur et à la mélancolie, la même passion pour l'équitation. Malgré tout, ils sont si différents l'un de l'autre, qu'Élisabeth n'a pas grand'-chose à dire au roi. En sa présence, une espèce de malaise la gagne. Son frère est déjà fou, se dit-elle, et le roi lui-même semble avoir pour le moins de fortes tendances à la folie. Une peur subite s'empare de l'impératrice à l'idée qu'elle appartient aussi à la famille de Bavière et pourrait être un jour victime du même malheur. Mais au cours de la conversation, elle trouve Louis tout à fait normal et elle se tranquillise un peu.

De l'avis d'Élisabeth, septembre, dans son cher pays, au bord du lac entouré de sapins, ne passe que trop vite. Bientôt, elle retourne à Ofen. Là, elle fait de longues promenades dans la montagne. Élisabeth aime le panorama aperçu du haut du Blocksberg qui, de son rocher à pic surplombe le Danube ; elle ne se lasse pas de cette vue superbe et elle est plus belle encore de son admiration.

(1) Journal de Marie Festetics, 21 septembre 1872. (A.F.)

A la fin d'octobre, des cas isolés de choléra chassent l'impératrice d'Ofen ; elle se rend à son cher Gödöllö où des chasses à courre sont prévues. Dans les derniers temps, Élisabeth y a intéressé son époux. Des heures entières, les souverains parcourent à cheval les forêts environnantes. Quant à la chasse, c'est une passion chez Élisabeth. Elle y est dans son élément et elle triomphe souvent de voir les hommes faire la culbute tandis que, fièrement, elle franchit les obstacles. Les chasses sont difficiles, il faut être un fameux cavalier pour les suivre. Mais plus l'entreprise est folle, plus elle est ravie. Elle écrit régulièrement à François-Joseph (1) : « La chasse eut lieu au champ de course, j'y allai en voiture, donc, pas de dépense (que Sa Majesté soit tranquille). Ce fut une très belle chasse, le renard courait devant nous, les chiens suivaient, Holmes, Pista et moi étions toujours en avant : inutile, donc, de nous hâter, nous avions le loisir de sauter de nombreux obstacles. Derrière nous tombèrent : Elemér Batthyany, cheval mort sur place, Sarolta Auersperg tomba sur lui, mais tous deux sont indemnes, puis un de nos valets fit une chute avec son cheval : rien de grave. Avant la ruée, Béla Keglevich fit une chute et Victor Zichy tomba debout. Le vieux Béla Wenckheim était ravi : pour lui il n'y a pas de belle partie de chasse sans culbute. Le renard gagna son terrier autour duquel les chasseurs creusèrent longtemps, mais, à la fin, ils abandonnèrent la pauvre bête ». Quelquefois l'impératrice est en selle de onze heures du matin à cinq heures et demie du soir et quand, par hasard, il n'y a pas de chasse, elle monte pendant des heures toutes sortes de chevaux dans le petit manège de Gödöllö.

Andrassy est un hôte assidu du château. Marie Festetics se fait sa confidente, lui rend compte de tout ce qui concerne la famille impériale et lui rapporte les critiques mesquines et les ragots qui ont cours dans l'entourage d'Élisabeth. Il lui faut constamment, dit-elle, défendre sa maîtresse. Ce que Marie Festetics ne peut admettre, c'est que sa situation la rende si vulnérable. Tout impératrice qu'elle est, chacun peut impunément dire d'elle ce qu'il veut. « C'est que, vous savez », lui réplique très justement Andrassy, « on ne trouve pas tous les jours si

(1) Elisabeth à François-Joseph, Gödöllö 22 novembre 1872. (A.A.C.W.)

bonne matière à calomnie ». Marie Festetics ne voit pas qu'Andrassy ; de temps à autre elle rend visite à l'autre grand homme auquel elle doit sa brillante situation. Seul dans une chambre d'hôtel, le vieux Déak attend que la mort vienne mettre un terme à ses souffrances. A son retour, Marie, enthousiasmée, rapporte à sa maîtresse les propos du vieillard. Un jour, au cours d'une discussion animée sur la religion, Déak donne son avis en ces termes : « Si l'on fait appel à la raison et qu'on ratiocine, la réponse est négative. Quant à moi, je m'adresse à mon cœur, il me répond oui et je suis satisfait ». Tout le monde autour de lui se tait. Marie Festetics lui fait ses confidences et Déak lui dit (1) : « La vie nous fait vivre des périodes si diverses, mon enfant ! On ne rêve d'abord que splendeurs : c'est le temps de la confiance, on a foi en tout, êtres et choses, on se croit en plein ciel. Bientôt sonne l'heure amère des déceptions et des luttes : nous voyons s'anéantir nos espoirs les plus chers, nos rêves les plus brillants. Nous comprenons alors le vide de notre vie et la vanité de ce qu'elle nous propose. L'amertume et la lassitude nous rendent indifférents à ce qui nous reste encore. Enfin, cela même s'use et vient une troisème phase, où nous acceptons la vie telle qu'elle est. N'ayant plus la sottise de rechercher la perfection, nous sommes capables de recueillir le peu de bien qu'il y a en toutes choses. Enfin, passé soixante-dix ans, de quoi s'occuper, sinon de l'au-delà ? » A ces mots il éleva son regard, un regard ferme, limpide, étrange et tellement transfiguré, qu'on dirait le ciel ouvert devant lui. » Élisabeth lui envoie des fleurs et des livres et lui fait demander la permission d'aller le voir.

Les souffrances de Déak jettent une ombre sur la saison des chasses, si joyeuse d'ordinaire. A Gödöllö, le départ des chasseurs offre un bien pittoresque spectacle : les superbes chevaux, la meute, le ciel bleu, les vertes prairies, l'équipage en habit rouge. Tout respire la satisfaction. Mais, au milieu de ces cavaliers éclatants, l'impératrice, souple comme un roseau, sa mince et élégante silhouette moulée dans son amazone, éclipse tout le monde par la grâce de son maintien à la fois plein de charme et de noblesse. Andrassy l'accompagne bien souvent dans ses

(1) Journal de Marie Festetics, 23 novembre 1872. (A.F.)

parties de chasse et, comme tout le monde, il est sous le charme. C'est ce que nous apprend une de ses lettres à Mme de Ferenczy (1) : « Vous pouvez imaginer l'enthousiasme de la jeunesse à sa vue ! Parfois, elle manifeste ses sentiments en accompagnant l'impératrice de trop près — comme font les marsouins qui suivent les bateaux — qu'y faire ? Au début, Adalbert Keglevich avait pris l'habitude de monter à côté d'elle et ne voulait pas céder sa place, mais il semble s'être aperçu que cet honneur revient au maître d'équipage. Hier, il faisait déjà nuit et il pleuvait quand nous rentrâmes ; par hasard, ma voiture se trouvait là et je l'offris à Leurs Majestés. Le roi accepta, mais pour la reine seulement, et j'eus ainsi le bonheur de l'accompagner jusqu'au chemin de fer. A notre arrivée, la gare était pleine de gens qui attendaient Leurs Majestés. Représentez-vous la tête qu'ils firent en voyant la reine descendre de voiture avec moi et entrer en ma compagnie dans la salle d'attente. L'empereur et l'archiduc Guillaume arrivèrent à leur tour et calmèrent l'effervescence qu'avait suscitée l'entrée de l'impératrice. Voyez quel vieux monsieur votre ami est devenu : à présent on lui confie de jolies femmes pour les accompagner la nuit. Je dois avouer, d'ailleurs, qu'un long trajet dans le noir, sur une route cahoteuse, peut devenir une chose délicate même pour le père de famille le plus raisonnable ; il est vrai que cela ne dura que quelques minutes et ni Adalbert Keglevich, ni votre ami Pista ne pouvaient oublier si vite qui on leur avait confié. » Après chaque partie de chasse, l'impératrice est d'excellente humeur et pleine d'attentions pour son impérial époux. François-Joseph, toujours aussi amoureux, s'échappe de Vienne aussi souvent que possible pour rejoindre sa femme à Gödöllö. Mais à peine est-elle de retour à Vienne, le cercle des courtisans éteint son entrain. Quand Élisabeth se promène dans le parc, elle appréhende leur rencontre. Il lui suffit d'apercevoir de loin un aide de camp, pour préparer ses armes : un épais voile bleu à son chapeau, une grande ombrelle et un éventail qu'elle ne quitte jamais, même à cheval. Elle s'engage dans le premier chemin de traverse. « Dépêchons-nous », dit-elle alors, « il me semble entendre ce qu'ils disent ». « Oui,

(1) Le comte Andrassy à Ida Ferenczy, Pest, 5 décembre 1872. Archives Farkas.

Bellegarde me déteste tellement, que son seul regard me fait transpirer. Je sens qui m'aime et qui me hait ». C'est souvent imagination pure et il lui arrive de redouter des gens qui la vénéreraient, s'ils ne sentaient sa méfiance.

Pour le reste, Élisabeth est une véritable enfant. Ainsi, elle n'a aucune notion de la valeur de l'argent. Le 15 décembre 1872, elle se rend à Pest. Elle descend du château d'Ofen en ville en simple funiculaire et, en route, elle demande à Marie Festetics qui l'accompagne : « Avez-vous de l'argent sur vous ? » — « Oui, Majesté. » — « Combien ? » — « Pas beaucoup, vingt florins ». — « Mais c'est beaucoup », répond Élisabeth. Elle veut aller chez Kugler, le confiseur en vogue, faire des achats pour Valérie. Sa Majesté arrive sans trop d'encombre. Dans la pâtisserie tout le monde est ahuri. Elle achète comme une enfant et, une fois toute la marchandise réunie, elle demande : « Y en a-t-il déjà pour vingt florins ? ». Il y en avait pour cent cinquante.

Sans doute, Marie Festetics est envoûtée par Élisabeth, elle la trouve irrésistible, lui est dévouée corps et âme et voudrait réaliser tous ses désirs, mais elle n'en reconnaît pas moins ses défauts. Elle lui reproche surtout une certaine nonchalance. Mais elle ne comprend pas qu'on accuse l'impératrice de n'avoir pas la conscience de sa haute dignité et le sens de la souveraineté royale. S'il y a là un défaut, il a sa raison dans les dispositions naturelles, la forme d'esprit et le caractère de cette femme que des impressions aussi fortes que celles de la cour elle-même ne parviennent pas à effacer. Sur bien des points, elle devance son siècle. Ainsi, elle tient à conserver la ligne de son corps, et elle s'entraîne, par le sport et la gymnastique. Son éducation a été trop libérale, trop exempte de contraintes, pour que l'étiquette et les traditions, l'orgueil de caste et l'exclusivisme ne lui restent pas à jamais étrangers. En outre, il y a chez Élisabeth une vie intérieure qui ne pourra jamais s'épanouir dans cette citadelle du formalisme qu'est la cour de Vienne. L'impératrice est en révolte perpétuelle contre l'esprit de caste de son entourage et les considérations de partis quels qu'ils soient. Dès son enfance poétique au bord du lac de Starnberg, où elle errait à travers bois et fourrés, vivant en liberté, comme les elfes, de l'éclat du soleil et du clair de lune, de l'odeur des fleurs et du souffle de la forêt, il s'est développé en elle un goût de l'indépendance que rien ne saurait tenir en lisière. « Je voudrais être une mouette », dit-elle souvent. Mais elle est l'épouse d'un puissant souverain, elle a des devoirs envers le trône, envers sa famille, envers les sujets d'un grand empire et, dans ces conditions, l'équilibre est difficile à garder. Élisabeth est partagée entre deux tourments : un besoin passionné de sentir les hommes heureux et une telle avidité de connaître, qu'elle pense sans cesse et réfléchit trop : c'est là qu'est le danger. Ce qu'il lui faudrait, c'est une occupation qui l'arrache à elle-même ; mais son métier d'impératrice répugne à sa nature et ses dons restent inemployés. Cependant, une fois qu'elle s'est donnée à une tâche, elle y met toute son âme ; jamais elle ne fait les choses à demi. On l'a séparée de ses deux aînés et elle a fini par renoncer plus ou moins à eux, mais elle a su garder jalousement la petite Valérie sur laquelle elle a reporté toute sa tendresse maternelle. La cour ne manque pas d'en rire et surnomme l'enfant « la bien-aimée ». A tout moment, elle a le nom de Valérie sur les lèvres et, pour le prononcer, sa voix s'emplit de tendresse. Qu'on se rappelle avec quelle conviction elle est intervenue pour favoriser l'accord avec la Hongrie ! Elle sait aimer, certes, mais aussi, dès qu'elle a le sentiment de n'être pas payée de retour, de rester incomprise, elle s'enferme dans sa tour d'ivoire. Élisabeth a une nature active. Elle voudrait s'employer à quelque chose ; mais à la cour elle ne réussit guère. Pourtant, elle est plus perspicace que la plupart de ceux qui l'entourent et, dégagée de toute ambition, elle peut envisager les événements avec un désintéressement dont arrivistes et vaniteux sont incapables. Elle ne cherche pas à être populaire ni à exploiter sa puissance et sa situation, elle n'a qu'un désir, faciliter la tâche à son mari, elle lui souhaite de réussir et d'être heureux. N'est-il pas le père de son fils, l'héritier présomptif d'un puissant empire, d'un titre orgueilleux ? Et c'est là la belle impératrice Élisabeth. A force de ne considérer que ses petits travers et ses négligences, on en oublie ses qualités et ses inestimables vertus, quand ce n'est pas volontairement qu'on les ignore (1).

(1) Journal de Marie Festetics, 1er février 1873, 5 juin, 14 août, 1er juillet et 15 décembre 1872. (A.F.)

Élisabeth est très susceptible, assurément. Elle souffre des ragots qui viennent jusqu'à ses oreilles. Elle ne se défend pas avec les mêmes armes, elle n'applique pas la loi du talion. Elle écoute, se tait, fait ce qui répond à ses goûts et à sa nature, se replie sur elle-même et se réfugie dans la solitude. Marie Festetics se demande ce qu'il adviendra d'Élisabeth (1) : « Cet isolement, douloureux aujourd'hui, ne tardera pas à devenir une solution commode. Elle renoncera peu à peu à tout effort, tandis que les attaques se multiplieront et, avec toutes ses richesses, elle s'appauvrira de jour en jour et le monde ne voudra pas se souvenir qu'il l'a lui-même murée dans sa solitude ». L'empereur, au contraire, en dépit de son esprit très vif, est absolument dépourvu d'imagination. Lui, qui est surchargé de travail et consciencieux jusqu'au scrupule, n'a pour lui que des impressions positives et il ne peut comprendre qu'Élisabeth puisse s'évader dans le monde du rêve. Malgré son adoration pour elle, il blesse sa femme en appelant « promenades dans les nuages » cet enthousiasme qui n'éveille pas d'écho en lui et parfois dresse comme une barrière entre les deux époux.

Le 9 février 1873, Élisabeth perd une de ses rares amies qu'elle a à la cour, l'impératrice Caroline-Augusta, sœur de l'archiduchesse Sophie et quatrième épouse de feu l'empereur François Ier. La défunte, qui vivait à l'écart à Salzbourg, pour ne pas éclipser de son titre d'impératrice la mère de François-Joseph, avait toujours soutenu Élisabeth. Aussi est-ce avec un réel chagrin que celle-ci suit son cercueil.

Rien de plus faux que le reproche fait à l'impératrice de ne pas accomplir ses devoirs de souveraine, surtout en ce qui concerne l'année 1873. On la voit partout, dans les orphelinats et les asiles d'aliénés, aussi bien qu'aux grandes solennités de la semaine sainte, entre autres au lavement des pieds et à la procession de la Fête-Dieu, occasions où la cour impériale a toujours déployé le plus grand faste. Elle soupire bien un peu, mais elle s'en acquitte avec une telle perfection, que c'est plaisir de la voir. Elle est la grâce personnifiée quand, en longue robe noire, elle se penche pour laver les pieds des vieilles femmes ou quand, le vendredi saint, elle s'agenouille au saint sépulcre avec sa

(1) Journal de Marie Festetics, Ischl, 15 octobre 1872. (A.F.)

dignité de geste et sa grâce inimitable. Quelle impression elle produit quand, au milieu du cortège, le cierge à la main, elle traverse de sa démarche royale le Hofplatz, tandis que les cloches commencent à sonner, qu'éclate le roulement des tambours de la garde et que se déploie toute la splendeur antique et solennelle de la maison de Habsbourg. Mais ce qu'on ne voit pas, c'est l'énergie d'Élisabeth pour ce conformer à ce cérémonial qui la rebute. Elle répugne à être dévisagée et toutes ces fêtes ne sont qu'une interminable exhibition. Elle ne retrouve sa gaîté que dans la voiture qui la promène au Prater, ou encore lorsqu'elle revêt son amazone et s'envole au galop de son beau cheval. Mais, là aussi, la foule se presse dans les allées, tout le monde veut la voir, nul ne se lasse de ce beau spectacle, sa vue est un plaisir pour tous. Au mont Constantin, tous ses admirateurs se donnent rendez-vous. Souvent Élisabeth monte à cheval avec l'un ou l'autre gentilhomme, quelquefois aussi avec Andrassy. Presque toujours, ils s'entendent bien, mais il arrive aussi qu'un orage éclate entre eux, car l'impératrice a sa tête.

Peu après Pâques, le 20 avril, a lieu le mariage de Gisèle. Il est à peine croyable que l'aînée des enfants de cette jeune et belle impératrice se marie déjà. En robe brodée d'argent, ses cheveux brillants de mille reflets, surmontés d'un diadème scintillant, Élisabeth assiste à la fête non comme la mère de la mariée, mais avec une grâce juvénile à laquelle s'allie une dignité qui force le respect. Et ce n'est que lorsque le « oui » résonne à travers l'espace, qu'on voit couler les larmes d'Élisabeth ; au moment de la séparation elle ne parvient plus à les retenir. La « femme sans cœur » pleure de voir son enfant quitter la maison, cette enfant qu'elle n'a jamais eue à elle. Les fêtes qui suivent la cérémonie : réceptions, concerts, grands dîners, soirées de gala, ne sont pour elle que les stations d'un calvaire. Au théâtre, on donne *Le songe d'une nuit d'été*. « Comment peut-on », se demande Élisabeth, « choisir pour la soirée d'un mariage, une pièce où la princesse tombe amoureuse d'un âne ? » Le prince Léopold dit en riant à sa jeune femme : « Serait-ce une allusion pour moi ? » Mais non, on lui explique que *Le songe d'une nuit d'été* est de tradition à tous les mariages. Et le jeune couple se soumet de bonne grâce à cet étrange usage. A Munich, l'illustre carrosse du roi, que personne n'avait vu et qui, sculpté et décoré sur toutes ses faces, a coûté la somme coquette de cinquante mille florins, vient attendre les jeunes mariés. Six superbes chevaux blancs, sans insignes, conduisent le jeune couple à la résidence. Ne s'agit-il pas de la fille de la belle impératrice, l'idole de Louis II ?

Les fêtes nuptiales terminées, c'est une nouvelle agitation qui commence. Depuis des mois, se prépare à Vienne une exposition internationale. L'immense rotonde est terminée et, tout autour, s'élèvent de merveilleux pavillons aux mille curiosités. Les grands de la terre viennent pour l'inauguration et, parmi eux, le prince héritier d'Allemagne et son épouse et le prince de Galles.

Conformément à la politique d'Andrassy, qui cherche un rapprochement avec l'Allemagne, ce sont les princes allemands qu'on veut honorer le plus. Ils sont descendus à Hetzendorf et devaient arriver au Prater en somptueux cortège aussitôt après Leurs Majestés. La suite immédiate de François-Joseph est commandée pour onze heures dans les salons de l'impératrice. Tout le monde est réuni ; seule, Élisabeth manque, mais il n'est pas encore onze heures. L'empereur, agité, marche de long en large. Et voilà qu'on remet un pli au grand écuyer, le comte Grünne. Le cortège du prince impérial passe déjà la Ringstrasse, tandis que tout le monde ici attend le coup de onze heures. Grünne en fait part au monarque. L'empereur est rouge de colère : « C'est incroyable ! J'ai ordonné que le prince impérial arrive après moi et le voilà qui me précède (1). Qui a fait partir la voiture plus tôt, malgré mes ordres ? »

Le comte Grünne, livide, dit tranquillement : « C'est moi, Sire ». L'empereur irrité se précipite sur le général : « Vous en répondrez... » Mais soudain l'impératrice est à ses côtés. Elle est entrée inaperçue, tandis que la suite assemblée assistait sans mot dire à cette pénible scène. Elle pose alors la main sur le bras de l'empereur. Comme par magie, la parole expire sur les lèvres de François-Joseph ; elle le supplie du regard avec tant de grâce, que le visage menaçant de l'empereur se détend. Élisabeth prend son époux par le bras : « Je t'en prie, ne perdons plus une minute. Partons ». Sa voix est douce et calme. L'empereur

(1) Journal de Marie Festetics, 4 mai 1873. (A.F.)

la suit docilement et, vivement, on monte en voiture. Marie Festetics a été témoin de la scène. Elle se souvient que l'impératrice lui a dit un jour : « Cet homme m'a fait tant de mal, qu'il me semble que même à l'agonie je ne pourrai lui pardonner » (1). Et maintenant quelle générosité !

Les équipages du prince allemand, prévenus en hâte, s'arrêtent au Prater sous le pont du chemin de fer et se rangent pour laisser passer le cortège impérial, sans paraître le voir. En quelques minutes, le cortège est parvenu à la grande rotonde et les souverains prennent place. Alors seulement s'avance, pareil à Lohengrin, le prince Frédéric en grand uniforme blanc de garde du corps et on voit reluire au soleil l'aigle de son casque d'argent. L'empereur, de sa belle voix vibrante, prononce le discours d'inauguration. Quand il a fini, les fanfares entonnent l'hymne national, les drapeaux s'abaissent, le grand œuvre est couronné : l'exposition est ouverte. Pendant trois heures, les souverains promènent leurs hôtes de pavillon en pavillon, un enthousiasme inouï les accueille. Au pavillon hongrois, c'est du délire à l'arrivée d'Élisabeth. L'impératrice rougit et le peuple de Vienne est heureux de faire sentir aux invités prussiens combien il aime ses souverains. Élisabeth s'entend parfaitement avec la princesse Victoria. Elle se sent attirée par cette femme qui joint à des vues modernes toutes les qualités du cœur et de l'esprit. Chose rare, Élisabeth lui donne son portrait. Ce geste, dont Élisabeth n'est pas prodigue et dont elle honore peu de princes, est preuve d'une grande sympathie. Pour l'instant, les deux femmes s'entendent et il naît une amitié qui durera toute la vie.

Les efforts qu'exigent ces fêtes fatiguent beaucoup Élisabeth et elle cherche, en toute occasion, à se détendre au sein de la nature. Il fait un printemps merveilleux et l'impératrice aime à se promener, le matin de bonne heure, au Prater verdoyant qui pousse les premières fleurs. Vienne dort encore quand, le matin à six heures, l'impératrice et Marie Festetics font leur promenade à pied jusqu'au pavillon. Pas de curieux alors, ni de gens faisant la haie qui la signalent aux yeux de la foule. Si elle sort plus tard, elle est immédiatement précédée ou suivie par des groupes de badauds, ce qui l'irrite et la rend nerveuse. Non qu'elle

(1) Journal de Marie Festetics, 3 novembre 1872. (A.F.)

songe à un attentat. Élisabeth est la moins craintive des impératrices, mais elle souffre physiquement de se sentir dévisagée. Elle est sauvage et défiante comme une biche. « N'importe qui peut faire ce qui lui plaît, moi seule je n'ai même pas le droit de me promener en paix », dit-elle. Un jour qu'Élisabeth visite une exposition incognito, la foule ose même se placer entre elle et le tableau qu'elle regarde et la dévisager au face à main ou, d'un peu plus loin, avec les jumelles. Élisabeth alors rougit profondément, quitte la salle sans mot dire et ne revient plus. Aux courses, qu'Élisabeth aime tant parce que tout ce qui touche les chevaux la passionne, elle est chaque fois exaspérée. Un jour, elle va à la Freudenau. Sur ses cheveux lustrés elle a posé un toquet de dentelle garni de lilas mauve qui encadre à merveille son fin et délicat visage. Une haie d'admirateurs lui fait cortège de la Burg au champ de courses. Sur tout son parcours éclatent des acclamations, elle ne cesse de remercier en inclinant la tête à droite et à gauche. En arrivant à l'étoile du Prater, à quatre kilomètres de la Freudenau, elle dit à la comtesse Festetics assise à côté d'elle dans la voiture : « Marie, je n'en puis plus, j'en ai déjà le mal de mer ». En effet, elle est toute pâle. Il faut avoir vu ce spectacle pour comprendre. Mais le plaisir qu'elle prend aux courses a vite fait de la remettre. Il est visible qu'Élisabeth serait ravie de monter elle-même ces purs-sangs qui volent sur le gazon clair.

Élisabeth prend une part active à toutes les fêtes et à tous les dîners. Personne à la cour ne se ménage à ce moment-là. Princes et souverains de tous les pays du monde arrivent à Vienne. Moins ils ont d'importance, plus ils tiennent à leur rang. Mais les plus puissants monarques viennent, eux aussi, même le tsar Alexandre II. Sans doute, celui-ci se montre très réservé, son visage ne s'anime que rarement d'une expression aimable, mais le charme de l'impératrice le désarme. Les grands seigneurs russes sont fascinés et le prince Gortchakoff, ce petit homme vif, si hostile à l'Autriche et si puissant en Russie, ne fait pas exception. Dans la suite du tsar se trouve un prince Dolgorouki : depuis longtemps il s'intéresse à la comtesse Festetics, à présent il demande sa main. Mais Élisabeth lui dit : « Je vous permets de vous amuser, mais pas de tomber amoureuse et encore bien moins de vous marier. Je ne veux pas que vous me quittiez à cause d'un étranger » (1). Cela paraît un peu égoïste, mais Marie Festetics ne manque pas d'en être flattée et, dans la lutte qu'elle se livre à elle-même, elle étouffe le sentiment naissant. L'impératrice a vaincu et le prince se retire. Mais les Russes sont perspicaces. Un jour le comte Chouvalov s'approche de la comtesse et lui dit : « Vous avez des ennemis à la cour, vous et l'impératrice, cette adorable femme. Je crois qu'on vous en veut à toutes deux d'aimer la Hongrie » (2). Marie Festetics rit et pense à part soi : « Ils ont de fameux espions ». Elle descend ensuite à la salle à manger où tout le monde est réuni pour le dîner, l'empereur et l'impératrice sont là, seuls le prince Édouard de Galles et le prince Arthur, tous deux charmants et fort sympathiques, ne sont pas encore arrivés. Que ce soit au dîner, au manège, au Prater, à l'exposition, les deux Anglais sont *always late.*

Les souverains n'ont pas de répit. C'est une perpétuelle agitation et même François-Joseph dit un jour : « Je suis bien fatigué et je me ferais volontiers porter malade » (3). Le 24 juin — et c'est là un signe du grand changement survenu les dernières années dans les relations des deux pays — arrive d'Allemagne l'impératrice Augusta, porteuse d'une lettre de l'empereur Guillaume. Elle est très grande, distinguée, mais trop fardée, trop arrangée et elle pontifie volontiers. Contrairement à Élisabeth, elle parle très fort et avec emphase et, après un quart d'heure à peine, tous les gens de cour l'appellent « la trompette ». A côté d'elle, Élisabeth paraît encore plus belle et plus fine. Mais, en dépit de ses bizarreries, la nature vraie, le caractère élevé de l'impératrice Augusta ne tardent pas à lui gagner les cœurs et, après son départ, la cour, avec sa malice habituelle, ne tarde pas à en faire le modèle des vertus de souveraine à donner en exemple à Élisabeth.

Il arrive à l'exposition quelques incidents assez drôles. Un jour, il y a un grand dîner au pavillon impérial. Élisabeth a commandé pour terminer une excellente crème au chocolat en pots. Elle avertit ses dames d'honneur à chaque plat de ne pas trop manger et de se réserver pour le dessert. L'instant arrive, le restaurateur

(1) Journal de Marie Festetics, 5 juin 1873. (A.F.)
(2) *Id.*, Schoenbrunn, 4 juin 1873. (A.F.)
(3) *Id.*, 5 juin 1873. (A.F.)

se réserve l'honneur de faire lui-même le service. Le petit bonhomme obèse arrive en se dandinant, la lourde coupe d'argent sur les bras, et, au même instant, patatras, le voilà par terre, étalé de tout son long. Les petits pots au précieux contenu se promènent sur le parquet glissant dans tous les coins. L'empereur, bon comme toujours, se lève pour venir en aide au pauvre homme. Mais Élisabeth dit tout tranquillement : « Vous allez voir, il va tout ramasser et nous le servir. » Mais non, il arrive une autre crême. « Eh bien ! » dit Élisabeth, « c'est qu'on va la servir à d'autres ». Le soir, l'impératrice va au cirque où elle s'amuse toujours royalement. Là, comme au théâtre des singes, elle peut rire aux larmes.

Si toutes les visites, jusque-là, furent des corvées, celle du souverain de Perse, qui arrive le 30 juillet, est plutôt une distraction pour toute la cour. Le shah a entendu parler de la beauté de l'impératrice ; habitué à être entouré constamment des plus jolies femmes de son empire, il est particulièrement curieux. Lorsque le monarque voit Élisabeth pour la première fois, elle porte une robe à traîne blanche brodée d'argent, ceinturée de velours mauve et, dans ses cheveux défaits, un cercle de diamants et d'améthystes. Le shah, un homme d'aspect oriental, aux cheveux et à la barbe noirs, reste tout interdit devant l'impératrice. Puis il prend ses lunettes d'or, l'examine tranquillement de la tête aux pieds, s'occupe à peine de l'empereur, amusé, à ses côtés, tourne autour d'Élisabeth et s'écrie à plusieurs reprises : « *Mon Dieu, qu'elle est belle !* » (1). Le shah est tellement plongé dans sa contemplation, que l'empereur finit par le tirer par la manche pour lui rappeler qu'il doit offrir le bras à l'impératrice et la conduire à table. Il ne comprend pas tout d'abord, puis, subitement, comme illuminé, il saisit Élisabeth par la main et, en balançant les bras, il se rend avec elle à la salle à manger. Elle s'amuse beaucoup et l'empereur a une peur terrible qu'elle ne sache pas maîtriser ses fous rires. A table c'est encore pis. Derrière la chaise du shah est posté son grand vizir, avec lequel il s'entretient en persan. On sert un poisson accompagné d'une sauce verte. Le shah se méfie : on dirait du vert-de-gris. Il prend la cuiller, goûte la rémoulade et, avec une grimace remet tranquillement la cuiller dans

(1) En français dans le texte.

la saucière. Élisabeth, pendant ce temps, concentre toute son attention sur un portrait de François-Joseph accroché au mur en face d'elle. Mais elle ne regarde pas longtemps. Le shah se penche vers elle, l'oblige à prendre une coupe de champagne et à trinquer avec lui. Il n'a guère mangé, la plupart des mets ne lui inspiraient pas confiance. Alors arrive un laquais avec une grande coupe d'argent remplie de fraises. Le shah, avec un parfait sang-froid, prend la coupe, la place devant lui et la vide jusqu'à la dernière fraise. Mais ce qui amuse le plus Élisabeth, c'est un épisode avec le vieux comte Crenneville, l'aide de camp autrefois tout puissant de l'empereur, aujourd'hui premier gentilhomme de la chambre et chargé de s'occuper personnellement du shah. Un jour, le souverain perse se rend au Prater en voiture découverte et, au lieu de faire asseoir Crenneville à côté de lui, il l'invite à monter sur le siège. Mais le soleil est gênant : très aimablement, alors, le shah tend au comte une ombrelle blanche, qu'il doit tenir au-dessus du monarque. Il faut avoir connu Crenneville pour saisir tout le sel de cette histoire.

A Laxenbourg, Élisabeth va voir les trois chevaux favoris du shah, dont les queues et les crinières sont teintées de rose ; ils sont confiés à la garde personnelle du grand écuyer de Sa Majesté. Toutefois, si les autres ne font que se moquer du shah, Élisabeth, elle, le trouve original et elle approuve sa liberté et son indépendance. Jamais il n'adresse un mot aimable à des gens qui ne lui sont pas sympathiques et il ne distribue ses décorations et ses cadeaux qu'à ceux qui lui plaisent. A l'empereur et au comte Andrassy il donne son portrait entouré de diamants. On lui fait comprendre alors, qu'il est d'usage de distinguer avant tout les frères de l'empereur. Il répond tranquillement : « Non, je ne veux pas, je ne donne mon portrait qu'à ceux qui me plaisent » (1). Quant à l'impératrice, il l'appelle « une déesse ». « C'est la plus belle femme que j'aie jamais vue », dit-il à Andrassy. « Quelle dignité ! quel sourire, quelle bonté ! Si jamais je reviens, ce ne sera que pour lui apporter mes hommages. » Le 12 août, a lieu une fête splendide à Schoenbrunn, des feux d'artifice sont tirés sur la gloriette. Le shah est ravi. Toutefois quand, au moment du thé, la comtesse Goëss veut lui présenter les vieilles dames,

(1) Journal de Marie Festetics, Schoenbrunn, 9 et 12 août 1873. (A.F.)

il répond, dès la deuxième : « *Merci, assez* ». Le matin de son départ, il fait réveiller la comtesse à quatre heures pour la charger de remercier encore Sa Majesté l'impératrice et de lui dire que son image ne s'effacera jamais de sa mémoire. Cette joyeuse époque alimente la conversation pendant plusieurs mois. Mais Élisabeth est heureuse de pouvoir se retirer à la campagne et de se consacrer de nouveau à ses enfants, tout spécialement à sa petite Valérie. Elle a réellement fait des efforts et elle a bien droit, maintenant, à un peu de repos.

L'empereur aussi passe quelque temps à Ischl, mais il retourne à Vienne lorsque les souverains de Saxe s'annoncent pour visiter l'exposition. Élisabeth est indignée : « Était-ce vraiment la peine », dit-elle, « de rentrer si vite à cause des Saxons ? Tu aurais pu si facilement les recevoir en même temps que les souverains serbes et grecs. Tu gâtes tellement les gens, qu'ils ne te savent même plus gré de ta politesse exagérée, au contraire. Dans le fond, tu es de mon avis, mais tu ne veux pas l'avouer. C'est toujours ainsi quand on a fait une bêtise... ».

Sur ces entrefaites, un grand krach boursier à Vienne jette la panique dans le monde de la finance ; quant à l'exposition, la crainte du choléra lui a fait tort et elle se termine par un énorme déficit. Élisabeth ne saisit pas les raisons profondes de ces événements, mais sa confiance dans le gouvernement, et surtout dans les compétences économiques des ministres, est considérablement ébranlée. En ces jours difficiles, elle est de nouveau pour l'empereur, très éprouvé, une véritable amie et un soutien.

En septembre — conséquence de la nouvelle politique extérieure engagée par Andrassy — Vienne attend la visite du roi d'Italie. Élisabeth est appelée à Schoenbrunn pour la réception, mais dès, son arrivée, elle se sent malade. Elle souffre de fièvre gastrique et elle est si misérable, qu'elle ne peut pas recevoir le souverain. Le roi d'Italie est déçu de ne pas voir l'impératrice, car elle seule l'intéressait. Andrassy également en éprouve de l'ennui. Cet incident est mal interprété, on jase, on se rappelle les sentiments d'Élisabeth au sujet de sa sœur, la reine des Deux-Siciles. Mais, cette fois, ce n'est réellement pas une maladie-prétexte, comme les Viennois ont coutume d'en attribuer à l'impératrice. Car Dieu sait que pendant l'exposition elle a fait son devoir. Elle se réjouissait d'aller au concours hippique et elle se voit obligée d'y renoncer, parce qu'elle garde le lit depuis dix jours.

A peine Élisabeth est-elle à peu près remise, qu'elle se réfugie à Gödöllö. En octobre, à la chute des feuilles, la forêt de Haraszt se colore de mille teintes merveilleuses et le domaine tout entier revêt une beauté mélancolique. C'est là qu'elle se remettra le plus vite. On ne lui permet encore, à la fin d'octobre, que de monter un poney et d'aller au pas dans le parc. Pour se distraire, elle assied ses amies Ida Ferenczy et Marie Festetics sur deux petits ânes, cadeau du khédive, et s'amuse à voir ces deux femmes installées pour la première fois sur un animal vivant. Puis, d'un regard mélancolique, elle suit l'empereur : François-Joseph, en habit rouge, galope en tête de la chasse en compagnie de son gendre, le prince Léopold, qui porte bien dix ans de plus que son beau-père. Élisabeth n'est pas encore remise. La nuit du 20 octobre, l'empereur, anxieux, demande au conseiller aulique Widerhofer : « Mais, pour l'amour du ciel, qu'y a-t-il donc avec l'impératrice ? Elle a une mine épouvantable ». Ce n'est pas si grave. Élisabeth a une bonne constitution, le repos à Gödöllö lui fait du bien et elle se remettrait plus vite encore, si elle ne sentait pas la lutte constante qui se déroule dans son entourage. Il existe maintenant en réalité trois cours : celle de François-Joseph, celle que, peu à peu, l'impératrice s'est constituée à son idée et celle du prince impérial qui, bien qu'il n'ait que quinze ans, se comporte comme un adulte et dont les gentilshommes, par conséquent, ne dépendent plus des parents comme autrefois.

Le 2 décembre, les souverains retournent à Vienne pour le vingt-cinquième anniversaire du règne de l'empereur. La cérémonie est belle et impressionnante, mais c'est en même temps une terrible fatigue. Le soir, il doit y avoir une grande illumination, mais avant, l'impératrice voudrait prendre un peu l'air et, en compagnie de Marie Festetics, elle traverse la Ringstrasse. Elle l'a déjà fait souvent sans encombre. Mais aujourd'hui on la reconnaît, on l'entoure et on l'acclame. Au commencement cela va, elle remercie en souriant, puis, de tous côtés, les gens affluent par milliers. Bientôt il n'y a plus moyen d'avancer ni de reculer. On enserre de plus en plus Élisabeth et sa compagne, le cercle se rétrécit toujours davantage. La comtesse supplie, Élisabeth perd le souffle, la police ne peut pas approcher. Marie Festetics alors se met à crier : « Mais vous étouffez l'impératrice ! Au secours, au secours ! Place ! Place ! » Enfin, quelques messieurs réussissent, après une heure presque, à frayer un passage jusqu'à sa voiture. Élisabeth y monte rapidement, à moitié morte d'agitation et toute épuisée. La voiture, au pas, traverse la foule avec peine. Enfin, arrivée à la Burg, l'impératrice remercie la comtesse d'un charmant sourire : « Vous m'avez réellement sauvée ». — La comtesse en est tout émue : « Elle a, pour dire des choses aimables, une expression unique ; un mot d'elle, un regard suffisent à rendre heureux » (1). Aussitôt après les fêtes, le 3 décembre, Élisabeth retourne à Gödöllö. Ce séjour à Vienne paraît trop bref en pareille occasion et éveille la mauvaise humeur à la Résidence. On répète partout que l'impératrice reste à peine à Vienne et qu'elle consacre toute son attention à la Hongrie. Un article, dans un journal, dit que l'impératrice, cette « femme extraordinaire », préfère habiter partout ailleurs que dans sa capitale. Mais une députation de la « Concordia », l'association des journalistes, se présente chez l'empereur pour le féliciter à l'occasion de son jubilé ; François-Joseph alors, dans une allusion non voilée, répond qu'il espère que dorénavant la presse ne se mêlera plus de la vie privée de l'impératrice. L'incident, cependant, est désagréable à l'empereur. Il est difficile à un souverain de vivre en simple particulier, il n'est pas libre de se déplacer, il est lié, attaché, enserré par le devoir et la tradition. Et c'est contre quoi toute la nature d'Élisabeth s'insurge, elle ne pourra jamais s'y habituer.

L'année 1874 débute par un événement sensationnel. La jeune et belle impératrice, à laquelle personne ne donne même à peu près son âge, devient grand'mère. Cela paraît extraordinaire, mais cela s'explique, car, tout comme Élisabeth, Gisèle qui, le 8 janvier, a donné le jour à une fille, s'est mariée à seize ans. L'impératrice part immédiatement pour Munich, bien qu'on y signale des cas de choléra. De crainte de devoir passer tout son temps avec le roi Louis II, Élisabeth refuse l'invitation de descendre à la Résidence. Le lendemain du baptême, Élisabeth entre

(1) Journal de Marie Festetics, Vienne 3 décembre 1873. (A.F.)

subitement dans la chambre de la comtesse Festetics : « Marie, je pars visiter l'hôpital des cholériques avec un médecin, et j'y vais seule, car je ne veux pas encourir la responsabilité d'emmener quelqu'un ». Les bras en tombent à la comtesse. Elle cherche à retenir l'impératrice. Vaine tentative. Devant l'hôpital, Élisabeth veut la laisser dans la voiture. Mais la dame d'honneur répond : « Majesté, ne m'exposez pas à la honte de me refuser de vous accompagner. » Le spectacle de la souffrance humaine qui s'offre là est navrant. L'impératrice passe près de chaque lit et, gracieuse et charmante, elle a un mot aimable pour chacun de ces êtres qui souffrent et agonisent et que la fièvre colore d'un reflet illusoire de jeunesse. Il est rare que les grands de ce monde voient les lieux où règne une si atroce misère. On ne les laisse pas arriver jusque-là. Mais Élisabeth fait preuve d'un rare courage. Elle tremble pour l'empereur et pour ses enfants, mais elle méprise le danger pour elle-même. Elle ne paraît dans les hôpitaux qu'à l'improviste, cela supprime tous les préparatifs qui agiteraient les malades. Elle vient et elle part sans bruit, une bonté infinie dans les yeux. Voici un jeune moribond : « Je vais bientôt mourir ». — « Oh ! non », répond l'impératrice, « Dieu vous aidera ». — « Hélas ! j'ai déjà la sueur de la mort », dit le cholérique et il lui tend la main. Elle la touche et lui dit, le visage plein de bonté et de douceur : « Pourquoi serait-ce la sueur des mourants ? La main est chaude, c'est sans doute une bonne transpiration qui vous remettra ». Le mourant sourit, transfiguré, et dit, ému : « Je remercie infiniment Votre Majesté ? Peut-être le bon Dieu me laissera-t-il la vie. Que Dieu bénisse Votre Majesté ». Le malade, Élisabeth, la comtesse et le docteur ont les larmes aux yeux. Mais le malheureux meurt quelques heures après. De retour chez elle, l'impératrice se change de la tête aux pieds, se lave et jette ses gants. Ce jour-là, elle ne retourne pas chez Gisèle et ne fait plus qu'un petit tour dans le parc. Deux jours après, en se levant, elle éprouve un malaise. L'entourage est affolé. Mais heureusement ce n'est rien. Tout Munich parle de la courageuse visite de l'impératrice. (1)

On la voit beaucoup en compagnie de sa sœur, la reine des Deux-Siciles. Si Élisabeth est, sans conteste, plus spirituelle,

(1) Journal de Marie Festetics, 13 janvier 1874. (A.F.)

plus originale, plus bizarre, si elle a plus de valeur personnelle, la reine des Deux Siciles est une femme de tête, très énergique, et elle gagne de ce fait une grande influence sur l'impératrice. Elle parle beaucoup de ses avantages de « reine en retraite », qui peut faire ce qu'elle veut, vivre où il lui plaît, et elle alimente ainsi en Élisabeth la révolte contre les charges qui lui incombent. Les derniers temps, la reine a fait de longs séjours en Angleterre et elle est enthousiasmée de ce pays et de ses merveilleuses chasses à courre. Déjà l'année précédente, lors de l'exposition de Vienne, le prince de Galles en avait parlé et, ainsi, germe dans l'esprit de l'impératrice une folle envie de connaître enfin ce paradis des cavaliers. Le 17 janvier, elle rend visite à la mère de Louis II qui, avec une gaîté vraiment puérile, raconte des faits anodins en eux-mêmes, mais qui peuvent donner à réfléchir. Elle dit par exemple qu'elle s'est beaucoup effrayée, il y a quelques jours, parce qu'il pleuvait dans son cabinet. Elle ne parvenait pas à s'expliquer que, par un si beau temps, il pût tomber des gouttes du plafond. Enfin, on élucide le mystère. L'eau sourd de l'étang du jardin d'hiver que le roi a fait aménager en guise de toit à l'étage au-dessus. Elle raconte cela comme si un lac bleu au clair de lune était, pour un toit, une décoration naturelle. Tandis qu'elle bavarde avec entrain, entre tout à coup un jeune homme brun ; c'est le prince Othon (1), dont l'état mental empire de jour en jour. Au bout d'un instant, l'impératrice prend congé. Le prince lui offre le bras et la conduit jusqu'à sa voiture. Inquiète, elle dit à la comtesse Festetics : « Je vous en prie, surveillez-le, j'ai l'impression qu'il va me jeter au bas de l'escalier ».

Le roi Louis, cependant, malgré une joue enflée et le choléra qui règne à Munich, tient absolument à venir plusieurs fois en ville pour voir Élisabeth, ce dont l'impératrice n'est pas ravie. Le 17 janvier, il arrive vers le soir. Élisabeth est fatiguée, elle a sommeil et voudrait aller se coucher, mais le roi s'éternise. A plusieurs reprises, l'impératrice fait appeler la comtesse Festetics, mais cela ne trouble pas le roi. Finalement, Élisabeth l'emmène chez sa dame d'honneur, au grand ennui du roi, qui tient à rester seul avec Élisabeth. Peine inutile, d'ailleurs, le roi retourne au salon avec l'impératrice, qui en est toute nerveuse. Enfin, elle

(1) Journal de Marie Festetics, 15 janvier 1874. (A.F.)

va seule trouver la comtesse et lui dit : « Délivrez-moi, Marie, imaginez n'importe quoi pour le faire partir ; je n'en puis plus ». Après un moment, la comtesse frappe à la porte. Un « entrez » très fort l'encourage : « Votre Majesté m'a ordonné de l'avertir quand il serait dix heures et demie, parce que Votre Majesté voulait se lever de bonne heure demain. Je n'ai pas osé déranger Sa Majesté plus tôt, mais voici onze heures passées et je crains la migraine. Que mon inquiétude me serve d'excuse ». Et elle prend une mine contrite. Le roi lui jette un mauvais regard et dit : « J'oublie le temps ici ». Il a parlé à Élisabeth de ses fiançailles manquées, de ses sentiments actuels, de son amour de la solitude et de l'incompréhension des autres à son égard. A peine est-il parti, l'impératrice se précipite chez Marie Festetics :

« Dieu soit loué, nous avons réussi, c'était atroce. Le pauvre roi me fait de la peine. Je l'aime bien, mais j'aime encore mieux mon lit. Je crois qu'il existe une certaine ressemblance entre nous, nous avons tous deux une tendance à la mélancolie et le goût de la solitude. »

« Dieu vous garde d'une ressemblance réelle », réplique Marie Festetics, « Votre Majesté, en faisant de ces traits une caractéristique de famille, dont on n'est pas responsable, veut trouver des excuses au roi ». Élisabeth la regarde étonnée, puis elle rit : « Vous ne manquez pas d'audace ! Mais il y a du vrai, sans doute. Ce pauvre roi me fait pitié ». — « Oui, c'est un pauvre roi », se dit Marie Festetics ,« il n'est pas assez fou pour qu'on l'interne et, par ailleurs, trop anormal pour le commerce avec les gens raisonnables. Pourtant, il y a longtemps qu'il aurait dû se douter que l'impératrice était à bout. Mais il lui suffisait de la contempler ».

C'est curieux comme la mère de Louis II est loin de se douter de ce qui attend ses fils. Lors de sa dernière visite, Élisabeth lui avait parlé de son désir de visiter un hôpital. Et voilà que, le 18 janvier, la reine-mère l'invite inopinément à visiter un asile d'aliénés. Cela intéresse Élisabeth. En présence de la menace de folie qui plane sur sa famille, elle tient à se renseigner et, curieuse, accepte la proposition. Les deux femmes font une visite approfondie. Élisabeth entend les pauvres malades tantôt rire affreusement, crier, faire des colères, tantôt chanter ou pleurer amèrement (1). Une jeune fille rousse se met au piano, joue une note qu'elle répète plusieurs fois, puis, tout à coup, de ses mains blanches, elle parcourt brusquement le clavier du haut en bas. Un amour malheureux lui a troublé l'esprit. Une femme regarde Élisabeth : « Tu es impératrice et tu portes une robe de laine ? C'est honteux. » Un peintre présente un dessin : c'est un cerf sur les bois duquel s'élève une église, un arbre remplace la croix. Il sourit, heureux de son chef-d'œuvre. Et cela continue ainsi pendant des heures. C'est une impression horrible. Élisabeth est grave et pâle, la comtesse Festetics profondément émue. Seule la reine, dont les deux fils sont fous, reste froide. Cependant, Élisabeth dit dans la voiture : « Marie, je suis très impressionnée, je ne croyais pas que ce fût si triste. J'admire la reine, elle semblait se distraire. La pauvre y est habituée, sans doute ».

Mais le séjour à Munich prend fin, Munich où, dit Élisabeth, elle « n'est pas de service ». Le 22 janvier, l'impératrice revient dans son cher Pest et jouit à nouveau de la vue splendide qui s'offre à elle du haut de la Burg d'Ofen. François-Joseph arrive le lendemain et il commence par la gronder un peu au sujet de sa visite à l'hôpital des cholériques. Un bal de la cour rappelle Élisabeth à Vienne, elle y paraît pour la première fois en grand'-mère, rayonnante de jeunesse et de beauté. Le 11 février, l'empereur part pour Saint-Pétersbourg où il va rendre sa visite au tsar. Il restera absent jusqu'au 22 février. Élisabeth se demande un instant si elle veut rester à Vienne ou retourner en Hongrie. Mais les Maggyars sont quelque peu contrariés du voyage impérial en Russie et, en outre, Élisabeth sait qu'à Vienne on lui en veut de ses fréquents séjours en Hongrie. Elle reste donc dans la capitale.

Le mardi gras, a lieu le premier bal masqué dans la grande salle de la Société de musique. Ces redoutes réunissent hommes et femmes de la meilleure société et même les jeunes filles. Le bal du mardi gras est le plus chic de tous. Tout le monde parle de la splendeur du bal de cette année. Tout à coup, l'envie prend à Élisabeth de s'y rendre en cachette. Seules Ida Ferenczy, l'indispensable coiffeuse Feifalik et la femme de chambre Schmidl sont dans le secret. Le soir, tout le monde se couche à

(1) Journal de Marie Festetics, 18 janvier. (A.F.)

l'heure habituelle. Dès que la maison est endormie, Élisabeth se lève, revêt, imprudemment, un splendide domino à traîne, en lourd brocart jaune, et recouvre sa superbe chevelure d'une grande perruque d'un blond ardent. Puis elle se masque le visage d'un loup bordé d'une longue dentelle noire, qui recouvre également le cou et la nuque (1). Ida Ferenczy, revêtue d'un domino rouge, appelle l'impératrice Gabrielle, afin de diriger les soupçons sur la femme de chambre Schmidl, de même taille et dont c'est le prénom. Les deux femmes pénètrent dans la salle de bal, prennent place sur la galerie et contemplent d'en haut le joyeux grouillement. Comme elles ne se séparent pas et restent très calmes, personne ne s'approche d'elles. Il est déjà onze heures et Élisabeth commence à s'ennuyer. Ida Ferenczy dit alors doucement : « Gabrielle, choisis donc quelqu'un dans la salle qui te plaise et qui n'appartienne pas à la société de la cour, je te l'amènerai. Dans une redoute, il faut accoster les gens et les intriguer ». — « Oui, tu penses ? » réplique le domino jaune. Elle cherche du regard dans la salle et distingue un jeune homme élégant qui se promène seul et dont elle n'a encore jamais vu la figure. Elle le montre à Ida Ferenczy qui, en un rien de temps se précipite en bas, passe rapidement son bras sous celui du jeune homme et commence gaîment à le questionner. Elle lui demande si le comte X. est là, s'il connaît le prince Y. et ainsi de suite. Il n'est pas difficile de reconnaître qu'elle veut savoir à quelle classe de la société appartient le jeune homme et s'il a des relations dans l'aristocratie. Les résultats de ce petit examen sont satisfaisants, il est clair qu'il n'appartient pas à la cour. Brusquement, alors, le domino lui demande : « Veux-tu me rendre un petit service ? » — « Oui, très volontiers. » — « J'ai ici une jolie amie qui s'ennuie toute seule là-haut sur la galerie. Ne voudrais-tu pas la distraire un instant ? » — « Mais certainement », et déjà le domino rouge conduit son protégé auprès du domino jaune qui, d'un regard amusé, a suivi la petite campagne.

Voici les partenaires en présence ; ils s'examinent rapidement.

(1) Ces détails sont tirés des notes de l'archiduchesse Valérie d'après les récits de l'impératrice et d'Ida Ferenczy et d'une conversation avec le principal intéressé, M. Frédéric List Pacher de Theinburg, mort le 12 mai 1934, et qui eut la bonté de mettre à la disposition de l'auteur sa correspondance avec l'impératrice et l'une des dames d'honneur.

Le jeune employé de ministère Fritz Pacher reconnaît immédiatement à la lourde soie du domino, à toute la personne, qu'il a devant lui une dame du grand monde. Le jeune homme se creuse la tête, il se demande à qui il peut bien avoir affaire. Sur ces entrefaites, le domino jaune s'est levé, une silhouette élancée s'appuie à la balustrade, plonge son regard dans la foule et dit à brûle-pourpoint : « Tu sais, je suis complètement étrangère ici. Il faut un peu m'orienter. Commençons tout de suite par en haut. Que dit le peuple de l'empereur ? Est-il satisfait de son gouvernement ? Les suites des guerres sont-elles complètement cicatrisées ? » Fritz Pacher donne des renseignements prudents, mais exacts tout de même, tels qu'ils répondent à l'état d'esprit de la population. Tout à coup, il entend la question :

« Connais-tu aussi l'impératrice ? Te plaît-elle ? Qu'en dit-on et qu'en pense-t-on ? »

Élisabeth est convaincue que personne ne croira ou n'admettra qu'elle est venue à cette redoute, c'est pourquoi elle risque cette question, pour le moins imprudente. Un instant, l'idée traverse le jeune homme : « Tu es à côté de l'impératrice, elle te questionne sur elle-même ». Mais il en doute aussitôt, il hésite à répondre d'abord, puis il dit vivement : « L'impératrice ? Je ne la connais que de vue, évidemment, pour l'avoir aperçue à cheval au Prater. C'est une femme d'une beauté merveilleuse, c'est tout ce que j'en puis dire. Le public lui reproche de trop peu se montrer et de tant s'occuper de chiens et de chevaux. Mais il a certainement tort. Je sais d'ailleurs que cet amour des chiens et des chevaux tient de famille : le duc Max, son père, aurait dit un jour : « *Si nous n'étions princes, nous serions devenus écuyers.* » Ce jugement amuse Élisabeth : « Dis-moi, quel âge me donnes-tu ? » Le jeune fonctionnaire, alors, ose dire exactement l'âge de l'impératrice : « Trente-six ans ». Élisabeth, malgré elle, frémit et quelque peu humiliée elle réplique : « Tu n'es guère poli », et elle abandonne aussitôt ce sujet épineux.

La conversation tombe et soudain Élisabeth se lève. « A présent tu peux t'en aller ! » Et le jeune homme de répondre, non sans ironie : « Trop aimable ! D'abord tu me fais monter près de toi, tu me questionnes et puis tu me renvoies. Soit, je m'en vais, si tu es lasse de moi, mais qu'il me soit permis, tout de même, de te serrer la main avant de partir ». Et Fritz Pacher lui tend la main. Élisabeth ne la prend pas, elle le regarde seulement, étonnée en quelque sorte, et lui dit : « Eh bien ! reste assieds-toi et conduis-moi ensuite dans la salle ». Dès lors, il semble que la barrière invisible qui les séparait soit tombée ; le domino jaune, jusque-là guindé et conventionnel, paraît transformé. Élisabeth commence à parler de tout au monde, elle commente avec ironie la situation politique et sociale en Autriche. Elle prend le bras de son cavalier et circule pendant deux heures au moins à travers la salle et les salons en causant sans arrêt. Fritz Pacher ne se sent pas très à l'aise, bien qu'il ait conscience du succès que lui vaut sa royale partenaire. Il évite de lui faire une cour trop assidue, écarte de la conversation toute parole équivoque. Il est évident qu'il donne le bras à une grande dame, il s'aperçoit combien elle est peu habituée à être bousculée dans la foule. Elle frémit quand on ne s'efface pas devant elle, tant elle paraît habituée aux égards. Les jeunes seigneurs de l'aristocratie commencent à s'intéresser au couple ; ils sont convaincus que cette dame appartient à leur société. Un seul paraît se douter de son identité, c'est le comte Nicolas Esterhazy, le grand sportif et maître d'équipage à Gödöllö.

Élisabeth s'informe exactement du nom, de la profession, de l'origine et de la vie de son compagnon. Elle s'amuse de ses commentaires sur la situation générale, qu'il formule sans façons, elle y trouve souvent des vues et des opinions qu'elle partage. Et quand, pour finir, la conversation tombe sur Heine, le poète préféré d'Élisabeth, dont elle sait presque par cœur le *Livre des chants* et dont l'ironie mélancolique répond si bien à son tempérament, le jeune fonctionnaire l'a conquise. Elle lui dit quelques paroles aimables, l'assure de son estime et de sa sympathie : « Les hommes, d'ordinaire, ne sont que des flatteurs. Quand on a, comme moi, l'occasion de les connaître, on ne peut que les mépriser. Quant à toi, tu sembles différent. Je sais à présent qui tu es, et moi, dis, pour qui me prends-tu ? Où me mets-tu ? »

« Tu es une grande dame, une princesse pour le moins. Tout ton être le prouve. »

Élisabeth rit et prend de l'audace. Il la prie d'enlever au moins son gant et de lui faire voir sa main, même sans bagues, car les mains peuvent être si expressives. Mais Élisabeth refuse :

« Tu finiras bien par me connaître un jour, mais pas aujourd'hui ; nous nous reverrons. Viendrais-tu par exemple à Munich ou à Stuttgart si je t'y donnais rendez-vous ? Car je te dirai que je n'ai pas de patrie et que je passe ma vie en voyage. »

« Je viendrai, bien entendu, partout où tu l'ordonneras. »

Fritz Pacher est assailli par mille sentiments, par mille pensées. Est-ce l'impératrice, n'est-ce pas elle ? « Il est certain », se dit-il, « que j'ai devant moi une femme intelligente, cultivée, intéressante et originale. C'est tout à fait évident. Ce qui est vulgaire ne l'effleure même pas ». Et les heures, pour le couple, s'envolent comme des minutes. Minuit a sonné depuis longtemps, il est de plus en plus tard, le domino rouge s'est déjà approché à plusieurs reprises, il se tient à proximité sans que le domino jaune songe à l'appeler. Enfin, il faut se séparer. Élisabeth a l'adresse du jeune homme, elle promet de lui écrire bientôt et fait entrevoir une nouvelle rencontre.

« Mais promets-moi une chose encore, une seule. Conduis-moi, jusqu'à la voiture et ne retourne plus dans la salle. Tope là ! »

Le jeune homme fait tout ce que lui demande le domino jaune et maintenant, avec le domino rouge, ils descendent tous trois le grand escalier jusqu'au vestibule et attendent que le fiacre soit avancé. Tout à coup, la curiosité le prend. « Je voudrais bien savoir tout de même qui tu es. » Sur ce, il se penche et essaie de lever le masque pour voir le bas du visage. Le domino rouge, effrayé, pousse un cri et se précipite entre les deux. Au même instant la voiture arrive. Une forte poignée de main et, en un clin d'œil, les masques sont dans la voiture, les chevaux s'ébranlent et la vision disparaît dans la nuit.

Élisabeth dit anxieusement à Ida : « Mon Dieu, s'il savait qui je suis. Nous ne pouvons pas retourner directement à la Hofburg. Il se pourrait qu'il nous suive. » Ida Ferenczy ordonne au fiacre d'aller loin dans les faubourgs. Dans une rue quelconque la voiture s'arrête. Ida en descend, scrute les environs et, lorsqu'elle voit que personne ne les a suivies, les deux femmes retournent vivement à la Hofburg. Pendant ce temps, ce jeune homme de vingt-six ans, dans une espèce d'ivresse spirituelle, retrouve son modeste intérieur. Il vit les jours suivants dans une perpétuelle inquiétude. Il ne cesse de se promener au Prater pour y rencontrer l'impératrice. Il tourne autour de la Burg pour épier ses sorties et, une fois, il réussit à saluer Élisabeth qui passe en voiture tout près de lui. Elle le regarde et son visage, un instant, reflète la curiosité. Puis Élisabeth, par la vitre du fond, jette un regard en arrière, mais elle laisse tout de suite retomber le rideau.

Une semaine plus tard, Fritz Pacher reçoit une lettre de Munich. La date, en haut à droite, est de la main de l'impératrice. Quant au reste de la lettre, l'écriture en est visiblement déguisée (1) : « Cher ami, vous serez étonné de recevoir mes premières lignes de Munich. J'y suis de passage pour quelques heures et j'en profite pour vous donner le signe de vie que je vous ai promis. Avec quelle angoisse vous l'avez attendu ! Ne le niez pas ! Mais soyez sans crainte, je ne vous demande pas d'explications, car je sais aussi bien que vous ce qui se passe en vous depuis cette fameuse nuit. Vous avez parlé à des milliers de femmes et de jeunes filles, vous avez cru, sans doute, vous amuser, mais votre esprit n'est jamais tombé sur l'âme sœur. Enfin vous avez trouvé, dans un mirage étincelant, ce que vous cherchiez depuis des années, mais pour le perdre sans doute à jamais... ».

Fritz Pacher répond immédiatement, il demande à Gabrielle si elle pense quelquefois à lui et voudrait savoir mille choses. Le domino jaune doit lui écrire ce qu'il fait toute la journée, avec qui il est, s'il est jaloux et ainsi de suite. Il remet la lettre à la grande poste. Deux jours après, il s'enquiert si on est venu la chercher. On lui répond que oui. Pendant des semaines encore Élisabeth et sa dame d'honneur parlent de cette petite aventure. Ce qui réjouit le plus le cœur d'Ida Ferenczy, c'est que Marie Festetics, qui se vante tant d'avoir la confiance de l'impératrice, ne se doute de rien.

Le 27 février, François-Joseph et Andrassy reviennent de Saint-Pétersbourg assez satisfaits. La réception a été brillante, bien que les sentiments véritables du tsar et de la Russie envers l'Autriche n'aient guère changé. Le passé n'est pas oublié. Pen-

(1) Cette lettre se trouve dans les papiers laissés par M. Fritz Pacher de Theinburg, Vienne.

dant ce temps, il s'est passé quelque chose avec Bellegarde. L'empereur a ordonné qu'on lui suggère d'offrir sa démission. Le comte croit à l'œuvre de l'impératrice et de la comtesse Festetics, parce qu'il était hostile à la Hongrie et qu'il avait trempé dans certains bavardages au sujet d'Andrassy. Mais les deux femmes n'y sont pour rien, d'autres raisons sont en jeu. Quand il vient prendre congé, Élisabeth le reçoit et, dans son rapport à l'empereur, elle est très brève : « Aujourd'hui Bellegarde est venu me faire sa visite d'adieu ; il était très ému. Il ne m'a rien demandé, aussi ne lui ai-je rien dit, c'était certainement le plus simple... » (1).

L'impératrice est devenue très réservée. « Je suis prudente dans ce que je raconte des autres, car j'ai trop souffert de ce qu'on disait de moi. Je ne crois plus guère que ce que j'entends par moi-même », dit-elle à la comtesse Festetics (2). « Je ne voudrais faire de tort à personne, mais c'est pénible, Marie, quand on se sent la conscience en paix, d'être en butte à la méchanceté, comme je l'ai toujours été. J'ai acquis une prudente indifférence. Je suis très circonspecte, je me retire des hommes, cela ne peut que leur être agréable, ils ne m'aiment pas et moi, je trouve cela plus commode. »

« Je ne puis nier », réplique la comtesse, « que les choses ne sont pas telles qu'elles devraient être, mais Votre Majesté ne sait pas combien d'êtres lui sont dévoués et combien de gens sont heureux de la voir ».

« Oui, évidemment, ils sont curieux. Dès qu'il y a quelque chose à voir, tout le monde accourt, que ce soit un singe qui danse sur un orgue de Barbarie ou moi, c'est la même chose. Voici l'amour ! Je ne suis pas si prompte à croire au dévouement et je ne me monte pas l'imagination par vanité. Il vaut mieux laisser échapper une chose que d'être dupe. »

Seul, le souvenir de son escapade du mardi gras détourne Élisabeth de ces sombres pensées. Elle est décidée à ne pas donner suite au rendez-vous promis, mais elle veut continuer la correspondance. Une seconde lettre, en mars, succède à celle du mois de février. Élisabeth s'amuse à aiguiser la curiosité de

(1) Élisabeth à François-Joseph, 9 mars 1874. (A.A.C.W.)
(2) Journal de Marie Festetics, 25 mars 1874. (A.F.)

Fritz Pacher en lui faisant croire qu'elle est déjà en Angleterre. En réalité, ce voyage est fixé à la fin de l'été.

« Cher ami, comme je te plains ! Rester si longtemps sans nouvelles de moi, comme ta vie a dû être vide et le temps te paraître long ! Mais je n'y pouvais rien. Mon esprit était las, mes pensées manquaient d'élan. Souvent je passais des heures assise à la fenêtre à regarder dans le morne brouillard, d'autres fois, folle comme un braque, je me précipitais d'un plaisir à l'autre. Si je pensais à toi à ces moments-là ? Ce que je pensais, je le sais et cela me suffit. Je n'ai pas à satisfaire ta curiosité, être vaniteux, c'est pourquoi tu n'apprendras rien sur ce point. On fait grand éloge de Londres, quant à moi, je ne sais qu'une chose, c'est que la ville m'est odieuse. Dois-je t'en décrire les curiosités ? Prends un Bædecker et tu m'épargneras la peine de le faire. Tu veux savoir ce que je fais, quelle est ma vie ? C'est sans intérêt. Quelques vieilles tantes, un bouledogue hargneux, de nombreuses plaintes au sujet de mon extravagance, pour me délasser, une promenade solitaire à Hyde Park tous les après-midi, une réunion mondaine après le théâtre, voilà ma vie dans toute son aridité et son désespérant ennui. Oui, Fritz, même toi tu serais une distraction ici ! Qu'en dis-tu ? Es-tu moins vaniteux, au moins pour un jour ? Imagine ma faiblesse, j'ai la nostalgie de cette Vienne légère, ensoleillée, mais la nostalgie à la manière des chats, la nostalgie de l'endroit, non des hommes. Et maintenant je te souhaite le bonsoir, il est minuit passé à ma montre. Rêves-tu de moi en ce moment ou envoies-tu dans la nuit des chants nostalgiques ? Dans l'intérêt de tes voisins, je te souhaite de rêver.

« Ma cousine est retournée chez ses parents, envoie donc dorénavant tes lettres à l'adresse suivante : Mr. Leonard Wieland, General-Postoffice, Londres.

« Reçois mes meilleurs souvenirs.

Gabrielle. » (1)

Élisabeth donne la lettre à sa sœur, la reine des Deux-Siciles, qui part justement pour l'Angleterre, et la charge de prendre

(1) Cette lettre se trouve dans les papiers laissés par Fritz Pacher.

à l'adresse convenue les lettres qui suivront. Elle pense que c'est le meilleur moyen de brouiller les pistes et de conserver ainsi en face de ses dames d'honneur le secret de sa correspondance. Car, lorsqu'elle a parlé à Ida Ferenczy de sa première lettre à ce monsieur Fritz Pacher, celle-ci n'avait pas manqué de formuler des appréhensions et prié l'impératrice de ne pas continuer cette correspondance qui aurait pu être mal interprétée. Sa nouvelle lettre suscite chez le destinataire un flot de sentiments les plus divers. Fritz Pacher cherche dans sa réponse à pénétrer plus avant dans le mystère, mais feint d'être plus renseigné qu'il ne l'est en réalité. Il reçoit, en avril, une réponse d'Élisabeth timbrée de Londres :

« Cher ami, j'ai passé une semaine à la campagne et n'ai trouvé ta lettre qu'à mon retour. Elle m'a distraite, c'est pourquoi j'y réponds si vite, et aussi parce que je suis curieuse de certaine histoire assez drôle. Tu poses des quantités de questions et pourtant tu crois tout savoir. Pourquoi ne m'appellerais-je pas Gabrielle ? As-tu des préventions contre ce joli nom d'archange ? Évidemment, Frédérique serait plus beau, mais je n'y puis rien changer. Et puis, tu sembles t'être mis en tête que je ne suis pas en Angleterre. Si seulement j'étais de nouveau à Vienne ! Je t'assure que je m'y amusais bien mieux. Peut-être y retournerai-je pour le mois de mai, mais j'ose à peine l'espérer, je crains plutôt d'être retenue ici tout l'été et encore l'automne. Peut-être pourrais-tu mettre l'Angleterre au programme pour tes vacances et rendre visite au domino jaune, à moins que d'ici là nous ne nous soyons lassés l'un de l'autre. Tu t'y plairas sûrement. Il y a tant de choses ici qui sont de ton rayon. Et, après avoir été agriculteur, combien tu aimerais ces jolies maisons de campagne, depuis la grande propriété du riche lord jusqu'au simple cottage du fermier, partout le goût s'unit au pratique. Oui, le pays est superbe, mais je déteste Londres, j'en deviens mélancolique et je ne puis me débarrasser du spleen. J'ai dit adieu à mes vieilles tantes et me voici installée chez mon frère. Cela ne change en rien la raison effective de mon séjour et au moins je suis débarrassée d'une société ennuyeuse, y compris le bouledogue. Car je t'avoue, au risque de te déplaire, que je n'aime guère les chiens. C'est te dire que je n'ai aucune notion de la race du tien. Pour m'éclairer à ce sujet, tu pourrais m'envoyer ta photographie avec ton fidèle serviteur. Donc, tu veux savoir ce que je lis ? Je lis beaucoup et mes lectures sont sans méthode, comme ma vie — au jour le jour. Je trouve rarement un livre qui me plaise tout à fait, qui réponde à ce que je sens, à ce que je pense, mais récemment il m'en est tombé un entre les mains et il me semble qu'il faut que je t'en parle : *Amour allemand*, de Müller. Lis-le et dis-moi ton avis, j'en ai été enchantée. Sais-tu que tu es très indiscret ? Tu ne demandes pas moins que ma biographie — elle ne t'ennuierait pas, certes, mais il faudrait pour cela que je te connusse mieux. Je ne te dirai qu'une chose pour cette fois : la période la plus saillante de ma vie a été un certain hiver que j'ai passé en Orient et mes souvenirs les plus chers se rattachent à ce pays féerique. Tandis que je t'écris ces lignes, tu es arrivé sans doute sur les rives d'un des lacs italiens qui, dans leur genre, ne sont pas moins beaux. Je les connais aussi, mais il manquait à mon séjour là-bas ce souffle de bonheur qui se répandait avec une telle profusion sur mon voyage en Orient. Je sais que, malgré ta mère et ta sœur, tu penseras aussi à moi là-bas. Je me suis insinuée dans ta vie, inconsciemment et involontairement. Dis-moi, veux-tu rompre ces liens ? C'est encore possible maintenant, mais plus tard, qui sait ?

« Crois à mon amical souvenir.

Gabrielle » (1).

Élisabeth essaie, par ses descriptions de l'Angleterre et son antipathie pour les chiens, de lancer Fritz Pacher sur une fausse piste. Elle poursuit le même but par son allusion à l'Orient, où elle n'est jamais allée. Elle songe sans doute à son séjour à Corfou dont jadis le paysage l'avait enchantée. Mais le jeune homme ne veut pas paraître dupe, il veut montrer qu'il sait tout et se risque dans sa réponse à montrer, par allusion, qu'il n'ignore

(1) Cette lettre, datée de Londres au mois d'avril, se trouve dans les papiers laissés par Fritz Pacher de Theinburg. Un morceau a été découpé à la fin de la lettre et les quatre derniers mots sont ajoutés au crayon d'une autre écriture.

pas qu'elle est l'impératrice, il va même jusqu'à dire que son nom n'est ni Gabrielle, ni Frédérique, mais Élisabeth ! Son audace est punie, Élisabeth ne répond plus. Les mardis gras suivants, il ne trouve plus de domino jaune. Élisabeth voit Pacher en public, au Prater et à une exposition de fleurs. Sans doute, elle répond un peu plus aimablement à son salut qu'à d'autres, mais elle ne lui parle jamais. Bientôt les événements du jour repoussent à l'arrière-plan ce petit épisode.

Le 29 avril, le frère de l'impératrice, le duc Charles-Théodore, épouse, en secondes noces, la charmante et très belle infante de Portugal, Marie-José. Élisabeth approuve tout à fait ce mariage. Elle entend dire de toute part que c'est le meilleur choix que pouvait faire son frère. Élisabeth ne peut pas s'absenter pour assister au mariage, elle se contente d'envoyer un superbe cadeau. Plus tard, elle rencontre sa nouvelle belle-sœur à Possenhofen ; son impression est excellente. « Marie me plaît infiniment, elle est d'une rare beauté, on ne se lasse pas de la regarder », dit-elle (1). Si l'impératrice n'a pu aller au mariage, c'est que Valérie était un peu souffrante. Il en résulta un orage dans la « chambre d'enfant ». La gouvernante avait toujours quelque grief à l'égard de tout le monde, surtout contre l'impératrice, et elle en profitait pour éloigner d'elle la fillette, déjà difficile par elle-même. Élisabeth en a assez. Quand il s'agit de Valérie, elle n'entend aucune plaisanterie, aussi l'Anglaise est-elle relevée de ses fonctions.

Fin juillet, l'impératrice se décide, sur les instances de sa sœur, à se rendre à l'île de Wight avec sa fille, pour y prendre les bains de mer. Elle veut essayer là-bas d'éviter toute réception officielle. Ce sont des vacances, elle les veut calmes. Avant tout, elle entend échapper aux intrigues politiques qui fleurissent pour le moment à Vienne. Il y a un parti tchèque, qui prétend que c'est la faute d'Élisabeth si l'empereur ne se fait pas couronner à Prague, et cela parce que l'impératrice n'aime que la Hongrie et déteste la Bohême. D'autres prétendent qu'elle n'est pas assez pieuse et qu'elle est la seule à empêcher que l'État se soumette de nouveau à l'Église. Il y a encore les centralistes et les absolutistes qui voudraient retourner à la politique de l'archiduchesse

(1) Élisabeth à la princesse Gisèle, sans date. Archives du prince Conrad de Bavière, Harlaching.

Sophie, sapée uniquement par Élisabeth, dit-on. Et pourtant, depuis le Compromis, l'impératrice a cessé d'user à des fins politiques de l'influence qu'elle a sur son époux. Elle ne veut que le bien de son mari et de ses enfants et elle aide l'empereur, autant qu'elle le peut, de son intelligence et de son tact. Il reconnaît d'ailleurs la valeur de son jugement et aime à discuter de tout avec elle.

Le 28 juillet, l'impératrice se met en route pour Wight par Strasbourg et Le Havre. A Strasbourg elle veut visiter la cathédrale, mais elle craint d'être reconnue, ce qui a coutume de la rendre toute malheureuse et de l'empêcher de jouir pleinement des choses. C'est pourquoi elle arrive quelques heures plus tôt qu'il n'a été prévu dans le programme, et elle ne trouve qu'une petite vieille qui la conduit chez un prêtre. Celui-ci introduit la visiteuse dans la cathédrale ; devant le sépulcre des Habsbourgs, à la grande joie d'Élisabeth, il parle de leurs grosses lèvres comme d'un signe de dégénérescence. Pendant ce temps, la coiffeuse Feifalik sort de l'hôtel, elle est saluée avec respect et elle s'incline pleine de condescendance. L'impératrice observe ce petit manège de loin et s'en amuse ; puis elle donne une pièce d'or à la vieille. La brave femme ne veut pas l'accepter car elle a deviné maintenant à qui elle a servi de guide. « L'honneur et le plaisir », affirme-t-elle, « sont une récompense suffisante pour moi ». — « Voyez-vous, Majesté », dit Marie Festetics, « il y a quand même de braves gens sur terre ». — « Oui », répond tristement Élisabeth, ici on ne me déteste pas ».

Pour des raisons politiques, elle poursuit son voyage sans s'arrêter à Paris et, le 2 août, Élisabeth arrive à l'île de Wight. Une végétation superbe recouvre ce beau coin de terre : des chênes et des lauriers, des magnolias et des cèdres, des fleurs à profusion. Ida Ferenczy et Marie Festetics accompagnent l'impératrice qui s'installe dans une villa charmante. A peine arrivée, Élisabeth reçoit la visite de la reine d'Angleterre qui séjourne au château d'Osborne. Victoria est éblouie par la beauté de l'impératrice. Elle ne l'avait jamais vue jusque-là et n'en connaissait que des portraits et des photographies, mais elle trouve qu'aucun ne lui rend justice et ne donne même la moindre idée de sa beauté. On sait déjà, à la cour d'Angleterre, combien l'impératrice est sauvage et peu aimable et on appréhende de recevoir sa visite. Élisabeth s'intéresse aussi à l'illustre John Brown, jadis serviteur préféré du prince consort, et auquel la reine a accordé une situation privilégiée. La reine Victoria fait peur à la petite Valérie : « Je n'ai encore jamais vu une femme aussi forte », dit-elle. « La reine a été très aimable », écrit Élisabeth à son époux (1), « elle n'a rien dit de désagréable, mais elle m'est antipathique. Le prince de Galles était très aimable, joli et sourd comme un pot, la princesse royale, qui habite à une heure et demie de sa mère, était comme d'habitude. Ils sont bien installés, quoique ce soit petit chez eux ; ils restent encore, pour le moment. Demain, elle viendra me voir. D'ailleurs, j'ai été très polie et tout le monde en a paru étonné. J'ai fait ce que j'ai pu, j'estime que cela suffit. Ils se rendent parfaitement compte que je veux être tranquille et ne veulent pas me gêner... ».

Quelques jours après sa première visite, Victoria invite Élisabeth à dîner. L'impératrice s'excuse par une lettre polie et pense que la reine d'Angleterre, elle aussi, sera ravie si elle ne vient pas (2). Mais il n'en est pas ainsi. Victoria revient chez Élisabeth, le 11 août, et réitère son invitation verbalement. On ne peut rien imaginer de plus différent que ces deux princesses. La haute et séduisante silhouette de l'impératrice, sa taille svelte et élégante accentuent ce qu'il y a de lourd et de trapu dans la personne de la reine qui, en outre, n'est pas très jolie de visage. Élisabeth décline à nouveau l'invitation. « Je l'ai fait parce que cela m'ennuyait », écrit-elle à sa mère (3). Une légère inimitié en résulte.

L'impératrice préfère flâner incognito à Londres. En cette saison, la société n'est pas en ville. Élisabeth écrit : « Tout le monde est parti. Les plus belles avenues sont désertes ». Mais elle en est ravie. Au moins elle n'est pas gênée. Elle est obligée cependant de faire quelques visites, par exemple à la duchesse d'Edinburgh. Cette princesse un peu disgraciée est la fille du tsar. Elle se rend ensuite chez la duchesse de Teck (4). « Elle est énorme », écrit-

(1) Élisabeth à François-Joseph, Steephill Castel, Ventnor, Ile de Wight, 2 août 1874. (A.A.C.W.)
(2) *Id.*, Ventnor, 10 août 1874. (A.A.C.W.)
(3) Élisabeth à sa mère, 15 août 1874. (A.A.C.W.)
(4) Élisabeth à François-Joseph, Londres, Hotel Claridge, 22 août 1874. (A.A.C.W.)

elle à l'empereur. « Je n'ai jamais rien vu de pareil. Je pensais tout le temps : quel effet doit-elle faire au lit ? »

Le soir, l'impératrice monte à cheval à Hyde Park avec l'ambassadeur Beust ; elle a amené son célèbre cheval blanc de Budapest. De tous côtés on lui offre des chevaux, et des chevaux de prix, naturellement. « Celui que je préférerais coûte vingt-cinq mille florins ! » dit-elle à François-Joseph, mais elle ajoute aussitôt : « C'est évidemment inaccessible ! » Élisabeth visite aussi le célèbre cabinet des figurines de cire de Mme Tussaud, où elle reconnaît son époux. « Follement amusant, mais horrible », dit-elle. Elle y reste pourtant une heure et demie et ne peut se décider à s'en aller. L'impératrice parcourt fiévreusement l'immense ville avec Marie Festetics. Elle voudrait tout voir, être partout. A Londres aussi elle visite l'asile d'aliénés, Bedlam, le plus grand établissement de ce genre au monde. Celui de Munich disparaît à côté. Le terrain est dix fois plus grand. C'est tout un monde d'esprits troublés. Dans un beau parc ombragé vivent des milliers de ces malheureux. Ce qui fait le plus d'impression à Élisabeth, c'est une jeune fille assise sur le gazon, sous un arbre en fleurs, et qui tresse des couronnes que, d'un geste solennel, elle se pose sur la tête. La folie des grandeurs est la plus répandue (1). Un fou accoste l'impératrice et lui demande de le libérer. « Pourquoi êtes-vous là ? » lui demande-t-elle avec douceur. « Les jésuites m'en voulaient et, pour avoir une raison de m'enfermer, ils ont prétendu que j'avais volé la bourse de saint Pierre dans la rue. Certes, ce serait un grand crime, mais ce n'est pas vrai », affirme-t-il avec un sourire malicieux, « car, savez-vous, je suis saint Pierre lui-même ». L'impératrice écoute, intéressée, puis répond tout tranquillement : « Alors vous ne tarderez pas à être libéré ».

A cette visite succède une excursion à Melton et à Belmore Castle. C'est là que se trouve le chenil du duc de Rutland et qu'Élisabeth prend part, pour la première fois en Angleterre, à une véritable chasse à courre (2). L'impératrice passe la nuit dans l'antique et magnifique château de Melton et visite les écuries. Elle rêve de revenir à Melton pour toute une saison et

(1) Journal de Marie Festetics, 27 août 1874. (A.F.)
(2) *Id.*, 26 août, 1874. (A.F.)

elle commence à échafauder des projets. Des gentilshommes de son pays prennent part à la chasse : le comte Tisza, le comte Tassilo Festetics et deux frères Baltazzi, fils de ce banquier levantin qui se fit remarquer pour la première fois à Vienne, lors du mariage de l'impératrice. La comtesse Festetics observe avec méfiance ces deux hommes qui n'appartiennent à aucune famille noble d'Autriche-Hongrie et qui se sont insinués dans la société de la cour grâce à leur sœur, mariée à un diplomate austro-hongrois, le baron Vetsera, qu'elle a connu à la légation de Constantinople. « Il faut être très prudent », dit la comtesse. « Ce sont des gens intelligents, les frères d'une baronne Vetsera qui a surgi à Vienne ; ils sont riches, spirituels et ont tous ces mêmes yeux intéressants ; personne ne sait au juste d'où sortent ces gens, avec leur fortune, ce sont des arrivistes et ils ne m'inspirent guère confiance. Les frères s'adonnent au sport avec passion, ils montent fameusement à cheval et se poussent partout. Avec leur genre anglais et leurs chevaux, ils représentent pour nous un réel danger. »

Les deux journées de chasse sont si fatigantes, que les hommes eux-mêmes sont à moitié morts et ont peine à se tenir debout. Mais Élisabeth est dans son élément. L'équitation, les chevaux, tout cela lui fait un tel plaisir qu'elle n'éprouve pas l'ombre d'une fatigue et s'amuse de Tisza qui, en dépit de tous ses efforts et de tout son respect, s'assoupit de temps en temps en sa présence. Elle en rit aux larmes. Élisabeth est toute triste quand il lui faut regagner son île. Mais la traversée l'enchante. La mer est mauvaise et la suite en souffre, l'impératrice, elle, a le pied marin. Elle a très envie de faire un grand voyage en mer. De temps à autre, l'humeur vagabonde qu'elle a hérité de son père la saisit (1). « J'aimerais surtout aller en Amérique », écrit-elle à la duchesse Ludovica, « la mer me tente dès que je la regarde ».

A Ventnor, la vie balnéaire reprend ses droits. Quand l'impératrice entre dans l'eau, d'innombrables curieux se postent sur les hauteurs environnantes, armés de jumelles, pour la regarder. Élisabeth a recours à une petite ruse : elle fait entrer en même temps dans l'eau Marie Festetics et une des femmes de cham-

(1) Élisabeth à sa mère, Ventnor, 15 août 1874. Copie A.A.C.W.

bre, revêtues du même costume de flanelle que l'impératrice. Élisabeth écrit à son époux : « C'est bien dommage que tu ne puisses pas venir. Après les manœuvres, tu pourrais bien, pendant quinze jours, venir visiter Londres, faire un petit tour en Écosse, rendre visite à la reine et chasser un peu dans les environs. Nous avons des chevaux et tout ce qu'il faut, ce serait dommage de n'en pas profiter. Réfléchis quelques jours avant de dire tout de suite «non» avec ton obstination habituelle... » (1), Élisabeth raconte à l'empereur que lady Dudley lui a fait cadeau d'un cheval de chasse, bien qu'elle se soit défendue et qu'elle lui ait dit qu'elle n'a pas coutume de recevoir des cadeaux. Mais la dame ne s'est pas laissée décourager, elle a envoyé le cheval. C'est une belle bête, mais très grande, si grande, que même François-Joseph paraîtrait dessus « comme un point sur un i », ajoute Élisabeth (2). Elle monte souvent en compagnie de la fille du maître d'équitation Allen. Celui-ci doit sa situation à la recommandation de la reine des Deux-Siciles et Élisabeth dit de lui qu'il est « encore plus gentilhomme que Holmes, si c'est possible ». Par ailleurs, l'impératrice est contente que la reine ne réside plus à Osborne, mais en Écosse, en sorte qu'à présent elle est à l'abri des visites. François-Joseph lit avec intérêt les rapports d'Élisabeth sur son séjour, mais il lui est impossible de venir. Son emploi du temps est fixé jour par jour pour plusieurs mois. Élisabeth le reconnaît et le déplore. « Je t'en prie, ne te laisse pas déranger dans tes projets. Les chasses sont pour toi un délassement si nécessaire, que je m'en voudrais si mon retour devait te priver ne fût-ce que d'une seule. Je sais combien tu m'aimes, même sans démonstrations, et nous ne sommes si heureux précisément que parce que nous savons ne pas nous déranger... » (3). L'impératrice décide de rentrer, car elle ne veut pas rester si longtemps loin de son époux, mais, avant de retourner à Vienne, elle s'arrête encore à la maison paternelle. Cependant elle craint Louis II. « Pourvu que le roi me laisse tranquille », écrit-elle à François-Joseph peu avant son départ.

A leur arrivée à Boulogne, les voyageuses assistent à une

(1) Élisabeth à François-Joseph, Ventnor, 28 août 1874. (A.A.C.W.)
(2) *Id.*, Ventnor, 3 septembre 1874. (A.A.C.W.)
(3) *Id.*, Ventnor, 13 septembre 1874. (A.A.C.W.)

terrible tempête. Le vent domine de ses mugissements le bruit de l'océan. C'est un spectacle extraordinaire et, pour mieux voir, Élisabeth et Marie Festetics ont l'imprudence de descendre sur la plage. A l'instant, leurs parapluies sont retournés et le vent couche les deux femmes sur le sable. Elles se relèvent péniblement et ne parviennent pas à avancer. Déjà leurs forces s'épuisent, mais voici qu'un gardien de la plage arrive avec des gestes furieux. Il ne se doute pas à qui il a affaire ; il empoigne les deux femmes par le bras et les entraîne. Une pièce d'or rend l'homme plus aimable : par des journées pareilles, explique-t-il, l'accès de la plage est interdit ; si la police avait assisté à la scène, il aurait perdu sa place.

Au retour, l'impératrice s'arrête à Baden-Baden où les souverains allemands l'attendent à la gare. La grande-duchesse de Bade, fille de l'empereur Guillaume, loue sa beauté avec enthousiasme et l'empereur Guillaume, la main sur le cœur, déclare : « Il vaut mieux ne pas trop regarder, on risquerait de prendre feu ».

De là, Élisabeth gagne Possenhofen où elle n'échappe pas au roi. Il est venu tout exprès à Munich où il se fait de plus en plus rare. Cette fois, il se montre d'une extrême amabilité à l'égard des dames d'honneur, à sa façon, évidemment. La nuit avant le départ, vers une heure et demie, la comtesse Festetics est réveillée en hâte. Un aide de camp la demande, chargé par le roi de lui remettre, en personne, un bouquet de cent roses, toutes de nuances diverses, depuis le blanc le plus pur jusqu'au rouge le plus sombre. Étrange présent, qui met la pauvre comtesse dans les transes, d'autant que la maison est en bois et que l'impératrice habite juste au-dessous de sa chambre. Le lendemain, elle se voit obligée d'emporter les roses, car Louis II ne manquera pas d'accueillir les voyageuses à la gare de Munich. C'est un désastre d'avoir à loger dans le compartiment ce bouquet aussi volumineux qu'un guéridon. Le roi, qu'Élisabeth trouve très gros, lui parle des représentations privées qu'il prépare au théâtre de la Résidence. Ce qui intéresse le plus Élisabeth dans le programme, c'est une pièce de l'époque de Louis XIV où figure une scène de chasse avec une meute. Le clou de la représentation sera une pluie avec de l'eau véritable. Au bout d'un moment, le roi déclare à l'impératrice qu'il voudrait l'accompagner une partie du chemin ; mais la proposition déplaît à Élisabeth. Louis II l'énerve et l'inquiète, d'autant que son frère Othon est en train de devenir complètement fou. Marie Festetics est obligée d'intervenir et de déclarer au souverain que Shadow, le dogue de l'impératrice, est si désagréable, qu'il ne supporte personne qu'il ne connaisse. Sa Majesté a une peur terrible que le chien ne morde le roi. Enfin, Louis II comprend et laisse Élisabeth partir seule. Longtemps encore le regard beau, mais étrangement cruel du roi poursuit les deux femmes.

A peine l'impératrice est-elle de retour, qu'elle va à cheval à Pardubitz avec son époux. Puis commencent les chasses à Gödöllö. Ainsi se termine la vieille année et les premiers jours de la nouvelle apportent, avec le carnaval, les devoirs de représentation si odieux à l'impératrice. C'est étrange, en somme, qu'elle déteste tant les bals de cour. Cela prouve qu'elle n'est pas si vaniteuse qu'on le dit. Son entourage est toujours stupéfait de l'immense succès de l'impératrice chaque fois qu'elle paraît en public, elle a pourtant maintenant trente-sept ans. Marie Festetics, toute remplie d'admiration, écrit après le bal : « Elle tient du cygne, du lys, de la gazelle, mais aussi de Mélusine. Reine et fée à la fois, et pourtant tellement femme. Majestueuse et candide, comme une jeune fille et comme une grande dame, gracieuse et digne, la voici sans exagération et tout à fait objectivement. C'est dommage qu'aucun portrait ne puisse rendre tout cela et qu'il y a des êtres qui ne la voient pas. J'étais fière de voir l'impératrice ainsi admirée ! Ces bals la fatiguent atrocement ! Parler sans cesse pendant quatre heures par cette chaleur et par ce bruit ! Mais personne ne songe à cela et tout le monde trouve naturel qu'elle travaille comme une machine » (1). Il en coûte beaucoup à Élisabeth. Et c'est pour elle une véritable lutte que d'arriver à se retirer du monde. Le voile bleu et l'éventail entrent de plus en plus en jeu. Quand Élisabeth monte en voiture, elle renvoie toute sa suite. Dans les jardins, elle recherche de préférence les pergolas pour s'y dissimuler. Et quand elle n'est pas « harnachée », c'est-à-dire habillée pour les occasions solennelles, elle se cache où elle peut. Le public interprète mal ce besoin de

(1) Journal de Marie Festetics, 10 janvier 1875. (A.F.)

solitude ; il ne se doute pas de la sauvagerie instinctive d'Élisabeth et s'imagine qu'elle a quelque chose à cacher. Si elle ne se conduisait pas si mystérieusement, les gens ne seraient pas si curieux. Marie Festetics, envoûtée par l'impératrice et toute à sa dévotion, aussi bien qu'Ida Ferenczy, se casse la tête pour savoir comment elle pourrait y remédier. La comtesse a déjà reçu plusieurs demandes en mariage, mais elle a toujours refusé. Pourtant, elle se demande parfois si elle fait bien de renoncer ainsi à sa vie personnelle, à l'amour, à un foyer. Mais, alors, elle se rappelle la prière d'Élisabeth de ne jamais la quitter et elle décide de ne pas abandonner le drapeau que Déak et Andrassy lui ont mis dans la main (1). L'impératrice a vraiment besoin d'un appui moral, de sentir des amies sincères à ses côtés. Elle a un calendrier hongrois, un simple agenda de paysan, *Istvan Bacsi Naptara*, dans lequel elle écrit de temps en temps des remarques ou des poésies qui lui ont plu ou qu'elle a faites elle-même. On y trouve, au mois de mars, un quatrain intitulé *Inquiétude :*

> Un désir cède à un désir plus grand
> Et le cœur reste toujours insatisfait.
> Et le bonheur acquis
> Cesse d'être un bonheur (2).

Parfois Marie Festetics lui dit qu'elle ne devrait pas toujours céder à ses désirs, qu'elle devrait se maîtriser et chercher le bonheur dans le renoncement. Élisabeth répond dans son agenda par le poème *Maîtrise de soi :*

> Je devrais me maîtriser ?
> Cela me serait salutaire ?
> Mais qui donc serait le vaincu,
> Si je suis le vainqueur ?
> Absurde, le brigand
> Qui croit s'enrichir
> En se dévalisant lui-même
> Au fond d'un bois. (3)

(1) Journal de Maries Festetic, 28 décembre 1874. (A.F.)

(2) Écrit au crayon de la main de l'impératrice dans l'agenda *Istvan Bacsi Naptara*, mars 1875. Archives Farkas.

(3) *Id.*, 1875. Archives Farkas.

Avec tout cela, c'est encore à Ofen qu'Élisabeth est le plus heureuse. Elle appréhende toujours de revenir à Vienne. « J'en suis désespérée », écrit-elle à sa mère avant le départ (1), « on vit si tranquille ici, à l'abri des parents et des critiques, et là-bas — toute la famille impériale. Ici, c'est la vie libre, je peux sortir seule, aller en voiture, tout comme il me plaît ». Mais elle fait exception pour François-Joseph. Les rapports entre les époux sont même très chaleureux à l'époque. Lorsque, en avril 1875, l'empereur part pour Trieste et Venise afin de rendre sa visite au roi d'Italie, elle est angoissée à l'idée qu'il reviendra par la Dalmatie où couvent de perpétuelles révoltes. Elle pleure à fendre l'âme au moment de la séparation. « J'appréhende un malheur », dit-elle. Le soir du 2 avril, Marie Festetics est au théâtre. Élisabeth la fait chercher et l'oblige, la nuit même, à écrire une lettre au général Beck qui accompagne François-Joseph dans son voyage. La comtesse écrit sous sa dictée, que l'impératrice rend le général responsable de la vie de l'empereur et le prie de ne pas quitter le souverain un instant.

Dès qu'Élisabeth est plus nerveuse que de coutume, elle redouble ses exercices physiques. Elle est prise d'une frénésie d'équitation. Il ne lui suffit plus de chasser à cheval plusieurs heures par jour et de monter au manège. Elle a plus d'ambition, elle veut atteindre les performances du cirque. Ernest Jacob Renz, le fondateur de l'illustre cirque de ce nom, est justement à Vienne avec sa troupe. Fils d'un danseur de corde, il a acquis dans son métier une véritable maîtrise et a fait de son cirque une entreprise mondiale Il produit les plus beaux chevaux, admirablement dressés. Le public, et l'impératrice surtout, est particulièrement épris d'Élise, la fille de Renz. Un des écuyers de Renz, du nom de Hüttemann, entre au service de l'impératrice. Élisabeth fait construire un petit manège près des écuries de la cour et acheter quatre chevaux de cirque. Ces chevaux, dont le célèbre « Avolo » qui se met à genoux avec Élisabeth en selle, font de véritables prouesses. Élisabeth prend des leçons d'équitation avec Élise Renz. Elle craint seulement que son époux, au loin, ne s'inquiète de l'opinion publique et elle lui

(1) Élisabeth à sa mère, Ofen, 27 janvier 1875. (A.A.C.W.)

assure qu'Élise est *très convenable* (1). D'ailleurs, au dire de l'ambassadeur d'Allemagne, elle donne aussi des leçons aux grandes dames de Berlin. Plusieurs fois, Élisabeth va seule au cirque, ou avec Valérie ; les représentations alors sont particulièrement longues, car Renz ajoute toutes espèces de numéros en son honneur. L'impératrice est heureuse comme une enfant. Non seulement les chevaux, mais aussi les fauves l'intéressent et elle ne se lasse pas de les regarder, tandis que les pantomimes et autres attractions l'ennuient.

Le 15 mai, l'empereur revient de Dalmatie. Élisabeth en est heureuse, car, malgré tout, elle lui est très attachée. Mais sa manière n'est pas celle de tout le monde ; aussi, comme chacun ne veut voir dans les autres qu'une copie de soi-même, tout le monde trouve à redire. En général, les hommes ne croient guère aux qualités de leur prochain et sont toujours prêts à penser à mal. Le cas d'Élisabeth en est un exemple. Vienne sent, d'instinct, que la cour porte sur les nerfs à Élisabeth, qu'elle éprouve souvent un violent désir d'y échapper, de vivre sa vie propre, avec sa fille, loin de la famille impériale et de l'inévitable cérémonial. Gisèle s'est mariée au loin, Rodolphe a maintenant dix-sept ans, il a très peu subi l'influence de sa mère et, plus il avance en âge, plus il s'écarte de sa sphère, ne serait-ce, déjà, que parce qu'il se prépare à son métier d'empereur. François-Joseph est occupé du matin au soir, il ne peut donc pas se consacrer à son épouse comme elle le voudrait, et tous les autres lui sont indifférents. Elle s'aperçoit aussi qu'une sourde hostilité règne à Vienne contre la Hongrie et c'est pour Élisabeth comme une offense personnelle. Elle se sent donc seule et dépaysée et ce sentiment nourrit en elle son goût des lointains voyages.

(1) Élisabeth à François-Joseph, Vienne, 23 avril 1875. (A.A.C.W.)

CHAPITRE X

A L'ÉTRANGER
1875-1882

Dans le courant de l'été 1875, sa famille prie l'impératrice de s'enquérir si la princesse Amélie de Cobourg épouserait Max-Emmanuel, le plus jeune frère d'Élisabeth. Elle charge Marie Festetics de cette mission ; tout va pour le mieux et les fiançailles sont célébrées sans retard.

« Voici Mapperl fiancé », écrit Élisabeth à sa mère. « Drôle d'idée, de renoncer à sa liberté quand on est si jeune, mais on ne sait apprécier ce qu'on a qu'au moment où l'a on perdu... Si tu continues à souffrir de la tête, tu n'iras certainement pas au mariage ; moi non plus, d'ailleurs, je suis trop sauvage et trop paresseuse... » (1).

Après un court séjour à Garatshausen et à Ischl, Élisabeth cède à son humeur vagabonde. La santé de Valérie est un excellent prétexte. Widerhofer a déclaré que l'archiduchesse avait de nouveau besoin de bains de mer et, pour changer, l'impératrice décide d'aller cette fois en France. Elle choisit une petite station peu connue, en Normandie. François-Joseph fait des objections. L'empire n'est pas dans les meilleurs termes avec la nouvelle république, œuvre des partis de gauche et repaire de tous les anarchistes. « Il t'y arrivera malheur », dit le souverain, « et, en outre, ce séjour fera mauvaise impression à Berlin ». Mais Élisabeth s'obstine. La remarque de l'empereur lui donne pourtant à réfléchir : entre le 22 mai et le 8 juin, elle fait son testament. Mais c'est sans crainte et persuadée qu'on ne saurait toucher à une femme qui, de sa vie, n'a fait de mal à personne, qu'elle se met en route pour Sassetôt-les-Mauconduits. Le secrétaire de la cour, Carl Linger, chargé du rôle de trésorier, a précédé les voyageuses et loué à un riche armateur un château simplement installé, au milieu d'un beau parc planté d'arbres immenses et de magnifiques buissons d'hortensias. Élisabeth a

(1) Élisabeth à sa mère, Ischl, 27 juin 1875. Copie A.A.C.W.

emmené Valérie et ses chevaux préférés ; tous les matins, elle se baigne. Elle sort de sa cabine, toujours accompagnée de ses deux grands chiens Mahomet et Shadow, par une longue galerie en toile à voile qui va jusqu'à la mer et la protège des regards indiscrets. L'après-midi, elle fait de longues promenades aux châteaux et aux manoirs des environs ; depuis la révolution ceux-ci, tout comme Sassetôt, sont en grande partie aux mains de nouveaux riches qui chassent peu à peu les vieilles familles. « Les démocrates, les républicains et les parvenus s'étalent dans tous ces endroits », dit la comtesse Festetics, « toute cette racaille a les vices de l'ancienne noblesse sans en avoir les vertus » (1). Élisabeth ne tarde pas à s'apercevoir qu'elle ne peut ici se mouvoir à l'aise. « Malgré la république, les gens sont plus indiscrets que partout ailleurs » (2). En sortant à cheval, l'impératrice a des ennuis à plusieurs reprises. Elle ne fait pas assez attention et, par mégarde, traverse des champs cultivés. Il en résulte des incidents qui, relevés avec emphase et grossis par le journal *L'Univers* du 17 août, prennent les proportions d'une affaire d'État. Le bruit court que des paysans auraient insulté l'impératrice. Mais, sur l'ordre d'Élisabeth, l'ambassade d'Autriche à Paris oppose un démenti à cette rumeur. Cependant tout n'est pas absolument faux. Élisabeth se plaint à son époux à plusieurs reprises. « Les gens », écrit-elle, « sont si effrontés et si mal élevés dans ce pays, ils m'ont tellement poursuivie hier, que je suis allée tout de suite en voiture à Fécamp et que j'en suis revenue par voie d'eau. A cheval aussi, j'ai eu souvent des ennuis ; sur les routes et dans les villages, les enfants, les voituriers et tous les habitants s'amusent à effrayer les chevaux. Quand on traverse les champs, ceux qu'on ne risque pas d'abîmer, bien entendu, les paysans deviennent excessivement grossiers. A vrai dire, je n'ai pas très envie d'aller à Paris, mais Nopcsa craint que cela ne fasse mauvaise impression. Qu'en penses-tu ? » (3).

Élisabeth fait venir d'Angleterre son professeur d'équitation, Mr. Allen. Cet homme n'inspire guère confiance à Marie Festetics. La comtesse a d'étranges intuitions, elle dépiste tout de suite les

(1) Journal de Marie Festetics, 5 août 1875. (A.F.)
(2) Élisabeth à sa mère, Sassetôt, 27 août 1875. Copie A.A.C.W.
(3) Élisabeth à François-Joseph, Sassetôt, 2 septembre 1875. (A.A.C.W.)

êtres qui seront néfastes à Élisabeth. Le jour même où ces personnages entrent dans la vie de l'impératrice, elle note son inquiétude dans son journal ; ce n'est donc pas un jugement formulé après coup, mais la preuve d'un instinct sûr, d'un très grand don d'observation, d'une rare finesse. Si Ida Ferenczy est d'une fidélité à toute épreuve, simple et dévouée, Marie Festetics est, sans conteste, la femme la plus intelligente et la plus subtile du cercle qu'Élisabeth a peu à peu constitué autour d'elle.

Mr. Allen est cavalier dans l'âme, uniquement cavalier ; il est hardi, énergique, — brutal, dit la comtesse Festetics. Il s'obstine et obtient de sa bête ce qu'il veut. Un jour, devant l'impératrice, il essaie de conduire un cheval au milieu des vagues. L'animal se montre rétif : Allen l'éperonne par trois fois et lui donne un fort coup de cravache ; alors la bête se dresse et désarçonne son cavalier qui disparaît dans les flots avec sa monture. Tandis que le cheval se sauve lui-même, le maître baigneur tire Mr. Allen de l'eau. Pâle et muette d'effroi, l'impératrice a assisté à la scène. Elle récompense princièrement le sauveur et dit en rentrant à la comtesse Festetics : « Soyez sans crainte, Marie, voilà une prouesse que je n'imiterai pas. » Allen est un cavalier audacieux, mais cet homme ne convient pas à Élisabeth. Dans son zèle, il exige trop d'elle. Sur un des terrains qui environnent le château, il fait élever des obstacles. L'impératrice s'y exerce de toute son ardeur et, un beau jour, elle paie à son tour son tribut à l'équitation. Il est arrivé un nouveau cheval et, le 11 septembre 1875, Élisabeth souhaite l'essayer. Mais Allen a déjà fatigué l'animal. Devant une petite haie qu'Élisabeth, habituée à bien d'autres obstacles, juge insignifiante, son cheval fait tout à coup un saut formidable, trébuche et tombe à genoux (1). Élisabeth est projetée avec une telle violence, que le pontet se brise. Elle reste évanouie sur le gazon. Le brave écuyer Bayzand attend à l'autre bout du champ de course le passage de l'impératrice. Tout à coup, il aperçoit la monture sans cavalier, il se précipite et trouve la souveraine étendue sans connaissance. Tout le monde est au bain, sauf la comtesse Festetics. Elle entend crier : « Madame, vite un médecin, il y a un accident dans le parc ».

(1) Récit de l'impératrice rapporté dans le journal de Marie Festetics le 29 septembre 1875. (A.A.C.W.)

Le docteur Widerhofer accourt, à demi vêtu. Sur ces entrefaites, on a installé Élisabeth sur un fauteuil de jardin. Elle est là avec une grande tache sur le front, l'esprit absent, le regard fixe. Widerhofer se dépense autour d'elle ; on l'asperge d'eau, on lui parle. Enfin, elle lève les yeux et semble reconnaître la comtesse. Puis, d'une voix atone, hésitante, ses lèvres balbutient : « Ne pleurez pas, Marie, cela me fait mal ». Et, après un moment :

« Qu'est-il donc arrivé ? »

« Votre Majesté est tombée de cheval. »

« Mais je ne suis pas montée. Quelle heure est-il donc ? »

« Dix heures et demie, Majesté. »

« Du matin ? Mais je ne suis jamais montée à cheval à cette heure-ci. »

L'impératrice alors voit son costume d'équitation et s'étonne : « Où est le cheval ? » On l'amène, les genoux en sang. « Mais pourquoi est-il écorché ? »

« C'est la chute, Majesté .»

« Mais je ne puis me rappeler. Avez-vous des carottes ? »

Elle veut se lever pour donner à manger au cheval, mais impossible de bouger ; elle commence à penser qu'il est arrivé malheur et demande : « Où sont Valérie et l'empereur, où sommes-nous ? » — « En Normandie, Majesté. » — « Mais que faisons-nous en France ? S'il est vrai que j'ai fait une chute, je suis stupide. Le resterai-je dorénavant ? Je vous en prie, n'effrayez pas l'empereur. »

Bientôt se manifestent les symptômes d'une petite commotion cérébrale : de violents maux de tête, des nausées, une mauvaise nuit. On lui applique des compresses glacées. Widerhofer arrive et dit avec rudesse : « Si la tête ne va pas mieux d'ici vingt-quatre heures, il faudra couper les cheveux ». La comtesse Festetics, qui l'entend, s'effraie : couper cette superbe chevelure lustrée et ondulée, et qui est pour elle comme un être vivant, équivaudrait à un assassinat. Ida Ferenczy ne quitte pas le chevet d'Élisabeth. Mais Widerhofer lui interdit la pièce. Alors Marie Festetics et elle passent la nuit sur les marches, devant la chambre de l'impératrice.

On a télégraphié à François-Joseph. Il est très effrayé et veut absolument se mettre en route, malgré qu'il ait, deux jours plus tôt, dans une lettre à l'impératrice, qui l'engageait à venir la voir, démontré l'impossibilité de cette visite. Lorsque les nouvelles sont meilleures, Andrassy supplie l'empereur, fou d'émotion, de ne pas partir, afin d'éviter les complications éventuelles. François-Joseph reste donc et se contente d'écrire des lettres émouvantes à sa femme, qui ne tarde pas à aller mieux. « Merci au Dieu tout-puissant que nous en soyons là. Je n'ose imaginer ce qui aurait pu arriver. Que ferais-je sans toi, le bon ange de ma vie ? » (1). A l'arrivée de cette lettre, Élisabeth, très pâle, est étendue au jardin et les larmes lui montent aux yeux. Elle se remet vite de cette légère commotion, mais elle est dégoûtée de Sassetôt et n'aspire plus qu'à s'en aller (2). Elle répond à l'empereur : « Je regrette de t'avoir causé cette frayeur, mais nous devons tous deux nous attendre à de pareils accidents. Je vais beaucoup mieux. Widerhofer est affreusement sévère, mais il me laissera voyager aussitôt que possible » (3). L'impératrice pense déjà à Gödöllö, où elle veut retrouver des chevaux pour la promenade et pour la chasse, et continue : « Je me réjouis déjà d'avoir encore plus de chevaux. Ici j'en avais trop peu et c'est certainement le surmenage qui a causé la chute de *Zouave*... » (4). Élisabeth annonce à l'empereur qu'elle montera bientôt à cheval en public, elle met son amour-propre à prouver que cette chute ne l'a pas découragée. François-Joseph lui envoie un aide de camp, chargé de veiller sur elle et il la prie de s'arrêter tout de même à Paris à son retour. Maintenant qu'elle a attiré sur elle les regards du monde entier, Andrassy considère que rentrer directement serait faire une insulte au Président.

Le 26 septembre 1875, Élisabeth, complètement rétablie et en parfaite santé, arrive à Paris. Le président, le maréchal Mac-Mahon, tente de saluer l'impératrice à son passage à Vernon.

(1) Journal de Marie Festetics, 21 septembre 1875. (A.F.)

(2) Dans un livre paru à Londres en 1914, *The secret of an Empress*, la comtesse Zanardi Landi prétend qu'elle est la fille de l'impératrice Élisabeth. Elle serait née à Sassetôt en 1882, et la chute de cheval n'aurait été qu'un prétexte pour couvrir un accouchement clandestin. L'auteur ne se donne même pas la peine de vérifier les dates. En effet, le séjour de l'impératrice à Sassetôt eut lieu en 1875. D'ailleurs, l'accident eut de nombreux témoins. Cette assertion fantaisiste n'a pour elle aucun argument, et l'hypothèse d'un « enfant secret » de l'impératrice tombe d'elle-même.

(3) Élisabeth à François-Joseph, Sassetôt, 16 septembre 1875. (A.A.C.W.)

(4) *Id.*, 22 septembre 1875. (A.A.C.W.)

Mais elle dort et, pour ne pas la déranger, il se retire. Élisabeth ne connaît pas Paris ; aussi, du matin au soir, elle parcourt la ville pour en visiter les curiosités, un peu rapidement, sans doute, mais tout le caractère de l'impératrice se révèle dans cette visite. Elle a horreur de tout ce qui est vieux, de l'obscurité, de la décrépitude, de tout ce qui sent le moisi et la poussière. La lumière, le soleil, voilà ce qu'elle aime, la beauté et l'art, la force, en un mot, la jeunesse. C'est pourquoi elle frémit à l'idée de vieillir et lutte contre la vieillesse par les soins physiques et par le sport. En art, elle préfère la statuaire, du moins la statuaire grecque. Elle admire le visage si clair de la Vénus de Milo et la grâce irrésistible de son corps, si mutilé qu'il soit. Une seule chose lui déplaît, c'est que l'idéal classique comporte des formes pleines et non des hanches étroites. Bien entendu, elle visite aussi les Invalides. Mais les guides l'agacent et elle va seule avec Marie Festetics rendre hommage à Napoléon dont le génie l'enthousiasme. Longtemps, les deux femmes s'arrêtent devant le beau sarcophage de Lucien Bonaparte et s'imaginent que c'est celui de l'empereur. Un visiteur, qui entend leur conversation, leur signale leur erreur et les conduit au simple sarcophage de porphyre de Napoléon, qui porte un bouquet de fleurs fraîches. Élisabeth s'agenouille avec respect devant le tombeau et dit : « Quand les hommes veulent être caustiques, ils disent que Napoléon était grand, mais qu'il ne ménageait rien, je pense que beaucoup de gens en sont là, sans être grands pour cela. Moi, par exemple ».

La visite se continue à travers les musées et les palais, les châteaux et les jardins. Ce qui séduit le plus l'impératrice, c'est un parc merveilleux où on monte des éléphants, des autruches et des chameaux. Elle n'ose pas monter elle-même, de crainte de faire scandale, bien qu'elle en ait très envie, mais elle fait monter ses dames d'honneur et Nopcsa et prend à les regarder un plaisir d'enfant.

Élisabeth a déjà complètement oublié son accident. Elle aurait bien aimé, après l'opéra, aller au bal Mabille, dont la réputation équivoque est connue dans le monde entier, mais elle ne s'y risque tout de même pas et y envoie Nopcsa avec Marie et Ida. Ils reviennent tellement choqués et indignés de ce qu'ils ont vu, que l'impératrice en rit aux larmes. Le lendemain, 29 septembre, l'impératrice visite la chapelle élevée à l'endroit où le prince héritier, Ferdinand-Philippe d'Orléans, fils de Louis-Philippe, périt à trente-trois ans dans un accident de voiture. Elle en est très émue. « C'est bien une preuve », dit Élisabeth, « qu'il nous arrive exactement ce que Dieu nous destine. Il se promenait. Qui eût dit qu'il ne passerait plus vivant le seuil de sa maison ? Vous voudriez que je ne monte plus à cheval ; que je le fasse ou non, je mourrai comme le veut mon destin » (1). Le même jour, elle monte à cheval au bois de Boulogne devant tout le monde, avec l'aide de camp de son époux. Elle saute même des barrières. Ensuite elle est pâle et fatiguée, mais d'excellente humeur.

La nouvelle de l'accident a profondément ému le roi de Bavière. Il écrit, avec son exaltation coutumière, au prince héritier : « Dépose mes hommages aux pieds de l'adorable impératrice, homme heureux et digne d'envie, à qui il est donné de l'entourer ; supplie-la, pour moi, de daigner se rappeler son humble esclave qui la vénère à jamais. La lettre de Louis (2), de Gödöllö, me disant qu'elle allait mettre un frein à sa passion du cheval, m'a beaucoup rassuré. S'il lui arrivait malheur, je ne m'en consolerais jamais. Que Dieu l'en préserve ! et qu'il nous épargne, à toi et à moi, une telle catastrophe.

« Je veux faire encadrer ton portrait pour l'avoir constamment devant les yeux avec celui de l'impératrice, car personne au monde ne m'est aussi cher qu'elle et toi. Transmets, je te prie, mes respects à l'empereur. Je passe des jours d'hiver très agréables dans nos merveilleuses montagnes et je me plonge dans des livres captivants, ce qui est pour moi la plus profonde joie... » (3).

De retour à Gödöllö, Élisabeth reprend, en compagnie de son frère Louis et de sa nièce Marie, sa paisible vie campagnarde, interrompue seulement par de nombreuses promenades à cheval. François-Joseph est si heureux que l'impératrice soit de nouveau là et qu'elle soit « entière », qu'il ne se connaît plus. Malgré cela, il exhorte Élisabeth à la prudence. Il a conscience de son défaut : elle manque de mesure. D'où le malaise psychique dont elle

(1) Journal de Marie Festetics, 29 septembre 1875. (A.F.)
(2) Frère d'Élisabeth.
(3) Louis II de Bavière à l'archiduc Rodolphe, Hohenschwangau, 28 novembre 1875. Vienne, Archives d'État.

souffre si souvent. A présent, le prince héritier est, lui aussi, auprès de l'impératrice ; ses éducateurs ne tarissent pas d'éloges à son sujet, tandis que les autres dignitaires de la cour lui trouvent des opinions « exaltées », conséquence d'un enseignement trop libéral qu'il n'a pas encore assimilé. A l'occasion de sa fête, Élisabeth organise une sauterie chez Valérie ; elle y prend une part active et se livre avec entrain à des jeux de société ; d'une grâce charmante, elle rit, s'amuse, insouciante comme une enfant. En des moments pareils, on a peine à comprendre qu'une profonde mélancolie puisse brusquement saisir cette femme. Il suffit pour cela d'une cause comme la mort de son beau et fidèle Shadow, qu'elle regrette comme un vieil ami. Le chien est enterré dans le parc de Gödöllö sous une pierre qui porte gravés son nom et la date de sa mort.

Au mois de novembre de l'année 1875, le comte Grünne, l'aide de camp autrefois tout-puissant, est relevé de sa charge de grand écuyer et le prince Emmeric de Tour et Taxis est nommé à sa place. Avec Grünne disparaît un des derniers piliers de l'époque où, à la cour, presque tout gravitait autour de l'archiduchesse Sophie. Ces temps sont révolus. A présent l'impératrice croit même pouvoir, sans arrière-pensée, attirer à elle les dames qui, jadis, prenaient tout à fait le parti de sa belle-mère. C'est ainsi qu'en 1876, elle nomme la landgrave Thérèse Furstenberg à la place de la dame d'honneur Schaffgotsch, malgré sa surdité. A peine est-elle en service depuis quelques mois, que la landgrave est forcée d'avouer que, bon gré mal gré, on tombe sous le charme d'Élisabeth aussitôt qu'on entre avec elle dans des rapports personnels.

Fin janvier, le plus grand homme politique de Hongrie, Déak, est à l'agonie. Malgré son désir, on empêche Élisabeth de se rendre au chevet du mourant et, le 31 janvier, il ne lui reste qu'à saluer sa dépouille. Elle apparaît comme le génie du deuil, émouvante de charme et de grâce. Les larmes de l'impératrice éveillent la gratitude et l'amour de la Hongrie entière. Comme conséquence à ce deuil national, le carnaval est plus calme et, par suite, moins fatigant.

En mars, l'impératrice est reprise par son humeur vagabonde. Elle souhaitait vivement faire une saison de chasse en Angleterre.

Voici que son désir se réalise et, dans les premiers jours du mois de mars 1876, Élisabeth se met en route pour Easton Neston. Linger y a loué un très beau manoir seigneurial, entouré d'un parc superbe et tout près d'un joli pavillon de chasse qu'habite la reine des Deux-Siciles. Outre sa suite, Élisabeth a emmené quelques gentilshommes de son pays qui lui furent toujours dévoués, tels le prince Rodolphe Liechtenstein, les comtes Hans et Henri Larisch, Ferdinand Kinsky, Tassilo Festetics, le baron Orczy et autres.

A Londres, Élisabeth veut rendre visite à la reine Victoria. On lui répond que la reine ne peut pas la recevoir, qu'elle est trop occupée. Victoria veut se venger un peu des refus répétés d'Élisabeth à ses invitations à dîner. L'impératrice n'y pensait plus depuis longtemus, la voilà indignée. « Si j'étais aussi mal élevée, moi ! » écrit-elle à François-Joseph. « Tous ceux à qui j'ai rendu visite le soir en ont eu honte, car j'ai été très aimable, je suis déjà allée partout » (1).

L'impératrice poursuit son voyage jusqu'à Easton Neston où, dès le lendemain, a lieu la première chasse avec les célèbres meutes Bicester et Duke of Grafton. Elle se termine par une réception chez lord Spencer dont le merveilleux château contient des portraits d'ancêtres de Rembrandt, de van Dyk, Gainsborough, Romney et autres. Il y a profusion d'œuvres d'art. L'épouse de lord Spencer, la « fairy queen », à qui convient merveilleusement ce décor, préside le lunch.

L'impératrice passe des heures à cheval, ce qui met sa suite dans des transes perpétuelles. Mais, toujours intrépide, Élisabeth s'adonne avec joie à son sport favori. Elle confirme le vieil adage : on fait avec plaisir ce en quoi on excelle. Ce goût de l'équitation n'est pas sans causer quelques appréhensions aux Anglais. Pour prendre part à une chasse, il faut savoir très bien galoper et sauter ; or, ses hôtes n'ont qu'une confiance limitée dans les talents d'une belle impératrice. Deux cavaliers de choix, le colonel Hunt et le capitaine Middleton, un ami de lord Spencer, sont chargés de lui faire escorte, en un mot, de la « piloter », mission qui ne laisse pas d'ennuyer le capitaine. « Que m'importe qu'elle soit impératrice et quelle qualité ai-je pour être chargé

(1) Élisabeth à François-Joseph, 5 mars 1876. (A.A.C.W.)

de veiller sur elle ? » dit-il (1). « Je m'y résignerai, mais j'aimerais mieux aller mon propre chemin. » Le capitaine, un des meilleurs cavaliers d'Angleterre, changera bientôt d'avis quand il s'apercevra que cette impératrice a de l'allant et qu'en outre elle offre, à cheval, un charmant spectacle.

Le 12 mars, Victoria attend Élisabeth à Windsor. Maintenant qu'elle lui a donné une leçon, elle reçoit l'impératrice. La reine se sent quelque peu gênée envers elle. Les deux femmes n'ont pas grand'chose à se dire. La visite est brève et, dès le 13 mars, Élisabeth part pour Leigton Buzzard dans le Bedfordshire, pour y chasser chez Ferdinand de Rothschild. Une tempête de neige vient empêcher la première chasse, qui est remplacée par une visite au haras des Rothschild. La suivante a lieu sous la conduite du colonel Hunt. Il recommande à l'impératrice un alezan qui a fait ses preuves ; mais, dès le premier saut, le cheval tombe avec Élisabeth. Elle veut remonter aussitôt, mais le colonel s'y oppose formellement.

« Bon, je monterai un autre cheval, aujourd'hui, mais j'achèterai quand même l'alezan. » A quoi le colonel répond :

« Oh non, Majesté, je ne vous le vendrais pas pour toute l'Autriche. »

Cent cavaliers prennent part à cette chasse. La présence de l'impératrice est une véritable attraction : chasseurs et curieux affluent de toutes parts. Élisabeth se montre infatigable et d'excellente humeur. « D'autres montent à cheval quatre fois par semaine », dit la comtesse Festetics, « nous, nous montons tous les jours ». Et c'est vrai. « Je n'ai pas encore éprouvé la moindre fatigue », écrit Élisabeth à l'empereur, « tes chevaux ne valent rien, ils sont lents et mous, ici c'est autre chose. Tout le monde me demande si tu ne te décideras pas à venir un jour. Pourtant, chacun a droit à un congé » (2). Élisabeth assiste à tous les steeple-chases courus dans les environs et elle aimerait y prendre part. Elle fait don d'une superbe coupe et, à sa grande joie, c'est le capitaine Middleton qui la gagne. Le jeune officier, âgé de trente ans, a gagné son premier steeple-chase onze ans

(1) Journal de Marie Festetics, 14 mars 1876. (A.F.)
(2) Élisabeth à François-Joseph, Easton Neston Towcester, 26 mars 1876. (A.A.C.W.)

auparavant et il n'est qu'au début d'une brillante carrière. Il s'appelle William George, mais tout le monde l'appelle Bay, sans savoir au juste si c'est à cause de ses cheveux châtains et de son teint bronzé ou du nom du célèbre cheval Bay qui gagna le Derby en 1836. Élisabeth admire son adresse et, d'un œil critique, elle observe la façon de monter de sa suite. « Mardi dernier », écrit-elle à Ida Ferenczy, « Fritz Metternich et le comte Wolkenstein y mirent une telle fougue, que non seulement ils sautèrent tous les obstacles qui se présentaient, mais qu'il les recherchaient ; Wolkenstein tomba deux fois de suite et sortit d'une rivière marécageuse dans un tel état que son cheval blanc ressemblait à un moreau et lui à un nègre » (1).

Élisabeth est très heureuse. Le vent et le soleil de mars l'ont hâlée comme « un lièvre sauvage ». Elle a le visage couvert de taches de rousseur. Mais elle se sent fraîche et dispose et elle se plaît dans ce milieu simple, loin du protocole qui fait paraître les hommes sous un jour si ennuyeux. Ses compatriotes eux-mêmes ont pris le ton naturel de gaîté et d'indépendance qui règne ici. Les servilités de l'étiquette sont soigneusement bannies de ce cercle que l'impératrice appelle « sa colonie ». Mais tout a une fin. Le 4 avril, Élisabeth rentre de nouveau à Vienne et François-Joseph, ravi de retrouver sa femme indemne, fait payer sans sourciller les 106.516 florins 93 kreuzers que ce voyage a coûtés. Il est informé des succès d'Élisabeth et son premier chambellan, le baron Nopcsa, ne peut que les lui confirmer. En Angleterre, et même dans le monde, il n'est pas une femme qui sache monter à cheval comme Sa Majesté et même peu d'hommes en sont capables (2).

A Vienne, Élisabeth reprend la chaîne : bals, fêtes, procession de la Fête-Dieu et autres cérémonies. Consciencieusement sa dame d'honneur, la comtesse Festetics, note dans son journal tous les événements. Elle relève que, le 23 avril, Andrassy a invité la comtesse Paula Széchényi, qui est née Klinkosch et, de ce fait, n'est pas admise à la cour. « C'est la première fois qu'on la voit », remarque Marie Festetics le même soir dans son

(1) Élisabeth à Ida Ferenczy, Easton Neston Towcester, 20 mars 1876. Archives Farkas.
(2) Le baron Nopcsa à Ida Ferenczy, 23 mars 1876. Archives Farkas.

journal, « car à Vienne, on reçoit bien des aventuriers, comme une madame Votoora, malgré sa ... conduite, mais à la fille d'une grande et honorable famille bourgeoise on tourne le dos ».

La visite de la reine des Belges et des souverains de Grèce est annoncée pour le début de mai, perspective « très désagréable » à Élisabeth. Ces « plaies de la vie de cour sont encore plus insupportables » pendant la belle saison. Mais la reine des Hellènes prie l'impératrice de lui montrer ses beaux chevaux ; Élisabeth alors les lui présente tous, après quoi elle trouve la reine absolument charmante. Les chevaux de cirque surtout amusent Élisabeth. Elle les emmène à Ischl où, chaque jour, elle leur fait faire des exercices. Elle souhaite même installer, « tout au fond du parc, où on ne le verra pas », un petit manège pour les dresser.

Sur ces entrefaites, la guerre éclate entre la Serbie et la Turquie. A présent qu'il voit en face tous les soucis que lui a apportés la dignité de ministre des Affaires étrangères, Andrassy comprend dans quel guêpier Sa Majesté l'a attiré. Malheureusement, dans la question d'Orient, il engage une politique russophobe qui se révélera néfaste. Toutefois, Élisabeth se garde d'influer sur la marche des événements. Elle affirme nettement qu'elle ne veut plus entendre parler de politique, tant intérieure qu'extérieure. Justement, à propos d'une affaire de chevaux qui la met très en colère, elle a l'occasion de le répéter à l'empereur. Le prince Taxis voulait prêter pour quelque temps à des particuliers des chevaux du haras de Kladrub pour les courses, à quoi l'impératrice s'oppose formellement. Quelque temps après, le prince revient à la charge, sous prétexte qu'il faut soutenir l'élevage des pur sang dans le pays. Élisabeth, indignée qu'on ose s'opposer à sa volonté, répond tout de suite que l'empereur ne le permettra jamais. Elle écrit immédiatement à son époux : « Si tu lui cèdes dans cette affaire, je t'en voudrai sérieusement, car il n'est jamais arrivé qu'on ait ignoré à ce point ma personne... Je ne me mêlerai plus de politique, mais pour ces choses-là, dont les détails ne parviennent jamais à tes oreilles, je tiens quand même à dire mon mot » (1).

François-Joseph, effrayé, cède en tout, d'autant que, au milieu de tous les soucis que lui cause la politique étrangère, cette

(1) Élisabeth à François-Joseph, Vienne, 29 mai 1876. (A.A.C.W.)

affaire de chevaux lui est absolument indifférente. Il se prépare à rencontrer le tsar à Reichstadt, en Bohême, pour discuter avec lui des conflits qui règnent dans les Balkans et de l'insurrection bulgare. L'entrevue doit fixer la position ultérieure des deux empires dans la question d'Orient. « Sortira-t-il quelque chose d'intelligent de ce voyage à Reichstadt ? » écrit à ce propos Élisabeth. « Je crains que n'éclate maintenant la grande catastrophe que Nené annonce toujours... Je voudrais bien qu'Andrassy te persuadât de venir à Feldafing. L'esprit tendu comme tu l'as par les difficultés où se débat l'empire, tu as grand besoin de te reposer un peu en famille, à Possi » (1). Mais François-Joseph ne peut pas se libérer. Sa femme rentre seule dans son pays. Elle voyage avec son nouveau favori, le chien de berger Platon, qui a remplacé Shadow. Après avoir subi une rapide visite du roi de Bavière, elle se retrempe dans la famille. Tout le monde est d'excellente humeur et la landgrave Furstenberg est forcée d'admettre, maintenant, qu'elle n'aurait jamais cru Élisabeth si aimable (2).

Ainsi passe l'été en Bavière et à Ischl et, dans les premiers jours de septembre, l'impératrice décide de faire un petit voyage à Corfou, qui l'a enthousiasmée il y a quatorze ans. De là, elle fait encore un petit crochet par Athènes. Le 9 septembre, le *Miramar* accoste au Pirée ; le vieux consul d'Autriche-Hongrie attend au môle, extrêmement gauche ; il fléchit le genou devant la landgrave Furstenberg qu'il prend pour l'impératrice et, au milieu de difficultés sans nombre, il conduit les voyageuses jusqu'à la capitale. La landgrave admire Élisabeth qui supporte sans mot dire ces maladresses. Elle prétend qu'à la place de l'impératrice elle aurait perdu patience depuis longtemps. Enfin arrive de la légation le baron Eisenstein et, instantanément, tout s'arrange. Tout de suite, il fait un plan, guide, explique. L'impératrice le suit avec le plus vif intérêt. La ville moderne lui fait une piteuse impression, mais la ville antique l'empoigne comme le témoin d'une ère splendide à jamais révolue.

Au retour d'Athènes, le *Miramar* essuie une violente tempête. Tous les passagers sont malades, sauf l'impératrice qui sourit

(1) Élisabeth à François-Joseph, Ischl, 5 juillet 1876. (A.A.C.W.)
(2) *Id.*, Feldafing, 15 juillet 1876. (A.A.C.W.)

des mines défaites de son entourage. Le 13, après un court séjour à Corfou, elle est de retour dans son château de Miramar près de Trieste. De là, elle se rend directement à Gödöllö pour la saison des chasses, mais elle a emporté une poignante nostalgie de cette île merveilleuse.

Gödöllö réunit une nombreuse société. Le duc Louis est là aussi avec sa famille. Sa femme, la baronne Wallersee, l'ex-actrice Mendel, est bonne, discrète, calme et pleine de tact. Tout le monde l'aime, mais le duc, qui a mille caprices, ne lui rend pas la vie facile. Malgré son affection pour son frère, Élisabeth en arrive à dire : « Heureusement qu'il a épousé Henriette, une autre femme l'aurait abandonné depuis longtemps ; avec elle pourtant il est heureux » (1). Mais c'est leur fille Marie, âgée de dix-huit ans, qui intéresse le plus l'impératrice. Romanesque comme l'est Élisabeth, elle veut montrer que, en dépit de son rang, elle est au-dessus des préjugés. Elle cherche exprès à s'attacher sa jeune « nièce morganatique » et désire en faire une amie dévouée. A Gödöllö, Marie Wallersee fait connaissance avec la famille impériale, en particulier avec le prince héritier qui, pour ses seize ans, est très développé physiquement et moralement et bien au-dessus de son âge. Cependant la comtesse Festetics considère la jeune fille avec méfiance. Quelque chose lui déplaît en elle, mais elle ne saurait dire exactement quoi. Une fois de plus, son instinct l'avertit que Marie sera mêlée à quelque histoire funeste à l'impératrice. « Je trouve Marie Wallersee jolie », écrit-elle, le 26 septembre 1876, dans son journal, « je voudrais l'aimer, elle me plaît quelquefois, mais... mais quoi ? Quelque chose me retient, je n'ose presque pas l'écrire, de peur d'être injuste. Je voudrais atténuer ma pensée, j'ai le sentiment qu'elle n'est pas sincère, pas franche, comme si elle avait *un talent de comédienne* ».

Le capitaine Middleton, guide de l'impératrice en Angleterre, est venu à Gödöllö pour les chasses. Chez l'impératrice, la femme autant que l'amazone l'ont enchanté. C'est un homme assez laid, qui ne fait bonne figure que grâce à son élégante tenue à cheval et, qui plus est, ce charmant officier, simple et sympathique, est affreusement sourd. Mais l'impératrice, qui l'aime

(1) Journal de Marie Festetics, 28 septembre 1876. (A.F.)

bien, prétend que cela n'a aucune importance : elle entend ce qu'il dit et point n'est besoin de faire conversation. François-Joseph aussi trouve Middleton très sympathique et tout le monde s'amuse de son mauvais allemand et de ses perpétuels quiproquos. Pendant ce temps, la chasse se poursuit jour après jour. Naturellement, mille intrigues se nouent. « Tout le monde veut être maître », dit Élisabeth, « c'est comme dans un ministère où chacun veut être président » (1). L'impératrice passe presque toutes ses journées à cheval. Sa passion pour ces nobles bêtes est à son comble. Elle visite les haras de Kisbér et de Kladrub. A Gödöllö, Élisabeth reçoit pour ainsi dire dans son manège. Quand il n'y a pas de chasse, elle monte pendant des heures des chevaux divers, elle regarde les hommes faire de la voltige et Marie Festetics accompagne au piano. Il fait si bon dans ce calme séjour de Gödöllö, qu'elle est navrée lorsqu'il lui faut, en janvier, regagner Ofen.

« Oui, toi », dit Élisabeth à sa mère, « tu peux vivre à ta guise à Munich, la ville pour toi n'est pas aussi odieuse que pour moi » (2). Élisabeth parle comme Louis II de Bavière qui, la même année, écrit à Rodolphe : « J'ai grand besoin du séjour au bon air et dans un beau site ; la vie claustrale des villes n'est pas mon affaire » (3).

En février 1877, Élisabeth se voit obligée de rentrer à Vienne, « où ne l'attendent que des corvées » (4). Pour se dédommager, elle apprend l'art de la haute école au manège espagnol de la cour, célèbre dans le monde entier. En mars, les battues reprennent à la chasse impériale de Göding.

Cette passion de la chasse et de l'équitation ne fait que traduire une nervosité intérieure qui, de plus en plus, ronge Élisabeth. Le souci exagéré qu'elle prend de la santé de Valérie est une des causes de cette tension nerveuse. L'entourage d'Élisabeth trouve que son amour pour cette enfant prend des proportions inquiétantes. Il suffit d'une quinte de toux de Valérie pour renverser tous les projets. Avec cela, les rapports des époux

(1) Élisabeth à François-Joseph, Vienne, 16 mars 1874. (A.A.C.W.)
(2) Élisabeth à sa mère, Gödöllö, 30 décembre 1876. Copie A.A.C.W.
(3) Louis II à l'archiduc Rodolphe, Munich, 12 avril 1877. Vienne, Archives d'État.
(4) Élisabeth à sa mère, Ofen, 2 février 1877. Copie A.A.C.W.

sont excellents, tendres même. L'empereur est touchant pour sa femme. Il lui répète sans cesse : « Tu es le bon ange de ma vie ». Élisabeth sait l'intéresser par mille choses. Certes, ses bizarreries lui compliquent parfois l'existence, mais il ne s'est jamais lassé d'elle. Elle s'entend, sans coquetterie, à se rendre toujours désirable, cela tient à toute sa personne et François-Joseph est encore sous le charme comme un jeune amoureux. Il accepte toutes les lubies d'Élisabeth avec le sourire. De temps à autre il se cabre ; par exemple, il ne veut pour rien au monde regarder les sœurs siamoises qu'Élisabeth a fait venir chez elle (1). Le nouvel engouement d'Élisabeth pour l'affreux petit nègre Rustimo, présent du khédive, ne lui plaît pas davantage. La petite Valérie elle-même, qui a reçu Rustino comme compagnon de jeu, a peur du « diable noir » et ne s'habitue à lui que peu à peu. La cour partage la répulsion de l'enfant. Les professeurs, les précepteurs et les dames d'honneur refusent de monter dans la même voiture que lui et même de s'en occuper. La comtesse Furstenberg ne parle de lui que comme du « monstre qui grince des dents » ou du « singe noir ». Quant à Marie Festetics, elle trouve que c'est plus qu'une bête et moins qu'un être humain.

Maintenant, Élisabeth s'inquiète de l'avenir de Marie Wallersee. Elle a promis à son frère de s'occuper de l'avenir de la jeune fille et le comte Georges Larisch a de l'inclination pour elle. Marie Festetics est priée d'accompagner la jeune fille au château de Solza. Elle sait de quoi il s'agit, mais sa mission tacite lui déplaît autant que la petite Wallersee elle-même. Elle exprime à nouveau sa méfiance dans son journal. « Il y a quelque chose en elle qui me trouble, malgré sa beauté. Elle semble s'intéresser à tout ce qui touche l'art, mais j'en suis à me demander si ce n'est pas un artifice » (2). Le prince héritier, qui a maintenant dix-neuf ans, témoigne à la jeune fille une singulière antipathie. Le 8 septembre, Marie Wallersee se fiance au comte Larisch. La comtesse Festetics n'a pas l'impression qu'elle soit très éprise. Mais l'impératrice approuve ce mariage, puisque tout le monde est content.

Après cet intermède, la vie de chasse et d'équitation reprend

(1) Élisabeth à sa mère, Gödöllő, 20 janvier 1877. (A.F.)
(2) Journal de Marie Festetics, 30 août 1877. (A.F.)

à Gödöllö. Le prince héritier est infatigable, il chasse à pied et à cheval et part dès l'aube à l'affût des aigles. Toutefois, ce sont les chasses à tir qu'il préfère. Élisabeth qui, par l'exercice et la pratique des chevaux les meilleurs, est arrivée, dans la chasse à courre, à une véritable maîtrise, en est tellement passionnée qu'elle ne rêve que de recommencer une saison de chasse en Angleterre. Le voyage est fixé à la fin de l'année et son fils doit l'accompagner. Déclaré majeur, il a reçu une suite et il échappe ainsi à la tutelle des innombrables professeurs qui l'ont saturé de plus de connaissances qu'il n'était nécessaire. L'un de ses éducateurs, le baron Max de Walterskirchen, l'exhorte gravement : « Vous avez derrière vous une belle jeunesse, pleine de joies. Ne vous hâtez pas de vider d'un trait la coupe de la vie. Jouissez des plaisirs de l'existence avec mesure... » (1). Mais Rodolphe ne l'écoute plus.

Élisabeth ne veut pas que son fils prenne part aux chasses à courre en Angleterre. Elle sait la maîtrise qu'il y faut ; Rodolphe est loin de monter à cheval aussi bien qu'elle et elle redoute un accident. Il lui donne sa promesse et, après les fêtes de Noël, ils partent tous deux pour Londres, via Munich.

Cette fois, l'impératrice a loué pour six semaines un très beau pavillon de chasse à Cottesbrook dans le Northamshire, non loin du château de lord Spencer. Élisabeth s'adonne sans frein à sa passion du cheval. Tous les jours elle chasse le renard ou le cerf, et elle se sent très heureuse dans ce milieu. Les Anglais qui l'entourent appartiennent à la meilleure société. Parfaits gentilshommes, chevaleresques, sportifs et doués d'un sens rare de l'hospitalité, ils ne voient dans l'impératrice qu'une jolie femme aimable, une merveilleuse amazone, une sportive et ils goûtent le charme de sa personnalité. Les ragots, les rivalités de cour, les haines politiques n'ont aucune place dans ce cercle. D'Autriche-Hongrie, elle n'a autour d'elle que des gens qui lui sont dévoués corps et âme, entre autres « le beau prince », Rodolphe Liechtenstein. Un jour, Élisabeth dit de lui à Marie Festetics : « Rudi a toujours pris fidèlement mon parti, comme d'ailleurs toute la famille Carl Liechtenstein que j'aime beaucoup et qui m'aime ».

(1) Lettre du 22 octobre 1877, reproduite dans *La vie du prince héritier Rodolphe*, par Oscar de Mitis, Leipzig, 1928.

Il y a là encore les Kinsky, le comte François Clam, le vieux comte Larisch et, bien entendu, le brave Middleton, le guide attitré de l'impératrice. Dans le hall, on voit un magnifique tableau : *La dame blanche*, de Gainsborough. Le portrait est d'une telle noblesse, il reflète tant de charme, qu'on croit voir Élisabeth. Au milieu de ce cercle joyeux l'impératrice est très gaie ; tout le monde chasse, monte à cheval, danse et se rend à de nombreuses invitations dans les châteaux des environs. La nature aimable, simple, sereine et affectueuse d'Élisabeth, dégagée de la peur de son entourage, gagne tous les cœurs. « *Every inch of her is an empress* », dit-on de toute part. A neuf heures du matin, sonne le ralliement : charmant spectacle, sur les beaux prés verts, dans les magnifiques parcs, devant les beaux châteaux souvent historiques. Les cavaliers en habits rouges sur leurs chevaux fringants, bien étrillés et tremblant d'impatience, les femmes minces, moulées dans leurs amazones et, dans un vacarme d'aboiements, la meute tachetée de brun et blanc. Le maître d'équipage s'évertue à maintenir toute cette agitation.

Un déjeuner ouvre la chasse. Les tables sont dressées dans le hall. Sur de fines nappes de toile, la vieille argenterie et les cristaux brillent à côté de délicates porcelaines et les mets se succèdent, disposés sur des plats d'argent : roast-beef gigantesque, mouton à l'indienne, poissons, langue, gâteaux, gelées et marmelades d'orange. Au centre de ce pays de Cocagne, trône le samovar bouillant, entouré d'une batterie de flacons et de bouteilles. Soudain, Élisabeth paraît. En silence, tout le monde s'incline devant la « fairy queen ». Le maître de maison la conduit à la chambre qui lui est destinée. Là, elle revêt son amazone et prend une légère collation avant de sortir. Bay l'attend déjà sur son magnifique steeple Minotaure, en compagnie de l'écuyer Bayzand ; suivent les gentilshommes de la « colonie » ; Bay tend la main à l'impératrice qui, d'un mouvement rapide et souple, saute en selle. Le maître d'équipage se met en route, les chiens à ses côtés, suivi des chasseurs en habits rouges. Au pas, Élisabeth et Bay Middleton prennent les devants. Marie Festetics assiste au départ et suit des yeux les chasseurs. Dieu veuille que mon impératrice revienne « entière », pense-t-elle. Et cette crainte n'est pas injustifiée. Les rapports d'Élisabeth à l'empereur le prouvent abondamment. Dès les premières chasses, en janvier, les cavaliers les plus exercés font des chutes : un chasseur roule dans le grand fossé ; en tombant, le comte François Clam se fracasse la mâchoire et se blesse à l'oreille. Bien souvent, selon le mot d'Élisabeth, les fossés dissimulés par des broussailles, sont « peuplés » de cavaliers qui ont fait la culbute. Mais elle ne s'en trouble pas. Le renard forcé entraîne le chasseur dans des courses de quarante à cinquante minutes. C'est alors une bonne occasion de sauter au galop des haies « appétissantes », sans fossés, à travers des prairies élastiques qui épousent les vallonnements. Élisabeth est dans son élément. « J'ai tant pensé à toi », écrit-elle à François-Joseph (1), « quel dommage que nous ne puissions pas nous partager, un jour toi, un jour moi. Je ne cesse de dire à lord Spencer tout le plaisir que tu aurais ici. Je l'aime beaucoup, c'est un homme si simple et si charmant. Si jamais il vient nous voir, je suis persuadée qu'il te plaira aussi ».

Bay Middleton conduit la chasse de façon raisonnable et intelligente ; il défend énergiquement à Élisabeth les sauts dangereux. Elle se plaint souvent à François-Joseph que le capitaine est parfois « affreusement prudent ». Ainsi, il descend de cheval et déchire sa veste pour rompre les barrières avec le dos quand l'obstacle lui semble trop haut. Il arrive que le cheval de l'impératrice, plus fougueux que le sien, le devance ; un jour, Élisabeth saute trois énormes haies, tandis que Middleton, à la troisième, prend trop court, entre dans la haie et tombe. A l'instant même, il est de nouveau en selle, mais l'impératrice est forcée de s'arrêter et c'est une perte de quelques minutes. Élisabeth tient à être toujours en tête, tout juste derrière la meute. Car, à l'hallali, la queue du renard revient au premier cavalier et elle veut la gagner honnêtement et non par protection. Parfois, quand les pauvres renards traqués se précipitent d'un terrier à l'autre par les voies les plus extraordinaires, les champs sont positivement ravagés. « Je n'ai plus revu Kalman Almassy de toute la ruée », écrit Élisabeth (2), « le cheval de Heini Larisch a complètement fait grève, celui de Rudi Liechtenstein était rétif, si bien qu'ils ont pris la route et ne nous ont rejoints que

(1) Élisabeth à François-Joseph, Cottesbrook, 6 janvier 1878. (A.A.C.W.)
(2) Élisabeth à François-Joseph, Cottesbrook, 25 janvier 1878. (A.A.C.W.)

la chasse finie. Le renard, aperçu plusieurs fois, finit par s'échapper... Si seulement tu étais là ; je le dis chaque fois. Quel succès tu aurais, bon cavalier et bon chasseur comme tu l'es. Mais ce serait dangereux, car tu ne te laisserais pas morigéner par le capitaine Middleton et tu sauterais par-dessus tout ce qui ne serait ni trop large ni trop profond » (1).

Pendant la saison de chasse arrivent, à leur tour, la reine des Deux-Siciles et son époux. Dans le milieu anglais, la reine est loin de plaire autant que l'impératrice. Elle est bien belle pourtant, avec ses yeux de velours fendus en amande, la pupille et les cils noirs sont d'un effet surprenant, mais il lui manque la grâce, la bonté et le splendide sourire de sa sœur. Son nez et son menton pointu lui donnent une expression faunesque. La comtesse Marie Festetics ne l'aime pas beaucoup et elle plaint le roi qui se prive de tout, pour que sa femme puisse s'en donner à cœur joie et semer l'argent à pleines mains. « Menton fin et nez pointu n'ont jamais rien valu », dit-elle. La reine en veut à Middleton qui refuse de la laisser mener la chasse. Elle dit pis que pendre de lui et, par allusions, comme de coutume, elle fait même croire au prince héritier, qu'elle a rencontré à Londres, que l'Anglais est épris de l'impératrice. Rodolphe se laisse prendre un instant à ce commérage et devient presque grossier à l'égard du capitaine, jusqu'à ce qu'on l'ait détrompé. Partout, des ragots circulent sur le compte de l'impératrice et, justement parce qu'elle est si charmante et si belle, les pires mensonges trouvent toujours une oreille complaisante. Élisabeth y est déjà habituée et ne s'en émeut plus guère, mais cette fois, elle est indignée qu'on ait osé la calomnier auprès de son fils. Jamais, cependant, elle ne saura qui en est cause.

Pendant le séjour d'Élisabeth à Cottesbrook, survient, le 7 février 1878, la mort du pape Pie IX. Élisabeth se sent un peu souffrante et ne chasse pas pendant une huitaine. « Comme je ne chasse pas pendant plusieurs jours », écrit-elle à François-Joseph, « les gens diront que c'est à cause du pape. Cela fera très bien ».

A la mi-février, l'impératrice quitte l'Angleterre, encore émue et irritée de la fâcheuse histoire dont son fils et elle ont été

(1) Élisabeth à François-Joseph, Cottesbrook, 17 janvier 1878. (A.A.C.W.)

victimes ; son goût pour la chasse et son amour de l'Angleterre en sont atténués. Le dentiste américain Burridge, que la reine avait imposé à sa sœur, avait, lui aussi, trempé dans ce commérage. Pour semer la discorde entre la mère et le fils, les malveillants avaient grossi et déformé une simple remarque, faite à la légère par le jeune prince. Élisabeth prend la chose très à cœur et, le 23 février, elle rentre à Vienne pleine d'amertume. L'empereur, tout joyeux, est venu l'accueillir à la gare. Peu après, la mort de l'archiduc François-Charles, beau-père de l'impératrice, met la famille en deuil.

Entre temps, la guerre russo-turque de l'année 1878 a pris fin et il s'en est fallu de peu que la Russie victorieuse n'occupât Constantinople. De graves conflits partagent la cour de Vienne. L'archiduc Albert fait preuve de sens politique et prend le parti du tsar, mais c'est Andrassy qui l'emporte : le congrès de Berlin frustre la Russie des fruits de sa victoire et creuse le fossé entre l'Autriche-Hongrie et l'empire des tsars. Andrassy pallie cette faute devant la monarchie en favorisant l'occupation de la Bosnie-Herzégovine ; mais c'est là une arme à deux tranchants. Élisabeth continue à se tenir strictement à l'écart de la politique et se contente de crier casse-cou à François-Joseph, lorsqu'elle entend parler d'occupation : « Surtout n'envoie pas trop d'amis des Russes en Bosnie, tels que Croates, Tchèques, etc. ». Elle n'a guère confiance dans le loyalisme des peuples slaves de la monarchie, tandis que François-Joseph, contrairement aux avis d'Andrassy, tente de se rapprocher d'eux.

En été, l'impératrice fait son séjour habituel à Ischl où elle reçoit lord et lady Spencer. Marie Festetics est en congé. Partout où elle passe, elle fait l'éloge de sa souveraine. Un jour, le ministre hongrois des Finances, Kerkapoly, répond à son panégyrique : « Je vous donne raison en tout, petite enthousiaste, sauf sur un point. L'empereur a meilleur goût qu'elle ». La comtesse le regarde, froissée, mais il lui répond avec un flegme sans égal : « Excusez-moi, mais même son mortel ennemi ne pourrait le nier, tout le monde est forcé de reconnaître que l'impératrice est plus belle que l'empereur, c'est donc lui qui a meilleur goût » (1).

Cependant Élisabeth part pour Tegernsee où, le 9 septembre,

(1) Journal de Marie Festetics, 31 août 1878. (A.F.)

sont célébrées les noces d'or de ses parents. Les Munichois ne ménagent pas les sarcasmes au duc Max : le voilà obligé, disent-ils, d'aller encore retrouver sa femme. C'est qu'en effet il ne l'a guère vue pendant les dix dernières années. Les enfants, petits-enfants et arrière-petits-enfants rivalisent d'hommages et tout le monde serait heureux si les nouvelles du frère du roi n'étaient si mauvaises : on déclare maintenant que la maladie mentale dont il souffre est incurable. A son tour, Louis II devient de plus en plus étrange et mélancolique, et toute la Bavière craint qu'il ne subisse le même sort que son frère Othon.

De retour à Schoenbrunn, Élisabeth se consacre aux blessés de la campagne de Bosnie. Comme un ange consolateur elle va d'un lit à l'autre et une pitié infinie anime son regard. Cette apparition lumineuse produit sur les blessés une impression inoubliable. Ils la suivent d'un regard épanoui, la bénissent, la remercient sans rien lui demander ; mais ils parleront leur vie entière de cette rencontre. A la mi-septembre, Élisabeth retourne dans son cher Gödöllö. Elle y retrouve le prince impérial, les époux Spencer, Bay Middleton, Henri Larisch et sa femme. Ils sont tous arrivés pour les chasses d'automne. Seul François-Joseph peut rarement se libérer, bien qu'Élisabeth le prie sans cesse de venir. « Tu envoies tout le monde en permission, il n'y a qu'à toi-même que tu ne donnes pas congé. Ce n'est pas raisonnable » (1).

Élisabeth partage sa vie entre Budapest, où elle visite les blessés, et Gödöllö où elle retrouve ses chevaux. Parmi les superbes chevaux blancs qu'elle dresse, elle a deux favoris, Flick et Flock. Elle se place au milieu du petit manège avec du pain et du sucre, les chevaux entrent subitement par les côtés et s'avancent vers leur maîtresse qui leur donne des friandises. Ils s'arrêtent juste devant Élisabeth et elle éprouve un malin plaisir à emmener ses invités au manège et à voir leur frayeur au moment où les chevaux se précipitent sur elle. Un aide de camp de l'empereur, le baron de Gemmingen, excellent cavalier, entoure beaucoup l'impératrice. Il a été épouvanté, lui aussi, en arrivant à la cour, des éternels clabaudages dont les souverains font les frais. Mais il

(1) Élisabeth à François-Joseph, Gödöllö, 8 octobre 1878. (A.A.C.W.)

lui faut s'y habituer, il semble que ce soit une exigence de la vie de cour, ou même simplement de la vie.

Parfois, Élisabeth se fait lire par son secrétaire quelques lettres de son volumineux courrier, lettres de quémandeurs pour la plupart. Un monsieur Ferdinand Aufrichtig prie l'impératrice de porter des bijoux faux pour en lancer la mode et faire marcher ainsi son industrie. Cet homme n'a peut-être pas tout à fait tort. Il faut déjà être plus sceptique quand un monsieur Mullot de Villenant prétend, en France, avoir trouvé un remède contre le cancer et promet à l'impératrice de le lui communiquer, à condition qu'elle lui envoie préalablement cinq cent mille francs. Mais Élisabeth rit franchement de la dernière volonté exprimée dans son testament par le comte Manna : le défunt demande qu'on envoie à l'impératrice tous les ans, jusqu'à la fin de ses jours, le célèbre panettone de Milan, c'est-à-dire une brioche (1).

Le 11 décembre, l'impératrice a une émotion : Rodolphe s'est tiré un coup de carabine dans la main gauche. « Aussi, ils ne lui ont pas appris d'autres jeux que ce tir absurde », dit Marie Festetics indignée (2). « Toutes les bêtes qu'il rencontre sont vouées à la mort. Ces hommes-là sont pris d'une espèce de rage du meurtre pour le meurtre ! Enfant, déjà, — et combien il était joli — il tirait les bouvreuils de sa chambre et l'archiduchesse Valérie, qui a un bon petit cœur, pleurait à chaudes larmes. » L'accident est sans gravité, la blessure guérit vite. Mais Élisabeth n'a plus aucune influence sur son fils. Son caractère passionné, sa nature indomptable et altière s'accusent de plus en plus.

En janvier 1879, il faut que l'impératrice soit à Vienne pour s'acquitter des bals « et autres corvées qui lui incombent à la cour » (3). Elle est impatiente de reprendre les chasses d'outre-Manche qui lui ont fait tant plaisir les années précédentes. Mais l'Angleterre ne lui suffit plus. Élisabeth a appris que les chasses n'y sont qu'une pâle copie de celles d'Irlande. C'est là qu'est le paradis des chasseurs : il faut avoir chassé le renard et le cerf en Irlande pour savoir ce que signifient ces mots ! L'impératrice établit son quartier général dans le

(1) Voir secrétariat de l'impératrice, 14 avril et 24 décembre 1878. Vienne. Archives d'État.

(2) Journal de Marie Festetics, 11 décembre 1878. (A.F.)

(3) Élisabeth à sa mère, Vienne, 15 janvier 1879. Copie A.A.C.W.

superbe château de Meath, propriété de lord Langford. Tous ses féaux de l'année précédente l'entourent. La contrée est charmante : de vastes surfaces vert clair, la campagne encore inculte presque partout. La population vit d'élevage et les pâturages sont entourés de haies qu'on peut admirablement sauter. Les chasses sont bien plus dangereuses qu'en Angleterre. Marie Festetics tremble plus que jamais pour sa maîtresse (1). « Il y a des *drops* si hauts, des fossés si profonds et des doubles et des *Irish banks* et des murs et Dieu sait quoi pour s'y rompre les os. Jamais je n'ai entendu parler tant de membres cassés et tous les jours je vois ramener quelqu'un sur une civière. Bayzand est très mal tombé, Middleton a culbuté, lord Langford également et la série continue. L'impératrice a de magnifiques chevaux, dont un superbe moreau, du nom de Domino, qui s'emballa la première fois qu'elle le montait. Le terrain était entouré d'obstacles formidables, tous les assistants étaient horrifiés. Qu'allait-elle faire ? Elle eut la présence d'esprit de laisser courir le cheval, sauta sans encombre plusieurs fossés puis, dès qu'elle l'eut de nouveau en main, elle revint tranquillement au galop. L'admiration est unanime, mais vraiment, je suis souvent effrayée. »

Plus de cent cavaliers prennent part à ces chasses, mais non en habit rouge, comme en Angleterre ; ce n'est pas l'usage ici. Les innombrables chutes sont dues au fait que les gens montent des chevaux trop peu exercés. L'impératrice, cependant, a des bêtes excellentes. Les chevaux sont comme les chats, il suffit de les laisser faire. La parfaite amazone qu'est Élisabeth s'en est tout de suite rendu compte. Sauter un fossé large et profond est pour elle un plaisir de choix ; devant les talus et les obstacles, elle lâche les rênes et laisse bondir le cheval, ce qu'elle peut faire sans crainte, car elle conserve admirablement son assiette, sans même se servir de ses mains. Tantôt elle fait franchir à sa jument blanche un saut-de-loup rempli d'eau, tantôt elle s'acharne à forcer un renard extrêmement leste. Les meilleurs cavaliers d'Irlande ont peine à la suivre. A la fin, Middleton ne se connaît plus de joie, car, outre l'impératrice et lui, il n'y a eu que quatre ou cinq cavaliers à terminer la course.

Un jour, au moment de l'hallali, l'impératrice et le maître

(1) Journal de Marie Festetics, 27 février 1879. (A.F.)

d'équipage prennent leur élan pour franchir un mur. Ils se retrouvent de l'autre côté dans un jardin en contre-bas, au milieu d'un groupe d'ecclésiastiques. Ils avaient sauté dans le jardin du séminaire de Maynooth. Élisabeth est complètement trempée. Les religieux la conduisent au réfectoire, tandis que l'un d'eux lui jette sa houppelande sur les épaules. Ils offrent à leurs hôtes une petite collation, accompagnée d'un vin excellent, et tout le monde est ravi de cet intermède inattendu. Peu après, Élisabeth, en remerciement, envoie au séminaire une superbe statue de saint Georges. L'impératrice est encore beaucoup plus heureuse en Irlande qu'en Angleterre. La reine des Deux-Siciles n'étant pas là, les bavardages de l'année précédente ne se renouvellent pas. En outre, ce pays catholique n'accueille pas seulement l'impératrice en amazone, mais aussi comme la souveraine d'un grand pays catholique. Partout où passe Élisabeth, les habitants revêtent leurs costumes de fête et des arcs de triomphe surgissent du sol. L'impératrice est ici l'objet d'un tel culte, qu'il faut un tact et une prudence rares pour ne pas éveiller, au milieu des dissensions qui partagent Irlandais et Anglais, la jalousie de la reine Victoria et de sa cour. D'ailleurs, les Anglais ne se font pas faute d'avertir Élisabeth.

Quant à elle, elle s'adonne exclusivement à l'équitation. Même les maîtres les plus exercés et les moins portés à la flatterie (1) prétendent que l'impératrice est une amazone prodigieuse et qu'ils n'ont jamais vu pareille maîtrise. Après la chasse, Élisabeth passe, un jour, avec Rodolphe Liechtenstein près du champ de course où, au printemps, se dispute un des steeple-chases les plus célèbres. Ils vérifient les obstacles et, avant que le prince puisse l'en empêcher, Élisabeth les franchit, ravie d'avoir accompli les tours de force qu'exige cette course.

Elle surmonte en se jouant les obstacles les plus difficiles. Middleton lui-même tombe à plusieurs reprises. Un jour, les chasseurs découvrent dans un parc les traces d'un renard. « Je montais Easton », écrit Élisabeth à François-Joseph, « et Middleton une bête très maladroite qui n'était pas en forme. Nous marchions à vive allure et les obstacles étaient importants, aussi

(1) Rapport du prince Rodolphe Liechtenstein à l'empereur François-Joseph, Summerhill, 3 mars 1789. (A.A.C.W.)

fut-il bientôt par terre. En franchissant un haut talus, il tomba pour la deuxième fois : le cheval monta, mais il était tellement à bout de souffle qu'il descendit sur la tête ; il me fallut retenir Easton pour le faire sauter à côté et il s'acquitta assez bien de cette prouesse. Rudi Liechtenstein fit une chute au même talus... » (1).

Le lendemain, nouvel accident. « En voulant franchir un fossé, le capitaine Middleton s'y précipite » (2), écrit Élisabeth. « Encore la tête en bas, il me dit « *all right* » et je traversai facilement. » Chacun culbute à son tour, même Élisabeth. C'est vers la fin mars, lors d'une des dernières chasses. Sa brave jument blanche tombe près d'un fossé plein de broussailles. Élisabeth saute lestement à terre, la jument se relève toute seule, personne n'aide l'impératrice. En un rien de temps, elle est remontée en selle et file à travers champs. A un moment donné, tout le monde est au pas : tout à coup, surmené, un des cavaliers est pris d'une crise d'épilepsie. Triste spectacle au milieu de tous ces jeunes sportifs à cheval (3) !

La nouvelle d'une catastrophe en Hongrie vient jeter le trouble. Une inondation a détruit la moitié de la ville de Szegedin. Ce désastre ébranle Élisabeth qui veut rentrer immédiatement. « Les tristes nouvelles qui me parviennent de Szegedin », écrit-elle sur l'heure à François-Joseph (4), « me décident à partir tout de suite... Ce n'est que par les dernières dépêches et les détails donnés par les journaux que nous apprîmes toute l'étendue de la catastrophe. C'est pourquoi je juge préférable de rentrer dès maintenant, tu seras sans doute de mon avis. C'est le plus grand sacrifice que je puisse faire, mais dans un cas pareil c'est nécessaire... ». Élisabeth a le sentiment très net qu'il serait déplacé de vivre maintenant pour son plaisir, d'autant plus qu'il s'agit de sa chère Hongrie. Elle se prépare à partir, mais elle craint que François-Joseph n'exige encore des visites à Londres et cette pensée lui est odieuse. Elle, qui d'ordinaire s'inquiète trop peu des dépenses qu'occasionne son train de vie, — le séjour

(1) Élisabeth à François-Joseph, Summerhill, 6 mars 1879. (A.A.C.W.)
(2) *Id.*, Summerhill, 8 mars 1879. (A.A.C.W.)
(3) Rapport du prince Rodolphe Liechtenstein à François-Joseph, Summerhill, 19 mars 1789. (A.A.C.W.)
(4) Élisabeth à François-Joseph, Summerhill, 16 mars 1879. (A.A C.W.)

en Irlande n'a pas coûté moins de 158.337 florins 48 kreuzers (1) — devient subitement économe. « La reine ne sera pas de retour de son voyage d'Italie, lors de mon passage. Le prince de Galles m'a fait proposer de le voir en route, en un endroit quelconque. Veux-tu, alors, que je m'arrête à Londres ? Je l'aurais volontiers évité pour diminuer mes frais de séjour. J'aurais ainsi fait tout le voyage aller et retour sans avoir recours à l'hôtel. »

François-Joseph ne lui demande plus de visites. Il est content que l'impératrice ait compris qu'elle doit rentrer, sans qu'il ait eu besoin de le lui suggérer. Tout heureux, l'empereur vient accueillir son épouse à la gare ; quant à elle, son cœur déborde à l'idée de retrouver Valérie. On ne dirait pas, à voir l'empereur et l'impératrice si jeunes et si robustes, qu'ils sont déjà mariés depuis vingt-cinq ans. Pourtant, Vienne s'apprête à fêter les noces d'argent de ses souverains. Étouffée dans ce carcan qu'est la cour, Élisabeth se croit détestée et ignore qu'il existe dans l'État des milliers de gens intelligents et cultivés, simples et travailleurs, honnêtes et d'une valeur humaine au moins égale, qui ont plus de loyalisme et plus d'amour pour les souverains que ceux qui jouissent directement et quotidiennement de leur grâce et de leur faveur. Or, ces jours de fêtes et ces fastidieuses cérémonies qu'Élisabeth a en horreur lui offrent l'occasion de connaître aussi les sentiments des autres couches de la population. François-Joseph conduit à l'église sa ravissante épouse, vêtue de gris et qui, malgré ses quarante-deux ans, a l'air d'une fiancée. Devant l'autel, les souverains sont très émus ; ils repassent dans leur mémoire les années écoulées, pleines d'amour et de peine, de crainte et d'angoisse, mais dans lesquelles les jours heureux ont été plus nombreux que les jours de tristesse.

Il pleut malheureusement le jour de la cérémonie et il faut remettre le cortège, mais cela n'éteint pas l'enthousiasme de la foule nombreuse accourue à Vienne de tous les coins de la monarchie. L'hommage de la population viennoise est l'expression vivante des vrais sentiments de l'empire pour ses souverains. Les quelques grincheux qui, même aujourd'hui, veulent critiquer l'impératrice, sont noyés dans cette foule d'admirateurs.

(1) Compte du voyage relevé par le trésorier Carl Linger, 13 avril 1880. Archives Linger.

Ailleurs, disent-ils, on fête les noces d'argent « *après vingt-cinq ans de ménage, cette fois, après vingt-cinq ans de manège* » (1). On raconte le mot à Élisabeth, mais elle ne fait qu'en rire.

Après les fêtes de Vienne, les souverains se rendent en Hongrie et ils y sont reçus avec un tel enthousiasme, que la sceptique landgrave Furstenberg est stupéfaite de ces acclamations « presque sauvages ». Après les cérémonies, la vie des souverains reprend son train ordinaire. L'impératrice monte à cheval du matin au soir et, quand elle n'est pas en selle, elle réfléchit sur l'humanité qui l'entoure. Marie Festetics, pleine d'intuition et merveilleuse psychologue, s'inquiète de voir qu'Élisabeth ne connaît aucune mesure, non seulement dans ses passions du moment, mais aussi dans ses sympathies et ses antipathies, dans la foi et la confiance, dans la méfiance et dans la crainte. La comtesse ne se lasse pas de se pencher sur l'âme de sa maîtresse. « L'impératrice », dit-elle, « est pour moi comme un livre qu'on n'a jamais fini et, plus on s'y plonge, plus on est séduit ». En dépit de toute son admiration, de son affection et de son enthousiasme pour la beauté d'Élisabeth, la subtile et perspicace Marie Festetics voit juste. On ne peut mieux définir l'impératrice qu'elle ne l'a fait dans son journal, le 14 septembre 1879, à un moment où, naturellement, l'avenir lui est encore tout à fait inconnu :

« L'impératrice est aimable et bonne, mais tout la tourmente. Ce qui, pour d'autres, est une source de joie, devient pour elle un sujet d'inquiétude. Elle me fait l'effet d'une enfant appartenant au monde des fées. A son berceau, beaucoup de fées vinrent lui offrir leurs dons : la beauté, la grâce, le charme, la noblesse, la simplicité, la bonté, la distinction, l'esprit, l'enjouement, la malice, le sens critique, l'intelligence. Vint la méchante fée qui dit : on t'a tout donné, tout, à ce que je vois. Eh bien, je tournerai ces qualités contre toi-même et tu n'en éprouveras aucun plaisir. Je ne te donne rien, mais je te priverai d'un grand bien dont on tient peu compte, mais qui, hélas, est si nécessaire à maintenir l'équilibre, l'harmonie des sentiments. Je te prends ce que l'homme porte en lui inconsciemment : la mesure. Rien ne sera une joie pour toi, tout se tournera contre toi, ta beauté même ne te cau-

(1) En français dans le texte.

sera que de l'ennui. Ton esprit pénétrera les choses jusqu'à ce qu'il t'égare et te fasse mépriser l'humanité. Ainsi tu perdras la foi en la bonté et en l'amour, tu perdras la confiance en ceux qui te sont le plus dévoués et tu tomberas dans les filets des flatteurs. Ton âme s'emplira de dégoût et d'amertume et tu seras en proie à un tourment perpétuel. Elle a parfois des mots si douloureux que je crains d'avoir raison et pourtant je donnerais ma vie pour son bonheur. »

En août, Élisabeth fait son séjour habituel dans son pays. L'automne suivant, le comte Andrassy donne sa démission de ministre des Affaires étrangères. En dépit de ce qui a été écrit à ce sujet, la raison de cette démission reste obscure et jusqu'à présent le mystère n'a pas encore été élucidé. De son propre aveu, il ne veut pas être de ces ministres qui se cramponnent à leur charge, ni de ceux qui sont évincés quand ils ont cessé de plaire ; son but atteint, il démissionne de son plein gré. Apparemment, il a agrandi la monarchie, mais il a contribué aussi à approfondir le désaccord avec la Russie, qui finit par amener la dislocation des trois grands empires européens et la chute de leurs dynasties. Mais qui pourrait déjà s'en douter ? Il semblait qu'Élisabeth dût être très frappée de la chute du ministre qu'en son temps elle avait contribué avec tant de passion à faire nommer. Mais non, elle s'est déjà tellement éloignée de la politique, qu'elle se résigne à cette démission. « Cela ne l'empêche pas de rester des nôtres », dit-elle, et, dans sa pensée, elle sépare la sympathique personnalité d'Andrassy de l'homme politique. Le prince héritier déplore l'attitude de sa mère ; à ses yeux, son père est trop conservateur. « Il fut un temps », dit-il plus tard (1), « où l'impératrice s'occupait beaucoup de politique — si c'est avec bonheur, je ne résoudrai pas la question — et où, sous l'effet de convictions opposées aux siennes, elle entretenait souvent l'empereur de sujets graves. Ces temps sont révolus. La souveraine ne s'occupe plus que de sport. Encore une porte fermée aux libres opinions et aux idées libérales ! »

L'automne, à Gödöllö, est encore consacré à l'équitation. Élisabeth s'est vouée à ce sport corps et âme. Après avoir chassé le matin, elle passe l'après-midi à s'exercer dans le petit manège

(1) Mitis. Le prince héritier Rodolphe à Latour, Prague, 2 décembre 1881.

attenant au château ; elle monte successivement tous les chevaux et étudie ses défauts pour se parfaire toujours davantage dans l'art équestre. Elle a un petit calepin rouge dans lequel elle note tous les jours ses observations : pour dresser un cheval, se lier à lui par une assiette solide, les mains fixes et les jambes près ! Voilà ce qu'il faut faire dans les pirouettes et dans les voltes pour ne pas avoir de changement d'allure au galop, etc... Sur son superbe Lippizien (1) « Maestoso » l'impératrice se livre à la haute école, fait même des « cabrioles » et des « croupades ». Elle ne se borne pas à des exercices pratiques, elle étudie la théorie de l'équitation. Sa bibliothèque s'enrichit de quantité de livres sur les chevaux et des plus modernes traités de gymnastique et de culture physique. L'empereur prend part, lui aussi, aux chasses à courre, le prince héritier un peu moins. Rodolphe déborde de joie de vivre. « Si seulement je pouvais atteindre cent ans », dit-il à Valérie. « C'est terrible de penser qu'il faudra mourir un jour. » Mais il éloigne bien vite ces idées en se laissant vivre. Tout le monde l'aime. « Il est charmant », dit Marie Festetics, « mais il ne connaît aucune mesure ». Il lui arrive de faire des confidences à la comtesse et elle apprend des choses bien inquiétantes. Plus que toute autre, la vieille baronne Vetsera fait le siège du jeune homme. « Comme la tentation guette les jeunes gens ! » écrit Marie Festetics (2). « Voici entre autres, cette madame Vetsera... sans danger, en apparence, car Dieu sait qu'elle n'est pas séduisante, mais elle est accorte et elle se sert volontiers de tout le monde pour être reçue à la cour et mettre sa famille en avant. Ses filles grandissent, lentement, il est vrai, mais elle pose ses jalons à temps ! » La baronne Vetsera fait également des avances aux dames de l'impératrice, à la confiante Ida Ferenczy et à la comtesse Festetics, beaucoup plus sceptique. Celle-ci l'évite et le prince héritier est chargé de combattre cette réserve. Un jour, Rodolphe dit brusquement à la comtesse : « La baronne Vetsera viendra vous voir demain soir, si vous le permettez ». Marie Festetics lui répond en riant : « Certes non, Altesse, je ne le permets pas. Qu'elle donne

(1) Lippiza, célèbre haras qui fournissait les chevaux, presque tous blancs, pour le manège de la cour.

(2) Journal de Marie Festetics, Gödöllö, 5 novembre 1879. (A.F.)

rendez-vous à Votre Altesse ailleurs que dans mon salon, je ne tiens pas à sa compagnie. Je l'ai tenue à distance jusque-là et j'entends continuer ». Il rit et se résigne. Mais la baronne s'obstine (1). L'impératrice voit toute cette affaire d'un mauvais œil. Et l'empereur, à son tour, dit, le 3 décembre, à table : « Les agissements de cette femme autour de Rodolphe sont incroyables. Elle le suit pas à pas. Aujourd'hui elle lui a même fait un cadeau ». Il se tourne ensuite vers la comtesse Festetics : « Il me semble qu'elle vous inspire de l'aversion, n'est-ce pas, comtesse ? » — « Oui, Sire », réplique Marie Festetics (2).

Cependant, chaque fois qu'Élisabeth doit revenir à Vienne de Gödöllö ou de Budapest, elle est reprise de la nostalgie de l'Angleterre et des chasses merveilleuses dont elle a tant joui les années précédentes. Au mois de février de l'année 1880, elle retourne en Irlande en passant par la Bavière où règne encore un hiver rigoureux. Elle trouve, en arrivant à Summerhill, la tiédeur d'un jour de printemps. Dès le lendemain, a lieu une battue des plus difficiles : « La chasse se poursuivit à vive allure », écrit Élisabeth (3), « par-dessus des obstacles nombreux et variés ; nous tînmes bon, Middleton et moi, pendant une heure vingt... Bayzand, qui montait pourtant un bon cheval, dont il dit grand bien, culbuta sur un talus et, en tombant dans la prairie, se blessa au pied... Il est couché, un sac de glace à la cheville... Rudi Liechtenstein aussi a fait une chute, sans se faire de mal, et lord Langford, qui s'abattit la face contre terre, a de la peine à avaler... » Langford est tombé d'abord dans un fossé plein d'eau, puis il a fait une chute près d'un fossé insignifiant et son cheval s'est cassé les reins. L'empereur François-Joseph a toutes les raisons de s'inquiéter au sujet de l'impératrice. « Le 7, nouvelle chasse au cerf, assez loin d'ici, aux environs de Dublin ; donc, une foule de cavaliers... Par quelques grands sauts dès le début, nous étions tout de suite sortis de la foule... Puis vint un fossé, le cheval de Middleton sauta trop tôt et y tomba, lui-même en fut vite sorti, mais il était quelque peu hors d'haleine et, le temps que son cheval ait été remis sur pied, la meute était déjà loin » (4). Le 10,

(1) Journal de Marie Festetics, Gödöllö, 26 novembre 1879. (A.F.)
(2) *Id.*, Gödöllö, 3 décembre 1879. (A.F.)
(3) Élisabeth à François-Joseph, Summerhill, 5 février 1880. (A.A.C.W.)
(4) *Id.*, Summerhill, 7 février 1880. (A.A.C.W.)

la chasse reprend : « Nous partîmes à bonne allure ; beaucoup de fossés et profonds, mais sans broussailles, un seul double, un talus derrière un fossé et, au delà, le marécage, mais tout vert. Middleton culbuta et moi aussi, mais à bonne distance et au delà du marais, nous ne fûmes donc pas mouillés et le terrain était très mou. Nous ne fûmes pas les seuls, à ce que m'a dit Tom par la suite, mais, poursuivant ma course, je ne m'en aperçus pas. Je vis lord Langford au bord d'un autre fossé en train de pêcher son cheval ».

Le bai de Middleton, qui n'a pas encore chassé en Irlande, se montre rétif et parfois refuse obstinément de marcher ; l'impératrice se voit donc obligée d'accepter pour guide son écuyer Tom Healy. Le cheval d'Élisabeth marche à merveille et ne fait pas de fautes, tandis que Healy lui-même à peine a la suivre. Lorsqu'il tombe à son tour pour la deuxième fois, l'impératrice renonce à la chasse pour ce jour-là. Tout le monde s'inquiète d'elle. Bien qu'elle ait les meilleurs chevaux et qu'elle s'abstienne de monter ceux qui ne lui inspirent pas confiance, elle est tout de même trop intrépide. Liechtenstein lui voit prendre un fossé qu'il estime le saut le plus important qu'il ait jamais vu en Irlande. Elle tient les chevaux tellement en main, qu'elle monte sans gants et que les rênes lui écorchent les mains. Sans cesse de petits accidents surviennent dans son entourage. « En quelques minutes », écrit Élisabeth, le 19 février, à l'empereur (1), « nous traversâmes une rivière, franchîmes un talus, puis un fossé ; ce n'était pas facile, j'attendis pour voir comment Middleton s'en tirerait. Sa jument, au lieu de sauter directement, dévia à gauche et se précipita tête baissée dans l'eau... Le passage étant libre pour moi, je réussis à franchir l'obstacle, de même Tom, qui prit son élan en même temps et courut au secours de Middleton, accroché à son étrier, la tête en bas, dans l'impossibilité de se dégager seul... ». Deux jours plus tard, le pilote d'Élisabeth a encore de la malchance : « Bien que nous fussions annoncés aujourd'hui pour la chasse au renard avec les Kildares, ces messieurs décidèrent hier soir que nous chasserions le cerf, ne fût-ce que pour berner tous les curieux qui arrivent en foule par train spécial quand ils s'attendent à me voir au rendez-vous.

(1) Élisabeth à François-Joseph, Summerhill, 19 février 1880. (A.A.C.W.)

Middleton et Langford se réjouissaient déjà de la bonne farce... Middleton fit une nouvelle chute... il resta accroché à son étrier, ce fut presque plus effrayant que l'autre jour, quand le cheval voulut partir, mais mon Tom le sauva encore ». Le soir au souper, à Summerhill, le capitaine est accueilli par un vacarme assourdissant et un poète d'occasion improvise sur Élisabeth ces vers (1) :

The Queen of the Chase.
The Queen ! Yes, the Empress !
Look, look, how she flies,
With a hand that never fails,
And a pluck that never dies.
The best man in England can't lead her — he's down !
« Bay » Middleton's back is done beautifully brown.
Hark horn and hark halloa !
Come on for a place !
He must ride, who would follow
The Queen of the Chase.

Middleton peut permettre cette plaisanterie, car il a fait ses preuves en de nombreux steeple-chases et il continue à remporter des victoires. Il gagne vingt-neuf courses avec sa jument Lady of the Harem, dont onze de suite (2). S'il arrive à cet homme-là de tomber si souvent, on imagine combien les chasses doivent être périlleuses. Mais plus la chasse est sauvage, plus Élisabeth est contente. Elle se sent en vacances, indépendante, dégagée de tout souci et de toute responsabilité, libérée des devoirs qui répugnent à sa nature et que, par ailleurs, elle a scrupule à négliger. Toutefois, là aussi elle n'a aucune mesure. Élisabeth manque un peu de discipline, cela se manifeste partout. Pour l'instant, elle est dominée par la passion de la chasse, mais cette passion peut changer brusquement et faire place à autre chose, elle y mettra la même ardeur et le même acharnement.

« Le plus grand avantage de l'Irlande est de n'avoir pas de princes », dit Élisabeth. Elle juge « terriblement ennuyeux » (3)

(1) *British Hunts and Huntsmen*. Londres, 1909, p. 50.

(2) Le 9 avril 1892, Bay Middleton devait trouver sur le champ de course la mort des vrais cavaliers. En sautant un obstacle, son cheval trébucha et, en se redressant, lui imprima un coup si violent sous le menton, que Middleton en eut la nuque brisée.

(3) Élisabeth à sa mère, Summerhill, 2? février 1880. Copie A.A.C.W.

de devoir rendre visite à la reine, à Windsor, à son retour. Pourtant, cette visite est plus indiquée que jamais, car l'Angleterre n'a pas vu d'un bon œil l'impératrice retourner en Irlande. Une grande partie de l'île est mécontente du gouvernement anglais et déprimée par une mauvaise récolte. Les fermiers ne paient rien à leurs maîtres et le Home Rule est à l'ordre du jour. Bien qu'on ne s'aperçoive de rien à Summerhill, toute la partie occidentale de l'île est en révolte. A un moment pareil, le voyage d'agrément de l'impératrice peut paraître déplacé. Elle rentre donc chez elle plus tôt que d'habitude. Le 7 mars, par un temps superbe, elle quitte la maison hospitalière de lord Langford.

Le 10 mars au matin, Élisabeth reçoit un télégramme. Elle l'ouvre et pâlit. La comtesse Festetics s'enquiert en tremblant de son contenu : « Le prince héritier s'est fiancé avec la princesse Stéphanie de Belgique ». « Dieu soit loué », dit la dame d'honneur, « ce n'est pas un malheur ». L'impératrice, agitée, dit seulement : « Dieu veuille que cela n'en soit pas un ». Elle a l'impression que ces fiançailles sont précipitées, que le prince, qui n'a que vingt-deux ans, et surtout la fiancée, qui n'en a que quinze, sont beaucoup trop jeunes.

Élisabeth se rend à Windsor pour le lunch. La réception est splendide, mais la reine, petite et rondelette, paraît de nouveau très embarrassée à côté de la grande et svelte impératrice. Élisabeth reçoit encore lord Beaconsfield. Elle le trouve affreusement laid. Il ne renie pas sa race, mais il est intéressant et il a de la conversation. L'impératrice, à son retour, est obligée maintenant de passer par Bruxelles, pour faire la connaissance de la fiancée de son fils. Selon son habitude, elle a refusé à l'avance tout accueil officiel. Tout le monde dort dans le train et voilà que, tout à coup, en pleine obscurité, retentissent le canon, des salves d'artillerie, l'hymne national, des acclamations. Tout le monde bondit hors du lit. Pas de domestiques, pas d'habits, pas de lumière ; chacun se croit déjà à Bruxelles. « Que se passe-t-il donc ? Sa Majesté est encore couchée. » Tout le monde se précipite sur ses vêtements. Nopcsa sort en habit et en haut de forme, des femmes de chambre apparaissent, sommairement vêtues. Enfin, tout s'explique, le train est entré en gare de Tournai, à la frontière belge, il est quatre heures du matin et les Belges veulent accueillir la mère du fiancé.

Tout le monde se recouche. A huit heures, même vacarme. Cette fois, le train est effectivement arrivé à Bruxelles. Le prince héritier attend sur le quai en compagnie de sa fiancée et de toute la famille royale. Élisabeth est merveilleusement belle dans son costume bleu garni de vison. Mais il n'y a de profondément ému que l'impératrice et son fils, qui se jette dans les bras de sa mère. Arrive la fiancée, jeune, fraîche, peu développée, mal habillée, une enfant encore, avec un beau teint. Tout le monde admire l'impératrice, sa taille superbe, sa grâce, ses cheveux. Rodolphe regarde sa mère avec orgueil, puis sa fiancée. Tout le reste se passe selon le programme. Toutefois, Élisabeth n'arrive pas à se réjouir. Grave et soucieuse, elle reprend son voyage. François-Joseph accueille sa femme avec émotion. « Pourvu que tout finisse bien », dit-elle. Mais l'empereur la rassure. « Tu te fais toujours du mauvais sang ».

Vienne, bien intentionnée, prépare des fêtes que les souverains subissent par métier. Ce qui fait le plus de plaisir à Élisabeth, c'est un carrousel de la noblesse en costumes du temps de Maximilien. Bientôt après, deux mille huit cents chanteurs viennent leur rendre hommage. Mais, bien qu'Élisabeth ait trouvé dans l'aristocratie quelques amis véritables, elle n'arrive pas à se plaire à Vienne. A Ofen, il en est tout autrement. Et, au mois de mai, il apparaît une fois de plus combien Élisabeth est populaire dans la capitale hongroise. Pour la première fois de sa vie — il lui en coûte, d'ailleurs — elle préside en qualité de première dame patronnesse une séance de la Croix-Rouge. En pareille circonstance, elle commence par maîtriser sa timidité naturelle, ce dont personne ne lui sait gré, car personne ne s'en doute. Elle souffre pourtant plus que personne. Toute exhibition lui est pénible et plus particulièrement quand, par sa présence, elle doit faire pression sur la charité des gens. Elle est vaniteuse comme tout le monde, mais à sa façon. Elle aime être belle et elle fait tout pour conserver la vigueur et l'harmonie de son corps, mais elle a horreur d'être dévisagée. Sa beauté lui semble chose naturelle et il lui paraît superflu d'en faire si grand cas. Élisabeth veut jouir de ce don du ciel sans payer le tribut qui s'y rattache. Au cours de la séance, tout le monde est enchanté d'elle. Sa timidité est un charme de plus et son appel aux femmes hongroises est noyé dans des acclamations sans fin. Pourtant Élisabeth éprouve en pareilles occasions une impatience croissante. De plus, le souci pour le prince héritier ne la quitte pas. Comment tournera ce mariage ? Rodolphe lui-même est frappé de l'inquiétude de sa mère. Il la trouve moins aimable qu'à l'ordinaire (1).

L'été revoit Élisabeth à Ischl et dans la Bavière familière. Un jour, elle se rend au château de Berg, au bord du lac de Starnberg, pour y rendre visite à Louis II. Mais le roi est absent et l'impératrice laisse, en guise de carte de visite, une branche de jasmin fleurie. Touché de cette attention, Louis II écrit à Élisabeth une lettre si affectueuse, qu'elle lui envoie toute une gerbe des mêmes fleurs et une photographie de la petite Valérie. L'enfant n'est pas très jolie, mais gentille et affectueuse et très réfléchie. Toutefois, elle souffre, elle aussi, de la maladie de famille, la timidité. Dans son journal, commencé dès l'âge de neuf ans, donc, en 1877, elle appelle ce sentiment « *gênation* ».

Elle n'arrive pas à se faire à l'idée des fiançailles de son frère. Elle lui a donné le surnom de « Nazi » (2). « Nazi, ce garçon », écrit-elle dans son journal, « Nazi qui, il y a quelques années encore mangeait pour son petit déjeuner les bouvreuils qu'il avait tirés, Nazi, qui me taquinait si souvent... fiancé ! » Valérie n'arrive pas à sympathiser avec son entourage, à cause de sa timidité. C'est la raison qui, dès l'enfance, a fait mal juger « l'unique ». Seule avec l'impératrice elle est gentille et affectueuse. Seule, Élisabeth connaît vraiment sa fille et, à présent, elle n'est plus heureuse qu'aux côtés de Valérie ou à cheval ; pour le reste elle est dominée par une étrange inquiétude et en proie à des dépressions subites. Le jour de la Toussaint, elle dit à Marie Festetics : « La vie est souvent si triste, je suis persuadée que, si difficile que soit le trépas, personne ne voudrait revenir, même s'il le pouvait ». Ces états d'âme ne paraissent pas du tout en accord avec la vie extérieure que mène Élisabeth. Les deux femmes qui partagent son intimité sont vraiment un bonheur pour elle. Dans les derniers temps, l'impératrice, outre ses promenades à cheval, fait de grandes randonnées dans la campagne,

(1) Rodolphe au comte de Latour, Laeken, 19 mai 1880. Vienne, Archives d'État.

(2) Journal de l'archiduchesse Valérie, 3 avril 1880. Archives du château de Syrgenstein.

en compagnie de la comtesse Festetics. Ida Ferenczy, qui ne marche pas bien, s'occupe avec un fidèle dévouement du bien-être physique de l'impératrice.

L'évolution de son fils, soustrait depuis toujours à son influence, la préoccupe sans cesse. Maintenant qu'il est adulte, il lui échappe complètement. Il a hérité de sa mère le manque de mesure ; comme elle, il se livre à ses passions avec excès. Pour l'instant, la chasse à la carabine a ses faveurs. Il ne parle plus d'autre chose et la comtesse Festetics a raison de dire que cette passion ne connaît plus de frein.

Tout le monde en est témoin, mais personne ne dit rien. Le prince héritier n'est plus un enfant ; il doit savoir ce qu'il fait. Il juge sévèrement ses parents et il dit de sa mère : « C'est une femme oisive, mais très intelligente » (1).

Les souverains préfèrent la compagnie de Valérie. A l'occasion de petites fêtes, ils jouent avec elle à colin-maillard, au fagot, à la main chaude et autres jeux innocents. L'empereur et l'impératrice se plaisent à redevenir enfants et la vie de famille alors est charmante dans le cercle impérial. Mais, sortie de là, la méfiance d'Élisabeth renaît. Jamais elle ne se moque de personne, jamais elle ne médit, mais elle est trop prompte à traiter avec froideur, voire avec dédain, ceux dont, bien à tort souvent, elle se défie. Comme beaucoup de gens, elle a un peu la manie de la persécution. Toutes les fois qu'elle en souffre, elle cherche un refuge dans son affection passionnée pour Valérie ; la tendresse qu'elle nourrit pour cette enfant l'arrache à elle-même. Mais, là non plus, Élisabeth ne connaît pas de mesure et son amour manque d'équilibre. Malgré tout, la beauté et le charme ne cessent de rayonner de sa personne. Qu'elle occupe le trône aux côtés de l'empereur, qu'elle ploie le genou devant le Tout-Puissant, que le page lui porte la traîne ou qu'elle se promène au jardin, court vêtue, qu'elle monte à cheval, qu'elle boive son lait ou qu'elle plaisante, toujours elle est l'impératrice. Non par formalisme appris, mais par une grâce divine et avec un charme infini.

La cour ne parle plus que du prochain mariage du prince héri-

(1) L'archiduc Rodolphe au comte de Latour, Prague, 2 décembre 1881 MITIS, *Le prince héritier Rodolphe*.

tier. Mais la fiancée n'est pas encore formée, la famille royale de Belgique a voulu précipiter les choses. La cérémonie, dont la date était déjà fixée, se trouve donc remise.

Lord Langford, après avoir été, en automne, l'hôte des souverains à Gödöllö, encourage beaucoup Élisabeth à revenir chasser en Grande-Bretagne l'année suivante. Élisabeth aimerait beaucoup aller en Irlande, mais l'empereur lui fait comprendre que des raisons politiques s'y opposent. Le gouvernement anglais pourrait interpréter un nouveau voyage de la souveraine catholique en Irlande comme un encouragement au Home Rule et un geste d'inimitié contre l'Angleterre. Élisabeth décide donc d'aller cette année en Angleterre, où elle accepte l'hospitalité de lord Combermere en Cheshire. A l'arrivée d'Élisabeth, le 15 février 1881, le pays est couvert d'un épais brouillard. Elle se rend immédiatement à l'écurie pour voir ses chevaux, restés là pendant l'hiver. Elle regrette beaucoup l'Irlande, mais au moins, ici, le terrain est moins difficile et elle a plus de chances de rentrer indemne. Middleton, qui a été très malade pendant l'hiver, s'est remis et il est arrivé au château aussitôt. C'est une vieille abbaye élevée en 1132 et transformée en château pour Guillaume d'Orange en 1692. La chambre occupée par le roi et peinte en orangé en son honneur est attribuée à Marie Festetics. Les meubles eux-mêmes et les rideaux sont de cette couleur. Le lit est si haut que, à la grande joie d'Élisabeth, la comtesse est obligée de monter sur un tabouret pour en faire l'escalade. Elle a l'impression de coucher dans une pelure d'orange retournée. Le château est situé dans une superbe forêt de chênes et de tilleuls. Lord Strafford est maître d'équipage, la société est encore plus nombreuse qu'en Irlande. Il y a jusqu'à cent cinquante cavaliers sur le terrain. Mais Élisabeth trouve les obstacles trop anodins, bien que Rodolphe Liechtenstein et Middleton soient loin de les juger insignifiants et que vingt cavaliers à peine se retrouvent au but.

Il arrive que l'impératrice monte trois chevaux par jour et ne revienne que le soir vers cinq heures et demie, sans préjudice de sa gymnastique matin et soir. Elle est très mince, mange trop peu et cela n'est pas sans influencer son système nerveux. En dépit, ou justement à cause de sa fatigue, elle n'arrive plus à s'endormir. Cependant la nature l'enchante, le paysage est merveilleux : un beau lac profond et limpide dans une prairie de velours, des cèdres et des cyprès, des chênes-lièges et des conifères. Les Anglais rivalisent d'hospitalité. Mais Élisabeth n'aime plus autant l'équitation que les années précédentes, elle est de plus en plus difficile pour les chevaux. Nombreux sont ceux qui critiquent le plaisir qu'elle prend à la chasse. Un monsieur Friedrich de Rotterdam, par exemple, la prie ironiquement, par lettre, de lui avancer le coût d'une journée de chasse en Angleterre pour lui permettre de continuer son affaire (1). Un article haineux dans un journal socialiste froisse beaucoup le premier chambellan de l'impératrice. Mais Élisabeth est habituée à tout. « La seule chose qui me surprenne encore, c'est de voir quelqu'un dire ou écrire du bien de moi. »

A ce moment, arrive la nouvelle de l'assassinat du tsar Alexandre II à Saint-Pétersbourg. Élisabeth en est très émue. « Ne vaut-il pas mieux être avec moi à Combermere », dit-elle à Marie Festetics, faisant allusion à la demande en mariage du prince Dolgorouki, « que dans cet horrible pays ? »

Le départ est fixé au 28 mars. Au dernier moment, quelques visites s'imposent, en toute hâte : le steeple-chase de Liverpool, le duc de Westminster, la reine, à Windsor. Élisabeth séjourne ensuite à Paris où elle retrouve ses sœurs Marie, Mathilde et Sophie. Le président Jules Grévy vient rendre visite à l'impératrice à son hôtel. Il produit l'impression d'un homme vulgaire et affreusement gêné. Il commet des impairs. Entre autres, il félicite Élisabeth du prochain mariage de son fils et lui fait le lourd compliment : « A vous voir, madame, on vous prendrait pour la fiancée. » L'entourage réprime avec peine le sourire. Élisabeth rougit jusqu'à la racine des cheveux et le regarde si étonnée, qu'il en reste tout pantois. De crainte que l'impératrice ne le renvoie, il se hâte de prendre congé.

Encore à Paris, l'impératrice reçoit un télégramme lui annonçant que le mariage de Rodolphe est fixé au 10 mai. Une grande nervosité règne à la cour de Vienne. L'attente et l'atermoiement ont été très pénibles, mais Élisabeth s'est opposée formellement à ce que le mariage ait lieu avant la formation de la fiancée. La

(1) 3 février 1881. Secrétariat particulier de l'impératrice. Vienne, Archives d'État.

cérémonie du mariage se déroule avec la pompe traditionnelle. C'est, pour ainsi dire, un adieu de l'impératrice à son fils. Maintenant qu'il est marié, le prince, qui n'a jamais été intime avec sa mère, l'entourera moins que jamais. Ce qu'il faudrait, c'est que le prince héritier devînt un peu plus stable et un peu moins agité. « Il est intelligent », dit Marie Festetics dans son journal, le 9 juin 1881 ; « mais il est jeune et n'a pas reçu de principes. Et maintenant ? J'ai peur ».

Rodolphe n'a pas encore atteint son équilibre, tout fermente en lui. Il a tendance à exagérer beaucoup ses opinions libérales et fait montre d'un certain mépris de l'humanité. Il voit tout le monde ramper à ses pieds, toutes les femmes, depuis les femmes de chambre jusqu'aux princesses lui font des avances et il en perd l'estime pour tous. Quand il lui arrive d'être seul dans son cabinet à lire ou à étudier, il s'étonne encore plus (1) de la bêtise humaine qu'au milieu de l'agitation du monde. Le prince est très doué, son intelligence est remarquable. Mais il ne connaît aucun frein. Élisabeth ne s'en rend pas compte, elle ne voit pas son attitude devant les autres. D'ailleurs, les souverains ne savent à peu près rien de sa vie réelle, car il n'a jamais été très confiant.

Sans se douter de rien, l'impératrice continue sa vie coutumière. Le mois de juillet la ramène dans son pays, à Garatshausen. Le 18 juillet, le roi de Bavière lui envoie un immense bouquet de fleurs et lui fait demander quand il pourra lui rendre visite. Mais il faut que ce soit le soir et il ne veut être vu de personne. Louis II devient de plus en plus étrange. Il se retire complètement dans ses châteaux de montagne, il fuit ses ministres qui, naturellement, font à peu près ce qu'ils veulent. La petite Valérie, apprenant que le roi ne veut pas être vu, se propose exprès de l'examiner. Elle s'embusque pour le dévisager, mais ce gros homme maniéré l'épouvante. Élisabeth veut faire connaître Valérie au roi et elle l'envoie cueillir du jasmin, sa fleur préférée et celle de Louis II. Valérie lui offre les fleurs et, qu'il le veuille ou non, il est bien obligé de les prendre. Il bredouille en hâte de vagues remerciements. On ne sait pas lequel, de Valérie ou du roi, est le plus

(1) Journal de l'archiduchesse Valérie, 18 juin 1881. Archives du château de Syrgenstein.

intimidé (1). Une seule chose est certaine : tout le monde est heureux, une fois le roi parti.

Pendant le reste de l'été, Élisabeth se livre à ses occupations habituelles : excursions et promenades à cheval, souvent même, sous une pluie battante. La pluie n'effraie pas Élisabeth. Au mois de septembre, François-Joseph annonce à l'impératrice qu'il va construire dans le parc de Lainz une maison « pour leurs vieux jours ». Vers le 15 de ce même mois, la cour se rend à Gödöllö pour la saison des chasses. Le duc Louis, frère de l'impératrice, est revenu lui aussi, avec la baronne Wallersee. Élisabeth se dit dans son for intérieur : « Je n'aurai jamais assez d'égards pour elle. Quelle reconnaissance je lui dois ! J'aime certes mon singulier frère, mais je ne tiendrais pas avec lui une journée entière et qui, de ses semblables, le ferait ? Personne. Quant à elle, elle le rend heureux. Que m'importe son origine, elle lui convient et moi, *la petite bourgeoise d'Augsbourg* ne me gêne guère. Je l'apprécie pour sa bonté ».

L'impératrice aime bien aussi Marie Larisch, la fille de Louis. Mais la comtesse Festetics l'a « sur le cœur ». Il arrive que des outsiders pénètrent dans le cercle de l'impératrice. C'est ainsi qu'un jour, des gentilshommes recommandent un fabricant anglais qui veut expliquer une nouvelle invention. Il vient au moment où Élisabeth veut sortir.

« Savez-vous monter à cheval ? » lui demande-t-elle.

« Oui », répond l'industriel quelque peu hésitant. En hâte il emprunte un costume pour accompagner l'impératrice. Pendant la sortie, il doit expliquer son affaire. Pendant quarante minutes, Élisabeth parcourt avec lui la forêt de Haraszt au galop. Il est douteux que l'impératrice ait compris grand'chose à l'invention. Tout en nage, l'Anglais descend de cheval et dit : « Voilà bien les quarante minutes les plus rapides que j'aie vécues. » Élisabeth rapporte triomphalement ce mot à l'empereur (2).

Le séjour en Hongrie est interrompu brusquement. Le 11 octobre, le successeur d'Andrassy, le baron Haymerle, a succombé à une embolie ; en outre, les souverains italiens sont annoncés pour la fin du mois. Le 27 octobre, Élisabeth rend visite à la

(1) Journal de Marie Festetics, 4 octobre 1881. (A.F.)
(2) Élisabeth à François-Joseph, Gödöllö, 2 octobre 1881. (A.A.C.W.)

veuve éplorée du ministre. Véritable épave, la pauvre baronne vient à la rencontre d'Élisabeth toute chancelante et, au moment où elle veut saisir la main de l'impératrice pour la baiser, elle tombe à ses pieds comme morte. Élisabeth la relève et la porte presque en montant l'escalier de son appartement. Des larmes coulent le long de ses joues et l'expression de pitié et d'émotion de son charmant visage est inoubliable pour ceux qui l'ont vue. Elle quitte la veuve, profondément émue. « C'est affreux de penser que la pauvre femme, qui adore son mari, lui dit au revoir rapidement, ne se doute de rien et rentre chez elle une heure après pour le trouver mort. Cet au revoir a été un adieu. »

Celui à qui il a été donné de voir l'impératrice en pareilles circonstances, sera moins sévère pour ses singularités, dont on commence à parler dans tout l'empire. Élisabeth, en public, se cache trop derrière son éventail, on lui en veut et, aussitôt, un article paraît sur « l'étrange femme ». Mais il n'y est pas question des visites de l'impératrice chez les cholériques et il est significatif qu'il ne se trouve qu'un journal humoristique, le *Cocorico*, pour répondre :

L'ÉTRANGE FEMME.

Vraiment, elle est étrange, la femme,
Qui sans crainte du danger,
Mue seulement par l'amour du prochain,
Apporte la consolation dans la maison du malheur.
Qui, oubliant la beauté,
Parle même au lépreux,
Accourt, l'œil humide,
Au chevet du mourant, reste auprès de l'abandonné.
Dames patronesses, voyez comment
On peut être charitable modestement,
Non seulement aux sons de la musique de Strauss,
Mais aussi dans le silence de l'hôpital.
On peut sécher des larmes là où la mort
Menace sous toutes ses formes :
Prenez exemple sur notre impératrice,
Si humaine et si magnanime.

Fin octobre, arrivent le roi Humbert et la reine Marguerite. Élisabeth trouve la reine agréable et sympathique et, bien qu'elle ne soit pas précisément jolie, elle lui plaît. Les Italiens, de leur côté, sont charmés par la beauté de l'impératrice. Cette sympathie rend supportable les fatigues de ces journées où les fêtes, les thés, les concerts, les représentations théâtrales, les changements de toilette cinq fois par jour, mettent Élisabeth hors d'elle. Et elle est ravie de retourner dans son beau et calme Gödöllö que François-Joseph, lui aussi, aime de plus en plus.

Le 8 décembre au soir, pendant le souper, on apporte à François-Joseph un télégramme urgent. Il parcourt la dépêche qui lui tombe des mains. « Le Ringtheater est en flammes », dit-il d'une voix sans timbre. « Taaffe télégraphie qu'il n'y a pas d'accidents de personnes, mais qui sait si c'est vrai ? » L'empereur se lève aussitôt et se précipite chez Élisabeth ; elle ne prend qu'une tasse de lait le soir et elle a pris l'habitude de ne plus assister aux repas. Il apparaît bientôt, hélas ! que le télégramme hâtif de Taaffe n'a pas dit la vérité et que, au contraire, l'incendie a été une véritable catastrophe. Des centaines de gens se précipitèrent vers les portes qui ne s'ouvraient que vers l'intérieur, les fermèrent ainsi hermétiquement et périrent écrasés et étouffés. Le théâtre était comme un haut fourneau et le malheureux public, qui se réjouissait d'entendre les mélodies des *Contes d'Hoffmann*, trouva en grande partie une mort atroce. François-Joseph et Elisabeth sont désolés, toutes les chasses sont décommandées et on met tout en œuvre pour soulager le sort des survivants. Parmi les sinistrés se trouvait aussi un fils de la baronne Vetsera.

Dans les derniers temps, Élisabeth redouble ses exercices physiques. Si elle aime moins l'équitation, elle fait à présent de longues promenades à pied.

C'est dans l'intimité qu'Élisabeth est le plus heureuse. Le bal de la cour est une corvée pour elle ; mais elle prend un réel plaisir au charmant bal blanc donné chez Valérie et auquel assistent dix-sept petites jeunes filles de la haute noblesse : Kinsky, Auersperg, Mensdorff, Trautmansdorff, Schwarzenberg, etc. L'empereur, ravi, danse avec ses invitées et se montre un maître de maison joyeux et plein d'entrain, tandis qu'au milieu de toute cette jeunesse Élisabeth se prodigue avec son charme habituel. Elle s'amuse énormément ; mais ce qui fait sa joie, c'est une naïve répartie de la délicieuse petite Do Hohenlohe (1), la benja-

(1) Princesse Dorothée Hohenlohe-Schillingsfürst, née en 1872, mariée en 1896 au comte Vollrath de Lamberg.

mine du groupe. La fête a commencé au milieu de l'après-midi ; à neuf heures, Do est assise, somnolente, sur un tabouret et regarde désespérément le plafond. Élisabeth s'approche d'elle et lui dit doucement : « Do, veux-tu manger quelque chose ? » La petite, à qui ses parents ont recommandé d'être polie, regarde l'impératrice et répond selon les règles de l'étiquette : « Non merci, Majesté. » Mais l'impératrice lui pose une seconde fois la question : « Veux-tu une glace, de la compote, du thé, de la limonade, des gâteaux ? » La fillette continue à remercier avec la plus grande politesse. L'impératrice insiste aimablement : « Dis-moi, que voudrais-tu ? » La petite bondit enfin et dit, non sans impatience : « Je veux qu'on me laisse tranquille et aller dormir ». En riant Élisabeth répond à la gamine : « Tu es une petite personne intelligente, c'est ce que je voudrais faire bien souvent moi aussi » (1). Et Do Hohenlohe est autorisée à rentrer chez elle.

Les fêtes de carnaval ne sont pas encore terminées, que l'impératrice part, comme tous les ans, pour la saison des chasses en Angleterre. Pour les mêmes raisons que l'année précédente, elle évite l'Irlande et descend de nouveau chez lord Combermere à l'abbaye. Cette fois Bay Middleton ne pilote pas l'impératrice, il est fiancé et va se marier sous peu, mais il vient lui rendre visite en compagnie de lord Langford. Le capitaine Bulkeley lui succède comme pilote et maître de l'écurie. Rodolphe Liechtenstein lui aussi est revenu. Un temps merveilleux favorise les chasses, mais Élisabeth se sent fatiguée dès les premières sorties. Elle n'a plus l'entrain d'autrefois. Un mois à peine après son arrivée, le 6 mars, elle rentre en Autriche. Cette fois encore elle déjeune chez la reine à Windsor et passe par Paris pour rendre visite à ses trois sœurs. Soucieuse de tout voir, Élisabeth se promène du matin au soir dans la ville, jusqu'à ce que ses dames n'en puissent plus. A Vienne on raconte, épouvanté, que l'impératrice est allée en omnibus. « Si seulement elle le faisait », dit la comtesse Festetics, « mais nous allons tout le temps à pied » ! Pendant le court séjour de l'impératrice, le duc d'Aumale organise une chasse au cerf à Chantilly en costumes de l'époque. Le duc est maître d'équipage et, à la tête de la société, il vient

(1) Journal de Marie Festetics, Vienne, 27 janvier 1882. (A.F.)

accueillir Élisabeth à la porte du château. Tous les princes du sang sont présents. Les antiques fanfares de chasse retentissent. Puis a lieu un long galop qui se termine par la remise d'un trophée à l'impératrice.

Mais Élisabeth ne voit là qu'une représentation, un rappel du passé, comme un symbole. La passion de l'impératrice pour la chasse s'est refroidie aussi, sa joie de s'élancer, c'est une chose passée qui ne reviendra plus. Élisabeth ne montera plus à cheval en Angleterre.

CHAPITRE XI

PROMENADES A PIED ET DANGERS
1882-1886

A Vienne, l'empereur reçoit Élisabeth à la gare. La joie de la revoir éclate dans ses yeux, il est heureux chaque fois qu'elle revient. Mais une visite princière ne tarde pas à troubler les souverains. L'épouse du grand-duc Wladimir est atteinte du poumon et se rend en Italie. Elle rapporte des nouvelles épouvantables de Saint-Pétersbourg où les nihilistes continuent, après le meurtre du tsar, à terroriser le pays. Dans la famille impériale et parmi les hauts fonctionnaires personne n'est plus sûr de sa vie. Dès que la grande-duchesse parle de Saint-Pétersbourg, elle à les larmes aux yeux. « Là, je ne me remettrai jamais. L'angoisse que j'éprouve pour les miens me tue. Quand mon mari passe la porte, je me demande toujours s'il reviendra vivant. »

Au moment de la relève de la garde du château, Élisabeth se trouve justement avec la grande-duchesse. Celle-ci, apercevant la foule sur la place, demande affolée : « Que veulent ces gens ? »

« Ils attendent la musique et la relève de la garde. »

Lorsque l'empereur part pour Schoenbrunn en voiture, accompagné de son seul aide de camp, la grande-duchesse s'étonne : « Comment, aucune escorte ? »

« Mais non, voyons, les gens sont heureux de voir l'empereur. »

« Heureux pays, et combien enviable ! » La grande-duchesse n'en revient pas.

Depuis son séjour en Angleterre, Élisabeth monte moins à cheval. Par contre, elle fait beaucoup de promenades ou plutôt de la marche rapide. La comtesse Festetics est la seule de ses dames qui puisse la suivre et parfois encore la landgrave Furstenberg. « Je suis morte », écrit un jour après ces randonnées la comtesse Festetics (1). Mais elle n'en veut rien laisser paraître.

(1) Journal de Marie Festetics, 1er avril 1882. (A.F.)

En réalité l'impératrice ne fait pas de la marche, mais de la course, et c'est ce qui rend la tâche si pénible à ceux qui l'accompagnent.

Au mois d'avril, les souverains chassent à Göding, ensuite, le 19 avril, l'impératrice assiste à cheval à la revue du printemps à la Schmelz. Elle monte « Nihiliste », le plus beau cheval de son écurie. C'est une merveilleuse amazone et sa vue déchaîne l'enthousiasme des officiers et des simples soldats. Mais, au retour, une triste nouvelle attend Élisabeth. En effet, la comtesse Festetics lui fait part de la chute mortelle d'Émilie Loisset, la célèbre écuyère. Élisabeth aimait beaucoup cette artiste élégante, habile et fort estimable. Marie Festetics lui raconte l'accident avec tous ses détails afin d'inciter l'impératrice à la prudence. Mais l'exhortation est devenue inutile : non seulement Élisabeth monte moins à cheval, mais elle est devenue plus prudente. Sans savoir pourquoi, elle a un peu perdu son courage. Cependant elle continue à avoir besoin de mouvement, mais elle le manifeste d'une autre façon.

Le 23 avril, elle entreprend encore une de ses immenses promenades. Un aide de camp, le baron Gemmingen, un professeur et Marie Festetics sont de la partie. Élisabeth court comme jamais, fermement décidée à battre le baron. Au retour, celui-ci lui dit : « Mes compliments, Majesté, cette promenade est un véritable exploit et pourtant, en ma qualité de chasseur, j'ai l'habitude de la marche ». A la Burg, l'empereur attend les excursionnistes, déjà inquiet. Il est heureux de savoir Élisabeth enfin de retour. « Vous êtes donc encore en vie ? » demande-t-il à Marie Festetics. « Cela n'a plus de nom. » — « Nous nous sentons très bien, Majesté, mais nous sommes affamés, nous n'avons rien mangé. » A quoi François-Joseph répond en riant : « Même pas ? Mais c'est inouï. Et le pauvre Gemmingen, lui aussi, a dû subir ce prétendu plaisir ! Maintenant allez vite manger ».

Peu après, l'impératrice s'installe à Ofen. Là aussi, Élisabeth continue ses excursions. Le 1er mai, elle fait quatre heures au pas de course. Et si, le soir, Élisabeth est encore obligée d'assister à une fête de cour, ce qui arrive souvent, en dépit de sa volonté, c'est là une bien grande fatigue. Souvent ces promenades se prolongent pendant six heures et, en hochant la tête, l'empereur entend les doléances de la police à qui il n'est pas facile de répondre de la sécurité de Sa Majesté : personne ne sait à l'avance où la mèneront ces courses, car Élisabeth part presque toujours sans but défini.

En juin, lors de son séjour annuel en Bavière, l'impératrice tente d'aller à pied de Feldafing à Munich. Elle marche pendant quatre heures et demie, la suite a renoncé à « la suivre » (1), mais l'impératrice elle-même n'arrive pas encore jusqu'au but cette fois. A Ischl, même affaire : là ce sont naturellement des excursions en montagne et, pour la suivre, il faut avoir le pied montagnard. Le 9 août, l'empereur d'Allemagne, âgé de quatre-vingts ans, vient rendre visite aux souverains à Ischl : « Malheureuse ment », dit il, « étant donné ma jeunesse trop avancée, je ne puis accompagner Votre Majesté en excursion ». Tout le monde est très aimable pour lui, mais on a le tort de le conduire le soir au théâtre pour voir *La promesse derrière le fourneau*, pièce dans laquelle un Prussien est tourné en ridicule.

En septembre, l'empereur doit aller à Trieste et en Dalmatie. Le président du conseil, le comte Taaffe, estime ce voyage nécessaire pour faire oublier la répression d'une révolte dans le sud de la Dalmatie et, par ailleurs, faire contrepoids à l'Irredenta italienne qui gagne du terrain à Trieste. A la cour, tout le monde trouve ce voyage dangereux et redoute un attentat. François-Joseph veut partir seul, mais, comme toujours aux heures décisives, Élisabeth est à son poste. Elle tient à accompagner son époux quand il est exposé et ne veut pas faillir à son devoir. Elle s'inquiète du sort de l'empereur et s'indigne que Taaffe et le gouverneur de Trieste le poussent dans une telle aventure. Elle a l'intuition de ce qui va se produire.

Le 14 septembre, deux conjurés, dont Guglielmo Oberdank, ont quitté Rome pour tenter de demander raison au prétendu tyran de Trieste, leur ville natale. Le 16 septembre, les souverains arrivent par une pluie battante dans le mélancolique Miramar. Cependant les conjurés ont été signalés par l'ambassade à Rome et, à peine ont-ils passé la frontière, que le plus dangereux des deux est arrêté. Élisabeth, pendant ce temps, fait, malgré la

(1) La landgrave Furstenberg à sa sœur Gaby, Feldafing, 19 juin 1882. Archives Rechberg.

boue et la pluie, avec Marie Festetics la route de Miramar à Trieste à pied. Elles reviennent trempées « comme des éponges ». Le 17 septembre, les souverains sont reçus à Trieste par un temps à peu près beau. Tout le monde parle d'attentats, la suite est aux aguets et s'agite. Mais l'exposition est inaugurée sans incident, heureusement. Le soir, chacun se félicite d'être rentré sans encombre. Le lendemain, Élisabeth est une des premières levées. Elle sort et voit sur le socle d'une statue « *Pereat Francesco Giuseppe* » et « *Evviva Oberdank* » en lettres noires. François-Joseph veut aller seul visiter un hôpital et une caserne, mais Élisabeth déclare énergiquement qu'elle l'accompagnera. A l'arrivée de la voiture, elle est déjà prête, son chien Platon à côté d'elle. Elle explique à l'empereur qu'elle préfère être assise du côté opposé à la mer, donc à sa gauche, pour éviter le soleil. Mais, en réalité, elle choisit cette place pour mieux protéger l'empereur. François-Joseph n'emmène qu'une petite suite. « Il y a vraiment trop de danger ici pour risquer d'y exposer une nombreuse escorte » (1), dit-il.

Le soir, un bal doit avoir lieu sur le *Bérénice*. Il pleut et il vente dur. Les souverains descendent avec leur suite les marches mouillées de Miramar, comme jadis Maximilien et Charlotte partant vers l'inconnu. C'est une véritable mascarade. Tout le monde, y compris l'empereur, est en manteau de pluie, le capuchon relevé. Des laquais éclairent le chemin avec des torches. C'est ainsi que le groupe monte dans la barque qui se balance au pied de l'escalier. Luttant contre les vagues, la barque quitte aussitôt le port protecteur. L'impératrice est assise aussi immobile qu'une statue, éclairée par un fanal, le visage calme comme chaque fois qu'elle a du souci. François-Joseph bavarde gaîment pour oublier la gravité de l'instant. Marie Festetics songe au comte Taaffe, le responsable de cette aventure, en train, sans doute, de fumer confortablement un cigare dans son fauteuil, tandis que les souverains voguent la nuit, par tempête, dans une coquille de noix. Au loin, Miramar se détache sur la nuit dans un éclairage féerique. La canonnière *Lucifer*, pavoisée et illuminée, attend les passagers pour les conduire jusqu'au vapeur,

(1) Ces détails sont tirés du journal de Marie Festetics des 18 et 19 septembre 1882 et de celui de l'archiduchesse Valérie du 20 septembre 1882.

mais au moment où la barque aborde à la coupée elle danse tellement, que l'empereur, l'impératrice et leur suite n'arrivent qu'à grand'peine à monter l'escalier. L'hymne national retentit, un hourrah traverse la nuit, mais tout le monde tremble de froid et d'émotion. Aussitôt le bateau se dirige vers Trieste qui s'étage en amphithéâtre et, scintillant de mille lumières, présente un tableau des plus pittoresques. Élisabeth admire la vue et dit en souriant : « Cela me rappelle Valérie lorsqu'elle était toute petite ; elle aussi, comme tous les enfants, aimait ce qui était dangereux, et je lui disais chaque fois : il est permis de regarder, mais défendu d'y toucher ».

Un éclair, suivi d'un formidable coup de tonnerre, fait mourir le sourire sur son visage qui redevient sérieux. Au moment où le *Lucifer* atteint le vapeur *Bérénice* où le bal doit avoir lieu, la tempête bat son plein. Cette fois, il est complètement impossible de passer d'un bateau à l'autre. Les souverains et leur suite attendent patiemment des heures entières, tandis que, en dépit du mauvais temps, on tire des feux d'artifice de l'autre côté. Des milliers de fusées refusent d'éclater, d'autres s'élèvent malgré tout et mêlent leurs boules de feu à la lueur des éclairs. Enfin, par on ne sait quelle acrobatie, le gouverneur arrive à gagner le *Lucifer* et vient prier les souverains de ne pas s'exposer davantage aux dangers de la tempête. Ce n'est pas la seule raison : on a découvert que le *Bérénice* fait eau et tous les hommes sont aux pompes. C'est ce qu'on ne dit naturellement pas à l'empereur.

Lentement le *Lucifer* se dirige de nouveau vers le phare lumineux de Miramar. Le temps s'est un peu calmé et tout est recouvert comme d'un voile romantique. Mais François-Joseph, qui a très peu le sens de la poésie, dit froidement, au milieu de la contemplation générale : « La comtesse Festetics va bientôt cracher, elle est un peu pâlotte ».

Le lendemain, un soleil radieux : la mer est d'un bleu profond et les fleurs s'épanouissent dans les jardins. C'est un contraste inimaginable ! Sur une mer d'huile, les souverains se rendent à Duino où le prince Taxis donne un grand dîner en présence des notabilités de Trieste. Un de ces messieurs boit son rince-bouche et tombe dans un silence inquiétant. Élisabeth s'en aperçoit et, les larmes aux yeux, lutte contre le fou rire. Tout cela ne tarde pas à être oublié. Mais une fois les souverains de retour à Gödöllö, Élisabeth raconte leurs aventures à Valérie et son irritation, alors, se fait jour encore une fois. Sa fille ne l'a encore jamais vue tellement en colère. Elle a des larmes d'indignation quand elle pense à cet accueil et elle en veut à l'imprudent Taaffe. Aussi, quand le président du conseil se présente devant les souverains et, parce qu'il n'y a pas eu d'incidents, parle avec des airs de triomphe de l'admirable service d'ordre, Élisabeth éclate, l'interrompt et d'un ton glacial laisse tomber (1) :

« C'est à Dieu seul que nous devons notre salut. » Puis elle incline légèrement la tête et laisse le comte sidéré.

A peine de retour, l'impératrice reprend ses habitudes. Outre l'équitation Élisabeth fait maintenant de l'escrime aussi souvent que possible et de longues promenades. Un jour, un policier qui voit courir dans la forêt l'impératrice et la comtesse Festetics sans les reconnaître, croit que ces deux grandes dames sont poursuivies. Déjà il s'apprête à les questionner, lorsqu'il reconnaît soudain l'impératrice, se tait, mais, tout essoufflé, escorte ces dames jusqu'au château.

Le docteur Widerhofer déclare que la landgrave Furstenberg ne peut plus prendre part à ces promenades sans danger pour sa santé, la comtesse Festetics elle-même n'en peut plus, il faut donc chercher une dame d'honneur jeune et résistante pour accompagner l'impératrice. Au dire de sa propre fille (2), « bientôt plus personne ne pourra la suivre ». Élisabeth désire que ce soit encore une Hongroise. C'est ainsi que Sarolta Majlath entre à son service. L'impératrice prend de plus en plus goût à l'escrime. Elle engage un professeur attitré, à appointements fixes, et elle ne tarde pas à faire de rapides progrès. Elle s'y adonne le plus sérieusement du monde et avec l'ardeur qui la caractérise. La petite cuirasse, les gants et la jupe grise qu'elle porte pour ces leçons lui vont à merveille et bientôt les professeurs se voient obligés de recourir à tout leur art pour sortir victorieux de ces escarmouches.

Cette fois Élisabeth veut passer son « congé » à Baden-Baden. Elle y emmène ses chevaux et son séjour est une orgie de mouve-

(1) Journal de Marie Festetics, Gödöllö, 20 septembre 1882. (A.F.)
(2) Journal de Valérie, 8 décembre 1882.

ment : le matin, gymnastique, leçon d'escrime, six heures de course à pied à travers le pays ou promenades à cheval par monts et par vaux. Valérie, âgée maintenant de quinze ans, est à même d'accompagner quelquefois l'impératrice. Élisabeth s'occupe beaucoup du développement intellectuel de sa fille. Elle suit avec intérêt son journal, d'une naïveté charmante ; une remarque de la petite à propos de la campagne de Russie, à la suite d'un cours d'histoire sur Napoléon, l'amuse beaucoup : « Les Russes eurent du cran de brûler Moscou, l'idée ne m'en serait pas venue » (1). La jeune archiduchesse fait des vers qui plaisent à Élisabeth.

Hormis son entourage, l'impératrice cherche à écarter d'elle tous les princes. Alexandre de Hesse, dont le fils est en butte aux plus grandes difficultés sur le trône de Bulgarie, cherche l'occasion de parler en sa faveur. Il demande une audience, mais des jours et des semaines passent sans qu'il obtienne une invitation. Il fait une seconde tentative, le baron Nopcsa lui répond enfin qu'il est très embarrassé, lui-même voit à peine Sa Majesté. Elle monte à cheval ou se promène dans la montagne depuis huit heures du matin jusqu'au soir. Elle ne dîne pas et songe encore moins à faire des invitations. Le prince Alexandre ne se décourage pas, il est enfin reçu et il trouve l'impératrice, « à la la suite de son régime et de son entraînement sportif, d'une sveltesse au delà de toute expression ». Elle répond distraitement par oui ou par non à toutes ses questions et, à peine le visiteur esquisse-t-il un pas vers la porte, qu'elle prend rapidement congé et se sauve. Son temps se dépense en courses de six heures et demie dans les environs et en excursions à Heidelberg. Le moral d'Élisabeth est bon. Elle s'amuse à mesurer sa résistance avec celle de son entourage.

Le début de l'été la ramène dans sa patrie (2). Le 8 juin, elle réussit à rentrer à pied, sous un soleil de plomb, de Munich à Feldafing. Elle a fait le trajet en sept heures. Mais elle bat ses propres records. Tout se passe en secret et jamais personne ne sait quand Élisabeth part ni où elle va, c'est la fantaisie qui la guide. Elle apprend avec inquiétude la singularité toujours crois-

(1) Journal de Valérie, 12 février 1880.
(2) Sarolta Majlath à Ida Ferenczy, Feldafing, 9 juin 1883.

sante du roi Louis II. Depuis la mort subite de Wagner à Venise, le 13 février 1883, son goût de la solitude s'est encore accru et sa conduite inspire les plus vives inquiétudes. Élisabeth cherche à défendre le roi. Il lui est désagréable, à cause de sa famille, qu'après l'internement du prince Othon, on parle déjà ouvertement de la folie de Louis.

En juillet, Élisabeth retourne à Ischl. Là, ses promenades deviennent de véritables marches forcées. L'impératrice reconnaît qu'elle ne peut exiger davantage de ses dames d'honneur : déjà elles font chaque jour sept heures trois quarts de marche. C'est pourquoi elle se fait suivre de chaises à porteur, non pour elle, mais pour ses dames. Mais son véritable exploit est une excursion aux lacs Langbath et Ammer, pendant laquelle elle marche huit heures trois quarts sans désemparer (1). On craint déjà pour la santé d'Élisabeth : elle pâlit et maigrit à vue d'œil. Ses pieds commencent à lui faire mal et, au mois de juillet, il faut bon gré mal gré limiter les promenades. L'impératrice s'adonne alors davantage à l'équitation. Dans les environs d'Ischl, le terrain est mauvais, de même à Murzsteg où, en août, elle passe quelque temps au pavillon de chasse. Au cours d'une de ses promenades, elle gravit à cheval le raidillon de la « Morte ». En traversant un torrent, le poney se prend la patte dans un trou de la passerelle. Déjà le cheval s'incline vers le gouffre. Mais un ouvrier, qui se trouvait là, accourt, retient de force l'impératrice et sa monture et les fait traverser. La petite Valérie apprend avec la plus vive émotion le danger couru par sa mère et compose ce charmant petit poème qu'on peut voir encore gravé sur une pierre commémorative :

O toi, cavalier saint Georges,
Notre espoir dans le danger,
Toi, qui tant de fois a secouru ma mère
Vois avec quelle confiance je t'implore.
Ne rejette pas ma prière,
Mais protège la vie précieuse
A qui je dois le jour.

Valérie aime beaucoup sa mère, mais elle ne partage pas ses sympathies hongroises. Au contraire, il lui est pénible d'être

(1) Sarolta Majlath à Ida Ferenczy, 2 juillet 1883. Archives Farkas.

obligée de parler toujours hongrois avec elle et, sur le désir de l'impératrice, même avec son père. Le 2 septembre, la princesse Stéphanie accouche d'une fille. Valérie se rend avec Élisabeth à Laxenbourg où la jolie enfant blonde repose dans son berceau comme un petit ange. L'archiduchesse pleure parce que c'est une fille, mais Rodolphe lui dit : « Cela ne fait rien, une fille c'est tellement plus gentil ! » — « Maman elle-même ne l'a pas trouvée affreuse », écrit la jeune fille dans son journal (1).

Valérie s'entend mieux avec son père. Quand l'empereur vient, elle a le sentiment de revoir quelqu'un qui pense et qui sent comme elle. Et elle se propose chaque fois de lui demander la permission de parler allemand avec lui. Mais des scrupules la retiennent, elle croit mal agir envers sa mère. L'hiver s'écoule sans événements saillants. En avril, Élisabeth part en voyage, mais pour sa santé cette fois. A la suite de ses marches exagérées, elle a contracté une sciatique, ce qui ne l'empêche pas, d'ailleurs, de monter à cheval et de continuer ses promenades. A Wiesbaden aussi, où elle fait séjour au début d'avril, elle marche pendant sept heures. Un jour même, elle va de Wiesbaden à Francfort à cheval et retour, c'est une expédition d'une journée. Elle retourne à Heidelberg en compagnie de Valérie pour visiter cette belle ville. Cependant, à la suite de cette agitation perpétuelle, ses douleurs augmentent ; elle se décide donc précipitamment, en mai, à se rendre à Amsterdam pour y consulter un médecin de réputation mondiale, le docteur Metzger. L'impératrice est une patiente de choix ; il commence donc par lui affirmer, à son grand effroi, qu'à moins de commencer tout de suite un traitement à sa clinique, elle deviendra infirme ; et même si elle se conforme à ses indications, il ne peut absolument pas lui garantir le succès de la cure. Un spécialiste des maladies musculaires de Heidelberg, convoqué en consultation, réfute le diagnostic de Metzger. Malgré tout, Élisabeth se décide à suivre un traitement de six semaines, après avoir obtenu de Metzger l'autorisation de faire de la marche, de l'équitation et de l'escrime.

Le premier chambellan, le baron Nopcsa, voit tout cela d'un œil sceptique. Il prétend que l'impératrice n'a consenti à cette cure que parce que le médecin lui a tout permis. « Je crains

(1) Journal de Valérie, 2 septembre 1883.

seulement », dit-il, « que Metzger n'ait aucune idée de ce que signifient les promenades, l'équitation et l'escrime dans l'esprit de Sa Majesté » ! (1). Élisabeth se résigne difficilement. Malgré tout, elle se promène par tous les temps au bord de la mer et, quand ses dames se reposent, elle emmène le trésorier Linger, si sympathique par sa simplicité. Mais Élisabeth doit suivre à Amsterdam un traitement prolongé et se soumettre à une série de massages, elle se voit donc obligée de renvoyer Valérie en Autriche avec la landgrave Furstenberg.

La séparation lui est pénible ; d'autre part, la cure est désagréable et ne peut produire de guérison, parce que l'impératrice continue à marcher, à monter à cheval et à faire de l'escrime à l'excès. C'est ainsi qu'elle fait un jour une promenade de dix heures. Metzger a des manières très rudes, il est sec et Élisabeth a du mal à s'y habituer ; cette sécheresse l'impressionne. Elle finit par devenir si nerveuse, que Metzger la libère avant le délai prévu et le départ de l'impératrice est pour lui un réel soulagement. Les derniers temps, Élisabeth a pris l'habitude de ne plus manger, elle boit seulement beaucoup de lait ; aussi son estomac finit-il par en souffrir. Tous les jours, elle écrit à Valérie et lui répète qu'elle n'a qu'à télégraphier pour qu'elle abandonne immédiatement sa cure. « J'aime mille fois mieux garder mes douleurs que de te voir souffrir. » Élisabeth fait à sa fille de fidèles comptes rendus : « Après la marche, genou enflé, monté quatre chevaux, dont un seul bon, Achille hurle au-dessus des flots, je m'en vais faire de l'escrime. C'est un exercice stupide avec le petit lieutenant... J'aime la mer, mon dernier regard avant d'aller me coucher est pour elle... Quand je longe la côte, je voudrais crier, c'est plus beau que jamais. Mais je me réjouis pour Heidelberg, parce que je t'y reverrai et je n'ai de repos nulle part sans ma Valérie. C'est le moment d'aller chez Metzger, il me trouve vieillie et ridée » (2).

En l'absence de sa mère, Valérie s'est enhardie jusqu'à demander à l'empereur la permission de parler allemand. Elle a encore formulé sa prière en hongrois et son père lui répond gaîment : « Mais bien sûr, parle donc allemand ».

(1) Nopcsa à Ida Ferenczy, Amsterdam, 6 juin 1884. Archives Farkas.
(2) Lettres sans date d'Élisabeth à Valérie. Amsterdam. 1884. (A.A.C.W.)

Sur ces entrefaites, Élisabeth est arrivée à la mi-juin à Feldafing. Elle a le teint hâlé, la mine excellente, mais elle est encore très nerveuse. Maintenant elle est enchantée de la manière brusque de Metzger. Il a obtenu au moins de l'impératrice qu'elle mange de nouveau raisonnablement et qu'elle renonce au jeûne qu'elle s'imposait pour conserver sa ligne. Jusque-là, ses admirateurs les plus fidèles et les plus dévoués n'avaient pu l'en dissuader. Mais Metzger lui a affirmé que si elle continuait, elle serait une vieille femme dans deux ans ; Élisabeth se remet donc à manger. Cependant sa santé ne peut se maintenir si elle ne renonce pas à se promener ou à monter à cheval des heures entières sous la pluie battante. Valérie rentre souvent les pieds trempés et l'impératrice commet les pires imprudences ; elle fait, par exemple, le voyage à Munich aller et retour à cheval sous la pluie. Elle va y rendre visite à son amie, Irène Paumgartten, vieille fille délicate, un peu folle, mais qui a conservé un esprit très vif. Elle s'adonne au spiritisme et, fort agitée, parle volontiers de son commerce avec les esprits.

Élisabeth retourne à Ischl et, un beau jour, la princesse Stéphanie annonce sa visite. Au lieu de s'installer avec elle dans un salon, l'impératrice décide de l'emmener en promenade. Élisabeth monte le Salzberg « à une allure si insensée », comme dit François-Joseph, « que les autres restent en arrière à bout de souffle ». Bientôt l'impératrice a perdu tout le monde de vue. Alors seulement, la princesse impériale se dégèle, car près de sa belle-mère, elle se sent écrasée.

L'intimité entre Élisabeth et Valérie s'accroît à mesure que Valérie avance en âge. Elle se rend compte qu'elle ressemble malgré tout beaucoup à sa mère et qu'elle s'entend bien avec elle. « Toutefois », dit-elle, « il y a entre nous des barrières qui n'existeraient pas, si nous n'avions pas le même caractère dur et *inconstant*, le même jugement cassant, passionné et intolérant, la même faculté d'enthousiasme, mais pour des causes si différentes ». « Maman m'a parlé de la poésie de sa vie intellectuelle, dont personne ne se doute, que personne ne comprend » (1), écrit Valérie dans son journal, et elle conjure sa mère de se libérer en écrivant des vers. Élisabeth se laisse convaincre. Elle

(1) Journal de Valérie, 3 août 1884. Archives du château de Syrgenstein

a quarante-sept ans et il y a trente ans qu'elle a abandonné la poésie. Elle semble vouloir obéir à la suggestion de Valérie, heureuse que sa fille la comprenne, mais en même temps elle se plaint du monde en général.

« O cette misanthropie ! » dit Valérie. « Combien maman pourrait être adorée, si elle le voulait ! » L'impératrice cause avec sa fille de ceux qui l'entourent. Elle a beaucoup d'affection maintenant pour la landgrave Furstenberg qui, au temps où elle était encore au service de l'archiduchesse Sophie, était tellement prévenue contre Élisabeth ; c'est la seule Autrichienne qui lui plaise. Elle trouve qu'elle est une bien plus grande « ressource » que Sarolta Majlath ou Aglaé Auersperg. Elle reconnaît que la landgrave ne clabaude pas, ne médit jamais et se montre toujours gaie et reconnaissante.

Le 6 août, Guillaume Ier, extrêmement vert malgré ses quatre-vingt-sept ans, vient rendre visite aux souverains à Ischl. Peu après, viennent Gisèle et Léopold ; François-Joseph ne manque pas de s'impatienter quand il voit la préférence d'Élisabeth pour Valérie.

Le 11 septembre, l'impératrice fait une excursion à Mariazell. Elle a promis de faire don à l'église d'objets précieux si sa sciatique guérit. Son mal n'est pas encore en voie de guérison, mais Élisabeth donne quand même un médaillon en diamants, émeraudes et rubis et une tête de Christ en mosaïque. Un jour, Élisabeth se promène avec Valérie dans les environs. Elle rencontre alors un manchot en haillons, sac au dos. Sans s'arrêter, il montre le ciel : « Vous voyez là-haut la vierge avec l'enfant ? » Élisabeth est impressionnée, elle suit l'homme, entre avec lui en conversation. Le vieux parle à tort et à travers de Radetzky, de l'empereur et de la patrie. En même temps, il exhorte les autres à beaucoup prier. Il ne cesse de montrer le ciel. Soudain il reconnaît l'impératrice, se précipite tout en pleurs à ses genoux, la prend ensuite pour la mère de Dieu elle-même et parle d'une façon si décousue, qu'Élisabeth ne sait plus si elle doit rire ou pleurer. Elle se montre très généreuse envers lui et il s'en va en la bénissant. Quelques jours plus tard, l'équipage de l'impératrice et de Valérie, dont les chevaux sont restés trop longtemps debout, s'emballe. Par bonheur tout le monde est sauf. Mais Élisabeth est émue pendant plusieurs jours, parce que Valérie était dans la voiture, et elle ne cesse d'attribuer l'heureuse issue de cet accident à la bénédiction de l'invalide. Elle tremble perpétuellement pour sa fille. « Mieux je me porte, plus maman a peur », écrit Valérie dans son journal, « c'est à ne savoir que faire ».

L'automne ramène Élisabeth à Gödöllö, puis à Ofen. Elle y reçoit, le 11 novembre, la visite de la reine Carmen Sylva, petite, jeune et vive d'allure, malgré ses quarante ans, la figure aimable et haute en couleur. Elle sympathise avec Élisabeth et elle l'encourage, elle aussi, à écrire des vers ; c'est un tel dérivatif. Valérie observe avec intérêt Carmen Sylva, mais elle est agacée de voir Andrassy conduire la reine à table. La fille de l'empereur déteste cet homme et elle est persuadée qu'il le lui rend avec usure.

Après cette visite, l'impératrice retourne à Vienne où, depuis quelque temps, on voit souvent la famille impériale au Burgtheater. Élisabeth y va sans doute moins, et seulement quand Lewinsky joue. De temps à autre elle appelle l'acteur au château où il fait des conférences. François-Joseph, lui, fréquente assidûment le théâtre. Au mois de novembre 1883 une nouvelle actrice s'est fait remarquer, Catherine Schratt, qui tient le rôle de Lorette dans *Le village et la ville* et celui d'Hélène dans *Les mains de fées*. Dans ce rôle, elle plaît beaucoup à l'empereur qui voit en elle une véritable enfant de Vienne, simple, douce et naturelle et si étrangère à l'ennuyeux cérémonial de la cour. Il lui semble trouver en elle comme une ressemblance avec sa femme. Mais moins compliquée, moins extraordinaire qu'Élisabeth, Catherine n'est jamais malheureuse ou mélancolique, du moins, à ce qu'il en juge par l'impression qu'elle produit à la scène, car François-Joseph ne la connaît pas encore personnellement. Elle plaît moins à Rodolphe qui a un goût très différent. Le prince héritier traverse une crise de libéralisme violent, comme jadis Élisabeth. Sa mère lui semble maintenant trop tiède. De son côté, l'impératrice ne sympathise pas avec la princesse Stéphanie, c'est encore une raison qui l'éloigne de plus en plus de son fils. Et, ainsi qu'il arrive quand deux êtres ne se comprennent pas, ils s'évitent pour échapper aux occasions de conflits. Peu à peu, les relations d'Élisabeth avec son fils se relâchent. Malgré ses infidélités et la vie dissolue qu'il mène à l'insu de ses parents et de son entourage, Rodolphe prend le parti de sa femme, il lui écrit des lettres tendres et retrouve avec plaisir son intérieur.

Au mois de janvier de l'année 1885, Élisabeth assiste vaillamment aux habituels bals de la cour et aux bals officiels, en commençant par Budapest. Toutefois elle en éprouve une telle « nausée », comme dit Valérie, que, pour se remettre, le 19 janvier, elle part pour quelques jours à Miramar. Elle y emporte les œuvres de Henri Heine qui ne la quittent plus depuis quelque temps ; elle s'y retrouve tout entière, avec son esprit critique et satirique et son sens du lyrisme. L'*Iliade* aussi est devenue un livre de chevet d'Élisabeth. Déjà, l'année précédente, elle s'était enthousiasmée pour Achille, le plus beau, le plus rapide et le plus brave des héros du siège de Troie, et elle avait fait placer à l'extrémité du parc de Miramar, tout au bord de la mer, une copie de l'*Achille mourant* de Herterich. Son séjour terminé, elle vient à Vienne pour y remplir ses devoirs, entre autres choses, pour assister au bal des industriels. Au mois de mars, il lui faut reprendre le traitement du docteur Metzger : l'abus de la marche et de l'équitation lui ont occasionné une nouvelle crise de sciatique. Cette fois Valérie ne l'accompagne pas. Élisabeth se rend en Hollande avec une seule dame d'honneur. Se rappelant sa conversation avec la petite Valérie et sous l'impression de Heine, l'impératrice, après trente et un an de silence, recommence à écrie des vers. La mer est sa plus grande inspiratrice et le héros d'Homère son principal sujet. Et c'est en pensant à la statue du jardin de Miramar qu'elle écrit sa première poésie :

> Les pêcheurs en habit de fête
> Se promènent sur la plage,
> Enlaçant leurs bien-aimées...
> La main presse la main, sous la caresse du regard.
> Mais pourquoi un pêcheur ?
> O gué ! Mon bien-aimé gît sur le rivage,
> Beau comme un dieu,
> Avec sa lance et son bouclier (1).

Élisabeth aime la mer, tantôt bouillonnante d'écume et gonflée de vagues énormes, tantôt paisible et étale comme un immense

(1) Zandvort, 8 mars 1885. (A.S.)

miroir où se reflète le soleil. De sa villa de Zandvort, elle a une vue merveilleuse, perpétuellement changeante, et elle en parle avec un tel enthousiasme, qu'un architecte lui suggère de se faire construire un château à cet endroit.

Une puissante nostalgie
M'appelle au large,

écrit l'impératrice, mais elle songe tout de même à ce château. Bientôt, cependant, elle se rend compte que ce coin de terre ne la retiendrait pas longtemps. C'est pourquoi elle écrit, en vers, une « Réponse à l'architecte » :

C'est ici, sur la Mer du Nord,
Que mon château dresserait
Ses hautes coupoles d'or ?
Sans doute, je t'aime,
Mer vaste et rude
Avec ta houle sauvage
Et tes tempêtes,
Mais l'amour veut être libre...
Il veut aller et venir à sa guise.
Un château serait comme un anneau de mariage,
L'amour ne saurait s'y enchaîner.
Je veux planer, comme les mouettes,
Librement, au-dessus de tes flots,
Je ne puis fixer nulle part ma demeure (1).

Au retour d'Amsterdam, où elle suit son traitement, Élisabeth entreprend souvent de petites excursions en mer, presque toujours pour voir le lever ou le coucher du soleil. Elle s'enthousiasme journellement devant le mouvant spectacle de la mer. Les vagues sont le thème favori de ses poèmes :

O mer, autant tu as de vagues,
Autant de chansons je voudrais chanter.
Pour toi je les écrirais,
A toi je ferais don
De tous mes sentiments, de toutes mes pensées,
Et je plongerais en toi mon être égaré.
Je serais le joyau de ton limpide écrin,
O bonheur de mes yeux, ô joie de ma vie,
Tu es mon premier espoir au matin
Et vers toi, au crépuscule,
Va mon dernier regard.

(1) Zandvort, 11 mars 1885. (A.S.)

Élisabeth se plaît à suivre pendant des heures les gracieux ébats des mouettes et il lui semble elle-même être une mouette, avide de liberté et planant au-dessus des vagues. La reine des flots se souvient de Louis II de Bavière, aigle, roi des montagnes, qui hante les crêtes arides et solitaires. Et elle dédie à son cousin ce petit poème écrit à Zandvort :

A toi, aigle de la montagne,
Hôte des neiges éternelles,
Une pensée de la mouette,
Reine des vagues écumantes.

Élisabeth évoque son passé et en revit les joies et les peines dans une sorte de poème autobiographique, *Le papillon*. Elle y rappelle toute sa vie, depuis sa première jeunesse jusqu'à sa fuite à Madère ; mais ici le poème s'interrompt brusquement. Elle se compare au papillon qui étend ses ailes vaporeuses, jouit de la beauté de l'existence et prend la vie pour un paradis.

L'impératrice s'abandonne toute à ses pensées et à ses rêves. Toutes les formes de la beauté l'enchantent ; ainsi, un inconnu rencontré plusieurs fois à Zandvort l'éblouit par sa beauté harmonieuse, la pureté et l'expression de ses traits. Les êtres beaux, hommes ou femmes, la fascinent à un tel point que cet étranger, auquel elle n'a jamais parlé et qu'elle ne connaîtra jamais, exerce sur elle un véritable charme ; rentrée chez elle, elle se délivre dans un poème :

Partir, fuir loin de toi ;
Mon cœur insensé égare ma raison.
Je ferme les yeux.
Ah ! ne plus te voir, t'oublier,
Ou j'en perdrai l'esprit.
Aujourd'hui, quand je t'ai vu,
J'ai dû me faire violence
Pour ne pas joindre les mains
Comme devant Dieu,
Pour ne pas crier, tomber à genoux.
Ah ! cette douleur lancinante dans tout l'être.
Némésis veut-elle châtier mon cœur,
Toujours inconstant et incertain
Dans les amours humaines ? (1)

Ainsi rêve et versifie l'impératrice. Mais une mésaventure la rappelle brusquement à la réalité. Le même jour, dans la rue,

(1) Bracks Doclen Hotel, Amsterdam, 23 mars 1885. (A.A.C.W.)

un monsieur bien mis, le Hollandais Bindshuyden, écarte avec le manche de son parapluie l'éventail d'Élisabeth. L'homme est aussitôt appréhendé par un policier et prié de s'expliquer. Il ne connaissait pas l'impératrice et il était simplement curieux de voir le visage de cette dame toujours cachée derrière son éventail. Le gouvernement des Pays-Bas exprime ses regrets. L'événement n'en est pas moins une leçon pour Élisabeth qui, toujours insouciante, voyage sans se faire accompagner.

Le traitement touche à sa fin, les massages de Metzger ont agi d'autant mieux que l'impératrice a moins abusé que l'année précédente de la marche et de l'équitation. Elle compte donc rentrer à Feldafing par Heidelberg.

Un dernier regard encore
Sur toi, mer bien-aimée,
Puis adieu, quelque dur que ce soit ;
Dieu veuille que ce soit un au revoir.
J'ai choisi pour prendre congé de toi
Une calme nuit de lune.
Tu es étendue devant moi, spectacle radieux,
Dans ton éclat d'argent.
Quand demain, par dessus-les dunes,
Les rayons du soleil te caresseront,
D'un coup d'aile rapide
J'aurai volé au loin.
L'essaim blanc des mouettes
Continuera de planer sur toi,
S'il en manque une,
T'en apercevras-tu ?

Élisabeth relit sans indulgence les poèmes qu'elle a « commis » le mois précédent et en conclut qu'il est préférable pour elle de renoncer à la poésie et, maintenant que ses pieds vont mieux, de reprendre l'escrime, la marche et l'équitation. Elle sait très bien que ses poèmes ne sont pas des chefs-d'œuvre et, lors d'une promenade en barque, elle les jette à la mer et en fait hommage « aux soles et aux cabillauds ».

A Heidelberg l'attendent Valérie, un professeur d'escrime et plusieurs chevaux. De beaux jours s'annoncent, la ville au bord du Neckar a revêtu sa tenue printanière et la mère et la fille sont heureuses de se revoir. Valérie est toute fière des poésies d'Élisabeth, c'est elle qui en a été l'instigatrice, elle qui lui a offert ce dérivatif. De Heidelberg, l'archiduchesse désire aller en Suisse avec sa mère, pour y voir les ruines du château des Habsbourgs. Mais il résulte d'une requête adressée à Berne par voie diplomatique que le gouvernement suisse ne voit pas volontiers l'impératrice d'Autriche visiter cet ex-domaine des Habsbourgs. Le bruit court que François-Joseph a l'intention de l'acquérir, mais le Conseil fédéral ne veut pas en entendre parler.

A la fin de mai, Élisabeth retourne à Feldafing. Là elle se remet à lire. Déjà, elle sait par cœur toute l'*Iliade*. Les fouilles fantastiques de Schliemann à Tirynthe tiennent le monde en haleine, l'impératrice a hâte de voir de ses propres yeux le cadre du poème. Elle s'absorbe complètement dans le monde d'Homère. « Mon corps est encore ici », écrit-elle le 10 juin 1885, « mais mon âme m'a devancée à Troie ; si seulement je pouvais y aller ! »

Le 20 juin, Élisabeth visite avec ses deux filles, Gisèle et Valérie, le château royal de l'Ile des Roses. Louis II n'y est pas, il se retire de plus en plus dans la solitude, tandis qu'avec l'argent qu'il n'a pas il fait élever de somptueux édifices. Élisabeth a emporté le poème écrit pour lui à Zandvort ; elle en met une copie sous enveloppe à l'adresse du roi et la dépose dans une pièce du château. Elle se sent d'humeur tendre ; elle prend pour ainsi dire congé de sa jeunesse et en devient presque sentimentale. Son aventure du mardi gras de l'année 1874 lui revient à la mémoire et elle se demande ce qu'a pu devenir son partenaire d'un soir. Elle ne l'a plus jamais revu ; parfois, seulement, elle a pu lire son nom dans les journaux. Depuis qu'en 1876 ses dames d'honneur ont cherché en vain à rentrer en possession des lettres de l'impératrice à Fritz Pacher, elle ne l'a même pas aperçu et ne lui a plus écrit. Élisabeth compose un poème : *Long, long ago*, qu'elle appelle le chant du domino jaune ; elle aimerait bien le lui faire parvenir. Pour l'envoyer à la bonne adresse après un si long silence, Élisabeth écrit comme autrefois à Fritz Pacher sous le nom de Gabrielle, en le priant de lui envoyer sa véritable adresse et sa photographie. La lettre arrive à bon port et éveille chez le destinataire de l'étonnement et de l'émotion. Il lui semble bien que la lettre est du domino jaune, mais il craint d'être la victime d'une mystification. Par prudence, il se garde de donner sa photographie, mais envoie son adresse avec cette simple réponse :

« Vienne, 9 juin 1885.

« Cher Domino jaune,

« Rien ne pouvait m'étonner davantage que le signe de vie que tu me donnes. C'est peu de dire que j'en suis tombé des nues. Que s'est-il passé depuis ces onze ans ? Tu resplendis sans doute encore de ta fière beauté d'autrefois, quant à moi, je suis devenu un époux respectable et chauve, j'ai une femme de même taille que toi et une fillette délicieuse. Tu peux, si tu le juges convenable, déposer sans crainte ton domino après onze années écoulées et éclaircir cette énigmatique aventure, la plus troublante de celles que j'aie vécues...

« Tu vois, je suis toujours le même, toujours simple et confiant. De toi je ne puis rien recevoir que de bon, envoie donc sans crainte ce que tu voudras. Quoi que ce soit, j'en éprouverai du plaisir comme à toute nouvelle venant de toi... »

Là-dessus, Pacher reçoit, le 14 octobre, une lettre du domino rouge, qui voudrait le voir en époux et lui demande s'il s'est décidé à faire photographier *son crâne paternel* (1). La lettre est sans malice et n'exprime aucune méfiance à l'endroit de Fritz Pacher. Pourtant il la prend mal. Il croit effectivement qu'on se moque de lui, il est vexé et, dans un de ces moments de mauvaise humeur où on ne devrait jamais écrire une lettre, il rédige sa réponse :

« Vienne, 22 octobre 1885.

Très honoré domino jaune ou rouge,... Je regrette infiniment qu'après onze ans tu juges encore utile de jouer à cache-cache avec moi. Se démasquer après si longtemps eut été un jeu charmant et eût mis une bonne fin à l'aventure du mardi-gras de 1874. Mais une correspondance anonyme après si longtemps manque de charme.

« Ta première lettre m'a fait plaisir, la dernière m'a vexé.

(1) Ces lettres se trouvent dans les papiers laissés par Fritz Pacher de Theinburg.

La méfiance irrite celui qui ne la mérite pas. Adieu et mille excuses... »

Lorsque, par l'intermédiaire d'Ida Ferenczy, Élisabeth reçoit cette lettre, elle la met de côté avec humeur. Ce n'est pas le ton habituel des lettres qu'elle reçoit. Elle oublie tout à fait que ce n'est pas à l'impératrice qu'écrit le correspondant, mais à un masque inconnu. Dans le premier mouvement, elle veut recourir à des paroles amères, mais elle ne tarde pas à en rire et dit simplement : « Eh bien ! il ne recevra pas ce que je lui destinais ». Elle n'envoie pas la poésie et son cavalier reste sans réponse.

Il est particulièrement pénible à Élisabeth de ne plus pouvoir abuser de sa santé comme autrefois. Elle souffre des pieds et en outre elle a de fréquentes migraines ; elle ne supporte plus les trépidations du cheval et monte donc plus rarement. Quoique l'impératrice ait doublé sans encombre le cap de ses quarante-cinq ans, ses maux de tête la dépriment et elle se laisse aller à des accès de mélancolie.

Dans l'intervalle, la tension dans les Balkans s'est aggravée. L'état de choses créé par le Congrès de Berlin est devenu intenable et une revision s'impose. Tandis qu'Andrassy, qui n'est plus guère écouté, continue à pousser à une intervention dans les Balkans, le comte Kalnoky s'efforce de maintenir l'équilibre avec la Russie. En vue d'un apaisement, une rencontre doit avoir lieu à Kremsier entre l'empereur et le tsar ; Élisabeth accompagne François-Joseph, le 25 et le 26 août. La troupe d'Ischl, renforcée par des acteurs du Burgtheater et qui vient d'obtenir un grand succès dans *Le Prodigue* avec la Schratt dans le rôle de Rosette et Girardi dans celui de Valentin, est appelée à Kremsier et y donne une soirée de gala. Après la représentation, les acteurs les plus distingués sont présentés aux souverains et, parmi eux, Catherine Schratt. Les souverains la félicitent chaleureusement.

De Kremsier, Élisabeth retourne à Ischl où elle reprend ses longues promenades avec Valérie. Les jours où elle ne peut pas faire d'excursions, elle monte — plût-il à verse — au Jainzen, sa « montagne magique » comme dit Valérie. C'est sa promenade favorite. Là, elle écrit des vers, rêve et fait des confidences à Valérie qui devient sa meilleure amie. Dès lors, le journal de sa fille reflétera l'âme et les sentiments les plus intimes de l'impératrice, car Valérie y rapporte avec un scrupule inouï et un zèle exemplaire presque chacune des paroles de sa mère.

Un jour, le 6 septembre, Élisabeth conduit sa fille à un endroit de la montagne qu'elle semble avoir évité soigneusement jusque-là.

Pour offrir une surprise à sa chère Valérie, elle y a fait ériger une chapelle. Les premières lignes d'une poésie d'Élisabeth ornent le socle de la statue de la Vierge :

> O Marie, nous vous saluons !
> Étendez votre bras protecteur sur cette maison,
> Dans le val qui s'étend à vos pieds.
> Bénissez cette place,
> Même quand la tempête fait rage,
> Qu'elle soit à l'abri sous votre garde.
> Protégez-la, ô Marie pleine de grâce.

Par la même occasion, Élisabeth donne à sa fille, âgée de dix-sept ans, la suite de cette poésie. Ce fragment se rapporte à l'avenir de Valérie et n'a pas été gravé sur la pierre.

> Au cours des années qui viendront,
> Faites naître des enfants...
> Des filles pures comme la neige sur les toits,
> Des garçons inébranlables comme le roc ;
> Car en vérité, Marie, venus du ciel,
> Ils sont vos dons !

Élisabeth a les larmes aux yeux à la seule idée qu'un jour Valérie se mariera et la quittera. « J'ai une vague intuition », dit Élisabeth, « que ton premier fils sera cardinal et le second poète ». Élisabeth s'est remise à la poésie avec ardeur. Elle se plaisante elle-même, mais elle ne voudrait pas que le monde se moquât d'elle comme de Carmen Sylva. Celle-ci vient d'envoyer à Valérie un portrait d'elle parfaitement ridicule, qui la représente en train de faire des vers dans la forêt, en costume national roumain, « ébouriffée comme un vrai bas-bleu », « une véritable actrice », dit Élisabeth.

Le 9 septembre, l'impératrice se rend avec Valérie et sa fille aînée, en visite chez elle, à la chasse d'Eisenerz, dans une hutte près de Radmer. Gisèle est très différente de Valérie, dans ses goûts, ses opinions et ses sentiments, mais les deux sœurs sont très bonnes amies et Valérie admire en Gisèle la mère et l'épouse parfaite. Élisabeth, cependant, s'entend infiniment mieux avec Valérie.

L'impératrice ne se porte pas très bien. Ses pieds lui refusent le service très fatigant qu'elle en exige, elle songe donc à faire un grand voyage en mer. Sa curiosité de voir les fouilles est toujours très vive. Le nom de Schliemann est encore sur toutes les lèvres. Bien que la science officielle lui fasse des difficultés, sourie de lui et le critique, il a réussi à mettre à jour l'ancienne Troie, l'acropole de Mycènes et enfin le superbe palais des rois de Tirynthe. La sympathie traditionnelle de sa famille pour la Grèce et sa propre passion pour l'antiquité incitent Élisabeth à aller voir ces fouilles ; par la même occasion, elle visitera Constantinople et le canal de Suez. Elle décide donc d'entreprendre, le 5 octobre, une croisière de quatre semaines sur le yacht *Miramar*, à travers la Méditerranée orientale et la mer Égée. Son voyage la conduit par Lacroma et Lissa à Corfou, dont le charme captive à nouveau Élisabeth. Le consul d'Autriche à Corfou, le baron Alexandre de Warsberg, est un helléniste distingué qui a publié, sous le titre de *Paysages odysséins*, une histoire de Corfou et une description de l'empire d'Ulysse. Il accueille l'impératrice et lui sert de cicérone. Elle ne connaît pas encore ses livres et il lui promet de les lui envoyer incessamment. Au cours d'une excursion, Élisabeth débarque dans une île qui l'enchante. La légende veut que ce soit un bateau pétrifié par la colère de Neptune à l'instant où il touchait au port. Au centre s'élève une chapelle orthodoxe entourée de cyprès. Un moine triste et silencieux accueille l'impératrice et la conduit à une tombe où, douze jours auparavant, il a couché son unique compagnon, âgé de quatre-vingt-dix-sept ans (1). Le voyage se poursuit par Leucade, l'île consacrée par la mort poétique de Sapho, et à travers les Cyclades. Le 21 octobre, le *Miramar* entre dans les Dardanelles.

Cependant, dans le proche Orient, les affaires se compliquent. La tension austro-russe se fait jour dans la politique bulgare. Deux partis s'opposent en Autriche : l'un, soutenu par le prince héritier et Andrassy, préconise la manière forte, l'autre, sous la conduite du ministre des Affaires étrangères Kalnoky, tient à

(1) Journal de voyage de la landgrave Fürstenberg, 7 octobre 1885.

éviter tout conflit armé. « A mon avis », dit le prince héritier, « une action serait favorable en ce moment. Mais le gouvernement est plus indécis et plus tatillon que jamais... L'impératrice fait une croisière en Orient, le moment est des plus mal choisis » (1).

Élisabeth veut visiter Constantinople, mais la situation est si tendue, que François-Joseph se voit forcé de lui télégraphier d'éviter les Dardanelles, de ne pas débarquer à Smyrne. Elle ne visite donc que les ruines de Troie. Élisabeth médite, émue, devant le tumulus que la légende désigne comme le tombeau d'Achille, le héros de tant de ses poèmes. Il est devenu à la longue pour elle l'idéal même de l'homme et il est toujours présent à son regard intérieur. La landgrave trouve irrespectueux que cette tombe ne soit qu'un amas de décombres avec un trou au milieu. Mais il inspire un poème à Élisabeth :

Une colline solitaire
Non loin de la mer immense.
Le vent qui souffle de Troie
Au-dessus d'elle, se lamente.

Le soleil, avant de disparaître,
S'arrête dans son cours
Et, de ses rayons d'or,
Y dépose une couronne.

Les étoiles relèvent le soleil
De sa veillée funèbre
Et, fidèlement, montent la garde
Sur le précieux tombeau.

La lune, amoureuse et plaintive,
Le baigne de ses rayons d'argent,
Et elle attend
Le réveil du grand mort.

Ainsi depuis des siècles, les astres
Décrivent la même orbite,
Mais au-dessus de la colline, sur le rivage,
Ils s'arrêtent toujours.

Tout en s'intéressant aux ruines et aux vestiges d'un grand passé, Élisabeth ne manque pas d'admirer un superbe visage de jeune fille aux traits nobles et harmonieux. Voici devant elle,

(1) Rodolphe au comte Latour, Vienne, 24 septembre 1885.

ressuscitée, la beauté que les plus grands artistes de l'Antiquité ont fixée dans la pierre.

Malgré l'ordre de l'empereur, le yacht mouille dans le port de Smyrne pour se ravitailler en charbon. Comme une traînée de poudre la nouvelle de l'arrivée de l'impératrice se répand dans la ville. Le consul d'Autriche accourt en grand uniforme. La troupe et les fanfares s'ébranlent. Les dignitaires se mettent en tenue, toute la ville est au môle. Élisabeth ordonne alors de descendre la barque de gala du yacht. La coiffeuse Feifalik s'y installe et la barque fait la navette dans le port, acclamée dès qu'elle touche terre. Pendant ce temps, une petite barque accoste à l'écart. Élisabeth et le capitaine du *Miramar* en civil en débarquent incognito. Ils parcourent sans encombre toute la ville, y prennent le café et, tout joyeux, reviennent à bord sains et saufs. Ainsi se trouve satisfait le vœu de l'impératrice et de l'empereur (1).

Le voyage se continue par Rhodes, Chypre et enfin Port-Saïd. Partout, à leur grande déception, l'impératrice expédie les consuls avec ses dames d'honneur et, comme à Smyrne, visite seule les villes. Ordre est donné, quand les deux groupes se rencontrent, ainsi qu'il arrive à Rhodes dans la rue les Chevaliers-de-l'Ordre, d'ignorer l'impératrice. Mais à Port-Saïd déjà, Élisabeth est lasse du voyage. Dans une poésie ironique, elle se compare à une mouette du Nord venue rejoindre, dans le chaud Port-Saïd, ses sœurs du Midi. Elle n'aime pas cette ville. Même sable que dans le Nord, des chameaux à quatre pattes aussi ; les hommes sont bronzés, mais moins affables, moins sympathiques qu'à Zandvort ; cependant, très pratiques, ils se promènent même sans chemise, cela paraît un peu étrange. Puis elle termine :

> Et maintenant que je vous ai vues,
> Mes sœurs, je vous souhaite le bonjour
> Car, je l'avoue,
> J'ai hâte de rentrer.

Le 1er novembre, le *Miramar* rallie son port d'attache. Les officiers du bord sont invités à dîner et l'impératrice les remercie cordialement. L'après-midi, elle fait une promenade par une pluie battante. Elle rencontre une fillette très peu vêtue et qui

(1) Journal de la landgrave Furstenberg, 16 octobre 1885.

frissonne. Elle l'enveloppe d'un fichu, lui donne son parapluie et lui dit : « Je te le donne », puis rentre sous l'averse.

Élisabeth espère que le voyage en mer et son séjour dans le midi auront fait du bien à ses pieds et, en effet, au début, à Vienne, elle ne ressent plus aucune douleur. L'impératrice a trouvé François-Joseph très soucieux : les rapports sont tendus entre la Serbie et la Bulgarie et en novembre, en effet, la guerre éclate entre ces deux pays. La Russie et l'Autriche-Hongrie, dont les intérêts s'opposent dans les Balkans, risquent d'être entraînées dans un conflit à la moindre occasion. C'est cette inquiétude perpétuelle, prévue déjà par l'ambassadeur russe en 1854, qui pèse si lourdement sur l'empereur. Élisabeth, de plus en plus pessimiste avec l'âge, craint beaucoup, à cette époque, une conflagration générale. A Gödöllö, où elle passe le mois de septembre, s'ajoute à ces soucis une nouvelle crise de sciatique. Elle en devient toute mélancolique. A certains jours, elle ne peut même pas descendre au jardin. Désespérée, elle déclare, le 26 décembre 1895, qu'elle veut retourner immédiatement à Amsterdam, chez le docteur Metzger. Valérie s'efforce de la calmer et lui fait remarquer qu'il existe aussi à Vienne un célèbre spécialiste pour la sciatique. Elle plaint beaucoup sa mère, mais elle pense, malgré tout, que ce découragement et ce désespoir sont hors de proportion avec le mal. Par moments, l'impératrice va jusqu'à dire que la vie est un supplice et qu'elle y mettra fin. François-Joseph ne prend pas cette menace au sérieux. « Alors tu iras en enfer », lui dit-il. Mais Élisabeth lui répond : « L'enfer, on l'a déjà sur terre ». François-Joseph scrute le visage de sa femme : parlerait-elle sérieusement ?

Et il lui faut reconnaître qu'Élisabeth répète de façon inquiétante que la vie lui pèse ; pourtant, François-Joseph a passé sa vie à lui faire plaisir et les remarques de sa femme le rendent souvent très malheureux. Accablé par les soucis politiques, il souhaiterait trouver chez lui de la gaîté et il lui est pénible, quand il rentre, de n'entendre que plaintes et lamentations. Inquiet, il s'adresse au docteur Widerhofer et se demande avec lui quel remède apporter. Il se résigne en soupirant aux conclusions du médecin : l'impératrice aura toujours besoin de cures qui nécessiteront son absence.

En dépit de sa mauvaise santé, Élisabeth fait son devoir d'impératrice et assiste, le 28 janvier 1886l, au bal de la cour. Cette fête l'intéresse davantage depuis que Valérie est grande. La jeune princesse a maintenant dix-huit ans et des prétendants commencent à se présenter. A ce bal, l'archiduc François-Salvator, de la branche toscane, fils de Charles-Salvator et de Marie-Immaculée de Bourbon, danse le deuxième quadrille avec la fille des souverains. Il recommence au bal suivant et l'impératrice s'aperçoit de la sympathie que le jeune archiduc témoigne à Valérie. Élisabeth est comme une grande sœur pour sa fille et, pour la première fois, elle lui parle de son avenir. Elle lui déclare d'emblée que jamais elle ne la forcera à prendre contre son gré la décision la plus importante de sa vie. Elle ajoute avec énergie : « Et si tu t'entêtes à épouser un ramoneur, je ne te ferai aucune difficulté. Cependant, j'ai l'impression que François-Salvator deviendra un jour ton mari ». Ce projet ne sourit guère à François-Joseph. Il pense que le neveu de son intime ami Albert, le prince héritier de Saxe, serait l'époux qui conviendrait à sa fille. Le jeune homme doit venir à Vienne sous peu.

Cette nouvelle inquiète et déprime Élisabeth. Jusqu'ici, elle n'a fait que jouer avec l'idée qu'elle perdrait un jour sa fille. Si elle restait dans le pays, la séparation serait moins pénible. Mais maintenant qu'Élisabeth entrevoit la possibilité de la voir aller à l'étranger, elle en éprouve un tel désespoir, que Valérie en est effrayée. Elle a conscience, une fois de plus, d'être le seul lien qui rattache Élisabeth à la vie. François-Joseph, occupé, du matin au soir, par son travail, assailli de multiples obligations, ne peut guère se consacrer complètement à sa femme. Plus les souverains avancent en âge, plus apparaît la différence de leurs tempéraments : un esprit positif, une application au travail et une conscience méthodique d'une part ; d'autre part l'engouement, la passion, la vie intérieure, l'éternelle lutte entre le rêve et la réalité, l'oisiveté, alliée au désir maladif d'être occupé. Chez l'empereur, son métier de souverain est en quelque sorte inné, Élisabeth, elle, n'est pas du tout faite pour la situation qu'elle occupe dans la vie. Ses deux premiers enfants n'ont pu, par suite des circonstances, remplir sa vie comme ils l'auraient dû.

Le prince héritier devient de plus en plus indépendant, il traverse une période d'effervescence politique qu'Élisabeth a déjà dépassée. Fait curieux, quand Rodolphe s'annonce à dîner, Élisabeth s'habille mieux que pour un étranger. La princesse Gisèle sourit de voir Rodolphe traité par toute la famille comme un personnage de marque. L'archiduc n'aime guère la famille de Bavière, à laquelle il se sent supérieur, ce qui ne peut manquer de vexer l'impératrice. Elle s'efface donc et c'est regrettable. Sa sciatique et ses migraines la poussent à fuir toujours davantage la cour de Vienne, qu'elle n'a jamais aimée. Elle vient de partir pour Miramar, d'où elle compte s'embarquer pour une petite croisière, lorsque, le 6 février, le prince héritier tombe malade, non sans gravité. Il s'agirait d'une péritonite ou d'une cystite. C'est pourquoi Élisabeth n'ose quitter Miramar. Elle retourne à Vienne, va voir son fils, qu'on envoie en convalescence à Lacroma, et ne part que le 2 mars avec Valérie pour Baden-Baden pour son habituel voyage de printemps. L'impératrice y trouve les journées longues. Elle ne peut ni monter à cheval, ni beaucoup marcher, c'est pourquoi elle s'installe à lire dans la forêt. Elle aime surtout les descriptions de voyages de Henri Heine, pétillantes de verve ironique et cependant empreintes d'une sensibilité poétique très raffinée, œuvre assaisonnée de remarques caustiques et qui séduit par son style étincelant, si dangereux par son élégance même. Elle découvre, ou croit découvrir, en elle beaucoup d'affinités pour ces écrits. Elle y recherche les passages mélancoliques, elle se les applique et va, par instants, jusqu'à se complaire au scepticisme religieux qui transparaît çà et là dans les œuvres du poète.

Elle a de longues discussions sur Heine avec Gisèle, qui est venue la rejoindre. Mais sa fille est loin d'être aussi enthousiaste que l'impératrice et rejette même en grande partie les œuvres du poète. Les échanges de vue se terminent tous par cette plainte : pourquoi les hommes souffrent-ils tant à cause du seul péché d'Ève, pourquoi faut-il qu'ils naissent pour souffrir ? Le venin que, de l'aveu de Heine lui-même, distillent ses poésies, commence à agir et à ronger la foi de l'impératrice, restée jusqu'alors inébranlable, en dépit de ses doutes et de son libéralisme anticlérical (1).

(1) Journal de Valérie, 6 mai 1886. (A.S.)

Au début de juin, Élisabeth retourne dans sa famille par Munich et Feldafing. Louis II ne se montre plus. Il gîte seul dans ses châteaux en pleine montagne, inaccessible même à ses ministres. Par contre, on n'entend plus parler que des embarras du Trésor, conséquence fatale des dépenses inconsidérées qu'entraînent les fastueuses constructions et le train de vie de plus en plus extraordinaire du roi.

Les nouvelles de Rodolphe sont meilleures. Son séjour à Lacroma semble lui avoir fait du bien, mais le bruit court qu'il n'est pas tout à fait guéri. En apparence au moins, il est remis et reprend à Vienne son ancienne vie. Aussi Élisabeth prend-elle la chose beaucoup plus légèrement qu'elle ne devrait.

En même temps arrive la nouvelle qu'Andrassy est gravement malade ; l'impératrice charge le baron Nopcsa d'écrire au comte de se ménager et d'aller à Carlsbad. Nopcsa profite de l'occasion pour donner au ministre des nouvelles du moral de la souveraine : « Sa Majesté compte que tu feras, sinon pour toi, du moins pour elle, ce que les médecins t'ordonneront. Vis prudemment !... Sa Majesté va bien, heureusement, mais son moral, hélas ! n'est pas tel que je le voudrais. Il n'y a sans doute pas de raison à cela, et pourtant elle est mélancolique. Elle vit complètement isolée et se complaît dans sa tristesse » (1).

Ce n'est pas sans appréhension que Nopcsa envisage l'avenir. C'est un homme calme et positif, tout dévoué à sa souveraine, mais il voit ses faiblesses avec la plus grande lucidité. En fait, tout va bien. Jamais encore un véritable malheur ne s'est abattu sur Élisabeth. L'avenir se prépare, mais elle ne se doute de rien. Elle ignore la gravité du mal de Rodolphe. Sans doute, l'évolution de son fils l'inquiète, mais elle, qui a joué avec les idées libérales et cosmopolites de certains journalistes qui influencent le prince, ne peut mesurer les conséquences de pareilles idées pour un homme appelé à régner un jour.

Élisabeth se replie de plus en plus sur elle-même et avoue qu'elle a « la paresse de parler ». C'est au point que, si l'empereur ne comprend pas tout de suite ce qu'elle dit, elle ne répète même pas. Généralement, dans ces cas-là, Valérie intervient. François-

(1) Le baron Nopcsa au comte Andrassy, Feldafing, 10 juin 1886. Archives Andrassy.

Joseph dit un jour en riant : « Heureusement que nous avons ce porte-voix. » Il regarde un moment dans le vague en souriant, puis il ajoute avec tristesse : « Mais que sera-ce quand nous n'aurons plus notre porte-voix ? »

Malgré le changement survenu dans le caractère de sa femme, François-Joseph continue à l'aimer tendrement. C'est lui qui a fait bâtir pour elle la villa du parc de Lainz, alors que le public attribue cette construction au besoin de luxe de l'impératrice, déjà si richement dotée de châteaux et de résidences. Cette villa flatte en quelque sorte le faible des souverains. L'empereur est un chasseur passionné et le parc de Lainz est célèbre depuis le XIe siècle pour son gibier. De son côté, l'impératrice aime la nature calme et la solitude, elle déteste la Burg, qui se trouve en pleine ville, et même le fastueux Schoenbrunn, où elle n'a jamais résidé avec plaisir. Lainz est construit en style renaissance franco-italienne, dans le goût de l'époque, qui n'est pas des meilleurs. Un faste pesant, une lourde somptuosité ont été déployés pour la décoration intérieure, surtout pour la chambre à coucher de l'impératrice. Makart est mort, mais les travaux ont été exécutés d'après ses maquettes où s'est complu son goût des couleurs vives. La plus belle pièce de la villa est la salle de gymnastique en style pompéien, munie de multiples appareils, dont une balance décimale qu'Élisabeth interroge tous les jours. Il va sans dire que les dépendances comportent de superbes écuries et deux manèges, dont l'un à ciel ouvert ; car on ne savait pas, en commençant à construire, qu'Élisabeth renoncerait tout à fait à l'équitation. Elle ordonne la liquidation des écuries de Vienne, d'Ischl et de Gödöllö et ne conserve que quelques chevaux favoris.

Le 24 mai, à son retour de Possenhofen, elle va visiter la villa Hermès. Dans sa chambre à coucher, l'impératrice hoche la tête. Valérie trouve que c'est beau et moderne sans doute, mais ne s'y sent pas à l'aise. Et François-Joseph ajoute : « J'aurai toujours peur d'abîmer quelque chose ». Mais alors il regarde par la fenêtre : sur le pré, à la lisière de la forêt, apparaît une harde de cerfs. Cette vue lui plaît autant qu'à l'impératrice qui se réjouit de n'avoir qu'un pas à faire pour être en pleine forêt. Un escalier en colimaçon à son usage exclusif lui réserve une surprise particulièrement agréable. Lainz, cependant, n'est pas ce que les souverains espéraient : un petit et modeste buen-retiro pour leurs vieux jours. C'est un château qui exige encore un assez grand train de maison et bon nombre de domestiques.

En juin 1886, Élisabeth retourne encore pour un assez long séjour dans son pays à Feldafing. Le 8 juin, son beau-frère, le comte Trani, meurt, à Paris, et l'impératrice s'intéresse vivement au sort de sa veuve et de sa fille. Dorénavant, Élisabeth paie à sa sœur une rente annuelle de 40.000 marks dont elle fournit la moitié elle-même, François-Joseph se charge du reste. C'est ainsi qu'elle reste toujours fidèle aux siens.

CHAPITRE XII

LA MORT DE LOUIS II
HEINE ET LE MONDE HOMÉRIQUE
1886-1887

En Bavière, cependant, les dirigeants se rendent compte que la situation actuelle ne peut se prolonger. Déjà, de toutes parts, les agnats de la maison régnante sont avertis que le prestige de celle-ci est en danger, s'il ne survient pas bientôt un changement. Dès 1871, un médecin de Munich avait annoncé la folie du roi Louis II et, dans les dernières années, ce pronostic semblait prêt d'être confirmé. Les discours du roi sont souvent décousus, il mène à table de longues conversations avec d'invisibles commensaux et il lui arrive de battre ses domestiques et ses fonctionnaires. Sa prodigalité, justifiée sans doute par le goût des arts, lui a fait contracter dix millions de dettes, mais il en faut encore autant pour élever des théâtres et des monuments. Déjà les créanciers sont aux abois. Le roi exige avec rage de l'argent de ses ministres et quand ils ne veulent pas lui en donner, il charge ses laquais et ses domestiques de lui en procurer. Il appelle à la cour des chevau-légers et en fait ses compagnons, en un mot, rien ne va plus et, le 8 mai 1866, le Conseil des ministres décide de contraindre le roi à abdiquer. Toutefois, il s'y prend de la façon la plus brutale et la plus maladroite. Le 10 mai, à la surprise générale, le plus proche agnat au trône, le prince Luitpold, est nommé régent et un ordre du jour déclare l'incapacité du roi.

La fameuse délégation se rend ensuite à Neuschwanstein auprès du roi, pour lui faire part des décisions prises, mais elle le traite tout de suite comme un véritable aliéné. La première action échoue, tous les gens de cour, les laquais et les paysans, les ouvriers et les officiers fidèles, comme le comte Dürkheim, prennent le parti du roi.

Le 10 juin, la délégation se retire donc. Ce n'est que le 11 juin qu'une nouvelle commission réussit à mettre la main sur le roi.

Cette fois, deux médecins, des gardiens, des policiers de confiance et des soldats l'accompagnent, et ils conduisent le roi à Berg. Installé avec des moyens de fortune, le château a été transformé en une véritable prison ; le roi y est interné sous la surveillance du docteur Gudden.

Le procédé est d'une maladresse impardonnable. Deux jours avant, le roi était encore traité en souverain, donnant aux ministres les signatures qu'ils demandaient et voilà que, tout à coup, ils lui notifient que, sur l'ordre du docteur Gudden, on prépare des cordes et des camisoles de force. Plusieurs fois, le roi dit au comte Dürkheim : « Je crains que ces gens ne viennent encore m'assaillir cette nuit, je ne suis pourtant pas fou, pourquoi me lier ? » Déchoir en vingt-quatre heures du rôle de souverain — et encore ainsi que l'entendait le roi Louis — à celui de patient du docteur Gudden, l'écart est vraiment trop grand ! Comment ne provoquerait-il pas une violente réaction ?

Élisabeth est justement chez sa mère à Garatshausen, lorsque la nouvelle lui parvient. La duchesse Ludovica est très émue. Sans doute, elle n'a jamais pardonné au roi l'affaire des fiançailles rompues, mais elle plaint tout de même la pauvre reine de Bavière dont le second fils est à son tour déclaré fou. Élisabeth exprime quelques doutes sur la démence de Louis. C'est à souhaiter de tout cœur, lui répond sa mère, sinon il faudrait l'accuser d'avoir, par sa honteuse insouciance et son impardonnable légèreté, ruiné un pays florissant. Élisabeth retourne, toute triste, à Feldafing où elle apprend l'internement de Louis II à Berg, sous la surveillance de médecins aliénistes.

C'est alors, le dimanche de Pentecôte 13 juin, que s'accomplit le destin du roi. Jamais personne ne saura ce qui s'est passé en ces derniers instants. Les deux seuls témoins, le roi et le docteur Gudden, sont morts. Le soir, à dix heures et demie, on les trouve noyés dans le lac. Un examen approfondi révèle les traces d'une lutte. Suicide ou tentative d'évasion que le médecin aurait voulu empêcher, cela restera une énigme. Pendant ce temps, Élisabeth est à Feldafing et ne se doute absolument de rien. Elle n'a certainement pas essayé de favoriser une fuite en envoyant une voiture ou par tout autre moyen.

Le lundi de Pentecôte, l'impératrice et Valérie s'apprêtent à aller déjeuner. La princesse Gisèle arrive tout à coup dans la pièce, l'air absolument égaré, prend sa mère à l'écart et lui dit : « J'ai quelque chose à te dire en particulier ». Élisabeth passe dans la pièce voisine ; après une conversation assez vive elle revient, pâle comme la mort :

« Le roi s'est jeté dans le lac ! »

L'impératrice, très ébranlée, pleure. Sous le coup de son chagrin, elle commente l'horrible événement, la triste fin d'un roi génial et idéaliste après tout, de l'ami d'enfance associé à tant d'heures lumineuses. « Il n'était pas fou », dit Élisabeth, « c'était seulement un original perdu dans son rêve. S'il avait été traité avec plus de ménagement, sans doute une fin aussi tragique eût-elle été évitée ». Elle défend cette idée avec passion auprès de sa mère. Non sans impatience, la duchesse Ludovica la contredit et la mère et la fille se séparent en désaccord. Le même soir, avant de se coucher, Valérie se trouve chez sa mère pour la prière du soir ; tout à coup, l'impératrice se jette par terre et s'étend de tout son long. Valérie s'effraie, pousse des cris : elle croit que sa mère a vu quelque chose d'épouvantable et elle s'accroche à elle dans une telle angoisse, qu'elles finissent par rire toutes les deux. Élisabeth dit : « Pleine de remords et d'humilité, je voulais seulement demander pardon à Dieu pour mes idées de révolte. J'ai tant réfléchi aux insondables décrets de la Providence, au temps et à l'éternité, au châtiment et à la récompense dans l'au-delà, que, fatiguée de ces ratiocinations stériles et interdites, je veux, dès que m'assaillera le doute, m'écrier humiliée : Jéhova, tu es grand ! Tu es le Dieu de la vengeance, tu es le Dieu de la grâce, tu es le Dieu de la sagesse. »

La pluie estompe le paysage comme si le ciel pleurait le roi des lacs et des montagnes qui apparaissent, à travers un voile de brouillard gris, noyées dans une clarté blafarde. Seul le château de Berg, où a été déposé le cadavre du roi génial et malheureux, se détache, baigné d'une lueur fantomale, sur la sombre forêt de sapins. Le lac s'étend au loin, presque noir, fouetté et bouleversé jusqu'au fond par la tempête. Un moine, jadis, avait prédit que l'année 1866, Pâques étant si tard, serait une année de malheur. Cette prophétie hante Élisabeth. Elle est dans un état de perpétuelle angoisse et, avec toute la Bavière, elle continue à condamner le dernier acte des ministres. Elle envoie une couronne et une gerbe de fleurs, mais elle ne va pas saluer la dépouille de Louis II ; elle ordonne seulement qu'avant de le coucher dans le cercueil, on dépose sur sa poitrine sa branche de jasmin.

Tout comme Élisabeth, la reine-mère ne veut admettre ni la folie, ni le suicide de son fils ; elle croit qu'il s'est noyé en voulant se sauver à la nage. Le duc Charles-Théodore apprend la crise de dépression que traverse Élisabeth et vient à Feldafing. Il assure qu'il ne peut y avoir aucun doute sur la folie complète du roi et il s'efforce de calmer l'impératrice.

L'archiduc Rodolphe est délégué pour assister aux funérailles à Munich. Auparavant, il fait une courte visite à Feldafing où Élisabeth et Valérie l'attendent à la gare. A Vienne, dit-il, on prétend que Gudden, obéissant à des ordres secrets, aurait jeté à l'eau le roi devenu gênant. Il n'y a cependant aucune preuve en faveur de cette version.

Le prince Rodolphe est épouvanté de l'état de sa mère dont la nervosité dépasse tout ce qu'il pouvait attendre. Un instant l'idée le traverse que le même sort pourrait l'attendre et il interroge longuement Valérie sur l'impératrice. Cette fois, il est très gentil avec sa mère et sa sœur. Mais l'après-midi, à Possenhofen, chez la duchesse, il retrouve son attitude de réserve hautaine et Valérie songe qu'il n'a pas appris, comme son père, à être homme avant de se montrer prince.

Le 21 juin au matin, Élisabeth fait chanter à l'église du village de Feldafing un *requiem* solennel en mémoire du roi et se rend à Munich pour déposer une couronne sur sa tombe, dans le caveau des Wittelsbach. Cette visite l'apaise. Elle rentre plus calme, persuadée qu'il vaut mieux, pour Louis II, être couché dans la tombe que vivre sous le nouveau régime.

La vie quotidienne et les visites familiales reprennent leurs droits, mais la nervosité d'Élisabeth, antérieure à ces événements, ne disparaît pas. L'impératrice ne se gêne pas pour critiquer vivement le rôle des autorités compétentes dans l'interdiction du roi. Elle est tout à fait de l'avis de sa dame d'honneur, la comtesse Festetics (1), quand celle-ci dit que toute l'eau de

(1) La comtesse Marie Festetics à Ida Ferenczy, Söjtör, 21 juin 1886. Archives Farkas.

la mer ne suffirait pas à laver l'opprobre de ce procédé brutal. D'ailleurs, la moindre chose émeut Élisabeth à l'excès. Elle s'est déjà presque brouillée avec sa mère à propos de Louis II, mais un autre incident menace d'amener une rupture définitive avec sa famille. La sœur de l'impératrice, Sophie d'Alençon, qui fait un séjour à Possenhofen avec sa fille Louise, attrape la scarlatine et oublie de prévenir tout de suite à Feldafing. Valérie arrive à Possenhofen sans se douter de rien et veut inviter sa cousine à faire une promenade. A son arrivée au château, Louise lui dit : « Pour l'amour du ciel, Valérie, va-t-en. Tu ne peux pas entrer, maman a la scarlatine ». L'archiduchesse, effrayée, se hâte de rentrer ; elle rencontre sa mère qui, affolée, pâle et hors d'haleine, est venue à sa rencontre : « Aurais-tu été chez tante Sophie, par hasard ? Inouï, incroyable, ce manque de conscience de la part du docteur et de tous les autres qui savaient déjà hier soir qu'il s'agissait de scarlatine et n'ont pas averti ».

Bien que le médecin impérial, le docteur Kerzl, juge qu'il ne peut y avoir contagion du fait d'une aussi brève visite, en dehors de tout contact avec la malade, la pauvre Valérie est obligée de se gargariser sans arrêt avec du phénol. L'impératrice décide de rentrer sur-le-champ, sans prendre congé à Possenhofen, bien entendu. Élisabeth ne parvient pas à se calmer. Nerveuse comme elle est, elle prend tout au tragique. Elle quitte son pays pleine d'amertume, non sans avoir écrit, comme la jeune fille de jadis, un poème d'adieu. Son dépit s'y donne libre cours, on peut en juger par les derniers vers :

Adieu mon lac !
Aujourd'hui je jette ma patrie
Au fond de tes eaux,
Et je pars une fois de plus,
Errante et sans attaches.

Malgré les assurances du médecin, Élisabeth craint toujours que Valérie n'attrape la scarlatine et, dans sa frayeur, elle fait vœu à la Vierge d'aller à Mariazell et d'y apporter une offrande.

L'impératrice s'est rendue directement de Feldafing à Gastein où elle veut prendre des bains pour sa sciatique. Elle a tellement suggestionné Valérie avec sa peur de la scarlatine, que celle-ci croit sans cesse avoir mal à la gorge. « Je me voyais déjà morte », écrit-elle dans son journal et elle ajoute, entre parenthèses : « ce qui me serait fort désagréable ».

Le docteur Widerhofer, voyant l'état nerveux de l'impératrice, déclare que, dans ces conditions, les bains seraient dangereux. « Eh bien ! allez à Ischl, Majesté, ou revenez au mois d'août ou quand vous voudrez », dit-il avec sa bonhomie habituelle, pourvu « que ce soit cet été encore ». Les voyageuses partent donc pour Ischl en voiture à quatre chevaux. Élisabeth marche à côté, Valérie est presque tout le temps en voiture avec l'ex-gouverneur du prince héritier, le comte de Latour, qui bavarde sans arrêt. Ce qu'il dit n'est pas des plus intelligents et Valérie écrit dans son journal (1) : « Sa bêtise me console, si Rodolphe est ce qu'il est et non ce qu'il devrait être, elle seule en est la cause ». Ainsi, le prince appelle Ischl « un horrible trou », et toute la famille, qui adore cet endroit, en est vexée. Élisabeth, au contraire, regrette de voir Ischl se transformer déjà en ville d'eau cosmopolite.

Elle se livre maintenant avec ardeur à la poésie. Valérie seule en est instruite et parfois même l'impératrice lui lit ses vers. Toutes ces poésies sont écrites sur le mode triste. Il en est une que Valérie trouve très belle. « Je suis morte depuis longtemps », y dit Élisabeth et elle raconte qu'un jour elle veut sortir de sa tombe pour monter sur son cher Jainzen, sa montagne magique, pour bénir de là ses bien-aimés. Valérie, en lisant ces poèmes, s'effraie de voir à quel point la tristesse et le dégoût de la vie se sont emparés de sa mère et, à la réflexion, elle est bien obligée de se dire qu'il n'y a pas de raison. Elle imagine ce qui serait arrivé si elle avait eu réellement la scarlatine et si elle était morte. « C'est terrible », dit-elle, « de penser que je suis le seul lien qui rattache encore ma mère à la vie ».

Valérie a gardé la santé, Élisabeth est donc tenue d'exécuter son vœu. Le 21 juillet, elle se rend à Mariazell où, à l'autel privilégié, elle fait dire une messe pour le défunt roi Louis. Elle se confesse et communie, vide son cœur au prêtre et lui parle de la terrible impression que lui a produite la mort du roi. Le 12 août, Élisabeth s'installe à Gastein dans la villa Méran. Le vieil empereur d'Allemagne y séjourne et elle va l'y surprendre.

(1) Journal de Valérie, 11 juillet 1886. (A.S.)

Élisabeth et Valérie vont également rendre visite aux époux Bismarck. « Te voilà devant l'homme le plus intelligent de l'époque », se dit Valérie. L'impératrice, qui a connu le chancelier autrefois et qui se rappelle une certaine dureté dans son visage, aperçoit maintenant un alerte vieillard dont les yeux bleu clair rayonnent d'une douce bienveillance. « A regret », Valérie trouve « Bismarck sympathique ». Un jour, la grande-duchesse douairière de Weimar, qui fait également une cure à Gastein, vient voir Élisabeth. Elle est laide, énorme comme un bouddha et d'aspect plutôt ridicule. Tout le monde a pris des airs de circonstance. Élisabeth, qui trouve cette visite plutôt inopportune, a placé la pendule en face de la grande-duchesse pour l'empêcher de s'attarder. La conversation est difficile, car la visiteuse est très sourde. Après une pause, Élisabeth dit : « Je crains qu'il ne pleuve ce soir sur les illuminations ». La grande-duchesse acquiesce avec componction : « Je l'espère ».

La mère et la fille ont peine à se retenir de rire. L'empereur est sur des charbons ardents. La conversation languit. Enfin, l'impératrice dit : « Ma Valérie est très enrhumée. Je me demande si c'est contagieux ? » Sur quoi la grande-duchesse quitte la villa en toute hâte.

A la fin d'août, Élisabeth retourne à Ischl où elle invite à plusieurs reprises la famille de Toscane et François-Salvator. Elle a beaucoup de sympathie pour le jeune archiduc, mais François-Joseph songe toujours au prince héritier de Saxe. « Valérie ne va pourtant pas épouser elle aussi un archiduc. Où irions-nous ? Cet hiver le prince de Saxe doit venir à Vienne, ce voyage serait souhaitable à tous points de vue. »

D'Ischl, l'impératrice se rend à Gödöllö. Là, sa vie est toute changée depuis qu'elle ne monte plus à cheval. Elle se lève dès cinq heures et demie du matin et, après le déjeuner, elle fait son heure de gymnastique. L'empereur vient ensuite la rejoindre et, en marchant de long en large, ils commentent les événements du jour. C'est l'heure que le monarque préfère.

Les loisirs de Gödöllö laissent à Élisabeth le temps de rappeler les menus faits de son passé et elle se souvient soudain de sa rencontre au bal masqué. Elle a toujours, dans un coffret, la poésie qu'elle voulait envoyer deux ans auparavant à son cavalier. Elle la trouve bonne et voudrait tout de même la lui faire parvenir. Or, un de ses parents fait un voyage en Amérique du Sud. Elle lui confie la lettre et le prie de l'expédier de là-bas.

Élisabeth continue à lire les œuvres de Heine et des études sur le poète. Elle y met sa passion et son zèle habituels. Le livre de Robert Proelsz, qui vient de paraître, la fascine. « Heine est toujours et partout avec moi », écrit-elle à sa fille (1), « chaque mot, chaque lettre de son œuvre est un joyau ». Mais ce qu'elle préfère, ce sont les poésies. Une édition de poche reliée en toile verte ne la quitte jamais. Élisabeth trouve que Heine a été mal compris et traité injustement dans sa patrie, car il ne faut pas juger un poète à la même aune que tout le monde. Partout, à Lainz comme à Gödöllö, à la Burg comme à Schoenbrunn et à Ischl, Élisabeth fait placer des bustes et des portraits de Heine. Elle apprend qu'un neveu du poète, le baron Heine-Geldern, habite Vienne et elle le fait venir, car on lui a dit qu'il possède des portraits et des souvenirs de son oncle, inconnus du public. Elle parle avec lui des parents du poète qui vivent encore et surtout de sa sœur, la vieille Mme Emden, de Hambourg. Elle décide d'aller voir un jour cette dame au cours d'un de ses voyages.

Depuis la mort du roi Louis II, Élisabeth n'a pas retrouvé son calme. On lui a tellement assuré que le roi était effectivement fou que, considérant les autres cas de démence dans la maison Wittelsbach et sa ressemblance avec Louis II, elle craint d'être victime un jour du même malheur. Élisabeth recommence à s'occuper des asiles d'aliénés, tout à fait insuffisants. De retour à Vienne, elle visite, le 11 décembre 1886, l'asile de Bründlfeld. Elle y arrive sans s'annoncer, en compagnie de sa belle-sœur, la femme de Charles-Théodore. On appelle en hâte le directeur ; il se présente tel qu'il est, en blouse blanche, et la visite commence aussitôt. Longtemps, Élisabeth s'arrête devant le tableau du peintre fou Kratky. Il représente d'une façon confuse, mais non dépourvue de vérité, à la manière des deux Breughel, le thème essentiel de la vie, à savoir qu'un être ne peut vivre que de la mort d'un autre.

(1) Élisabeth à l'archiduchesse Valérie, Gödöllö, 11 septembre 1866. (A.A.C.W.)

Le médecin ne veut d'abord montrer à Élisabeth que le quartier des malades calmes, mais elle insiste pour voir aussi les agités et les malades très atteints. De temps à autre, elle s'adresse sans crainte à l'un d'eux. C'est ainsi qu'elle arrive à la section des femmes dites « calmes ». Comme une traînée de poudre la nouvelle de sa présence s'est répandue dans tout l'asile. Dans une grande salle, les patientes sont installées à broder et à bavarder. A l'arrivée d'Élisabeth, elles se lèvent et s'inclinent. Parmi elles se trouve une demoiselle Windisch, une très gentille personne de vingt-huit ans qui, à la suite d'un chagrin d'amour, a eu des accès de folie. A l'instant même où Élisabeth entre, la jeune fille, habituellement si calme, pousse subitement un cri déchirant, bouscule ses compagnes et se précipite sur l'impératrice pour lui arracher son chapeau de paille noire. Élisabeth pâlit et recule épouvantée, mais déjà, d'une poigne solide, le médecin a saisi la patiente par la main : « Voyons, Mademoiselle Windisch, vous qui êtes si sage d'habitude ! »

« Quoi », s'écrie la malade, « elle se prétend l'impératrice d'Autriche. Quelle audace ! C'est moi qui suis l'impératrice ». Élisabeth quitte la salle et, dehors, sa belle-sœur lui remet son chapeau. Mais la folle continue à hurler : « Oser se faire passer pour moi ! » Et le docteur de lui répondre : « Bien sûr, ma chère, c'est vous l'impératrice et, comme telle, vous respectez toujours les lois de l'hospitalité et vous traitez bien vos hôtes ». — « En effet », répond-elle hésitante, « vous avez raison ». Et elle se calme peu à peu. Cependant, en dépit des transes par lesquelles elle est passée, Élisabeth n'en est pas encore lasse. Malgré les avertissements du médecin, elle tient à visiter la section des fous furieux. Elle veut savoir si on ne les traite pas d'une façon indigne. Au moment où l'impératrice s'apprête à monter en voiture, elle dit tout à coup : « Je voudrais retourner à la section où est survenu cet incident ».

« Majesté, je décline toute responsabilité, permettez-moi de vous le déconseiller. »

« Je vous en prie, je tiens à y aller. » Et déjà elle remonte le perron. Qu'il le veuille ou non, le directeur est forcé de la suivre. Mlle Windisch est retournée à sa place. A l'entrée de l'impératrice, elle se lève et se précipite à nouveau sur elle, le pire est à craindre. Mais cette fois, elle se jette à genoux ; les bras au ciel elle implore son pardon et demande s'il lui faut payer de sa vie sa faute passée. Les larmes coulent sur les joues d'Élisabeth, elle écarte les médecins et les gardiens qui veulent la protéger de la malade, elle relève la jeune fille, lui donne la main et la console avec un charme émouvant.

A l'arrivée inopinée d'Élisabeth, le directeur de l'établissement et le docteur Weiss se sont présentés en blouse et ont conduit ainsi l'impératrice à travers tout l'asile. Le médecin-chef, par contre, s'est précipité chez lui, a revêtu en hâte son habit et a mis son haut de forme. L'opération lui a pris un moment et il arrive à l'instant où Élisabeth monte en voiture. Les autres ont peine à ne pas éclater de rire à le voir retourner tout penaud dans son appartement, revêtu en plein jour de son habit.

Cependant la duchesse Charles-Théodore a essayé de rétablir la paix entre Élisabeth, sa mère et Sophie d'Alençon. Mais l'impératrice ne peut pas oublier l'affaire de la scarlatine. « Il n'y a pas d'excuse à pareille bêtise et pareille indifférence », dit-elle. Le prince héritier trouve, comme Valérie, que sa mère exagère. Mais, pour le reste, le frère et la sœur sont rarement du même avis. La veille de Noël, Valérie trouve le prince complètement changé froid, et sarcastique (1). C'est l'effet d'une discussion avec sa mère. Il vient de lui demander si le bruit des fiançailles de Valérie était exact. Lui aussi est opposé à ce mariage et il donne son avis sur le ton tranchant qui lui est coutumier. Rodolphe s'éloigne toujours davantage des siens. En politique, il ne partage pas les opinions de son père ; ses idées sur la vie et son caractère l'opposent complètement à toute la famille. Il ne s'entend guère qu'avec l'archiduc Jean-Salvator dont l'esprit critique, le scepticisme et le goût du sarcasme correspondent davantage à sa nature.

Élisabeth est soucieuse et se demande ce qu'il adviendra quand Rodolphe sera empereur et l'archiduc François, l'époux de Valérie. Cela promet ! Élisabeth songe déjà qu'au cas où une guerre éclaterait entre la France et l'Allemagne avant une guerre entre l'Autriche et la Russie, l'archiduc devrait s'engager dans l'armée allemande pour humilier ceux qui veulent l'écarter.

(1) Journal de Valérie, 24 décembre 1886. (A.S.)

Tandis qu'Élisabeth et sa fille font les cent pas dans le parc de Schoenbrunn à parler de l'avenir, elles rencontrent Mme Schratt qui triomphe dans le rôle de *Dame de cœur*. Depuis Ischl et Kremsier, elle a souvent parlé aux souverains. C'est le 1er mars et l'actrice offre à l'impératrice un bouquet de violettes ; cela porte bonheur, dit-elle, d'en recevoir ce jour-là. Pour la remercier, Élisabeth et Valérie assistent, le soir, au premier acte du *Maître de forges*, de Georges Ohnet et, de leur loge, elles font des signes d'amitié à la belle Claire. Toutefois, d'une manière générale, Élisabeth évite les pièces modernes ou les pièces gaies, telles que *Le mangeur de violettes* où Mme Schratt plaît tout particulièrement à François-Joseph. Elle aime mieux voir jouer *Œdipe à Colonne*.

Au printemps, Élisabeth fait un séjour à Mehadia, un des plus beaux sites de la Hongrie méridionale. En compagnie de Sarolta Majlath, l'impératrice reprend ses longues promenades à travers cette contrée pittoresque. Les deux femmes vont jusqu'à la frontière roumaine, prennent leurs repas au milieu de la forêt et boivent du lait de brebis qu'un petit Roumain, beau comme un dieu, vient apporter à l'impératrice. Élisabeth rêve, fait des poèmes au clair de lune et s'obstine à coucher la fenêtre ouverte, selon son habitude, bien qu'elle habite le rez-de-chaussée (1).

La population s'est représentée une souveraine fière, distante et trouve une femme infiniment simple, ennemie du protocole, traitant d'égal à égal avec tout le monde, qui aime la nature et sait en profiter comme personne. Élisabeth elle-même exprime ce sentiment dans une poésie hongroise qu'elle écrit à Mehadia :

Tout change en ce monde,
Et la fidélité n'est qu'un vain mot.
Toi seule, puissante nature,
Tu es éternellement fidèle et sublime.
Heureux celui qui t'aime et s'incline devant toi,
Il échappe à l'amertume de la déception.
Je donnerais tout au monde
En échange de ta sereine fidélité.

Pas plus à Mehadia qu'ailleurs, les œuvres de Heine ne quittent Élisabeth ; elle s'y absorbe au point d'entrer en communion avec

(1) Élisabeth à sa mère, Mehadia, 7 avril 1887. Copie A.A.C.W.

le poète. Le 28 avril, la reine de Roumanie, Carmen Sylva, arrive à Mehadia pour rendre visite à Élisabeth. La conversation tombe sur Heine. « Je suis un peu revenue de mon admiration pour lui », dit la reine, « bien des choses, dans ses œuvres, me choquent ». Mais elle comprend parfaitement l'enthousiasme d'Élisabeth, qui trouve en lui ses propres caractères : « la haine du formalisme, l'amertume et aussi cette malice qui éclate si souvent chez elle en propos originaux et inattendus ». Comme elle, il se désespère de l'hypocrisie humaine et ne trouve pas de mots assez puissants pour en flétrir la vanité. Le soir même, étant couchée, Élisabeth songe à ses conversations avec Carmen Sylva ; tout à coup, elle voit se dessiner devant elle le profil du poète, tel que ses portraits le représentent. En même temps, elle éprouve un sentiment étrange, agréable, il lui semble que cette âme veut arracher la sienne à son corps. « La lutte dura quelques secondes », dit Élisabeth à sa fille, « mais Jéhova ne permit pas à mon âme de s'échapper. La vision disparut, me laissant à ma déception d'avoir à continuer à vivre. Cependant ma foi, souvent chancelante, en fut rassurée, mon amour pour Jéhova raffermi et j'acquis la conviction qu'il permettait le commerce de mon âme avec celle de Heine ». A une remarque sceptique de Valérie, Élisabeth répond qu'elle est prête à jurer que tout est vrai, qu'elle a vu cette apparition de ses propres yeux et à l'état de veille (1). Le lendemain, l'impératrice se promène avec Carmen Sylva dans les forêts environnantes et Élisabeth lui soumet son désir de construire un château dans ce pays. Les deux femmes s'intéressent l'une à l'autre et s'efforcent visiblement de s'étudier. Des contrastes apparaissent.

« Carmen Sylva », tel est le jugement d'Élisabeth, « est très gentille, très intéressante, mais elle tient à la terre par les pieds ; elle ne me comprendrait jamais, mais moi je puis la comprendre et je l'aime. Son plus grand plaisir est d'imaginer et de conter des histoires, mais le roi est le plus prosaïque des êtres et un abîme les sépare. Elle ne le dit pas carrément, bien sûr, mais je m'en suis bien aperçue » (2).

L'impératrice n'a pas tout à fait raison. Carmen Sylva la juge

(1) Journal de Valérie, Mehadia, 2 mai 1887. (A.S.)
(2) Élisabeth à Valérie, Mehadia, 2 mai 1887. (A.A.C.W.)

très bien. Elle reconnaît qu'Élisabeth est parfaitement sincère et naturelle, tout en elle est spontané. C'est pourquoi elle ne peut pas supporter les cérémonies et le formalisme de la cour. « Les hommes voulaient imposer à une fée le harnais d'un protocole rigide et guindé ; mais la petite fée ne se laisse pas asservir, elle étend ses ailes et s'envole quand le monde l'ennuie. »

Carmen Sylva reconnaît qu'Élisabeth ne demande en rien « l'approbation des hommes, qu'elle méprise, mais qu'il existe malgré tout en elle une puissante vitalité, avide de se manifester. Elle en dépense l'excès en promenades à pied et à cheval, en voyages et en poèmes. Et elle s'y donne avec passion, ne fût-ce que pour échapper à tout ce qui l'étouffe ».

Après le départ de Carmen Sylva, Élisabeth continue à mener la vie insouciante des villes d'eau. Seuls les serpents l'effraient. On en rencontre partout, il y en a même de venimeux. Un jour, elle a reçu de Valérie des fleurs et une salamandre vivante. Elle voudrait lui rendre son cadeau et lui envoyer un grand serpent inoffensif ; mais elle en perd l'envie, le jour où elle voit une de ces bêtes se dresser devant elle. Elle en envoie un spécimen à la ménagerie de Schoenbrunn et un autre à sa pauvre amie Ida Ferenczy ; celle-ci ouvre la caisse sans se douter de rien et recule épouvantée à la vue de l'animal.

Pendant son séjour à Mehadia, l'impératrice a écrit beaucoup de poésies, en grande partie sous l'influence de la reine de Roumanie. Elle s'étonne elle-même de tout ce qu'elle a produit. Le 15 mai, elle va à Sinaïa, pour rendre sa visite à Carmen Sylva. La reine connaît les goûts de l'impératrice et bannit les fêtes, cérémonies et réceptions. Le charme si personnel de l'impératrice, son regard droit, sa nature « incapable de farder si peu que ce soit la vérité » ont fait impression sur son hôte. Au premier dîner à Sinaïa, Élisabeth se plaint de l'étiquette et des devoirs inhérents à sa condition.

« Mais ta beauté doit t'aider à surmonter ta timidité ? »

« Je ne suis plus timide, c'est plutôt de l'ennui que j'éprouve. On me revêt de beaux atours, on me charge de bijoux, puis je sors et je distribue aux uns et aux autres des paroles insipides jusqu'à ce que je tombe de fatigue. Enfin, je me précipite dans mes appartements, je rejette tout cet apparat et j'écris sous la dictée de Heine. »

La reine admire dans la conversation d'Élisabeth ce charme de l'imprévu qui fait que, jamais, dans le moindre de ses propos, ne se glisse une banalité. L'impératrice confie à Carmen Sylva les pensées intimes qu'elle réserve habituellement à sa fille. Elle lui livre entre autres ses méditations sur l'essence de la nature. Elle n'a pas oublié ce tableau du peintre fou de Bründlfeld. C'est vrai, dit-elle, tout ce qui vit est cruel. Les forts mangent les faibles, les intelligents écrasent les imbéciles sans pitié, sans souci du bon droit, parce qu'ils ont la force. Telle est la triste vérité.

« Ne veux-tu pas publier tes poésies et tes écrits ? » demande Carmen Sylva. « J'écris et je compose des poèmes », répond l'impératrice, « mais je ne tiens pas à les faire connaître à présent. Dans bien des années peut-être, après notre mort, tout sera publié ».

Après le départ de l'impératrice, Carmen Sylva se prend souvent à songer à cette Élisabeth dont elle porte aussi le nom (1). « On est tenté d'accuser un être de manquer à ses devoirs dès qu'il s'écarte des voies communes. Vouloir penser et agir différemment du troupeau, c'est s'exposer à sa vindicte. Je l'ai toujours dit : la mode est faite pour les femmes sans goût, l'étiquette pour les gens dépourvus d'éducation, l'église pour ceux qui n'ont pas de religion, la routine pour les êtres qui manquent d'imagination et d'élan. »

Élisabeth est retournée directement à Vienne et elle éprouve la plus grande joie à revoir sa chère Valérie après une si longue séparation. Celle-ci s'étonne du changement survenu dans l'âme de sa mère. Elle trouve que, depuis la mort de Louis II, elle est devenue plus pieuse que jamais. A présent, Élisabeth ramène tout à Jéhova, elle remet son sort entre ses mains. « Mais », dit Valérie, « la piété de maman est d'un ordre un peu spécial, différente de celle des autres hommes, plus exaltée que communicative, intérieure et abstraite comme le culte des morts qu'elle pratique dans ces derniers temps, surtout à l'égard de Heine et de Louis II.

Valérie se demande encore si elle aime vraiment l'archiduc

(1) Élisabeth de Wied, reine de Roumanie, avait pris avant son mariage le pseudonyme littéraire de Carmen Sylva.

François-Salvator. Elle s'analyse et cherche anxieusement à découvrir en elle le grand amour sans lequel elle ne conçoit pas le mariage. Élisabeth favorise la sympathie naissante des deux jeunes gens. Seule l'attitude de Rodolphe continue à l'inquiéter. Le 22 mai, lors d'une excursion à Attersee, l'impératrice demande au jeune archiduc s'il se réjouirait de partir en guerre et quel pays il combattrait le plus volontiers, l'Allemagne, la Russie ou l'Italie. François-Salvator répond : « Cela m'est égal ». Élisabeth de répliquer : « Faire la guerre aux Allemands, c'est un peu aller contre des frères ». — « Pourtant, on ne peut guère se fier à leur amitié », dit François-Salvator, « songez à la Prusse ».

Élisabeth rétorque : « On ne peut tout de même pas leur reprocher de rechercher l'intérêt de leur pays et d'avoir l'intelligence et la capacité de le défendre. D'ailleurs, si les Prussiens sont allemands, tous les Allemands ne sont pas prussiens. Combien les Westphaliens sont pieux et valeureux, combien gais, alertes et cultivés sont les Badois, les Rhénans et les Wurtembergeois ! Quelle discipline de fer, quelle ardeur à l'étude, quelle énergie méthodique en comparaison du laisser-aller et du désordre qui règnent chez nous ! »

Fin mai, la famille impériale s'installe de nouveau à la villa Hermès. Ni Élisabeth ni Valérie ne se sentent à l'aise dans cette demeure, simple d'apparence, mais surchargée à l'intérieur d'un faste regrettable. « Ces bas-reliefs de marbre, ces somptueux tapis, ces cheminées de bronze travaillé, ces théories d'anges et d'amours, ces sculptures dans tous les coins, ce style roccoco et maniéré ! On n'est pas chez soi », dit Valérie.

Le prince héritier arrive A le voir, on ne le croirait pas malade. Il vit en mésintelligence avec sa femme et, comme autrefois, il passe au milieu des siens sans qu'aucun contact ne s'établisse. Lui aussi, la possibilité d'un conflit armé le préoccupe. « Dans une guerre, on peut au moins faire parler de soi », dit Rodolphe. Valérie lui objecte : « Oui, mais la guerre coûte des vies humaines et toi-même tu risques la tienne ». Il fait un geste évasif et répond : « Une fois qu'on a joui de tout, à quoi bon vivre ? » (1). Les temps sont loin où il voulait atteindre cent ans.

A sentir l'inquiétude incessante de sa mère, Valérie s'énerve.

(1) Journal de Valérie, 31 janvier 1890. (A.S.)

Elle le lui laisse entendre dans une lettre. Élisabeth, froissée, commence par ne pas répondre. Enfin elle s'y décide : « Toute vie est philosophie », écrit-elle. « Mais l'homme ne peut pas tuer son cœur. C'est bien dommage » (1). Elle continue à trembler ; Valérie cueille-t-elle une fleur, aussitôt Élisabeth la voit rouler à l'abîme, et cette attitude finit par exaspérer la jeune fille. En outre, la politique les divise. Valérie envisage l'avenir de l'Autriche-Hongrie avec plus d'optimisme Mais Élisabeth dit : « Le vieux tronc pourri se meurt ! » Elle prévoit l'effondrement de cette mosaïque de peuples qu'est l'empire d'Autriche et elle exprime cette pensée sous toutes ses formes, en prose et en vers. Parfois elle pense que François-Joseph est l'avant-dernier empereur de la maison des Habsbourgs et elle répète l'antique prophétie, que la fière lignée, inaugurée par un Rodolphe, se terminera par un Rodolphe. Ces sombres prédictions ne manquent pas de la mettre en conflit avec l'empereur, qui oppose à ces idées une fin de non-recevoir. A ces moments-là, elle va jusqu'à prétendre qu'il est d'un commerce difficile. « Je trouve », dit Valérie, « Dieu me pardonne, qu'il est beaucoup plus facile à vivre qu'elle ».

Élisabeth a beau éprouver une très vive affection pour Valérie, la jeune fille est un obstacle à son goût de l'indépendance — mais cela, l'impératrice ne se l'avouerait pour rien au monde. Carmen Sylva le disait déjà : « Élisabeth voudrait faire des voyages et encore des voyages ; le monde ne suffirait pas à satisfaire sa soif d'horizons nouveaux ». A peine son séjour si agréable à Mehadia est-il terminé, qu'elle se dirige vers Hambourg et s'embarque pour l'Angleterre. »

A cette époque, Fritz Pacher reçoit un beau jour, à son grand étonnement, un pli timbré du Brésil. Une feuille imprimée tombe de l'enveloppe ; complètement abasourdi, le destinataire lit le poème suivant (2) :

Le chant du domino jaune.

« Long, long, ago. »

Te rappelles-tu la soirée dans l'éblouissement des lustres ?
Il y a longtemps, très longtemps,
La soirée où deux âmes se rencontrèrent,

(1) Élisabeth à Valérie, Ofen, 4 mars 1887. (A.A.C.W.)
(2) Lettre parvenue à Fritz Pacher de Theinburg le 3 juin 1887.

Il y a longtemps, très longtemps,
La soirée où s'ébaucha notre étrange amitié,
Y penses-tu encore parfois, ô mon ami ?
Te souviens-tu des paroles intimes
Échangées au rythme des valses ?
Hélas ! le temps ne fuyait que trop vite !
Une pression de la main, et je dus te quitter,
Sans qu'il me fût permis de dévoiler mon visage.
Mais, en échange, c'est mon âme que je te révélais.
Ami, c'était plus, beaucoup plus.
Les années s'écoulèrent, mais sans nous réunir.
Chaque nuit mon regard interroge les étoiles,
Mais aucune ne me répond.
Tantôt je te crois près, tantôt très loin,
Serais-tu déjà sur une autre planète ?
Si tu es encore de ce monde, donne-moi signe de vie,
Car il y a si longtemps, si longtemps !
Ne me fais plus attendre, plus attendre.

Aucune adresse. Pas un mot autographe. Fritz Pacher décide de lever le masque et de dire à l'inconnue qu'il a percé son incognito. Lui, qui n'a jamais enfourché Pégase, se décide à répondre en vers :

A L'INCONNUE.

Vienne, 8 juin 1887.

Oui, « il y a longtemps », mais je me souviens encore,
Si loin que tu sois ;
Tu réveilles en moi le souvenir
Des roses de ma jeunesse...

Rappelle-toi avec quelle rudesse
Tu refusas d'abord de me toucher la main
Et comment l'homme éconduit
Finit par triompher !

Comment, toute la soirée, au bras l'un de l'autre,
Nous badinâmes,
Et comment, presque reconnue,
Tu t'éclipsas !

Je te le dis aujourd'hui, car « il y a longtemps »,
Tu ne fus pas assez habile :
Ta taille, ta démarche, tes paroles
Portaient la marque de la souveraineté.

Les grands de la terre
Ont parfois de ces caprices,
Et la fantaisie te prit
De voir qui j'étais.

Non que je te plusse,
— Je ne suis pas si fat —
Mais tu avais envie
De parler sans contrainte.

Tu avais la nausée du courtisan,
Incliné à tes pieds,
Que tu méprises
Et qui te flatte de ses mensonges.

De ma vie je n'oublierai
Ce divertissement de carnaval
Tu as — d'aucuns l'ignorent —
Mais je le sais, de l'esprit et du cœur...

« Quoi ! t'écries-tu indignée,
Homme de rien, audacieux,
Tu me connais et tu n'as pas peur
De ma puissance ? »

Pardonne — je n'ai pas peur,
Je pense que tu as de l'humour
Et que tu resteras pour moi
Uniquement le domino...

Je ne le sais que trop :
A moins d'un cataclysme
Je ne pourrai jamais
Te parler face à face.

Que ton visage se pare pour moi,
Plus que pour d'autres,
— C'est mon droit et même ton devoir —
De grâce et de bienveillance !

Qu'un sourire l'éclaire,
Que la majesté en soit bannie
Et que ta muette gratitude me dise :
« C'est moi, tu m'as reconnue ! »

Il envoie la lettre à l'ancienne adresse, poste restante. Elle y reste pendant des mois sans que personne vienne la réclamer.

Au bout d'un certain temps, Fritz Pacher vient lui-même la reprendre. L'aventure — en fut-elle vraiment une ? — est terminée.

Sur les traces de Heine, Élisabeth est arrivée à Hambourg. Elle veut connaître Charlotte Emden, la sœur du poète. L'impératrice est reçue avec enthousiasme et apprend beaucoup de détails biographiques sur le poète. Mme Emden lui montre des lettres et des manuscrits. Mais, à la grande déception d'Élisabeth, elle ne lui donne aucun autographe de Heine, elle lui offre seulement un petit cachet dont il avait coutume de se servir, « J'espère qu'il est authentique », dit Élisabeth, et elle promet à la sœur du poète de faire déposer des fleurs sur la tombe par le premier membre de la maison impériale qui passera par Paris. A quelque temps de là, cette mission échoit à la princesse Stéphanie, qui fait déposer une couronne portant l'inscription : « L'impératrice Élisabeth à son poète préféré ».

De Hambourg, Élisabeth continue sa route vers l'Angleterre jusqu'à la station balnéaire de Cromer, dans le Norfolk, où elle prend des bains. A la fin de juillet, Élisabeth annonce à l'empereur que, après une visite à la reine à Osborne, dans l'île de Wight, elle rentrera en Autriche. François-Joseph ne voit pas sans souci se multiplier les fugues de son épouse et il craint qu'elle ne devienne tout à fait étrangère à sa famille et au pays. Affectueusement, comme toujours, il lui répond :

« Ma chère âme, mon ange tendrement aimé ! Ta lettre me cause un très vif plaisir, car elle m'est une nouvelle preuve de ton amour et de la joie que tu as à revenir auprès de nous... »

Cette fois, Élisabeth donne rendez-vous à son époux et à sa fille au château de Kreuth à Tegernsee. C'est à l'église de Tegernsee qu'il y a bientôt soixante ans fut béni le mariage de ses parents. Il faut l'avouer, en dépit d'une nombreuse progéniture, le couple ne fut pas uni. Pendant la messe, Élisabeth fait remarquer à sa fille que, sur le maître-autel, sont gravés ces mots : « Père, pardonnez-leur, ils ne savent pas ce qu'ils font ».

Triste augure pour un mariage ! En effet, les époux vivent aujourd'hui chacun de son côté. Comment s'étonner, dans ces conditions, de l'amertume de cette femme déçue, affligée en outre d'une grave maladie des yeux ? De Kreuth, Élisabeth fait une excursion au col d'Achen. L'impératrice est émerveillée du superbe panorama qui s'offre à elle. « Tout beau paysage », dit-elle, « est un poème de Jéhova et la beauté, la variété et le nombre de ses œuvres sont inépuisables ».

Depuis son voyage à Hambourg, l'amour d'Élisabeth pour Henri Heine est connu de tous. Ceux qui veulent marquer une attention à l'impératrice s'en souviennent. A Kreuth, elle lit à Valérie des poésies qu'elle a écrites à Cromer. La jeune fille s'émerveille de sa facilité. Il ne se passe plus de jour qu'elle n'écrive un poème. Sans doute, Valérie admire l'étrange beauté de certains d'entre eux, mais, le plus souvent, elle les trouve trop étranges pour être beaux (1). Charles-Théodore, le frère préféré d'Élisabeth, partage l'opinion de Valérie. Mais il conseille à sa sœur de ne pas se laisser envahir par des idées trop extravagantes. Il se montre inquiet et avoue à Valérie que si sa mère s'entête à entretenir ce commerce imaginaire avec Heine, ses nerfs prendront le dessus et qu'elle finira par «se détraquer». Cependant Valérie voit les choses sous un tout autre jour. Dans l'état d'agitation où se trouve sa mère, la création lui semble un dérivatif à son oisiveté. « Étrange existence, que celle de ma mère », écrit-elle, « sa pensée est tournée vers le passé, mais ses aspirations tendent vers l'avenir. Le présent n'a pour elle aucune réalité et son plus grand orgueil est de penser que tout le monde ignore qu'elle est poète... ».

En secret, Élisabeth confie à sa fille son intention de faire publier ses poésies longtemps après sa mort, au profit des malheureux que leurs aspirations politiques et leurs tendances libérales ont fait prendre pour des criminels. Ces poésies trahissent l'influence, considérable à cette époque, de l'esprit de Heine sur l'impératrice. Elle trouve très injuste qu'on n'ait pas encore élevé de statue à cet homme et veut elle-même entrer en lice ; mais elle ne sait trop comment s'y prendre. Elle envisage de faire ériger à Düsseldorf, sa ville natale, un monument à la mémoire du poète et compte associer le peuple allemand à ce geste. Mais comment s'y prendre ? Elle consulte l'acteur Lewinsky qui vient souvent au château faire des lectures.

Le jour anniversaire de l'empereur, a lieu un grand dîner à Ischl. Parmi les vingt-cinq convives, tous membres de la maison impériale, se trouve l'archiduc Louis-Salvator, oncle de François-Salvator. Il vit aux îles Baléares et passe pour un original. L'archiduc a écrit des ouvrages charmants et très documentés sur sa patrie d'élection et ne manque jamais de les envoyer à Élisabeth. L'archiduc et l'impératrice sont des êtres d'exception,

(1) Journal de Valérie, 23 août 1887. (A.S.).

c'est pourquoi ils se comprennent, mais le reste de la famille sourit de Louis-Salvator. Ce célibataire invétéré, jaloux de son indépendance, n'attache aucune importance à sa mise. Son uniforme est un véritable sac et il ne possède qu'une seule vareuse. Aussi, son arrivée à la cour ne manque jamais de produire une certaine gêne. Il a fait de son yacht un véritable petit État communiste où règne la plus parfaite égalité. Vêtu comme eux, il partage la vie de ses matelots, leurs repas, leur dortoir, leurs besognes même les plus humbles. Pour le reste, cet homme est un fin lettré et un savant qui met sa situation et sa fortune au service de la science.

A chaque dîner, François-Salvator est placé près de Valérie. Lentement l'empereur se laisse convaincre. Il regarde les deux jeunes gens d'un air bourru. Le 21 août, on fête le vingt-neuvième anniversaire de Rodolphe. François-Joseph lève son verre et porte un toast au bonheur de son fils. Élisabeth lui fait remarquer à mi-voix que c'est, en même temps, le vingt et unième anniversaire de François-Salvator. Après une légère hésitation, l'empereur lève une seconde fois son verre et ajoute avec un regard bienveillant : « Bon, aussi à la santé de l'autre ».

Élisabeth parle déjà très ouvertement à François-Salvator. « Tu sais, Valérie est extrêmement scrupuleuse. Je suis persuadée qu'elle t'aime vraiment, mais vous êtes tous deux encore parfaitement libres et si jeunes ! Il faut encore vous voir beaucoup. On ne se connaît jamais assez. Ne va pas croire, comme beaucoup de gens, que je veux te faire épouser Valérie pour la garder auprès de moi. Une fois mariée, qu'elle parte en Chine ou reste en Autriche, ce sera la même chose : de toutes façons elle sera perdue pour moi. Mais j'ai confiance en toi, en ton amour et en ton caractère ; si je mourais aujourd'hui même, je serais rassurée à l'idée que c'est à toi que je laisse Valérie. »

« Si ce garçon n'est pas loyal, je ne me fierai plus à personne ! » dit ensuite Élisabeth à sa fille. En tous cas, elle décide, dès maintenant, de n'être pas une belle-mère insupportable. Elle pourrait en dire long là-dessus. Sur ces entrefaites, lui est présenté un jeune homme marié depuis peu. A la grande surprise de son interlocuteur elle demande : « Votre belle-mère est-elle bien désagréable ? » — « Oh non, pas du tout », répond-il. Et Élisabeth de répliquer tout tranquillement : « Eh bien ! attendez. Au début, les belles-mères ont coutume d'être charmantes, mais ensuite, vous verrez ! »

Bien que la perspective des fiançailles de Valérie absorbe Élisabeth, cette raison ne suffit pas à refréner son besoin de voyager. Elle a l'humeur plus vagabonde que jamais. Ses nombreux voyages à Mehadia et à Hambourg, en Angleterre et en Bavière, n'ont pas calmé sa fièvre d'agitation. François-Joseph est très seul, il lui est pénible de voir son épouse se désintéresser presque totalement de ses soucis politiques et négliger, ou à peu près, tous ses devoirs de souveraine. A peine de retour, elle songe à repartir. Tel un aimant, l'attrait légendaire du monde homérique l'appelle à Corfou. Il n'est qu'un pays sur terre pour retenir un instant cette nature essentiellement instable : elle songe à faire construire une villa dans son île. Dès l'hiver, son premier chambellan, le baron Nopcsa, s'était enquis près du grand helléniste, le baron Alexandre Warsberg, s'il n'y avait pas un terrain à vendre. Entre temps, Élisabeth a lu les *Paysages odysséins*. L'impératrice invite l'auteur à l'accompagner à Corfou sur le yacht *Greif*. La perspective de ce voyage est loin de l'enchanter ; Warsberg a une mauvaise santé et souffre d'une affection de la poitrine. Il sait qu'il est impossible de se ménager quand on est attaché à la personne de l'impératrice. Mais il est loin de se douter à quel point un voyage à sa suite peut être exténuant. Elle est avide de savoir et se plonge, avec la passion qu'elle met en tout, dans le monde homérique. Le consul lui montre l'île comme elle ne l'a jamais vue, à travers les yeux du poète, pour ainsi dire. « Corfou », déclare Élisabeth, « est un lieu de séjour féerique : un climat idéal, des promenades sans fin à l'ombre des oliviers, de bonnes routes et l'air merveilleux de la mer et, par-dessus tout, le magnifique clair de lune ». Après une courte escale sur la côte d'Albanie, Élisabeth et sa suite passent au large de Leucade et du rocher de Sapho et voguent vers Ithaque. Warsberg conduit Élisabeth sur les traces d'Ulysse. Pendant la traversée, elle a lu, parmi les œuvres du consul, une idylle, émaillée de citations de l'*Odyssée*, qui se passe à Ithaque. Le 30 octobre, elle débarque dans l'île, à l'endroit même où, selon la tradition homérique, aborda Ulysse. Elle y cueille un plein panier de fleurs qu'elle envoie à sa famille, en Autriche. Son compagnon se donne beaucoup de peine et l'impératrice trouve grand plaisir et grand profit à son expédition en terre classique. Grâce à Warsberg elle fait, dit-elle, un véritable voyage d'études. Elle est enchantée du consul, mais lui a peine à la suivre. « Ma fatigue dépasse tout ce que j'ai connu jusqu'ici dans mes voyages en Orient qui, certes, n'étaient pas faciles », écrit-il dans son journal.

Les officiers du bord considèrent non sans ironie cet étrange savant qui les oblige, puisque tel est le bon plaisir de l'impératrice, à refaire l'invraisemblable voyage d'Ulysse. Ce n'est pas chose facile de promener, par le temps le plus détestable, cette vieille carcasse qu'est le *Greif*, et les croisières autour d'Ithaque ne représentent pas un plaisir exempt de responsabilités. Mais peu en chaut à Élisabeth. Le monde homérique l'a conquise, elle accueille avec le plus grand intérêt la moindre parole de Warsberg. Indique-t-il un endroit qui mérite d'être visité, le *Greif* doit incontinent s'y rendre. Partie pour quinze jours, Élisabeth s'oublie dans son rêve hellénique et, d'Ithaque, écrit à son époux qu'elle ne rentrera que pour sa fête, le 19 novembre. François-Joseph, que ce retard prive pour trois semaines encore de la présence de sa femme, en éprouve une vive déception.

« Mais », lui écrit-il, « si tu crois que ta santé l'exige, je comprendrai, quoique, depuis le printemps, nous ayons passé à peine quelques jours ensemble » (1).

François-Joseph ne comprend rien à l'engouement d'Élisabeth pour l'antiquité grecque. « J'imagine difficilement ce qui te retient à Ithaque », lui écrit-il, « mais tu es en bonne santé, c'est l'essentiel » (2).

Élisabeth suit Warsberg au village de Stavros considéré comme l'emplacement de la capitale antique. Là où, selon la tradition homérique, s'élevait le palais d'Ulysse, les voyageurs prennent une collation chez des particuliers. L'île plaît infiniment à Élisabeth. « J'aimerais être enterrée ici », dit-elle à la landgrave Furstenberg ; elle lui montre une poésie que lui a inspirée cette idée. « Faites-en une aussi », dit Élisabeth, « en supposant que

(1) François-Joseph à Élisabeth, Vienne, 29 octobre 1887. (A.A.C.W.).
(2) *Id.*, Gödöllö, 1er novembre 1887. (A.A.C.W.).

vous voulez avoir votre tombe à Ithaque ». La landgrave obéit, mais, de sa vie, elle n'a commis un poème et cela se voit :

> Il est une chapelle sur les hauteurs d'Ithaque ;
> Celui qui l'a vue un jour ne peut l'oublier.
> Elle est là-haut, baignée de lumière,
> Le bruit de la foule ne l'atteint pas.

L'absence prolongée de sa femme commence à peser à François-Joseph. « Ma pensée ne te quitte pas ; je compte avec mélancolie les jours, si nombreux, hélas ! qui me séparent de ton retour. Tu nous manques naturellement à tous et surtout à moi. » L'empereur reçoit une lettre détaillée d'Élisabeth, à laquelle elle a joint les deux poèmes. François-Joseph ne s'intéresse guère à la poésie. Néanmoins, dans cet ordre aussi, il reste galant à l'égard de sa femme (1).

« Je trouve ton poème génial et plein de naturel... celui de la landgrave est très faible. Sa prose est élégante et pleine de charme, mais elle ferait mieux de renoncer à la poésie. »

A Ithaque le temps est mauvais, il pleut et il vente sans discontinuer, impossible de faire la moindre excursion. Le 4 novembre, le *Greif* appareille pour Corfou, à la grande satisfaction de l'équipage, lassé de ce séjour, et de Warsberg dont la santé a sérieusement souffert. La landgrave Furstenberg, elle aussi, est dégoûtée du *Greif* qui roule et tangue dans le port de Vathy. Dans un quatrain dédié à un officier du bord, elle raille l'hospitalité chancelante du bateau, qu'elle assimile à l'animal fabuleux dont il porte le nom :

> Qu'il s'en aille donc à tous les diables,
> L'oiseau aux serres et au bec crochus,
> Je connais de meilleures demeures sur terre
> Que toi, ô blanc griffon.

Les officiers, à leur tour, écrivent des vers où ils mettent tout sur le dos du savant qui, « dans son extase classique », inventa cette odyssée et imagina ce pèlerinage vers l'île « où reposent les os d'Ulysse ». Mais l'impératrice ne badine pas sur ce sujet. Elle prend tout au sérieux et chaque mot de Warsberg est pour elle parole d'évangile.

(1) François-Joseph à Élisabeth, Gödöllö, 1er, 3 et 9 novembre 1887. (A.A.C.W.).

De Corfou, Élisabeth fait seule, à plusieurs reprises, des excursions de toute une journée en cotre. Tandis que François-Joseph attend son retour avec impatience, elle regrette que son séjour prenne fin. Les faits et gestes de son épouse sont loin de rassurer l'empereur. A la lettre qui annonce son prochain retour, il répond : « Je suis bien aise de te voir mettre un terme aux promenades en cotre et aux excursions dans cette Albanie si incertaine. Mais je ne serai tout à fait tranquille que lorsqu'un heureux voyage t'aura ramenée de nouveau parmi nous » (1).

Élisabeth arrive exactement pour sa fête. Elle compte déjà fermement sur les fiançailles de sa fille avec François-Salvator et, peu à peu, François-Joseph se fait, lui aussi, à cette idée. Seule l'attitude de Rodolphe inquiète encore Élisabeth. Elle va jusqu'à dire que, pour un officier négligé ou persécuté en Autriche, il y a toujours la ressource de la grande et glorieuse armée allemande (non prussienne). « Eh bien ! tu dis de belles choses », s'écrie François-Joseph. Peu après, Élisabeth reprend ce sujet avec François-Salvator. « Mais si j'entrais dans l'armée allemande, il pourrait m'arriver d'être obligé de partir en guerre contre ma propre patrie », dit le jeune archiduc. « Mais non, cela s'exclut », réplique Élisabeth, « les Allemands n'auront plus jamais à prendre les armes contre des frères ».

L'impératrice fait de véritables déclarations d'amour à sa fille : « Au fond, je n'aime vraiment que toi ; si tu me quittes, j'en aurai fini d'aimer. Dans une vie, pareil amour ne se retrouve pas. D'une part, ne penser qu'à l'être aimé, et de l'autre, ne rien attendre et ne rien exiger de lui. Je ne puis comprendre qu'on puisse aimer plusieurs êtres. Sophie a pris ma place de mère auprès de mes autres enfants, mais pour toi, je savais dès le début qu'il en irait tout autrement. Il fallait que tu fusses mon enfant, mon propre enfant, mon trésor, que personne d'autre n'eût de droit sur toi. Ce qu'il y avait d'amour dans mon cœur fermé jusque-là, c'est sur toi que je l'ai répandu » (2).

Cet aveu de « l'amour immense, écrasant », qu'elle reçoit de sa mère sans le mériter, ébranle la jeune fille. Élisabeth fait tout

(1) François-Joseph à Élisabeth, Gödöllö, 14 novembre 1887, quatre heures du matin. (A.A.C.W.).

(2) Journal de Valérie, 19 décembre 1887. (A.S.).

avec excès, elle aime sans mesure et écrit des vers avec passion. Pour l'instant, la poésie l'occupe toute ; en souvenir de sa récente visite à Hambourg, elle envoie au beau-frère de Heine, Louis d'Emden, de superbes présents. Celui-ci lui adresse en remerciement un portrait du poète et des manuscrits qui lui font le plus grand plaisir. Sans doute lui a-t-on fait part de la déception de l'impératrice lors de sa visite.

A présent, les poèmes d'Élisabeth sont extrêmement nombreux. En secret elle fait appeler à Gödöllö une nièce de la baronne Wallersee et la charge de les recopier proprement. Le soir, la jeune femme lit les poésies à l'impératrice, Élisabeth les corrige et y apporte quelques changements ; puis elle les fait envoyer à l'imprimerie d'État où des employés et des protes assermentés sont chargés de leur impression. Élisabeth enferme ensuite les feuilles dans un coffret de fer avec des notes concernant leur publication ultérieure. Tous les soirs, Valérie lit des passages de l'*Odyssée* à sa mère. L'impératrice, toute à sa vie personnelle, se préoccupe très peu des difficultés auxquelles se heurte l'empereur.

En famille — le frère d'Élisabeth, l'oculiste Charles-Théodore est également à Gödöllö — la conversation roule sur la guerre et la tension croissante avec la Russie (1). On envisage sous quel angle se présenterait une guerre européenne. « Avec le service militaire obligatoire et dans l'état actuel des armements, personne ne peut vraiment souhaiter la guerre », dit François-Joseph, « mais, le cas échéant, il est probable que l'Autriche-Hongrie se rangerait aux côtés de l'Allemagne, l'Italie également et peut-être l'Angleterre. La France viendrait au secours de la Russie, mais, même sans cette aide, la Russie aurait le dessus ». — « De quoi s'agit-il, au fond ? » demande Valérie. « Ça, personne n'en sait rien », réplique François-Joseph, « en réalité il n'y a pas de raison ».

Le 20 décembre 1887, le baron Warsberg vient rendre visite à l'impératrice à Gödöllö. C'est un homme grand et sec, il a la moustache d'un blond roux, les cheveux grisonnants et son visage aux traits accusés s'éclaire d'un regard vif et intelligent. Élisabeth voit en lui « un esprit supérieur » et l' « inonde de grâces, »

(1) Journal de Valérie, 19 décembre 1887. (A.S.)

— ce sont ses propres paroles. Elle est « plus que gracieuse, elle est familière ». « Elle m'a permis de l'approcher plus qu'à nul autre, peut-être », dit même Warsberg (1). Mais c'est là une illusion qu'il partage avec beaucoup d'autres qui ont eu accès auprès d'elle.

Le 24 décembre, Élisabeth célèbre son cinquantième anniversaire. Ce n'est pas un jour heureux. L'idée qu'un demi-siècle a déjà passé sur elle lui pèse, non que l'âge ait nui à sa beauté, quoi qu'en disent ceux qui ne l'ont pas connue de près, mais elle se sent nerveuse et déprimée et n'éprouve aucune satisfaction intérieure. Avec le temps, elle s'est complètement retirée de la cour et ne se trouve bien qu'au loin, dans un entourage étranger. En somme, Élisabeth ne rentre plus chez elle que pour voir sa fille Valérie. Sans doute, son époux n'est pas devenu tout à fait un étranger pour elle, mais leur conception de la vie et leurs intérêts divergent de plus en plus. L'esprit positif de François-Joseph ne comprend rien aux nouveaux engouements de l'impératrice : Heine et la poésie. En l'absence d'Élisabeth, il se sent très seul. Sa femme se désintéresse à peu près complètement du sort de l'empire, ne paraît presque jamais à la cour, même aux grandes occasions, et semble nourrir une profonde mélancolie. L'empereur est blessé de cette attitude ; il n'est donc que trop facile de s'expliquer son attachement pour Catherine Schratt, simple, intelligente, gaie, normale, pleine d'humour. Absolument désintéressée, l'actrice raconte à l'empereur, dans le langage du terroir, tout ce qui lui vient à l'esprit, et cette liberté le distrait.

L'impératrice a mauvaise conscience de délaisser si souvent son époux. En 1887, par exemple, elle passe l'année entière hors de Vienne. C'est une raison pour elle d'encourager cette amitié. Elle n'y voit qu'une camaraderie qui doit, en son absence, empêcher l'empereur de s'appesantir par trop sur les soucis du gouvernement. Elle charge Angeli de faire le portrait de l'actrice et, en juillet 1887, à l'époque où les clabaudages se sont emparés de ce caprice de l'empereur, elle va tout exprès faire une visite à Mme Schratt, au lac Wolfgang.

Rodolphe et sa femme sont également venus à Gödöllö pour

(1) Journal de Warsberg et lettres adressées à la comtesse..., Vienne, 20 et 29 décembre 1887.

le cinquantième anniversaire de l'impératrice. Mais l'atmosphère est tendue. Le duc Charles-Théodore observe le prince héritier : « Sans doute, il est très intelligent », dit-il, « mais certes moins qu'il ne croit. Il manque de cœur. Son entourage a étouffé ses dispositions et en a fait un être antipathique, voire inquiétant ».

En cette fin d'année, Élisabeth souffre beaucoup des pieds et, comme chaque hiver, le midi l'attire. Valérie s'inquiète du moral de sa mère. Elle se réfugie auprès d'une confidente secrète, la supérieure du Sacré-Cœur de Vienne, la Mère Mayer, également au courant de son penchant pour François-Salvator. Elle lui vide son cœur et se plaint de l'état d'âme de l'impératrice. Les pénibles effets de la situation d'autrefois se font encore sentir, dit-elle, l'ombre de l'archiduchesse Sophie s'interpose parfois entre ses parents.

« Hélas ! » dit la supérieure, « si l'impératrice savait seulement à quel point on l'aime et on la vénère. Si elle le voulait, si elle se montrait davantage, elle gagnerait tous les cœurs. Sous des auspices plus favorables, Sa Majesté aurait pu devenir une Marie-Thérèse, elle en a toutes les qualités. Et maintenant, une question encore. L'impératrice est-elle pieuse ? » — « Pieuse, oui, mais à sa façon, qui n'est pas celle de l'Église. »

« Influencez votre mère, Altesse, afin qu'elle acquière la piété de l'Église ; tâchez d'obtenir aussi qu'elle se réconcilie avec sa famille avec laquelle elle est en mauvais termes depuis 1886. »

« C'est une rude tâche, ma Révérende Mère. Rien n'est plus difficile que de faire abandonner à maman une idée adoptée par elle pour des raisons qu'elle juge infaillibles. »

Élisabeth n'a pas été sans remarquer que son absence prolongée en 1887 a causé quelque humeur à son époux. Elle décide donc, malgré sa nostalgie du midi et sa sciatique, de rester à Vienne jusqu'en mars, saison habituelle des voyages, et de prendre part aux réjouissances du carnaval aussi bien à Vienne qu'à Budapest. Le 18 janvier, elle tient cercle pendant quatre heures à un bal de la cour à Vienne et, malgré les dissensions qui règnent entre l'Autriche et la Hongrie, elle assiste également à un bal à Budapest. Bientôt après, le 23 février, Élisabeth apprend la mort du prince Louis de Bade. Jeune, intelligent, resplendissant de vie, il a succombé à une maladie de poitrine. L'impératrice l'a bien connu à Kissingen. « La malédiction qui pèse sur la maison de Bade semble se réaliser », dit-elle. « Elle est arrivée au pouvoir par le crime commis sur Gaspard Hauser, va-t-elle s'éteindre ? Nous ne sommes rien dans la main de Dieu ! Jéhova est le plus grand des philosophes, ses voies sont impénétrables, nous n'avons qu'à nous incliner. »

Au mois de mars, l'impératrice se met en route pour son voyage de printemps. Elle retourne encore en Angleterre, mais elle ne pense plus aux chasses à courre. C'est, cette fois, un voyage d'étude pour Valérie. Sarolta Majlath accompagne l'impératrice à la place de la landgrave Thérèse Furstenberg. L'ancienne admiratrice de l'archiduchesse Sophie, devenue par la suite une fervente d'Élisabeth, était une société agréable et sympathique. Mais sa surdité croissante l'oblige à demander sa démission.

Élisabeth est descendue à l'hôtel Claridge et, dès les premiers jours, c'est une véritable course à travers tous les musées de la ville, sans oublier l'illustre cabinet de Mme Tussaud. La mère et la fille sont toutes deux épouvantées à la vue des effigies en cire de l'empereur et de son épouse ; elles meurent d'envie de détruire ces affreuses caricatures. Le 20 mars, le capitaine Middleton vient rendre visite à l'impératrice avec sa jeune femme. Très souvent Élisabeth et Valérie flânent dans l'immense ville et courent les magasins, ce qui les amuse beaucoup, car personne ne les reconnaît. Un jour, dans un magasin, un jeune couple les examine et la femme dit à son mari : « *Most extraordinary people those !* » Ensuite, elles vont à Bornemouth où, dès le mois d'avril, on peut prendre des bains.

Pendant son séjour en Angleterre, l'impératrice apprend que le comte Andrassy est à nouveau malade. On dit que c'est grave, certains prétendent même incurable. Elle continue à voir en lui son ami le plus fidèle et le plus dévoué à sa maison. Avec ses souhaits de rétablissement, elle lui envoie une montre. L'objet n'a pas grande valeur en lui-même, c'est une simple attention. Andrassy en est profondément touché. « Vous comprendrez », écrit-il à Ida Ferenczy, « vous qui connaissez Sa Majesté encore mieux que moi et savez exactement qu'elle ne fait jamais une chose pour la forme ou par caprice — ses moindres gestes sont sincères — que je suis heureux et fier du cadeau et de la lettre de Sa Majesté... Cette montre m'est d'autant plus précieuse, que je sens, en la regardant, que ce n'est pas un présent de cour, une distinction, mais un souvenir. Celle qui me l'a envoyée, même si elle n'était pas notre reine bien-aimée, est, par son esprit, par sa personne et par son caractère, l'être le plus intéressant que j'aie jamais rencontré. Je ne souhaite qu'une chose, c'est que tous ceux qui la connaissent l'aiment autant que nous » (1).

Ida Ferenczy s'empresse de faire part de cette lettre à l'impératrice qui, revenue d'Angleterre, séjourne à Munich. Là, elle est allée voir la comtesse Irène Paumgartten qui s'adonne au spiritisme. Les cercles diplomatiques en sont informés. Le ministre de Prusse à Munich en parle à Bismarck ; il pense que la foi d'Élisabeth dans les communications avec le monde des esprits, transmises par la comtesse, pourrait, dans certaines circonstances, être du plus grand intérêt (2). Le diplomate s'en exagère l'importance. Sans doute, Élisabeth va souvent voir son amie d'enfance, mais elle s'amuse de ses prétentions de « médium par l'écriture ». Sont-ce là des sornettes, y a-t-il du vrai là dedans ? Élisabeth n'en sait rien, mais elle est certaine que la comtesse est de bonne foi et n'en use pas à des fins personnelles. Par moments, toutefois, elle est tout près d'y croire, mais elle finit par tourner le tout en ridicule.

De Munich, Élisabeth retourne à Lainz où François-Joseph la reçoit avec joie, l'archiduc Rodolphe froidement et avec réserve. Élisabeth en est attristée. « C'est ce qu'on appelle rentrer chez soi », dit-elle amèrement. « On n'est vraiment chez soi que là où la nature est belle et où les êtres sont gais. » Le prince, cependant, inquiète l'impératrice et elle redoute, surtout pour sa fille, l'avenir qu'il représente.

Le 13 mai a lieu l'inauguration solennelle de la statue de Marie-Thérèse. Pendant que se déroule la cérémonie, Élisabeth réfléchit à son fils Rodolphe. Elle n'ignore pas que le prince désavoue les prochaines fiançailles de Valérie, aussi se décide-t-elle à lui parler. « Ne sois pas dur envers Valérie », lui dit-elle, « cela te porterait malheur ». Tout ce qui est mystique et troublant a

(1) Andrassy à Ida Ferenczy, 10 mai 1888. Archives Farkas.
(2) Le comte Eulenburg à Bismarck, Munich, 2 mai 1888. Archives des Affaires étrangères. Berlin.

prise sur cette nature faible et superstitieuse, Élisabeth le sait bien et c'est par ce biais qu'elle cherche à l'atteindre : « Moi qui suis née un dimanche », lui dit-elle, « je communique avec l'au-delà et j'ai le pouvoir de dispenser le bonheur et le malheur. Donc, rappelle-toi ce 13 mai ».

« Je ne ferai jamais de mal à Valérie, maman. » Élisabeth scrute le visage de son fils, elle est frappée de tout ce qu'elle y découvre : son regard inquiet et vacillant, le cerne de ses yeux et la pâleur répandue sur tous ses traits.

« Es-tu malade ? »

« Non, simplement fatigué et à bout de nerfs. »

Le dialogue a lieu à table. La conversation roule sur les troubles de la veille : un cortège de *teutomanes* — c'est le terme de la cour — avait défilé devant la statue encore voilée de Marie-Thérèse en chantant *La Garde au Rhin* et la police avait dû intervenir pour les disperser.

Au mois de juin, Élisabeth vit avec sa fille des jours de grande intimité. Elles philosophent en se promenant. Élisabeth croit au Dieu jaloux, Valérie, elle, croit davantage au Dieu d'amour. L'impératrice a si mauvaise opinion des hommes, que sa fille en est toute attristée. « Je préférerais me retirer complètement à Corfou », dit-elle, « puisque aussi bien, il faut que je te donne. Il est temps que je m'habitue à cette drogue amère ».

Après un séjour de plusieurs semaines à Gastein, Élisabeth s'installe fin juillet à Ischl, où François-Joseph vient la rejoindre. Catherine Schratt y passe également l'été. Déjà elle fréquente la villa impériale et se promène souvent avec les souverains. Le 4 août, Valérie prend part à l'une de ces promenades et elle trouve l'actrice simple et sympathique. Mais elle éprouve un sentiment pénible : on jase, sans comprendre qu'il ne s'agit pour l'empereur que d'une simple camaraderie. Et Valérie regrette qu'Élisabeth ait tellement encouragé ces relations. L'impératrice a de tout temps aimé fréquenter les gens de théâtre ; depuis qu'elle lit avec passion, elle fait venir des acteurs et des professeurs de diction, tels Emmeric Robert et Alexandre Strakosch, pour se faire lire et réciter les œuvres de ses poètes favoris. De Heine, dont le *Balthazar* et *Le pèlerinage de Kevlaer* la touchent chaque fois jusqu'aux larmes, Élisabeth est arrivée à Byron et à Shakespeare, elle lit, traduit et déclame sans discontinuer.

Le 15 août, le roi et le prince héritier de Portugal arrivent à Ischl. Apparemment, le prince vient chercher femme. Sans doute, ni le roi ni son fils ne savent-ils à quel point Valérie est déjà engagée, et Élisabeth s'amuse d'entendre le prince portugais parler à Valérie de ses poésies et lui raconter qu'il traduit Shakespeare avec son père.

Après le départ des hôtes, Élisabeth déclare subitement : « Je pars toute seule pour quelques jours aux lacs de Langbath, je n'emmène personne, car je ne veux pas parler ». Sa dame d'honneur, Sarolta Majlath, est affolée. « Si au moins », dit-elle, « elle revenait calmée et satisfaite ; mais plus elle réfléchit, plus elle est malheureuse. Dieu veuille qu'elle trouve le repos quelque part ; je crains, hélas ! que ni Heine ni Byron ne soient capables de le lui procurer, c'est bien triste ».

A son retour, Élisabeth se rend avec Valérie aux festivals de Bayreuth. L'impératrice, qui d'ailleurs n'est pas du tout musicienne, est si émue par *Parsifal*, qu'elle voudrait qu'il n'y eût pas de fin. A l'entr'acte, elle fait venir Cosima Wagner dans sa loge. Grande et distinguée, fascinante même, elle porte les traces de son ancienne beauté et il émane d'elle un calme qui en impose. Telle, Cosima Wagner pénètre dans la loge de l'impératrice. Elle assure que sans Louis II toute cette harmonie, qui lui paraît la plus puissante réalisation humaine, n'aurait jamais été créée. Les larmes aux yeux, elle parle de son mari et de son père.

« Je vis seule, retirée avec mes enfants, uniquement occupée du passé. La musique est ma seule joie. »

« Vous avez raison, moi non plus je ne sors guère ; au théâtre tout le monde me dévisage ; pour tout dire, je ne me plais pas au milieu des hommes. »

« J'éprouve les mêmes sentiments », réplique Cosima. « J'ai toujours compris le roi Louis II. A notre époque, il devient impossible à un être qui a un tant soit peu de délicatesse et d'idéal, de vivre au milieu des hommes, tant ils sont barbares et grossiers. »

Élisabeth est tellement ravie, qu'elle demande à voir le chef-d'orchestre Mottl et les principaux interprètes, van Dyck et

Reichmann. Leurs personnalités réelles, assez prosaïques, enlèvent à Élisabeth toutes ses illusions. « J'aimerais réentendre le tout », dit-elle, et Reichmann réplique : « Je suis prêt à recommencer sur l'heure ».

De Bayreuth, ces dames se rendent, le 29 août, à Kreuth pour y fêter le quatre-vingtième anniversaire de la duchesse Ludovica. Ensuite elles regagnent Ischl où, le 10 septembre, arrive le duc d'Oldenbourg en compagnie de sa femme. La duchesse, issue de la petite noblesse, est considérée avec dédain dans les milieux princiers. Par esprit de contradiction Élisabeth reçoit le duc et la duchesse avec une extrême cordialité.

Mais déjà l'impératrice songe à de nouveaux voyages. A Gastouri, Warsberg a loué pour l'impératrice la villa Braïla, Élisabeth se réjouit de revoir Corfou, son île bien-aimée. Au début d'octobre, elle fait part à l'empereur de ses projets de départ. « Ma chère âme », lui répond-il tristement, « je suis bien affligé de te voir partir si loin et pour si longtemps, surtout après les jours brefs et agités, mais si intimes, que nous venons de passer ensemble. Tu t'es montrée particulièrement gracieuse, charmante et bonne et je t'en remercie... Pense quelquefois à ton petit qui est bien seul et qui t'aime infiniment ».

La manie de voyager de l'impératrice est bientôt connue dans le monde entier et suscite dans la presse des commentaires sans bienveillance. Des feuilles anglaises annoncent qu'elle songe à entreprendre un voyage en Amérique et aux Indes et même à faire le tour du monde. En réalité, il n'est encore question que d'un pèlerinage à Missolonghi, où lutta et mourut pour la liberté l'enthousiaste Byron, ce qui n'empêche pas le *Miramar* de mouiller en rade de Sainte-Maure, tandis que la voyageuse fait l'ascension du rocher de Sapho appelé saut de Leucade.

Pendant le voyage, Élisabeth lit Byron. De retour à Corfou, elle s'enthousiasme une fois de plus pour son île merveilleuse ; elle fait des promenades en mer sur le cotre *Lizzy* et commence à apprendre le grec ancien et le grec moderne sous la direction du professeur Romanos de Corfou. Elle apprend d'abord seule, faisant les cent pas dans le jardin, ou bien elle écrit ses devoirs installée sur la splendide terrasse d'où la vue s'étend sur la mer et les montagnes albanaises.

Le genre de vie et l'état d'esprit de l'impératrice inspirent de sérieuses inquiétudes à la fidèle et intelligente comtesse Festetics. Ida Ferenczy est restée en Autriche. Marie Festetics lui écrit et lui fait part de ses craintes : « Ce que je vois et ce que j'entends ici m'afflige, ma chère Ida. Sans doute, Sa Majesté est toujours gentille dans l'intimité et elle parle comme autrefois. Mais elle n'est plus la même, une ombre s'est répandue sur son âme. C'est la seule expression qui convienne ; si, par commodité ou par plaisir, un être refoule et nie tout sentiment noble, ce ne peut être qu'amertume ou cynisme ! Crois-moi, mon cœur pleure des larmes de sang. En outre, elle a des réactions qui choquent le bon sens et même la raison. Hier matin, le temps était mauvais, elle n'en est pas moins sortie en cotre. A neuf heures, survint une pluie diluvienne, accompagnée de tonnerre, qui dura jusqu'à trois heures de l'après-midi. Pendant tout ce temps, elle continua sa promenade le long de la côte, assise sur le pont sous un parapluie ; elle était trempée. Enfin, elle débarqua n'importe où, commanda une voiture et voulut passer la nuit dans une villa étrangère. Tu peux imaginer où nous en sommes — Dieu merci, son médecin l'accompagne toujours... »

Partout où elle passe, Élisabeth se fait remarquer par l'élasticité et la grâce aérienne de sa démarche. Elle semble « une victoire en marche », disent les plus fins de ses admirateurs. D'autres, pour la rapidité de son allure, la nomment « le chemin de fer », appellation qui n'a rien de péjoratif, car, pour la population rurale en Grèce, le chemin de fer est le comble du grandiose (1).

L'administration a les plus grands égards pour Élisabeth : dans certaines îles, elle fait tracer des chemins exprès pour elle. Elle s'en montre très reconnaissante. Toutefois, elle ne veut pas recevoir de visites à Corfou. Elle y est venue pour avoir la paix. Un jour, le roi Georges de Grèce s'annonce, elle lui fait répondre simplement qu'elle sera absente de Corfou les jours suivants. Le souverain remet sa visite à huitaine, mais l'impératrice lui fait dire une seconde fois qu'elle sera encore loin de Corfou pendant quelques jours. La visite royale est esquivée (2).

(1) Le comte Khevenhüller au comte Kalnoky, Corfou, 19 octobre 1888. Vienne, Archives d'État.

(2) Lettre du baron de Kosjek au comte Kalnoky, Athènes, 14 novembre 1888. Vienne, Archives d'État.

Sur ces entrefaites, arrivent de mauvaises nouvelles de Munich. Au cours de l'été, le père de l'impératrice avait eu une petite attaque d'apoplexie ; le 10 novembre, une attaque plus violente le frappe. L'impératrice reçoit la nouvelle deux jours plus tard et veut se mettre immédiatement en route. En réponse à son télégramme, l'empereur l'en dissuade : il craint l'effet de ce triste événement sur l'âme déjà ébranlée de son épouse. D'ailleurs, Élisabeth ne serait plus arrivée à temps, car, le 15 novembre, à quatre heures du matin, Dieu rappelait à lui cet original qui avait passé toute sa vie en marge de sa famille. Dans les dernières années de sa vie, la solitude s'était faite autour de lui, le cercle de ses amis s'était peu à peu éclairci et ses dernières années s'étaient écoulées dans une résignation sereine.

Le 15 novembre, dans l'après-midi, Élisabeth reçoit la dépêche de l'empereur : « Père décédé, suis de cœur avec toi ». L'impératrice est très émue et se reproche de s'être si peu occupée de son père de son vivant ; mais il est vrai qu'il était rarement là quand elle retournait dans sa famille.

Le consul Warsberg essaie de distraire l'impératrice de son chagrin en l'intéressant à ses projets de construction. Élisabeth est plus enchantée de l'île que jamais. Ses pieds, qui la font toujours souffrir, vont cependant beaucoup mieux dans ce pays de soleil. « Je veux passer ma fête à la mer », écrit-elle à sa fille. « Le 1er, je serai à Miramar pour y rencontrer Poka (1), ce dont je me réjouis beaucoup. Mais il faut qu'il fasse plus chaud ; le froid m'est de plus en plus néfaste... Avant-hier, je suis allée à pied jusqu'au bord de la mer, à la villa Capodistria, à deux heures d'ici. Au milieu d'un site sauvage, elle paraît un château enchanté ; autour de cette maison délabrée, dans le jardin à l'abandon, ont poussé pêle-mêle de grands orangers, des mandariniers et des citronniers. Ce qu'il y avait de plus beau, c'était les camélias ; il en est à peine de semblables à Madère... (2). J'ai déjà vu beaucoup de belles choses, mais rien au monde ne dépasse Skhérié (nom homérique de Corfou). Sous le ciel étoilé, le spec-

(1) François-Joseph, en plaisantant avait comparé, un jour, sa situation dans l'empire à celle du dindon au milieu d'une basse-cour. Poka, en hongrois, signifie dindon. Dans l'intimité le nom était resté.

(2) Élisabeth à Valérie, Villa Braïla, Corfou, 16 novembre 1888. (A.A.C.W.)

tacle est encore plus enchanteur. Hier soir, ce pays des merveilles s'ouvrit devant moi et mon cœur n'arrive pas à se ressaisir devant tant de beauté » (1).

Élisabeth ne s'arrache qu'avec peine à son île bien-aimée, mais elle se réjouit de revoir son époux qui vient à sa rencontre à Miramar. Là, Élisabeth lui parle de son projet de construire une villa à Corfou et François-Joseph, qui ne sait rien refuser à sa femme, s'incline. Mais il ne consent pas avec joie, il sait bien que si sa femme veut ériger là une demeuse, c'est qu'elle veut y vivre, loin de sa patrie, loin de lui, et cette pensée lui est dure. Élisabeth convoque Warsberg. Elle lui confie la direction des travaux de construction et le charge des fonctions à la fois d'architecte et d'ordonnateur des jardins. Le consul, jusque-là très sceptique, s'en réjouit. « L'impératrice est d'une amabilité charmante », écrit-il dans son journal (2). « Impossible de lui résister. Dans le fond, cette mission artistique me plaît. » Mais Warsberg s'aperçoit de la réserve de François-Joseph et sent ses réticences. « Cette faveur de l'impératrice me nuit réellement à Vienne », écrit-il. En effet, on le rend responsable de la passion d'Élisabeth pour l'hellénisme. Si elle oublie sa famille, son époux, sa situation d'impératrice et même sa véritable patrie, c'est à Warsberg qu'on s'en prend et le malheureux consul ne s'explique pas ces reproches. Sa santé est gravement compromise, il n'a jamais recherché ces devoirs honorifiques. Mais comment aurait-il pu s'y soustraire ? Coûte que coûte, il lui faut s'occuper de cette construction.

Le 2 décembre, François-Joseph fête le quarantième anniversaire de son règne. Il est allé à Miramar non seulement pour voir sa femme, mais aussi pour échapper, ce jour-là, aux hommages de la foule. Les souverains ont de longues et intimes conversations. Valérie est venue également et son sort préoccupe particulièrement Élisabeth. « Valérie », lui dit-elle un jour, « je te conseille de te confier une bonne fois à papa. Moi, naturellement, je donne mon consentement à tes fiançailles ; et pourtant je serai bien seule après ton départ ; tout sera différent. La veille de Noël serait le moment opportun ». François-Joseph entre alors

(1) Élisabeth à Valérie, Villa Braïla à Corfou, 27 novembre 1888. (A.A.C.W.).
(2) Journal du 1er et du 2 décembre 1888. Archives Warsberg.

dans la pièce. « Que dis-tu de la terrible surprise que maman nous a réservée ? » dit-il moitié riant à sa fille. « Se faire tatouer une ancre bleue sur l'épaule — c'est à pleurer ! »

« Non », dit Élisabeth, « c'est plutôt moi qui ai pleuré, d'une autre surprise ».

« Quoi donc ? »

« Elle veut donner sa réponse à François. »

« Qu'est-ce à dire ? » demande François-Joseph, toujours laconique.

Valérie, hésitante, répond : « Je voudrais me fiancer ». Élisabeth rit, l'empereur incline seulement la tête comme si la chose était conclue depuis longtemps et il ajoute sèchement : « Eh bien ! il n'y a plus qu'à fixer le mariage ». L'impératrice feint l'indignation. Son époux prend-il donc cette décision comme une affaire ? Mais ce n'est qu'une attitude. L'empereur s'approche de la fenêtre pour cacher son émotion. Peu de temps après, les souverains partent pour Schoenbrunn. Élisabeth, encore enthousiasmée de la beauté de la Grèce, dit à plusieurs reprises à sa fille qu'elle y voit sa future patrie. Elle a ramené de Corfou un Grec, l'avocat Thermojanis, qui l'accompagne dans ses promenades à Schoenbrunn et lui enseigne sa langue. François-Joseph et Valérie, si heureuse depuis que son père a consenti à ses fiançailles, s'en amusent beaucoup. Le Grec a l'air comique et paraît dépaysé dans le cadre de la cour.

La jeune fille redoute de confier ses projets à Rodolphe. Le prince héritier est de plus en plus bizarre. Il est devenu si sauvage et si taciturne que la landgrave Furstenberg, par exemple, qui ne l'a plus vu depuis un certain temps, le reconnaît à peine. Élisabeth l'invite à dîner pour le 16 avec la princesse Stéphanie, « afin de lui confier un secret ». Au premier moment, il semble agité et effrayé, mais il est aimable. Valérie ose donc — pour la première fois de sa vie, dit-elle — se jeter à son cou et tout lui dire. Cette démonstration affectueuse, si longtemps refoulée, touche Rodolphe. Il prend Valérie dans ses bras et l'embrasse avec une tendresse vraiment fraternelle.

« Je t'en prie », dit Élisabeth, « sois bon pour Valérie et son époux, le jour où ils dépendront de toi ».

« Je le promets et je le jure », dit Rodolphe avec simplicité mais chaleureusement. Élisabeth, alors, s'élance vers lui et lui fait le signe de la croix sur le front :

« Dieu te bénira et cela te portera bonheur. Tu es mon fils et je t'aime profondément. »

Rodolphe, ému, lui baise la main, avec véhémence. Là-dessus Valérie se précipite vers sa mère et son frère, les enlace et dit, presque inconsciemment :

« C'est ainsi que nous devrions être toujours. »

Élisabeth est heureuse de cette belle soirée et se sent rassurée. « Oui », dit-elle finalement à sa fille, « je veux bien te confier à l'amour de François, mais c'est un brigand ; en ta personne, c'est la seule véritable joie de toute ma vie conjugale qu'il me prend » (1).

Ainsi arrive la veille de Noël 1888, jour anniversaire d'Élisabeth. Rodolphe et sa femme sont venus pour cette fête et le prince héritier offre à sa mère un recueil de lettres de Heine, François-Joseph accompagne ce cadeau d'un regard ironique, mais se tait. Lorsque le couple princier s'est retiré, François-Joseph appelle l'archiduc François-Salvator et les fiançailles sont célébrées en règle. Élisabeth embrasse affectueusement le jeune fiancé : « Je t'aime beaucoup. Je te donne ce que j'ai de plus cher au monde. Rends ma Valérie heureuse ! » La fiancée tombe dans les bras de sa mère : « Je te demande pardon pour toutes les fautes que j'ai pu commettre envers toi ».

« Je voudrais avoir à te pardonner davantage. Il me serait moins difficile de te laisser partir. »

Élisabeth a quitté, pour ce soir-là, le deuil de son père et elle est remarquablement jeune et belle dans sa toilette claire. A son tour, François-Joseph adresse quelques paroles à son futur gendre, regarde gaîment le jeune couple et finit par dire, en cachant ses larmes : « Valérie est toute guillerette ». La comtesse Kornis, gouvernante de Valérie pendant de longues années, vient féliciter son élève. Élisabeth lui glisse avec une tristesse malicieuse : « Nous voilà toutes deux à la retraite ».

Cette journée n'aurait pu être plus intime et plus cordiale. François-Joseph aussi en est très heureux. Le 26 décembre, Élisabeth se rend à Munich avec les fiancés pour les présenter à

(1) Journal de Valérie, 16 décembre 1888. (A.S.).

sa mère. Elle n'a pas revu la duchesse depuis la mort du duc Max. A l'occasion du nouvel an, l'empereur adresse à son épouse, à Munich, une lettre très tendre et très affectueuse. « Mes meilleurs vœux pour tous, mais surtout pour toi, mon ange adoré. Puissent tous tes désirs, qui sont réalisables et ne me gênent pas trop, être exaucés. Conserve-moi ton amour, ton indulgence et ta bonté. J'ai le sentiment, et j'en éprouve une profonde gratitude, que ton amour, loin de se refroidir avec les années, comme le mien, augmente avec elles, et j'en suis très heureux. J'ai reçu hier de l'amie le télégramme ci-joint. »

Ces derniers mots, François-Joseph les ajoute parce qu'il ne veut pas avoir de secret pour sa femme. Elle doit et elle peut tout savoir. Tout semble en bonne voie. Peut-être, se dit François-Joseph, l'engouement pour la Grèce et les voyages passera-t-il comme les autres, Élisabeth, alors, serait tout à fait gagnée à la patrie, à la famille et à l'empire.

CHAPITRE XIII

LA MORT DU PRINCE HÉRITIER
1888-1890

Élisabeth passe le jour de l'an dans son pays auprès de sa mère. Elle retourne ensuite à Vienne et, de Munich encore, elle lui écrit : « Nous partons d'ici le cœur gros, moi surtout, car Valérie est bête, étant amoureuse. J'ai beaucoup joui de ces journées agréables passées près de toi dans le calme, chère Mimi. J'étais tellement heureuse d'être avec toi si longtemps, que j'en suis maintenant toute triste ». A Vienne, l'impératrice est encore obligée de recevoir des vœux de nouvel an. La mère de François-Salvator vient, elle aussi, lui rendre visite. Élisabeth est très aimable, lui propose de la tutoyer, mais, pour finir, elle lui dit : « Il est préférable que les belles-mères n'interviennent pas dans les jeunes ménages. Quant à moi, j'éviterai d'aller voir le jeune couple ». Cette recommandation lui est dictée par le souvenir de sa propre jeunesse. La mère de son futur gendre lui répond fort gentiment : « Oui, il faut être maman et non belle-mère ». Tout semble donc pour le mieux. Une entente parfaite règne dans la famille impériale et l'avenir paraît s'annoncer sous les meilleurs auspices. En réalité, cependant, la destinée prépare, à l'insu de tous, un terrible malheur.

Le prince héritier n'est plus le même, quoiqu'il n'y ait, en apparence, aucun changement dans sa manière d'être. L'impératrice n'a guère pu l'observer. Ses absences des deux dernières années, son attachement exclusif pour Valérie, l'ont empêchée de voir bien des choses. Quant à l'empereur, accablé de soucis politiques, il a peu de vrais amis et aucun confident susceptible de l'éclairer, car il écarte toute familiarité. D'ailleurs, le prince héritier s'entend à merveille à dissimuler sa vie privée, tout particulièrement à ses proches. Parmi les rares témoins de sa véritable vie, les uns ne tiennent pas à entrer en conflit avec l'héritier du trône, les autres en tirent trop de profit pour le contrecarrer, si bien qu'il ne se trouve personne pour avertir l'empereur à temps du danger qui menace. Ses domestiques, son cocher Bratfisch et son valet de chambre Loschek, sont seuls à connaître les secrets de Rodolphe. Ni son aide de camp, ni son chambellan, ni personne à la cour n'en est informé (1).

Ce prince élégant, comblé des dons de l'esprit et de l'intelligence, si bien pensant jadis, n'est plus que l'ombre de lui-même. Malgré les apparences, la maladie contractée en 1886 n'est pas guérie et continue de le ronger. Au milieu des affres qu'elle lui cause, le prince a recours à des excitants pour étouffer la peur de l'avenir qui grandit en lui. Il boit plus que de raison et, dans une sorte de hâte fébrile à jouir des années qui lui restent, il s'acharne à épuiser la coupe de la vie. Il entretient des relations avec les pires créatures en même temps qu'avec des femmes de la haute société, il s'accable d'amers reproches et se pose sans cesse le même angoissant problème : cette vie, à laquelle il s'abandonne, est-elle compatible avec son honneur d'officier et d'héritier présomptif ? Dans le fond, le prince a un caractère noble, généreux et chevaleresque. C'est à la maladie et à la nervosité qu'elle entraîne qu'il faut attribuer sa vie dissolue des derniers temps. Par moments son existence l'écœure et il se prend à songer que la mort peut seule expier ses turpitudes. Soucieux de cacher ses débordements à ses parents, si bons, si irréprochables, si élevés, il ne peut pas avouer ses prodigalités, et il se trouve un banquier complaisant pour lui prêter, en secret, des sommes importantes dans l'espoir d'en tirer quelque profit, par exemple la concession du chemin de fer d'Orient ou autre (2). C'est une chaîne de plus pour le malheureux Rodolphe.

Il lui arrive souvent de jouer avec l'idée de la mort, mais alors la question se pose, angoissante : « Et après ? » Qu'y a-t-il au delà ? Cette pensée le glace, il sent qu'il ne pourrait seul franchir ce pas. Il lui faudrait un être pour l'encourager et l'accompagner dans l'au-delà, au cas où la peur de la mort viendrait, au dernier moment, le paralyser. Et il s'adresse à une femme, du reste très inférieure à lui ; ils iraient ensemble au Temple des hussards près de Mödling et là se donneraient la mort. Mais elle, qui ne songe nullement au suicide, se précipite chez le préfet de police,

(1) Oscar DE MITIS, *La vie de l'archiduc Rodolphe.*
(2) Voir MITIS, ouv. cit., pp. 396 et 429.

lui raconte tout et requiert sa protection en cette pénible occurrence. Le projet échoue donc. Toutefois, il semble bien qu'on ait évité de prévenir François-Joseph, malgré l'existence d'une lettre absolument formelle.

Rodolphe cherche donc une autre compagne. C'est à ce moment qu'entre dans sa vie la fille de cette baronne Vetsera qui, l'année précédente, avait essayé elle-même de séduire le prince. Cette belle jeune fille de dix-sept ans, à l'esprit romanesque, a entendu célébrer chez elle les louanges enthousiastes du jeune prince. Quoi d'étonnant, après cela, qu'aux yeux de cette toute jeune fille l'héritier de l'empire ait fait figure de prince charmant ? Dès leur première rencontre, la première fois qu'elle lui touche la main, Marie sent son cœur en flammes. Quant à Rodolphe, dans l'état de dépression où il se trouve, comment pourrait-il résister à sa grâce juvénile et à ses yeux extasiés ? Une liaison ne tarde pas à s'ébaucher. Soucieux de la tenir secrète, comme toutes les autres, Rodolphe fait appel à sa cousine, la comtesse Larisch-Wallersee, qui s'entend fort bien à masquer les sorties du prince et les visites de la jeune fille. Certes, en souvenir des bontés de l'impératrice, la comtesse aurait pu prévenir la mère de Rodolphe. Elle n'y songe pas ; au contraire : son rôle devient très équivoque (1).

Marie Vetsera est tout à fait différente de la première femme à laquelle le prince a offert de mourir avec lui. Elle s'est donnée à lui avec toute sa spontanéité : plus tard seulement, elle a

(1) En mai 1913, la comtesse Larisch publia un livre en anglais : *Countess Marie Wallersee, My Past*, London 1913, après la mort de son fils Georges. On sait que celui-ci s'était tué, après avoir appris par la lecture d'un ouvrage le rôle de sa mère dans le drame de Mayerling. Le livre de la comtesse Larisch, curieux mélange de vérités, de mensonges et d'allusions haineuses, ne peut être pris en considération, bien que son auteur ait vécu un certain temps dans l'intimité de l'impératrice. Le comte Larisch avait obtenu le divorce en 1896. Alors Marie Wallersee épousa successivement le chanteur bavarois Otto Brucks, puis un fermier américain dont elle se sépara par un nouveau divorce.

En 1934, elle publia un second livre, signé Marie-Louise de Wallersee, comtesse Larisch, princesse de Wittelsbach, usurpant ce dernier titre auquel elle n'eut jamais droit. Ce livre, qui porte en anglais le titre de *Her Majesty Elisabeth* et en allemand celui de *Kaiserin Elisabeth und ich*, est conçu dans le même esprit que *My Past* et mérite d'être jugé au même niveau. Mme Wallersee-Larisch-Brucks-Fleming, se basant sur le livre de Zanardi-Lardi, répète la fable de la fille secrète de l'impératrice et prétend en avoir la preuve. Mais elle se trahit en commettant les mêmes erreurs de date.

appris la vie dissolue de Rodolphe. Dans l'exaltation de son amour, elle envisage avec effroi la fausseté de sa situation : elle a une liaison avec l'héritier présomptif de l'empire, un prince marié, qui plus est ; la menace perpétuelle d'un scandale plane sur elle. Ces pensées la travaillent sans cesse et ses tourments la conduisent au paroxysme de la tension nerveuse. Elle est très jeune, et son esprit n'a ni assez de maturité ni assez de résistance pour lutter contre cette surexcitation. C'est à ce moment-là, sans doute, que Rodolphe lui offre de partager son trépas. Marie aime vraiment et elle est décidée à payer cet amour, fût-ce de sa vie. L'inévitable se produit donc.

Le 29 janvier 1889, a lieu un dîner de famille chez les souverains. Rodolphe s'est fait excuser, prétextant une indisposition. Les bagages sont faits, Élisabeth doit partir le 31 pour Ofen avec l'empereur.

Le 30 au matin, il y a chasse à Mayerling. Rodolphe se fait attendre, son valet de chambre, Loschek, vient annoncer au comte Hoyos, l'ami du prince, qu'il a frappé à la porte de Son Altesse, sans obtenir de réponse. Le comte accompagne le domestique, frappe à son tour vigoureusement. Rien ne bouge. Les deux hommes essaient d'enfoncer la porte du poids de leurs corps, mais elle résiste. Enfin, Loschek éventre la porte d'un coup de hache et, dans la pénombre — les volets sont fermés — un spectacle horrible s'offre à leur vue. Le prince héritier est assis, immobile, sur le bord du lit ; penché en avant, il saigne de la bouche. Sur la table de nuit, un verre et un miroir. Sans regarder de plus près, le domestique conclut que le prince a pris du poison dans ce verre : la strychnine produit en effet des hémorragies. A côté de lui, sur le lit, gît le cadavre d'une jeune fille. C'est la jeune baronne Vetsera, livide, froide, déjà raidie par la mort.

Hoyos, sans rien examiner, se précipite à la gare, fait arrêter l'express et part pour Vienne. Là, il court chez l'aide de camp de l'empereur, le comte Paar, et le prie de préparer avec ménagement François-Joseph à l'horrible nouvelle. « Impossible, seule Sa Majesté peut le lui dire », déclare l'aide de camp et il fait appeler en hâte le premier chambellan de l'impératrice, le baron Nopcsa. Le baron arrive et, consterné, il court chez Ida Ferenczy : « Comment faut-il le dire à Sa Majesté ? »

Élisabeth a justement sa leçon de grec. Son professeur lui lit des passages d'Homère. Ida Ferenczy, livide, apparaît dans l'embrasure de la porte et annonce à l'impératrice que le baron Nopcsa veut lui parler instamment (1). Élisabeth s'impatiente : « Qu'il attende ou revienne plus tard ». Mais la dame d'honneur, agitée, insiste plus qu'elle n'a coutume pour faire recevoir le chambellan. Enfin, elle se voit forcée de dire doucement à Élisabeth :

« Il apporte de mauvaises nouvelles de Son Altesse, le prince héritier. »

Le Grec est congédié et, déjà, Ida Ferenczy pousse Nopcsa dans la pièce. Il s'acquitte de sa mission avec le plus grand ménagement. Après un instant, Ida revient et trouve l'impératrice en larmes. A ce moment-là, un pas souple et rapide se fait entendre. C'est François-Joseph. « Qu'il n'entre pas ! Pas encore ! » dit Élisabeth. Ida Ferenczy se précipite à la porte : « Que Votre Majesté veuille bien attendre encore un instant ».

L'empereur reste devant la porte en compagnie de Nopcsa qui a peine à se maîtriser. Élisabeth, cependant, sèche ses larmes.

« Cela se voit-il ? » demande-t-elle. « Eh bien ! soit, laissez-le entrer et Dieu me soit en aide ! »

François-Joseph entre de son pas souple. Dieu seul sait comment l'impératrice annonça la catastrophe à son époux. Brisé, la tête basse, le malheureux père quitte l'appartement.

« Venez avec moi, baron. »

Élisabeth, cependant, descend dans les appartements d'Ida Ferenczy. C'est l'heure de la visite de Mme Schratt qui, dans les derniers temps, vient souvent voir Leurs Majestés et a coutume de se rendre d'abord chez Ida, la confidente la plus intime de l'impératrice, comme pour marquer qu'il ne se passe rien de secret ou d'équivoque. Ce jour-là, Élisabeth est particulièrement heureuse de voir arriver la jeune actrice d'un naturel si calme et si simple. Elle trouve que l'empereur aura besoin, plus que jamais, d'une consolation spontanée qu'elle, la mère si éprouvée, ne peut guère lui apporter. L'impératrice conduit elle-même Mme Schratt auprès de son époux. Sa première pensée, ensuite,

(1) Récit d'Ida Ferenczy à l'archiduchesse Valérie et rapporté dans le journal de l'archiduchesse.

est pour sa fille. Lui parler maintenant, même si elle ne sait rien encore, est la seule chose qui pourrait apaiser un peu le désespoir d'Élisabeth. Valérie n'est pas dans ses appartements. Élisabeth la fait appeler, elle arrive, gaie et sans se douter de rien et trouve sa mère dans sa chambre, tout en pleurs.

« Rodolphe est très, très malade », dit-elle en sanglotant, « il n'y a plus d'espoir ! » Valérie enlace sa mère et s'assied sur ses genoux.

« Tu pâliras, le pire est arrivé... »

« Est-ce qu'il s'est tué ? »

Élisabeth frémit. « Pourquoi crois-tu cela ? Non, non, il est probable que la jeune fille l'a empoisonné. »

Elles entendent des pas. « C'est papa », dit Élisabeth, « je t'en prie, sois calme comme moi ».

A ce moment-là, François-Joseph entre dans la pièce. Les deux femmes se jettent à son cou et tous les trois se tiennent enlacés. Élisabeth et Valérie voulaient être calmes pour le soutenir. Elles s'aperçoivent bientôt que c'est lui, par son héroïque exemple, qui les soutient. « Va chercher Stéphanie », dit l'empereur.

La princesse impériale monte en sanglotant. Élisabeth va à elle avec bonté, affectueusement, presque maternellement, sans aucune amertume. Puis arrive le fiancé de Valérie : « Il faut, dans des heures pareilles, s'abandonner tout entier à Dieu », dit-il.

Mais Élisabeth réplique : « Quand il se met à détruire, le grand Jéhova est terrible comme la tempête ». Ce sont les paroles mêmes qu'elle a prononcées à la mort de Louis II.

Dans l'intervalle, Ida Ferenczy est retournée dans ses appartements. Elle ouvre la porte de l'antichambre et elle y trouve, attendant dans un fauteuil d'osier, la baronne Vetsera. Ida Ferenczy lui dit rudement : « Que voulez-vous, baronne ? Je ne puis vous voir maintenant. Je vous en prie, éloignez-vous ».

Mais la baronne insiste : « Il faut que je parle à Sa Majesté l'impératrice ».

« Mais, baronne, c'est impossible. »

« Il faut, il faut, j'ai perdu mon enfant, elle seule peut me la rendre. » La baronne Vetsera n'est pas encore au courant. Avant la catastrophe, elle était allée trouver le préfet de police et le président du Conseil, le comte Taaffe. Ceux-ci lui avaient conseillé, puisque le prince héritier était en jeu, d'aller chez Sa Majesté. « Elle seule peut faire quelque chose pour vous. » Ida Ferenczy retourne auprès d'Élisabeth.

« Sait-elle déjà quelque chose ? » demande l'impératrice.

« Non ! »

« Pauvre femme ! Eh bien ! je la verrai. » Ida répond, anxieuse :

« Que Votre Majesté attende encore un instant, je vais lui faire parler d'abord par Nopcsa. » Le chambellan s'acquitte aussi de cette mission sans tout dire. La baronne persiste dans sa demande.

« Bon, allez chercher Sa Majesté », tranche Nopcsa. Élisabeth entre, le chambellan se retire. Ida Ferenczy passe dans la pièce voisine, mais la porte reste ouverte : elle peut tout voir, en partie entendre et, en tous cas, répondre au moindre appel de l'impératrice.

Pleine de majesté, l'impératrice se tient devant cette femme bouleversée qui réclame son enfant. Le prince héritier doit l'avoir emmenée. Élisabeth lui dit d'une voix douce :

« Baronne, rassemblez tout votre courage, votre fille est morte ! » La pauvre mère éclate en sanglots :

« Mon enfant, ma belle, ma chère enfant ! »

« Mais savez-vous », continue Élisabeth d'une voix calme, « que mon Rodolphe aussi est mort ? »

La baronne chancelle, tombe aux pieds de l'impératrice et lui enlace les genoux.

« Ma malheureuse enfant, qu'a-t-elle fait ? Elle a fait cela ! »

Ainsi, comme les souverains, la mère croit que sa fille a empoisonné le prince et s'est fait justice. Après un silence, Élisabeth quitte la baronne sur ces mots :

« Et maintenant, sachez que Rodolphe est mort d'une embolie ! »

Dans l'intervalle, une commission s'est rendue à Mayerling sous la conduite du docteur Widerhofer. Il est le premier, après Hoyos et Loschek, à pénétrer dans la chambre. Il commence par faire ouvrir les volets. Les cheveux épars sur les épaules, une rose entre ses mains jointes, la jeune fille est étendue sur le lit, toujours aussi belle, mais la pâleur de la mort répandue sur ses traits. Le prince héritier est toujours assis sur le bord du lit.

A terre, le revolver qui a glissé de ses mains raidies et que le jour permet enfin d'apercevoir. Le verre sur la table de nuit ne contient pas de poison, mais du cognac. Le médecin étend le cadavre, refroidi depuis longtemps. Le crâne est traversé de part en part, la balle est entrée par une tempe et sortie par l'autre. La jeune fille a exactement la même blessure. On retrouve les deux balles dans la chambre.

François-Joseph a passé la nuit du mercredi au jeudi dans l'angoisse, en attendant le résultat de l'enquête. Élisabeth et lui ne savent toujours pas comment est mort le prince. Les communiqués parlent d'une embolie. Sur le Burgplatz les Viennois sont venus par milliers manifester leur sympathie. Calme, héroïque, soumis à la volonté divine, François-Joseph attend des nouvelles plus précises. Élisabeth a dû lui promettre de ne pas recevoir la dépouille de Rodolphe qui doit être amenée de nuit à la Hofburg. Vers deux heures du matin, le sinistre cortège pénètre dans la cour du château. Éveillées, Élisabeth et Valérie entendent le battement assourdi des tambours de la garde qui présente les armes. Le lendemain, dès l'aube, l'empereur fait appeler Widerhofer. Il est toujours persuadé que son fils a été empoisonné par la jeune fille. Il n'attend plus du médecin qu'une confirmation et des détails précis.

« Parlez-moi sans détours. Je veux tout savoir. »

Widerhofer ignore l'erreur de François-Joseph. Aussi commence-t-il son pénible rapport par les paroles consolantes du médecin :

« Je puis assurer à Votre Majesté que Son Altesse, le prince héritier, n'a pas souffert un instant. La balle est entrée directement par la tempe et la mort a été instantanée. »

François-Joseph le rudoie :

« Que racontez-vous d'une balle ? »

« Oui, Majesté, nous avons trouvé la balle avec laquelle il s'est tué. »

« Lui ? Il se serait tué ? Ce n'est pas vrai. Elle l'a empoisonné. Rodolphe n'a pas attenté à ses jours. Si vous le dites, il faut le prouver. »

Ébranlé, Widerhofer s'explique ; il raconte la façon soigneuse dont la jeune fille a été étendue. « D'ailleurs », ajoute-t-il, « le miroir sur la table de nuit, dont le prince s'est servi pour viser plus sûrement, atteste qu'il ne saurait y avoir de doute sur le suicide ». Alors, en proie à une douleur insensée, l'empereur éclate en sanglots.

« Rodolphe a-t-il laissé une lettre ? » demande-t-il.

« Plusieurs lettres, Sire, mais aucune pour Votre Majesté. »

A Mayerling, un télégramme posé sur la table demandait au prieur des Cisterciens de Heiligenkreuz de venir avec des moines pour réciter sur le corps du prince les prières des morts. En outre, plusieurs lettres, dont l'une adressée à la princesse Stéphanie, l'autre à l'archiduchesse Valérie ; l'une probablement et l'autre certainement rédigées à Vienne. Seule la lettre adressée à Élisabeth fut sans doute écrite à Mayerling où, à sa dernière heure encore, Rodolphe éprouva le besoin de s'adresser au cœur de sa mère. D'après le témoignage de François-Joseph, toutes ces lettres développent à peu de choses près le même thème : il fallait que Rodolphe mourût, son honneur le lui ordonnait. Elles sont toutes très brèves ; seules celles adressées à Valérie et à sa mère contiennent de plus amples explications.

Rodolphe avoue franchement à sa sœur : « Je ne meurs pas volontiers », et il lui conseille, après la mort de l'empereur, d'émigrer avec son mari, car on ne peut imaginer ce qu'il adviendra alors de l'Autriche-Hongrie.

La lettre à Élisabeth contient des paroles d'affection et de gratitude envers elle et l'empereur, auquel il n'a pas osé écrire. « Je sais très bien », dit-il, « que je n'étais pas digne d'être son fils ». Rodolphe parle ensuite de la survie de son âme et considère celle qui a partagé sa mort comme un ange de pureté qui a su expier. Il prie l'impératrice de le faire enterrer aux côtés de la jeune fille, à Heiligenkreuz. Il est évident que, sans elle, il n'eût pas osé affronter la mort, mais il ne l'a pas fait pour elle. Toutefois, dans aucune lettre le prince héritier n'a donné une raison de poids. La véritable raison est dans l'état d'épuisement physique et moral dans lequel il vivait depuis deux ans.

Le prince héritier repose sur son lit, dans sa chambre, à la Hofburg. Immédiatement après sa conversation avec Widerhofer, l'empereur entre dans les appartements du mort où se trouvent l'aide de camp du prince, le baron Arthur de Giesl, et un prêtre.

« Où est le prince ? » demande François-Joseph.

« Là où il habitait jeune homme, Sire. »

« Est-il très défiguré ? »

« Non, Sire. »

« Couvrez-le bien. L'impératrice veut le voir. »

Sur ce, François-Joseph s'éloigne. Giesl tire la couverture de flanelle blanche par-dessus les mains jointes, jusqu'au cou. Ceci fait courir, par la suite, le bruit absurde que Rodolphe avait les mains coupées. Elles sont parfaitement intactes ; Giesl lui-même les a revêtues de gants blancs. Vers sept heures du matin, l'empereur pénètre, en gants et l'épée au côté, dans la chambre mortuaire de son fils. Il passe nerveusement la main sur sa moustache et reste un quart d'heure muet devant la dépouille. L'après-midi viennent l'impératrice, Valérie et l'archiduc François-Salvator. Un prêtre dit des prières dans la chambre du mort. Les fenêtres sont voilées ; au pied du lit, un crucifix entre deux cierges allumés. Ci-gît donc le fils unique d'Élisabeth, couvert jusqu'à la poitrine par le drap blanc, entouré de fleurs. Le léger pansement autour du front ne le défigure pas. La joue et l'oreille sont roses encore de la saine couleur de la jeunesse. L'expression amère, incertaine, qu'il avait de son vivant, a fait place à une expression détendue et comme souriante. Il semble dormir d'un sommeil heureux. Élisabeth, en sanglots, tombe au pied du lit. François-Joseph n'est pas là et elle peut se laisser aller un instant. Depuis vingt-quatre heures, elle a fourni un effort surhumain : elle s'est dominée pour l'amour de son époux, elle a imposé silence à sa propre douleur. Dans les instants pénibles et difficiles, Élisabeth est toujours à la hauteur des circonstances. Elle dépouille toutes les futilités et toutes les exaltations de sa vie coutumière. La grandeur, la noblesse de sa nature se font jour au moment opportun, elle est prête à tous les sacrifices. Elle se surmonte et, pendant le terrible repas qui suit cette funèbre visite, elle reste impassible. La princesse Stéphanie et la petite Erzsi assistent aussi au dîner. A la vue de l'enfant, l'empereur fond en larmes. Pour la première fois, l'impératrice perd contenance en présence de son époux et elle se met à pleurer.

Il est très pénible à l'empereur d'avouer publiquement le suicide de son fils ; mais les ministres insistent : il faut laisser publier la vérité. Plus personne, d'ailleurs, ne croit à une mort naturelle. Le 2 février 1889, le *Journal de Vienne* publie donc le constat médical. « L'autopsie », dit le communiqué, « a révélé sur le cerveau les caractères pathologiques qui accompagnent habituellement les états mentaux anormaux, tout permet de conclure que l'acte a été accompli dans un état d'aberration mentale ».

Cette explication est une consolation pour l'empereur, mais elle produit sur Élisabeth l'effet contraire. Dans sa croyance à la prédestination, toute à sa douleur rigide, elle se prend à songer que l'hérédité bavaroise est cause de ce trouble dans le cerveau de Rodolphe. Elle s'écrie, désespérée : « Pourquoi François-Joseph a-t-il jamais mis les pieds dans la maison de mon père, pourquoi l'ai-je vu, pourquoi m'a-t-il connue ? »

Mme Schratt, depuis l'instant, très bref, qu'elle a passé auprès des souverains à l'arrivée de la terrible nouvelle, n'a pas eu de répit. Sa profession l'absorbe, même en ces jours pénibles. Les répétitions la retiennent. Pourtant, elle n'arrive pas à se ressaisir et, le 31 janvier, elle prie Ida Ferenczy de lui donner des nouvelles de Leurs Majestés. Le lendemain, l'actrice est reçue par les souverains et elle s'efforce, dans la mesure du possible, à leur prodiguer des paroles consolantes :

« Votre Majesté a trois anges autour d'elle, l'impératrice et Leurs Altesses Valérie et Gisèle qui veillent sur elle, l'aiment et la consoleront. »

« Oui, vous avez raison », réplique François-Joseph, en prenant la main d'Élisabeth dans la sienne. L'impératrice le regarde longuement et tristement. « Si Rodolphe pouvait revenir, je ne voudrais pas que ce fût à titre de prince héritier. Il a été trop éloigné de nous et élevé si différemment des autres enfants. »

Dès qu'il a appris le malheur, le comte Andrassy a quitté sa propriété pour Vienne. La politique actuelle de l'empereur l'a éloigné de lui et François-Joseph le voit moins volontiers qu'autrefois ; mais pour l'impératrice c'est une consolation de parler à cet ami éprouvé. Pour ne pas indisposer l'empereur, Élisabeth voit le comte chez Ida Ferenczy, à l'insu de son époux. Elle envisage avec lui les conséquences de ce funeste événement pour la Hongrie.

Les souverains de Belgique arrivent à leur tour, visite pénible à Élisabeth, car elle ne s'est jamais très bien entendue avec eux. Elle préfère être seule dans le cercle intime de sa famille, en compagnie de la princesse Gisèle, arrivée en hâte de Munich. Elle la conduit au lit de mort du prince héritier. Élisabeth baise une dernière fois les lèvres glacées de son fils. Mais, le 3 février au soir, Élisabeth arrive subitement chez Valérie. « Ce n'est pas vrai », dit-elle, « Rodolphe n'est pas là-haut, mort. Je veux monter voir ». Valérie a peine à la retenir.

L'énergie première d'Élisabeth se mue en une douleur sauvage. François-Joseph a les nerfs plus solides ; le travail le sauve. « L'empereur », rapporte l'attaché militaire de Prusse à Vienne, n'a remis à plus tard ni un rapport, ni une conférence militaire, ni une signature et, même le 30 janvier et les jours suivants, il a travaillé comme par le passé. A vrai dire, peu nombreux sont ceux qui pouvaient soupçonner en leur souverain une telle force d'âme. Jamais, même en ce moment, Sa Majesté n'a perdu confiance, elle continue à croire à l'avenir de l'Autriche, à sa haute mission, à l'amour de son armée et de son peuple » (1).

A la délégation chargée de lui exprimer les condoléances du parlement, l'empereur répond : « Je ne saurais assez dire combien je dois, en ces jours d'épreuve, à mon épouse bien-aimée, quel soutien l'impératrice m'a apporté. Je ne remercierai jamais le ciel autant que je le dois, de m'avoir donné une telle compagne. Je vous serai reconnaissant de le dire autour de vous. » Et ce ne sont pas là paroles vaines, mais les mots que lui inspire l'attitude d'Élisabeth.

Maintenant François-Joseph regarde sa femme et il est inquiet pour elle. Il la supplie de ne pas assister aux obsèques. Il sait qu'en de telles circonstances, Élisabeth répugne plus que jamais à paraître en public. Le 5 février, Élisabeth et Valérie se rendent, un peu avant quatre heures, à la chapelle Saint-Joseph. Ainsi elles éviteront de voir le cortège traverser la cour du château. Les deux femmes restent en prières pendant toute la durée de la cérémonie funèbre. Il est plus de quatre heures et demie quand l'empereur et Gisèle sont de retour.

(1) Von Deines à l'empereur Guillaume, Vienne, 7 février 1889. Archives du Ministère des Affaires étrangères, Berlin, Rapport militaire n° 11.

« Je me suis dominé, mais dans le caveau je n'en pouvais plus. Je n'ai jamais assisté à des funérailles aussi pénibles », dit François-Joseph d'une voix tremblante.

Le lendemain à cinq heures, on chante les Vigiles pour le prince héritier. La chapelle du château tendue de noir a un aspect lugubre. Partout des croix et le nom de Rodolphe, au-dessus des armes des Habsbourgs. Au milieu, le grand catafalque qui porte les décorations et les gants du prince. Et dans cette funèbre atmosphère retentissent les accords d'une musique solennelle. Blême, sous son voile noir, Élisabeth assiste à la cérémonie. Elle se torture l'esprit de mille questions. Ni elle ni l'empereur ne savent au fond pourquoi Rodolphe s'est tué, il ne s'est pas expliqué. Et le deuil d'aujourd'hui réveille dans l'âme d'Élisabeth l'amertume d'heures lointaines. Au retour de la cérémonie, elle dit à Valérie :

« A présent tous ces gens qui ont dit tant de mal de moi dès mon arrivée en Autriche auront la consolation de ne pas m'y voir laisser de traces. »

Valérie considère avec inquiétude les sombres pensées de sa mère. A un moment donné, François-Joseph déclare : « Le poids du malheur nous rend pieux ». Élisabeth alors dit à Valérie : « Je ne sais pas, moi je me sens durcie et je peux à peine prier ». Mais le lendemain, après le *Requiem* dans la chapelle du château, au *Libera*, Élisabeth fond en larmes et dit : « O combien je vous aime et je vous adore, grand Jéhova, je ne saurais le dire ! »

En entendant cette exclamation, Valérie remercie Dieu. Sa crainte qu'Élisabeth ne perde tout à fait la foi est donc injustifiée. Mais l'impératrice se demande toujours comment elle entrera en communication avec son fils défunt. Cela ne serait possible que dans le monde des esprits, s'il existait.

Le 9 février au soir, l'impératrice se déshabille comme d'ordinaire, fait sa toilette et renvoie Valérie, Ida Ferenczy et les domestiques, en disant qu'elle désire se coucher. Vers neuf heures, elle se lève en cachette, s'habille et, voilée, quitte le château par une porte latérale. Élisabeth hèle le premier fiacre venu et se fait conduire au couvent des capucins. C'est là que repose la dépouille de Rodolphe. Élisabeth a horreur du froid caveau où les cercueils des Habsbourgs sont rangés comme des marchandises, elle n'a jamais eu envie d'y descendre. Mais cette fois, une voix intérieure l'y appelle. Qui sait, Rodolphe pourrait lui apparaître, lui dire pourquoi il a attenté à ses jours et s'il lui est pénible d'être enseveli dans ce caveau. Cette femme, enveloppée de voiles de deuil, sonne à la porte du couvent et demande au portier à être conduite auprès du prieur. Alors elle lève son voile, salue le prieur et dit simplement : « Je suis l'impératrice, veuillez me conduire auprès de mon fils ». Aussitôt quelques flambeaux sont allumés dans la crypte. Le prieur veut l'accompagner. Élisabeth le laisse venir jusqu'à la porte de fer et là, le remercie. Le moine risque une respectueuse objection, mais elle lui coupe la parole : « Je désire être seule avec mon fils », dit-elle et elle descend tranquillement les marches qui conduisent au lugubre caveau. Elle va droit au cercueil de Rodolphe. Le courant d'air agite les feuilles des couronnes flétries. Des fleurs, en tombant, font çà et là comme un bruit de pas furtifs. Élisabeth se retourne à plusieurs reprises : rien. Alors, par deux fois, elle appelle : « Rodolphe ! » Sa voix résonne, sépulcrale, mais personne ne répond. Et pourtant Élisabeth eût été si heureuse si elle avait obtenu une réponse de l'au-delà, si elle avait pu porter secours à l'être aimé, s'il lui était apparu et lui avait fait part de ses désirs.

Elle retourne, déçue, au château, mais cette visite l'a calmée, apaisée. Les esprits, sans doute, n'ont le droit d'apparaître que si le grand Jéhova le permet, dit-elle le lendemain à ses filles à qui elle avoue sa visite. Mais Gisèle et Valérie se disent que, avant de pouvoir répondre ou appeler, elles seraient mortes de frayeur, si Rodolphe était réellement apparu. Lorsque François-Joseph apprend la visite au caveau des capucins, il décide instantanément d'arracher l'impératrice à la triste ambiance de Vienne qui, à chaque pas, lui rappelle son malheur.

Le 10 février, le départ des souverains est fixé et, le 11 dans l'après-midi, le train impérial entre en gare de Budapest. La population se découvre, comme de coutume, mais dans le plus grand silence. Une foule immense fait la haie jusqu'au château royal. Elle salue les souverains dans le recueillement. La profonde sympathie du peuple hongrois n'aurait pu s'exprimer d'une façon plus touchante.

L'empereur trouve un dérivatif dans les affaires d'État. Mais

Élisabeth retombe dans sa vie silencieuse et uniforme et se laisse envahir par le désespoir. Elle s'est pourtant remise à l'étude du grec avec un zèle redoublé, mais ce travail a beau l'occuper du matin au soir, elle est de jour en jour plus accablée. Environ une quinzaine après le malheur, elle a encore l'impression qu'on lui a asséné un coup de massue. Parfois, elle se réfugie chez Valérie : « Hélas ! avec le poids que j'ai sur le cœur, je ne peux pas toujours raconter des histoires à papa pour le distraire. J'ai la conviction — et c'est un sentiment qui date de ma jeunesse — que le grand Jéhova m'appelle au désert. Là, vouée uniquement à Dieu, je passerai mes dernières années à contempler et à adorer sa divine splendeur. C'est mon destin et, que je le veuille ou non, Dieu m'y conduit. »

Les derniers mots de la lettre de Rodolphe à Valérie ont fait une profonde impression sur Élisabeth. A présent elle n'en doute plus : l'empire chancelle, quand l'empereur ne sera plus là pour le maintenir par sa droiture, son dévouement, sa conscience, il s'effondrera. « On ne peut imaginer deux êtres plus différents que papa et maman », dit Valérie dans son journal. « Et pourtant, je me demande parfois lequel des deux fait preuve de plus de force d'âme dans ce malheur. Ma mère m'inquiète bien souvent. Elle est capable d'héroïsme, mais ne sait pas se plier aux exigences de la vie quotidienne. Après ces jours d'angoisse, la vie coutumière reprend ses droits. Papa a retrouvé sa manière d'être habituelle — du moins en apparence —, il s'est remis au travail. Mais maman reste prostrée. Et, en même temps, elle craint que sa douleur sans cesse croissante ne pèse à papa et suscite entre eux de la mésintelligence. » Sa fille voit avec terreur cette pensée devenir chez Élisabeth une idée fixe. Impossible de la lui arracher. La pauvre Valérie entend sa mère répéter à satiété : « Si seulement Jéhova me rappelait à lui ; papa serait libre et ton bonheur conjugal ne serait pas troublé à la pensée de la vie désolée que je devrai mener sans toi. »

Parfois, au milieu de ses plaintes, elle éclate d'un rire nerveux et parle avec agitation de l'asile d'aliénés où elle finira par entrer. Valérie la conjure de se soigner. Mais Élisabeth répond seulement : « A quoi bon ? » Des périodes de dépression succèdent à des éclats de douleur. Elle néglige même ses occupations préférées : la lecture de Heine, l'étude de l'antiquité grecque. Elle fait répondre au comité qui a entrepris l'érection d'un monument à Heine à Düsseldorf, que Sa Majesté a cessé de s'y intéresser. Et pourtant c'est elle qui avait inspiré cette idée ; elle avait même envoyé 12.950 marks pour les travaux préliminaires. On lui laisse la maquette. Ce n'est que beaucoup plus tard que, à titre personnel, elle reprendra cette idée.

L'impératrice s'occupe plus que jamais de rechercher les causes de la catastrophe. Les lettres de Rodolphe, même celle adressée à l'impératrice, sont vagues et prêtent aux interprétations les plus diverses. Les souverains n y comprennent rien. Au début, François-Joseph attribuait uniquement le suicide de son fils à son amour malheureux pour la baronne Vetsera. A présent il admet, avec le docteur Widerhofer, que la mort du prince est consécutive à un trouble mental. Cette pensée le soutient, par contre, devant Élisabeth, il faut éviter de l'exprimer. Valérie, d'autre part, est d'avis que l'amour ne suffit pas à expliquer le geste de son frère. Élisabeth hésite entre les opinions de l'empereur et celles de sa fille. En tous cas le drame de Mayerling, avec tout ce qu'il révèle d'effrayant et d'énigmatique, continue de peser sur la famille impériale et même sur le monde entier.

François-Joseph s'inquiète de voir s'aggraver la mélancolie de sa femme. Il a recours à Valérie : « Maman souffre plus que jamais de sa sciatique ; décide-la donc à faire, en mars, sa saison habituelle aux eaux ». Valérie s'empresse d'obéir, mais Élisabeth ne se rend pas à ses raisons : « Non, inutile d'y songer cette année et qu'il n'en soit plus question. D'ailleurs, je ne peux pas abandonner ton père en pareilles circonstances. Le monde ne me le pardonnerait pas. En outre, Mme Schratt n'est pas là pour le distraire, elle est en congé. J'aimerais bien partir, mais je n'en ferai rien, dussé-je en perdre la raison. »

Mais les semaines ont passé, le printemps est entré dans le pays, revêtant les arbres fruitiers de leur parure de fleurs. En cette saison, le château d'Ofen est une merveille. A voir la nature se parer de tant de splendeur et renaître éternellement semblable à elle-même, comme si le malheur n'avait pas effleuré le palais, Élisabeth sent redoubler sa tristesse. Un jour, en se promenant dans le parc tout en fleurs, elle dit à Valérie : « Comment Rodolphe a-t-il pu renoncer au printemps ? »

La cour est en grand deuil ; l'impératrice en profite pour s'abandonner à son goût inné de la solitude. Sans doute, quelques contacts avec le monde extérieur l'aideraient à sortir de son chagrin, mais Élisabeth se refuse à l'admettre. A force d'éloquence, son entourage parvient pourtant à la persuader de passer les fêtes de Pâques à Ischl avec l'empereur et de gagner ensuite Wiesbaden.

Le bruit que l'impératrice est folle commence à circuler sous le manteau. La presse ne tarde pas à s'en emparer. Le 21 avril 1889, le *Berliner Tageblatt* publie à ce sujet un long article. Le *Matin* du 12 avril, puis le *Gaulois* du 13 et le *Matin* du 17, laissent entendre que l'état physique et psychique de l'impératrice est extrêmement inquiétant. Elle est atteinte, disent en substance ces journaux, d'une sorte de *folie raisonnante* (1) ; elle berce un coussin dans ses bras et demande si le nouveau prince héritier est beau. Il se répand les plus invraisemblables calomnies, le souvenir du roi de Bavière est évoqué, et ce n'est pas tout. D'autres journaux recueillent ces renseignements et la presse mondiale en est bientôt submergée.

L'impératrice est alors à Wiesbaden. Chaque jour elle se promène en compagnie de sa fille et des dames de sa suite au vu et au su de tous. Peine inutile, cela ne suffit pas à démentir les affirmations fausses, chacun se fie au journal qu'il lit à son déjeuner. Pourtant, Élisabeth est seulement différente des autres êtres et accablée d'un profond chagrin. Ida Ferenczy croit de son devoir de signaler à l'impératrice les rumeurs qui circulent à son sujet. Sur quoi Élisabeth se montre à plusieurs reprises en public, à Wiesbaden et à Vienne, à des occasions où, sans cela, elle se serait abstenue, à seule fin de clore la bouche aux faiseurs d'histoires. Le séjour à Wiesbaden calme un peu la nervosité d'Élisabeth. Au dire de Sarolta Maljath, qui l'accompagne souvent dans ses promenades, elle retrouve progressivement son visage d'autrefois ; elle est plus calme, mais il subsiste dans son regard une expression douloureuse. Son grand voile de crêpe, qu'elle ne

(1) En français dans le texte.

quitte pas, même à Wiesbaden, contribue naturellement à cette impression de tristesse.

Élisabeth reprend assidûment l'étude du grec et s'est remise aux mains de Metzger. Les massages que lui fait le docteur ne peuvent guère la soulager, car elle recommence à se donner beaucoup de mouvement pendant la cure. Élisabeth parle au chambellan Nopcsa, homme calme et pondéré, de ses projets d'avenir ; ceux-ci révèlent son instabilité. Le malheur ne fait que favoriser son humeur vagabonde.

« Le séjour à Lainz », écrit Nopcsa à Ida Ferenczy, « se prolongera au moins jusqu'à la mi-juin, ensuite nous retournerons à Ischl... Bien entendu, tout ceci est confidentiel. Au début de septembre, départ pour la Hollande, où Sa Majesté suivra pendant quinze jours le traitement de Metzger... L'impératrice passera la fin de septembre et le début d'octobre à Méran, où l'archiduchesse et son fiancé la rejoindront. Après ce séjour, il est question d'aller à Corfou. Comme vous voyez, notre vie est de plus en plus nomade. Dieu sait où nous irons encore. Fort heureusement, Sa Majesté se porte bien, elle est beaucoup plus calme et parle déjà couramment le grec. Il me semble que cette étude l'absorbe complètement, c'est bon signe. Warsberg est très malade. Sa Majesté et moi sommes très inquiets au sujet de la construction à Corfou, car nous ne savons pas ce que Warsberg a déjà commandé ni où il l'a fait » (1).

Le retour de l'impératrice de Wiesbaden à Lainz est fixé au 22 mai. Un train spécial, composé de wagons autrichiens et de wagons bavarois, est prêt. Le train a neuf wagons. Le wagon-salon de l'impératrice a été placé en tête, suivent deux wagons pour le personnel et trois pour les bagages. Dans une courbe, avant d'arriver à Frankfort, le conducteur veut aller trop vite et le fourgon déraille. Le train commence à osciller violemment, Élisabeth s'inquiète. Tout à coup, les secousses redoublent, les wagons vacillent et l'impératrice, sérieusement effrayée, s'écrie : « Le conducteur est ivre, certainement. » En fait, le mécanicien ne s'est pas aperçu tout de suite du déraillement ; pendant quatre cents mètres, environ, le dernier wagon continue de sauter de traverse en traverse, enfin, l'attelage se rompt. En même

(1) Nopcsa à Ida Ferenczy, Wiesbaden, 11 mai 1889. Archives Farkas.

temps les trois premiers wagons déraillent à leur tour et brusquement le train s'arrête. Terrible émotion. L'impératrice, qui voulait regarder par la portière ce qui se passait, est presque projetée à terre et se retient tout juste à son siège. Des appels et des cris sortent du wagon renversé des domestiques. Élisabeth et Valérie se précipitent dehors : « Y a-t-il quelqu'un de blessé ? » demande l'impératrice très agitée. « Où est François ? » s'écrie Valérie, affolée. Le trouble et le désordre règnent. Questions, cris, allées et venues. Les hommes tremblent, les femmes pleurent ; la coiffeuse de l'impératrice se met à prêcher avec exaltation devant la foule accourue. Mais il apparaît bientôt que le malheur n'est pas si grand. Dans les cinq premiers wagons, tout le monde est sain et sauf et, de l'une des voitures renversées, sont en train de sortir par une fenêtre le pâtissier de la cour et un laquais légèrement blessé. Les autres suivent, indemnes, pâles d'émotion et de frayeur. Tout ne tarde pas à rentrer dans l'ordre ; seuls les wagons renversés marquent la place de l'accident.

Élisabeth, cependant, fait nerveusement les cent pas sur le quai. Au bout de deux heures, le voyage se poursuit. Mais l'incident a encore déprimé l'impératrice. « La vie », dit-elle à sa fille, « est atroce par ses dangers. Les hommes ne sont nés que pour le malheur. Jamais plus je n'aurai un instant de tranquillité quand je te saurai dans un train ».

A la gare de Oberhetzendorf, François-Joseph attend déjà sa femme et sa fille. Au récit de l'accident il dit, effrayé : « Mais cela aurait pu très mal tourner ». Et, frappant des mains, il ajoute : « C'est une chance ».

A Lainz, il y a trop peu de distractions pour l'impératrice. Elle se replie à nouveau sur ses pensées. Elle a complètement renoncé à l'équitation et, outre la chasse qu'elle n'y a jamais pratiquée, Lainz n'offre aucun délassement. Elle recommence à réfléchir sur Dieu et le monde. Tantôt elle semble rejeter tout à fait la foi, tantôt, et c'est le plus souvent, elle adore le puissant Jéhova dans sa force destructive et sa grandeur. Mais elle doute qu'il écoute les prières de ses créatures. « Car », dit-elle, « de toute éternité, tout est écrit et l'homme ne peut se soustraire à cette prédestination, œuvre de la volonté insondable de Jéhova. A ses yeux, nous ne sommes que de misérables moucherons, moi aussi, bien entendu. Alors, en quoi pourrais-je lui importer ? »

Sa mélancolie croissante l'empêche de retrouver le calme et la paix intérieure. « Je suis trop vieille et trop lasse pour lutter », dit Élisabeth — et pourtant elle n'a que cinquante-deux ans. « Mes ailes sont brûlées, je n'aspire plus qu'au repos. »

Le 28 mai arrive la nouvelle que le baron Warsberg, « le dernier Grec », comme on l'appelle à Vienne, est mort à Venise à l'âge de cinquante-trois ans. Cette mort fait grande impression sur Élisabeth, car elle estimait beaucoup cet excellent helléniste et le lui avait prouvé en lui proposant de construire à Corfou la villa qui devait porter le nom de son héros favori. Il faut lui trouver un successeur. L'impératrice charge donc de Bukovich, officier de marine, de prendre en main la direction des travaux. Architecte habile et parfait administrateur, l'officier saura mener à bien sa tâche. Mais le cicérone érudit, l'helléniste enthousiaste qu'était Warsberg, ne se remplace pas.

A cette époque, Mme Schratt dîne à plusieurs reprises à Lainz avec l'empereur et les fiancés. Sa gaîté simple est un vrai réconfort pour François-Joseph en ces temps difficiles ; Élisabeth aussi sait l'apprécier et se réjouit de voir qu'elle distrait son époux. Seule Valérie continue de penser que sa mère n'aurait pas dû laisser les choses en arriver là. Dès qu'elle est installée à Ischl, l'impératrice reprend ses longues promenades. Souvent elle monte au Jainzen et prie devant la statue de la Vierge qu'elle a fait ériger pour Valérie. En juillet, elle retourne à Feldafing. Dans le malheur elle se sent à nouveau attirée par sa famille qu'elle n'a pas revue depuis trois ans.

De là, Élisabeth se rend à Gastein où elle compte rester jusqu'à la mi-août. Pendant toute la durée de son séjour, sa mère a évité de lui parler de Rodolphe ; mais la tristesse et la mélancolie d'Élisabeth ont fait une profonde impression sur la famille de Bavière. Et même, au départ, Gisèle glisse à l'oreille de sa sœur : « Pour l'amour du ciel, je t'en supplie, Valérie, prends garde aux chutes d'eau de Gastein, maman me fait peur ! »

Et vraiment, ces craintes se justifient. Élisabeth joue sans cesse avec l'idée de la mort. « Que j'envie Rodolphe », dit-elle souvent. « Mais qu'y a-t-il de l'autre côté ? Si on le savait, ce serait tellement plus facile. »

Elle apprend par Nopcsa que la santé d'Andrassy a encore décliné ces derniers temps. Il est atteint d'un cancer de la vessie déjà très évolué et mal soigné, car les plus savants praticiens appelés à son chevet n'ont décelé que tard cette maladie. Il s'était déjà complètement retiré de la politique, ses vues se trouvant en opposition avec la conduite tiède des Affaires étrangères par le comte Kalnoky. Élisabeth charge Nopcsa d'écrire à Andrassy qu'il se ménage et songe à sa santé, et le chambellan ajoute, non, sans doute, sans exprimer la pensée de la souveraine, que c'est un devoir envers l'empire dont il est désormais le seul espoir (1). Le comte répond de Transylvanie le 6 août. Sa lettre se termine par une véritable apologie de la reine (2).

« Je ne sais que dire de la grâce de Sa Majesté », écrit-il. « Penser à moi, même de si loin, c'est très beau de sa part. Tu sais la haute idée que j'ai toujours eue de son esprit et de son cœur, mais, depuis que j'ai lu quelques-unes de ses poésies, j'éprouve pour elle la plus grande admiration. A un esprit qui honorerait un grand homme, elle unit tous les dons du cœur. Bref, *elle n'a pas sa pareille au monde.* Je n'ai qu'un regret, c'est qu'il y ait si peu de gens à la connaître. Je voudrais que le monde rendît justice à son rare mérite. Elle a peut-être raison de ne pas s'occuper de politique. Certes, la tâche n'est pas toujours facile, mais avec sa grande intelligence, que ne ferait-elle pas ? Je déplore de la voir cacher à tous, comme s'il était inconvenant de produire pareils talents, sa haute intelligence et son grand cœur, en comparaison desquels les qualités de l'illustre Marie-Thérèse n'étaient que celles d'une bonne ménagère. Ma seule consolation, c'est d'avoir été un des rares élus qui eurent l'occasion de connaître et d'admirer une femme dont des millions de ses sujets n'ont pas la moindre idée. »

Nopcsa montre la lettre à l'impératrice, elle la lui rend en disant : « Oui, c'est un ami, un vrai, comme il y en a bien peu. »

De Gastein, Élisabeth retourne à Ischl où François-Joseph vient la voir de temps en temps. Malgré son amour et son estime, malgré sa compassion, le désespoir de son épouse l'irrite parfois ;

(1) Nopcsa à Andrassy, Gastein, 24 juillet 1889. Archives Andrassy.

(2) Andrassy à Nopcsa, Hezsdad, 6 août 1889. Lettre reproduite, en partie, dans Wertheimer, *Andrassy*, ouv. cit., p. 338.

il a lui-même tant de soucis ! S'il lui arrive de donner une réponse un peu sèche, d'esquisser un geste d'impatience, la susceptibilité de l'impératrice en est aussitôt piquée. Elle compare quelquefois son attitude à celle qu'il a envers Mme Schratt. Lorsqu'elle est seule avec Valérie — ce sont ses seuls instants de détente — elle se laisse aller à ses larmes : « Pourquoi suis-je née ? Ma vie est inutile et je ne suis qu'un obstacle entre l'empereur et Mme Schratt. Je joue là un rôle presque ridicule ». « Le mariage est une institution absurde », dit-elle un jour dans son exaspération. « Enfant de quinze ans, j'ai été vendue, j'ai fait un serment sans le comprendre et jamais je ne pourrai m'en dégager. »

Élisabeth a des réactions inquiétantes. Le 26 août, elle se promène au jardin avec Valérie ; tout à coup elle s'écrie :

« J'aime le grand Jéhova et je l'adore dans la poussière, sans espérer de récompense. » Et au même moment elle se jette par terre de tout son long.

« C'est ainsi qu'il faut prier le grand Jéhova ; d'ailleurs, on ne peut que l'adorer, car à quoi bon lui adresser des requêtes ? Tout est prédestiné. » Le lendemain, pourtant, Élisabeth supplie à nouveau Jéhova et fait le vœu, s'il l'exauce, d'aller à Mariazell. Seuls la nature et le monde alpestre exercent une influence bienfaisante sur l'impératrice qui continue d'appeler les beaux sites des poèmes de Jéhova.

François-Joseph se rend compte de l'état de sa femme et, dans l'espoir qu'un séjour à Méran et des excursions en haute montagne lui feront du bien, il encourage cette fois ses projets de voyage. Elle n'use guère du chemin de fer, elle marche et monte à cheval. Pour tranquilliser l'empereur, le docteur Widerhofer a accepté d'accompagner l'impératrice. Mais il ne marche pas aussi bien qu'elle et, sur un sentier étroit, il la suit à dos de mulet. Pour les grandes marches, Élisabeth a coutume de relever sa jupe jusqu'aux genoux et parfois même elle retire son jupon en route, derrière un buisson. Cette fois, oubliant Widerhofer, elle croit pouvoir se livrer à cette opération sans qu'on la dérange et s'arrête. Widerhofer s'en aperçoit et veut retourner. Sur l'étroit sentier, le mulet glisse, mais réussit à se retenir. Mauvais cavalier, le médecin tombe comme un sac, se brise la clavicule et se blesse assez grièvement. Cela suffit pour faire dire à Élisabeth : « Une malédiction pèse sur tout ce que j'entreprends et les êtres qui m'entourent en supportent les conséquences ».

L'impératrice ne souffre plus de sa sciatique ; elle peut même entreprendre de grandes marches, accompagnée d'un guide très expérimenté, du nom de Buchensteiner, dans les belles montagnes des environs. Elle ne se lasse pas de découvrir de nouveaux panoramas. Buchensteiner trouve qu'elle ne regarde pas les paysages de la même façon que les autres gens. Elle est toujours triste et déprimée ; mais quand, par une belle matinée, elle laisse errer son regard du haut de la montagne sur le pays, les fleuves, les vallées, les rocs, ses yeux brillent à la vue de cette belle nature. Souvent, dans ses expéditions, Élisabeth reste longuement en contemplation devant les crucifix grossièrement sculptés qui bordent les chemins.

Un jour, Élisabeth arrive à Sainte-Catherine, un petit village avec une charmante petite église, à 1.245 mètres d'altitude. Sans être reconnue, elle entre dans une ferme près de l'église.

« Bonjour », dit Élisabeth. « Pourrais-je avoir une tasse de lait ? »

« Bien sûr », répond une petite paysanne bien plantée.

« Mais bien frais, n'est-ce pas ! »

La fille entre à l'étable et trait la vache sous les yeux de l'impératrice. Puis elle tend la coupe crémeuse à Élisabeth qui lui met un florin dans la main.

« Qui est-ce ? » demande-t-elle à Buchensteiner resté en arrière. « Faut-il qu'elle soit riche, celle-là ! Tant d'argent pour une lampée de lait ! »

« C'est l'impératrice », lui glisse le guide.

« Seigneur Jésus ! et moi qui ai pris l'argent. »

Pendant qu'Élisabeth voyage ainsi, la confidente de Valérie, la Mère Mayer du Sacré-Cœur de Vienne, est morte et a été enterrée à Méran dans le cimetière privé de la communauté. Élisabeth et sa fille vont déposer des fleurs sur la tombe. Valérie en profite pour parler à sa mère de cette noble femme et lui avoue qu'elle a souvent causé d'elle avec la religieuse.

Élisabeth reçoit régulièrement d'affectueuses lettres de François-Joseph qui la renseigne sur les moindres détails de sa vie, surtout en ce qui concerne Mme Schratt. « Si triste que je fusse, au matin du 4 octobre, (fête de François-Joseph) mon humeur s'éclaira tout de même un peu au reçu de vos lettres et d'un mot de l'amie, accompagné d'un plant de trèfle à quatre feuilles. Un jour radieux fit resplendir les forêts et le soleil revêtait les montagnes couvertes de neige des teintes les plus merveilleuses. Tu as raison, la nature est la meilleure consolatrice. »

Vers la fin d'octobre, François-Joseph vient voir Élisabeth à Méran. Il ne trouve pas de changement dans son état moral. Elle continue de vivre dans la retraite au point qu'elle a presque perdu l'habitude de paraître aux repas. François-Joseph est accablé, lui aussi. L'épouvantable mort de Rodolphe n'en est pas la seule cause. La situation politique est très épineuse en Hongrie où les partisans de Kossuth, toujours en exil, manifestent en sa faveur. Pour l'instant, seule la communauté de la douleur unit l'empereur et l'impératrice ; ils en ont conscience et s'en désolent.

« J'en deviendrai folle ! » dit Élisabeth. « Avoir devant soi encore tant de longues années à vivre ! » (1),

C'est dans cet état d'esprit que l'impératrice quitte les siens pour Miramar où l'attend son yacht, commandé par le comte Cassini. Sa Majesté désire aller à Corfou, voir où en sont les travaux de construction. Peut-être la beauté du midi pourra-t-elle atténuer la tristesse et la désolation qui s'accumulent dans son âme. Mais elle ne veut pas s'installer à Corfou, le séjour prolongé dans un même endroit favorise ses ratiocinations.

Thermojanis quitte Élisabeth ; au départ, il pleure comme un enfant. Mais l'impératrice ne peut plus le supporter. A Corfou, un autre professeur de grec se présente, Rhousso Rhoussopoulos (2), un homme pâle et ébouriffé. Élisabeth parle et comprend déjà le grec, mais elle veut connaître à fond la langue littéraire. « Ne croyez pas que je plaisante », dit-elle à son nouveau professeur, « je tiens à ce que vous soyez sévère, reprenez-moi à chaque faute. Il faut travailler à fond ou ne rien faire du tout ».

L'empereur Guillaume II désire rendre visite à l'impératrice à Corfou ; il vient, à bord du *Hohenzollern*, accompagné d'une

(1) Journal de Valérie, 25 octobre 1889. (A.S.).

(2) Souvenirs de Rhousso Rhoussopoulos dans *François-Joseph et son temps*, de SCHNITZER, Vienne et Munich, 1898, p. 59 et L. K. NOLSTON, *Souvenir de feu l'impératrice et reine Élisabeth*, Budapest, 1899, p. 77.

escadre, assister au mariage de sa sœur avec le prince héritier de Grèce. Élisabeth se fait excuser : elle n'est pas encore capable, fait-elle dire, de recevoir des visites. Elle quitte sa villa et se réfugie au prochain village où elle reste cachée toute la journée. Pendant ce temps, l'empereur Guillaume, qui la croit à Gastouri, fait mettre en ligne les neuf vaisseaux géants de son escadre et double le promontoire où s'élève la villa de l'impératrice. Chaque bateau salue de vingt et un coups de salve. La suite, y compris la comtesse Festetics et Nopcsa, accueille, non sans gêne, ces démonstrations destinées non à eux, mais à la souveraine. Lorsque l'escadre entre en rade, le premier chambellan, Nopcsa, se rend à bord pour apporter en personne des excuses aux souverains. Guillaume II et son épouse comprennent et se montrent aimables et gracieux, mais, au fond, ils en éprouvent tout de même quelque humeur et une certaine déception ; ils espéraient constater de visu l'état d'Élisabeth et trouvent dans son attitude une confirmation des rumeurs qui circulent à son sujet. En réalité le ciel bleu, la mer éternelle, le soleil éblouissant et le clair de lune, la luxuriante végétation de Corfou, sont du meilleur effet sur Élisabeth. Ses yeux ont retrouvé une expression plus calme et elle prépare activement ses prochains voyages.

Son itinéraire la conduit d'abord en Sicile par le détroit de Messine jusqu'à Palerme. Ensuite elle touche Malte, passe à Tunis, d'où elle va visiter les ruines de Carthage. Naturellement, il n'est pas question de célébrer sa fête cette année. L'impératrice a même, par l'intermédiaire du ministère des Affaires étrangères, fait aviser toutes les cours qu'elle ne veut plus recevoir de vœux désormais, le terme de « bonheur » n'a plus de sens pour elle (1).

Le 4 décembre, l'impératrice retourne à Vienne. Valérie la reçoit à la gare. En descendant du train, Élisabeth fond en larmes en se souvenant que jadis Rodolphe venait toujours l'accueillir.

« Ma pauvre enfant », dit-elle à Valérie, « n'était pour te revoir, j'aurais eu à peine le courage de revenir. La Hofburg de Vienne m'oppresse. Chaque jour, elle me rappelle la catastrophe. Je ne

(1) Circulaire confidentielle aux ambassadeurs et ministres plénipotentiaires d'Autriche-Hongrie, 1er et 9 octobre. Vienne, Archives d'État.

parviens pas à rejeter ce fardeau. Vois-tu, j'ai par moments l'impression que Rodolphe a tué ma foi. J'adore le grand Jéhova, mais pour le reste... » (1).

Élisabeth passe en revue sa garde-robe. Dorénavant elle ne portera plus de couleurs. Vêtements, ombrelles, chapeaux, écharpes, gants, elle distribue tout. Valérie demande à son père de ne pas passer la veille de Noël à la Burg, tant elle craint les réactions de sa mère. Les souverains et les fiancés vont donc pour les fêtes à Miramar. La veille de Noël s'écoule, pour la première fois, sans arbre et sans cadeaux. Élisabeth revêt pour quelques minutes une toilette grise et, toute en larmes, souhaite du bonheur au jeune couple qu'elle embrasse tendrement.

Au jour de l'an, toutes les réceptions d'usage sont décommandées. Seuls les fiancés ont la permission d'aller voir Élisabeth qui donne à Valérie une broche représentant deux cœurs entrelacés. La vie continue de lui peser. Valérie, elle-même, ne peut plus supporter le contact de l'incurable tristesse et du fatalisme navrant de sa mère. Elle a besoin de s'échapper, de vivre sa vie à elle, dans une atmosphère plus saine, et c'est ce qu'elle espère de son mariage. Elle réfléchit beaucoup et force lui est de reconnaître que sa mère s'est acharnée à prendre sa vie au tragique. Au lieu de s'expliquer, l'impératrice s'est trop souvent murée dans une réserve hautaine. Malgré son grand cœur et sa vive intelligence, elle est devenue pour tous, ou presque tous, une étrangère. La mort de Rodolphe n'a fait qu'envenimer le mal.

Le 30 janvier, premier anniversaire de la mort de Rodolphe, Élisabeth, après une nuit d'insomnie, s'éveille avec une violente migraine ; mais elle a décidé d'accompagner l'empereur à Mayerling. Depuis le drame, le pavillon de chasse, que l'impératrice ne connaît pas, a donné asile à une communauté de carmélites. La chambre mortuaire de Rodolphe est devenue la chapelle du couvent. Les souverains, en compagnie de Valérie, s'y rendent en voiture à travers bois. Pendant le trajet, personne ne dit mot. A Mayerling, l'aumônier de la cour dit la messe sur l'autel élevé à la place même où se trouvait le lit de Rodolphe. Tout en célébrant l'office, le prêtre a sous les yeux le spectacle funèbre qu'il fut l'un des premiers à voir, en tant que membre de la commission.

(1) Journal de Valérie des 4, 5 et 8 décembre 1889. (A.S.).

Comme dans un rêve douloureux, sans larmes, Élisabeth assiste à la messe. François-Joseph est près d'elle, calme dans sa résignation chrétienne. L'impératrice songe avec amertume à tous ceux qui ont joué un rôle trouble dans les derniers mois de la vie de Rodolphe. Après de telles épreuves, se dit elle, comment croire encore à l'amitié, à l'amour, à la vie ?

Un nouveau chagrin vient accabler Élisabeth. Le 18 février, à Volosca, le comte Gyula Andrassy, un des rares amis qui ne l'aient pas déçue, a succombé à son mal. Sans doute Élisabeth était-elle préparée à cette mort ; pourtant, la perte d'un être auquel elle avait voué une fidèle amitié lui porte un nouveau coup.

« Mon dernier ami, mon seul ami est mort », dit Élisabeth. Le 21 février, les funérailles d'Andrassy ont lieu à Budapest. L'impératrice va trouver sa veuve. La comtesse Katinka Andrassy l'assure, en paroles chaleureuses, de sa fidélité dévouée et de son amour et prie la souveraine de compter sur elle et sur ses fils en toutes circonstances.

A son retour, Élisabeth dit à Valérie : « Je comprends aujourd'hui seulement ce qu'Andrassy était pour moi. A présent je me sens délaissée, sans ami, sans conseiller. L'esprit d'Andrassy ne saurait revivre en personne. » Élisabeth va ensuite déposer une couronne de muguets sur le cercueil du grand homme. La Hongrie voit, pour la deuxième fois, sa reine s'agenouiller sur la tombe d'un de ses plus grands patriotes.

Au début de mars, Élisabeth part en compagnie de Valérie pour son habituel voyage de printemps. Cette fois, elle se dirige vers Wiesbaden et Heidelberg qui a revêtu sa « parure nuptiale ». L'impératrice fait de grandes promenades avec sa fille. « Il n'y a que toi », lui dit-elle, sans cesse, « qui puisse m'apporter parfois un rayon de gaîté. Quelle vie sera la mienne après ton mariage, j'ai peine à l'imaginer. Et d'ici là, le temps est court ! »

L'impératrice sort lentement de la retraite qu'elle s'était imposée après la mort de son fils. Le 11 avril 1890, elle reçoit la visite de Guillaume II et, peu après, celle de l'impératrice Frédéric. Élisabeth a beaucoup d'affection pour cette femme, elle la trouve simple et sympathique et apprécie sa vive intelligence. La mort de son mari l'a complètement brisée et l'a aigrie contre les hommes, mais non contre Dieu.

« Mon sort n'est pas moins pénible que le tien », dit-elle à Élisabeth, « l'ingratitude des hommes à mon égard dépasse tout ce qu'on peut supporter ».

Élisabeth lui répond tristement : « Tout ce qui arrive est écrit d'avance ».

« Non, je crois tout de même que Dieu conduit tout pour notre bien ; quant à moi, j'attends, car ce qui vient après la mort, personne n'en sait rien » (1).

Peu de temps après cette visite, Élisabeth retourne à Vienne. La vie coutumière reprend ses droits, avec la seule différence qu'une nouvelle personne partage l'intimité des souverains. Mme Schratt vient souvent à la Burg. Le 7 mai, elle déjeune avec les souverains et Valérie qui trouve la situation pénible et ne comprend pas qu'Élisabeth trouve à ce commerce tant de plaisir.

De Ratisbonne arrive une triste nouvelle. La sœur de l'impératrice, Hélène Taxis, destinée jadis à devenir la femme de François-Joseph, est tombée gravement malade. Tout, cette année, semble conspirer à empêcher Élisabeth de se remettre. L'impératrice arrive au chevet d'une mourante. Jusqu'au dernier moment, Hélène ignore qu'elle est gravement atteinte et elle se réjouit de revoir « sa vieille Sisi ».

« Nous avons toutes deux traversé bien des épreuves dans la vie », dit Élisabeth.

« Oui, parce que nous avons un cœur », répond Hélène Taxis.

Quelques jours après, elle rend l'âme au milieu de terribles souffrances. Élisabeth rentre à Vienne, ébranlée et pleine de rancune contre Dieu et les hommes.

« Je comprends maintenant », dit-elle, « qu'on se tue, par crainte d'une fin si pénible ».

François-Joseph avait espéré qu'il arriverait lentement à décider l'impératrice à reparaître en public. Mais ce nouveau deuil la rejette dans la retraite. « L'empereur », dit l'ambassadeur d'Allemagne, le prince de Reuss, « souffre beaucoup de l'isolement de son épouse et c'est sur lui seul que retombe la charge de la représentation. Il n'existe plus, à vrai dire, de cour impé-

(1) Journal de Valérie, 22 avril 1890. (A.S.).

riale et les rapports entre lui et la société de cour sont de plus en plus lâches » (1).

Au bout d'un an et demi de deuil, son entourage s'efforce d'arracher l'impératrice à sa retraite. Peine inutile. A Ischl, même, elle exige qu'on respecte autour d'elle une véritable zone d'isolement. Les aides de camp de l'empereur eux-mêmes n'ont le droit d'approcher la villa impériale qu'à une certaine distance, pour ne pas rencontrer Sa Majesté (2).

Une seule fois, lorsque le jeune roi Alexandre de Serbie, âgé de quatorze ans seulement, vient à Ischl, l'impératrice se laisse persuader et assiste au dîner où elle ne paraît pas habituellement. Elle arrive un peu en retard et entre par une porte drapée par une portière, au moment même où un laquais veut en sortir. Rencontre brutale. « Quelle maladresse ! » se contente de dire l'impératrice.

Le prochain mariage de Valérie absorbe toutes les pensées d'Élisabeth. Elle lui dit souvent :

« J'ai peine à comprendre qu'on puisse tellement désirer le mariage et tant en espérer. Mais si tu dois être heureuse, je veux bien tout sacrifier. »

Élisabeth cherche à rendre particulièrement heureuses les dernières semaines que sa fille passe à la maison paternelle. Elle s'occupe personnellement de chaque détail du trousseau et lui ménage de charmantes surprises. C'est ainsi que l'impératrice a fait mettre en musique un de ses poèmes que Valérie préfère et qui commence par ces mots :

Ne songez pas à demain,
Aujourd'hui est si beau !
Dispersez les soucis dans la vallée
Et que le vent les emporte !

Un soir, à Ischl, ces vers retentissent soudain sous les fenêtres de Valérie, chantés par l'orphéon. Élisabeth entre dans la chambre de sa fille ; émues toutes les deux, elles écoutent la musique. Serrant sa fille dans ses bras, les larmes aux yeux, l'impératrice

(1) Le prince Henri VII de Reuss à Guillaume II, 12 mai 1890. Archives des Affaires étrangères. Berlin.

(2) Communication personnelle de l'ancien aide de camp du prince héritier, le général de cavalerie baron Arthur de Giesl.

dit : « Je te remercie d'avoir été toujours une fille si dévouée ». C'est là un des moments les plus beaux de la vie de Valérie.

Ainsi arrive le 31 juillet, jour du mariage. Seule avec Valérie, dans la dernière voiture du cortège, Élisabeth est extrêmement pâle ; une foule immense les acclame jusqu'à l'église. La cérémonie se déroule dignement. Après le mariage, l'impératrice, tout en larmes, aide sa fille à changer de robe. Valérie, angoissée par l'état de sa mère, prend la main de son oncle Charles-Théodore et lui dit gravement : « Sois toujours, et en toutes circonstances, un ami dévoué pour maman, je t'en supplie. Elle en aura besoin, dans l'avenir ». Le duc le lui promet, d'une forte et chaleureuse poignée de main. Valérie et sa mère vont être longtemps sans se revoir ; Élisabeth a l'intention d'entreprendre une longue croisière autour de l'Europe.

Voici l'instant de la séparation. La voiture est avancée, le jeune couple y monte et les chevaux, fleuris de myosotis et d'azalées, s'ébranlent. C'est le départ, loin de la mère et de la maison paternelle. Il semble à l'impératrice qu'on lui ait arraché le cœur.

CHAPITRE XIV

L'ODYSSÉE DE L'IMPÉRATRICE 1890-1897

Seule avec son inquiétude, Élisabeth ne peut plus passer un jour chez elle. Elle part d'abord pour la Bavière, mais elle n'y séjourne pas ; il faut qu'elle s'en aille, loin, sur la mer. Un cotre, du nom de *Chazalie*, l'attend à Douvres. Elle s'embarque et, dès la première excursion, le bateau est pris dans une tempête d'une rare violence. Élisabeth se fait attacher au mât et, sur le pont, trempée par les embruns, elle contemple, ravie, l'élément déchaîné, sans se soucier du danger. Le cotre ne rallie le port qu'avec peine.

La suite de l'impératrice est exaspérée, ses lettres en témoignent. « La traversée fut épouvantable », écrit la comtesse Festetics dont l'esprit critique augmente avec l'âge, « c'est un miracle que nous soyons rentrés au port. Personne ne peut imaginer ce que c'était... Ce que j'ai souffert pendant les dix-huit premières heures dépasse toute expression... L'idée de retourner sur ce bateau m'épouvante. Je prie pour ne pas perdre courage... mais c'est trop pénible, même pour moi » (1).

Le *Chazalie* a subi des avaries et il faut le réparer. Aussitôt après, commence le véritable voyage. Le yacht étant anglais, Élisabeth ne voyage pas sous le nom de comtesse de Hohenembs, mais sous celui de Mrs. Nicolson. Impossible de toucher les ports espagnols où règne le choléra. L'impératrice est ravie d'échapper ainsi à la visite quasi obligatoire aux souverains espagnols, en résidence à Saint-Sébastien Le bateau cingle donc directement vers le Portugal. La mer est mauvaise ; les dames de la suite souffrent du mal de mer et ne peuvent entourer Élisabeth. Le Grec est d'autant plus mis à contribution. Mais il lui arrive, à lui aussi, d'être trop malade pour faire son service et l'impératrice, plus résistante que tout le monde, se plaint de perdre tant de temps. Mais les vagues se dressent autour du bateau, inexorables,

(1) Marie Festetics à Ida Ferenczy, Paris, 27 août 1890. Archives Farkas.

et maîtrisent l'impératrice elle-même. A peine le yacht, chargé de « passagers à moitié crevés » — c'est le mot de la comtesse Festetics (1) — est-il entré à Oporto, qu'Élisabeth se fait conduire à terre. Deux jours entiers, sous un soleil de plomb, elle parcourt la ville et ses superbes environs. Ce n'est qu'en promenade qu'elle se sent dans son élément. « Sa Majesté », écrit la comtesse Festetics, « est alors si satisfaite qu'on supporte les fatigues avec plaisir ». A Lisbonne, l'impératrice arpente la ville sans arrêt d'une heure de l'après-midi à huit heures du soir et elle fait de nombreux achats. Mais elle décline l'invitation à dîner de la famille royale. Tandis que la reine régnante, en l'absence de son époux, se contente de la réponse, la reine-mère Maria-Pia, une fière princesse de Savoie, qui a signé l'invitation adressée à Élisabeth, répond avec dignité (2) :

« Dites à Sa Majesté que je tiens à la voir et que, si elle ne vient pas chez nous à Cintra, je me verrai obligée d'aller la voir à bord. »

L'impératrice s'incline donc et fait une rapide visite aux deux reines. Tout de suite après, elle reprend ses promenades au pas de gymnastique et visite tout ce qu'elle peut. « Son seul but est de partir », dit la comtesse Festetics, « quant à moi, une fois rentrée, je m'affalai sur mon lit, tant j'étais fatiguée » (3).

Élisabeth voudrait encore faire une excursion à Alhandra, à l'embouchure du Tage, mais la légation la prie de s'en abstenir, en raison du choléra. Elle se rend à ces raisons et renonce à la promenade. « Je ne crains pas la mort », dit-elle à Rhoussopoulos. « Je suis prête à mourir, pourvu que je n'aie pas à souffrir longtemps. Mais je suis responsable de la vie de ma suite et c'est pourquoi j'abandonne ce projet. »

Le 15 septembre 1890, le voyage se poursuit de Lisbonne à Gibraltar. Là, Élisabeth, en compagnie de Marie Festetics, fait huit heures de marche le premier jour et dix heures le second. Puis elle s'embarque, par mauvaise mer, pour Tanger. Après une promenade de sept heures dans la ville, elle demande à la comtesse

(1) Marie Festetics à Ida Ferenczy, Arcachon, 1er septembre 1890. Archives Farkas.

(2) Rapport du ministre d'Allemagne à Lisbonne au chancelier Caprivi, Cintra, 18 septembre 1890. Archives des Affaires étrangères, Berlin.

(3) Marie Festetics à Ida Ferenczy, Gibraltar, 17 septembre 1890. Archives Farkas.

Festetics : « Pouvez-vous encore marcher, Marie ? » Sur un oui hésitant, Élisabeth recommence à marcher pendant une heure. Le yacht longe la côte d'Afrique. A Oran, même aventure. La comtesse Festetics tient encore, mais cela ne peut durer longtemps. Le chambellan hoche la tête. « La bougeotte de Sa Majesté ne fait qu'augmenter », écrit-il, « Dieu sait où cela nous mènera » (1).

Le 25 septembre, la mer est si mauvaise que le yacht est obligé de se réfugier à Ténès. « La tempête nous poussa dans ce petit port », écrit Marie Festetics à son amie Ida Ferenczy, « et c'est là que je continue l'histoire de nos souffrances... Sur le bateau également, la vie devient insupportable ; la coiffeuse est plus effrontée que jamais, voilà qu'elle veut faire la grande dame et, comme le bateau est très petit, on ne peut éviter de la rencontrer... Sa Majesté me confie ses plus intimes pensées, elle est aimable et bonne, mais je frémis de voir cette belle âme sombrer dans l'égoïsme et le paradoxe » (2).

Toutefois, Marie Festetics a l'impression que le moral d'Élisabeth est meilleur. Les heures d'excentricité et d'amertume se font plus rares et elle recommence à s'occuper des autres. Mais elle ne peut s'astreindre à se fixer. A peine arrivée à Alger, elle se précipite à Ajaccio pour voir la maison natale de Napoléon. « Quel grand homme ce fut ! » dit l'impératrice. « Pourquoi avoir ambitionné une couronne impériale ? » Et elle repart, toujours plus loin, jusqu'aux îles d'Hyères dont elle admire les superbes pinèdes, en Italie, à Florence.

En Italie, le président du Conseil, Crispi, encore en mauvais termes avec Léon XIII, se prend à craindre, en apprenant l'arrivée de l'impératrice, qu'elle n'aille à Rome faire une visite officielle au pape. Il connaît bien peu Élisabeth. François-Joseph, déjà angoissé des voyages de son épouse, n'envisage pas sans inquiétude politique ce séjour en Italie. Ces derniers temps la correspondance entre les souverains a beaucoup souffert de ces voyages à l'aventure, sans horaire prévu et sur un bateau dont on ne sait jamais s'il arrivera. Élisabeth, cependant, est allée à

(1) Le baron Nopcsa à Ida Ferenczy, Oran, 23 septembre 1890. Archives Farkas.

(2) Marie Festetics à Ida Ferenczy, Ténès, 25 septembre 1890. Archives Farkas.

Pompéi et à Capri. Elle a évité Rome et écrit une lettre polie aux souverains d'Italie. Ainsi tout se passe sans encombre.

A Naples, le 25 novembre, elle a quitté le *Chazalie* pour le *Miramar*, à bord duquel elle entre en rade de Corfou. Elle veut voir où en est la construction de sa villa à Gastouri. D'Italie, elle a rapporté, pour l'orner, plusieurs statues de marbre : Peri, la bonne fée du *Paradis perdu* de Milton, une Sapho et des bustes d'Homère et des penseurs grecs. Élisabeth est moins démoralisée, mais elle appréhende le retour. Elle craint de s'être aliéné l'affection de l'empereur et ne veut pas être à charge au jeune couple.

Le 1er décembre, Élisabeth retrouve François-Joseph à Miramar. Il est grand temps que l'impératrice revienne. En Hongrie même, où pourtant on l'adore, les députés répètent, ouvertement, à la Chambre, que les souverains ne se font plus voir dans le pays. En 1890, Élisabeth n'a passé qu'un mois en Hongrie. A présent il faut s'estimer heureux quand elle reste dans la monarchie.

Élisabeth a beau répéter à sa fille, accourue à Vienne pour la saluer, que depuis leur séparation à Ischl son cœur est mort et qu'elle est devenue une autre femme, Valérie trouve pourtant sa mère bien moins triste et elle espère qu'avec le temps elle finira par se résigner. La cour aussi y compte bien. Déjà la nouvelle quasi officielle se répand que l'impératrice recevra à dîner le corps diplomatique et assistera à quelques soirées. « Cela fera bonne impression », rapporte l'ambassadeur d'Allemagne, le prince de Reuss, « on a tant épilogué à son sujet ! » (1).

L'impératrice se maîtrise pour dissimuler sa tristesse à l'empereur : elle sait qu'il en souffre. « Je suis comme une bûche et plus fataliste qu'autrefois », écrit-elle (2). Mais, envers François-Joseph, elle adopte une attitude composée en ses heures de recueillement sur le *Chazalie*. Elle ne lui parle que de l'amie ou du théâtre et, pour ses actes, elle se borne à l'indispensable.

Valérie offre à sa mère de venir passer les fêtes de Noël chez elle au château de Lichtenegg où François-Salvator est en garnison au 15e dragon. L'impératrice décline l'invitation. Valérie lui

(1) Le prince Henri VII de Reuss, Vienne, 12 décembre 1890. Archives des Affaires étrangères, Berlin.

(2) Élisabeth à Valérie, une lettre sans date, l'autre du 17 décembre 1899. (A. A. C. W.).

propose alors de venir elle-même à la Burg. Nouveau refus d'Élisabeth. « Il faut passer le 24 décembre chez soi », lui écrit-elle, « dans son nid, le célébrer avec un sapin et le reste, aussi bien que possible. Mon plaisir sera de penser à vous de loin, ce soir-là ; le bonheur n'existe que par l'imagination » (1).

Au début de la nouvelle année, le 17 janvier, Élisabeth reparaît pour la première fois en public lors d'un grand raout. Elle est en grand deuil, beaucoup de femmes pleurent et, malgré les toilettes claires et l'éclat des bijoux, la fête ressemble plus à une cérémonie funèbre qu'à une réjouissance. Huit jours après, Élisabeth, en compagnie de la comtesse Festetics, vient faire une première visite au jeune couple à Lichtenegg. Contre toute attente, elle y est très heureuse. « Je t'en prie, maman », dit Valérie, « reste plus longtemps ».

« C'est justement parce que je m'y plais », réplique Élisabeth, « qu'il ne faut pas que je reste. La mouette n'est pas faite pour vivre dans un nid d'hirondelles. J'emporte avec moi la photographie de votre intérieur de Lichtenegg, je m'en contente et je mets le couple d'hirondelles sous la protection du grand Jéhova ».

Valérie a même décidé Élisabeth à prendre des repas normaux. Ce ne fut pas sans difficultés — à chaque bouchée l'impératrice craignait de devenir « comme un tonneau ». Crainte bien injustifiée ! Élisabeth n'est plus svelte, elle est maigre ; mais la crainte d'engraisser est chez elle une idée fixe. Au dire de Valérie, il n'y a pas moyen de la lui faire sortir de la tête.

A la mi-mars, Élisabeth invite le jeune couple à venir avec elle à Corfou sur le *Miramar*. Elle veut leur montrer la villa, déjà très avancée. D'après les projets de feu le baron Warsberg, la construction doit ressusciter un château royal de l'heureux temps des Phéaciens. Le dernier voyage a trop fatigué la comtesse Festetics. Une nouvelle dame d'honneur, la comtesse Janka Mikes, âgée de vingt-cinq ans, est appelée à la remplacer. Par prudence, le docteur Widerhofer a dû l'examiner préalablement pour éprouver sa résistance.

Le 18 mars, le *Miramar* entre en rade de Corfou et jette l'ancre non loin de Gastouri, devant le promontoire où s'élève, visible

(1) Élisabeth à Valérie, Vienne, 9 décembre 1890. (A. A. C. W.).

de loin, le château en construction. De la terrasse, déjà terminée, Élisabeth montre à sa fille la vue de la mer entre deux cyprès. « Je voudrais bien être enterrée ici », dit-elle. Elle conduit ensuite le jeune couple à Corinthe, puis à Athènes. Les voyageurs arrivent dans la capitale grecque sans s'être annoncés. Au château, ils ne trouvent que la charmante et simple princesse royale Sophie, fille de l'impératrice Frédéric. Élisabeth essaie de parler le grec avec elle ; mais la princesse se tait, embarrassée. Elle ne comprend pas encore la langue de son pays. Élisabeth a trouvé dans sa connaissance des langues un grand amusement : tantôt elle parle de la comtesse Mikes, devant elle, avec Rhoussopoulos, tantôt elle rend la pareille au Grec, en parlant de lui en hongrois à sa dame d'honneur. Le soir, au clair de lune, les voyageurs montent sur l'acropole. D'Athènes, le jeune couple regagne l'Autriche, tandis qu'Élisabeth cingle vers la Sicile. Le paysage l'enchante. « Mais il n'y a pas de comparaison avec Corfou. J'ai vu beaucoup de beaux endroits », écrit Élisabeth à Valérie, « mais c'est ici que je me plais le mieux. D'où que je revienne, je finis toujours par dire : c'est là le plus beau point de la terre. Les Anglais prétendent que l'île de Tasmanie est aussi belle. Ce serait là une excursion un peu longue... Je prie pour toi le grand Jéhova. Que le Tout-Puissant protège ma tourterelle et celui qu'elle aime et qu'il bénisse leur union. Je l'en prierai tout spécialement à la messe. Aujourd'hui il fait du soleil, la mer est bleue et, après une pluie chaude, l'île resplendit dans sa verdure printanière comme une émeraude. Si seulement vous étiez là, Poka et toi ! » (1).

Valérie montre à l'empereur toutes les lettres de sa mère qui contiennent de bonnes nouvelles. De son côté, François-Joseph écrit régulièrement à son épouse et ne manque jamais de lui dire quand et où il a vu l'amie. Il a pris peu à peu l'habitude de se promener avec Mme Schratt presque tous les jours, de préférence l'après-midi, dans le parc de Schoenbrunn. Quelquefois, il la rencontre chez Ida Ferenczy. Dans ce cas, il a coutume de prier Ida Ferenczy par écrit « de bien vouloir être assez aimable pour permettre à l'amie de venir à une heure ».

Élisabeth se prépare à rentrer à la fin d'avril à la villa Hermès,

(1) Élisabeth à Valéry, Gastouri, 22 avril 1891. (A.A.C.W.)

à Lainz. Dans l'intervalle, elle a non seulement appris le grec ancien, mais aussi le grec moderne, et elle traduit presque toute seule *Hamlet, Le roi Lear* et *La tempête* en grec moderne. Par contre, son enthousiasme pour l'*Iliade* est tombé. Le fracas des armes, qui retentit à travers toute cette œuvre, la rebute ; à présent l'*Odyssée* est son poème favori. L'impératrice, peu à peu, s'est lassée de Rhoussopoulos, le petit Corfiote Janko Kephalas n'est pas à la hauteur et, d'ailleurs, les promenades un peu longues le tuent. Élisabeth fait faire des recherches parmi les étudiants grecs de l'Université de Vienne. On y découvre les deux frères Christomanos qui parlent aussi l'allemand. Comme les Sina, les Dumba et autres familles de négociants grecs, ils sont originaires de Macédoine. L'un d'eux, Constantin Christomanos, un petit homme bossu, vaguement poète, sensible et quelque peu exalté, entre provisoirement au service de l'impératrice. Elle l'invite parfois à Lainz et fait avec lui, même par une pluie battante, ses promenades devenues célèbres. Pour le jeune homme, isolé jusque-là par son infirmité, c'est un événement. Élisabeth n'est plus aussi belle. Les années n'ont pas passé sur elle sans laisser de traces. La peau hâlée par tous les vents est un peu ridée et, de temps en temps, il passe sur son visage une expression d'étrange dureté. Malgré cela, l'inexprimable noblesse de sa personne, sa sveltesse, sa démarche aérienne, la mélodie si douce de sa voix n'ont pas changé et, dans ses yeux, brille encore parfois sa radieuse beauté de jadis. A cela s'ajoute sa conversation, toujours originale, tantôt triste et sceptique, tantôt ironique jusqu'au cynisme, ou encore remplie de poésie et toujours tendue à la recherche du beau. L'impératrice considère non sans raillerie l'engouement du jeune Grec, trop occupé pour s'en apercevoir. Tout compte fait, il distrait Élisabeth. Il est loin d'être quelconque et elle songe à l'emmener un jour pour un grand voyage (1).

En juillet, Élisabeth passe quelque temps avec François-Joseph à Gastein ; elle s'efforce de lui cacher sa tristesse et elle

(1) Dans ses *Pages de journal*, Vienne 1899, Constantin Maria Christomanos a relaté les séjours qu'il a fait près de l'impératrice en 1891 et 1892. La seconde partie, consacrée aux années 1893-94, n'a jamais été publiée. La cour aurait acheté les feuillets à l'auteur. Mais les dates et les faits relevés dans ces pages sont noyés dans un flot d'effusions sentimentales. Ida

est pour lui une compagne bonne et affectueuse. Par ailleurs, elle fait avec Janka Mikes de grandes excursions dans la montagne, passe la nuit sur le foin, dans les chalets alpestres. Toutefois, elle ménage sa dame d'honneur, car Élisabeth n'est pas sans savoir qu'on lui reproche d'avoir à moitié tué Marie Festetics. La comtesse Mikes trouve donc que l'impératrice marche raisonnablement et pense qu'en lui reprochant son allure on l'a calomniée, comme toujours (1).

A Gastein, l'impératrice habite la Helenenburg. L'amabilité de sa femme a fait du bien à François-Joseph ; en outre il lui sait gré de si bien comprendre son faible pour Mme Schratt. « Mon ange adoré », lui écrit-il peu après son départ, « je suis rempli de mélancolie, mon cœur douloureux a la nostalgie de Gastein. En descendant hier en voiture le cours Saint-Jean, je me suis retourné tristement et plein de regrets. J'ai cru voir ton ombrelle blanche sur le balcon et j'en ai eu les larmes aux yeux. Merci encore, de tout cœur, pour ta bonté et ton amour pendant mon séjour à Gastein. A présent, j'ai rarement d'aussi bons jours ». Elisabeth lui répond qu'il ne s'est pas trompé, et François-Joseph, là-dessus, lui écrit : « La certitude que tu m'as vraiment fait signe avec ton ombrelle après notre séparation me rend très heureux, j'en suis profondément touché et je t'en remercie » (2).

Restée seule, Élisabeth se replonge dans sa mélancolie. Elle apprend alors que sa fille a des espérances. Valérie lui écrit, rayonnante de joie à l'idée de sa future maternité, mais la réponse de sa mère est pleine de tristesse : « La naissance d'un être nouveau me semble un malheur ; je suis si angoissée, que souvent j'en souffre physiquement et voudrais être morte ». Valérie est malheureuse de voir sa mère douter de la bonté de Dieu et elle songe un instant à lui sacrifier son enfant, afin que cette âme si riche ne soit pas perdue pour Dieu. « Qu'il le prenne », pense-

Ferenczy qualifie Christomanos de bavard. Ce n'est pas absolument faux. Cependant, il ne faut pas sous-estimer l'enthousiasme de ce jeune homme, pour qui ce fut un réel événement d'entrer dans le commerce de l'impératrice. Aussi peut-on s'expliquer que le jeune Grec ait perdu toute mesure dans le jugement qu'il portait sur lui-même.

(1) Journal de la comtesse Janka Mikes-Szécsen, Gyöngyösszentkereszt, 16 juillet 1891.

(2) François-Joseph à Élisabeth, Ischl, 14 juillet 1891, trois heures et demie de l'après-midi.

t-elle, « et que, pour ce prix, il sauve l'âme de ma mère ». Puis elle est prise de remords, elle sent que, tout au fond de son cœur, ce sacrifice n'est pas sincère et elle supplie Dieu de lui laisser son enfant.

Élisabeth, cependant, est secouée par l'inquiétude : il lui faut encore partir, voyager, courir tous les jours à un nouvel endroit, de Gastein à Feldafing, de là à Miramar et à Corfou. Elle souhaiterait partir encore beaucoup plus loin. Elle demande à l'archiduc Louis-Salvator, le voyageur, de lui parler de la Tasmanie, l'île tant vantée par les Anglais, et il la lui dépeint sous des couleurs si brillantes, qu'elle désire de plus en plus la voir. Mais l'idée d'un voyage autour du monde, ou même seulement d'une traversée en Amérique, pour laquelle Élisabeth a déjà pressenti son époux à plusieurs reprises, n'a pas trouvé une oreille complaisante. Pourtant il est rare que l'empereur lui refuse quelque chose.

A Corfou, la première promenade d'Élisabeth la mène à son palais, dans « le pays homérique aux vastes horizons ». Le site est très beau ; mais la villa elle-même unit le style pompéien et le style classique au confort moderne et au mauvais goût de l'époque. L'ensemble n'est pas très heureux. Le mobilier de style romain, au milieu d'amours en stuc et de fruits en verre de couleur, munis d'ampoules électriques, est d'un goût douteux. En outre, la construction a coûté très cher. François-Joseph, dans sa générosité, a ordonné, au cas où les dépenses ne seraient pas couvertes par les revenus courants de l'impératrice, de prendre le surplus sur sa cassette privée. Élisabeth, sacrifiant à son culte de la beauté humaine, fait poser partout des statues. *Achille mourant* occupe la première place. Dans la cage d'escalier trouve place l'immense tableau du professeur Matsch représentant *Le triomphe d'Achille.* Une copie de la troisième danseuse de Canova, pour laquelle aurait posé la sœur préférée de Napoléon, Pauline Borghèse, représente dans la villa le prototype de la beauté féminine. En outre, Élisabeth veut ériger à l'Achilléon des monuments en l'honneur de son fils et du poète Heine, les deux pôles de son existence.

Nopcsa trouve la villa merveilleuse et unique en son genre (1).

(1) Nopcsa à Ida Ferenczy, Villa Achilléon, 26 octobre 1891. Archives Farkas.

Élisabeth aussi est ravie de sa nouvelle demeure, originale jusque dans ses plus petits détails. Tout, dans l'Achilléon est placé sous le signe du dauphin, animal sacré, sous lequel se cachait Neptune, le dieu de la mer. Partout, sur la porcelaine et sur les cristaux, sur le linge et sur le papier à lettres employé dans la villa, apparaît le dauphin surmonté de la couronne impériale. Le chef de construction, le baron Bukovich, a fait un effort surhumain. Le travail l'a épuisé. Élisabeth le remercie si cordialement que l'excellent officier pleure de joie. Mais elle ne se sent ni bien, ni satisfaite. Sa sciatique la tourmente et son inquiétude la reprend. Quand l'impératrice se donne peu de mouvement, elle prend des bains de mer le matin et l'après-midi et, le soir, se fait encore faire des enveloppements d'eau de mer, de peur de grossir. Ce régime ronge ses nerfs et altère son humeur (1).

Dans l'intervalle, Bukovich a amené la statue, grandeur nature, de Henri Heine, commandée à Rome chez le sculpteur Hasselries. Elle est placée solennellement dans un petit temple en rotonde. Heine, fatigué, repose dans un fauteuil et tient dans sa main une feuille sur laquelle il vient d'écrire :

> Que fait cette larme solitaire ?
> Elle me trouble la vue.
> C'est une larme d'autrefois
> Restée dans mon œil.
> O vieille larme solitaire,
> Coule, toi aussi.

L'érection de ce monument à l'Achilléon est un geste de mépris à l'égard du monde qui, pour des raisons politiques, refuse pareil honneur au poète. Corfou est magnifique, l'Achilléon répond aux désirs et aux goûts d'Élisabeth, mais elle est trop inconstante pour se fixer longtemps quelque part, même dans ce coin de terre paradisiaque.

En novembre, elle quitte donc son château et s'embarque sur le *Miramar* pour l'Égypte. Elle passe presque trois semaines au Caire, à l'hôtel Shepherd ; ses pieds se guérissent rapidement et elle reprend ses interminables promenades. Dans une lettre, le ministre d'Autriche au Caire fait part de son étonnement au

(1) Marie Festetics à Ida Ferenczy, Villa Achilléon, 23 octobre 1891. Archives Farkas.

comte Kalnoky (1) : « Sa Majesté marche avec une telle énergie, que la police secrète ne peut suivre la souveraine qu'en voiture ».

D'Égypte, l'impératrice revient à Vienne par Corfou. En Autriche, elle trouve la situation politique très embrouillée. Le président du Conseil, Taaffe, qu'elle prisait très haut, a pris parti successivement pour les Allemands et les Slaves, se servant des uns contre les autres, et il s'en faut de peu qu'il ne les ait tous indisposés. En Hongrie, les choses ne vont pas mieux : le parti de Kossuth s'agite.

François-Joseph est heureux de pouvoir partager ses soucis gouvernementaux avec son épouse, car elle se tient au-dessus de la mêlée et son jugement est pondéré et impartial. Tandis que la Feifalik la coiffe, Élisabeth fait du grec avec Christomanos, qu'elle a repris depuis décembre 1891. L'empereur arrive pendant une de ces séances et se met à parler hongrois pour que l'homme ne comprenne pas. Après son départ, Élisabeth dit au Grec : « Je viens de parler politique avec l'empereur. Je voudrais pouvoir aider... mais j'ai trop peu d'estime pour la politique. Les politiciens croient conduire les événements et ce sont les événements qui les surprennent » (2).

Ce petit bossu, avec sa figure intelligente, presque trop intelligente, où luisent de grands yeux, amuse l'impératrice (3). Elle aime à constater son ahurissement quand elle se raille elle-même, quand elle lui demande, par exemple : « Croyez-vous que j'aie des sentiments très impériaux quand ma masseuse me triture ? » Élisabeth se moque d'elle-même, mais aussi, très finement, du petit étudiant grec que sa présence fascine. Elle sourit de ses parfums et de son élégance recherchée qui lui servent, tant bien que mal, à faire oublier sa difformité. Tout en lui paraît artificiel ; mais il est intéressant, cultivé et s'entend, comme une femme, aux fleurs, aux couleurs, aux étoffes. Sa conversation peut plaire, intéresser, fasciner même, mais il doit fatiguer à la longue. Pour l'instant, il nourrit l'hellénisme romantique d'Élisabeth.

En janvier 1892, des devoirs de représentation s'imposent,

(1) Le baron Heidler au comte Kalnoky, Le Caire, 23 novembre 1891 Vienne, Archives d'État.

(2) CHRISTOMANOS, *Pages de journal*, pp. 71 et 72.

(3) Communication personnelle de Mlle Marie de Glaser à l'auteur.

auxquels l'impératrice ne peut se soustraire, malgré son goût de l'isolement. Elle apprend alors que sa mère est tombée malade. En même temps, elle attend à tout moment la nouvelle de la délivrance de sa fille. L'impératrice hésite — où ira-t-elle d'abord ? Le 26 janvier, la duchesse Ludovica succombe, plus vite qu'on n'aurait cru, à une pneumonie, à l'âge de quatre-vingt-quatre ans. Le lendemain, 27 janvier, Valérie donne le jour à une fille, baptisée, naturellement, du nom d'Élisabeth et appelée Ella.

Tous ces événements ont ébranlé Élisabeth ; elle se réfugie à Corfou. Là, elle se promène beaucoup avec Christomanos et le bossu n'a pas trop de toute son énergie pour fournir un effort aussi considérable. Pendant ces tête-à-tête, il apprend à connaître l'impératrice et il est étonné de tout ce qu'il y découvre. « Pour s'accorder avec la vie », lui dit-elle une fois, « on en arrive à s'isoler. Les hommes abîment les choses, ce n'est que là où elles sont seules qu'elles gardent leur beauté éternelle. Il suffit de penser que dans cent ans il n'y aura plus aucun homme de notre époque, plus un seul — et plus aucun trône, sans doute. Toujours des hommes nouveaux, de nouveaux coquelicots, de nouvelles vagues. Ils sont comme nous, nous ne sommes pas davantage. A mon premier séjour à Corfou, j'ai souvent visité la villa Braïla, elle était merveilleuse, abandonnée au milieu des arbres. C'est ce qui m'a attirée, au point d'en faire l'Achilléon... Dans le fond, je le regrette maintenant. Nos rêves sont toujours plus beaux quand nous ne les réalisons pas » (1). Mais l'impératrice se fatigue vite des êtres et des choses. A la longue, les manières un peu doucereuses, les rêveries éthérées de Christomanos « lui donnent la nausée » (2). A la fin avril 1892, arrive un nouveau professeur d'Alexandrie, mi-anglais, mi-grec, Frédéric Barker. L'étude du grec absorbe complètement l'impératrice, à peine a-t-elle recours aux services de sa dame d'honneur, la comtesse Mikes. Mais, tout à coup, elle éprouve le besoin de parler à l'une de ses dames et elle devient alors extrêmement communicative (3).

(1) Christomanos, *Pages de journal*, pp. 228, 253, 254 et 267.
(2) Jugement de Mlle Marie de Glaser qui connut Christomanos personnellement.
(3) Journal de la comtesse Mikes, 14 avril 1892. Archives Szécsen.

« Pauvre femme », dit la comtesse, « je crois qu'il n'y a personne au monde qui se sente aussi malheureux et aussi incompris — et personne n'y pourra remédier ».

Après une nouvelle et brève visite à Athènes, l'impératrice retourne en Autriche, au début de mai. Elle va voir sa fille à Lichtenegg et se réjouit de son bonheur ; mais elle lui avoue que la mort de sa mère a déchiré le dernier lien qui la rattachait à son pays et à sa jeunesse ; elle a été tellement éprouvée, que la joie même lui fait mal.

En juin, l'impératrice va faire une saison à Carlsbad. Là aussi, elle se promène dans la forêt pendant de longues heures, avec son ombrelle blanche et son éventail. Élisabeth marche tellement, que Christomanos a peine à se traîner. L'impératrice elle-même, qui ne mange presque plus, est prise un jour d'un accès de vertige. Peu après, elle s'évanouit pendant qu'on la coiffe. La comtesse Festetics lui fait alors comprendre que son régime finira par lui occasionner une congestion cérébrale. Cette remarque fait de l'effet à Élisabeth, mais pas pour longtemps ; elle ne tarde pas à reprendre ses habitudes. Il est évident que les conséquences n'en peuvent être que fâcheuses. « Sa Majesté a si mauvaise mine », écrit la comtesse Festetics, « que cela fait pitié... Elle a l'idée fixe qu'elle engraisse. Si je ne la suppliais pas comme je le fais, je crois qu'elle serait morte de faim depuis longtemps. Avec cela, elle est extrêmement douce et bonne. » Dans ces conditions, la nation hongroise ne peut espérer, comme elle l'aurait tant souhaité, voir Élisabeth à Budapest pour le jubilé du couronnement. Malgré tout, le parlement hongrois décide de lui envoyer une adresse de fidélité que signent même les membres de l'opposition. De Carlsbad, Élisabeth se rend en Bavière, puis en Suisse, au Rigi, à Zurich, de nouveau au Rigi, à Lucerne. Partout elle se promène du matin au soir. Tantôt elle parcourt les environs, tantôt, ainsi le 6 septembre à Lucerne, elle arpente les rues de la ville pendant neuf heures et demie. « Sa Majesté est de très bonne humeur et ne s'en promène que davantage », écrit Nopcsa (1). Barker, plus jeune et plus résistant, remplace Christomanos.

(1) Nopcsa à Ida Ferenczy, Rigi-Kaltbad, 1er septembre 1892. Archives Farkas.

François-Joseph écrit presque tous les deux jours à sa femme. Il lui rend compte de tous les événements importants avec une fidélité touchante, bien qu'Élisabeth continue à ne pas s'intéresser à la politique. Le 16 septembre, l'*Indépendance Belge* publie tout à coup la nouvelle que, à l'occasion du quatre-vingt-dixième anniversaire de Kossuth, l'impératrice le fait saluer et fait dire une messe pour lui. Beaucoup de Hongrois prêtent crédit à cette rumeur.

Fin septembre, l'impératrice va directement de Suisse à Gödöllö. Elle y passe de paisibles jours d'automne, mais ce n'est pas sans mélancolie qu'elle voit se vider l'écurie. A Budapest, des troubles éclatent à l'occasion d'une fête au monument de Hentzi, le défenseur autrichien d'Ofen en 1848 ; la cour quitte ostensiblement Gödöllö pour Vienne. Mais la population hongroise reste convaincue qu'Élisabeth n'est pour rien dans ce départ.

En novembre 1892, le grand-duc héritier au trône de Russie arrive à Vienne. Pour traiter l'hôte avec une attention particulière, l'impératrice accepte de paraître à table. Le grand-duc trouve cela tout naturel et il faut le rendre attentif à l'honneur que lui a fait Élisabeth (1).

Les rapports des souverains sont excellents. Pourtant, si pénible que soit la séparation pour Élisabeth, son humeur vagabonde l'emporte et elle repart (2). L'impératrice veut fuir l'hiver, elle veut aller en Espagne par la Sicile et les îles Baléares. « Je comprends », écrit Marie Festetics, « qu'on recherche la chaleur, mais c'est un drôle de goût de passer trois mois de l'hiver sur un bateau. Où allons-nous ? Même Sa Majesté ne le sait pas » (3). François-Joseph passe sa vie à attendre le télégramme lui annonçant que l'impératrice est bien arrivée « quelque part ».

Cette année encore, Élisabeth est loin de chez elle le jour de son anniversaire et la veille de Noël. « Je t'apporte aujourd'hui », lui écrit François-Joseph, « mes vœux affectueux, en te priant, dans l'avenir, peut-être bref, qui nous est encore réservé, d'être aussi bonne et affectueuse pour moi que tu l'as toujours été, et de

(1) Le prince Henri VII de Reuss à Caprivi, 15 novembre 1892. Voir *Grande politique des cabinets européens*, tome VII, p. 410.

(2) Nopcsa à Ida Ferenczy, à bord du *Miramar*, 3 décembre 1892. Archives Farkas.

(3) Marie Festetics à Ida Ferenczy, Messine, 4 décembre 1892, Archives Farkas.

plus en plus. Je tiens à te répéter combien je t'aime, car je ne sais guère le montrer et d'ailleurs cela t'ennuierait. Que Dieu te bénisse et te garde et nous donne un heureux revoir, nous n'avons ni à désirer ni à espérer davantage... » (1). La lettre se termine de nouveau par « ton petit », ce qui est devenu plus rare, ces dernières années.

Mais si, entre les souverains, l'entente est parfaite, le mécontentement augmente dans la monarchie. Le public reproche à Élisabeth non seulement de se soustraire à tous ses devoirs de souveraine et de se retirer complètement du monde et de la société, mais encore de rester loin du pays toute l'année. Les diplomates accrédités à Vienne en font foi dans leurs rapports. Mais il y a longtemps qu'Élisabeth ne se soucie plus des commentaires. Elle passe la veille de Noël à arpenter Valence, d'où elle se rend à Malaga, puis à Grenade pour y admirer l'Alhambra. Là, elle reçoit l'invitation de la reine-régente d'Espagne de venir à Aranjuez. Mais Élisabeth prétexte sa sciatique. A Madrid, ce refus est mal interprété. La famille royale, informée des voyages et des excursions de l'impératrice, ne juge pas son excuse plausible. Mais que faire ? Il faut se contenter des on-dit.

Le moral d'Élisabeth varie. Tantôt elle est enchantée des belles villes qu'elle visite, tantôt elle est fatiguée et lasse de vivre. « J'ignorais jusqu'ici », dit la comtesse Festetics, « combien il est difficile de remplir son devoir » (2). Partout où elle va, l'impératrice fait à pied un nombre incroyable de kilomètres. Il est de plus en plus difficile, dans ces conditions, de maintenir le calme autour d'elle.

De Cadix elle retourne à Gibraltar. « C'est un endroit agréable et sympathique », dit Élisabeth. « C'est la ville d'Espagne que je préfère, parce qu'elle est anglaise et que tout y est propre... Il y a des magasins nègres très amusants. J'y vais tous les jours et c'est grâce à Marie Festetics que je ne fais pas encore de prison pour dettes. Mais elle s'entend si bien à marchander, que nous achetons presque pour rien » (3). C'est là le nouvel amusement de l'impératrice. « Sa Majesté achète tant de choses », écrit Nopcsa,

(1) François-Joseph à Élisabeth, décembre 1892. (A.A.C.W.).
(2) Marie Festetics à Ida Ferenczy, Séville, 18 janvier 1893. Archives Farkas.
(3) Élisabeth à Valérie, Gibraltar, 23 janvier 1893. (A.A.C.W.)

« que le bateau est déjà plein, d'autant qu'il s'y trouve aussi des objets destinés à Corfou » (1).

L'odyssée se poursuit par Majorque et Barcelone jusqu'au littoral et de là à Turin. Tout le monde en ignore la suite. A Turin, Élisabeth apprend que Valérie a donné le jour à un fils. Elle s'en réjouit, tout comme François-Joseph. « Je ne sais pourquoi », écrit l'empereur, mais cela me fait penser à Rodolphe ; c'est une faible compensation, mais c'est une compensation tout de même » (2).

D'Italie, l'impératrice se décide à faire un petit voyage à Genève et à Territet. Genève lui plaît beaucoup. Élisabeth suggère à son époux de s'offrir des vacances et de venir la voir en Suisse. Elle a mauvaise conscience d'avoir laissé l'empereur seul si longtemps : elle prie Ida Ferenczy de s'occuper de son époux et d'avoir des attentions pour lui. La lectrice organise des petits déjeuners avec d'excellentes saucisses et du pain paysan de la Puszta, que l'empereur apprécie beaucoup. Mme Schratt est seule à distraire l'empereur de sa solitude. Quand elle s'absente en même temps que l'impératrice, François-Joseph en est triste et mélancolique ; toutes ses lettres en témoignent.

A Territet, Élisabeth reprend ses longues promenades. Le premier chambellan a maintenant soixante-dix-huit ans et il ne supporte plus guère ces perpétuels voyages ; quant à Marie Festetics, une bronchite chronique l'oblige à se reposer. François-Joseph, fort heureusement, vient rejoindre sa femme à Territet à ce moment-là. Toutefois le monde s'étonne de voir l'empereur aller en Suisse, pays connu, à l'époque, pour être le refuge des nihilistes et des anarchistes (3). Des journalistes prétendent que l'impératrice est devenue folle : elle croit, disent-ils, que l'empereur s'est tué, lui aussi, et elle veut se précipiter du haut d'un rocher. Le Grec Barker, dont ils font un illustre neurologue, aurait affirmé la nécessité de prouver à l'impératrice que l'empereur vit encore. Le *Secolo* de Milan du 16 mars 1893 répand toutes ces inventions et ajoute : l'impératrice est dégoûtée de l'Achilléon ; elle craint d'y retourner, persuadée que le célèbre brigand

(1) Nopcsa à Ida Ferenczy, Gibraltar 21 janvier 1893. Archives Farkas.
(2) François-Joseph à Élisabeth, 18 février 1893. (A.A.C.W.)
(3) Journal de Valérie, 27 mars 1893. (A.S.)

macédonien Athanasio a l'intention de s'y introduire avec sa bande, de la dévaliser et d'exiger une forte rançon. Ces assertions de la presse italienne suscitent de l'inquiétude en Autriche. Le *Magyar Hirlap* se plaint qu'en Hongrie on n'entende plus parler de la reine (1). En réalité, le moral de l'impératrice est justement meilleur à ce moment-là. Seule la « bougeotte » persiste. Qu'il pleuve ou qu'il vente, il faut qu'elle sorte ; souvent son parapluie se retourne, son chapeau s'envole et elle rentre trempée. En présence de François-Joseph, elle se retient un peu, mais, au grand regret d'Élisabeth, il est obligé de partir bientôt. Marie Festetics fait l'éloge de l'empereur, si gracieux et si touchant. Une fois de plus, la comtesse se rend compte qu'avec son charme Élisabeth fait ce qu'elle veut de l'empereur. A peine est-il parti, qu'Élisabeth n'y tient plus : elle continue son odyssée par le lac de Côme, Milan, Gênes et Naples. Là, elle se décide à avouer par lettre à François-Joseph ce qu'elle n'osait lui dire de vive voix. Les journaux n'ont fait qu'anticiper. A peine terminé, l'Achilléon ne lui plaît plus. C'est vrai qu'elle a dit un jour : « Si on m'obligeait à rester quelque part, fût-ce au paradis, pour moi il deviendrait un enfer. » L'Achilléon est devenu la chaîne qu'elle s'est forgée elle-même, dans son inquiétude, et cette idée lui est intolérable ; elle fait donc part à l'empereur de son désir de vendre la villa ; le produit de la vente ne manquera pas d'être utile à Valérie, dont la famille promet de devenir nombreuse. Elle rêve d'un Crésus américain capable d'acheter sa villa pour une somme fabuleuse. Depuis quelque temps François-Joseph s'est aperçu que l'Achilléon ne plaît plus à Élisabeth, mais qu'elle voûlut le vendre à peine fini, c'est à quoi il ne s'attendait pas. Il l'exhorte à réfléchir. « Valérie et sa nombreuse famille », écrit François-Joseph à son épouse, « ne mourront pas de faim, même si tu gardes ta maison... En tous cas, il faudra procéder doucement et avec beaucoup de tact pour faire paraître l'affaire acceptable et, malgré tout, cela soulèvera beaucoup de poussière... Ton intention me peine aussi. J'avais le secret espoir que, après avoir mis tant de plaisir et tant de zèle à construire cette villa, ton œuvre, tu y passerais au moins la plus grande partie du temps de tes séjours dans le midi. Encore un espoir qui tombe;

(1) *Magyar Hirlap*, du 11 mai 1893.

te voilà destinée à vagabonder et à errer de par le monde » (1). L'impératrice remet d'abord son projet, mais elle conserve l'idée de se débarrasser de cette maison qui pourrait devenir une chaîne.

En mai, Élisabeth retourne à Lainz pour les fiançailles de sa petite-fille Augusta, la fille de Gisèle, avec l'archiduc Joseph-Auguste. A la fin du mois, l'impératrice reparaît à une réception à la cour. L'ambassadeur d'Allemagne, le prince de Reuss, la trouve pâle et vieillie, mais il se réjouit de la voir se montrer en public. C'est un démenti aux perpétuelles rumeurs qui mettent en doute son équilibre mental. En juillet, Élisabeth se rend à Gastein avec Janka Mikes, chargée de remplacer Marie Festetics dans le pénible rôle d'accompagnatrice. Son humeur varie ; tantôt elle est aimable et naturelle, presque gaie, tantôt, grave et renfermée, elle se laisse aller à sa tristesse. « On ne peut la juger à la même aune que tout le monde », dit la comtesse Mikes (2). Et l'archiduchesse Valérie, venue voir sa mère à Gastein, note dans son journal : « Il y a chez maman les plus violents contrastes qui puissent se trouver réunis dans un caractère ». Après un rapide passage à Venise, l'impératrice s'installe à la Burg d'Ofen pour effacer les sentiments hostiles à la dynastie qui, depuis l'enthousiasme suscité par Kossuth et les récents événements politiques, se font jour dans le peuple hongrois.

Ida Ferenczy tient Élisabeth au courant des bruits concernant son état mental ; l'impératrice s'efforce d'y mettre un terme. Ces rumeurs n'ont rien qui doive surprendre : tout ce que fait Élisabeth est extraordinaire et ses origines bavaroises, mal connues dans le public, permettent toutes les hypothèses. L'impression produite par la mort de Louis II n'est pas encore calmée et il circule sur le roi actuel, Othon, complètement fou, les nouvelles les plus étranges. Il vit comme une bête, parle constamment à des personnages imaginaires ou reste figé dans un coin de la pièce, le corps en avant, le bras tendu, les yeux mi-clos, indifférent à tout ce qui l'entoure. Élisabeth frémit d'être comparée à un être pareil ; elle n'a plus qu'une idée : partir, loin, à l'étranger, pour oublier tout cela.

(1) François-Joseph à Élisabeth, Vienne, 6 avril 1893. (A.A.C.W.)
(2) Journal de la comtesse Mikes-Szécsen, 14 juillet 1893.
(3) Journal de Valérie, 22 juillet 1893. (A.S.)

Le 11 novembre, les souverains rendent visite à la grande-duchesse de Saxe à l'ambassade d'Allemagne. Élisabeth, déjà, n'y tient plus, de nouveaux départs la sollicitent. « Je m'apprête à devenir arrière-grand'mère », dit-elle au prince de Reuss, en parlant du mariage de sa petite-fille Augusta, « j'ai donc bien le droit, je pense, de me retirer du monde » (1). Cette fois Élisabeth veut emmener Christomanos et le général de brigade Adam Berzeviczy, chargé de remplacer Nopcsa. Dans l'armée, le général passe pour un cavalier extraordinaire. En 1863, il avait parié qu'il ferait une course de huit obstacles sur un cheval fatigué, le dos tourné à la tête de l'animal. Il ne fit même pas la chute qui lui était permise. Le fringant officier de hussards gagna son pari sans tomber. Cette histoire avait suscité à l'époque l'admiration d'Élisabeth. Berzeviczy est énergique et d'un laconisme militaire. Son humour sain et sec, son franc parler plaisent à l'impératrice. Ainsi, elle rit de bon cœur, le jour où elle lui apprend qu'il doit l'accompagner sur le *Greif*, de l'entendre répondre : « Sur cette balançoire je suis toujours malade » (2).

Élisabeth se sépare à regret de l'empereur, de l'archiduchesse Valérie et de Mme Schratt, « les seules racines », dit-elle, « qui m'attachent encore à cette terre » (3). Le 1er décembre, elle part pour Miramar et de là gagne Alger. François-Joseph aussi a eu peine à se séparer de son épouse. « Je m'habitue lentement à la solitude », écrit-il (4). « Les instants passés à ton déjeuner et nos soirées me manquent beaucoup et deux fois déjà, en allant à la Bellaria, je suis entré dans tes appartements. Les meubles sont recouverts de housses et pourtant tout me rappelle douloureusement ton absence. »

Élisabeth arrive à Alger. « Une discipline militaire règne dans notre groupe », écrit-elle. « Berzeviczy est très intelligent et très utile » (5). Après trente-trois ans, Élisabeth revient à Madère ; elle songe avec mélancolie au temps où, jeune et jolie femme, chargée de bien des soucis et de maintes déceptions, elle faisait

(1) Le prince Henri VII de Reuss à Caprivi, 12 novembre 1893. Archives des Affaires étrangères, Berlin.
(2) Élisabeth à Valérie, Vienne, 29 novembre 1893. (A.A.C.W.)
(3) Journal de la comtesse Mikes, 11 décembre 1893. Archives Szécsen.
(4) François-Joseph à Élisabeth, Vienne, 5 décembre 1893. (A.A.C.W.).
(5) Élisabeth à Valérie, Alger 13 décembre 1893. (A.A.C.W.).

son premier grand voyage. A Noël et Nouvel-An, Élisabeth reçoit des lettres affectueuses de l'empereur : « Je te souhaite, du fond de mon fidèle attachement, le bonheur et la bénédiction du ciel et je te prie de me conserver ta bonté et ton indulgence. Le terme de bonheur ne nous convient guère, il nous suffit d'un peu de calme, de bonne entente et d'une vie moins lourde de malheur. Je veillis, je deviens un peu gâteux, j'aurai besoin, pour l'année à venir, de toute ton indulgence. Ta bonté et ta sollicitude et l'affection de l'amie sont les seuls points lumineux de mon existence. Mes pensées te suivent sans cesse et je me languis de toi. Je me réjouis dès maintenant de ton retour, hélas ! encore si lointain » (1).

Cependant Élisabeth fait de longues promenades dans l'île merveilleuse, soit en compagnie du Grec, soit avec la comtesse Mikes. Christomanos commence à se considérer comme un personnage. Il ne s'entend avec personne de la suite de l'impératrice. Une querelle éclate avec les officiers du *Greif* et tout le monde est heureux de songer qu'il quittera le service de l'impératrice en mars. Élisabeth, cependant, travaille avec ardeur et soutient le jeune Grec, bien que lasse, parfois, de son adoration.

Élisabeth voulait aller jusqu'aux Açores, mais elle y renonce, le yacht est tout de même trop mauvais, le voyage serait risqué. Un jour, le *Greif* s'échoue sur une côte plate et sablonneuse, il faut patienter jusqu'à ce que la marée le dégage pour gagner Alicante où l'archiduc Louis-Salvator attend l'impératrice. Comme toujours, il arrive à bord débraillé, dans un costume vieux de dix ans, les cheveux ébouriffés ; mais c'est un homme intéressant qui a beaucoup vu, beaucoup lu et beaucoup appris. Il n'est pas coulé dans le moule ordinaire des princes et c'est ce qui séduit Élisabeth.

Le bateau devait d'abord toucher Marseille, mais il s'élève dans le golfe du Lion une tempête comme on n'en voit que très rarement. Sur toute la côte espagnole, des naufrages sont signalés. Le *Greif*, une vieille coquille de noix, lutte en vain pendant trente-six heures contre les éléments et se voit contraint de retourner à Alicante.

Le beau temps revient enfin et Élisabeth rencontre son époux

(1) François-Joseph à Élisabeth, 20, 23 et 29 décembre 1893. (A.A.C.W.)

au Cap Martin. Elle est relativement de bonne humeur, se promène beaucoup avec François-Joseph. Mais elle prend ses repas seule, car elle mange très peu et les choses les plus invraisemblables. L'empereur lève les bras au ciel en apprenant qu'Élisabeth prend souvent pour tout repas une glace à la violette et des oranges. Le 15 mars, François-Joseph la quitte pour « reprendre le collier », comme il dit. L'impératrice reste au Cap Martin et, bon gré mal gré, elle est obligée de fréquenter la veuve de Napoléon III. Le commerce de cette femme malheureuse, qui pleure son époux, son fils tué à l'ennemi, enfin tout son passé, n'est pas réconfortant. Mais elle est plus équilibrée qu'Élisabeth ; désormais seule, sans attaches à la vie, elle a tout de même trouvé la paix.

A l'occasion, Élisabeth aime à visiter des jardins particuliers sans y être invitée. La nouvelle s'en répand à Nice, mais il arrive tout de même qu'elle ne soit pas reconnue ; un jour, elle a maille à partir avec une propriétaire indignée. Heureux encore, dit François-Joseph, qu'elle n'ait pas, en outre, « été rossée par cette vieille sorcière » (1). Mais cela ne manquera pas d'arriver car on ne pénètre pas ainsi dans les propriétés sans y avoir été convié.

Le 30 avril, un télégramme annonce la naissance d'un second fils de Valérie, baptisé Hubert-Salvator. Élisabeth se hâte de rentrer pour voir son dernier petit-fils. Mai la retrouve donc en Autriche, à la villa Hermès, où elle reprend ses promenades avec un nouveau Grec, du nom d'Alexis Pali. Après un court voyage en Bavière, elle se rend, à la fin de juin, dans le sud du Tyrol, à Madonna di Campiglio. Là, Élisabeth apprend la nouvelle de l'assassinat du président Carnot ; François-Joseph la prie de considérer cet attentat comme une leçon ; il lui signale l'imprudence de ses voyages à travers le monde. Mais elle n'a d'inquiétude que pour l'empereur ; elle-même persiste à se promener sans aucune crainte.

Élisabeth passe le mois de septembre à Corfou. Octobre la ramène à Gödöllö ; mais elle n'y est plus à l'aise. La cour, la société, le peuple se sont détachés d'elle et, même en Hongrie, elle ne trouve plus un refuge. Elle n'assiste qu'à contre-cœur

(1) François-Joseph à Élisabeth, 12 avril 1894. (A.A.C.W.)

aux grandes réceptions et les évite aussi souvent qu'elle le peut. Élisabeth est heureuse, le 2 décembre, de reprendre la mer sur le *Miramar* à destination d'Alger. Cette fois, la comtesse Irma Sztaray l'accompagne, à titre de dame d'honneur intérimaire. Elle arrive chez sa reine, pleine d'enthousiasme, fermement décidée à s'adapter, dans la mesure du possible, à ses manières de vivre, dont elle a entendu dire les choses les plus contradictoires. La comtesse s'étonne surtout du régime fantaisiste d'Élisabeth (1). Toujours soucieuse de son poids, qui varie entre quarante-six et cinquante kilos, elle ne prend, à certains jours, que du lait et des oranges. De temps à autre, cependant, quand la fantaisie lui en vient, elle fait un bon dîner. Tous les jours, après la gymnastique, elle consulte la balance et le régime de la journée dépend du résultat. L'impératrice a cinquante-sept ans, mais la gymnastique et l'entraînement lui ont conservé sa souplesse. Pour le prouver à la comtesse Sztaray, elle lui fait, au cours d'une promenade seule à seule, une démonstration qui aurait fait honneur à n'importe quel professeur de gymnastique. Or, le 4 janvier 1895, elle vient d'être arrière-grand'mère (2).

Élisabeth continue ses promenades à Alger, tantôt avec la comtesse Sztaray, tantôt avec Pali. Mais le Grec n'est pas rompu à cet exercice et Élisabeth le méprise un peu de sa fatigue. « Hier encore, je me suis promenée avec Pali », écrit-elle le jour de son départ d'Alger pour le Cap Martin, « mais je suis rentrée de bonne heure, parce qu'il est encore très faible ; ces Grecs sont si mous ! A présent il tremble pour le voyage et prétend qu'il vaut mieux attendre ici que le vent soit tombé » (3).

A l'occasion de Noël, délicate attention à l'égard de François-Joseph, Élisabeth a chargé le peintre Matsch de faire une miniature et un portrait en pied de Catherine Schratt dans le rôle de Dame Vérité, de la charmante comédie de Hans Sachs, *Nul ne veut héberger dame Vérité.* François-Joseph se montre très touché, mais ce qu'il apprend du régime de sa femme lui cause

(1) Voir comtesse Irma Sztaray, *Les dernières années de l'impératrice Élisabeth*, Vienne, 1909.

(2) Élisabeth, fille aînée de l'archiduchesse Gisèle, princesse Léopold de Bavière, épousa le 2 décembre 1893, peu après le mariage de sa sœur Augusta avec l'archiduc Joseph d'Autriche, le baron, à présent comte, Othon de Seefried à Buttenheim et donna le jour à une fille le 4 janvier 1895.

(3) Élisabeth à Valérie, Alger, Hôtel Splendide, 10 janvier 1895. (A.A.C.W.)

beaucoup de souci. Il se réjouit de penser que le moral d'Élisabeth est meilleur. « Tu traites la faim par le jeûne, au lieu de la satisfaire, comme font les gens raisonnables, et cela me préoccupe », lui écrit-il, « mais ce sont là paroles inutiles et mieux vaut ne pas entamer ce chapitre ».

Au Cap Martin, l'impératrice continue à mener sa vie étrange. Elle se nourrit exclusivement de lait, mais il faut qu'il soit de première qualité. Élisabeth fait donc acheter des vaches qu'elle fait ensuite envoyer en Autriche, où elle charge Ida Ferenczy d'installer une laiterie modèle. Son curieux régime ne manque pas, bien entendu, d'influer sur son état général. Si, à la suite de ses randonnées par tous les temps, elle contracte une sciatique, son régime alimentaire fantaisiste lui vaut des troubles digestifs. Il en résulte des dépressions qui la poussent à expérimenter sans cesse de nouveaux traitements, mais elle les suit sans mesure ni précaution et ils finissent par lui nuire. C'est bien l'avis de François-Joseph. « Quelle invention, que ces traitements perpétuels ! » dit-il à Valérie.

La reine Victoria est attendue au Cap Martin. « On dit », écrit Élisabeth, « que la reine d'Angleterre a loué tout l'hôtel, plus deux villas, elle arrive avec soixante-dix personnes, dont des Hindous... Quel plaisir de voyager comme un cirque ! » (1).

En février, François-Joseph revient voir son épouse au Cap Martin et tente, en vain il est vrai, de l'amener à un régime plus raisonnable. Le souverain retourne en Autriche plus tôt qu'il n'avait prévu, rappelé par la mort de l'archiduc Albert. Aussitôt, Élisabeth quitte le littoral pour s'installer en Corse où sévissent de formidables tempêtes de neige. François-Joseph ne comprend pas pourquoi l'impératrice ne reste pas sur la Côte d'Azur, plutôt que de vagabonder dans le froid et dans la tempête. Mais il n'y a rien à faire. Élisabeth continue son voyage jusqu'à Corfou. Malgré tout, elle a plaisir chaque fois à retrouver son île merveilleuse. « Nous avons eu deux journées magnifiques », écrit-elle (2), « tout resplendissait d'une beauté surnaturelle, le soir, les oliviers embaumaient et le couchant les auréolait ainsi que des roses d'or. La mer était pareille à un grand morceau de verre bleu,

(1) Élisabeth à Valérie, 3 février 1895. (A.A.C.W.).
(2) *Id.* Achilléon, 8 avril 1895. (A.A.C.W.).

parsemée de petits bateaux aux voiles rouges et blanches, comme immobiles. Les pentes sont recouvertes de fleurs dorées, en face surgissent les cimes encore neigeuses des montagnes d'Albanie ; d'abord roses, elles s'embrasent d'un feu de rubis. L'air est saturé d'un parfum capiteux ; ivres, des hirondelles traversent l'air par bandes et au-dessus de ce pays féerique la lune d'argent, presque pleine, flotte dans le ciel bleu sombre. Le pâle visage d'Achille se tend vers elle et, devant sa clarté, baisse les yeux. C'était si beau que j'en étais toute nerveuse et ne parvins pas à m'endormir ; de mon lit je ne cessais de regarder le clair de lune épandu dans ma chambre et j'écoutais les hululements plaintifs des hiboux ».

Dans ce cadre admirable, Élisabeth fait placer, le 22 avril 1895, la statue de son fils par le sculpteur italien Chiattone. Le monument dévoilé, elle reste en contemplation devant les traits de son fils défunt. Pas une parole ne sort de ses lèvres, lentement ses yeux s'emplissent de larmes. Et l'émotion est si forte que, dès le lendemain, l'impératrice quitte Corfou et fuit vers Venise. Elle ignore que les souverains italiens y résident, sinon elle n'y fût pas allée. La voilà donc obligée de leur faire une visite dans les appartements mêmes qu'elle occupait du temps où Venise était province autrichienne. Elle rentre ensuite à Lainz qu'elle quitte au bout de quatre semaines pour la station thermale de Bartfa, dans les Carpathes. Elle s'y promène sans arrêt, la mer et les bois sont ce qu'elle préfère au monde ; là, au moins, elle peut vivre solitaire. Plus misanthrope que jamais, Élisabeth se protège des curieux avec son inévitable ombrelle et son éventail. Mais ceux qui parviennent, malgré tout, à voir son visage, en ont le cœur déchiré. Des rides profondes s'y sont creusées, accusées encore par le soleil, le vent et la pluie. Mais les yeux brillent de leur éclat d'autrefois et sa fière silhouette, grande et mince, son inimitable démarche n'ont pas changé. La comtesse Mikes plaint beaucoup l'impératrice. Elle donnerait tout pour la rendre heureuse, mais, elle s'en rend compte, elle ne peut rien pour sa souveraine.

Valérie connaît mieux la vie de sa mère que toutes les dames d'honneur, même les plus intimes. Élisabeth ne se cache pas d'elle. Mais ses moindres paroles portent la marque de la tristesse et de la désolation. Le 6 août, Carmen Sylva vient lui rendre visite à Ischl avec son époux. Elle la reçoit avec cette tristesse qui ne la quitte plus. Se révolte-t-elle encore quelquefois contre le sort ? A cette question, posée avec prudence, l'impératrice répond : « Non, je suis de pierre ».

A la première occasion, Élisabeth quitte l'Autriche. En septembre 1895, elle fait une cure à Aix-les-Bains, passe à Genève et à Territet ; le mois d'octobre la ramène à Gödöllö, puis à Vienne. Fin novembre, elle retourne sur la Côte d'Azur. Cette fois encore, la comtesse Sztaray l'accompagne : la comtesse Mikes se marie. L'impératrice fait une cure d'eau de Carlsbad, car elle juge son poids de cinquante kilos trois cent soixante grammes beaucoup trop élevé. A ce régime, c'est un vrai miracle qu'elle se porte encore si bien, et François-Joseph a parfaitement raison quand il lui écrit : « Je suis heureux que ta vigoureuse nature — touchons du bois — résiste si bien à toutes les cures d'amaigrissement et à tes courses insensées » (1).

Dans les premiers jours de mars, Élisabeth éprouve des malaises. Elle ne manque pas de les attribuer à une augmentation de poids : « Quand je ne me sens pas bien, mon poids augmente, et c'est de tous les maux celui qui me vexe le plus » (2). Il est dangereux de parler à l'impératrice d'un nouveau traitement ; elle veut, aussitôt, en faire l'essai. Le livre d'un certain docteur Kuhne, qui recommande une cure de sable contre l'obésité, est fort en vogue à l'époque. L'impératrice veut faire la cure immédiatement et Mme Schratt, impressionnée par les continuels traitements de l'impératrice, veut en faire autant.

« C'est curieux », dit François-Joseph (3), « que vous tentiez toujours toutes les deux les mêmes expériences médicales, sans grand dommage heureusement ».

Élisabeth passe le printemps à Corfou, occupée, surtout, à traduire Shakespeare en grec avec un nouveau professeur, un jeune gommeux dont les parfums l'incommodent. Sa vie durant elle a détesté les parfums pour les femmes ; chez les hommes, c'est une habitude qui lui déplaît encore bien plus.

(1) François-Joseph à Élisabeth, 14 décembre 1895. (A.A.C.W.)
(2) Élisabeth à Valérie, Cap Martin, 9 mars 1896. (A.A.C.W.)
(3) François-Joseph à Élisabeth, Vienne, 27 mars 1896. (A.A.C.W.)

Fin avril, elle interrompt son voyage à Corfou. Quoiqu'il lui en coûte, Élisabeth veut se montrer encore une fois officiellement dans sa chère Hongrie. Les solennités en l'honneur du millénaire de l'État hongrois se préparent et l'impératrice ne veut pas y manquer.

Le 30 avril, elle arrive à Budapest et, le 2 mai, bruyamment acclamée, elle inaugure, aux côtés de l'empereur, l'exposition du millénaire. Elle a revêtu une somptueuse toilette, entièrement noire, à manches bouffantes. Tout le monde cherche à voir la reine sur laquelle ont circulé dans les derniers temps les rumeurs les plus contradictoires, mais pendant le trajet, tout comme à l'exposition, Élisabeth se masque le visage de son éventail.

Trois fois en tout, la reine paraît en public. Aux représentations de gala, aux bals et aux illuminations François-Joseph est seul. Pendant le chant du *Te Deum* à l'église du couronnement, elle écoute, émue, les paroles du cardinal primat qui, de l'autel, lui exprime l'amour et la gratitude de la nation pour avoir, jadis, « de sa main tendre et maternelle tissé le lien doré qui relie à présent la nation à son roi bien-aimé ». La capitale hongroise ne cesse de parler de la tristesse navrante qui émane de la silhouette noire de la reine en ces jours de fête. Elle a cependant un éclair de joie le jour où elle rend visite au jeune ménage de l'archiduc Joseph et presse sur son cœur son premier arriere-petit-fils, Joseph-François, né le 28 mars de l'année précédente.

Il est extrêmement pénible à Élisabeth d'assister à des fêtes comme du vivant de son fils. « L'inauguration d'hier », écrit-elle à sa fille (1), « fut très triste. Paraître à nouveau dans toute la splendeur d'une occasion solennelle ! La dernière fête de ce genre se passait devant le monument de Marie-Thérèse et Nazi était avec nous. Le chant, l'hymne, tout me rappelle ce jour ».

A son retour à Schoenbrunn, Élisabeth fait souvent des excursions et des promenades en compagnie de Mme Schratt. L'impératrice continue à la trouver agréable et gentille, bien qu'elle ait éprouvé jadis un certain malaise à son endroit. Ce sentiment a disparu et un commerce simple et naturel s'est établi entre elle et l'actrice. Le devoir la rappelle bientôt à Budapest où, le 6 juin, elle inaugure une aile du château construite à son instigation.

(1) Élisabeth à Valérie, Ofen 3 avril 1896. (A.A.C.W.)

Le 8 juin, après le transfert des insignes de la couronne de l'église au parlement et à la Burg, a lieu la réception solennelle du parlement hongrois à l'occasion du millénaire, si admirablement décrite par Kalman Mikszath (1) :

« La voici, tout en noir, dans la salle du trône, au château royal, vêtue de la robe hongroise, garnie de dentelles ; elle est l'image de la douleur. Un voile noir descend de ses cheveux sombres ; épingles noires, perles noires et, dans tout ce noir, un visage blanc comme le marbre et d'une tristesse infinie... La *mater dolorosa.* C'est bien le même visage immortalisé par de séduisants portraits : ce sont les mêmes traits nobles et fiers, la frange soyeuse sur le front et la somptueuse couronne de nattes. Le beau visage, ravagé par le chagrin, a gardé sa noblesse. C'est bien le même tableau, mais comme voilé d'un brouillard. Les cils baissés cachent ses yeux vifs et bons. Elle est là, calme et insensible, comme si elle ne voyait ni n'entendait rien. Seule son âme semble errer au loin. Pas un mouvement, pas un regard ne trahit le moindre intérêt. C'est une statue de marbre blanc. Le président de la Chambre, Désider Szilagyi, commence alors à parler, lentement, calmement, face au trône. Le roi écoute. Un mot, une pensée le fascine et ses regards s'attachent aux lèvres du grand orateur de la nation hongroise. Aucune expression ne passe sur le visage d'Élisabeth. Elle reste pâle et immobile. L'orateur alors nomme aussi la reine. Elle ne bronche pas ; mais soudain retentit un grand *eljen* comme le château d'Ofen n'en a jamais entendu. On dirait une tempête de sentiments s'élevant de tous les cœurs. Et il s'en dégage un accent sublime, merveilleux, ineffable. Il passe dans cet *eljen* une prière, des sons de cloche, le bruit des flots, de la tendresse et aussi comme un parfum de fleurs. Alors le visage majestueux, jusque-là insensible, s'anime. Doucement, presque imperceptiblement, elle s'incline en signe de gratitude. Il entre dans ce geste un charme infini. Un *eljen* plus fort jaillit, interminable, toujours renouvelé, ébranlant les voûtes.

« Les grands de la nation brandissent leur colback. L'*eljen* renaît sans cesse, impose silence à l'orateur et la reine baisse la

(1) D'après l'article paru, sans signature, dans le *Pesti Hirlap* du 10 juin 1896.

tête. Son visage livide commence à se colorer. Peu à peu il prend la teinte du lait frais que nuance un reflet rose, puis il devient rouge, du rouge de la vie. Quel charme ! Une reine, maintenant, est assise aux côtés du roi, vivante. Ses yeux s'ouvrent et brillent de leur ancien éclat. Eux qui savaient autrefois sourire avec tant de séduction, qui consolaient un pays malheureux, les voilà qu'ils s'emplissent de larmes. Le contact est rétabli. Un pays heureux a su consoler la reine, mais pour un instant. La souveraine porte à ses yeux son mouchoir de dentelles, sèche ses larmes et l'orateur continue. La couleur de la vie se retire peu à peu du visage de la reine et bientôt, aux côtés du roi, a repris place la *mater dolorosa.* »

La solennité de l'heure empoigne Élisabeth. Ce n'était pas là un hommage ordinaire, comme mille autres, elle le sent bien ; c'était le cri du cœur d'un peuple et, un instant, le sentiment que chaque Hongrois connaît l'amour de la reine pour sa nation, perce la muraille qu'elle a élevée entre elle et le monde, sans excepter la Hongrie. Élisabeth est très touchée par cette manifestation, mais ses nerfs ne supportent plus les cérémonies. Elle se retire donc aussitôt dans la solitude de Lainz et, pendant des semaines, nul n'entend plus parler d'elle.

Élisabeth s'occupe de remanier son testament. Avant la mort du prince héritier, son intention était de laisser toute sa fortune à Valérie (1). Maintenant, elle partage l'héritage en cinq, elle lègue deux parts à chacune de ses filles, Gisèle et Valérie, et la cinquième à Élisabeth, fille de Rodolphe. Elle laisse des rentes et des bijoux à tous ceux qui l'ont servie de leur dévouement. Il apparaît que, de toutes les dames d'honneur, c'est Ida Ferenczy qu'elle estimait le plus. Celle-ci reçoit une rente annuelle de quatre mille florins et, clair symbole, un cœur en or incrusté de pierres précieuses aux couleurs hongroises, tandis que Marie Festetics hérite d'une rente de trois mille florins et d'un bracelet. Élisabeth n'oublie pas Mme Schratt et lui laisse une broche faite d'un écu de Saint-Georges ; parmi les princes étrangers, seule l'impératrice Frédéric hérite d'un fer à cheval en argent orné d'un Saint-Georges en or. Élisabeth donne ensuite les dernières

(1) Codicille du testament de Sa Majesté, Vienne, 18 février 1897. Arch. d'État.

instructions concernant ses écrits. Les poésies destinées à être publiées par la suite se trouvent dans un coffret. A la mort de l'impératrice, Ida Ferenczy est chargée de les faire parvenir au duc Charles-Théodore et d'ouvrir une serviette noire contenant également des notes et des instructions.

Élisabeth fait ensuite sceller le testament avec un cachet qui porte une mouette. Ces dispositions prises, Élisabeth reçoit encore, à son corps défendant, le jeune tsar et son épouse. Peu après, elle se retire à Ischl où elle reprend son curieux régime alimentaire : lait et œufs. L'impératrice pèse quarante-six kilos, c'est bien peu pour une femme qui mesure un mètre soixante-douze. N'empêche que, de crainte de grossir, elle ne cesse de prendre des bains de vapeur suivis de bains froids à sept degrés (1). Sa nervosité, naturellement, s'en accroît et elle s'anémie. Pour y remédier, elle suit de nouveaux traitements et c'est un cercle vicieux.

Le 24 septembre, une nouvelle petite-fille, la « belle petite Hedwige aux grands yeux », vient au monde à Ischl. La famille de Valérie augmente et Élisabeth songe à assurer son avenir. De tout temps sa fidèle femme d'affaires, Ida Ferenczy, avait conseillé à l'impératrice de se constituer une fortune personnelle qui la rende indépendante. Élisabeth a suivi ses conseils et amassé, avec le temps, une fortune qui, en octobre 1896, atteignait la valeur nominale de 3.873.519 florins (2).

Dès les premiers froids, Élisabeth s'inquiète ; elle ne peut attendre le moment où, chaque année, elle s'en va dans le midi. Au début de décembre, elle part pour Biarritz et son régime, là-bas, est des moins raisonnables. Afin de ne pas manger de viande, elle se fait exprimer le jus d'un bifteck à moitié cru qu'elle prend comme potage. Elle lit peu ; seul l'intéresse *Bas les armes*, de Berthe de Suttner, hommage de l'auteur ; elle approuve la thèse pacifiste exposée dans ce livre. Du matin au soir, elle vit sur la plage, malgré le mauvais temps. « Comme la mer est grandiose ici », écrit l'impératrice, « vous ne sauriez l'imaginer, mais par cette tempête il n'y a pas moyen d'avancer... Le vent et la mer hurlent nuit et jour, c'est à vous rendre fou ».

(1) La femme de chambre de Henike à Ida Ferenczy, Biarritz, 22 décembre 1896. Archives Farkas.

(2) Nopcsa à Ida Ferenczy, sans date, mais probablement en 1896.

François-Joseph, qui reçoit de tous côtés les plus mauvaises nouvelles de son épouse, lui envoie enfin son médecin, le docteur Kerzl. Il arrive, s'informe du régime de l'impératrice, apprend son traitement à l'eau de Carlsbad que personne ne lui a ordonné, ses pesées continuelles et il est épouvanté. Aussitôt, il supprime l'eau de Carlsbad, absolument inutile, exhorte l'impératrice à manger davantage et à boire du vin. Dans son rapport à l'empereur, il prie Sa Majesté d'insister auprès de l'impératrice afin qu'elle suive ses ordonnances. François-Joseph écrit à Élisabeth : « J'espérais que le mauvais temps te dégoûterait de Biarritz et te ramènerait au Cap Martin. Mais te voilà plongée dans la mélancolie, et le mugissement des vagues et le hurlement du vent ne font que t'y enfoncer davantage... Je crains que tu ne suives pas les conseils de Kerzl et que tu continues à ruiner ta santé, jusqu'au jour où il sera trop tard et où tout secours sera devenu inutile. La seule chose en mon pouvoir, hélas ! est de te prier, par pitié pour Valérie et moi, de te ménager, de te conformer aux ordonnances de Kerzl et surtout de manger... » (1).

Le médecin a tout de même réussi à faire peur à l'impératrice. Elle suit quelque temps ses conseils et cesse de se surmener. Aussitôt le moral est meilleur, ainsi que le fait remarquer la baronne Marie Sennyey, sa dame d'honneur. Seule son idée fixe, la peur d'engraisser, l'obsède encore. Élisabeth se pèse trois fois par jour. Le docteur Kerzl s'en irrite : « S'il n'y avait pas cette maudite balance ! Que le diable emporte celui qui a conseillé à Sa Majesté de se peser continuellement ! » Toutefois, la bonne humeur n'a été que passagère, la mélancolie ne tarde pas à reparaître et les lettres à l'empereur en sont un témoignage. « Tu ne devrais pas tellement te complaire dans la tristesse », lui écrit François-Joseph (2), « et te retirer si complètement du commerce avec les autres, plus tu t'isoleras et plus il te sera difficile de t'arracher à la solitude. Le Grec et la baronne Sennyey seraient certainement une société agréable pour toi et ils te distrairaient ».

Après Biarritz et ses tempêtes, Élisabeth est heureuse de

(1) François-Joseph à Élisabeth, Vienne 15 et 17 décembre 1896. (A.A. C.W.).
(2) François-Joseph à Élisabeth, 11 janvier 1897. (A.A.C.W.)

revenir sur la Côte d'Azur. Elle y arrive le 19 janvier 1897 et aurait grand plaisir à y retrouver l'empereur. « Ne pourrais-tu pas venir pour quatre semaines ? » lui écrit-elle. « Ce serait si bon pour ma santé et cela me remonterait le moral. D'autres potentats prennent des congés bien plus longs... J'espère que l'amie a reçu mon télégramme pour le Nouvel An, même sans numéro. Envoie-moi, je te prie, ceux de la Nibelungengasse, de la Gloriettegasse et de la villa Felicitas. Je compléterai les adresses au casino » (1).

Au Cap Martin aussi le moral d'Élisabeth est soumis à des fluctuations en corrélation avec son état physique. Elle suit de nouveaux traitements, prend des pilules de soufre et de fer. Dans un accès de mauvaise humeur, elle renvoie son Grec qui joue à Monte-Carlo et perd sans cesse. Mais Barker ne peut pas revenir immédiatement. Il n'y a donc pas de Grec pendant un certain temps et l'impératrice s'habitue à rester toute seule. Inquiet, François-Joseph envoie, outre le médecin, le ménage François-Salvator au Cap Martin. Valérie trouve sa mère très pâle, maigre et fatiguée. Élisabeth la charge d'écrire à l'empereur qu'il lui est impossible, cette année, de remplir ses devoirs de souveraine. François-Joseph arrive, lui aussi, au Cap Martin et l'accablement de son épouse lui fait peur. Elle refuse toute nourriture normale. Si on veut la forcer à manger, elle devient encore plus nerveuse. Valérie n'a jamais vu sa mère aussi misérable. Son régime, d'ailleurs, n'est que l'expression de ses nerfs surexcités. Élisabeth devrait marcher peu, beaucoup manger, beaucoup dormir, mais elle fait le contraire. Si un changement ne survient pas à bref délai, son état risque de devenir sérieux et même grave.

Valérie est souvent effrayée des propos que tient sa mère, en ses heures d'amertume, sur la vie et la mort, sur Dieu et la destinée. Autrefois, elle demandait que son cadavre fût jeté à la mer. « Si je meurs », dit-elle plus tard, « étendez-moi au bord de la mer ». A présent, elle voit devant elle la place à côté de son fils. « Il me tarde d'être couchée là-bas, dans un grand cercueil et d'y trouver le repos, rien que le repos. C'est tout ce que je sou-

(1) Élisabeth à François-Joseph, lettre commencée à Biarritz le 17 janvier et terminée le 19 janvier au Cap Martin.

haite ! Tu sais, Valérie, juste au-dessous de la fenêtre qui laisse entrer encore un peu de lumière et de verdure dans la crypte et d'où on entend pépier les moineaux. »

De retour à Vienne, l'empereur dit à l'ambassadeur d'Allemagne, le prince Eulenburg : « Le souci que me cause la santé de l'impératrice m'a gâché tout mon séjour au Cap Martin. Ma femme était si nerveuse, que notre vie en était sérieusement troublée » (1).

Cependant Élisabeth s'est complètement repliée sur elle-même, elle refuse même la compagnie de la baronne Sennyey, pourtant si sympathique. Afin d'échapper aux curieux (2), elle quitte l'hôtel par les souterrains pour arriver inaperçue dans le parc. Mais bientôt, Élisabeth ne tient plus au Cap Martin, elle regagne Territet, le lac Léman qu'elle aime. Elle y rencontre par hasard l'archiduc François-Ferdinand accompagné de son médecin, le docteur Eisenmenger. L'empereur voudrait que celui-ci auscultât l'impératrice. Malgré ses cures perpétuelles, Élisabeth a une prévention contre les médecins, qui la laissent sceptique ; aussi se défend-elle, puis, de guerre lasse, se laisse examiner. Eisenmenger lui trouve la peau tuméfiée, surtout aux chevilles. Ce sont là, sans aucun doute, les symptômes de l'œdème d'inanition. Le médecin apprend qu'à certains jours elle ne mange que six oranges.

« Pourtant, mon poids augmente », lui objecte Élisabeth.

« Sans doute, Majesté, les tissus, par suite de la dénutrition, s'emplissent d'eau. » Élisabeth, incrédule, hoche la tête et promet de boire dans la journée quelques verres de lait de brebis. Son séjour à Territet lui fait du bien, ce qui lui permet, en mai, de retourner pour quelque temps à Lainz. A peine y est-elle, qu'un malheur vient compromettre sa convalescence.

Le 5 mai, a lieu à Paris une vente de charité organisée par les dames de l'aristocratie et à laquelle prend part également la sœur de l'impératrice, la duchesse d'Alençon. Dans une salle de neuf mètres de long se dressent des comptoirs en bois léger, le tout est recouvert d'un immense vélum. Dans la salle fonc-

(1) Le prince Eulenburg au chancelier Hohenlohe, 26 mars 1897. Archives des Affaires étrangères, Berlin.

(2) Anna Claud-Saar, *L'impératrice Élisabeth au Cap Martin*, Zurich, 1902.

tionne un appareil de cinématographie éclairé au gaz. Il est quatre heures et demie. Quinze cents personnes, surtout des femmes, se pressent dans la salle. La vente bat son plein. La duchesse d'Alençon vient d'emballer un encrier doré pour un député, lorsqu'un ruban de feu sortant de l'appareil de projection se met à courir comme un éclair jusqu'au plafond. Les comptoirs et les rideaux prennent feu, les flammes jaillissent, le plafond tombe et c'est la panique. « Au feu ! Au feu ! » crie-t-on de toutes parts. Tout le monde se précipite vers les portes : elles sont fermées ; le feu gagne avec rapidité et les corps s'entassent, obstruant les dégagements.

La duchesse d'Alençon cherche en vain une sortie, elle a laissé le pas à d'autres, elle prie, veut porter secours là où chacun peut à peine songer à se sauver soi-même. Une incroyable insouciance a causé l'accident. Le feu éteint, un monceau de décombres apparaît, jonché de corps carbonisés. Impossible d'identifier les victimes. Seuls les objets ininflammables qu'elles portaient permettent de les reconnaître. Le duc d'Alençon est accouru, affolé ; il passe en revue les cadavres alignés au Palais de l'Industrie, sans pouvoir retrouver celui de sa femme. Toute la nuit on fouille les décombres. Enfin, le dentiste de la duchesse, après avoir d'abord examiné en vain la dentition d'une cinquantaine de victimes, arrive à l'identifier. Son corps est méconnaissable, complètement carbonisé, il est amputé de la main droite et de la jambe gauche. Dans son testament, elle avait exprimé le désir de ne pas avoir les cheveux coupés à sa mort, mais brûlés entièrement ; elle demandait qu'on l'enterrât dans le costume des dominicaines, dont elle était membre dans le monde. Son premier vœu est exaucé, mais autrement, certes, que la duchesse ne l'avait imaginé en rédigeant son testament.

Le soir du 5 mai, l'effroyable nouvelle arrive à Lainz. Élisabeth en est accablée, ne veut voir personne, pas même le frère de l'empereur. Elle ne reçoit que François-Joseph, accouru pour l'assister. Voici donc morte la plus jeune sœur de l'impératrice ; la mélancolie avait jeté un voile sur ses dernières années, mais la duchesse avait trouvé une consolation dans la religion. Élisabeth se révolte encore une fois contre la vie et la destinée. François-Joseph la presse de partir ; il espère que Kissingen lui fera du bien. La prévision était juste. En juin, Élisabeth retourne à Lainz, puis à Ischl. Là son moral est de nouveau très bas.

L'empereur se plaint à l'ambassadeur d'Allemagne que sa femme lui parle tant de la mort, qu'il en est complètement déprimé (1). Elle ne tient déjà plus à Ischl. Le 29 août, elle part pour le midi. Cette fois elle choisit le merveilleux lac de Kar et Méran, où elle fait une cure uvale. Son inquiétude la chasse d'un endroit à l'autre et, en dehors de cette inquiétude, rien n'existe plus. Depuis longtemps la politique n'est plus pour l'impératrice qu'un mot vide de sens. Pourtant, dès qu'il s'agit de la nation hongroise, qui l'a tant acclamée au millénaire, son cœur vibre encore. Le 2 septembre, Guillaume II vient rendre visite à François-Joseph dans la capitale hongroise. Toujours éloquent, il porte au chevaleresque peuple hongrois un toast vibrant que la comtesse Sztaray lit à Élisabeth. Elle en est si enthousiasmée, qu'elle adresse immédiatement à l'empereur Guillaume un télégramme de remerciement pour son « merveilleux toast, si doux à un cœur plein de sentiments hongrois ».

Fin septembre, Élisabeth quitte Méran et va voir Valérie dans son nouveau château de Wallsee. Comme toujours, elle y est relativement de bonne humeur, presque gaie parfois. Mais impossible de l'y retenir. L'idée qu'elle est une belle-mère ne la quitte jamais.

François-Joseph a beaucoup de soucis, tant en politique intérieure qu'en politique extérieure. Il vieillit, devient nerveux, tout malaise de l'impératrice l'inquiète. Les époux s'entendent bien et pourtant ils se créent réciproquement des soucis et des craintes. L'empereur se cramponne de plus en plus à l'amitié de Mme Schratt et ce sentiment devient si exclusif, qu'il en arrive à peser à l'actrice. Le monde malveillant parle d'elle, les mauvaises langues vont leur train, Mme Schratt l'apprend et en est indignée. A-t-elle donc quelque chose à se reprocher ? Mais tout va bien, on jasera sans plus, aussi longtemps que la main protectrice de la souveraine s'étendra sur elle ; car, qui donc aurait le droit de la critiquer puisque l'épouse de l'empereur l'estime et la distingue ? C'est là qu'en sont les choses quand, en novembre 1897, Élisabeth quitte à nouveau l'Autriche.

(1) Le prince Eulenburg au prince Hohenlohe, Vienne, 17 août 1897. Archives des Affaires étrangères, Berlin.

CHAPITRE XV

ÉLISABETH ET LUCHENI
1898

Comme l'année précédente, son voyage conduit l'impératrice à Paris et à Biarritz. Elle ne peut bannir sa nostalgie de la beauté sauvage de l'Atlantique et pourtant la côte basque ne lui a pas réussi. Elle se promène sur la plage et passe des heures entières, souvent trempée par les embruns, à voir déferler les vagues. Bien entendu, ce traitement éprouve ses nerfs. Ses névralgies, de plus en plus pénibles, l'empêchent d'aller à Lourdes. Elle ne parle plus que de mourir. Elle ne veut pas survivre à l'empereur, dit-elle, mais ni lui, ni ses enfants ne doivent assister à sa mort ; ils souffriraient trop.

« Je veux mourir seule », dit-elle à la comtesse Sztaray (1). Elle renonce également au voyage projeté aux Canaries. Dans son désespoir, elle songe même à retourner chez le docteur Metzger, installé maintenant à Paris et qu'elle a traité naguère de charlatan.

Ces mauvaises nouvelles parviennent à François-Joseph au moment où il se débat dans les plus graves difficultés politiques. Le président du Conseil, un Polonais, le comte Badeni, avait publié un décret qui, en Bohême, autorisait l'emploi du tchèque comme langue officielle, au même titre que l'allemand. A Vienne des Allemands, indignés, manifestèrent dans la rue ; la police et la troupe durent intervenir. François-Joseph est déprimé. « Pourvu que Metzger ne te maltraite pas trop », écrit-il à Élisabeth, « et que ce charlatan indélicat ne se serve pas de toi pour sa réclame. Je n'ai trouvé dans ta lettre qu'une seule parole réconfortante : tu renoncerais donc à ton voyage sur l'Océan ? Comme je t'en serais reconnaissant. Car, au milieu de mes soucis politiques, te savoir sur la mer et rester sans nouvelles de toi, c'est plus que je ne pourrais supporter. Par les temps qui courent.

(1) Comtesse Irma SZTARAY, ouv. cit., p. 179.

tout est à craindre ; il faut envisager la possibilité d'événements graves, tout en espérant qu'ils ne se préparent pas. Quoi qu'il en soit, il n'est peut-être pas très raisonnable de s'éloigner » (1).

Les paroles de l'empereur atteignent leur but. A Paris, l'attitude de Metzger répugne à Élisabeth ; il ne demande rien moins que de la soumettre à un traitement de six mois. D'autres médecins prétendent exactement le contraire de ce qu'il avance et conseillent simplement un climat plus chaud à l'impératrice ; elle renonce donc à la cure de massages et, après avoir fleuri la tombe de la duchesse d'Alençon et celle de Heine, elle s'embarque à Marseille pour San Remo. « Vaincue par ses douleurs et la faiblesse, elle se montre docile comme une enfant », dit la comtesse Sztaray (2), « elle met en pratique les conseils bien intentionnés et se remet à vue d'œil ». Mais à peine sent-elle renaître ses forces, qu'elle veut reprendre ses grandes promenades. Elle songe même à acheter une villa à San Remo. La comtesse Sztaray l'en dissuade. Elle s'en fatiguerait assurément, comme elle s'est lassée de l'Achilléon, déjà mis en vente. Des négociations sont ouvertes ; la société Byron à Londres serait amateur, mais le prix de deux millions de florins lui paraît excessif.

Voici venir l'année 1898. « Que porteront ces pages blanches ? » écrit Valérie dans le nouveau volume de son journal. Janvier passe sans apporter de sérieux changements à l'état de l'impératrice. Une névrite dans le bras et l'épaule empêche Élisabeth de faire sa gymnastique et lui cause des insomnies.

« Cela finira bien un jour », écrit-elle à Valérie (3), « le repos éternel n'en sera que meilleur ».

L'impératrice se languit de son époux et le supplie de venir la voir. « J'ai l'impression d'avoir quatre-vingts ans », dit-elle un jour, tant elle est navrée d'avoir perdu cette résistance physique dont, toute sa vie, elle a été si fière. Mais la situation de la monarchie est trop incertaine pour permettre à François-Joseph de s'absenter. Il s'en excuse auprès d'Élisabeth et il ajoute : « Tu t'imagines avoir quatre-vingts ans, dis-tu, cela me semble bien exagéré, mais il est certain qu'à vieillir, on s'affai-

(1) François-Joseph à Élisabeth, Vienne 17 décembre 1897. (A.A.C.W.).
(2) Sztaray, ouv. cit., p. 182.
(3) Élisabeth à Valérie, San Remo, 17 janvier 1898. (A.A.C.W.)

blit, on perd ses facultés et les nerfs abandonnent toute résistance. Je m'en aperçois aussi ; cette année je ne suis plus qu'une loque... Que c'est triste de penser que nous serons séparés si longtemps ! Quand nous reverrons-nous ? » (1).

De San Remo, Élisabeth se rend, le 3 mars, à Territet. Elle ne s'est pas très bien remise, elle se sent toujours faible, mais elle tente tout de même quelques excursions en montagne. Ces promenades l'épuisent et, sur un rapport du Grec Barker, l'empereur la supplie de ménager son corps affaibli et de ne pas s'éreinter systématiquement.

Le séjour à Territet est encore trop fatigant. Pour se remettre, Élisabeth fait d'abord une cure à Kissingen. Elle aime beaucoup cet endroit. « Le pays n'est pas grandiose », dit-elle, « mais agréable, sympathique et si calme. C'est la pleine campagne et l'air est un vrai baume » (2). De Kissingen, Élisabeth félicite sa fille Gisèle à l'occasion de ses noces d'argent et elle ajoute : « Quelqu'un manquera à votre joie : notre pauvre Rodolphe qui, il y a vingt-cinq ans, s'était montré si gai, lors de votre mariage et qui avait eu tant de regret de te voir partir. Il nous manque à tous ; et pour moi, j'envie son repos » (3).

Le 25 avril, l'empereur vient rendre visite à son épouse à Kissingen. Pour lui faire plaisir, il lui raconte qu'il a reçu d'un lord anglais, en échange de deux chevaux de Lippiza, de superbes vaches pour sa laiterie. Il avait été prévenu de la mauvaise mine et de la faiblesse de sa femme, mais, ce qui l'impressionne le plus, c'est la démarche lente et lasse de l'infatigable marcheuse de jadis. En sa présence, Élisabeth se maîtrise et dissimule, dans la mesure du possible, sa dépression. Ces huit jours se passent donc dans une entente parfaite. Mais François-Joseph se rend compte que l'impératrice ne va vraiment pas bien. Il charge donc Valérie d'aller rejoindre sa mère à Kissingen pour la surveiller un peu, d'user de son influence et de la raisonner. Valérie arrive donc et l'intimité d'autrefois renaît entre la mère et la fille. Naguère, l'impératrice avait des accès de tristesse, maintenant c'est un état habituel.

(1) François-Joseph à Élisabeth, Ofen, 25 février 1898. (A.A.C.W.)
(2) Élisabeth à Valérie, Kissingen, 20 avril 1898. (A.A.C.W.)
(3) Élisabeth à la princesse Gisèle, Kissingen, 18 avril 1898. Archives du prince Conrad de Bavière.

Élisabeth se confie sans réticences à sa fille : « Espoir et joie sont des mots que j'ai supprimés pour toujours de mon vocabulaire ».

Si lasse et fatiguée qu'elle soit, Élisabeth ne veut à aucun prix perdre l'habitude de la marche. Mais elle va lentement. Parfois un éclair de gaîté surgit à l'évocation d'un souvenir, puis elle retombe dans sa mélancolie.

« J'aspire à la mort », dit un jour Élisabeth à Valérie. « Je ne la crains pas, car je ne puis imaginer une puissance, non contente des souffrances de cette vie, assez cruelle pour arracher l'âme du corps afin de continuer à la torturer. »

Élisabeth réfléchit avec sa fille sur les grands problèmes : le mal, la mort, Dieu et la vie. « D'ailleurs », dit-elle, « l'homme est trop petit, trop misérable, pour saisir Dieu dans son essence. Il y a longtemps que j'y ai renoncé ». Elle ne sait qu'une chose : Dieu a raison et il est fort. Le puissant a toujours raison.

Valérie, bientôt, est forcée de retourner auprès de sa famille ; Élisabeth en éprouve de très vifs regrets :

« Nous avons passé des journées merveilleuses », écrit-elle, « comme au bon vieux temps. Il n'est pas bon de s'y réhabituer pour un temps si court » (1).

Élisabeth va se reposer de sa cure à Bruckenau et rejoint ensuite son époux à Ischl. Widerhofer est chargé d'établir le programme pour la suite. François-Joseph et lui s'entendent pour donner une bonne fois un communiqué sur la santé de l'impératrice. Il faut renseigner le public, qui entend dire sans cesse que l'impératrice a besoin de traitements, ne serait-ce que pour le préparer à l'absence de la souveraine aux fêtes du cinquantenaire du règne de François-Joseph. Peut-être Élisabeth se laissera-t-elle influencer et se soumettra-t-elle de meilleure grâce aux ordonnances des médecins. Une note officielle précise donc que l'impératrice souffre d'anémie, de névrite, d'insomnie et d'une légère dilatation du cœur, symptômes sans gravité en eux-mêmes, mais qui nécessitent un traitement méthodique à Nauheim. Le 16 juillet, l'impératrice quitte Ischl. Son époux ne devait plus la revoir.

Pour François-Joseph, la séparation a été particulièrement

(1) Élisabeth à Valérie, Bruckenau, 23 mars 1898. (A.A.C.W.)

douloureuse et, dès le lendemain, il exprime dans une lettre son chagrin de la séparation : « Tu me manques infiniment, mes pensées sont près de toi et je souffre à l'idée de cette longue, si longue absence ; la vue de tes appartements vides a réveillé ma mélancolie » (1). Une très longue absence, dit l'empereur ? En effet.

En allant à Nauheim, Élisabeth s'arrête à Munich où elle visite une dernière fois les lieux de son enfance et de sa jeunesse. Nauheim ne lui plaît pas. L'air n'y est pas bon ; aucune promenade à faire et beaucoup de juifs berlinois qu'il est impossible d'éviter ; en outre, l'impératrice souffre d'être séparée des siens. François-Joseph est heureux d'avoir reçu sans retard d'affectueuses lettres d'Élisabeth. « Tu finiras bien par t'habituer à Nauheim », lui écrit-il, « occupe-toi seulement de recouvrer la santé ». Il a maintenant deux malades, car, l'amie aussi, est souvent souffrante. Widerhofer la traite, mais la patiente est aussi rebelle qu'Élisabeth et le praticien déclare à l'empereur : « C'est une seconde impératrice » (2).

A Nauheim, Élisabeth se fait examiner par le professeur Schott. Tout d'abord, il veut la radiographier.

« Non, non, cher professeur, vous n'en ferez rien »

« Majesté, c'est très important. »

« Pour vous peut-être, ou pour mon frère Charles-Théodore, mais pas pour moi. Je ne me laisserai pas disséquer de mon vivant. » Et, au départ, elle dit à l'assistante du professeur :

« Vous savez, Mademoiselle, je n'aime pas me laisser photographier, car chaque fois que j'ai fait faire une photographie, cela m'a porté malheur. »

Son moral laisse toujours à désirer. « Je suis triste et de mauvaise humeur », écrit Élisabeth, « et la famille peut se réjouir d'être loin de moi. J'ai le sentiment que je n'arriverai plus à être d'aplomb » (3). L'impératrice garde le plus strict incognito et ne reçoit personne. « Dis à Widerhofer », écrit-elle à sa fille, « que je n'aurais jamais cru qu'il pût faire une telle chaleur ici. J'en suis déprimée. Barker lui-même prétend qu'il fait presque

(1) François-Joseph à Élisabeth, Ischl, 17 juillet 1898. (A.A.C.W.)
(2) *Id.*, Ischl, 21 juillet 1898. (A.A.C.W.)
(3) Élisabeth à Valérie, Nauheim, 25 juillet 1898. (A.A.C.W.)

aussi chaud qu'en été à Alexandrie. Je mène une vie languissante, me traînant aux rares endroits ombragés ; quelques promenades en voiture avec Irma — mais la poussière et les mouches me tourmentent » (1).

Élisabeth est impatiente d'aller respirer la fraîcheur des montagnes suisses. Elle voudrait que l'empereur vînt la retrouver à Caux ; mais la situation de l'empire est trop difficile, François-Joseph ne peut songer à quitter la monarchie.

Pour échapper aux fastidieuses cérémonies de l'adieu, Élisabeth a recours à un petit stratagème pour quitter Nauheim. Elle annonce qu'elle part pour une excursion à Manheim et Hombourg et ne revient plus. Sa suite et les bagages partent peu après.

A Hombourg, elle pénètre dans la cour du château en fiacre. La garde, aussitôt, arrête la voiture : « L'entrée est interdite ».

« Je suis l'impératrice d'Autriche. »

La garde, incrédule, rit et la conduit au poste. Un sous-officier envoie une ordonnance au château :

« Il y a au poste une femme qui prétend être l'impératrice d'Autriche. » Le chambellan descend en hâte et, en effet, reconnaît Élisabeth. Avec mille excuses la souveraine est libérée (2). Son visage s'éclaire d'un sourire radieux qu'elle n'avait pas eu depuis des années.

L'impératrice Frédéric vient à sa rencontre. Malgré l'affection d'Élisabeth pour cette femme si éprouvée, la visite l'épuise, tant il lui est pénible de parler à quelqu'un n'appartenant pas à son entourage immédiat.

Élisabeth prend une voiture pour retourner à Francfort où sa suite l'attend. Sans être reconnue, elle se mêle aux voyageurs sur le quai et s'amuse des conversations qu'elle surprend. Et l'impératrice part pour la Suisse, à la rencontre de son destin.

Élisabeth voyage sans jamais s'inquiéter le moins du monde des climats politiques et sociaux des pays qu'elle traverse.

Or, la Suisse, seule république au milieu de tant de monar-

(1) Élisabeth à Valérie, Nauheim, 8 août 1898. (A.A.C.W.)

(2) E. Wolbe, *L'impératrice Élisabeth au poste du château de Hombourg*, (*Messager du Taunus*), 23 décembre 1933.

chies, est le refuge des conspirateurs, anarchistes et terroristes de tous pays, prêts à renverser l'ordre établi pour réaliser, par tous les moyens, leur idéal fallacieux. Sur le sol libre de la Suisse, ils sont relativement en sécurité et peuvent sans crainte poursuivre leurs buts. L'esprit d'anarchie sévit surtout parmi les ouvriers étrangers employés en Suisse. Celui que le hasard conduit dans ces milieux n'est que trop facilement ébloui par les brillantes perspectives que ces utopistes font miroiter à ses yeux, sans risquer d'être inquiétés par la police.

A l'époque, la ville de Lausanne fait construire une nouvelle poste. Parmi les ouvriers embauchés se trouvent beaucoup d'Italiens, réputés dans le monde entier pour être d'habiles maçons. Un jour, l'un d'eux se blesse légèrement au pied. Hospitalisé à Lausanne, il est prié de décliner ses noms et qualités. C'est un solide gaillard, de taille moyenne, vigoureux et au teint hâlé, les cheveux châtains et crépus, une moustache blonde en broussaille. Ses yeux gris vert, très enfoncés, brillent comme des yeux de chat. Il s'appelle Luigi Lucheni et a vingt-six ans. Dans ses vêtements déposés à l'hôpital, on trouve un carnet contenant des chants anarchistes. Sur une des pages est dessiné un casse-tête américain portant l'inscription « Anarchia »; au-dessous, la légende : « *per Umberto I* ». L'homme est signalé à la police, mais les autorités ne jugent pas utile de le surveiller spécialement, moins encore de l'appréhender. Sa blessure guérit lentement et, pendant les longues heures que Lucheni passe à l'hôpital, il parle de sa vie à l'infirmier. Celui-ci vient de recevoir une lettre de sa mère.

« Je n'ai jamais connu la mienne », dit Lucheni. C'était une journalière d'Albareto, dans l'Apennin ligure. Elle quitta son petit village à dix-huit ans, lorsqu'elle s'aperçut qu'elle était enceinte. A pied, elle se rendit à Paris, afin d'accoucher dans la grande ville, sans crainte d'être reconnue, et là, dans un hôpital, elle donna le jour à un garçon. Quelques jours après, elle disparut pour toujours, en abandonnant l'enfant. On la rechercha pendant un certain temps, puis on perdit sa trace en Amérique où elle s'était réfugiée. La jeune mère ne s'occupa plus jamais de son fils.

Il fut d'abord remis aux Enfants trouvés, à l'hôpital Saint

Antoine à Paris, de là, envoyé à Parme et, une année plus tard, confié à des parents nourriciers. Dès l'âge de neuf ans, le garçonnet, qui passait pour travailleur et très intelligent, était employé à la ligne de chemin de fer Parme-Spezia. Il était apprécié et subvenait lui-même à tous ses besoins. Au cours des années 1891 et 1892 s'éveille en lui le goût du voyage. Le jeune homme, qui n'a personne au monde, erre d'un pays à l'autre, travaille dans le Tessin et à Genève, se dirige ensuite vers l'Autriche et arrive de Fiume à Trieste, à pied, sans un liard. A Trieste, il est signalé à la police pour avoir pris part à des menées irrédentistes. Bientôt elle fait reconduire à la frontière cet homme sans travail et sans argent. En Italie, il était soumis depuis un an déjà au recrutement ; il est donc incorporé comme simple soldat au régiment Cavalleggieri Monferrato et immatriculé sous le numéro 13. Avec son escadron, il fait, en 1896, la campagne d'Abyssinie et se conduit bien. Son capitaine, le prince Raniero de Vera d'Aragona et ses officiers le considèrent même comme un des meilleurs soldats de l'escadron (1). Il est nommé caporal, mais ne tarde pas à perdre ce grade pour avoir procuré des vêtements civils à un sous-officier aux arrêts. Mais personne ne voit dans cette faute autre chose qu'un acte de camaraderie, bien qu'il soit contraire à la discipline.

Lucheni monte très bien à cheval et excelle dans la voltige. Toujours gai, il est apprécié de ses camarades. Mais il est anémié, car il vit uniquement de sa solde. Son capitaine n'a jamais à se plaindre de lui, mais il voit en Lucheni une nature ambitieuse qui se plie difficilement. Lorsqu'il quitte le service, le 15 décembre 1897, son livret militaire porte qu'il s'est bien conduit et qu'il a servi son pays fidèlement et avec honneur. Complètement dépourvu, Lucheni se pose la question : que devenir ? et demande à son capitaine de l'aider. Au début, son chef voudrait en faire un geôlier des prisons d'État ; mais le projet échoue. Son capitaine, le prince d'Aragona, lui propose alors de le prendre comme domestique. Il sert le prince pendant trois ans et demi. Il y a bien quelques heurts, mais, dans l'ensemble, il est honnête et consciencieux. Un jour, il se présente chez le capitaine et lui

(1) Témoignage écrit du prince Raniero de Vera d'Aragona, 16 et 29 septembre 1898. Archives de la Cour de justice, Genève. (Dorénavant A.C.J.G.)

demande de l'augmentation. L'officier trouve l'exigence prématurée et refuse, à quoi Lucheni répond : « Eh bien ! je m'en vais. »

Quelques jours après, il est pris de regrets. Il attend le prince à la porte de sa maison et lui demande de le reprendre à son service. Mais celui-ci trouve que Lucheni n'est pas fait pour être domestique ; il n'a pas le caractère assez souple. Le voilà donc, léger d'argent, contraint à errer à nouveau à travers le monde pour chercher du travail. Mais il reste toujours en correspondance avec la maison d'Aragona, surtout avec la princesse, qui a pitié de lui et dont il espère qu'elle persuadera son époux de le reprendre.

Le 31 mars, il quitte définitivement son service et se rend en Suisse par le Grand Saint-Bernard. Il songe à entrer à la Légion étrangère, mais il n'en fait rien et continue son voyage jusqu'à Lausanne où il arrive en mai. En route déjà, il était entré en relations avec des éléments suspects. Vexé que le prince l'ait laissé partir si facilement, pressé par la misère, il est prêt à accueillir les redoutables doctrines de ces gens-là : Lucheni lit avidement les journaux révolutionnaires qui, indignés, se sont emparés de l'affaire Dreyfus pour prouver à quel point le monde bourgeois est pourri. Une impulsion suffirait, disent-ils, à renverser ce château de cartes et à édifier dans le monde un État idéal, plus juste, où le bonheur serait égal pour tous, où il n'y aurait plus de princes, plus de pauvres, plus de parias de la société. Ce qu'il faut, c'est un homme, un novateur qui, tel le Christ jadis, aurait le courage d'accomplir l'acte initial et dont le nom serait porté aux nues. Dans l'âme de ce petit ouvrier naît le rêve de se distinguer par un acte d'importance et de montrer ce qu'il vaut, lui, Lucheni. Ah ! s'il pouvait retrouver l'aéronaute Andrée, parti l'année précédente en ballon du Spitzberg pour atteindre le pôle et disparu depuis. Du coup il serait célèbre. Mais cela ou autre chose, peu importe, pourvu que les journaux en parlent et que son nom soit dans la bouche de tout le monde.

Les anarchistes que fréquente Lucheni l'observent, intéressés. Il n'est pas des leurs, n'est inscrit à aucune société, mais il est très vaniteux et peut-être serait-il utilisable pour la dangereuse propagande du fait, nécessaire sans doute, mais dont les conséquences retiennent chacun. Celui-là semble vouloir faire quelque chose. Ils le persuadent qu'il faut qu'un prince ou un roi meure, n'importe lequel. Il faut montrer au monde que ces fainéants qui oppriment les autres, se mettent au-dessus du commun, voyagent en train de luxe, logent dans des palais et des palaces, ne sont rien en face de l'acier dans la main d'un homme audacieux. Ces discours montent à la tête de Lucheni. S'il pouvait faire passer de vie à trépas le roi d'Italie ou un autre ? Et il écrit à Naples, à un soldat de son escadron et lui envoie des journaux anarchistes. « L'idée anarchiste », lui dit-il, « fait ici des progrès surprenants. Je t'en prie, fais, toi aussi, ton devoir envers les camarades qui ne sont pas encore au courant » (1).

N'empêche que, en même temps, il ne cesse de prier le prince d'Aragona et sa femme de le reprendre. Le capitaine, cependant, au courant de l'envoi des journaux subversifs, refuse à sa femme de reprendre Lucheni. Celui-ci en est exaspéré. Il songe que, pour tuer quelqu'un, il lui faut une arme. Il a vu un jour un beau stylet, mais le marchand lui demandait douze francs et il ne les avait pas. Il veut ensuite emprunter un revolver, impossible. Régulièrement il lit *Il socialista*, qui paraît à Neuchâtel, et *L'Avanti* de Milan. Un jour, il apprend que les ouvriers de Delmarco se sont querellés et que l'un d'eux est resté presque mort sur place. Lucheni dit alors à un de ses camarades (2) : « J'aimerais bien tuer aussi quelqu'un, mais il faudrait que ce fût un personnage très connu, pour qu'on en parlât dans les journaux ».

Mais il n'a pas encore d'arme. Eh bien ! il en fabriquera une lui-même. Par hasard Lucheni aperçoit au marché un tiers-point aigu, rouillé. Ce n'est pas un poignard, mais qu'à cela ne tienne ; un morceau de bois de chauffage, un couteau de poche et un foret, et le tour est joué. L'arme est prête, il s'agit maintenant de trouver la victime, et elle se trouvera : le prince Henri d'Orléans, si souvent en séjour à Genève ou dans les environs, ou tout autre prince. Et s'il allait à Paris, s'il intervenait dans l'affaire Dreyfus dont parle le monde entier ? Mais le voyage coûte cher.

Dans la semaine du 22 au 28 août, les journaux commencent

(1) Voir déposition, pièce 77. (A.C.J.G.)
(2) Déposition Jacques Sartori. (A.C.J.G.)

à parler de la prochaine arrivée d'Élisabeth à Caux. Une impératrice, et encore d'un si puissant empire, quel morceau de choix ! Ce serait atteindre la classe dirigeante et le nom de Lucheni ferait le tour du monde. Cette pensée le fascine ; il oublie que c'est une infamie d'immoler à ce but une femme innocente et sans défense. Mais l'acte est à portée de sa main, ce serait plus facile que d'aller à Paris. Et d'ailleurs, que veut-on au juste à Paris ?

Fin août, dans plusieurs villes, des anarchistes tiennent des réunions secrètes. Une première réunion a lieu à Lausanne (1), chez un camarade, une autre à Neuchâtel, en présence d'anarchistes italiens connus, dont le rédacteur de l'*Agitatore*. Un coup est projeté, en Suisse ou en Italie, contre le roi Humbert ou un autre (2). Lucheni n'assiste jamais à ces réunions de parti. Mais on le nomme ; on parle de s'en servir en exploitant sa vanité.

Le 30 août, par un temps merveilleux, Élisabeth arrive d'Autriche dans « ce pays enchanteur qu'est la Suisse », selon le mot de Barker. La beauté des environs incite l'impératrice à entreprendre aussitôt des excursions. Le 2 septembre, elle commence par aller à Bex. Elle ne se lasse pas de voir la Dent du Midi se profiler sur le ciel. Le paysage lui rappelle beaucoup les Alpes autrichiennes. Le soir, en rentrant à Caux, elle jouit d'un merveilleux coucher de soleil, aux grandioses effets de couleurs et de lumières. La journée était si belle qu'elle se sent extraordinairement gaie et satisfaite. A Caux, Élisabeth monte rapidement l'escalier de la gare pour échapper aux curieux ; elle a aussitôt des palpitations. Le 3 septembre, par un temps splendide, elle monte en funiculaire aux Roches de Naye d'où elle découvre le lac Léman dans toute sa beauté. Elle a emporté en voyage d'énormes pêches et de merveilleux raisins envoyés par

(1) D'après une pièce de la police : *Renseignements reçus*, 23 septembre 1898. (A.G.J.C.)

(2) On n'a jamais su au juste s'il s'agissait d'un complot. Le procureur général G. Navazza dit dans son réquisitoire (Audience de la Cour d'assises de Genève du 10 novembre 1898) que les preuves sont insuffisantes pour accuser quelqu'un de complicité. La question de savoir si Lucheni avait reçu un ordre et de qui, n'a jamais été élucidée et il n'a pu être établi où il se tenait entre le 5 et le 8 septembre 1898. Les explications de Lucheni lui-même étaient fausses en partie et ont été réfutées.

la baronne de Rothschild. La baronne a profité de cet envoi pour renouveler son invitation ; à maintes reprises déjà elle avait engagé Élisabeth, par l'intermédiaire de ses sœurs, à venir la voir à Pregny. L'impératrice songe à accepter l'invitation, d'autant qu'elle a appris de tous côtés avec quel goût les Rothschild ont aménagé cette propriété. Le 5 septembre, Élisabeth entreprend encore une promenade en bateau à Évian dont elle revient quelque peu déçue ; seul le retour à Territet l'enchante. Tandis que l'orchestre du bord joue de tristes mélodies italiennes, Élisabeth discute avec la comtesse Sztaray d'une excursion à Genève qu'elle désire faire seule avec elle et les domestiques indispensables. Le général de Berzeviczy met l'impératrice en garde et la prie d'emmener au moins un homme, par exemple le secrétaire de la cour, le docteur Kromar. Longtemps Élisabeth résiste ; elle dit enfin : « Dites à Berzeviczy que j'emmènerai Kromar, pour couvrir sa responsabilité à l'égard de Vienne, mais cela m'est très désagréable ». Elle décide ensuite d'accepter l'invitation de la baronne de Rothschild. Au retour de sa promenade, Élisabeth reçoit une lettre de François-Joseph qui s'est croisée avec la sienne (1). « Je suis allé à la villa Hermès pour prendre un peu l'air... Devant la grille du parc, quantité d'hirondelles se réunissaient déjà pour le départ... J'ai regardé ta fenêtre longuement et avec mélancolie et je me suis reporté par la pensée aux jours que nous avons passés ensemble dans cette chère villa Le soir j'ai pris du lait doux et du lait caillé de ta laiterie... Ton petit. »

A la lecture de cette lettre, Élisabeth est prise de nostalgie et se met à écrire une dernière lettre affectueuse à Valérie ; elle y raconte ses excursions, ajoute qu'elle a repris un peu de poids et qu'elle craint de devenir aussi corpulente que sa sœur Marie. Arrive le général Berzeviczy, porteur d'une lettre du comte Paar, auquel il avait transmis le désir d'Élisabeth de recevoir la visite de l'empereur.

« Un voyage à Caux après les manœuvres », est-il dit dans

(1) François-Joseph à Élisabeth, Schoenbrunn, 1er septembre 1898. (A.A.C.W.)

cette lettre, « ferait certes le plus grand bien à Sa Majesté, mais ce n'est pas possible. » L'aide de camp explique en détail l'emploi du temps si chargé de l'empereur. « Sa Majesté serait certainement heureuse de venir respirer l'air vivifiant de ce beau pays, mais elle ne songe à elle que lorsqu'elle a satisfait à tous, et elle ne se permettra certainement pas cette excursion » (1).

Il faut donc renoncer à l'espoir de voir l'empereur en Suisse Lui-même le regrette infiniment. « Combien je serais heureux », écrit-il encore le 9 septembre (2), « de pouvoir accéder à tes désirs, de te revoir après une si longue absence et de jouir avec toi de ce beau séjour. Hélas, il n'y faut pas songer pour l'instant ; outre que la situation politique est très embrouillée, la seconde moitié de septembre est déjà prise par les fêtes du jubilé, des inaugurations d'églises et des visites à l'exposition... ».

Le Grec Barker est très sympathique à Élisabeth et, souvent, pendant leurs promenades, elle discute avec lui de problèmes sérieux. Un jour, elle lui raconte sa visite à l'église des capucins après la mort de Rodolphe, et elle ajoute : ce jour-là j'ai acquis la certitude qu'il n'y a pas de survie. L'impératrice recommence à douter ; elle fait au Grec la proposition suivante : celui qui mourra le premier donnera à l'autre un signe de survie. Le 7 septembre, l'impératrice se fait laver les cheveux ; elle ne fait donc pas d'excursion, mais elle arrête son programme pour les jours suivants. La baronne de Rothschild offre son yacht à l'impératrice pour venir à Pregny. Élisabeth croit ne pouvoir accepter pareille amabilité que de la part d'un souverain ; de plus, il est interdit au personnel de la famille de Rothschild d'accepter des pourboires : Élisabeth y voit une raison de plus pour décliner cette offre. Le 8 septembre se passe en petites promenades dans les environs. Élisabeth télégraphie à sa fille Valérie pour sa fête. Elle s'est rarement sentie aussi bien, elle se réjouit de son expédition à Pregny et passe outre aux objurgations du général Berzeviczy et de la comtesse Sztaray, qui la

(1) Le comte Édouard Paar au général de Berzeviczy, 4 septembre 1898 Lettre appartenant au lieutenant-colonel Andor de Berzeviczy, Hamborek

(2) François-Joseph à Élisabeth, Schoenbrunn, 9 septembre 1898. (A.A C.W.)

supplient de ne pas aller à Genève. Elle a fait la concession d'emmener un homme : il suffit.

La journée du 9 septembre se lève par une radieuse matinée d'automne. Élisabeth a mal dormi, dans son inquiétude de n'avoir pas encore reçu de réponse de Valérie. Mais la nature la calme et, pleine d'admiration, elle laisse errer son regard sur le beau lac, bleu comme la mer qu'il rappelle. Élisabeth parle de ses projets de voyage, de Corfou, de l'Achilléon, à moitié vide à présent, et qu'elle ne veut revoir que quand on en aura fait un bon hôtel. Son état de santé ne lui permet pas encore d'entreprendre, comme chaque année, son grand voyage d'hiver, elle songe donc à faire un séjour à Nice ou au Caire. Elle est d'humeur tendre, ce jour-là, et distribue à chacun une parole aimable. Pendant les quatre heures de traversée de Territet à Genève, l'impératrice arpente le pont. Un petit garçon de trois ans se démène comme un beau diable et ses parents ont peine à le faire tenir tranquille. Élisabeth, amusée, lui donne des fruits et des gâteaux et l'enfant, avec une gaucherie charmante, vient la remercier. « Comme cela aurait amusé Valérie », dit l'impératrice.

Le bateau arrive à Genève à une heure de l'après-midi. Le docteur Kromar attend l'impératrice et lui remet un télégramme de Valérie. Voilà Élisabeth tranquillisée et, aussitôt, elle se rend chez la baronne de Rothschild. L'hôtesse, une dame de cinquante-huit ans, a préparé dignement sa villa pour cette réception. Dans la salle à manger, la table, fleurie de superbes orchidées, est magnifiquement dressée. Au milieu de la précieuse porcelaine de Vienne trône une coupe remplie de fruits rares et délicieux. Une infinité de laquais galonnés d'or servent à table. Élisabeth admire beaucoup, seul le personnel la gêne, pas moyen de dire un mot. Tous ces gens sont pour ainsi dire suspendus à ses lèvres — mais que faire ? Elle est invitée et se soumet de bonne grâce aux habitudes de la maison. Les mets de choix se succèdent, accompagnés d'un excellent champagne frappé. Ce déjeuner à trois se passe le plus agréablement du monde. Une musique discrète l'accompagne, sans troubler la conversation. Pour finir, Élisabeth porte un toast à la maîtresse de maison ; elle prie la comtesse Sztaray d'ajouter le menu au rapport à envoyer à l'empereur et d'y souligner deux fois les *petites timbales*, la *mousse de volaille* et la *crème glacée à la hongroise*, mets qu'elle a goûtés particulièrement (1).

Après le déjeuner, ces dames visitent la villa. C'est un véritable petit musée, les œuvres d'art et les objets précieux y sont disposés avec un goût discret. Enfin, voici le plus beau : des volières remplies d'oiseaux exotiques, venus du monde entier, des aquariums peuplés des poissons les plus étranges et deux délicieux petits hérissons apprivoisés de Java, qui enchantent Élisabeth. Mais surtout : les serres. Nulle part au monde n'existe une aussi belle collection de fleurs. L'impératrice s'arrête dans une serre d'orchidées, muette d'admiration : c'est un véritable bouquet, d'une richesse et d'une variété inouïe, où les fleurs se mêlent aux pervenches et aux fougères. Elle a peine à s'arracher à ce spectacle. Puis c'est la promenade à travers le parc, planté d'immenses cèdres du Liban, au milieu des rocailles artificielles où poussent des pins nains et des fleurs des Alpes. La comtesse Sztaray est chargée de prendre note de trois espèces de fleurs qu'Élisabeth désire acclimater à Lainz.

La baronne de Rothschild pense qu'Élisabeth est fatiguée. Mais non, elle veut encore aller au chalet suisse qu'elle aperçoit et au port de la villa où sont les yachts. Accompagnée de son hôtesse, l'impératrice va signer le livre d'or. Heureusement, elle ne le feuillette pas : une page entière porte le nom de son fils défunt. La baronne de Rothschild insiste pour aller rendre visite à l'impératrice à Caux et celle-ci ne peut faire autrement que de l'y inviter. Après sa visite, qui a duré trois heures, l'impératrice retourne à Genève à l'hôtel Beau-Rivage. En route, elle bavarde d'abord gaîment avec la comtesse Sztaray (2). La conversation passe ensuite au sujet qui lui tient tant à cœur : la foi et la mort. La dame d'honneur est profondément religieuse. « Je suis croyante », lui dit Élisabeth, « moins que vous, certes, mais je connais ma nature, peut-être me verrez-vous revenir à une extrême dévotion. J'aspire souvent à la mort, que vous ne craignez pas, et maintenant elle me fait tout de même peur. C'est du passage que je tremble, dans mon incertitude ». « Au

(1) Menu de Pregny, 9 septembre 1898. (A.A.C.W.)
(2) Comtesse Sztaray, ouv. cit., pp. 231 et 232.

delà, pourtant, c'est la paix et le salut », dit la comtesse Sztaray. « Qu'en savez-vous ? Jamais personne n'en est revenu. »

Au retour, Élisabeth se retire dans ses appartements. Une heure après, elle sort à nouveau en ville avec la comtesse. Il est six heures et demie, la soirée est superbe. En route, ces dames entrent dans quelques confiseries. A sept heures moins le quart, Élisabeth est de retour à l'hôtel. Elle occupe un salon d'angle et deux petites pièces avec vue sur le lac. Il fait un magnifique clair de lune. L'impératrice ne peut s'endormir. Elle écoute d'abord un chanteur italien lancer dans la nuit ses vocalises. La rue est très bruyante et sa chambre violemment éclairée par le clair de lune et la lumière intermittente d'un phare. Mais Élisabeth veut garder la fenêtre ouverte et déteste les rideaux. Elle s'endort vers deux heures seulement, le visage baigné de rayons de lune et, bientôt après, se réveille effrayée. Voilà plusieurs jours qu'elle se lève à sept heures, mais, le 10 septembre, elle a passé une si mauvaise nuit, qu'elle reste couchée plus longtemps. A neuf heures, la comtesse Sztaray se fait annoncer auprès de l'impératrice et attend ses ordres. « A onze heures, je veux aller écouter en ville un nouvel orchestrion et, à une heure quarante, comme il était prévu, nous prendrons le bateau pour Caux ; d'ici là, je n'ai besoin de rien. »

A onze heures précises, l'impératrice, fraîche et dispose, malgré la mauvaise nuit, est prête pour la promenade. Elle se rend au magasin de musique Baecker, rue Bonnivard. L'orchestrion remonté joue des airs de *Carmen*, *Tannhäuser*, *Rigoletto* et *Lohengrin*, les opéras préférés d'Élisabeth. *Tannhäuser* lui plaît particulièrement. Elle aime cet opéra mystico-fantastique si profondément en accord avec sa nature. Alors Élisabeth choisit un grand instrument, appelé ariston, pour Wallsee. Elle espère qu'il ne fera pas seulement plaisir à Valérie et aux enfants, mais aussi à l'empereur et à François-Salvator. Elle y ajoute vingt-quatre morceaux de musique. A ce moment, entre une dame qui fixe l'impératrice ; elle accoste la comtesse Sztaray et la prie de la présenter ; elle se dit être une comtesse belge, en relations étroites avec l'une des sœurs de Sa Majesté. Mais la dame d'honneur, qui connaît sa souveraine, refuse. En hâte, ces dames liquident leurs affaires et quittent le magasin pour lui échapper. Il est très tard ;

il reste à peine vingt minutes avant le départ du bateau. Élisabeth rentre à l'hôtel où elle veut encore prendre rapidement un verre de lait.

Dans l'intervalle, le 6 septembre, a eu lieu à Thonon-les-Bains une nouvelle réunion d'anarchistes ; la mort de l'impératrice y aurait été décidée et Lucheni, qui s'était toujours vanté d'être un homme d'action, aurait été désigné. Toutefois, personne ne peut prouver si c'est vrai, personne ne sait où se tenait Lucheni à ce moment-là. Cependant il est au courant de l'excursion de l'impératrice à Évian, le 5 septembre, car il a dans sa poche une liste des étrangers de cette date. Le duc d'Orléans et le duc de Chartres n'étaient pas à Évian, ils n'étaient même pas en Suisse, la nouvelle de leur passage ne reposait sur rien. Par contre, il n'est question, sur tout le lac de Genève, que de la présence d'Élisabeth, et Lucheni ne peut pas manquer de savoir qu'elle a visité Évian. Le 8 septembre, il est déjà à Genève : il médite son coup ; car il écrit le même soir une carte à la princesse Vera d'Aragona (1) : « Madame, je ne puis vous expliquer pourquoi je ne suis pas allé à Paris. Dans la première lettre que je vous écrirai, je vous le dirai. Je me sens bien à tous points de vue... Je n'attends pas de réponse et je vous annonce, par la même occasion, que je quitterai Genève samedi ».

Luigi Lucheni sait, manifestement, que l'impératrice arrive à Genève le 9 septembre. Il flâne dans les environs de l'hôtel Beau-Rivage, autour de l'appontement des vapeurs. Il n'a pas appris sa venue par les journaux, ses renseignements viennent d'une autre source. Les journaux n'apportent la nouvelle qu'Élisabeth est descendue à l'hôtel Beau-Rivage sous le nom de comtesse Hohenembs, que le matin à dix heures. C'est bien regrettable d'ailleurs ; l'hôtel, prié de respecter l'incognito de l'impératrice, n'avait pas hésité, à titre de réclame, à annoncer son arrivée à trois journaux : *Le Journal de Genève*, *Le Genevois* et *La Tribune*. Si donc, le 9 au soir, Lucheni a encore des doutes, les feuilles du matin lui donnent la certitude que l'impératrice est là. Dès le matin à neuf heures, il est à son poste d'observation ; à dix heures, il parle, sur un banc devant l'hôtel, à un homme à

(1) Lucheni à la princesse Vera d'Aragona. Renseignements communiqués par la légation italienne à Berne, 29 septembre 1898. (A.C.J.G.)

barbe blanche, bien habillé et qui paraît un rentier aisé. A onze heures, au moment où Élisabeth sort, Lucheni s'est absenté un moment pour aller manger. La promenade s'est donc passée sans encombre. Mais Lucheni revient.

Il est grand temps de partir. Le personnel et le docteur Kromar ont pris les devants. La comtesse Sztaray presse l'impératrice, elle craint que Sa Majesté n'arrive en retard. Élisabeth lui fait prendre un peu de lait ; enfin, les deux femmes quittent l'hôtel, cinq minutes avant le départ du bateau. En route, la comtesse Sztaray remarque deux marronniers en fleurs. « Oui », dit Élisabeth en hongrois, « le roi m'écrit aussi que cet automne quelques marronniers poussent des fleurs au Prater et à Schoenbrunn. » La cloche du bateau sonne et les deux femmes hâtent le pas, mais l'impératrice dit : « Nous arriverons à temps, voyez, les gens montent lentement et ne se pressent pas ».

Lucheni a vu un laquais porter les bagages de l'impératrice à bord et il est persuadé que Sa Majesté prendra le bateau d'une heure quarante. De sa main droite, il tâte l'arme dans sa poche. Il voit alors l'impératrice et la comtesse Sztaray sortir de l'hôtel et, par le quai du Mont-Blanc, se diriger vers le bateau. Il se retire un peu, il y a encore trop de monde autour des deux femmes. Le propriétaire de l'hôtel et le portier s'inclinent profondément et restent en arrière. Les deux femmes avancent seules sur le quai, presque désert à cette heure.

Le moment est venu. D'un bond, Lucheni est de l'autre côté de la rue, il traverse le trottoir sur lequel marche Élisabeth, jusqu'au parapet ; là, il fait volte-face et se précipite sur les deux femmes. Elles s'effacent pour le laisser passer et éviter un choc. Lucheni s'arrête net devant la comtesse Sztaray, comme s'il allait trébucher, et, la main droite levée, il s'élance sur Élisabeth d'un geste souple, se baisse comme s'il voulait regarder sous son ombrelle et lui enfonce avec violence l'arme dans la poitrine. Sous le choc, Élisabeth tombe à la renverse, sans un cri, heurte le sol de la tête et seule son abondante chevelure amortit la chute. La comtesse Sztaray, à peine consciente de ce qui s'est passé, tant le geste a été rapide, pousse un cri et, avec l'aide d'un cocher qui passe, s'efforce de relever l'impératrice, tandis que le meurtrier s'échappe en hâte. Élisabeth est debout, rouge d'émotion, et veut arranger ses cheveux en désordre. La comtesse Sztaray, qui croit à un coup de poing, demande : « Est-il arrivé quelque chose à Votre Majesté ? Votre Majesté souffre-t-elle quelque part ? » Un Anglais pose la même question.

« Non, je vous remercie, ce n'est rien. » Le portier de l'hôtel accourt et supplie l'impératrice de retourner.

« Mais non, il n'est rien arrivé. »

« Votre Majesté s'est-elle effrayée ? »

« Oui, certes. »

Puis les deux femmes s'éloignent du lieu de l'attentat et courent vers le bateau. La rougeur a soudain disparu du visage de l'impératrice et a fait place à une pâleur mortelle. Elle s'en rend compte, car tout à coup elle demande à la comtesse qui la soutient, de peur qu'elle ne se trouve mal :

« Ne suis-je pas très pâle ? »

« Oui, Majesté, très pâle. Votre Majesté souffre-t-elle ? »

« La poitrine me fait un peu mal, je crois. »

A ce moment le portier de l'hôtel accourt.

« Le malfaiteur est arrêté », crie-t-il de loin.

Élisabeth, d'un pas souple, a atteint la passerelle du bateau. La comtesse Sztaray est forcée, un instant, de lâcher la taille de l'impératrice. Élisabeth traverse ; mais à peine a-t-elle mis le pied sur le pont, qu'elle se tourne subitement vers sa compagne :

« A présent, donnez-moi votre bras, vite. »

La comtesse la saisit ; un laquais accourt, mais, à eux deux, ils ne peuvent soutenir l'impératrice. Élisabeth s'affaisse lentement, elle perd connaissance et sa tête s'appuie sur la poitrine de la dame d'honneur agenouillée.

« De l'eau, de l'eau ! » s'écrie celle-ci, « et un médecin ! » La comtesse asperge la figure de l'impératrice. Élisabeth ouvre les yeux, mais c'est le regard d'une mourante. Il n'y a pas de médecin, seule une passagère, Mme Dardalle, qui a été infirmière, s'empresse autour de la malade. Le capitaine Roux approche. Le bateau n'est pas encore parti ; le capitaine a entendu dire qu'une dame s'était trouvée mal et, sans savoir qui il a devant lui, il conseille à la comtesse Sztaray de débarquer et de la ramener à l'hôtel. Mais la comtesse lui répond qu'il ne s'agit que d'une syncope due à la frayeur. La scène se passe près des machines ;

il y fait très chaud. Le capitaine offre une cabine réservée, mais la malade a besoin d'air. Trois messieurs portent l'impératrice sur le pont supérieur et l'étendent sur un banc. Mme Dardalle pratique sur la patiente des mouvements respiratoires, tandis que la comtesse Sztaray ouvre la robe, coupe le corset et glisse dans la bouche de l'impératrice un morceau de sucre imbibé d'alcool. Élisabeth croque le sucre, ouvre les yeux et tente de se redresser.

« Votre Majesté se sent-elle mieux ? »

« Oui, merci. »

L'impératrice s'assied, regarde autour d'elle comme réveillée d'un profond sommeil et une expression émouvante éclaire son visage :

« Mais qu'est-il donc arrivé ? » demande-t-elle.

« Votre Majesté s'est trouvée mal. Mais cela va mieux, n'est-ce pas ? »

Pas de réponse. Élisabeth retombe en arrière et ne se réveille plus.

« Frottez-lui la poitrine ! » La comtesse délace en hâte le cache-corset ; à sa grande frayeur, elle aperçoit, sur la chemise de batiste mauve, une tache brunâtre de la grandeur d'un florin, percée d'un petit trou, puis, au-dessus du sein gauche, une minuscule blessure et un petit caillot de sang. « Grand Dieu ! regardez, Madame », dit la comtesse, « elle a été assassinée ! » Dans l'intervalle, le bateau est parti vers l'est. La comtesse fait appeler le capitaine. « Pour l'amour du ciel, je vous en prie, accostez vite ! Cette dame est l'impératrice d'Autriche. Elle a une blessure à la poitrine, je ne puis la laisser mourir sans médecin et sans prêtre. Accostez à Bellevue. Je l'amènerai à Pregny, chez la baronne de Rothschild. »

Le capitaine répond : « Vous n'y trouverez pas de médecin et probablement pas de voiture ». Et il ordonne de mettre le cap sur Genève. Il n'y a pas de civière sur le bateau, avec deux rames et des fauteils pliants on improvise un brancard de fortune. La comtesse Sztaray, désespérée, est aux pieds de la souveraine et sèche les gouttes de sueur qui perlent sur son visage livide, suspendue à son souffle qui n'est déjà plus qu'un râle. Élisabeth est étendue sur la civière, recouverte du manteau que, d'après sa sœur, elle appelait Trani ; six personnes portent le brancard, tandis qu'un monsieur protège la tête de la malade avec une ombrelle. Éperdue, la comtesse Sztaray marche à côté et voit avec angoisse l'impératrice tourner sans cesse la tête d'un côté à l'autre, les yeux fermés. Elle vit, tout espoir n'est pas encore perdu.

Élisabeth est ramenée à l'hôtel où elle a passé la nuit précédente. On l'étend sur son lit ; elle râle encore, puis, plus rien. Le médecin est là ! C'est le docteur Golay, assisté d'un autre monsieur du nom de Teisset. Le médecin essaie de sonder la plaie. Anxieuse, la comtesse Sztaray lui demande : « Y a-t-il encore de l'espoir ? »

« Aucun, Madame », répond-il tristement.

« Peut-être tout de même ! Essayez tout, tentez de la rappeler à la vie. »

L'hôtelière, Mme Mayer, et une nurse anglaise aident à la déshabiller et à la déchausser ; mais tout est vain. Un prêtre, arrivé dans l'intervalle, lui donne l'absolution. Tout le monde est à genoux et prie. Un second médecin, appelé en consultation, ne peut que constater le décès : il fait une petite incision à l'artère brachiale sans qu'il sorte une goutte de sang. Tout est fini. Paisible et heureuse, l'impératrice repose, belle encore et presque jeune. Une rougeur légère anime ses joues et, sur ses lèvres, semble errer le sourire si fin et si beau qui, de son vivant, sut charmer tant de gens.

. . . .

Ce jour-là, François-Joseph est resté à Schoenbrunn, il a donc un peu plus de temps que d'habitude et en profite pour écrire à l'impératrice. Valérie lui communique toujours les lettres de sa mère pour qu'il ait plus de nouvelles. La lettre adressée à Valérie pour son anniversaire contient de bonnes nouvelles d'Élisabeth et l'empereur s'en réjouit. « J'ai été heureux du bon moral qui perce dans ta lettre », écrit-il à son épouse (1), « et de ta satisfaction pour ce qui est du temps, du climat et de ton appartement. Tu dois avoir, de la terrasse, une vue merveilleuse

(1) François-Joseph à Élisabeth, 10 septembre 1898. Dernière lettre, qui n'atteignit pas l'impératrice. (A.A.C.W.)

sur les montagnes et sur le lac. Je suis touché que, malgré tout, tu regrettes notre chère villa Hermès ». François-Joseph écrit qu'il y est allé la veille et a beaucoup pensé à elle ; il parle du temps et des cerfs qui se montrent. Puis il donne quelques détails au sujet de l'amie qui est au loin et fait des excursions en montagne, et il s'étonne des efforts qu'elle fournit chaque jour. La lettre se termine sur ces mots : « Je reste ici aujourd'hui et, à huit heures et demie, je prendrai le train à la gare d'État. Je te confie à Dieu, mon cher ange et je t'embrasse de tout cœur. Ton petit ».

François-Joseph passe sa journée à revoir des documents et à préparer son départ pour les manœuvres. A quatre heures et demie, son aide de camp, le comte Paar, accourt de la Hofburg et demande une audience urgente. Livide, il tient à la main un télégramme de Genève disant seulement : « Sa Majesté l'impératrice grièvement blessée. Prière annoncer à l'empereur avec ménagements ».

Le comte Paar pénètre dans le cabinet de l'empereur. François-Joseph, à son bureau, lève la tête. « Qu'y a-t-il donc, mon cher Paar ? » — « Majesté », dit en hésitant le général, « Votre Majesté ne pourra pas partir ce soir. Je viens de recevoir une très mauvaise nouvelle, hélas ! » François-Joseph sursaute.

« De Genève ! » s'écrie-t-il, et il arrache la dépêche des mains du comte. L'empereur chancelle.

« Un second télégramme ne peut tarder d'arriver. Télégraphiez ! Téléphonez ! Cherchez à en savoir davantage. »

Des pas résonnent dans le corridor. C'est un aide de camp, porteur d'une seconde dépêche. L'empereur s'en empare. Dans sa hâte, il la déchire. « Sa Majesté l'impératrice décédée à l'instant », lit-il, effrayé. « Rien ne m'est épargné sur cette terre. » François-Joseph s'effondre en sanglotant dans son fauteuil et pleure, la tête dans les bras. Déjà la terrible nouvelle vole chez Valérie à Wallsee et chez Gisèle à Munich. Toutes deux accourent à Vienne pour soutenir leur père en cette heure douloureuse.

. . . .

Après l'attentat, Lucheni avait essayé de fuir. Il s'était rendu compte que l'arme avait pénétré profondément. Il la jette, dans sa fuite : la pointe est cassée ; le tiers-point insignifiant reste sur le sol, on ne l'y retrouvera que bien plus tard. Aussitôt, le meurtrier est poursuivi et l'aiguilleur Antoine Rouge lui barre la route. Il est le premier à saisir l'individu. Des passants et des gendarmes accourent. Lucheni est arrêté et, tandis que Rouge le tient, il s'écrie : « Mais j'allais de ce pas à la police ! » (1)

Personne ne sait encore qu'il s'agit d'un attentat, tout le monde est persuadé qu'il n'a donné qu'un coup de poing à l'impératrice. En route pour commissariat de police, un des gendarmes lui demande : « Vous êtes-vous servi d'un couteau ? »

« Non, si j'en avais eu un, vous l'auriez trouvé. »

Deux gendarmes l'amènent au commissariat. Lucheni leur dit : « Je ne regrette qu'une chose, c'est de ne pas l'avoir tuée. » — « C'est ce que vous souhaiteriez ? » lui demande le gendarme Lacroix (2). Et, sans le savoir, il lui dit : « Eh bien ! vous l'avez tuée. » — « Tant mieux », réplique Lucheni, « j'ai bien pensé qu'on crevait à être touché par cet instrument-là ».

Le gendarme insiste alors et Lucheni lui raconte tout tranquillement qu'il a frappé avec un petit tiers-point dont se servent les menuisiers pour aiguiser leurs scies. Sans aucune apparence de remords, il marche en souriant entre les deux gendarmes ; il chante même en route, jusqu'à ce qu'on le lui interdise. Au poste, le commissaire examine d'abord ses habits et y trouve un porte-monnaie très usé contenant six francs trente-cinq, deux photographies de Lucheni en soldat, la liste des étrangers d'Évian, le diplôme de sa médaille militaire d'Afrique et trois lettres italiennes de la princesse d'Aragona (3).

Lucheni est immédiatement soumis à un interrogatoire. Il raconte ce qui s'est passé, lorsque retentit la sonnerie du téléphone. Le commissaire apprend avec effroi la nouvelle de la mort de l'impératrice. Il en fait part à Lucheni qui exprime sa satisfaction avec cynisme : « C'était mon intention de la tuer, j'ai visé le cœur et je suis heureux de la nouvelle que vous m'annoncez ».

(1) Déposition d'Antoine Rouge, 13 septembre 1898. Dossier de l'instruction, n° 24.
(2) Témoignage du gendarme Lacroix. Pièce IX. (A.C.J.G.)
(3) Dossier de l'instruction n° 14. (A.C.J.G.)

« Qu'êtes-vous ? »

« Anarchiste. »

« Avez-vous un casier judiciaire ? »

« Non. »

Le premier interrogatoire est terminé (1), et Lucheni, à sa demande, est conduit dans une voiture qu'il paie lui-même à la prison de Saint-Antoine. Il a commencé sa vie à l'hôpital Saint-Antoine à Paris, il la terminera à la prison Saint-Antoine à Genève. En route, Lucheni dit au gendarme Lacroix :

« Je regrette que la peine de mort n'existe pas à Genève. J'ai fait mon devoir ; mes camarades feront le leur. Il faut que tous les grands y passent » (2).

Le procureur général Navazza, le premier et le plus distingué juriste de Genève, est chargé de l'instruction. Il étudie Lucheni, lui fait subir de nombreux interrogatoires et s'aperçoit que le criminel cherche à s'attribuer seul la gloire de son acte.

« Jamais je n'ai fait partie d'aucune société anarchiste ou socialiste. Je suis un anarchiste individuel, j'ai seulement fréquenté ceux qui partageaient mes idées, partout où j'allais » (3). Il ne cesse d'affirmer qu'il ne tient pas à la vie et que le châtiment lui importe peu.

« Pourquoi, alors, avoir tenté de fuir après le crime ? » demande le procureur. La question l'embarrasse.

« Je n'ai pas voulu m'échapper », dit-il. « Je voulais me précipiter au commissariat de police » (4).

« Pourquoi avez-vous tué l'impératrice qui ne vous avait jamais rien fait ? »

« C'est la lutte contre les grands et les riches. Un Lucheni tue une impératrice, jamais une blanchisseuse. »

Navazza quitte, ébranlé, ce nouvel Érostrate. « C'est la mégalomanie du crime qui parle en Lucheni », se dit Navazza. « Jamais encore, dans ma carrière, je n'ai vu de criminel de cette sorte. Il est fier de son action et ne cesse de regretter qu'elle ne le

(1) Premier interrogatoire de Lucheni au commissariat de police. (A.C. J.G.).

(2) Déposition du gendarme Lacroix. (A.C.J.G.)

(3) Interrogatoire du 15 septembre 1898. Dossier 38. (A.C.J.G.)

(4) Interrogatoire du 15 septembre 1898. Dossier 40. (A.C.J.G).

conduise pas à l'échafaud. » La vanité peut éblouir davantage et entraîner à des actes plus sauvages que l'amour et la faim, Lucheni en est un nouvel exemple. A présent, le monde entier lit son nom et parle de lui, il faut que le monde sache aussi ce qu'il pense, qu'il entende de sa bouche pourquoi il a agi ainsi. Il se demande comment faire et se souvient tout à coup du journal napolitain *Don Marzio*, qu'il lisait souvent pendant son service et dont il connaît les tendances libérales. Le lendemain du crime, il décide d'écrire une lettre au rédacteur en chef (1). Avant tout, le journal doit prouver que Lucheni n'est pas un criminel-né. L'affirmation de Lombroso, que l'homme naît criminel, est un non-sens. « Veuillez aussi », écrit le meurtrier, « détromper ceux qui prétendent que Lucheni a agi poussé par la misère. Rien de plus faux. Je termine en déclarant que... si la classe dirigeante ne tente pas de retenir son avidité à suçer le sang du peuple, les rois, présidents, ministres et tous ceux qui cherchent à asservir leur prochain, nul d'entre eux ne saurait échapper à mes justes coups. Le jour n'est pas loin où les véritables amis des hommes extirperont toutes les maximes en honneur aujourd'hui. Une seule suffira : qui ne travaille pas, n'a pas droit à manger. Votre dévoué Luigi Lucheni, anarchiste convaincu » (2).

Le rédacteur en chef du journal, un vieillard de quatre-vingt-deux ans, averti par la direction de la prison, n'a jamais entendu parler de Lucheni et se demande comment le meurtrier a pu avoir l'idée de lui écrire. Dans son numéro du 13 septembre, il montre sa répulsion pour ce monstre à forme humaine. Cependant, l'assassin a écrit au président de la Confédération helvétique pour lui demander d'être jugé d'après la loi du canton de Lucerne où la peine de mort est en vigueur. Il signe Luigi Lucheni, anarchiste des plus dangereux (3). Puis il écrit des lettres particulières — il a le temps en prison — d'abord à la princesse d'Aragona : « En vrai communiste, je ne pouvais supporter pareilles injustices et en véritable ami des hommes, j'ai fait con-

(1) Communications personnelles de M. le procureur général en retraite G. Navazza à l'auteur.
(2) Luigi Lucheni au rédacteur en chef Joseph Turko du journal *Don Marzio*, Genève, 11 septembre 1898. Dossier 84.
(3) Lucheni au président de la Confédération helvétique. Genève, 14 septembre 1898.

naître ainsi que le temps n'est pas loin où un nouveau soleil luira également pour tous. Je n'ai plus rien à espérer, je le sais... J'ai suffisamment connu le monde pendant les vingt-cinq ans que je l'ai habité. Je vous assure, princesse, de tout cœur (le cœur d'un sauvage, si vous voulez) que de ma vie je ne me suis senti aussi content qu'aujourd'hui. Si j'avais le bonheur, comme je l'ai demandé, d'être jugé d'après le code de Lucerne, je gravirais avec joie les marches de la chère guillotine sans avoir besoin d'y être aidé » (1). Quelques jours après, nouvelle lettre à la princesse : « Mon cas est comparable à l'affaire Dreyfus », écrit-il.

Que le criminel eût été fier, si l'administration pénitentiaire lui avait transmis les innombrables lettres de félicitations qui affluaient de Vienne, Laibach, Florence, Lausanne, Naples, Sofia, Prague, Baltimore, Londres, de Roumanie et d'Espagne. Elles lui disaient que tous ceux qui luttent pour le bien de l'humanité étaient d'accord avec « sa noble action », qu'il avait prouvé qu'il existait encore des « héros » dans le peuple, qu'il devait tenir bon et ne pas perdre courage, jusqu'au jour de la grande victoire où le peuple ouvrirait sa geôle et ainsi de suite (2).

Mais ces lettres enthousiastes ne lui sont pas remises. On ne lui donne pas non plus les lettres de haine, plus nombreuses encore, qui lui sont adressées. L'une, des femmes et des jeunes filles de Vienne, comporte tout un rouleau et comprend seize mille signatures « Meurtrier, monstre, bête dangereuse », lui disent-elles, « les femmes et les jeunes filles de Vienne languissent du désir de venger le crime épouvantable que tu as commis sur leur chère impératrice. Sais-tu, monstre, ce que tu mérites ? Écoute : nous voudrions te coucher sur un étal — nous qui avons bon cœur — et nous aurions plaisir à te voir couper les deux bras et les deux jambes. Pour adoucir tes peines, nous laverions tes plaies avec du vinaigre et nous les sécherions avec du sel. Si tu survivais à ce traitement, nous recommencerions. Ou bien nous te faisons une autre proposition : fais-toi enfoncer dans le cœur

(1) Lucheni à la princesse Vera d'Aragona, Genève, prison Saint-Antoine 17 septembre 1898. (A.C.J.G.)

(2) « Un pour tous », à Lucheni, Genève, 14 septembre 1898. Dossier 91.

l'instrument que tu as plongé dans le cœur de notre impératrice bien-aimée, mais plus lentement. Ne voudrais-tu pas essayer ? Sois maudit ta vie entière, misérable, monstre exécrable. Que ce que tu manges ne te réussisse pas. Que ton corps ne te cause que des souffrances, que tes yeux soient aveuglés, et que tu vives dans une nuit perpétuelle. C'est là le désir le plus ardent des femmes et jeunes filles de Vienne pour un infâme scélérat de ton espèce » (1).

. . . .

La dépouille d'Élisabeth repose à l'hôtel. Le gouvernement suisse fait demander à Vienne si l'empereur permet de pratiquer l'autopsie, ainsi que le prescrit la loi fédérale. François-Joseph fait répondre qu'il faut procéder selon la loi du pays. Et, le 11 septembre, dans l'après-midi, arrivent les docteurs Reverdin, Gosse et Mégevand pour l'autopsie. Le 12, ils font l'examen détaillé du cœur. Le beau corps svelte de l'impératrice est étendu, à peine recouvert d'une toile légère, le visage d'une pâleur de cire, encadré de ses beaux cheveux, les paupières baissées. Dans ce corps, les médecins ne voient plus l'impératrice, ce n'est plus qu'une morte anonyme. Ils examinent le cadavre dont ils constatent l'excellente dentition, prennent les dimensions du corps qui mesure un mètre soixante-douze, puis regardent attentivement la plaie. A quatorze centimètres au-dessous de la clavicule gauche et à quatre centimètres au-dessus de la pointe du sein gauche, la blessure se dessine en forme d'un v. Puis le cœur est mis à nu, on y constate une légère dilatation. L'instrument a pénétré à quatre-vingt-cinq millimètres, brisant la quatrième côte, traversant de part en part le poumon et le ventricule gauche. Mais le canal est étroit, la blessure fine et le sang n'a pu tomber que goutte à goutte dans le péricarde, ne paralyser que peu à peu les fonctions du cœur. C'est ce qui a permis à Élisabeth, outre son extraordinaire énergie, de marcher encore cent vingt pas et d'atteindre le bateau avant de s'effondrer (2).

A leur grand effroi, la comtesse Sztaray, le comte Kuefstein

(1) Lettre des femmes et jeunes filles de Vienne, 13 septembre 1898. (A.C.J.G.)

(2) Rapport des docteurs A. Reverdin et J. A. Mégevand du 11 et 12 septembre. Dossier 23 et 23 *b*.

et le général Berzeviczy sont appelés à être témoins de l'autopsie. Ensuite Élisabeth est embaumée. La figure change beaucoup et se boursoufle à l'opération. Mais les médecins déclarent que la délicatesse des traits ne tardera pas à reparaître. L'impératrice est mise en bière revêtue de sa plus belle robe noire, les cheveux coiffés comme de son vivant. De toutes parts affluent des gerbes de fleurs, entre autres un bouquet de magnifiques orchidées de la villa Pregny, celles mêmes qu'Élisabeth avait admirées quelques jours auparavant. Sur la table, les objets familiers à l'impératrice et qu'elle avait sur elle lors de sa dernière sortie, pauvres choses abandonnées : la chaînette d'or et l'alliance qu'Élisabeth ne portait jamais au doigt, mais suspendue au cou sous sa robe ; l'inévitable éventail de cuir, la montre en métal anglais, qui porte gravé le nom d'Achille, retenue par une petite courroie patinée, glissée dans un étrier ; le bracelet surchargé de breloques, presque toutes à signification mystique : la tête de mort, le signe solaire aux trois pieds, la main d'or à l'index dressé, des médailles de la Vierge et des monnaies byzantines. Puis deux médaillons, l'un contenant des cheveux du prince héritier, l'autre le psaume quatre-vingt-onze.

Élisabeth part pour son dernier voyage en Autriche. La douleur est immense dans tout l'empire. En Hongrie la triste nouvelle plonge dans le deuil la capitale et le pays entier. Partout les portraits de l'impératrice sont voilés de crêpe. A Budapest, pas une maison qui n'arbore son drapeau noir, pas la moindre chaumière qui n'ait son petit morceau de drap noir. François-Joseph apprend avec émotion la douleur de Vienne et les larmes des Hongrois. « Oui, ils peuvent bien pleurer », dit-il, « ils ne savent pas quelle amie ils ont perdue en leur reine ». Les funérailles se déroulent avec tout le faste du cérémonial espagnol. Élisabeth ne peut plus s'y soustraire. Le cortège funèbre arrive devant le caveau des Capucins. La crypte est fermée. Par trois fois, le premier chambellan frappe à la porte. Alors, des profondeurs, retentit la voix du Père gardien :

« Qui est là ? »

« L'impératrice et reine Élisabeth demande à entrer. »

L'empereur et ses enfants sanglotent devant le cercueil. Valérie, qui a perdu la mère la plus aimante, voit tout à coup dans le caveau la place qu'Élisabeth lui a si souvent décrite pendant sa vie : un peu de lumière et de verdure pénètre par l'étroite fenêtre. Elle entend dehors gazouiller les oiseaux, tout est tel que sa mère le lui peignait jadis. « Qu'elle trouve enfin le repos tant désiré ! »

Tout en pleurs, les fidèles amies de l'impératrice sont là, elles aussi. Ida Ferenczy, qu'Élisabeth aimait tant, pour sa gaîté spontanée, sa droiture et sa sincérité, son bon sens, son tact, la noblesse de ses sentiments et la simplicité de son cœur, a exécuté scrupuleusement les dernières volontés de l'impératrice. Elle a détruit aussi la dernière lettre du prince héritier à sa mère. En pleurant, elle se tourne vers une amie : « Avec elle j'ai tout perdu, mari, enfants, famille, bonheur, ma reine bien-aimée fut tout cela pour moi ! » Marie Festetics sanglote à côté d'elle. « Nous la pleurerons ensemble longtemps encore, Ida, le meilleur d'elle-même nous appartenait. Pendant de longues années, elle nous a confié son âme et son cœur. Personne ne nous le prendra, c'est notre trésor. Nous l'avons toujours aimée et non, comme beaucoup d'autres, qui ne l'aiment que depuis sa mort tragique » (1). Ida et Marie sont toutes deux désespérées de n'avoir pu assister leur souveraine à ses derniers instants.

Mais l'ironie du sort ne s'arrête même pas devant la tombe. Les funérailles d'Élisabeth — si au-dessus de la politique pourtant — donnent lieu à une querelle qui jette une lueur inquiétante sur l'avenir de la monarchie. Le cercueil est entouré de blasons aux armes de la morte et porte l'inscription : Élisabeth, impératrice d'Autriche. Dès le premier jour, une foule innombrable défile devant le cercueil ; les Hongrois se pressent, nombreux, dans le caveau et sont tout étonnés de lire : « Impératrice d'Autriche ». Quoi, est-ce tout ? N'était-elle pas autre chose encore ? Veut-on, à l'heure où se manifeste dans toute la Hongrie une douleur si émouvante, si sincère, faire d'Élisabeth uniquement l'impératrice d'Autriche ? Ou bien veut-on faire revivre les idées de l'archiduchesse Sophie, dépassées et aban-

(1) Marie Festetics à Ida Ferenczy, Sötjör, 22 octobre 1898. Archives Farkas.

données depuis longtemps ? Il n'en est rien. Il n'y avait là nulle intention, un simple oubli sans doute et mal interprété. Les réclamations pleuvent au service du protocole qui, dès le premier soir, fait ajouter en hâte « Reine de Hongrie ». Mais alors le gouverneur de Bohême proteste à son tour et demande pourquoi on n'a pas ajouté « Reine de Bohême » (1). L'impératrice, si elle l'avait pu, aurait dit : « Écrivez simplement : Élisabeth ».

Le président du Conseil de Hongrie, le baron Banffy, se plaint que les obsèques aient porté exprès un caractère autrichien et qu'on ait froissé ainsi le nationalisme hongrois (2).

Aux funérailles, auxquelles prennent part quatre-vingt-deux souverains et leurs suites, l'église des Capucins ne peut contenir toute la foule qui se presse pour rendre un dernier hommage à cette noble femme. Mais, par un malheureux hasard, un ordonnateur des cérémonies se voit obligé de repousser justement la délégation du parlement hongrois pour faire place au cortège. « Nous sommes pourtant là en tant que Hongrois pour accompagner notre reine », réplique l'un d'eux au commissaire de la cour. Et les deux présidents du Conseil, les ministres de la Maison impériale et le premier chambellan ont toutes les peines du monde à calmer les orages politiques qui menacent d'éclater.

. . . .

Un mois exactement après l'attentat, Lucheni comparaît devant les juges. Il y a là quarante jurés de toutes les professions : électriciens, architectes, dentistes, blanchisseurs, jardiniers et autres. La cour fait son entrée au milieu du silence général. Lucheni est introduit, vaniteux et cabotin, il paraît avoir souci d'impressionner le public (3). « Oui, c'est moi », dit-il, et il distribue des sourires à l'assistance. La mise en scène semble le satisfaire. Quand il est appelé à répondre, tous ses gestes sont calculés, ses paroles bien pesées. Il sait qu'elles seront imprimées le lendemain dans les journaux du monde entier. La nouvelle

(1) Le gouverneur de Bohême, le prince Georges Lobkowitz, au Service du protocole, 4 octobre 1898. Vienne, Archives d'État.

(2) Le président du Conseil de Hongrie, le baron Banffy, au Service du protocole, 30 octobre 1898. Vienne, Archives d'État.

(3) Le baron de Rotenhan au prince Hohenlohe, compte rendu du débat, Berne, 12 novembre 1898. Archives des Affaires étrangères, Berlin.

que sa mère vit encore, à San Francisco, apprise par le tribunal et dans ces circonstances, ne lui fait aucune impression. Il continue à se montrer fier de son crime qu'il justifie par la misère de sa jeunesse et la maxime : qui ne travaille pas ne doit pas manger. Quand le président relève des contradictions dans son témoignage, il dit avec hauteur : « Croyez ce que vous voulez, je dis la vérité ».

« Vous n'avez donc aucun remords ? »

« Au contraire. »

« Si l'acte n'était pas accompli, vous le feriez encore ? »

« Certainement », et Lucheni se tourne triomphant vers le public pour savourer l'effet de ses paroles. Non content de cela, il envoie un baiser de la main à un auditeur au fond de la salle. Puis le procureur général, le célèbre juriste Navazza, se lève pour prononcer son réquisitoire.

« Cet homme », dit-il, « a sacrifié la liberté de toute sa vie à la joie sauvage de cet instant. Il pense qu'il faut supprimer tous ceux qui n'ont pas de profession fixe, croyant qu'ils sont les heureux de ce monde. Le malheureux ne se doute pas que, dans toutes les classes de la société, le rire et la joie font toujours place aux larmes... Ah, Lucheni, la satisfaction de l'ambition est grande, vous avez accompli, un acte sensationnel en perçant d'une lime le cœur d'une femme de soixante ans. Mais vous fûtes d'autant plus lâche qu'il était plus facile de l'atteindre ».

La défense fait remarquer seulement, que si Élisabeth le pouvait, elle demanderait la grâce de Lucheni. C'est tout. Le criminel est condamné à la réclusion à perpétuité. A la lecture du verdict, Lucheni crie à travers la salle : « Vive l'anarchie ! Mort à l'aristocratie ! »

Le meurtrier croyait avoir jugé, puni. Quelle erreur ! Et combien peu il connaissait sa victime ! L'aurait-il assassinée, s'il avait su à quel point cette femme, cette « riche », cette « privilégiée », souhaitait la mort ? Vite, sans souffrances, loin des siens, pour ne pas leur faire de mal, non pas au lit, mais au milieu de la nature qu'elle aimait tant. Tout cela ne s'était-il pas tragiquement réalisé grâce à lui ? Oui, Carmen Sylva a raison, Élisabeth aurait excusé Lucheni. Peut-être lui aurait-elle dit, avec son ironie parfois si gaie, parfois si triste et, au coin des lèvres, ce sourire charmant qui avait fasciné le monde : « Eh bien, Lucheni, voilà qui est fait, et bien fait ! » (1).

(1) Aussitôt après la condamnation, Lucheni écrit encore une fois à son capitaine, le prince d'Aragona, pour le remercier des bons renseignements fournis au tribunal, et il promet d'être dorénavant un excellent prisonnier, comme il a été un bon soldat, au témoignage de son chef. « Si j'étais capable de tuer, j'y réussirai, à présent que je suis un mort vivant. » (Lettre de Lucheni au capitaine Vera d'Aragona, Genève, 12 novembre 1898 (A.C.J.G.). En effet, pendant deux ans, Lucheni est un prisonnier modèle. Il s'indigne seulement d'être mis au régime des prisonniers de droit commun. Il tient à son titre de prisonnier politique. Il est très pointilleux au sujet du traitement et, quand il se croit traité injustement, il songe au suicide. En février 1900, il tente de se tuer avec la clé d'une boîte de sardine dont il s'est fabriqué une arme. Le 20 février 1900, il a un accès de rage en présence de Perrin, directeur de la prison. Il brandit cette arme contre le directeur ; le geôlier appelé à l'aide la lui enlève. Il est puni de dix jours de cellule. Sa conduite redevient parfaite, mais il est plus susceptible et plus nerveux que jamais. Un des geôliers s'enivre souvent, il sent le vin. Le 16 octobre 1910, Lucheni lui dit : « Vous êtes un ivrogne, vous sentez l'alcool. » Une dispute s'ensuit ; le geôlier porte plainte auprès du directeur, M. Fernet. Celui-ci examine l'affaire, trouve que Lucheni n'a pas tout à fait tort, mais il punit les deux partis. Lucheni est mis en cellule et il souffre de ne pouvoir travailler, d'autant qu'il est dans son droit. Il hurle dans sa cellule : « Je n'ai dit que la vérité », et jette toutes ses affaires par la fenêtre. Là-dessus, il est enfermé dans un cachot. A six heures, la ronde l'entend encore crier. Le soir, M. Fernet se rend dans la cellule de Lucheni et le trouve mort, pendu à sa ceinture de cuir. (Communications personnelles de M. Fernet à l'auteur. (A.C.J.G.).

SOURCES MANUSCRITES

Archives privées.

Archives de Son Altesse impériale et royale l'archiduc François-Salvator, Château de Wallsee = A.A.C.W.
Archives de Son Altesse impériale et royale la comtesse Gertrude Waldburg-Zeil, née archiduchesse d'Autriche, Château de Syrgenstein = A.S.
Archives de la Maison royale à Munich.
Archives de Son Altesse royale le prince Conrad de Bavière.
Archives du prince Georges Festetics, Château de Keszthely = A.F.
Archives de Mme Élisabeth de Farkas (Papiers laissés par Ida de Ferenczy), Felsöbad = Archives Farkas.
Archives du baron Alexandre de Warsberg.
Archives de la comtesse Erna Szécsen-Mikes, Gyöngyösszentkereszt.
Archives de Mme Mathilde Pacher de Theinburg, Vienne.
Archives de Mrs. Violet Borwick, Northampton.

Archives d'État.

Archives d'État, Vienne.
Archives des Affaires étrangères, Berlin.
Archives secrètes de l'État prussien, Dahlem.
Archives secrètes de l'État bavarois, Munich.
Record-Office, Londres.
Archives de la Cour de justice, Genève = A.C.J.G.

BIBLIOGRAPHIE

d'Albon, Eugen Baron, Unsere Kaiserin. Vienne, 1890.
— Vom Kaiser. Vienne, 1909.
Almstein, August von, Ein flüchtiger Zug nach dem Orient. Vienne, 1887.
Andrássy, Graf Julius, Ungarns Ausgleich mit Oesterreich vom Jahre 1867. Leipzig, 1897.
Anonym, Am Hofe von Neapel. Vienne.
— Der Zerfall Oesterreichs. Leipzig, 1867.
— Die Ankunft am 22. April und der Einzug Ihrer königlichen Hoheit der durchlauchtigsten Herzogin Elisabeth, Kaiserin-Braut, am 23. April 1854 in Wien. Vienne, 1854.
— Erzsébet Magyarok királynéja. Budapest.
— Kaiserin Elisabeth von Oesterreich. Vienne, 1898.
— Kronprinz Rudolf. Dresde.
— Kronprinz Rudolfs Tragödie. Vienne, 1923.

Bayern, Prinz Adalbert von, Vier Revolutionen und einiges dazwischen. Munich, 1932.
Beetz, Dr. Wilhelm, Die Hermesvilla in Lainz. Vienne.
Belcredi, Fragmente. Revue « Die Kultur », 1906.
Beöthy, Z., Erinnerung an Kaiserin Elisabeth von Ungarn. 1902.
Bertele, Ing. Carl, und Dr. Franz Schnürer, Radmer. Vienne, 1902.
Bertha, N. de, François-Joseph Ier et son règne. Paris, 1888.
Berzeviczy, Absolutizmus kóra Magyarországon, 1849-1862. 3 volumes.
Bibl, Viktor, Der Zerfall Oesterreichs. Vienne, 1922.
— Von Revolution zu Revolution. 1924.
Böhm, Gottfried von, Ludwig II., König von Bayern, Berlin, 1922.
Breitner, A., Die Odyssee der Kaiserin. Munich.
Brentano, H., Kaiser Franz Joseph I. Vienne.
Burgh, A. de, Elisabeth, Kaiserin von Oesterreich und Königin von Ungarn. Vienne, 1901.

Channon, Henry, The Ludwigs of Bavaria. Leipzig, 1934.
Christomanos, Konstantin, Das Achilles-Schloss auf Korfu. Vienne ,1896.
— Die graue Frau. Vienne, 1898.
— Die Wachspuppe. Hambourg, 1929.
— Tagebuchblätter. Vienne, 1899. (Voir la note dans le texte.)
Cobourg, Louise de, Autour des trônes que j'ai vus tomber. Paris.
Costa, Dr. Ethbin Heinrich, Denkbuch der Anwesenheit Ihrer Majestäten Franz Joseph und Elisabeth im Herzogtum Krain. Laibach, 1857.
Csengery, Anton, Franz Deák. Leipzig, 1877.
Cunliffe Owen Margaret, The Martyrdom of an Empress. Londres, 1900.

Mélanges de faits authentiques et d'erreurs grossières, aucune date, aucune source).

Daudet, Ernest, La chronique de nos jours. Paris, 1912.
Davenport, Adams W. H., The Isle of Wight. Londres, 1882.
Dorfmeister, F. N., Kaiserin Elisabeth von Oesterreich. Vienne, 1898.
Dreyer, Dr. N., Herzog Maximilian in Bayern. Munich, 1909.

Eckhart Ferencz, Storia della Nazione Ungherese. Milan, 1929.
Eisenmann, L., Le compromis austro-hongrois de 1867. Paris, 1904.
Eisenmenger, Viktor, Erzherzog Franz Ferdinand. Vienne.
Elmer, Alexander, Aus der Geheimmappe des Kaisers Franz. Vienne, 1926.
Emmer, Johannes, Sechzig Jahre auf Habsburgs Throne. Vienne, 1908.
Engel-Jánosi, Friedrich Graf Rechberg. Munich, 1927.
Eötvös, József Báró, Költemények szinmüvek. Budapest.
— Freiherr von, Gedanken. Pest, 1864.
Epon, Viktor Freiherr von, Chronik europäischer Fürstenhöfe. Leipzig.
Ermordung Ihrer Majestät der Kaiserin und Königin Elisabeth in Genf. Vienne et Leipzig.
Ernst, Dr. Otto, Franz Joseph in seinen Briefen. Vienne, 1924.

Falk, Max, Krönungsalbum. Pest.
— Miksa, Erzsébet Királynéról Visszaemlékezések. Budapest, 1898.
Faye, Jacques de la, Elisabeth von Bayern. Halle, 1914.
Fehmi, Joussouf, Un essai d'apostolat des chevaliers positivistes. Affaire Lucheni, 1898-1910. Paris, 1913.
Forster, Baron Gyula, Erzsébet Királyné emléke. Budapest, 1907.
Friedjung, Heinrich, Der Ausgleich mit Ungarn. Leipzig, 1877.
— Historische Aufsätze. Stuttgart, 1919.
— Oesterreich von 1848 bis 1860. Stuttgart, 1912.
Friedmann E. et J. Paves, Kaiserin Elisabeth, Berlin, 1898.

Gábel, Gyula, Erzsébet megemlékezés, Magyarország nagy Királynéjárol. Budapest, 1900.
Gadobert, Benjamin, Les drames sous la couronne. Paris, 1899.
Gaillard, Henri, L'impératrice idéale. Paris, 1899.
George Stephan, Der siebente Ring. Berlin, 1922. (Contient une poésie *Les sœurs* [Élisabeth et Sophie d'Alençon].)
Gilbert, Marion, Élisabeth de Wittelsbach. Paris. (S'est servie d'environ vingt documents de Mme de Ferenczy, pour le reste, littérature aimable et facile.)
Glaise-Horstenau, Edmund von, Franz Josephs Weggefährte. Vienne.
Goldscheider, H., Die Rundreise Allerhöchst Ihrer kaiserlichen und königlichen Majestäten in Ungarn. Arad, 1857.
Gouraut d'Ablancourt, Marie, Madame la Duchesse d'Alençon et son temps.
Gribble, Francis, Franz Joseph. Berlin, 1922.
Grieben, München und die Königsschlösser.

Halperson, Joseph, Das Buch vom Zirkus. Düsseldorf, 1926.
Hochstetter, Dr. Ferdinand von, Madeira. Vienne.
Hofdamenbriefe. Zürich, 1905.

Horn, G., Le compromis de 1868 entre la Hongrie et la Croatie et celui de 1867 entre l'Autriche et la Hongrie.
Horváth Michael, Fünfundzwanzig Jahre aus der Geschichte Ungarns. Leipzig, 1867.

Illustriertes Gedenkbuch zur immerwährenden Erinnerung an die glorreiche Vermählungsfeier S. k. k. Apost. Majestät Franz Joseph von Oesterreich und Ihrer königlichen Hoheit der durchlauchtigsten Frau Herzogin Elisabeth in Bayern, vollzogen in Wien am 24. April 1854. Vienne, 1854.
d'Isne, Y., Ferdinand-Philippe d'Orléans, Duc d'Alençon. Paris.

Kelemen, Béla, Erzsébet Királyné és az irodalom. Székesfehérvár, 1908.
Ketterl, Eugen, Der alte Kaiser, wie nur einer ihn sah. Vienne, 1929.
Kielmannsegg, Mathilde, Baronin, Elisabeth. Vienne, 1902.
Klingenberger, Heinrich, Kaiserin Elisabeth von Oesterreich. Vienne.
Koch, Ludwig Wilhelm, Blüten der Gegenwart und Blätter der Zukunft. Vienne, 1854.
Kohut, Dr. Adolph, Kaiser Franz Joseph I. als König von Ungarn. Berlin, 1916.
Kowalewskij, Wahnsinnige als Herrscher und Führer der Völker. Munich, 1910.
Kronfeld, Dr. E. M., Franz Joseph I. Vienne, 1917.
Kurth, Dr. Betty, Das Lustschloss Schönbrunn. Vienne.
Kutschera Wolorsky, Oswald, Die Wiener Hofburg. Vienne.

La Faye, Jacques, Élisabeth de Bavière. Paris, 1913.
Lampel, Dr., Sechzig Jahre Kaiser. Vienne, 1908.
Laube, Heinrich, Erinnerungen. Leipzig, 1909.
Larisch, Marie, My Past. Londres, 1913. (Voir dans le texte.)
Linde, Fritz, Schloss Linderhof. Leipzig.
Lippert, Waldemar, Richard Wagners Verbannung und Rückkehr 1849 bis 1862. Dresde.
Lorm, Hieronymus, Die Muse des Glücks und moderner Einsamkeit. Leipzig, 1893.
Luzio, Alexander, Francesco Giuseppe e l'Italia. Milan, 1917.

Mahan, Alexander, Famous women of Vienna. Vienne, 1929.
March, Richard, Ein Ehrentag in Oesterreich. Prague.
Margutti, Albert Freiherr von, Vom alten Kaiser. Leipzig, 1921.
March, Richard, Ein Ehrentag in Osterreich. Prague.
Márki, Dr. Sándor, Erzsébet Magyarország Királynéja 1867-1898. Budapest, 1899. (Travail sérieux et documenté, mais ne traite que les rapports d'Élisabeth avec la Hongrie et ses séjours dans ce pays.)
Mároszy, Stephan von, Elisabeth, die Märtyrerin auf dem Kaiserthrone, im Spiegel der Wahrheit. Leipzig, 1912.
Mezöfi, Vilmos, Anarchisták vagy Szoczialisták. Budapest, 1898.
Mitis, Oskar von, Das Leben des Kronprinzen Rudolf. Leipzig, 1928.

Naske, Adolph Carl, Gedenkbuch über die Vermählungsfeierlichkeiten S. k. k. apost. Majestät Franz Joseph I. von Oesterreich mit Elisabeth, Herzogin in Bayern. Vienne, 1854.

Nolston, L. K.., Ein Andenken an weiland Kaiserin und Königin Elisabeth. Budapest, 1899. (Source précieuse, contenant quantité de dates disséminées dans des journaux, etc., concernant la vie de l'impératrice.)

Oksza, Hélène, Impressions et souvenirs. Vienne, 1899.

Paoli, Xavier, Leurs Majestés. Paris.
Penn, Heinrich, Unser Kaiser. Brno, 1888.
Perquer, A., L'impératrice Élisabeth d'Autriche à Sassetôt-le-Mauconduit en 1875.
Przibram, Ludwig Ritter von, Erinnerungen eines alten Oesterreichers. Stuttgart, 1910.
Putnoky, Miklós, Carmen Sylva, élete és müvei. Lugos, 1910.

Radics, P. von, Fürstinnen de. Hauses Habsburg. Dresde, 1896.
Rainolder, Dr. Johann, Elisabeth. Vienne, 1854.
Redlich, Joseph, Kaiser Franz Joseph von Oesterreich. Berlin, 1928.
Redwitz, Marie Freiin von, Hofchronik. Munich, 1924.
Reise a. h. Ihrer k. k. apost. Majestäten Franz Joseph und Elisabeth durch Kärnten. Vienne, 1859.
Ripka, Ferencz, Erzsébet Királyné. Budapest, 1901
— Gödöllö. Vienne, 1898.
Roland, A., Kaiser Franz Joseph und sein Haus. Vienne, 1879.
Rostok, Robert, Erinnerungsblätter an weiland Ihre Majestät Kaiserin und Königin Elisabeth. Prague, 1903.
Rotter, Richard, Vaik Stephan und Gisela, Franz Joseph und Elisabeth. Culturgeschichtliche Parallele. Vienne et Troppau, 1879.

Schnürer, Dr. Franz, Briefe Kaiser Franz Josephs I. an seine Mutter. Munich, 1930. (Contenant également des lettres de l'archiduchesse Sophie, excellent ouvrage.)
Smolle, Dr. Leo, Elisabeth, Kaiserin von Oesterreich und Königin von Ungarn. Vienne, 1904.
— Fünf Jahrzehnte auf Habsburgs Throne. Vienne, 1898.
Sosnosky, Th. von, Erzherzog Franz Ferdinand. Munich, 1929.
Stavenhagen, Willibald, Ueber die Belagerung von Gaëta. Vienne, 1906.
Steinbach, Dr. Gustav, Franz Deák. Vienne, 1888.
(Steinen, Wolfram von den), Kaiserin Elisabeth.
Steinitz Eduard, Erinnerungen an Franz Joseph I. Berlin, 1930.
Sternberg, Graf A., Warum Oesterreich zugrunde gehen musste.
Strohmayer, Professor Dr. W., Psychiatrisch-genealogische Untersuchung der Abstammung König Ludwigs II. und Ottos I. von Bayern. Wiesbaden, 1912. (Étude importante au point de vue de l'hérédité mentale de l'impératrice et de sa parenté avec les rois fous de Bavière.)
Sydačoff-Bresnitz, von, Ein halbes Jahrhundert österreichischen Hof- und Staatslebens. Leipzig, 1900.
Sypniewski, Alfred Ritter von, Fünfzig Jahre Kaiser. Vienne, 1898.
(Széchényi, Graf Stephan), Ein Blick auf den anonymen Rückblick. Londres, 1898.
Szekfü, J., Der Staat Ungarn. Berlin, 1918.

Szeps, Dr. Julius, Kronprinz Rudolf. Politische Briefe an einen Freund. Vienne, 1922.
Sztáray, Irma Gräfin, Aus den letzten Jahren der Kaiserin Elisabeth. Vienne, 1909. (Source précieuse pour les dernières années de l'impératrice.)

Tissot, Ernest, Le livre des reines. Paris, 1896.
Toscana, Luise von, Mein Lebensweg. Berlin.
Tschudi, Clara, Elisabeth. Leipzig.
Tschuppik, Karl, Kaiserin Elisabeth von Oesterreich. Vienne, 1930.
Tuwora, M. J., Aus dem Leben unserer Kaiserin und Königin. Linz, 1898.

Ujváry, B., Erzsébet királyné emlékfüzet, 1898.

Valerie, Marie Erzherzogin, Der Namenstag.
Vasili, Paul Comte, La société de Vienne. Paris, 1885.
Vaux, Baron de, Écuyers et écuyères. Paris, 1893.
Vay, Gróf Sándor, Erzsébet Királynérol és más krónikás följegyzések. Budapest, 1909.
Veltzé, Oberst Alois, Franz Joseph I. im Bilde. Vienne, 1918.
Vivian, Herbert, Francis Joseph and his consort. New-York, 1917.

Warsberg, Alexander Freiherr von, Odysseische Landschaften. Vienne, 1878.
Wertheimer, Eduard von, Graf Julius Andrássy. Stuttgart, 1913.
Whitehouse, H., L'effondrement du royaume de Naples. Lausanne, 1910.
Wolbe, Eugen, Carmen Sylva. Leipzig.
Wolf, Georg Jacob, König Ludwig II. und seine Welt. Munich, 1926.
Wölfling Leopold, Habsburger unter sich. Berlin, 1921.
Wurzbach, Dr. Constantin, Das Elisabethbuch. Vienne, 1854.

Zamordowanie, Cesarzowej Elzbiéty. Cały, dokładny opis etc. Stanisławów, 1898.
Zanardi-Landi, Countess, The secret of an empress. Londres, 1914. (Voir la note dans le texte.)

TABLE DES MATIÈRES

Petite Bibliothèque Payot/nouvelle présentation

Sigmund Freud
Cinq leçons sur la psychanalyse, *suivi de* Contribution à l'histoire du mouvement psychanalytique/**1**

Marthe Robert, La révolution psychanalytique. La vie et l'œuvre de Freud/**2**

John Kenneth Galbraith, La crise économique de 1929/**3**

Blandine Barret-Kriegel, L'État et les esclaves/**4**

Gérard Mendel, Pour décoloniser l'enfant/**5**

Johan Huizinga, L'automne du Moyen Age/**6**

Paul Diel, Le symbolisme dans la mythologie grecque/**7**

Jean-Paul Aron, Le mangeur du XIXe siècle/**8**

Sigmund Freud, Totem et tabou/**9**

Léon Chertok, L'hypnose/**10**

Sigmund Freud, Psychopathologie de la vie quotidienne/**11**

Gershom G. Scholem, La Kabbale et sa symbolique/**12**

Marcel Mauss, Manuel d'ethnographie/**13**

François Rivenc, Introduction à la logique/**14**

Sigmund Freud, Essais de psychanalyse/**15**

Sigmund Freud, Introduction à la psychanalyse/**16**

Erich Fromm, Le langage oublié/**17**

Mélanie Klein/Joan Riviere, L'amour et la haine/**18**

Paul Diel, Éducation et rééducation/**19**

Paul Diel, Le symbolisme dans la Bible/**20**

Commission « Efficacité de l'État » du Xe Plan présidée par **François de Closets,** Le pari de la responsabilité/**21**

Otto Rank, Le traumatisme de la naissance/**22**

Otto Rank, Don Juan, *suivi de* Le double/**23**

John Maynard Keynes, Essais sur la monnaie et l'économie/**24**

Albert Einstein, La relativité/**25**

Alfred Adler, Connaissance de l'homme/**26**

Sigmund Freud/William C. Bullitt
Le Président T. W. Wilson. Portrait psychologique/**27**

Bronislaw Malinowski
La sexualité et sa répression dans les sociétés primitives/**28**

Wilhelm Reich, Écoute, petit homme !/**29**

Margaret Mahler, Psychose infantile/**30**

Noam Chomsky, Le langage et la pensée/**31**

Paul C. Racamier, Les schizophrènes/**32**

Konrad Lorenz, Évolution et modification du comportement/**33**
Élisabeth Labrousse, La révocation de l'Édit de Nantes/**34**
Moses I. Finley, Démocratie antique et démocratie moderne/**35**
Christian David, L'état amoureux/**36**
Eric Berne, Analyse transactionnelle et psychothérapie/**37**
Albert Schweitzer, Les grands penseurs de l'Inde/**38**
Walter Benjamin, Charles Baudelaire/**39**
A. de Mijolla/S. A. Shentoub, Pour une psychanalyse de l'alcoolisme/**40**
Pierre Avril, Essais sur les partis politiques/**41**
Constantin Stanislavski, La formation de l'acteur/**42**
Piera Aulagnier, Un interprète en quête de sens/**43**
Michael Balint, Le défaut fondamental/**44**
Jean-G. Lemaire, La relaxation/**45**
Marie Moscovici, Il est arrivé quelque chose/**46**
Alfred Adler, Le sens de la vie/**47**
James G. Frazer, Mythes sur l'origine du feu/**48**
Robert Löwie, Histoire de l'ethnologie classique/**49**
D. W. Winnicott, L'enfant et sa famille/**50**
Ella Maillart, La voie cruelle/**51** (Voyageurs)
Colin Thubron, Les Russes/**52** (Voyageurs)
Nicolas Bouvier, Chronique japonaise/**53** (Voyageurs)
Redmond O'Hanlon, Au cœur de Bornéo/**54** (Voyageurs)
Gilles Lapouge, Les pirates/**55** (Voyageurs)
Louis Garneray, Corsaire de la République/**56** (Voyageurs)
Robert Louis Stevenson, La route de Silverado/**57** (Voyageurs)
Richard F. Burton/John Speke, Aux sources du Nil/**58** (Voyageurs)
Helen A. Keller, Sourde, muette, aveugle/**59** (Documents)
François Boureau, Contrôlez votre douleur/**60** (Documents)
Rabindranath Tagore, La maison et le monde/**61** (Documents)
Marc Ferro, Nicolas II/**62** (Documents)
Paul Kennedy, Naissance et déclin des grandes puissances/**63** (Documents)
Ernest Aeppli, Les rêves et leur interprétation/**64** (Documents)
A. Cohen, Le Talmud/**65**
Paul Diel, Psychologie de la motivation/**66**
Hélène Deutsch, Problèmes de l'adolescence/**67**
Erich Fromm, Le cœur de l'homme/**68**
Mirko Grmek, Claude Bernard/**69**
Alan W. Watts, Le bouddhisme zen/**70**
Paul Diel, La divinité/**71**

Ouvrage imprimé sur presse CAMERON,
dans les ateliers de la S.E.P.C.
à Saint-Amand-Montrond (Cher)
en octobre 1992

ISBN 2-228-88599-1

— N° d'impression : 2173. —
Dépôt légal : novembre 1992.

Imprimé en France